KB192946

부처님의 삶과 가르침

|1|

일러두기

* 이 책은 비구 범일이 세존께서 설하신 《경장》과 《율장》을 시간의 흐름에 따라 추려 《부처님의 삶과 가르침》으로 결집한 것입니다.
* 이 책의 빨리어 표기법과 빨리어 목록은 제5권 부록에 실었습니다.

여시아독

부처님의 삶과 가르침

| 1 |

The Buddha's Lives And Teachings

1~5장 pp.1~560

비구 범일

머리말

석가모니 부처님의 가르침은 무엇인가? 무엇을 석가모니 부처님의 가르침이라고 하는가? 아라한이시고 정등각이시며 세존이신 석가모니 부처님께서 부처님의 가르침을 손수 두 가지로 분류하여 법과 율이라고 하셨다. 율의 가르침을 모두 모은 것을 율장이라고 한다. 그렇다면 법은 무엇인가? 무엇을 법이라고 하는가? 세존께서 무상정등정각을 성취하시고 발견하여 증득한 법을 무상정등정각법 또는 간략하게 정각법이라고 한다. 세존께서는 정각 후 오직 정각법을 의지하셨다. 정각법에 의지한 순간부터 반열반에 드실 때까지 세존께서 금구 설하신 정각법을 세존금구설법 또는 간략하게 불설법이라고 한다. 정각법과 불설법은 같은 것인가? 아니면 서로 다른 것인가? 정각법과 불설법은 서로 같지 않다. 그렇다고 서로 다르지도 않다. 정각법과 불설법의 관계는 다음의 일례에서 알 수 있다. 한때 세존께서 꼬삼비의 심사빠 숲에 머무셨다. 그때 세존께서 심사빠잎을 조금 손에 쥐고 말씀하셨다. "비구들이여, 이것을 어떻게 생각하는가? 여기 심사빠 숲 전체에 있는 모든 심사빠잎과 내가 손에 쥐고 있는 심사빠잎 가운데 어느 것이 더 많고 어느 것이 더 적은가?" "세존이시여, 세존께서 손에 쥐고 계시는 심사빠잎은 아주 적습니다. 여기 심사빠 숲 전체에 있는 모든 심사빠잎이 훨씬 더 많습니다." "비구들이여, 내가 최상의 지혜로 알고 있는 법들은 마치 여기 심사빠 숲 전체에 있는 모든 심사빠잎처럼 매우 많다. 그 가운데 내가 가르친 법은 마치 손에 쥐고 있는 심사빠잎처럼 아주 적다."SN56.31 정각법으로 비유한 심사빠 숲 전체에 있는 모든 심사빠잎은 불설법으로 비유한 세존의 손에 쥐고 있는 심사빠잎과 그 양에 있어서 서로 같지 않지만 같은 숲의 심사빠 잎사귀라는 점에서 서로 다르지 않다.

그렇다면 세존께서 정각법 가운데 어떤 법은 가르치시고 어떤 법은 가르치지 않으셨는가? 같은 경전에서 세존께서 이렇게 말씀하셨다. "비구들이여, 그러면 왜 나는 이것을 가르쳤는가? 비구들이여, 이것은 참으로 이익을 주고, 청정범행의 시작으로 인도하고, 염오로 인도하고, 탐욕의 빛바램으로 인도하고, 소멸로 인도하고, 고요함으로 인도하고, 최상의 지혜로 인도하고, 바른 깨달음으로 인도하고, 열반으로 인도하기 때문에 나는 이것을 가르쳤다." 세존께서는 귀 기울이는 모든 이들에게 참으로 이익을 주고 마침내 열반으로 인도하는 바른길을 가르치셨다. 이것이 불설법이다.

그런데 모든 불설법을 다 들은 자는 없었다. 자기 몫의 불설법을 들은 개인이 불설법을 듣고 기억할 뿐 개인이 녹음하였거나 문자로 기록하여 전승하지 않았다. 자기 몫의 불설법을 듣고 기억하는 자들 가운데 어떤 자들은 출가하여 비구가 되었다. 비구들은 승가를 형성하여 불설법을 세존께 듣거나 각자 기억하고 있던 불설법을 서로 가르치거나 배우기도 하였다. 이들 가운데 불설법을 성취하여 열반에 이른 자들을 아라한이라고 불렀다. 그리고 세존께서 반열반에 드셨을 때 불설법은 더 이상 들을 수 없게 되었다. 불설법을 듣고 불설법을 성취한 아라한들 가운데 오백 명의 아라한들을 선출하였다. 이들은 비구사방승가를 대표하여 그들이 기억하고 있던 불설법을 아난다 존자를 지주로 삼아 송출하고 합송하였다. 이것을 청정승가전승법 또는 간략하게 전승법이라고 한다. 불설법과 전승법은 같은 것인가? 아니면 서로 다른 것인가? 불설법과 전승법은 그 양에서 서로 같지 않으며 어떤 표현에서 서로 같지 않을 수 있다. 예를 들어 초전법륜경은 그 분량이 읽는 데 30분이 채 걸리지 않는다. 이것은 불설법을 듣고 기억하는 자들 가운데 어떤 자들은 들은 대로 기억하지만 어떤 자들은 자신이 이해한 대로 기억할 것이며, 전승법을 암송하는 자들 가운데 어떤 자들은 전승받은 대로 암송하지만 어떤 자들은 자신이 기억하는 대로 암송하기 때문이다. 따라서 불설법과 전승법은 서로 같지 않다. 그러나 전승법을 송출한 오백 명의 아라한들은 모두 열반을 성취하였기에 불설법과 전승법은 참으로 이익을 주고, 청정범행의 시작으로 인도하고, 염오로 인도하고, 탐욕의 빛바램으로 인도하고, 소멸로 인도하고, 고요함으로 인도하고, 최상의 지혜로 인도하고, 바른 깨달음으로 인도하고, 열반으로 인도하는 점에서 서로 다르지 않다.

일차대합송 때 공인된 전승법은 2,500여 년 역사의 우여곡절 끝에 사부 니까야로 오늘날 전승되었으며 이것을 경장이라고 한다. 니까야 경장은 아홉 가지 구성의 가르침[九分教]이 충분히 갖추어진 전승법이다. 정각법이자 불설법이요, 불설법이자 전승법인 이것이 정법이고 이것을 정법이라고 하며 이것이 세존의 법[佛法]이고 이것을 세존의 법이라고 한다. 정각을 성취하지 않은 자가 깨달음의 법이라고 설하는 법과 비불설법을 전승한 법은 사법이고 사법이라고 하며 세존의 법이 아니고 세존의 법이 아니라고 한다. 아무리 오래된 가르침이고 많은 사람이 따르는 가르침이라고 하더라도 사법이나 세존의 법이 아닌 법을 따라 정각을 성취하는 일은 가능하지 않고 일어나지도 않는다.

그렇다면 불설법을 전승하되 전승하는 자들이 청정승가가 아니라면 즉 불설법을 청정하지 않은 승가가 전승하면 어떻게 보아야 하는가? 율장에 이러한 사례가 있다.[1] 브라만 출신의 두 형제 비구는 목소리가 아름답고 서로 대화할 때 노래하듯 말하였다. 어느 때 그들은 세존께 말씀드렸다. "세존이시여, 여기 비구들은 이름을 달리하고 성을 달리하고 태생을 달리하고 가문을 달리하여 출가하였습니다. 그런데 그들은 깨달은 님들의 말씀을 인간 자신의 언어로 오염시킵니다. 원하건대 세존이시여, 저희가 깨달은 님들의 말씀을 운율적 언어로 바꾸겠습니다. 그리하면 이름과 성과 태생과 가문을 달리하는 여기 비구들은 모두 운율적 언어로 배우고 가르칠 것입니다." 세존께서 그들을 견책하고 비구들에게 말씀하셨다. "비구들이여, 깨달은 님들의 말씀을 운율적 언어로 바꾸지 말라. 깨달은 님들의 말씀을 인간 자신의 언어로 배우는 것을 허용한다." 여기서 운율적 언어는 범어梵語, 산스크리트를 말한다. 범어를 신의 언어로 신성시하는 브라만들은 범어 이외의 언어를 인간의 언어로 폄하하였다. 세존께서 '부처님의 말씀을 범어로 바꾸지 말라.'라는 율을 어기고 불설법을 범어로 바꾸어 전

1 《부처님이 설하신 율장》(여시아독, 2024) 제3장 또는 본서 제11장을 참조.

승한 비구들은 청정하지 않은 자들이다. 이들이 범어로 바꾸어 전승한 법은, 이들 범어본을 다른 언어로 번역한 것도 포함하여 폐기하여야 한다. 왜냐하면 '부처님의 말씀을 범어로 바꾸지 말라.'라는 말씀에는 '부처님 말씀을 범어로 배우지 말라.'라는 말씀이 함축되어 있기 때문이다. 따라서 세존의 법과 율을 범어로 번역해서도 안 되고 범어로 배우거나 가르쳐서도 안 되며 범어로 번역된 것을 다른 언어로 번역해서도 안 된다. 빨리 율장과 니까야 경장을 제외하고 북방불교의 범어본 율장과 경장 그리고 이것들을 계승한 모든 북방 불전은 마땅히 배우지 않고 폐기하여야 한다. 또한 일차대합송 이후 남방불교의 범어 불전과 그 번역서는, 범어본 율장과 경장을 포함하여 모두 마땅히 배우지 않고 폐기하여야 한다.

정각법이 있으면 불설법이 있게 되고 불설법이 있으면 전승법이 있게 된다. 전승법이 소멸하면 불설법이 사라지게 되고 불설법이 소멸하면 정각법은 현생인류에게서 사라지게 된다. 정각법을 드러낸 주체로서 부처님, 불설법을 시설한 주체로서 세존 그리고 전승법을 호지한 주체로서 청정승가가 현생인류에게 오래 유지되도록 시설하였고 호지하였고 전법하였던 법이 이러한 세 가지 법이다. 스승 없이 홀로 정각을 성취한 세존과 불설법에 따라 정각을 성취한 아라한들이 보고 알고 의지하였으며 그 외는 믿음으로 의지하였던 법이 정각법이며, 세존의 말씀에 귀 기울여 들은 자들 가운데 어떤 자들은 듣고 알고 의지하였으며 어떤 자들은 듣고 믿음으로 의지하였던 법이 불설법이다. 승가의 가르침을 마음을 가다듬어 듣거나 읽은 자들 가운데 어떤 자들은 듣고 알고 의지하였으며, 어떤 자들은 읽고 알고 의지하였으며, 어떤 자들은 듣고 믿음으로 의지하였으며, 어떤 자들은 읽고 믿음으로 의지하였다. 세 가지 법에 귀의하여 의지하되 한 번 천명하면 부처님의 재가제자가 되고 세 번 천명하면 부처님의 출가제자가 된다. 이것이 삼법귀의이다. 삼법은 청정한 믿음으로 삼법에 귀의하여 의지하는 자에게 오랜 세월 참으로 이상과 이익과 행복을 주고, 청정범행의 시작으로 인도하고, 염오로 인도하고, 탐욕의 빛바램으로 인도하고, 소멸로 인도하고, 고요함으로 인도하고, 최상의 지혜로 인도하고, 바른 깨달음으로 인도하고, 열반으로 인도하고, 열반에 머무르게 한다.

만약 여기 어떤 자들이 부처님의 전생과 현생의 삶 속에서 부처님의 가르침을 가지런히 정리한 본서의 니까야 전승법을 읽고 삼법귀의하여 믿음으로 의지하며, 그들 가운데 어떤 자들은 이러한 전승법을 읽고 알고 의지하며, 그들 가운데 어떤 자들은 이러한 전승법을 읽고 불설법을 알고 의지하며, 그들 가운데 어떤 자들은 이러한 전승법을 읽고 불설법을 성취하여 열반에 이르러 정각법을 보고 알고 의지한다면 일차대합송 때 공인된 전승법과 니까야 전승법은 참으로 이익을 주고, 청정범행의 시작으로 인도하고, 염오로 인도하고, 탐욕의 빛바램으로 인도하고, 소멸로 인도하고, 고요함으로 인도하고, 최상의 지혜로 인도하고, 바른 깨달음으로 인도하고, 열반으로 인도하는 점에서 서로 다르지 않다고 단정할 수 있을 것이다. 그리하여 삼법이 현생인류에게 오랜 세월 유지되리라 믿어 의심치 않는다. 이것이 본서를 집필한 연유이다.

따라서 본서는 누구든지 마음을 기울여 읽으면 니까야 전승법을 청정한 믿음으로 의지할 수 있고, 읽고 이해하여 니까야 전승법을 알고 의지할 수 있도록 사부 니까야를 알기 쉽게 시간의 흐름에 따라 배열하였다. 이때 율장도 포함하였다. 따라서 본서는 세존의 가르침인 법과 율을 시간의 흐름에 따라 전개한 세존의 일대기이자 결집이다. 탄생부터 반열반까지 세존의 족적을 따라 다양한 인물과 사건과 가르침이 등장한다. 시간의 흐름에 따라 한번 등장한 인물은 임종까지 그와 관련한 모든 가르침을 시간의 흐름에 따라 한곳에 모은 뒤 다음 등장하는 인물로 나아가며, 한번 등장한 사건은 그 사건의 종결까지 그 사건과 관련된 모든 가르침을 시간의 흐름에 따라 한곳에 모은 뒤 다음 사건으로 나아간다. 이렇게 하여 세존의 일대기에 나타나는 인물과 사건의 특성이 드러나도록 하였다. 반복되는 세존의 말씀 가운데 정형화된 말씀은 정형구의 이름을 만들어 반복을 피하였으며, 특별한 주제의 가르침은 가장 적절한 곳에 한 번만 나타나도록 하여 세존의 가르침을 전체적으로 산만하지 않고 가지런히 하였다.

세존의 모든 가르침은 정각을 성취한 후에 말씀하신 것이므로 정각이후 세존의 족적은 가르침을 설하는 시점의 물리적인 시간을 따른다. 하지만 정각 이전 세존의 족적은 모두 세존의 기억에 의존하므로 가르침을 설하는 시점의 물리적인 시간을 따르지 않고, 세존께서 과거를 회상하는 기억의 시간을 따른다. 즉 가장 오래된 과거부터 시작하여 정각 직전까지의 과거를 회상하는 기억의 시간을 따른다.

세존의 가르침 가운데 가장 오래된 과거와 관련된 것은 제1장 인류의 기원에 관한 가르침이다. 우주의 성겁에 범천이 어떤 이유로 어떻게 하락하여 범천에서 욕계에 떨어졌으며 욕계에서도 끊임없이 하락하여 육욕천에서 인간세상까지 떨어졌다. 이것으로 인류의 기원을 설명한다. 이같이 인류의 기원을 설명하는 것은 창조론과 다르고 진화론과도 다르다. 이것을 필자는 우주도래설宇宙渡來說 또는 범천하락설梵天下落說이라고 한다. 욕천에서 인간세상으로 갓 떨어진 인간은 수명이 8만 4천 년이고 지체肢體가 아름답고 수승하였으나 갖가지 악법을 저질러 수명이 백 년 안팎인 현생인류까지 타락하였다. 현생인류가 더 타락하지 않고 수명이 백 년보다 길고 좀 더 나은 인류로 향상하기 위하여 일곱 가지 악법을 여의고 실천해야 하는 선법이 선법계이다. 만약 현생인류가 선법계를 지키지 않고 불선법을 저지르면 수명이 십 년인 인간까지 타락할 것이다. 인간세상에서 하락하면 축생과 지옥까지 떨어진다. 그리고 신들과 우주에 관한 가르침도 제1장에 포함하였다.

두 번째로 오래된 과거와 관련된 가르침은 제2장 세존의 전생에 관한 가르침이다. 수명이 2만 년인 인간일 때 세존은 깟사빠 부처님 곁으로 출가하였다. 이때 출가에 도움을 준 벗은 정거천에 태어나 그곳에서 정각을 성취하고 인간세상에서 정각을 성취한 세존과 만난다. 또한 깟사빠 부처님께 출가하여 비구가 되었을 때 도반 사하까 비구는 범천에 태어나 그곳에서 사함빠띠라고 불렸다. 그는 세존의 정각부터 반열반까지 세존의 좋은 도반으로 머물렀다. 세존께서는 범천에 태어난 전생의 스승을 찾아가 교화하였으며 여러 전생의 사례로 귀 기울이는 이들을 교화하였다.

제3장 탄생과 출가에서는 세존께서 속한 종족인 석가족의 시조와 세

존의 모국인 까삘라왓투의 성립 과정과 그리고 외가인 꼴리야의 시조와 꼴리야국의 성립 과정도 설명되어 있다. 세존께서는 탄생하신 후 7일 만에 어머니를 여의었다. 이모이자 양모이며 새어머니인 빠자빠띠 왕비가 세존을 보살피고 키웠다. 세존은 7세에 태자로 책봉되었고 16세에 혼인하였다. 인간의 삶에 대한 통찰과 사유로 출가하려는 세존에게 아들 라훌라가 태어나자 태자의 책무를 다한 뒤 29세에 출가하였다.

출가하여 사문이 된 세존을 뒤쫓아 합류한 동무이자 신하였던 다섯 명의 사문과 함께 세존은 스승을 찾아 유행하였다. 그들은 미틸라의 박가와 선인에게서 고행을 연마하였고 웨살리의 알라라 깔라마 선인에게서 무소유처정을 닦았으며, 라자가하의 웃다까 라마뿟따 선인에게서 비상비비상처정을 닦았다. 이들 스승의 가르침에 만족하지 않고 우루웰라 장군촌 강기슭에서 스승 없이 정진하였다. 고행을 중단한 세존을 보고 다섯 사문은 세존을 떠났다. 홀로 남은 세존은 마침내 정각을 성취하여 정각법에 머무셨다. 사함빠띠 범천의 간청으로 세존은 귀 기울이는 자들에게 법을 설하리라고 간청을 들어주셨다. 그리고 제자를 찾아 유행을 시작하셨다. 다섯 사문에게 초전법륜을 굴리셨고 다섯 사문은 차례대로 법안을 얻어 비구가 되었다. 그리고 야사와 그의 친구 55명도 불설법을 듣고 출가하였다. 이들 60명의 비구에세 홀로 유행하면서 전법할 것을 하명하시고 세존께서도 홀로 전법을 위하여 유행하셨다. 이러한 상세한 과정은 제4장 정각과 전법에서 설명해 두었다.

세존께서 전법을 위하여 향한 첫 번째가 정각을 이루었던 우루웰라 장군촌 강기슭의 상류였다. 그곳에 우루웰라 깟사빠가 두 명의 동생과 함께 천 명의 교단을 이끌고 있었다. 세존께서 이들을 신통으로 조복시켜 비구로 받아들여 라자가하로 입성하였다. 같은 해 까삘라왓투에 방문하여 깔루다이, 라훌라, 난다, 아누룻다, 아난다, 우빨리, 밧디야와 같은 출중한 자들이 교단에 합류하였으며 라자가하에서 세존의 두 상수제자인 사리뿟따와 목갈라나가 250명의 동료와 함께 교단에 합류하였다. 제5장 교단의 형성에서는 혜성처럼 나타난 세존의 신흥교단 형성 과정을 비구승가를 중심으로 살펴본다. 여기까지가 본서의 1권에 해당한다.

본서는 한국빨리성전협회의 전재성 박사가 우리말로 번역한 빨리 율장과 초기불전연구원의 각묵 스님과 대림 스님이 우리말로 번역한 니까야 경장을 기저로 삼았다. 이분들이 율장과 경장을 번역하지 않았더라면 필자는 세존의 법과 율을 배울 수 없었을 뿐만 아니라 본서는 세상에 나올 수도 없었다. 이분들께 깊이 감사드린다. 세존의 법과 율을 깊이 공부하고자 하는 독자분이라면 본서의 내용을 이들 번역서와 비교하는 즐거움을 향유할 것이다. 청정한 믿음으로 세존의 법에 귀의하여 바른 견해를 갖추고 율을 지켜 범행을 닦는 독자분들의 사향사과의 과위를 기원하며, 혜안을 지닌 분들의 기탄없는 질책을 기대한다.

구분교 잘 갖추어진
불사의 위없는 법을 시설하시고
그 법이 오래 유지되도록
법의 생명인 성스러운 율을 시설하신
위없는 스승이신
세존께
예경 올리나이다.

2024년 여름
비구 범일 삼가 씀

차례

머리말 4

제1장 인류의 기원 ········· 19

1 **욕천과 인류의 출현** 20

2 **계급의 출현** 31

3 **인류 타락의 역사** 37

4 **축생** 49

5 **지옥** 51

5.1 다섯 저승사자 54

5.2 여섯 형벌 60

5.3 여섯 지옥 61

6 **인류 향상의 시작** 65

6.1 인간의 향상 67

6.2 악법의 소멸 70

6.3 욕천 72

6.4 범계 77

7 **네 가지 행과 업** 80

8 **신들의 전쟁** 83

9 **신들의 왕의 질문과 귀의** 93

10 **신과 우주** 118

제2장 세존의 전생 ········· 135

1 **최초로 출가하는 전생** 136

2 **출가의 관행을 제정한 전생** 142

3 **재가에서 명상을 닦는 전생** 144

4 **출가하여 큰 회상을 이루는 전생** 155

5 **전생에 관한 이야기** 171

제3장 탄생과 출가 180
1 석가족의 시조 181
2 왕자의 탄생과 성장 185
3 태자의 혼인과 생활 190
4 태자의 사유와 출가 193

제4장 정각과 전법 203
1 유행을 시작하다 203
2 스승을 찾아 유행하다 213
3 스승 없이 정진하다 222
3.1 우루웰라에서의 고행 222
3.1.1 네 가지를 갖춘 고행 223
3.1.2 두려움과 공포를 극복하는 고행 227
3.1.3 네 가지 지극한 고행 229
3.2 세 가지 나무토막의 비유 232
3.3 어릴 적 기억 235
3.4 두 가지 사유 236
4 정각을 이루다 239
4.1 색계4정념의 성취 239
4.2 삼명의 정득 242
4.3 정각의 성취 247
4.3.1 정각법에 머물다 248
4.3.2 설법의 간청 251
4.3.3 제자를 찾다 255
5 제자를 찾아 유행하다 256
5.1 초전법륜 260
5.1.1 고행주의 261
5.1.2 쾌락주의 262
5.1.3 팔정도 270

5.1.4 사성제 272

5.1.5 오비구 277

5.2 재전법륜 281

5.2.1 일체 281

5.2.2 오온 292

6 **전법을 위해 유행하다** 299

6.1 전법령 300

6.2 오비구의 족적 303

제5장 교단의 형성 306

1 **깟사빠 3형제의 출가** 308

1.1 불타오르는 일체 314

2 **빔비사라 왕의 후원** 318

2.1 죽림정사 320

2.2 빔비사라 왕의 소원 322

3 **주치의 지와까** 323

3.1 재가자에 관한 법 325

3.2 허용하는 육식 330

4 **까삘라왓투의 방문** 335

5 **라훌라 존자** 344

5.1 라훌라의 첫째 교계 345

5.1.1 거짓말하지 말라 345

5.1.2 신구의 삼행을 비추어보라 348

5.1.3 신구의 삼행을 청정하게 하라 353

5.2 라훌라의 둘째 교계 354

5.2.1 지·수·화·풍·공과 같은 범행 356

5.2.2 몸의 호흡에 대한 사띠의 확립 360

5.3 라훌라의 셋째 교계 361

6 **사리뿟따 존자** 363

6.1 세존의 칭송 365
6.2 세존을 대신하는 설법 369
6.3 질투와 비방 371
6.4 세간과 출세간의 질문 378
6.5 탁마하는 좋은 도반 382
6.6 비구를 교계하고 보살핌 392
6.7 임종하는 사리뿟따 395
7 목갈라나 존자 400
7.1 세존의 보호받은 정진 400
7.2 자유자재하는 신통 403
7.3 설법과 교계 424
7.4 목갈라나의 임종 431
8 아누룻다 존자 432
8.1 세존의 상세한 설법 432
8.2 화합하여 완성하는 범행 437
8.3 천안제일과 여인 442
8.4 사념처 교계 445
9 깟짜나 존자 451
9.1 상술제일 깟짜나 451
9.2 계속 생각하는 여섯 장소 458
9.3 친견하기 적당한 경우 462
9.4 로힛짜 브라만의 귀의 464
9.5 네 계급이 평등한 이유 468
10 깟사빠 존자 475
10.1 사리뿟따와의 문답 476
10.2 두타제일 깟사빠 480
10.3 책망받는 비구와 비구니 484
11 앙굴리말라의 출가 491
12 랏타빨라의 출가 505

13 셀라의 출가 520

14 왓차곳따의 출가 530

15 마간디야의 출가 538

16 으뜸으로 칭송받는 비구들 549

참고문헌 556

찾아보기 557

정형구 목록

두 번 이상 반복되는 정형구의 반복을 줄이기 위하여 꺽쇠괄호에 굵은 고딕체로 정형구의 이름을 정하였습니다. 이 이름으로 반복되는 정형구를 대신하였습니다. 다음은 정형구의 이름이 만들어진 쪽수입니다.

[**4년 수습기간**] 535
[**계속 생각하는 여섯 장소**] 462
[**고행**] 225
[**공간과 같은 범행**] 360
[**구경의 지혜**] 79
[**내적 구성성분의 공간**] 359
[**내적 구성성분의 땅**] 357
[**내적 구성성분의 물**] 357
[**내적 구성성분의 바람**] 359
[**내적 구성성분의 불**] 358
[**네 계급이 평등한 이유**] 474
[**누진통**] 247
[**다섯 가지 보시의 이익**] 460
[**땅과 같은 범행**] 357
[**물과 같은 범행**] 358
[**바람과 같은 범행**] 359
[**불과 같은 범행**] 358
[**사념청정**] 242
[**사띠의 확립**] 361
[**사성제**] 246
[**사자후**] 278
[**삼법귀의**] 325
[**석가족의 시조**] 181
[**선법계**] 78
[**수습기간**] 535
[**숙명통**] 244
[**신들의 수명**] 129
[**신족통**] 536
[**신통지 조건**] 243
[**십불명호**] 279
[**십불설법**] 319
[**십승가법**] 459
[**아라한 성취**] 441
[**여인이 갖추는 여덟 가지**] 445
[**용서의 말**] 378
[**이생희락**] 240
[**이희묘락**] 242
[**재가자 귀의**] 335
[**정생희락**] 241
[**제2정념**] 124
[**제3정념**] 125
[**제4정념**] 124
[**지구의 궤멸**] 132
[**참회의 말**] 378
[**천안통**] 246
[**천이통**] 537
[**초정념**] 124
[**출가비구 귀의**] 535
[**출가의 사유**] 200
[**타심통**] 537

약어

BV Bhikkhuvibhaṅga/비구위방가比丘分別

NV Bhikkhunīvibhaṅga/비구니위방가比丘尼分別

MV Mahāvagga/마하왁가大品

CV Cūḷavagga/쭐라왁가小品

PV Parivāra/빠리와라附隨

DN Dīgha Nikāya/장부경전長部經典

MN Majjhima Nikāya/중부경전中部經典

SN Saṁyutta Nikāya/상응부경전相應部經典

AN Aṅguttara Nikāya/증지부경전增支部經典

제1장

인류의 기원

이와 같이 나는 읽었다. 석가모니 부처님께서 무상정등정각無上正等正覺을 성취하신 직후 바라나시 인근의 녹야원에서 다섯 비구에게 설하신 가르침을 시작으로, 반열반에 드시기 직전 꾸시나라의 살라나무 아래에서 마지막 비구제자가 된 수부타에게 설하신 마지막 가르침까지 45년 동안 여러 장소에서 다양한 사람들에게 가르침을 펼치셨다. 세존께서는 이러한 가르침을 통하여 인간은 어떻게 생각하고 어떻게 말하고 어떻게 행동해야 하는가에 대하여 그리고 어떤 목표를 향하여 어디로 어떻게 나아가야 하는가에 대하여 상세하고 명료하게 설하신다. 인간이 어떻게 인간세상이라는 늪에 빠지게 되었는지 그리고 그 늪의 위험과 재난이 무엇인지에 대하여 설하신다. 그리고 그 늪의 위험과 재난보다 더 악화된 위험과 재난으로 하락하게 되는 방법을 설명하면서 동시에 그 늪의 위험과 재난에서 어떻게 벗어나 더 이상 위험과 재난이 없는 상태로 향상하게 되는 방법도 설하신다. 나아가 그 늪에서 멀리 벗어나 다시는 그 늪으로 되돌아오지 않는 곳으로 나아가는 방법과 더 나아가 어떠한 위험과 재난도 또한 위험과 재난의 모든 잠재성까지도 소멸하여 안온한 상태인 열반으로 나아가는 방법까지도 설하신다. 이러한 세존의 가르침에서 인류의 기원을 알 수 있다. 이것은 창조설과 진화론과는 완전히 다른 방법으로 인류의 기원을 설명한다.

1 욕천과 인류의 출현

한때 세존께서는 사왓티의 동쪽 원림에 있는 녹자모鹿子母 강당에 머무셨다. 그 무렵 브라만 태생과 브라만 신분과 브라만 가문을 가진 자로서 집을 떠나 출가한 와셋타와 바라드와자는 비구가 되기 위하여 비구들 사이에서 견습생 기간을 거치고 있었다. 그들은 '브라만들만이 최상의 계급이고 다른 계급들은 저열하다. 브라만들만이 밝고 고귀한 계급이고 다른 계급들은 어둡고 비천하다. 브라만들만이 청정한 계급이고 다른 계급들은 청정하지 않다. 브라만들만이 범천의 아들들이요, 범천의 직계 자손들이요, 범천의 상속자들이요, 범천의 입에서 태어나며, 다른 계급들은 그렇지 않다. 브라만이었던 그대들은 최상의 계급을 버리고 저열하기 짝이 없는 계급으로 떨어졌나니 바로 까까머리 사문, 비천하고 어두운 깜둥이, 우리 조상의 발에서 태어난 자로 떨어졌다.'라는 전형적인 비난을 하나도 빠뜨리지 않고 가득 채운 비난을 브라만들에게 들었다. 이에 세존께서는 그 브라만들은 참으로 태고적 인류의 기원을 기억하지 못하면서 그대들에게 그렇게 말하였다고 지적하시고, 그 브라만들은 그렇게 말함으로써 브라만들이 아닌 다른 계급들을 비난하게 되고, 거짓말을 하게 되고, 많은 악업을 쌓게 된다고 하시면서 인류의 기원에 대하여 다음과 같이 말씀하셨다.DN27

와셋타여, 우주[1]가 형성되는 성겁成劫 기간에 차례로 제2선천인 광음천까지 형성되었고 이어서 초선천인 범천梵天이 처음으로 형성될 때 광음천의 어떤 중생이 수명이 다하고 공덕이 다하여 광음천에서 떨어져 범천에 태어났다. 그가 범천에 태어났을 때 범천은 텅 비어 어떠한 중생도 없었다. 참으로 긴 세월이 지나 범천의 중생 숫자가 차츰 늘어 무리를 이루게 되었다. 이때 어떤 중생이 범천과 범천의 무리에서 떨어져 어떠한 범천의 중생도 도달한 적이 없는 어떤 곳을 방문하였다. 다른 중생들도 그 중생을 본보기로 그곳을 방문하였다. 그들이 방문한 곳은 한 곳에서 여러 곳

---

1 불교의 우주론은 《수트라》(김영사, 2018) 제4장을 참고.

으로 점차 늘어났다. 그곳의 중생들은 범천의 중생들처럼 지체肢體가 원만하고 형색形色이 단정하며 몸에서 광명이 나고 수명도 길고 허공을 다녔다.

범천의 중생이 방문하던 시기의 그곳에는 암흑이나 칠흑 같은 어두움은 알려지지 않았고, 태양과 달도 알려지지 않았고, 별들도 별의 무리도 알려지지 않았고, 밤과 낮도 알려지지 않았고, 한 달이나 하루도 알려지지 않았고, 계절과 연도도 알려지지 않았고, 여자와 남자도 알려지지 않았다. 완전히 하나인 물로만 되어 있었으므로 완전히 하나인 물만 알려졌으며, 중생은 다만 중생이라는 용어로 불릴 뿐이었으므로 이러한 중생만 알려졌다.

타화자재천 참으로 긴 세월이 지나 마치 끓인 우유가 식으면 그 위에 엷은 막이 생기는 것처럼 온전히 하나인 물이 식으면서 땅이 생겨났고, 그 위에 달콤한 음식이 나타나기 시작하였다. 그것은 아름다운 모양을 갖추었고 매혹적인 향을 갖추었고 달콤한 맛을 갖추었다. 그것은 마치 꽃처럼 아름다운 모양을 갖추었고, 마치 정제된 버터기름이나 정제된 생 버터와 같은 매혹적인 향을 가졌고, 마치 순수한 벌꿀과 같은 달콤한 맛을 가졌다.

그러자 그곳을 방문하던 어떤 중생에게 '오, 참으로 이것이 무엇일까?'라는 호기심과 탐심이 생겼다. 그는 손가락 끝으로 달콤한 음식을 맛보았는데, 그 향과 맛은 그를 뒤덮었고 그를 뒤흔들었다. 그리고 이내 그 향과 맛에 대한 갈애가 생겼고 그 갈애가 그를 엄습해 왔다. 다른 중생들도 그 중생을 본보기로 따라 하여 손가락 끝으로 달콤한 음식을 맛보았는데, 그 향과 맛은 그와 마찬가지로 그들을 뒤덮었고 그들을 뒤흔들었다. 그리고 이내 그 향과 맛에 대한 갈애가 생겼고 그 갈애가 그들을 엄습해 왔다.

손가락 끝으로 달콤한 음식을 맛보았던 그 중생들은 그 향과 맛에 대한 갈애가 점차 커지면서 점차 더 많은 양의 달콤한 음식을 맛보았으며, 마침내 양손으로 달콤한 음식을 한 덩어리씩 깨어서 먹기 시작하였다. 그들이 손가락 끝으로 달콤한 땅을 맛보았을 때 그들의 광채가 미세하게 사라졌고 마침내 그들이 양손으로 달콤한 음식을 한 덩어리씩 깨어서 먹기 시작하면서 그들의 광채가 현저히 사라져 버렸다. 그들의 광채가 현저히 사라지자 그곳에서 암흑이나 칠흑 같은 어두움이 드러났다. 어두움이 드러나자 태양과 달이 드러났다. 태양과 달이 드러나자 별들과 별의 무리도 드러났다. 별들과 별의 무리가 드러나자 낮과 밤이 드러나게 되었다. 낮과 밤이 드러나자 한 달과 보름이 드러나게 되었다. 한 달과 보름이 드러나자 계절과 해[年]가 드러나게 되었다.

그러자 그곳에서 중생은 달콤한 음식의 향과 맛을 탐닉하고 그것에 빠져서 그것을 먹을 것으로 삼고 그것을 양식으로 삼고 그것을 영양분으로 삼아서 긴 세월을 보냈다. 그 세월 동안 중생의 몸은 점차 무거워지고 견고하게 되어 마침내 예전처럼 허공을 다니지 못하게 되었다. 그들이 예전같이 허공을 다니지 못하게 되자 범천으로 되돌아가지 못하여 그곳에 머무르게 되었다. 범천으로 되돌아가지 못한 중생은 수명이 짧아져 그곳에서 목숨이 다하여 죽게 되었고, 그곳에서 다시 화생으로 태어났다. 다시 태어난 중생 가운데 어떤 중생은 지체가 원만하고 용모가 잘생기게 태어났지만 어떤 중생은 지체가 원만하지 못하고 용모가 못생기게 태어났다. 이렇게 중생의 용모에 미추美醜가 드러나자 여자와 남자가 미세하게 드러나게 되었다. 그리고 이렇게 드러난 것들이 알려지게 되었다.

다시 태어난 중생은 잘생기게 태어나거나 못생기게 태어나거나 여자로 태어나거나 남자로 태어나거나 모두 용모에 미추가 드러나고 여자와 남자가 미세하게 드러난 것을 부끄럽게 여겼고 후회하였고 두려워하였다. 그들은 비록 달콤한 음식을 먹을 것으로 삼고 그것을 양식으로 삼고 그것을 영양분으로 삼아서 긴 세월을 보냈지만 달콤한 음식의 향과 맛에 빠지지 않았고 그것을 탐닉하지 않았고 그것의 폐해를 보았고 그것의 두려움을 보았다. 그들에게서 달콤한 음식은 사라지지 않았고, 달콤한 음식에서 그들은 사라지지 않았다. 이렇게 하여 육욕천의 타화자재천他化自在天이 드러나게 되었고 알려지게 되었다.

화락천 그러나 다른 어느 곳에서는 잘생긴 중생은 못생긴 중생에게 '우리는 이들보다 잘생겼다. 이들은 우리보다 못생겼다.'라고 용모에 탐착하여 거만을 떨었다. 용모에 탐착한 그들의 거만과 자만이 팽배해지자 그들에게서 달콤한 음식은 사라져 버렸다. 달콤한 음식이 사라지자 그들은 함께 모여서 '오, 달콤한 것이여! 오, 달콤한 것이여!'라고 탄식하며 눈물을 흘렸다. 지금도 인간은 아주 맛난 것을 다 먹은 뒤 '오, 달콤한 것이여! 오, 달콤한 것이여!'라고 말한다. 이것은 태고적 인류의 기원과 관련된 기억 때문인데, 지금의 인간은 관련된 기억을 잘 알지 못하고 있다.

달콤한 음식이 사라지자 달콤한 음식이 사라진 그곳에서 부산물이 생겨났다. 그것은 마치 죽은 나무 둥지에서 버섯이 생기듯이 생겨났다. 그것은 달콤한 음식에는 미치지 못하나 여전히 아름다운 모양을 갖추었고 매혹적인 향을 갖추었고 달콤한 맛을 갖추었다. 그것은 달콤한 음식에는 미치지 못하지만 마치 꽃처럼 아름다운 모양을 갖추었고, 마치 정제된 버터기름이나 생 버터와 같은 매혹적인 향을 가졌고, 마치 순수한 벌꿀과 같은 달콤한 맛을 가졌다. 그러자 중생은 그 부산물을 먹기 위해서 다가갔다. 그들은 그것을 먹을 것으로 삼고 그것을 양식으로 삼고 그것을 영양분으로 삼아서 긴 세월을 보냈다. 그 세월 동안 중생의 몸은 점차 더 무거워지고 더 견고하게 되었고 수명도 더 짧아졌다. 그들은 수명이 더 짧아져 그곳에서 목숨이 다하여 죽게 되었고, 그곳에서 다시 화생으로 태어났다. 다시 태어난 중생 가운데 어떤 중생은 지체가 원만하고 용모가 잘생기게 태어났지만 어떤 중생은 지체가 원만하지 못하고 용모가 못생기게 태어났다. 이렇게 중생의 용모에 미추가 드러나자 여자와 남자가 드러나게 되었다. 그리고 이렇게 드러난 것들이 알려지게 되었다.

그러자 다시 태어난 중생은 잘생기게 태어나거나 못생기게 태어나거나 여자로 태어나거나 남자로 태어나거나 모두 용모에 미추가 드러나고 여자와 남자가 드러난 것을 부끄럽게 여겼고 후회하였고 두려워하였다. 그들은 비록 부산물을 먹을 것으로 삼고 그것을 양식으로 삼고 그것을 영양분으로 삼아서 긴 세월을 보냈으나 부산물의 향과 맛에 빠지지 않았고 그것을 탐닉하지 않았고 그것의 폐해를 보았고 그것의 두려움을 보았다. 그들에게서 부산물은 사라지지 않았고, 부산물에서 그들은 사라지지 않았다. 이렇게 하여 화락천化樂天이 드러나게 되었고 알려지게 되었다.

도솔천 그러나 다른 어느 곳에서는 잘생긴 중생은 못생긴 중생에게 '우리는 이들보다 잘생겼다. 이들은 우리보다 못생겼다.'라고 용모에 탐착하여 거만을 떨었다. 용모에 탐착한 그들의 거만과 자만이 팽배해지자 그들에게서 부산물은 사라져 버렸다. 부산물이 사라지자 그들은 함께 모여서 '오, 달콤한 것이여! 오, 달콤한 것이여!'라고 탄식하며 눈물을 흘렸다.

부산물이 사라지자 부산물이 사라진 그곳에서 조악한 부산물이 생겨났다. 그것은 마치 죽은 나무 둥지에서 이끼가 생기듯이 생겨났다. 그것은 부산물에는 미치지 못하나 여전히 아름다운 모양을 갖추었고 매혹적인 향을 갖추었고 달콤한 맛을 갖추었다. 그것은 부산물에는 미치지 못하지만 마치 꽃처럼 아름다운 모양을 갖추었고, 마치 정제된 버터기름이나 생버터와 같은 매혹적인 향을 가졌고, 마치 순수한 벌꿀과 같은 달콤한 맛을 가졌다. 그러자 중생은 조악한 부산물을 먹기 위해서 다가갔다. 그들은 그것을 먹을 것으로 삼고 그것을 양식으로 삼고 그것을 영양분으로 삼아서 긴 세월을 보냈다. 그 세월 동안 중생의 몸은 점차 더 무거워지고 더 견고하게 되었고 수명도 더 짧아졌다. 그들은 수명이 더 짧아져 그곳에서 목숨이 다하여 죽게 되었고, 그곳에서 다시 화생으로 태어났다. 다시 태어난 중생 가운데 어떤 중생은 지체가 원만하고 용모가 잘생기게 태어났지만 어떤 중생은 지체가 원만하지 못하고 용모가 못생기게 태어났다. 이렇게 중생의 용모에 미추가 드러나자 여자와 남자가 더 드러나게 되었다. 그리고 이렇게 드러난 것들이 알려지게 되었다.

그러자 다시 태어난 중생은 잘생기게 태어나거나 못생기게 태어나거나 여자로 태어나거나 남자로 태어나거나 모두 용모에 미추가 드러나고 여자와 남자가 더 드러난 것을 부끄럽게 여겼고 후회하였고 두려워하였다. 그들은 비록 조악한 부산물을 먹을 것으로 삼고 그것을 양식으로 삼고 그것을 영양분으로 삼아서 긴 세월을 보냈지만 조악한 부산물의 향과 맛에 빠지지 않았고 그것을 탐닉하지 않았고 그것의 폐해를 보았고 그것의 두려움을 보았다. 그들에게서 조악한 부산물은 사라지지 않았고, 조악한 부산물에서 그들은 사라지지 않았다. 이렇게 하여 도솔천兜率天이 드러나게 되었고 알려지게 되었다.

야마천 그러나 다른 어느 곳에서는 잘생긴 중생은 못생긴 중생에게 '우리는 이들보다 잘생겼다. 이들은 우리보다 못생겼다.'라고 용모에 탐착하여 거만을 떨었다. 용모에 탐착한 그들의 거만과 자만이 팽배해지자 그들에게서 조악한 부산물은 사라져 버렸다. 조악한 부산물이 사라지자 그들은 함께 모여서 '오, 달콤한 것이여! 오, 달콤한 것이여!'라고 탄식하며 눈물을 흘렸다.

조악한 부산물이 사라지자 조악한 부산물이 사라진 그곳에서 바달라따 덩굴이 생겨났다. 그것은 마치 땅속에서 죽순이 생기듯이 생겨났다. 그것은 조악한 부산물에는 미치지 못하나 여전히 아름다운 모양을 갖추었고 매혹적인 향을 갖추었고 달콤한 맛을 갖추었다. 그것은 조악한 부산물에는 미치지 못하지만 마치 꽃처럼 아름다운 모양을 갖추었고, 마치 정제된 버터기름이나 생 버터와 같은 매혹적인 향을 가졌고, 마치 순수한 벌꿀과 같은 달콤한 맛을 가졌다. 그러자 중생은 바달라따 덩굴을 먹기 위해서 다가갔다. 그들은 그것을 먹을 것으로 삼고 그것을 양식으로 삼고 그것을 영양분으로 삼아서 긴 세월을 보냈다. 그 세월 동안 중생의 몸은 더욱더 무거워지고 더욱더 견고하게 되었고 수명도 더욱더 짧아졌다. 그들은 수명이 더욱더 짧아져 그곳에서 목숨이 다하여 죽게 되었고, 그곳에서 다시 화생으로 태어났다. 다시 태어난 중생 가운데 어떤 중생은 지체가 원만하고 용모가 잘생기게 태어났지만 어떤 중생은 지체가 원만하지 못하고 용모가 못생기게 태어났다. 이렇게 중생의 용모에 미추가 드러나자 여자와 남자가 더욱더 드러나게 되었다. 그리고 이렇게 드러난 것들이 알려지게 되었다.

그러자 다시 태어난 중생은 잘생기게 태어나거나 못생기게 태어나거나 여자로 태어나거나 남자로 태어나거나 모두 용모에 미추가 드러나고 여자와 남자가 더욱더 드러난 것을 부끄럽게 여겼고 후회하였고 두려워하였다. 그들은 비록 바달라따 덩굴을 먹을 것으로 삼고 그것을 양식으로 삼고 그것을 영양분으로 삼아서 긴 세월을 보냈지만 바달라따 덩굴의 향과 맛에 빠지지 않았고 그것을 탐닉하지 않았고 그것의 폐해를 보았고 그것의 두려움을 보았다. 그들에게서 바달라따 덩굴은 사라지지 않았고, 바달라따 덩굴에서 그들은 사라지지 않았다. 이렇게 하여 야마천夜摩天이 드러나게 되었고 알려지게 되었다.

삼십삼천 그러나 다른 어느 곳에서 잘생긴 중생은 못생긴 중생에게 '우리는 이들보다 잘생겼다. 이들은 우리보다 못생겼다.'라고 용모에 탐착하여 거만을 떨었다. 용모에 탐착한 그들의 거만과 자만이 팽배해지자 그들에게서 바달라따 덩굴은 사라져 버렸다. 바달라따 덩굴이 사라지자 그들은 함께 모여서 '오, 우리는 어쩌란 말이냐! 오, 우리는 어쩌란 말이냐!'라고 탄식하며 눈물을 흘렸다. 지금도 인간은 아주 귀한 것을 잃어버리면 '오, 우리는 어쩌란 말이냐! 오, 우리는 어쩌란 말이냐!'라고 말한다. 이것은 태고적 인류의 기원과 관련된 기억 때문인데, 지금의 인간은 관련된 기억을 잘 알지 못하고 있다.

바달라따 덩굴이 사라지자 바달라따 덩굴이 사라진 그곳에서 경작하지 않고도 열매 맺는 쌀이 생겨났다. 그것은 마치 땅속에서 쑥이 생기듯이 생겨났다. 그것은 속껍질도 없고 겉껍질도 없고 깨끗하고 향기롭고 맛있는 쌀 열매였다. 중생이 저녁에 식사를 위해서 쌀 열매를 따서 가져가면 아침에 그 쌀 열매는 원래대로 다 자라 있었고, 아침에 식사를 위해서 쌀 열매를 따서 가져가면 저녁에 그 쌀 열매는 원래대로 다 자라 있었다. 쌀 열매는 속껍질도 겉껍질도 없어서 버릴 것이라고는 하나도 없었으며 충분하게 부드럽고 영양분이 갖추어져 하나의 쌀 열매로 한 끼 식사를 삼기에 부족함이 없었다. 그러자 중생은 쌀 열매를 먹기 위해서 다가갔다. 그들은 그것을 먹을 것으로 삼고 그것을 양식으로 삼고 그것을 영양분으로 삼아서 긴 세월을 보냈다. 그 세월 동안 중생의 몸은 더욱더 무거워지고 더욱더 견고하게 되었고 수명도 더욱더 짧아졌다. 그들은 수명이 더욱더 짧아져 그곳에서 목숨이 다하여 죽게 되었고, 그곳에서 다시 태생으로 태어났다. 다시 태어난 중생 가운데 어떤 중생은 지체가 원만하고 용모가 잘생기게 태어났지만 어떤 중생은 지체가 원만하지 못하고 용모가 못생기게 태어났다. 그들의 용모에 미추가 더욱 두드러지고 여자와 남자가 더욱 두드러져 여자에게는 여자의 성기가 생겼고 남자에게는 남자의 성기가 생겼다. 성기가 생기자 여자는 잘생긴 남자를, 남자는 잘생긴 여자를 지나치게 골똘히 생각하였다. 그들이 잘생긴 이성을 서로서로 지나치게 골똘히 생각하자 이성에 대한 애욕이 생겨났고, 몸에는 이러한 애욕으로 인한 열이 생겨났다. 그들은 이러한 애욕으로 인한 열을 반연하여 성행위를 하게 되었다.

그 시절 그곳의 중생은 다른 중생이 성행위를 하는 것을 보면 '불결한 것은 사라져 버려라, 불결한 것은 사라져 버려라. 어떻게 중생이 다른 중생에게 저런 식으로 성행위를 할 수 있단 말인가!'라고 하면서 어떤 자들은 성행위를 하는 자들에게 흙먼지를 던지고 어떤 자들은 재를 던지고 어떤 자들은 소똥을 던졌다. 그래서 지금의 인간도 신부를 데리고 갈 때 어떤 지방에서는 흙먼지를 던지기도 하고 재를 던지기도 하고 소똥을 던지기도 하며, 다른 어떤 지방에서는 물을 뿌리기도 하고 색종이를 뿌리기도 하고 꽃잎을 뿌리기도 한다. 이것은 태고적 인류의 기원과 관련된 기억 때문인데, 지금의 인간은 관련된 기억을 잘 알지 못하고 있다.

또한 그 시절 그곳의 중생은 비법非法으로 간주하던 성행위를 지금에는 법으로 간주하고 있다. 그 시절 그곳의 중생이 성행위를 하면 한 달이건 두 달이건 마을이나 읍에 들어오지 못하게 하였다. 그 중생은 성행위의 비법에 대하여 아주 심하게 비난을 받았기 때문에 그러한 비법을 가리기 위해서 집을 짓게 되었다. 지금의 인간이 집을 짓고 집을 마련하여 집에서 사는 것도 태고적 인류의 기원과 관련된 기억 때문인데, 지금의 인간은 관련된 기억을 잘 알지 못하고 있다.

그러자 다시 태어난 중생은 잘생기게 태어나거나 못생기게 태어나거나 여자로 태어나거나 남자로 태어나거나 모두 용모에 미추가 더욱 두드러지고 여자와 남자가 더욱 두드러져 여자에게는 여자의 성기가 생기고 남자에게는 남자의 성기가 생긴 것을 그리고 애욕에 의한 성행위를 부끄럽게 여겼고 후회하였고 두려워하였다. 그들은 비록 쌀 열매를 먹을 것으로 삼고 그것을 양식으로 삼고 그것을 영양분으로 삼아서 긴 세월을 보냈지만 쌀 열매의 향과 맛에 빠지지 않았고 그것을 탐닉하지 않았고 그것의 폐해를 보았고 그것의 두려움을 보았다. 그들에게서 쌀 열매는 사라지지 않았고, 쌀 열매에서 그들은 사라지지 않았다. 이렇게 하여 도리천忉利天이라고도 하는 삼십삼천三十三天이 드러나게 되었고 알려지게 되었다.

사왕천 그러나 다른 어느 곳에서는 잘생긴 중생은 못생긴 중생에게 "우리는 이들보다 잘생겼다. 이들은 우리보다 못생겼다."라고 용모에 탐착하여 거만을 떨었다. 용모에 탐착한 그들의 거만과 자만이 팽배해지자 여자는 잘생긴 남자를, 남자는 잘생긴 여자를 지나치게 골똘히 생각하였다. 그들이 잘생긴 이성을 서로서로 지나치게 골똘히 생각하자 이성에 대한 애욕이 생겨났고, 몸에는 이러한 애욕으로 인한 열이 생겨났다. 그들은 이러한 애욕으로 인한 열을 반연하여 성행위를 하게 되었고 성행위에 빠지게 되었고 성행위에 탐닉하게 되었다.

그러자 이성과 성행위에 골똘한 어떤 중생이 게을러져서 이러한 생각이 들었다. "오, 나는 왜 저녁에 식사를 위해서 하나의 쌀 열매를 가져오고, 왜 아침에 식사를 위해서 하나의 쌀 열매를 가져와야 하는가! 이제는 아침이나 저녁에 식사를 위해서 한꺼번에 여러 쌀 열매들을 가져와야겠다." 그 중생은 아침이나 저녁에 식사를 위해서 한꺼번에 여러 쌀 열매들을 가지고 왔다. 그러자 이웃 중생이 그에게 다가와서 이렇게 말하였다. "여보시오, 이리 오시오. 나와 함께 쌀 열매를 가지러 갑시다." 그러자 그 중생은 이렇게 말하였다. "여보시오, 나는 쌀 열매가 충분히 있습니다. 나는 식사를 위해서 한꺼번에 쌀 열매를 여러 개 가지고 왔습니다.” 그러자 그 이웃 중생은 “그렇군요. 그렇게 하면 참으로 편리하고 좋겠군요.” 하면서 그를 본보기로 따라 하여 아침이나 저녁에 식사를 위해서 한꺼번에 쌀 열매를 여러 개 가지고 왔다.

그러자 두 번째, 세 번째 이웃 중생도 그에게 다가와서 이렇게 말하였다. “여보시오, 이리 오시오. 나와 함께 쌀 열매를 가지러 갑시다.” 그러자 그 중생은 이렇게 말하였다. “여보시오, 나는 쌀 열매가 충분히 있습니다. 나는 식사를 위해서 한꺼번에 쌀 열매를 여러 개 가지고 왔습니다.” 그러자 또 다른 이웃 중생은 “그렇군요. 그렇게 하면 참으로 편리하고 좋겠군요.” 하면서 그를 본보기로 따라 하여 아침이나 저녁에 식사를 위해서 한꺼번에 쌀 열매를 여러 개 가지고 왔다.

그 시절 그곳의 중생이 이렇게 쌀 열매를 축적하였고, 축적한 쌀 열매를 먹기 시작하자 그들에게서 쌀 열매는 사라져 버렸다. 쌀 열매가 사라지자 쌀 열매가 사라진 그곳에서 경작하지 않고도 열매 맺는 조악한 쌀이 생겨났다. 그것은 마치 땅속에서 풀이 생기듯이 생겨났다. 그것은 쌀 열매에는 미치지 못하나 여전히 속껍질도 없고 겉껍질도 없고 깨끗하고 향기롭고 맛있었다. 중생이 저녁에 식사를 위해서 조악한 쌀 열매를 따서 가져가면 아침에 그 조악한 쌀 열매는 원래대로 다 자라 있었고, 아침에 식사를 위해서 조악한 쌀 열매를 따서 가져가면 저녁에 그 조악한 쌀 열매는 원래대로 다 자라 있었다. 조악한 쌀 열매는 속껍질도 겉껍질도 없어서 버릴 것이라고는 하나도 없었으며 부드럽고 영양분이 갖추어져 여러 개의 조악한 쌀 열매로 한 끼 식사를 삼기에 부족함이 없었다. 그러자 중생은 조악한 쌀 열매를 먹기 위해서 다가갔다. 그들은 그것을 먹을 것으로 삼고 그것을 양식으로 삼고 그것을 영양분으로 삼아서 긴 세월을 보냈다. 그 세월 동안 중생의 몸은 더욱더 무거워지고 더욱더 견고하게 되었고 수명도 더욱더 짧아졌다. 그들은 수명이 더욱더 짧아져 그곳에서 목숨이 다하여 죽게 되었고, 그곳에서 다시 태생으로 태어났다. 다시 태어난 중생 가운데 어떤 중생은 지체가 원만하고 용모가 잘생기게 태어났지만 어떤 중생은 지체가 원만하지 못하고 용모가 못생기게 태어났다. 그들의 용모에 미추가 더욱더 두드러지고 여자와 남자가 더욱더 두드러져 여자에게는 여자의 성기가 생겼고 남자에게는 남자의 성기가 생겼다.

그러자 다시 태어난 중생은 잘생기게 태어나거나 못생기게 태어나거나 여자로 태어나거나 남자로 태어나거나 모두 용모에 미추가 더욱더 두드러지고 여자와 남자가 더욱더 두드러져 여자에게는 여자의 성기가 생겼고 남자에게는 남자의 성기가 생긴 것을 그리고 애욕에 의한 성행위에 빠지고 탐닉한 것을 부끄럽게 여겼고 후회하였고 두려워하였다. 그들은 비록 조악한 쌀 열매를 먹을 것으로 삼고 그것을 양식으로 삼고 그것을 영양분으로 삼아서 긴 세월을 보냈지만 조악한 쌀 열매의 향과 맛에 빠지지 않았고 그것을 탐닉하지 않았고 그것의 폐해를 보았고 그것의 두려움을 보았다. 그들에게서 조악한 쌀 열매는 사라지지 않았고, 조악한 쌀 열매에서 그들은 사라지지 않았다. 이렇게 하여 사왕천四王天이 드러나게 되었고 알려지게 되었으며, 육욕천六欲天이 알려지게 되었다.

인간세상 그러나 다른 어느 곳에서는 잘생긴 중생은 못생긴 중생에게 '우리는 이들보다 잘생겼다. 이들은 우리보다 못생겼다.'라고 용모에 탐착하여 거만을 떨었다. 용모에 탐착한 그들의 거만과 자만이 팽배해지자 여자는 잘생긴 남자를, 남자는 잘생긴 여자를 지나치게 골똘히 생각하였다. 그들이 잘생긴 이성을 서로서로 지나치게 골똘히 생각하자 이성에 대한 애욕이 생겨났고, 몸에는 이러한 애욕으로 인한 열이 생겨났다. 그들은 이러한 애욕으로 인한 열을 반연하여 성행위를 하게 되었고 성행위에 빠지게 되었고 성행위에 탐닉하게 되었다.

그 시절 그곳의 중생은 이성과 성행위에 골똘하여 게을러져서 조악한 쌀 열매를 축적하였고, 축적한 조악한 쌀 열매를 먹기 시작하자 그들에게서 조악한 쌀 열매는 사라져 버렸다. 조악한 쌀 열매가 사라지자 조악한 쌀 열매가 사라진 그곳에서 쌀이 생겨났다. 쌀은 속겨가 쌀을 에워쌌고 겉겨가 속겨와 쌀을 에워쌌다. 쌀은 경작하지 않으면 수확할 수 없었으며 한

번 수확을 위하여 베면 다시 자라지 않았고 경작지에서 무리를 지어 경작해야 자랄 수 있게 되었다. 쌀은 겉겨와 속겨를 힘들게 벗겨야 요리할 수 있었고 요리하지 않고서는 먹을 수 없었으며, 한 끼 식사를 위하여 많은 양의 쌀 알갱이가 필요하게 되어서 중생에게 결핍과 굶주림이란 것이 드러나게 되었고 알려지게 되었다. 이렇게 하여 인간세상이 드러나게 되었고 알려지게 되었다.

2 계급의 출현

와셋타여, 결핍과 굶주림이 드러나고 알려지자 사람들은 함께 모여서 논의하였다. "존자들이여, 쌀은 속겨가 쌀을 에워쌌고 겉겨가 속겨와 쌀을 에워쌌습니다. 쌀은 경작하지 않으면 수확할 수 없으며 한 번 수확을 위하여 베면 다시 자라지 않았고 경작지에서 무리를 지어 경작해야 자랄 수 있게 되었습니다. 쌀은 겉겨와 속겨를 힘들게 벗겨야 요리할 수 있고 요리하지 않고서는 먹을 수 없으며, 한 끼 식사를 위하여 많은 양의 쌀 알갱이가 필요하게 되었습니다. 그러니 이제 참으로 우리는 쌀을 적절하게 나누어야 합니다. 그리고 쌀 경작지의 경계를 설정해야 합니다." 그러자 사람들은 쌀을 적절하게 나누게 되었고 쌀 경작지의 경계를 설정하게 되었다.

그러자 어떤 사람이 탐심이 생겨서 자신의 몫은 잘 챙겨 두고 다른 사람의 몫은 주지 않았는데도 가져가서 먹었다. 사람들이 그를 붙잡아서 이렇게 말하였다. "여보시오, 그대는 사악함을 행하였소. 자신의 몫은 잘 챙겨 두고 다른 사람의 몫은 주지 않았는데도 가져가서 먹었소. 여보시오, 다시는 이런 짓을 하지 마시오." "알겠습니다, 존자들이여."라고 그는 대답하였다. 그와 같이 두 번째, 세 번째 다른 어떤 사람이 탐심이 생겨서 자신의 몫은 잘 챙겨 두고 다른 사람의 몫은 주지 않았는데도 가져가서 먹었다. 사람들이 두 번째, 세 번째 사람을 붙잡아서 이렇게 말하였다. "여보시오, 그대는 사악함을 행하였소. 자신의 몫은 잘 챙겨 두고 다른 사람의 몫은 주지 않았는데도 가져가서 먹었소. 여보시오, 다시는 이런 짓을 하지 마시오." "알겠습니다, 존자들이여."라고 그는 대답하였다. 그러나 또 다른 어떤 사람이 탐심이 생겨서 자신의 몫은 잘 챙겨 두고 다른 사람의 몫은 주지 않았는데도 가져가서 먹었다. 사람들이 그를 붙잡아서 이렇게 말하였다. "여보시오, 그대는 사악함을 행하였소. 자신의 몫은 잘 챙겨 두고 다른 사람의 몫은 주지 않았는데도 가져가서 먹었소. 여보시오, 다시는 이런 짓을 하지 마시오." "존자들이여, 나는 그런 짓을 하지 않았소. 나는 주지 않은 다른 사람의 몫을 가져가서 먹지 않았소."라고 그는 사람들에게 거짓말을 하였다. 그러자 어떤 사람은 그를 손으로 때렸다. 어떤 사람은 흙덩이로 때렸다. 어떤 사람은 몽둥이로 때렸다. 그때부터 주지 않은 것을 가지는 것이 드러나고 알려지게 되었다. 비난이 드러나고 알려지게 되었다. 거짓말이 드러나고 알려지게 되었다. 처벌이 드러나고 알려지게 되었다.

통치하는 계급 그러자 사람들은 함께 모여서 논의하였다. "존자들이여, 사악하고 해로운 법[惡法]이 우리에게 생겨났고 우리에게 사악하고 해로운 법이 생겨났기 때문에 주지 않은 것을 가지는 것이 드러나게 되었고 알려지게 되었고, 비난이 드러나게 되었고 알려지게 되었고, 거짓말이 드러나게 되었고 알려지게 되었고, 처벌이 드러나게 되었고 알려지게 되었습니다. 이제 우리는 참으로 주지 않은 것을 가지는 것이 드러나야 하는 경우 바르게 드러나도록 해야 하고, 비난해야 하는 경우 바르게 비난하여야 하고, 거짓말이 드러나야 하는 경우 바르게 드러나도록 해야 하고, 처벌해야 하는 경우 바르게 처벌하여야 하고, 추방해야 하는 경우 바르게 추방하여야 합니다. 우리는 우리를 대신하여 이러한 일을 바르게 할 수 있는 사람을 뽑아야 합니다. 그가 우리를 대신하여 이러한 일을 하는 대가로 우리는 각자 쌀의 몫을 적절하게 배분하여 그에게 줍시다." 그러자 사람들은 그들 가운데 매우 출중하고, 매우 잘생기고, 매우 믿음직하고, 매우 위력이 있는 사람에게 다가가서 이렇게 말하였다. "오십시오, 존자여. 존자께서는 우리를 대신하여 참으로 주지 않은 것을 가지는 것이 드러나야 하는 경우 바르게 드러나도록 해야 하고, 비난해야 하는 경우 바르게 비난하여야 하고, 거짓말이 드러나야 하는 경우 바르게 드러나도록 해야 하고, 처벌해야 하는 경우 바르게 처벌하여야 하고, 추방해야 하는 경우 바르게 추방하여야 합니다. 존자께서 우리를 대신하여 이러한 일을 하는 대가로 우리는 각자 쌀을 적절하게 배분하여 존자께 드리겠습니다." "그렇게 하겠습니다, 존자들이여."라고 그는 대답한 뒤 그들을 대신하여 참으로 주지 않은 것을 가지는 것이 드러나야 하는 경우 바르게 드러나도록 하였고, 비난해야 하는 경우 바르게 비난하였고, 거짓말이 드러나야 하는 경우 바르게 드러나도록 하였고, 처벌해야 하는 경우 바르게 처벌하였고, 추방해야 하는 경우 바르게 추방하였다. 그리고 그는 대가로 그 사람들로부터 각자 몫의 쌀을 받았다. 이렇게 하여 통치하는 자가 드러나게 되었고 알려지게 되었다.

통치하는 자는 많은 사람이 뽑았으므로 '큰 무리에서 선출된 자'라는 의미의 '마하삼마따, 마하삼마따[2]'라는 첫 번째로 생겨난 단어로 불리었으며, 많은 사람이 경작하는 토지의 주인이므로 '토지의 주인'이라는 의미의 '케따남 빠띠, 케따남 빠띠'라는 두 번째로 생겨난 단어로 불리었으며, 법으로 많은 사람을 통치하므로 '통치한다'라는 의미의 '카띠야, 카띠야'이라는 세 번째로 생겨난 단어로 불리었다. 그들은 카띠야 계급의 기원으로 이같이 카띠야 계급은 태고적 인류의 기원과 관련 있는데, 지금의 인간은 관련된 기억을 잘 알지 못하고 있다. 카띠야는 사람들로부터 생겨났으며 다른 것들로부터 생겨난 것이 아니며, 사람들에 의해서 생겨났으며 다른 것들에 의해서 생겨난 것이 아니다. 여기 카띠야, 브라만, 와이샤, 수드라의 네 가지 계급이 있는데, 지자들은 카띠야를 네 가지 계급 가운데서 첫 번째 출현한 계급이라고 하고 네 가지 계급 가운데서 첫 번째 출현한 계급이라고 부른다.[3]

---

2 인류 최초의 왕으로 석가족의 시조라는 기록이 있다. 제3장을 참고.

3 왕을 뽑은 많은 사람은 쌀농사를 짓는 자들이었다. 농경제를 지내는 왕은 이러한 기억이나 전통을 전수하는 것이다. 참고로 빨리어 카띠야는 후대에 범어 끄샤뜨리아로 대체하였으나 본서에서는 카띠야를 고수한다.

명상하는 계급 사람들 가운데 어떤 자들에게 이런 생각이 들었다. '사악하고 해로운 법이 사람들에게 생겨났고 사람들에게 사악하고 해로운 법이 생겨났기 때문에 주지 않은 것을 가지는 것이 드러나게 되었고 알려지게 되었고, 비난이 드러나게 되었고 알려지게 되었고, 거짓말이 드러나게 되었고 알려지게 되었고, 처벌이 드러나게 되었고 알려지게 되었다. 참으로 이러한 사악하고 해로운 법은 사라져야 한다. 사악하고 해로운 법이 사람들에게 팽배해지면 사람들은 슬픔·비탄·고통·고뇌·절망에 빠질 것이다. 우리는 사악하고 해로운 법을 없애야 하며 사악하고 해로운 법을 없애는 데 노력해야 한다.' 그들은 사악하고 해로운 법을 없애는 데 노력하였고 그들에게서 사악하고 해로운 법은 사라지고 없어졌다.

그들은 세상을 버리고 집을 떠나 출가하여 숲속이나 외진 처소에서 머물면서 선법善法을 행하고 명상을 닦았다. 그들은 음식을 위한 숯불이나 장작불을 피우지 않았고 연기를 내지 않았고 절굿공이를 내려놓았으며, 식사를 위해서 마을이나 읍이나 성읍으로 내려가서 걸식하였다. 그들은 식사를 마친 뒤 다시 숲속이나 외진 처소에서 머물면서 선법과 명상을 닦았다. 그들은 숲에서 숲으로 또는 외진 처소에서 외진 처소로 유행遊行하였다. 그들은 사람들 사이에 이렇게 회자되었다. "여보시오. 그 존자들은 세상을 버리고 집을 떠나 출가하여 숲속이나 외진 처소에서 머물면서 선법과 명상을 닦습니다. 그 존자들은 음식을 위한 숯불이나 장작불을 피우지 않고 연기를 내지 않고 절굿공이를 내려놓으며, 식사를 위해서 마을이나 읍이나 성읍으로 내려가서 걸식합니다. 그들은 식사를 마친 뒤 다시 숲속이나 외진 처소에서 머물면서 선법과 명상을 닦습니다. 그들은 숲에서 숲으로 또는 외진 처소에서 외진 처소로 유행합니다."

그러나 그들 가운데 어떤 자들은 걸식하면서 숲속이나 외진 처소에서 선법과 명상 닦는 것을 감당할 수 없었다. 그러자 어떤 자는 ①'떨어진 열매나 먹는 자가 되리라.' 하면서 필수품을 나르는 막대기를 어깨에 메고 숲속으로 깊이 들어가 명상을 성취한 자를 위해 필수품을 나르면서 얻은 음식이나 떨어진 열매로 살아가며 전적으로 명상을 성취한 자를 시중드는 자 정도로 되거나, ②'구근류나 뿌리를 먹는 자가 되리라.' 하면서 삽과 바구니를 가지고 숲속으로 들어가 때때로 명상을 성취한 자를 위해 시중들면서 얻은 음식이나 직접 농사지은 음식으로 살아가며 전적으로 명상을 성취한 자를 시중드는 자 정도로 되거나, ③'숲과 마을을 오가는 사문이나 브라만을 내 능력과 힘이 되는대로 섬기리라.' 하면서 마을의 경계나 성읍의 경계에 사원을 짓고 정착하면서 명상을 성취한 자를 시중드는 자들을 시중들면서 얻은 음식이나, 마을 사람을 위해 시중들면서 제사나 축원으로 얻은 제물로 살아가며 전적으로 마을 사람들이나 명상을 성취한 자를 시중드는 자들을 시중드는 자 정도로 되거나, ④'사거리를 지나는 사문이나 브라만을 내 능력과 힘이 되는대로 섬기리라.' 하면서 사거리에 네 개의 문을 가진 사원을 짓고 정착하면서 마을에 일이 있어 사거리를 지나는 사문이나 브라만을 시중들면서 얻은 음식이나, 마을 사람을 위해 시중들면서 제사나 축원으로 얻은 제물로 살아가며 전적으로 마을 사람들이나 사문이나 브라만들을 시중드는 자 정도로 되고 만다. 이같이 그들은 더 이상 숲속이나 외진 처소에서 머물면서 명상을 닦지 않았다. 그들은 사람들 사이에 이렇게 회자되었다. "여보시오. 그 존자들은 걸식하면서 숲속이나 외진 처소에서 명상을 닦는 것을 감당할 수 없습니다. 그들은 숲속이나 외진 처소를 떠나 마을이나 읍이나 성읍의 경계로 내려와 걸식하지 않고 정착합니다. 그들은 더 이상 숲속이나 외진 처소에서 머물면서 명상을 닦지 않습니다." 이렇게 하여 명상 닦는 자가 드러나게 되었고 알려지게 되었다.

그들은 세상을 버리고 집을 떠나 숲속이나 외진 처소에서 머물면서 걸식하였으므로 '걸식하는 자'라는 의미의 '비구, 비구'라는 단어나 악법을 없애고 선법과 명상을 닦는 노력을 하였으므로 '노력하는 자'라는 의미의 '슈라만[沙門], 슈라만'이라는 단어나 숲속이나 외진 처소에서 머물면서 명상을 닦았으므로 '명상하는 자'라는 의미의 '자야꺄, 자야까'라는 단어로 불리었다. 그들은 이렇게 첫 번째로 생겨난 단어로 불리었다. 그러나 더 이상 숲속이나 외진 처소를 떠나 걸식하지 않고 정착하며 명상을 닦지 않았던 자들은 '명상 닦지 않는 자'라는 의미의 '앗자야까[4], 앗자야까'라는 두 번째로 생겨난 단어로 불리었다. 그 시절 사람들은 앗자야까를 자야꺄보다 저열한 자로 간주하였지만 지금 이 시대 사람들은 반드시 그렇게 간주하지 않는다. 앗자야까는 브라만의 기원이 된다. 이같이 슈라만이나 브라만 계급은 태고적 인류의 기원과 관련 있는데, 지금의 인간은 관련된 기억을 잘 알지 못하고 있다. 슈라만이나 브라만은 사람들로부터 생겨났으며 다른 것들로부터 생겨난 것이 아니며, 사람들에 의해서 생겨났으며 다른 것들에 의해서 생겨난 것이 아니다. 지자知者들은 슈라만이나 브라만을 네 가지 계급 가운데서 두 번째 출현한 계급이라고 하고 네 가지 계급 가운데서 두 번째 출현한 계급이라고 부른다.

직업을 가진 계급 사람들 가운데 어떤 자들에게 이런 생각이 들었다. '사악하고 해로운 법이 사람들에게 생겨났고 사람들에게 사악하고 해로운 법이 생겨났기 때문에 주지 않은 것을 가지는 것이 드러나게 되었고 알려지게 되었고, 비난이 드러나게 되었고 알려지게 되었고, 거짓말이 드러나게 되었고 알려지게 되었고, 처벌이 드러나게 되었고 알려지게 되었다. 비난과 처벌과 추방은 부끄러운 일이며 후회할 일이며 두려운 일이다. 비난과 처벌과 추방을 피하면서 결핍과 굶주림을 벗어나기 위하여 적절한 직업을 가져야 한다.' 그들은 쌀농사를 짓는 것을 포함하여 여러 가지 직업을 가졌다. 이렇게 하여 직업을 가진 자가 드러나게 되었고 알려지게 되었다.

그들은 여러 가지 직업을 가졌으므로 '여러 가지 직업을 가진 자'라는 의미의 단어로 불리었다. 그들은 와이샤 계급의 기원으로 이같이 와이샤 계급은 태고적 인류의 기원과 관련 있는데, 지금의 인간은 관련된 기억을 잘 알지 못하고 있다. 와이샤는 사람들로부터 생겨났으며 다른 것들로부터 생겨난 것이 아니며, 사람들에 의해서 생겨났으며 다른 것들에 의해서 생겨난 것이 아니다. 지자들은 와이샤를 네 가지 계급 가운데서 세 번

4 아리아인들의 침입 이전의 앗자야까조차 니까야에서는 편의상 브라만이라고 통칭한다.

째 출현한 계급이라고 하고 네 가지 계급 가운데서 세 번째 출현한 계급이라고 부른다.

잡일 하는 계급 사람들 가운데 나머지 사람들에게 이런 생각이 들었다. '사악하고 해로운 법이 사람들에게 생겨났고 사람들에게 사악하고 해로운 법이 생겨났기 때문에 주지 않은 것을 가지는 것이 드러나게 되었고 알려지게 되었고, 비난이 드러나게 되었고 알려지게 되었고, 거짓말이 드러나게 되었고 알려지게 되었고, 처벌이 드러나게 되었고 알려지게 되었다. 비난과 처벌과 추방은 부끄러운 일이며 후회할 일이며 두려운 일이다. 비난과 처벌과 추방을 피하면서 결핍과 굶주림을 벗어나기 위하여 가져야 하는 직업은 힘들고 어려운 일이다. 그러나 사냥이나 잡일은 쉽고 용이하다.' 그들은 사냥이나 여러 가지 잡일을 하였다. 이렇게 하여 사냥이나 잡일 하는 자가 드러나게 되었고 알려지게 되었다.

그들은 사냥이나 여러 가지 잡일을 하였으므로 '사냥이나 잡일 하는 자'라는 의미의 단어로 불리었다. 그들은 수드라 계급의 기원으로 이같이 수드라 계급은 태고적 인류의 기원과 관련 있는데, 지금의 인간은 관련된 기억을 잘 알지 못하고 있다. 수드라는 사람들로부터 생겨났으며 다른 것들로부터 생겨난 것이 아니며, 사람들에 의해서 생겨났으며 다른 것들에 의해서 생겨난 것이 아니다. 지자들은 수드라를 네 가지 계급 가운데서 네 번째 출현한 계급이라고 하고 네 가지 계급 가운데서 네 번째 출현한 계급이라고 부른다.[5]

3 인류 타락의 역사

비구들이여, 옛날에 달하네미라는 왕이 있었다. 그는 전륜성왕으로 정의

---

5 후대에는 전쟁에 패한 카띠야 계급이 잡일하는 계급으로 전락하기도 하였다.

로운 분이요 법다운 왕이었고 사방을 정복한 승리자였으며 나라를 안정되게 하였다. 그는 바다를 끝으로 하는 전 대지를 징벌과 무력을 쓰지 않고 정복하여 법으로써 승리하였고 법으로써 통치하였다. 달하네미 왕은 수만 년의 많은 세월이 지난 뒤 "참으로 나는 인간의 감각적 욕망을 누릴 만큼 충분히 누렸다. 이제 인간의 감각적 욕망을 버리고 하늘의 즐거움을 추구할 때로구나. 왕자여, 너는 이 왕국을 넘겨받아라. 나는 이제 머리와 수염을 깎고 물들인 옷을 입고, 왕궁을 떠나 출가할 것이다."라고 말하고 왕세자를 왕위에 잘 옹립한 뒤 왕궁을 떠나 출가하여 선인이 되었다. 출가한 지 7일이 되자 전륜성왕의 일곱 가지 보배 가운데 첫째인 신성한 윤보輪寶가 사라져 버렸다.

그러자 대관식을 마치고 카띠야 왕이 된 왕세자는 부왕이었던 선인에게 다가가서 이렇게 여쭈었다. "폐하, 소자는 성심을 다하여 신성한 전륜성왕의 의무를 잘 이행할 것입니다. 폐하, 그런데 신성한 전륜성왕의 의무란 어떠한 것입니까?" 선인은 카띠야 왕에게 대답하였다. "왕이여, 신성한 전륜성왕의 의무란 이러하다. 왕이여, 참으로 그대는 법을 의지하고 법을 존경하고 법을 존중하고 법을 숭상하고 법을 예배하고 법을 공경하고 법을 깃발로 하고 법을 상징물로 하고 법을 우선하여 그대의 백성을 법답게 살피고 감싸고 보호하라. 그대는 그대의 군대들과 카띠야들과 가신들과 사문이나 브라만들과 장자들과 읍과 지방과 변방에 사는 백성들과 그대의 영토에 머무는 짐승들과 새들을 법답게 살피고 감싸고 보호하라. 왕이여, 그대의 영토에서 법답지 못한 행위들이 퍼지지 않도록 하라. 왕이여, 그대의 영토에서 굶주리거나 가난한 자가 있으면 그들에게 음식을 나누어 굶주림을 벗어나게 하고 재물을 나누어 가난을 벗어나게 하라. 왕이여, 그대의 영토에서 머무는 어떤 사문이나 브라만들은 자만과 방일함을 금하고 선법과 명상에 전념하면서 각자 자신을 길들이고 각자 자신을 제어하고 각자 자신을 적정寂靜하게 한다. 그대는 그러한 사문이나 브라만들에게 때때로 다가가서 이렇게 질문하고 그 내용을 파악해야 한다. '존자시여, 무엇이 유익한 것이고 무엇이 해로운 것입니까? 무엇이 비난받는 것이고 무엇이 비난받지 않는 것입니까? 무엇을 받들어 행해야 하고 무엇을 받들어 행하지 말아야 합니까? 무엇을 행하면 오랜 세월 제게 불이익과 괴로움이 있으며 무엇을 행하면 오랜 세월 제게 이익과 행복이 있겠습니까?' 그들로부터 답변을 들은 뒤 해로운 것은 없애 버리고 유익한 것은 수지受持해야 하며, 비난받는 것은 없애 버리고 비난받지 않는 것은 수지해야 하며, 받들어 행하지 말아야 하는 것은 없애 버리고 받들어 행하여야 하는 것은 수지해야 하며, 오랜 세월 불이익과 괴로움이 있는 것은 행하지 말아야 하고 오랜 세월 이익과 행복이 있는 것은 행하여야 한다. 왕이여, 이것이 신성한 전륜성왕의 의무이다."

카띠야 왕은 "폐하, 소자는 성심을 다하여 신성한 전륜성왕의 의무를 잘 이행하겠습니다."라고 대답한 뒤 왕궁으로 돌아가 신성한 전륜성왕의 의무를 잘 이행하였다. 달하네미 전륜성왕처럼 둘째 왕도, 셋째 왕도, 넷째 왕도, 다섯째 왕도, 여섯째 왕도, 일곱째 왕도 모두 전륜성왕으로 전륜성왕의 의무를 선대와 같이 잘 이행하였다.

도둑질 어느 때 일곱째 전륜성왕이 달하네미 왕처럼 수만 년의 많은 세월이 지난 뒤 어떤 신하를 불러서 "여보게, 그대는 만일 신성한 윤보가 내전의 어떤 문에 고정된 장소에서 물러나 떨어지면 그 사실을 나에게 알려다오."라고 말하였다. 그 신하는 "알겠습니다, 폐하. 그렇게 하겠습니다, 폐하."라고 왕에게 대답하였다. 그 신하는 수백, 수천 년의 많은 세월이 지난 뒤 신성한 윤보가 내전의 어떤 문에 고정된 장소에서 물러나 떨어진 것을 보고 왕에게 다가갔다. "폐하, 폐하께서는 아셔야 합니다. 신성한 윤보가 내전의 어떤 문에 고정된 장소에서 물러나 떨어졌습니다."라고 말하였다. 그러자 왕은 왕세자를 불러서 이렇게 말하였다. "왕자여, 이리 가까이 오너라. 이제 신성한 윤보가 내전의 어떤 문에 고정된 장소에서 물러나 떨어졌다. 나는 '만일 전륜성왕의 신성한 윤보가 내전의 어떤 문에 고정된 장소에서 물러나 떨어지면 이제 그 왕은 오래 살지 못한다.'라고 들었다. 참으로 나는 인간의 감각적 욕망을 누릴 만큼 충분히 누렸다. 이제 인간의 감각적 욕망을 버리고 하늘의 즐거움을 추구할 때로구나. 왕자여, 너는 이 왕국을 넘겨받아라. 나는 이제 머리와 수염을 깎고 물들인 옷을 입고, 왕궁을 떠나 출가할 것이다.” 그러자 왕은 왕세자를 왕위에 잘 옹립한 뒤 머리와 수염을 깎고 물들인 옷을 입고, 왕궁을 떠나 출가하여 선인이 되었다. 출가한 지 7일이 되자 신성한 윤보가 사라져 버렸다.

그러자 어떤 신하가 대관식을 마치고 카띠야 왕이 된 왕세자에게 다가갔다. 그는 “폐하, 폐하께서는 아셔야 합니다. 신성한 윤보가 사라졌습니다.”라고 말하였다. 그러자 카띠야 왕은 신성한 윤보가 사라지자 마음이 언짢았고 크게 상심하였다. 그러나 그는 부왕이었던 선인에게 다가가 신성한 전륜성왕의 의무에 대하여 여쭙지 않았다. 그는 진실로 전체 왕국을 직접 다스렸다. 그가 전체 왕국을 직접 다스리자 이전의 왕들이 신성한 전륜성왕의 의무를 이행하던 과거처럼 왕국이 번창하지 않았다. 그러자 대신들과 측근들과 재정 담당자들이 모여들어 카띠야 왕에게 이렇게 말하였다. “폐하, 폐하께서 전체 왕국을 직접 다스리자 선왕들이 신성한 전륜성왕의 의무를 이행하던 과거처럼 왕국이 번창하지 않습니다. 폐하의 영토에는 충성스러운 대신들과 측근들과 재정 담당자들이 있습니다. 저희는 신성한 전륜성왕의 의무를 잘 기억하고 있습니다. 폐하, 참으로 폐하께서 저희에게 신성한 전륜성왕의 의무에 대해서 하문下問하여 주십시오. 그러면 저희는 성심껏 폐하께 신성한 전륜성왕의 의무를 설명해 드릴 것입니다.” 그러자 카띠야 왕은 대신들과 측근들과 재정 담당자들을 모이게 한 뒤 신성한 전륜성왕의 의무에 대하여 질문을 하였고 그들은 왕에게 신성한 전륜성왕의 의무를 설명하였다. 그들의 설명을 들은 뒤 왕은 백성들을 법답게 살피고 감싸고 보호하였지만 가난한 자들에게 재물을 나누어 주지 않았다. 가난한 자들에게 재물을 나누어 주지 않자 빈곤이 크게 퍼졌다.

빈곤이 크게 퍼지자 어떤 사람은 남들이 주지 않은 것을 가지는 도둑질이라는 것을 하였다. 그러자 신하들은 그 사람을 체포하여 왕에게 데리고 가서 왕에게 아뢰었다. “폐하, 이 사람은 남들이 주지 않은 것을 가지는 도둑질을 하였습니다.” 그러자 왕은 그 사람에게 이렇게 말하였다. “여보게, 이 사람아. 그대가 남들이 주지 않은 것을 가지는 도둑질을 하였다는 것이 사실인가?” 그 사람은 대답하였다. “사실입니다, 폐하.” “왜 그런 짓을 하였는가?” “폐하, 저는 너무 가난하여 생계를 꾸려 나갈 수 없었기 때문입니다.” 그러자 왕은 가난한 자들에게 재물을 나누어 주어야 하는 신성한 전륜성왕의 의무를 기억하고는 그 사람에게 재물을 나누어 주었다. “여보게, 이 사람아. 이 재물로 생계를 꾸려 나가라. 부모를 봉양하라. 처자식을 부양하라. 그리고 열심히 일하여라. 사문과 브라만에게 보시를 많이 하라. 그러한 보시는 고귀한 결말을 가져다주고 신성한 결말을 가져다주며 행복을 익게 하고 천상에 태어나게 한다.” 그 사람은 “그렇게 하겠습니다, 폐하.”라고 왕에게 대답하였다.

다른 어떤 두 번째, 세 번째 사람도 남들이 주지 않은 것을 가지는 도둑질을 하였다. 그러자 신하들은 그 사람을 체포하여 왕에게 데리고 가서 왕에게 아뢰었다. “폐하, 이 사람은 남들이 주지 않은 것을 가지는 도둑질을 하였습니다.” 그러자 왕은 그 사람에게 이렇게 말하였다. “여보게, 이 사람아. 그대가 남들이 주지 않은 것을 가지는 도둑질을 하였다는 것이 사실인가?” 그 사람은 대답하였다. “사실입니다, 폐하.” “왜 그런 짓을 하였는가?” “폐하, 저는 너무 가난하여 생계를 꾸려 나갈 수 없었기 때문입니다.” 그러자 왕은 그 사람에게 재물을 나누어 주었다. “여보게, 이 사람아. 이 재물로 생계를 꾸려 나가라. 부모를 봉양하라. 처자식을 부양하라. 그리고 열심히 일하여라. 사문과 브라만에게 보시를 많이 하라. 그러한 보시는 고귀한 결말을 가져다주고 신성한 결말을 가져다주며 행복을 익게 하고 천상에 태어나게 한다.” 그 사람은 “그렇게 하겠습니다, 폐하.”라고 왕에게 대답하였다.

그러자 사람들은 “여보게들, 남들이 주지 않은 것을 가지는 도둑질을 한 사람에게 왕은 재물을 나누어 준다네.”라는 말을 들었다. 그 말을 듣자 그들에게 “참으로 우리도 남들이 주지 않은 것을 가지는 도둑질을 해야겠다.”라는 생각이 들었다. 어떤 사람이 남들이 주지 않은 것을 가지는 도둑질을 하였다. 그러자 신하들은 그 사람을 체포하여 왕에게 데리고 가서 왕에게 아뢰었다. "폐하, 이 사람은 남들이 주지 않은 것을 가지는 도둑질을 하였습니다." 그러자 왕은 그 사람에게 이렇게 말하였다. "여보게, 이 사람아. 그대가 남들이 주지 않은 것을 가지는 도둑질을 하였다는 것이 사실인가?" 그 사람은 대답하였다. "사실입니다, 폐하." "왜 그런 짓을 하였는가?" "폐하, 저는 폐하께서 도둑질한 사람들에게 재물을 나누어 준다는 소문을 듣고 재물을 얻고자 하였기 때문입니다."

그러자 왕에게 이런 생각이 들었다. '내가 만일 도둑질하는 사람마다 재물을 나누어 준다면 도둑질이 많이 증가할 것이다. 재물을 나누어 줌으로써 도둑질을 없앨 수는 없다. 도둑질을 없애기 위하여 도둑질하는 사람을 극형으로 다스려야 하리라. 그러니 나는 일벌백계로 이 사람에게 최고의 형벌을 가해야겠다. 극형에 처해야겠다. 그의 머리를 잘라 버려야겠다.' 그러자 왕은 신하들에게 명하였다. "여봐라, 이 자를 단단한 사슬로 손을 뒤로 꽁꽁 묶어서 머리를 깎고 둔탁한 북소리와 함께 도성의 이 골목 저 골목, 이 거리 저 거리로 끌고 다니다가 도성의 남문 밖으로 끌고 가 그곳에서 최고의 형벌을 가하라. 극형에 처하라. 날카로운 무기로 그의 머리를 잘라 버려라." 그러자 신하들은 "알겠나이다, 폐하. 분부대로 거행하겠나이다."라고 대답을 한 뒤 그 사람을 단단한 사슬로 손을 뒤로 꽁꽁 묶어서 머리를 깎고 둔딕한 북소리와 함께 도성의 이 골목 저 골목, 이 거리 저 거리로 끌고 다니다가 도성의 남문 밖으로 끌고 가 그곳에서 날카로운 무기로 그의 머리를 잘라 버렸다.

살생 그러자 사람들은 "여보게들, 남들이 주지 않은 것을 가지는 도둑질이라는 것을 한 사람에게 왕은 최고의 형벌을 가한다네. 극형에 처한다네. 날카로운 무기로 그의 머리를 잘라 버린다네."라고 들었다. 너무 가난하여 생계를 꾸려 나갈 수 없었던 사람들이 그 말을 듣자 그들에게 '참으로 우리도 날카로운 무기을 만들리라. 그래서 생계를 위하여 어쩔 수 없이 도둑질하더라도 체포되지 않도록 날카로운 무기를 사용하리라. 날카로운 무기로 우리의 머리를 잘라 버리려는 그들을 먼저 죽여 버리리라. 날카로운 무기로 그들의 머리를 잘라 버리리라.'라는 생각이 들었다. 그들은 날카로운 무기를 만들었다. 그래서 날카로운 무기로 마을을 노략질하러 다녔고 읍을 노략질하러 다녔고 도시를 노략질하러 다녔고 노상 강도질하러 다녔으며 때때로 사람들을 해치거나 죽였다. 주지 않은 것을 가지는 도둑질이라는 것을 하는 자들에게 최고의 형벌을 가하였고 극형에 처하였고 날카로운 무기로 그들의 머리를 잘라 버렸으나 도둑질은 줄어들지 않았다.

이같이 재물이 없는 자들에게 재물을 나누어 주지 않자 빈곤이 퍼졌다. 빈곤이 크게 퍼지자 도둑질이 퍼졌다. 도둑질이 크게 퍼지자 날카로운 무기가 퍼졌다. 날카로운 무기가 크게 퍼지자 살생이 퍼졌다. 살생이 크게 퍼지자 중생의 수명은 줄어들었고 용모는 추해졌다. 그들의 수명이 줄어들고 용모도 추해지자 8만 4천 년의 수명을 가진 인간의 자손들은 오직 4만 년의 수명만 가지게 되었다.

거짓말 인간이 오직 4만 년의 수명만 가지게 되었을 때 어떤 사람이 도둑질하였다. 그러자 신하들은 도둑질한 사람을 체포하여 왕에게 데리고 가서 아뢰었다. "폐하, 이 사람은 도둑질하였습니다." 그러자 왕은 그 사람에게 이렇게 말하였다. "여보게, 이 사람아. 그대가 도둑질하였다는 것이 사실인가?" 그 사람은 극형을 모면하고자 대답하였다. "그렇지 않습니다, 폐하. 저는 도둑질을 하지 않았습니다." 이처럼 그는 고의적인 거짓말을 하였다.

비구들이여, 이같이 재물이 없는 자들에게 재물을 나누어 주지 않자 빈곤이 퍼졌다. 빈곤이 크게 퍼지자 도둑질이 퍼졌다. 도둑질이 크게 퍼지자 날카로운 무기가 퍼졌다. 날카로운 무기가 크게 퍼지자 살생이 퍼졌다. 살생이 크게 퍼지자 거짓말이 퍼졌다. 거짓말이 크게 퍼지자 중생의 수명은 줄어들었고 용모는 추해졌다. 그들의 수명이 줄어들고 용모도 추해지자 4만 년의 수명을 가진 인간의 자손들은 오직 2만 년의 수명만 가지게 되었다.

이간질 인간이 오직 2만 년의 수명만 가지게 되었을 때 어떤 사람들이 도둑질하였다. 그러자 도둑질한 사람들은 극형을 모면하고자 도둑질하지 않은 사람들을 왕에게 고하여 바쳤다. "폐하, 폐하께서는 아셔야 합니다. 저 사람들은 도둑질하였습니다." 이처럼 그들은 이간질하였다.

이같이 재물이 없는 자들에게 재물을 나누어 주지 않자 빈곤이 퍼졌다. 빈곤이 크게 퍼지자 도둑질이 퍼졌다. 도둑질이 크게 퍼지자 날카로운 무기가 퍼졌다. 날카로운 무기가 크게 퍼지자 살생이 퍼졌다. 살생이 크게 퍼지자 거짓말이 퍼졌다. 거짓말이 크게 퍼지자 이간질이 퍼졌다. 이간질이 크게 퍼지자 중생의 수명은 줄어들었고 용모는 추해졌다. 그들의 수명이 줄어들고 용모도 추해지자 2만 년의 수명을 가진 인간의 자손들은 오직 1만 년의 수명만 가지게 되었다.

삿된 음행 인간이 오직 1만 년의 수명만 가지게 되었을 때 어떤 사람들은 용모가 준수하였고 어떤 사람들은 용모가 추하였다. 그러자 어떤 사람이 준수한 용모를 가진 사람을 선망하게 되었고, 마침내 준수한 용모를 가진 남의 아내를 범하게 되었다. 이처럼 그는 삿된 음행을 하였다.

이같이 재물이 없는 자들에게 재물을 나누어 주지 않자 빈곤이 퍼졌다. 빈곤이 크게 퍼지자 도둑질이 퍼졌다. 도둑질이 크게 퍼지자 날카로운 무기가 퍼졌다. 날카로운 무기가 크게 퍼지자 살생이 퍼졌다. 살생이 크게 퍼지자 거짓말이 퍼졌다. 거짓말이 크게 퍼지자 이간질이 퍼졌다. 이간질이 크게 퍼지자 삿된 음행이 퍼졌다. 삿된 음행이 크게 퍼지자 중생의 수명은 줄어들었고 용모는 추해졌다. 그들의 수명이 줄어들고 용모도 추해지자 1만 년의 수명을 가진 인간의 자손들은 오직 5천 년의 수명만 가지게 되었다.

나쁜 말과 잡담 인간이 오직 5천 년의 수명만 가지게 되었을 때 어떤 사람이 남의 아내를 범하게 되었다. 그러자 어떤 남편은 아내를 범한 사람을 비난하고자 나쁜 말을 하였고, 남의 아내를 범한 자는 쓸데없는 말을 하였다. 또한 어떤 사람은 도둑질하고 거짓말을 하고 이간질하면서 쓸데없는 말을 하였다. 이처럼 사람들은 나쁜 말과 잡담을 하였다.

이같이 재물이 없는 자들에게 재물을 나누어 주지 않자 빈곤이 퍼졌다. 빈곤이 크게 퍼지자 도둑질이 퍼졌다. 도둑질이 크게 퍼지자 날카로운 무기가 퍼졌다. 날카로운 무기가 크게 퍼지자 살생이 퍼졌다. 살생이 크게 퍼지자 거짓말이 퍼졌다. 거짓말이 크게 퍼지자 이간질이 퍼졌다. 이간질이 크게 퍼지자 삿된 음행이 퍼졌다. 삿된 음행이 크게 퍼지자 나쁜 말과 잡담이 퍼졌다. 나쁜 말과 잡담이 크게 퍼지자 중생의 수명은 줄어들었고 용모는 추해졌다. 그들의 수명이 줄어들고 용모도 추해지자 5천 년의 수명을 가진 인간의 자손들은 오직 2천 년에서 2천5백 년의 수명만 가지게 되었다.

악의와 탐욕 인간이 오직 2천 년에서 2천5백 년의 수명만 가지게 되었을 때 어떤 사람들이 나쁜 말과 잡담을 하였다. 그러자 나쁜 말 하는 어떤 사람은 악의를 품게 되었고, 잡담하는 어떤 사람은 탐욕을 품게 되었다. 이처럼 사람들은 악의와 탐욕을 품게 되었다.

이같이 재물이 없는 자들에게 재물을 나누어 주지 않자 빈곤이 퍼졌다. 빈곤이 크게 퍼지자 도둑질이 퍼졌다. 도둑질이 크게 퍼지자 날카로운 무기가 퍼졌다. 날카로운 무기가 크게 퍼지자 살생이 퍼졌다. 살생이 크게 퍼지자 거짓말이 퍼졌다. 거짓말이 크게 퍼지자 이간질이 퍼졌다. 이간질이 크게 퍼지자 삿된 음행이 퍼졌다. 삿된 음행이 크게 퍼지자 나쁜 말과 잡담이 퍼졌다. 나쁜 말과 잡담이 크게 퍼지자 악의와 탐욕이 퍼졌다. 악의와 탐욕이 크게 퍼지자 중생의 수명은 줄어들었고 용모는 추해졌다. 그들의 수명이 줄어들고 용모도 추해지자 2천 년에서 2천5백 년의 수명을 가진 인간의 자손들은 오직 1천 년의 수명만 가지게 되었다.

삿된 견해 인간이 오직 1천 년의 수명만 가지게 되었을 때 어떤 사람들이 악의와 탐욕을 품었다. 그러자 악의와 탐욕을 품은 어떤 사람은 마음이 오염되어 정견正見을 보지 못하고 삿된 견해를 가지게 되었다. 이처럼 사람들에게 삿된 견해가 퍼졌다.

이같이 재물이 없는 자들에게 재물을 나누어 주지 않자 빈곤이 퍼졌다. 빈곤이 크게 퍼지자 도둑질이 퍼졌다. 도둑질이 크게 퍼지자 날카로운 무기가 퍼졌다. 날카로운 무기가 크게 퍼지자 살생이 퍼졌다. 살생이 크게 퍼지자 거짓말이 퍼졌다. 거짓말이 크게 퍼지자 이간질이 퍼졌다. 이간질이 크게 퍼지자 삿된 음행이 퍼졌다. 삿된 음행이 크게 퍼지자 나쁜 말과 잡담이 퍼졌다. 나쁜 말과 잡담이 크게 퍼지자 악의와 탐욕이 퍼졌다. 악의와 탐욕이 크게 퍼지자 삿된 견해가 퍼졌다. 삿된 견해가 크게 퍼지자 중생의 수명은 줄어들었고 용모는 추해졌다. 그들의 수명이 줄어들고 용모도 추해지자 1천 년의 수명을 가진 인간의 자손들은 오직 5백 년의 수명만 가지게 되었다.

삿된 법 인간이 오직 5백 년의 수명만 가지게 되었을 때 어떤 사람들이 삿된 견해를 품었다. 그러자 삿된 견해를 품은 어떤 사람은 삿된 법을 좋아하고 삿된 법을 따르고 삿된 법을 주장하였다. 이처럼 사람들에게 삿된 법이 퍼졌다.

이같이 재물이 없는 자들에게 재물을 나누어 주지 않자 빈곤이 퍼졌다. 빈곤이 크게 퍼지자 도둑질이 퍼졌다. 도둑질이 크게 퍼지자 날카로운 무기가 퍼졌다. 날카로운 무기가 크게 퍼지자 살생이 퍼졌다. 살생이 크게 퍼지자 거짓말이 퍼졌다. 거짓말이 크게 퍼지자 이간질이 퍼졌다. 이간질이 크게 퍼지자 삿된 음행이 퍼졌다. 삿된 음행이 크게 퍼지자 나쁜 말과 잡담이 퍼졌다. 나쁜 말과 잡담이 크게 퍼지자 악의와 탐욕이 퍼졌다. 악의와 탐욕이 크게 퍼지자 삿된 견해가 퍼졌다. 삿된 견해가 크게 퍼지자 삿된 법이 퍼졌다. 삿된 법이 크게 퍼지자 중생의 수명은 줄어들었고 용모는 추해졌다. 그들의 수명이 줄어들고 용모도 추해지자 5백 년의 수명을 가진 인간의 자손들은 오직 2백 년에서 2백5십 년의 수명만 가지게 되었다.

타락한 법 인간들이 오직 2백 년에서 2백5십 년의 수명만 가지게 되었을 때 어떤 사람들이 삿된 법에 얽매였다. 그러자 삿된 법에 얽매인 어떤 사람은 어머니를 공경하지 않고, 아버지를 공경하지 않고, 연장자나 어른을 공경하지 않고, 비구나 사문을 공경하지 않았다. 이처럼 사람들에게 타락한 법이 퍼졌다.

이같이 재물이 없는 자들에게 재물을 나누어 주지 않자 빈곤이 퍼졌다. 빈곤이 크게 퍼지자 도둑질이 퍼졌다. 도둑질이 크게 퍼지자 날카로운 무기가 퍼졌다. 날카로운 무기가 크게 퍼지자 살생이 퍼졌다. 살생이 크게 퍼지자 거짓말이 퍼졌다. 거짓말이 크게 퍼지자 이간질이 퍼졌다. 이간질이 크게 퍼지자 삿된 음행이 퍼졌다. 삿된 음행이 크게 퍼지자 나쁜 말과 잡담이 퍼졌다. 나쁜 말과 잡담이 크게 퍼지자 악의와 탐욕이 퍼졌다. 악의와 탐욕이 크게 퍼지자 삿된 견해가 퍼졌다. 삿된 견해가 크게 퍼지자 삿된 법이 퍼졌다. 삿된 법이 크게 퍼지자 타락한 법이 퍼졌다. 타락한 법이 크게 퍼지자 중생의 수명은 줄어들었고 용모는 추해졌다. 그들의 수명이 줄어들고 용모도 추해지자 2백 년에서 2백5십 년의 수명을 가진 인간의 자손들은 오직 1백 년의 수명만 가지게 되었다.

타락의 끝 인간이 오직 1백 년의 수명만 가지게 되었을 때 어떤 사람들이 타락한 법에 얽매였다. 그러자 타락한 법에 얽매인 어떤 사람은 더욱 타락하여 어머니를 공경하지 않고, 아버지를 공경하지 않고, 연장자나 어른을 공경하지 않고, 비구나 사문을 공경하지 않을 뿐만 아니라 이분들에게 인사를 하지 않고 경어를 쓰지 않았다. 이처럼 사람들에게 타락한 법이 더욱 타락하여 퍼졌다.

이같이 재물이 없는 자들에게 재물을 나누어 주지 않자 빈곤이 퍼졌다. 빈곤이 크게 퍼지자 도둑질이 퍼졌다. 도둑질이 크게 퍼지자 날카로운 무기가 퍼졌다. 날카로운 무기가 크게 퍼지자 살생이 퍼졌다. 살생이 크게 퍼지자 거짓말이 퍼졌다. 거짓말이 크게 퍼지자 이간질이 퍼졌다. 이간질이 크게 퍼지자 삿된 음행이 퍼졌다. 삿된 음행이 크게 퍼지자 나쁜 말과 잡담이 퍼졌다. 나쁜 말과 잡담이 크게 퍼지자 악의와 탐욕이 퍼졌다. 악의와 탐욕이 크게 퍼지자 삿된 견해가 퍼졌다. 삿된 견해가 크게 퍼지자 삿된 법이 퍼졌다. 삿된 법이 크게 퍼지자 타락한 법이 퍼졌다. 타락한 법이 크게 퍼지자 타락한 법이 더욱 타락하였다. 타락한 법이 더욱 타락하자 그 중생의 수명은 줄어들었고 용모는 추해졌다. 그들의 수명이 줄어들고 용모도 추해지자 백 년의 수명을 가진 인간의 자손들은 오직 50년의 수명만 가지게 되었고, 타락한 법이 더욱 타락하자 50년의 수명을 가진 인간의 자손들은 오직 20~25년의 수명만 가지게 되었고, 타락한 법이 더욱더 타락하자 20~25년의 수명을 가진 인간의 자손들은 오직 10년의 수명만 가지게 되었다.

이같이 타락한 인간의 자손들이 오직 10년의 수명만을 가지게 되었을 때 여자아이가 다섯 살이 되면 결혼 적령기가 된다. 그때에는 버터기름, 생 버터, 참기름, 꿀, 사탕수수즙, 소금과 같은 이런 맛들이 사라지고 잊힐 것이다. 꾸드루사까가 음식들 가운데 최고가 될 것이다. 마치 지금 이 시대에 흰 쌀밥에 고기반찬이 음식들 가운데 최고인 것처럼 그때에는 꾸드루사까가 음식들 가운데 최고가 될 것이다.

또한 그때에는 선업을 짓는 선법이 완전히 사라질 것이며 악업을 짓는 악법이 치성할 것이다. 선법이 사라져 선법 자체가 없는데 선업을 행하는 자가 어디 있겠는가! 지금 이 시대에는 어머니를 공경하고, 아버지를 공경하고, 연장자나 어른을 공경하고, 비구나 사문을 공경할 뿐만 아니라 이분들에게 예법에 맞게 인사를 하고 어법에 맞게 경어를 쓴다. 그러나 그때에는 어머니를 공경하지 않고, 아버지를 공경하지 않고, 연장자나 어른을 공경하지 않고, 비구나 사문을 공경하지 않을 뿐만 아니라 이분들에게 인사를 하지 않고 경어를 쓰지 않는다. 타락한 법이 더욱더 타락하여 마침내 어머니라거나 이모라거나 숙모라든가 고모라든가 외숙모라든가 스승의 부인인 사모라는 생각이 사라지고 없어져 마치 염소와 양, 닭과 돼지, 개와 자칼처럼 성적으로 문란해질 것이다.

또한 그때에는 악법이 치성하여 인간들은 서로서로 강한 적대감을 가지게 되고, 나아가 강한 악의, 강한 분노, 강한 살의를 가지게 된다. 마침내 어머니가 아들에게, 아들이 어머니에게, 아버지가 아들에게, 아들이 아버지에게, 형제가 자매에게, 자매가 형제에게 서로서로 강한 적대감을 가지게 되고, 나아가 강한 악의, 강한 분노, 강한 살의를 가지게 된다. 예를 들면 사냥꾼이 사냥감을 보고 강한 적대감을 가지게 되고, 나아가 강한 악의, 강한 분노, 강한 살의를 가지게 되어 사냥감을 살생하는 것과 같다. 이때 인간들은 서로가 서로에게 짐승이라는 인식을 가져 그들의 손에는 날카로운 무기가 생기게 된다. 그 무기로 '이놈은 짐승이야! 이놈은 짐승이야!' 하면서 강한 자는 살의를 가지고 약한 자의 목숨을 빼앗고 약한 자는 생존하기 위하여 강한 자의 목숨을 빼앗아 서로서로 목숨을 빼앗게 된다.

그들은 서로서로 짐승이라는 인식을 가져 짐승처럼 서로서로 목숨을 빼앗거나 빼앗기게 된다. 그들은 서로의 목숨을 빼앗는 것으로 안전을 느끼고 만족을 느끼고 성취를 느끼자 그들 가운데 어떤 자들에게서 자신이 인간이라는 인식은 사라지고 없어진다. 그들은 짐승처럼 살다가 짧아진 수명이 다하여 몸이 무너져 죽은 뒤 축생으로 태어나거나 처참한 곳, 불행한 곳, 파멸처, 지옥에 태어난다.DN26

4 축생

비구들이여, 어리석은 자가 타락하여 짐승처럼 살다가 짧아진 수명이 다하여 몸이 무너져 죽은 뒤 축생으로 태어난다. 축생으로 태어나는 방법에 따라서 그 축생이 겪는 고통은 혹독하다. 여기 풀을 먹고 사는 축생이 있다. 그들은 젖은 풀이나 마른 풀을 이빨로 뜯어 먹는다. 어떤 축생이 풀을 먹고 사는가? 코끼리, 말, 소, 당나귀, 염소, 사슴과 그와 유사한 축생이다. 여기 어리석은 자가 타락하여 짐승처럼 살다가 짧아진 수명이 다하여 몸이 무너져 죽은 뒤 풀을 먹고 사는 이런 축생의 동료로 태어난다.

여기 똥을 먹고 사는 축생이 있다. 그들은 멀리서 똥 냄새를 맡고 '저기에 먹을 것이 있다. 저기서 먹을 것이다.'라고 하면서 달려간다. 마치 어떤 사람들이 음식의 냄새를 맡고 '여기에 먹을 것이 있다. 여기서 먹을 것이다.'라고 하면서 다가가는 것과 같다. 어떤 축생이 똥을 먹고 사는가? 닭, 돼지, 개, 자칼과 그와 유사한 축생이다. 여기 어리석은 자가 타락하여 짐승처럼 살다가 짧아진 수명이 다하여 몸이 무너져 죽은 뒤 똥을 먹고 사는 이런 축생의 동료로 태어난다.

여기 어둠 속에서 태어나서 어둠 속에서 늙어 가고 어둠 속에서 죽는 축생이 있다. 어떤 축생이 어둠 속에서 태어나서 어둠 속에서 늙어 가고 어둠 속에서 죽는가? 나방, 구더기, 지렁이와 그와 유사한 축생이다. 여기 어리석은 자가 타락하여 짐승처럼 살다가 짧아진 수명이 다하여 몸이 무너져 죽은 뒤 어둠 속에서 태어나서 어둠 속에서 늙어 가고 어둠 속에서 죽는 이런 축생의 동료로 태어난다.

여기 물속에서 태어나서 물속에서 늙어 가고 물속에서 죽는 축생이 있다. 어떤 축생이 물속에서 태어나서 물속에서 늙어 가고 물속에서 죽는가? 물고기, 물뱀, 악어와 그와 유사한 축생이다. 여기 어리석은 자가 타락하여 짐승처럼 살다가 짧아진 수명이 다하여 몸이 무너져 죽은 뒤 물속에서 태어나서 물속에서 늙어 가고 물속에서 죽는 이런 중생의 동료로 태어난다.

여기 오물 속에서 태어나서 오물 속에서 늙어 가고 오물 속에서 죽는 축생이 있다. 어떤 축생이 오물 속에서 태어나서 오물 속에서 늙어 가고 오물 속에서 죽는가? 썩은 물고기, 썩은 시체, 썩은 보리죽, 썩은 하수구, 더러운 웅덩이와 같은 곳에서 태어나 그곳에서 늙어 가고 그곳에서 죽는 축생이다. 여기 어리석은 자가 타락하여 짐승처럼 살다가 짧아진 수명이 다하여 몸이 무너져 죽은 뒤 오물 속에서 태어나서 오물 속에서 늙어 가고 오물 속에서 죽는 이런 축생의 동료로 태어난다. 이 외에도 여러 가지 방법으로 축생으로 태어나 겪는 고통은 혹독하며 축생으로 태어나 겪는 모든 고통을 다 묘사하기란 참으로 어렵다.

5 지옥

사리뿟따여, 여래는 지옥과 지옥에 이르는 길 그리고 지옥에 이르는 길을 걷고 있음을 안다. 어떤 인간이 지옥에 이르는 길을 걷고 있는 것을 알고, 그 길을 그렇게 걸어가다가 몸이 무너져 죽은 뒤 처참한 곳, 악처, 파멸처인 지옥에 태어나는 것도 안다. 여래는 마음으로 타인의 마음을 안다. 이것으로 여래는 어떤 사람이 지옥에 이르는 길에 들어서서 그 길을 걷고 있는 것을 알고, 그 길을 그렇게 걸어가다가 몸이 무너져 죽은 뒤 처참한 곳, 악처, 파멸처인 지옥에 태어날 것을 안다. 또한 여래는 육안肉眼을 넘어선 신성하고 청정한 천안天眼으로 그 사람이 지옥에 태어나서 살이 타거나 살을 에는 견딜 수 없는 고통을 겪는 것을 본다.

이것은 마치 주변에 아무것도 없는 사막 한가운데 불꽃이나 연기도 없이 새빨갛게 달구어지고 깊이가 한 길이 넘는 큰 숯불 구덩이가 있는데, 어떤 사람이 열기로 인하여 몸이 뜨거워지고 지쳐서 맥이 빠지고 목이 타고 갈급증渴急症을 느끼며 외길을 따라 오직 그 큰 숯불 구덩이를 향하여 계속해서 걸어가고 있는 것을 보는 것과 같다. 안목 있는 사람은 이것을 보고 '오, 저 사람은 저 외길로 들어서서 저 외길을 계속해서 걸어간다면 바로 저 숯불 구덩이로 바로 떨어질 것이다.'라고 말할 것이다. 그다음 그는 그 사람이 마침내 그 숯불 구덩이에 떨어져서 살이 타는 견딜 수 없는 고통을 겪는 것을 보게 될 것이다.

이같이 여래는 마음으로 타인의 마음을 안다. 이것으로 여래는 어떤 사람이 지옥에 이르는 길에 들어서서 그 길을 걷고 있는 것을 알고, 그 길을 걸어가다가 몸이 무너져 죽은 뒤 처참한 곳, 악처, 파멸처인 지옥에 태어날 것을 안다. 또한 여래는 육안을 넘어선 청정하고 신성한 천안으로 그 사람이 지옥에 태어나서 살이 타거나 살을 에는 견딜 수 없는 고통을 겪는 것을 본다.MN12

비구들이여, 예를 들면 여기 두 집이 있고 두 집의 대문으로 사람들이 계속해서 들어가고 나오는 것을 어떤 눈 있는 사람이 그 두 집 대문의 중간에서 보고 있는 것처럼 여래는 천안으로 중생이 스스로 지은 업에 따라서 좋은 곳에 들어가고 나오는 것과 나쁜 곳에 들어가고 나오는 것을 본다. 그들이 죽고 태어날 때 잘생기게 태어나거나 혹은 못생기게 태어나는 것을 보며 천박하게 태어나거나 혹은 고귀하게 태어나는 것을 본다.

현명한 사람들은 몸으로 좋은 행동을 골고루 하고 입으로 좋은 말을 골고루 하고 마음으로 좋은 생각을 골고루 하며 청정 범행자를 방해하지 않고 성자들을 비방하지 않고 바른 견해를 지니고 바른 견해에 따라서 선업을 짓는다. 이렇게 지은 선업에 따라서 그들은 몸이 무너져 죽은 뒤 좋은 곳, 천상 세계에 태어난다. 그러나 어리석은 자들은 몸으로 나쁜 행동을 골고루 짓고 입으로 나쁜 말을 골고루 짓고 마음으로 나쁜 생각을 골고루 지으며 청정 범행자를 방해하고 성자들을 비방하고 삿된 견해를 지니고 삿된 견해로 삿된 법을 따라 악업을 짓는다. 이렇게 지은 악업에 따라서 그들은 몸이 무너져 죽은 뒤 처참한 곳, 불행한 곳, 파멸처, 지옥에 태어난다.MN130

비구들이여, 어리석은 자는 몸으로 나쁜 행동을 저지르고 입으로 나쁜 말을 저지르고 마음으로 나쁜 생각을 저지르고서 몸이 무너져 죽은 뒤 처참한 곳, 불행한 곳, 파멸처, 지옥에 태어난다. 바른 자가 절대로 원하지 않고 절대로 바라지 않고 절대로 마음에 들지 않는 것을 말한다면 그것이 바로 지옥이라는 것을 바르게 알아야 한다. 그것은 무슨 까닭인가? 지옥이란 원할 만한 것이 전혀 없고 바랄 만한 것이 전혀 없고 마음에 들 만한 것이 전혀 없으며 오직 지극히 고통스러운 괴로움과 슬픔만 있을 뿐이기 때문이다. 지옥의 고통스러운 괴로움과 슬픔을 바르게 말하기 위하여 어떤 비유를 만드는 것도 쉽지 않다. 이렇게 말씀하시자 어떤 비구가 세존께 이렇게 말씀드렸다. "세존이시여, 그렇다고 하더라도 비유를 들어 주실 수 있으십니까?" 세존께서는 비구에게 말씀하셨다. 비구여, 비유를 들어 보겠다.

예를 들면 죄를 저지른 어떤 도둑을 잡아와서 왕에게 대령하면서 "폐하, 이 자는 죄를 저지른 도둑입니다. 폐하께서 원하시는 대로 처벌을 내리십시오."라고 한다고 하자. 그러면 왕은 이렇게 말할 것이다. "여봐라, 그렇다면 너희들은 이 자를 데려가서 아침에 1백 개의 창으로 찔러라." 그러면 그들은 아침에 그 도둑을 1백 개의 창으로 찌를 것이다. 다시 왕은 한낮에 이렇게 말할 것이다. "여봐라, 그 도둑은 어떻게 되었느냐?" "폐하, 아직 살아 있습니다." "그렇다면 너희들은 가서 한낮에 그 도둑을 1백 개의 창으로 찔러라." 그러면 그들은 한낮에 그 도둑을 1백 개의 창으로 찌를 것이다. 다시 왕은 저녁에 이렇게 말할 것이다. "여봐라, 그 도둑은 어떻게 되었느냐?" "폐하, 그 도둑의 몸은 뚫어지고 부수어지고 문드러져 한 곳도 성한 곳이 없으나 아직 살아 있습니다." "그렇다면 너희들은 가서 저녁에 그 도둑을 1백 개의 창으로 다시 찔러라." 그러면 그들은 저녁에 그 도둑을 1백 개의 창으로 다시 찌를 것이다. 비구들이여, 이것을 어떻게 생각하는가? 그 도둑이 이같이 하루에 3백 번이나 창을 받으면 그것으로 인하여 몸과 마음이 고통스러워 괴로움과 슬픔을 겪겠는가? "세존이시여, 그 도둑은 하루에 한 번만 창을 받아도 그것으로 인하여 몸과 마음이 고통스러워 괴로움과 슬픔을 겪을 것인데 하물며 하루에 3백 번이나 창을 받는 것이야 말해서 무엇 하겠습니까!"

그러자 세존께서는 조그마한 조약돌을 하나 손에 들고 비구들에게 말씀하셨다. 비구들이여, 이것을 어떻게 생각하는가? 내가 집어 든 조그마한 조약돌 하나와 산의 왕 히말라야 중에 어떤 것이 더 큰가? "세존이시여, 세존께서 집으신 조그마한 조약돌 하나는 너무 작아서 작은 산과도 그 크기를 견줄 수 없고 비교할 수 없는데 하물며 산의 왕 히말라야와 그 크기를 비교할 수 있겠습니까? 그것은 견줄 수도 없고 비교할 수도 없으며 비교 자체가 가능하지 않겠습니다." 비구들이여, 그와 같이 그 도둑이 하루에 3백 번이나 창을 받아 그것으로 인하여 몸과 마음이 고통스러워 겪는 괴로움과 슬픔을 지옥에서 겪는 고통스러운 괴로움과 슬픔과 견주거나 비교하는 것은 마치 내가 집어 든 조그마한 조약돌 하나를 산의 왕 히말라야와 그 크기를 견주거나 비교하는 것과 같다.

5.1 다섯 저승사자

비구들이여, 어떤 중생이 화생으로 지옥에 태어나자마자 지옥지기들은 그를 두 팔로 붙잡아서 염라대왕에게 보인 후 염라대왕에게 이렇게 아뢴다. "폐하, 이자는 어머니를 봉양하지 않고 아버지를 봉양하지 않고 가문의 연장자들을 존경하지 않았으며 또한 청정 범행자를 존경하지 않고 성자들을 존경하지 않았습니다. 폐하께서 이자에게 벌을 주십시오."

태어남 염라대왕은 그에게 첫 번째 저승사자와 관련하여 질문하고 반문하고 심문한다. "여보게, 이 사람아. 그대는 인간들 가운데서 첫 번째 저승사자가 나타난 것을 보지 못하였는가?" 그는 이렇게 대답한다. "존자시여, 그것이 무엇이옵니까? 저는 그것을 보지 못하였습니다." 그러면 염라대왕은 이렇게 말한다. "여보게, 이 사람아. 그대는 어찌 그것을 보지 못하였단 말인가! 그대는 인간들 가운데서 아무것도 모르고 아직 뒤척이지도 못하고 반듯하게 누워만 있는 갓난아이가 자신의 대소변에 범벅이 되어 악취가 나는 것을 본 적이 있는가?" 그는 이렇게 대답한다. "존자시여, 본 적이 있습니다." 그러면 염라대왕은 이렇게 말한다. "여보게, 이 사람아. 그것이 바로 첫 번째 저승사자가 나타남이라네. 지혜롭고 현명한 그대에게 다음과 같은 생각이 들지 않았는가? 누구든지 태어나면 죽기 마련이고 나도 역시 태어남을 극복하지 못한다. 참으로 태어나서 죽기 마련인 나는 몸이 무너져 죽기 전까지 부지런히 몸과 말과 마음으로 좋은 행위를 하리라."

그는 이렇게 대답한다. "존자시여, 저는 그렇게 하지 못하였습니다. 존자시여, 저는 어리석고 게을렀습니다." 그러면 염라대왕은 이렇게 말한다. "여보게, 이 사람아. 그대는 지혜롭지 못하고 현명하지 못하여 태어남 속에서 저승사자의 나타남을 보지 못하였네. 여보게, 이 사람아. 그대는 어리석고 나태한 탓에 몸과 말과 마음으로 좋은 행위를 하지 못하였고 오히려 몸과 말과 마음으로 나쁜 행위를 하였네. 여보게, 이 사람아. 여기 이자들은 참으로 그대가 어리석고 나태한 탓에 저지른 악업에 따라서 처벌할 것이다. 그러나 그대가 저지른 악업은 어머니가 지은 것도 아니요, 아버지가 지은 것도 아니며, 형제나 자매나 친구나 동료나 친지나 친척이 지은 것도 아니며, 다른 사람이나 왕이나 사회나 국가나 시절이 지은 것도 아니며, 청정 범행자나 성자나 천신이 지은 것도 아니다. 그대가 스스로 그대의 몸과 입과 마음으로 악업을 지었고 오직 그대가 그 과보를 받아야 할 것이다."

늙음 첫 번째 저승사자와 관련하여 질문하고 반문하고 심문하고 나서 염라대왕은 그에게 두 번째 저승사자와 관련하여 질문하고 반문하고 심문한다. "여보게, 이 사람아. 그대는 인간들 가운데서 두 번째 저승사자가 나타난 것을 보지 못하였는가?" 그는 이렇게 대답한다. "존자시여, 그것이 무엇이옵니까? 저는 그것을 보지 못하였습니다." 그러면 염라대왕은 이렇게 말한다. "여보게, 이 사람아. 그대는 어찌 그것을 보지 못하였단 말인가! 그대는 인간들 가운데서 여자나 남자가 나중에 여든이나 아흔이나 백 살이 되어 젊음은 가 버리고 늙어서 이가 닳아 부서지고 눈은 잘 보이지 않고 귀는 어두워져 잘 들리지 않고 앙상한 뼈는 서까래처럼 드러나고 허리는 꼬부랑하게 되고 지팡이에 의지하고 덜덜 떨면서 걷고, 머리털은 백발이 되고 머리카락은 빠져 대머리가 되고, 주름살이 늘고 얼굴과 사지에 검버섯이 핀 것을 본 적이 있는가?" 그는 이렇게 대답한다. "존자시여, 본 적이 있습니다." 그러면 염라대왕은 이렇게 말한다. "여보게, 이 사람아. 그것이 바로 두 번째 저승사자가 나타남이라네. 지혜롭고 현명한 그대에게 다음과 같은 생각이 들지 않았는가? 누구든지 늙기 마련이고 나도 역시 늙음을 극복하지 못한다. 참으로 늙기 마련인 나는 몸이 무너져 죽기 전까지 부지런히 몸과 말과 마음으로 좋은 행위를 하리라."

그는 이렇게 대답한다. "존자시여, 저는 그렇게 하지 못하였습니다. 존자시여, 저는 어리석고 게을렀습니다." 그러면 염라대왕은 이렇게 말한다. "여보게, 이 사람아. 그대는 지혜롭지 못하고 현명하지 못하여 늙음 속에서 저승사자의 나타남을 보지 못하였네. 여보게, 이 사람아. 그대는 어리석고 나태한 탓에 몸과 말과 마음으로 좋은 행위를 하지 못하였고 오히려 몸과 말과 마음으로 나쁜 행위를 하였네. 여보게, 이 사람아. 여기 이자들은 참으로 그대가 어리석고 나태한 탓에 저지른 악업에 따라서 처벌할 것이다. 그러나 그대가 저지른 악업은 어머니가 지은 것도 아니요, 아버지가 지은 것도 아니며, 형제나 자매나 친구나 동료나 친지나 친척이 지은 것도 아니며, 다른 사람이나 왕이나 사회나 국가나 시절이 지은 것도 아니며, 청정 범행자나 성자나 천신이 지은 것도 아니다. 그대가 스스로 그대의 몸과 입과 마음으로 악업을 지었고 오직 그대가 그 과보를 받아야 할 것이다."

병듦 두 번째 저승사자와 관련하여 질문하고 반문하고 심문하고 나서 염라대왕은 그에게 세 번째 저승사자와 관련하여 질문하고 반문하고 심문한다. "여보게, 이 사람아. 그대는 인간들 가운데서 세 번째 저승사자가 나타난 것을 보지 못하였는가?" 그는 이렇게 대답한다. "존자시여, 그것이 무엇이옵니까? 저는 그것을 보지 못하였습니다." 그러면 염라대왕은 이렇게 말한다. "여보게, 이 사람아. 그대는 어찌 그것을 보지 못하였단 말인가! 그대는 인간들 가운데서 중병에 걸려 아픔과 고통에 시달리며, 자기의 대소변에 범벅이 되어 드러누워 있고, 남들이 일으켜 세워 주고 남들이 앉혀 주고 남들이 먹여 주는 남자나 여자를 본 적이 있는가?" 그는 이렇게 대답한다. "존자시여, 본 적이 있습니다." 그러면 염라대왕은 이렇게 말한다. "여보게, 이 사람아. 그것이 바로 세 번째 저승사자가 나타남이라네. 지혜롭고 현명한 그대에게 다음과 같은 생각이 들지 않았는가? 누구든지 중병이 들기 마련이고 나도 역시 중병을 극복하지 못한다. 참으로 중병이 들기 마련인 나는 몸이 무너져 죽기 전까지 부지런히 몸과 말과 마음으로 좋은 행위를 하리라."

그는 이렇게 대답한다. "존자시여, 저는 그렇게 하지 못하였습니다. 존자시여, 저는 어리석고 게을렀습니다." 그러면 염라대왕은 이렇게 말한다. "여보게, 이 사람아. 그대는 지혜롭지 못하고 현명하지 못하여 중병 속에서 저승사자의 나타남을 보지 못하였네. 여보게, 이 사람아. 그대는 어리석고 나태한 탓에 몸과 말과 마음으로 좋은 행위를 하지 못하였고 오히려 몸과 말과 마음으로 나쁜 행위를 하였네. 여보게, 이 사람아. 여기 이자들은 참으로 그대가 어리석고 나태한 탓에 저지른 악업에 따라서 처벌할 것이다. 그러나 그대가 저지른 악업은 어머니가 지은 것도 아니요, 아버지가 지은 것도 아니며, 형제나 자매나 친구나 동료나 친지나 친척이 지은 것도 아니며, 다른 사람이나 왕이나 사회나 국가나 시절이 지은 것도 아니며, 청정 범행자나 성자나 천신이 지은 것도 아니다. 그대가 스스로 그대의 몸과 입과 마음으로 악업을 지었고 오직 그대가 그 과보를 받아야 할 것이다."

죽음 세 번째 저승사자와 관련하여 질문하고 반문하고 심문하고 나서 염라대왕은 그에게 네 번째 저승사자와 관련하여 질문하고 반문하고 심문한다. "여보게, 이 사람아. 그대는 인간들 가운데서 네 번째 저승사자가 나타난 것을 보지 못하였는가?" 그는 이렇게 대답한다. "존자시여, 그것이 무엇이옵니까? 저는 그것을 보지 못하였습니다." 그러면 염라대왕은 이렇게 말한다. "여보게, 이 사람아. 그대는 어찌 그것을 보지 못하였단 말인가! 그대는 인간들 가운데서 죽은 지 하루나 이틀 또는 사흘이 지나 부풀고 검푸르게 되고 문드러진 남자나 여자의 시신을 본 적이 있는가?" 그는 이렇게 대답한다. "존자시여, 본 적이 있습니다." 그러면 염라대왕은 이렇게 말한다. "여보게, 이 사람아. 그것이 바로 네 번째 저승사자가 나타남이라네. 지혜롭고 현명한 그대에게 다음과 같은 생각이 들지 않았는가? 누구든지 죽기 마련이고 죽음을 피한 자 아무도 없으니 나도 역시 그들처럼 죽음을 극복하지 못한다. 참으로 죽기 마련인 나는 몸이 무너져 죽기 전까지 부지런히 몸과 말과 마음으로 좋은 행위를 하리라."

그는 이렇게 대답한다. "존자시여, 저는 그렇게 하지 못하였습니다. 존자시여, 저는 어리석고 게을렀습니다." 그러면 염라대왕은 이렇게 말한다. "여보게, 이 사람아. 그대는 지혜롭지 못하고 현명하지 못하여 타인의 죽음 속에서 저승사자의 나타남을 보지 못하였네. 여보게, 이 사람아. 그대는 어리석고 나태한 탓에 몸과 말과 마음으로 좋은 행위를 하지 못하였고 오히려 몸과 말과 마음으로 나쁜 행위를 하였네. 여보게, 이 사람아. 여기 이자들은 참으로 그대가 어리석고 나태한 탓에 저지른 악업에 따라서 처벌할 것이다. 그러나 그대가 저지른 악업은 어머니가 지은 것도 아니요, 아버지가 지은 것도 아니며, 형제나 자매나 친구나 동료나 친지나 친척이 지은 것도 아니며, 다른 사람이나 왕이나 사회나 국가나 시절이 지은 것도 아니며, 청정 범행자나 성자나 천신이 지은 것도 아니다. 그대가 스스로 그대의 몸과 입과 마음으로 악업을 지었고 오직 그대가 그 과보를 받아야 할 것이다."AN3.35

악과 네 번째 저승사자와 관련하여 질문하고 반문하고 심문하고 나서 염라대왕은 그에게 다섯 번째 저승사자와 관련하여 질문하고 반문하고 심문한다. "여보게, 이 사람아. 그대는 인간들 가운데서 다섯 번째 저승사자가 나타난 것을 보지 못하였는가?" 그는 이렇게 대답한다. "존자시여, 그것이 무엇이옵니까? 저는 그것을 보지 못하였습니다." 그러면 염라대왕은 이렇게 말한다. "여보게, 이 사람아. 그대는 어찌 그것을 보지 못하였단 말인가! 그대는 인간들 가운데서 왕들이 악업을 저지른 도둑이나 죄인을 붙잡아서 여러 가지 고문과 형벌을 내리는 것을 보지 못하였는가? 왕들은 그들을 채찍으로 때리기도 하고, 매질하기도 하고, 곤장으로 치기도 하고, 손을 자르기도 하고, 발을 자르기도 하고, 손발을 다 자르기도 하며, 귀를 자르기도 하고, 코를 자르기도 하고, 귀와 코를 다 자르기도 한다. 또는 죽을 끓이는 가마솥에 넣기도 하고, 두피를 벗기고 머리털을 모두 뽑아 버려 머리를 소라의 색깔처럼 만들기도 하고, 입속에 불을 넣어 입안을 태우기도 하고, 온몸을 기름 적신 천으로 싸서 불을 붙여 태우기도 하고, 손을 기름 적신 천으로 싸서 마치 등불처럼 태우기도 한다. 또한 목 아래에서 발목까지 몸의 피부를 벗겨서 마치 옷을 입힌 것처럼 하고, 이러한 상태에서 발목을 끈으로 묶어 끌고 다니기도 한다. 또한 마치 양처럼 두 팔꿈치와 두 무릎을 쇠꼬챙이로 땅에 고정하여 주변에 불을 피우기도 하고, 쇠갈고리로 피부와 살과 근육을 떼어 내기도 하고, 온몸을 동전 크기만큼 도려내기도 하고, 몸에 여러 군데 상처를 내면서 그 상처에 독한 액체를 바르기도 하고, 쇠꼬챙이로 몸의 한 부분을 땅에 고정한 뒤 몸을 비틀기도 하고, 몸의 외피를 벗겨 낸 후 살덩이와 뼈를 분리하기도 한다. 또한 뜨거운 기름을 끼얹기도 하고, 개에 물리도록 하고, 산 채로 쇠꼬챙이에 찔리게 하고, 칼로 목을 베기도 하는 것을 본 적이 있는가?"

그는 이렇게 대답한다. "존자시여, 본 적이 있습니다." 그러면 염라대왕은 이렇게 말한다. "여보게, 이 사람아. 그것이 바로 다섯 번째 저승사자가 나타남이라네. 지혜롭고 현명한 그대에게 다음과 같은 생각이 들지 않았는가? 누구든지 악업을 지은 자는 지금 여기에서 죽기도 하고 죽음에 버금가는 여러 가지 고문과 형벌을 받는구나. 비록 악업을 짓고서도 사람들의 눈을 피해 지금 여기 현생에서 고문과 형벌을 받지 않는다고 하더라도 다음 생에는 어떻게 되겠는가! 악업으로 죽기도 하고 죽음에 버금가는 고문과 형벌을 받기 마련이고 나도 역시 악업을 극복하지 못한다. 참으로 악업으로 죽기도 하고 죽음에 버금가는 고문과 형벌을 받기 마련인 나는 몸이 무너져 죽기 전까지 부지런히 몸과 말과 마음으로 좋은 행위를 하리라." 그는 이렇게 대답한다. "존자시여, 저는 그렇게 하지 못하였습니다. 존자시여, 저는 어리석고 게을렀습니다." 그러면 염라대왕은 이렇게 말한다. "여보게, 이 사람아. 그대는 지혜롭지 못하고 현명하지 못하여 악업 속에서 저승사자의 나타남을 보지 못하였네. 여보게, 이 사람아. 그대는 어리석고 나태한 탓에 몸과 말과 마음으로 좋은 행위를 하지 못하였고 오히려 몸과 말과 마음으로 나쁜 행위를 하였네. 여보게, 이 사람아. 여기 이자들은 참으로 그대가 어리석고 나태한 탓에 저지른 악업에 따라서 처벌할 것이다. 그러나 그대가 저지른 악업은 어머니가 지은 것도 아니요, 아버지가 지은 것도 아니며, 형제나 자매나 친구나 동료나 친지나 친척이 지은 것도 아니며, 다른 사람이나 왕이나 사회나 국가나 시절이 지은 것도 아니며, 청정 범행자나 성자나 천신이 지은 것도 아니다. 그대가 스스로 그대의 몸과 입과 마음으로 악업을 지었고 오직 그대가 그 과보를 받아야 할 것이다.” 이렇게 다섯 번째 저승사자와 관련하여 질문하고 반문하고 심문하고 나서 염라대왕은 침묵한다.

5.2 여섯 형벌

염라대왕이 침묵하자 지옥지기들은 그를 두 팔로 붙잡아서 고문과 형벌을 집행하는 곳으로 끌고 간다. 지옥지기들은 그를 시뻘건 쇠꼬챙이로 찌르는 고문과 형벌을 집행한다. 그들은 첫 번째 시뻘건 쇠꼬챙이로 한 손을 찌르고 두 번째 시뻘건 쇠꼬챙이로 다른 손을 찌르며 세 번째 시뻘건 쇠꼬챙이로 한 발을 찌르고 네 번째 시뻘건 쇠꼬챙이로 다른 발을 찌르며 다섯 번째 시뻘건 쇠꼬챙이로 가슴 한복판을 찌른다. 이와 같은 고문과 형벌이 끊임없이 반복되어 그는 죽음에 이르는 고통을 겪으나 악업이 다할 때까지 죽지도 않아 한량없는 세월 동안 몸과 마음이 지극히 고통스러운 괴로움과 슬픔을 겪는다.

시뻘건 쇠꼬챙이로 찌르는 고문과 형벌을 충분히 집행한 후 지옥지기들은 그를 시뻘건 쇠판 위에 눕혀 놓고 두 손과 두 발 그리고 가슴 한복판에 큰 쇠못을 박은 후 도끼로 피부를 샅샅이 벗겨 낸다. 이와 같은 고문과 형벌이 끊임없이 반복되어 그는 죽음에 이르는 고통을 겪으나 악업이 다할 때까지 죽지도 않아 한량없는 세월 동인 몸과 마음이 지극히 고통스러운 괴로움과 슬픔을 겪는다.

시뻘건 쇠판 위의 고문과 형벌을 충분히 집행한 후 지옥지기들은 그를 마차에 매어서 시뻘겋게 불타는 뜨거운 땅 위로 이리저리 끌고 다닌다. 이와 같은 고문과 형벌이 끊임없이 반복되어 그는 죽음에 이르는 고통을 겪으나 악업이 다할 때까지 죽지도 않아 한량없는 세월 동안 몸과 마음이 지극히 고통스러운 괴로움과 슬픔을 겪는다.

뜨거운 땅 위의 고문과 형벌을 충분히 집행한 후 지옥지기들은 그를 시뻘건 쇠사슬에 묶어 시뻘겋게 불타는 뜨거운 숯불 산을 오르내리게 한다. 이와 같은 고문과 형벌이 끊임없이 반복되어 그는 죽음에 이르는 고통을 겪으나 악업이 다할 때까지 죽지도 않아 한량없는 세월 동안 몸과 마음이 지극히 고통스러운 괴로움과 슬픔을 겪는다.

뜨거운 숯불 산의 고문과 형벌을 충분히 집행한 후 지옥지기들은 그의 발을 위로 하고 머리를 아래로 매달아서 쇠갈고리로 찍는다. 이와 같은 고문과 형벌이 끊임없이 반복되어 그는 죽음에 이르는 고통을 겪으나 악업이 다할 때까지 죽지도 않아 한량없는 세월 동안 몸과 마음이 지극히 고통스러운 괴로움과 슬픔을 겪는다.

거꾸로 매단 채 가하는 고문과 형벌을 충분히 집행한 후 지옥지기들은 그의 발을 위로 하고 머리를 아래로 매달아서 시뻘겋게 불타는 뜨거운 가마솥에다 집어넣는다. 그는 끓는 물의 소용돌이 속에서 삶긴다. 그는 끓는 물의 소용돌이 속에 삶기면서 한 번은 위로 떠오르고 한 번은 아래로 내려앉고 한 번은 옆으로 돈다. 이와 같은 고문과 형벌이 끊임없이 반복되어 그는 죽음에 이르는 고통을 겪으나 악업이 다할 때까지 죽지도 않아 한량없는 세월 동안 몸과 마음이 지극히 고통스러운 괴로움과 슬픔을 겪는다. 가마솥에서의 고문과 형벌을 충분히 집행한 후 지옥지기들은 그를 철지옥으로 던져 넣는다.MN129

5.3 여섯 지옥

철지옥 철지옥은 동서남북 네 개의 철벽으로 에워싸여져 있으며 각각의 철벽에는 철문이 하나씩 잠겨 있으며 지붕과 바닥도 철로 만들어져 있다. 네 벽과 천장과 바닥이 모두 불타오를 때까지 달구어지며 철벽의 둘레는 일백 요자나[6]踰繕那이며 불길이 전 지역을 빠짐없이 골고루 뒤덮는다. 철지옥의 동쪽 벽에서 화염이 솟아올라 서쪽 벽으로 돌진하고, 서쪽 벽에서 화염이 솟아올라 동쪽 벽으로 돌진하고, 북쪽 벽에서 화염이 솟아올라 남쪽 벽으로 돌진하고, 남쪽 벽에서 화염이 솟아올라 북쪽 벽으로 돌진하고, 바닥에서 화염이 솟아올라 천장으로 돌진하고, 천장에서 화염이 솟아올라 바닥으로 돌진한다. 이와 같은 화염으로 가득한 철지옥에서 참으로 오랜

6 1요자나는 8구로사俱盧舍이며 1구로사는 활 500개를 이은 길이이다. 1요자나는 약 10km이다.

세월이 흐른 뒤 어느 시절 어느 날에 철지옥의 동문이 열릴 때가 있다. 그러면 그는 철지옥을 도망치기 위하여 동문 쪽으로 재빨리 달려간다. 그가 화염 속으로 재빨리 달려갈 때 피부도 타고 내피도 타고 살도 타고 근육도 타고 뼈도 타서 연기로 변해 버린다. 그가 가까스로 동문에 도달하더라도 문은 그가 도달하기 직전에 닫혀 버린다. 동문이 다시 열리기를 기다리며 참으로 오랜 세월이 흐른 뒤 어느 시절 어느 날에 철지옥의 서문과 북문과 남문이 각각 동문처럼 오랜 세월을 두고 차례대로 열릴 때가 있다. 그러면 그는 철지옥을 도망치기 위하여 그 문 쪽으로 재빨리 달려간다. 그가 화염 속으로 재빨리 달려갈 때 피부도 타고 내피도 타고 살도 타고 근육도 타고 뼈도 타서 연기로 변해 버린다. 그가 가까스로 문에 도달하더라도 문은 그가 도달하기 직전에 닫혀 버린다.

이와 같은 철지옥에서의 고문과 형벌이 끊임없이 반복되어 그는 죽음에 이르는 고통을 겪으나 악업이 다할 때까지 죽지도 않아 한량없는 세월 동안 몸과 마음이 지극히 고통스러운 괴로움과 슬픔을 겪는다. 참으로 오랜 세월이 흐른 뒤 어느 시절 어느 날에 철지옥의 동문이 또 열릴 때가 있다. 그러면 그는 철지옥을 도망치기 위하여 동문 쪽으로 재빨리 달려간다. 그가 화염 속으로 재빨리 달려갈 때 피부도 타고 내피도 타고 살도 타고 근육도 타고 뼈도 타서 연기로 변해 버린다. 그가 가까스로 동문에 도달하여 문이 닫히기 직전에 그는 동문을 벗어난다. 이렇게 그는 철지옥을 빠져나온다.

오물지옥 철지옥의 동문 바로 바깥에는 큰 오물지옥이 있다. 그는 그곳에 떨어진다. 오물지옥에는 입에 바늘이 가득 있는 생명체들이 살고 있다. 그들이 입으로 그의 피부를 자르고, 피부를 자른 뒤 내피를 자르고, 내피를 자른 뒤 살을 자르고, 살을 자른 뒤 근육을 자르며, 근육을 자른 뒤 뼈를 자르고, 뼈를 자른 뒤 골수를 잘라서 먹는다. 이와 같은 오물지옥에서의 고문과 형벌이 끊임없이 반복되어 그는 죽음에 이르는 고통을 겪으나 악업이 다할 때까지 죽지도 않아 한량없는 세월 동안 몸과 마음이 지극히 고통스러운 괴로움과 슬픔을 겪는다. 참으로 오랜 세월이 흐른 뒤 어느 시절 어느 날에 그의 피부와 내피와 살과 근육과 뼈와 골수가 뒤범벅되어 형체를 알아볼 수 없을 때 그는 오물지옥을 도망치기 위하여 몸부림치다가 오물지옥을 빠져나온다.

재지옥 오물지옥의 바로 옆에는 뜨거운 재로 만들어진 큰 재지옥이 있다. 그는 그곳에 떨어진다. 그의 얼굴과 사지와 몸통은 뜨거운 재와 얽히고설키며 몸부림칠수록 뜨거운 재 속으로 빨려든다. 이와 같은 재지옥에서의 고문과 형벌이 끊임없이 반복되어 그는 죽음에 이르는 고통을 겪으나 악업이 다할 때까지 죽지도 않아 한량없는 세월 동안 몸과 마음이 지극히 고통스러운 괴로움과 슬픔을 겪는다. 참으로 오랜 세월이 흐른 뒤 어느 시절 어느 날에 그의 얼굴과 사지와 몸통이 뜨거운 재와 뒤범벅되어 형체를 알아볼 수 없을 때 그는 재지옥을 도망치기 위하여 몸부림치다가 재지옥을 빠져나온다.

가시지옥 재지옥의 바로 옆에는 가시나무로 만들어진 큰 가시지옥이 있다. 그는 그곳에 떨어진다. 가시나무는 높이가 1요자나이고 손가락의 열여섯 배 크기의 가시를 가졌고 모든 가시가 시뻘겋게 달궈져 있고 화염을 내뿜고 작열하는데 이러한 가시들이 빈틈없이 서로를 찌르고 솟아 있다. 그가 가시나무를 오를 때는 가시가 아래로 향하고 내릴 때는 가시가 위로 향하며 그가 움직일 때마다 가시들은 그를 향한다. 이와 같은 가시지옥에서의 고문과 형벌이 끊임없이 반복되어 그는 죽음에 이르는 고통을 겪으나 악업이 다할 때까지 죽지도 않아 한량없는 세월 동안 몸과 마음이 지극히 고통스러운 괴로움과 슬픔을 겪는다. 참으로 오랜 세월이 흐른 뒤 어느 시절 어느 날에 그의 몸과 사지가 가시로 찔리지 않은 곳이 없고 가시가 뚫고 나오지 않은 곳이 없을 때 그는 가시지옥을 도망치기 위하여 몸부림치다가 가시지옥을 빠져나온다.

칼지옥 가시지옥의 바로 옆에는 칼잎나무로 만들어진 큰 칼지옥이 있다. 그는 그곳에 떨어진다. 칼잎나무의 잎사귀들은 시뻘겋게 달궈져 있고 화염을 내뿜고 작열하고 바람이 없어도 흔들리는데 그 잎사귀들이 흔들릴 때마다 그의 손을 자르고 발을 자르고 손발을 동시에 자르고 귀를 자르고 코를 자르고 귀와 코를 동시에 자르고 몸과 사지를 골고루 빠짐없이 자른다. 이와 같은 칼지옥에서의 고문과 형벌이 끊임없이 반복되어 그는 죽음에 이르는 고통을 겪으나 악업이 다할 때까지 죽지도 않아 한량없는 세월 동안 몸과 마음이 지극히 고통스러운 괴로움과 슬픔을 겪는다. 참으로 오랜 세월이 흐른 뒤 어느 시절 어느 날에 그의 몸과 사지가 칼잎으로 잘리지 않은 곳이 없을 때 그는 칼지옥을 도망치기 위하여 몸부림치다가 칼지옥을 빠져나온다.

강지옥 칼지옥의 바로 옆에는 양잿물이 흐르는 큰 강지옥이 있다. 그는 그곳에 떨어진다. 그는 그곳에서 양잿물 강의 흐름을 따라 쓸려 가면서 몸부림치고 흐름을 거슬러 가면서 몸부림치고 물속에 잠기면서 몸부림치고 물 밖으로 나오려고 몸부림친다. 이와 같은 강지옥에서의 고문과 형벌이 끊임없이 반복되어 그는 죽음에 이르는 고통을 겪으나 악업이 다할 때까지 죽지도 않아 한량없는 세월 동안 몸과 마음이 지극히 고통스러운 괴로움과 슬픔을 겪는다. 참으로 오랜 세월이 흐른 뒤 어느 시절 어느 날에 강지옥을 도망치기 위하여 몸부림치다가 그가 지치고 탈진하여 시체처럼 강물의 흐름을 따라 쓸려 가면서 지옥지기들이 기다리는 강변까지 쓸려 간다.

지옥지기들은 갈고리로 그를 끄집어 올려서 땅바닥에 내려놓고 이렇게 묻는다. "여보게, 이 사람아. 무엇을 원하는가?" 그는 이렇게 대답한다. "존자시여, 저는 배가 고픕니다." 그러면 지옥지기들은 쇠꼬챙이로 그의 입을 벌려서 시뻘겋게 달궈지고 화염을 내뿜고 작열하는 철환을 입에 넣는다. 그것은 그의 입술도 태우고 혀도 태우고 입도 태우고 목구멍도 태우고 위도 태우고 소장도 태우고 대장도 태우고 직장도 태우고 항문도 태우면서 몸 밖으로 나간다. 그러면 지옥지기들은 그에게 또 이렇게 묻는다.

"여보게, 이 사람아. 무엇을 원하는가?" 그는 이렇게 대답한다. "존자시여, 저는 목이 탑니다." 그러면 지옥지기들은 쇠꼬챙이로 그의 입을 벌려서 뜨겁게 펄펄 끓는 구리 쇳물을 입에 부어 넣는다. 그것은 그의 입술도 태우고 혀도 태우고 입도 태우고 목구멍도 태우고 위도 태우고 소장도 태우고 대장도 태우고 직장도 태우고 항문도 태우면서 몸 밖으로 나간다. 쇠꼬챙이로 찌를 때 생긴 그의 상처는 쇠꼬챙이를 뺄 때 아물고, 끓는 구리 쇳물에 타던 항문은 끓는 구리 쇳물이 몸 밖으로 나갈 때 아문다. 이같이 갖가지 고문과 형벌로 그는 죽음에 이르는 지극히 고통스러운 괴로움과 슬픔을 몸과 마음으로 참으로 오랜 세월 동안 겪으나 악업이 다할 때까지 죽지 않는다. 비구들이여, 지옥지기들은 그를 다시 철지옥으로 던져 버린다.

6 인류 향상의 시작

비구들이여, 축생으로 태어난 어리석은 자가 얼마나 오랜 세월이 흐른 뒤 축생을 벗어나 인간의 몸을 받을 수 있겠는가? 예를 들면 어떤 사람이 한 개의 구멍을 가진 목판을 바다에 던져 넣는다고 하자. 마침 그곳에 눈먼 거북이가 백 년에 한 번씩 물 위로 머리를 치켜들면서 떠오른다고 하자. 눈먼 거북이가 백 년이 지나서 그곳에 와서 머리를 한 번 치켜들 때 동풍은 목판을 서쪽으로 떠밀고, 또다시 그 눈먼 거북이가 백 년이 지나서 그곳에 와서 머리를 한 번 치켜들 때 서풍은 그 목판을 동쪽으로 떠밀고, 또다시 그 눈먼 거북이가 백 년이 지나서 그곳에 와서 머리를 한 번 치켜들 때 북풍은 그 목판을 남쪽으로 떠밀고, 또다시 그 눈먼 거북이가 백 년이 지나서 그곳에 와서 머리를 한 번 치켜들 때 남풍은 그 목판을 북쪽으로 떠밀고 갈 것이다. 비구들이여, 이것을 어떻게 생각하는가? 그 눈먼 거북이가 백 년에 한 번씩 물 위로 떠올라서 목판에 있는 한 개의 구멍 속으로 목을 넣을 수 있겠는가? "세존이시여, 그것은 참으로 오랜 세월이 흐른 뒤 어느 시절 어느 날에 가능할지도 모르겠습니다." 비구들이여, 눈먼 거북이가 백 년에 한 번씩 물 위로 떠올라서 목판에 있는 한 개의 구멍 속으로 목을 넣는 것이 한번 축생에 떨어진 어리석은 자가 인간의 몸을 다시 받는 것보다 더 빠르다고 나는 말한다. 그것은 무슨 까닭인가? 비구들이여, 그곳에서는 법다운 행위가 없고 바른 행위가 없으며 유익한 행위가 없고 덕스러운 행위가 없기 때문이다. 그곳에는 서로를 잡아먹고 먹히는데, 강한 축생은 약한 축생을 잡아먹고 큰 축생은 작은 축생을 잡아먹으며 약한 축생은 강한 축생에게 잡아먹히고 작은 축생은 큰 축생에게 잡아먹히는 것이 있을 뿐이기 때문이다.

농익은 어리석음 축생에 떨어진 어리석은 자가 참으로 오랜 세월이 흐른 뒤 어느 시절 어느 날에 설사 인간으로 태어난다고 하더라도 천민의 가문이나 사냥꾼의 가문이나 죽세공 가문이나 마차공 가문이나 넝마주이 가문이나 그와 유사한 가문에 태어날 것이다. 그는 가난하고 궁핍하여 먹고 마실 것이 부족하고 의복을 얻는 것도 어렵다. 그는 못생기고 보기 흉하고 기형이거나 병약하거나 눈이 멀거나 손이 불구이거나 절름발이이거나 반신불수가 된다. 그는 음식과 마실 것과 의복과 탈것과 화환과 향수와 화장품과 침상과 숙소와 불을 제대로 얻지 못한다. 그는 인간의 몸으로 다시 태어났음에도 불구하고 또다시 몸으로 나쁜 행동을 하고 입으로 나쁜 말을 하고 마음으로 나쁜 생각을 한다. 그는 몸으로 나쁜 행동을 저지르고 입으로 나쁜 말을 저지르고 마음으로 나쁜 생각을 저지르고서 몸이 무너져 죽은 뒤 축생에 또다시 태어난다.

이것은 마치 어떤 노름꾼이 자신의 생애에 최초로 노름을 시작하자마자 처음에 최악의 패를 잡아서 집과 모든 재산을 잃고 하인들과 몸종들을 잃고 아들과 딸을 잃고 아내를 잃고 마침내 자신마저 노예로 전락하였다고 하자. 그는 이렇게 생각할 것이다. '나는 노름을 제대로 배우지도 않았고 노름을 제대로 하지도 않았는데 내 생애 최초의 노름에서 최악의 패를 잡아 집과 모든 재산을 잃고 하인들과 몸종들을 잃고 아들과 딸을 잃고 아내를 잃고 마침내 나마저 노예로 전락하였다!' 그러나 그 노름꾼이 자신의 생애에 최초로 노름을 시작하자마자 처음에 이러한 최악의 패를 잡아 집과 모든 재산을 잃고 하인들과 몸종들을 잃고 아들과 딸을 잃고 아내를 잃고 마침내 자신마저 노예로 전락하는 것은 오히려 사소한 것이다. 어리석은 자가 인간의 몸으로 다시 태어났음에도 불구하고 또다시 몸으로 나쁜 행동을 하고 입으로 나쁜 말을 하고 마음으로 나쁜 생각을 하여 몸이 무너져 죽은 뒤 축생에 또다시 태어나는 것은 그보다 더 나쁜 패를 잡은 것이다. 이것이 어리석은 자의 어리석음이 무르익은 경지이다.

비구들이여, 축생으로 태어난 자가 축생을 벗어나 인간의 몸을 받는 것이 이와 같은데 하물며 지옥에 태어난 자가 지옥을 벗어나 인간의 몸을 받는 것은 말하여 무엇 하겠는가!

6.1 인간의 향상

지옥에 태어난 자가 지옥을 벗어나 인간의 몸을 받거나 축생으로 태어난 자가 축생을 벗어나 인간의 몸을 받아 인간세상에 태어난다. 인간세상의 동료가 된 그들과 인간 가운데 어떤 자들은 짐승처럼 살기도 한다. 그러자 인간 가운데 어떤 자들은 인간이 짐승처럼 서로서로 목숨을 빼앗는 것을 보고 부끄럽고 안타깝게 여겼고 후회하였고 두려워하였다. 그들에게 이러한 생각이 들었다. '지금과 같이 인간이 짐승처럼 서로서로 목숨을 빼앗는다면 멀지 않아 일가친척 가운데 생존하는 자는 아무도 없을 것이다. 그리고 마침내 우리 자신도 짐승처럼 목숨을 빼앗길 것이다. 우리는 짐승처럼 서로서로 목숨을 빼앗는 것을 멈추어야 한다. 우리는 지금부터 서로서로 죽이는 것을 멈추어야 한다.' 이렇게 생각한 그들은 서로에게 말하였다. "지금부터 우리는 누구도 죽이지 맙시다. 그리고 누구도 우리를 죽이지 마십시오. 그러니 이제 우리는 우거진 풀숲 속으로 숨거나 깊은 숲속으로 숨거나 나무 구멍 속으로 숨거나 동굴 속으로 숨거나 다른 인간이 없는 강의 센 물살 너머로 가거나 험한 산골짜기로 가서 7일간을 나무뿌리와 열매로 연명합시다." 그들은 우거진 풀숲 속으로 숨거나 깊은 숲속으로 숨거나 나무 구멍 속으로 숨거나 동굴 속으로 숨거나 다른 인간이 없는 강의 센 물살 너머로 가거나 험한 산골짜기로 가서 7일간을 나무뿌리와 열매로 연명하였다. 그들은 7일이 지나자 그들이 숨어 있던 풀숲, 숲속, 나무구멍, 동굴이나 강의 센 물살 너머와 험한 산골짜기에서 나와서 "여보시오, 그대가 보이다니. 그대는 살아 있었구려! 여보시오, 그대가 보이다니. 그대는 살아 있었구려!"라며 서로서로 껴안고 한목소리를 내었고 안심하였다.

그러자 그들에게 이러한 생각이 들었다. '우리는 타락한 법을 수지했기 때문에 이렇게 엄청난 일가친척의 손실을 초래했다. 타락한 법은 유익하지 않고 해롭다. 그러니 이제 참으로 우리는 해롭지 않고 유익한 법을 수지해야 한다. 어떤 유익함을 행하여야 하는가? 우리는 짐승처럼 인간의 생명을 죽이는 것을 금하여야 한다. 인간의 생명을 죽이는 것을 금하기 위하여 우리는 인간에 대한 강한 적대감을 버려야 하고, 나아가 강한 악의, 강한 분노, 강한 살의를 버려야 한다. 이러한 유익한 법을 수지해야 한다.' 그들은 짐승처럼 인간을 죽이는 것을 금하였다. 인간에 대한 강한 적대감을 버렸고, 나아가 강한 악의, 강한 분노, 강한 살의를 버렸다. 그들은 유익한 법을 수지하였다. 그들이 수지한 유익한 법이 크게 퍼지자 인간의 수명은 늘어났고 용모는 나아졌다. 그들의 수명이 늘어나고 용모도 나아지자 10년의 수명을 가진 인간의 자손들은 20~25년의 수명을 가지게 되었다.

그러자 인간에게 이러한 생각이 들었다. '우리가 유익한 법을 수지했기 때문에 수명도 늘어나고 용모도 나아졌다. 이제 우리는 더욱 유익함을 행해야 한다. 어떠한 유익함을 행해야 하는가? 우리는 짐승처럼 성적으로 문란한 것을 금하여야 한다. 성적으로 문란한 것을 금하기 위하여 우리는 어머니, 이모, 숙모, 고모, 외숙모와 스승의 부인인 사모라는 생각을 수지해야 한다. 이러한 유익한 법을 수지해야 한다.' 그들은 짐승처럼 성적으로 문란한 것을 금하였다. 성적으로 문란한 것을 금하기 위하여 그들은 어머니, 이모, 숙모, 고모, 외숙모와 스승의 부인인 사모라는 생각을 수지하였다. 그들은 이러한 유익한 법을 수지하였다. 그들이 수지한 유익한 법이 크게 퍼지자 인간의 수명은 늘어났고 용모는 나아졌다. 그들의 수명이 늘어나고 용모도 나아지자 20~25년의 수명을 가진 인간의 자손들은 50년의 수명을 가지게 되었다.

그러자 인간에게 이러한 생각이 들었다. '우리가 유익한 법을 수지했기 때문에 수명도 늘어나고 용모도 나아졌다. 이제 우리는 더욱더 유익함을 행해야 한다. 어떠한 유익함을 행해야 하는가? 우리는 어머니를 공경하고, 아버지를 공경하고, 연장자나 어른을 공경하고, 청정 범행자나 성자를 공경하여야 한다. 이러한 유익한 법을 수지해야 한다.' 그들은 어머니를 공경하고, 아버지를 공경하고, 연장자나 어른을 공경하고, 청정 범행자나 성자를 공경하였다. 그들은 이러한 유익한 법을 수지하였다. 그들이 수지한 유익한 법이 크게 퍼지자 인간의 수명은 늘어났고 용모는 나아졌다. 그들의 수명이 늘어나고 용모도 나아지자 50년의 수명을 가진 인간의 자손들은 1백 년의 수명을 가지게 되었다.

그러자 인간들에게 이러한 생각이 들었다. '우리가 유익한 법을 수지했기 때문에 수명도 늘어나고 용모도 나아졌다. 이제 우리는 더욱더 유익함을 행해야 한다. 어떠한 유익함을 행해야 하는가? 우리는 어머니를 공경하고, 아버지를 공경하고, 연장자나 어른을 공경하고, 청정 범행자나 성자를 공경할 뿐만 아니라 이분들에게 예법에 맞게 인사를 하고 어법에 맞게 경어를 사용하여야 한다. 나아가 우리는 참으로 유익하지 않고 해로운 타락한 법을 버려야 한다. 해롭지 않고 유익한 법을 수지하여야 한다. 삿된 법을 버려야 한다. 삿된 견해를 버려야 한다. 악의와 탐욕을 버려야 한다. 나쁜 말과 잡담을 하는 행위를 버리고 나쁜 말과 잡담을 하는 행위를 멀리 여의어야 한다. 순결하지 않은 행위를 버리고 순결하지 않은 행위를 멀리 여의어 삿된 음행을 금하여야 한다. 이간하는 행위를 버리고 이간하는 행위를 멀리 여의어야 한다. 거짓된 말을 하는 행위를 버리고 거짓된 말을 하는 행위를 멀리 여의어야 한다. 주지 않은 것을 가지는 행위를 버리고 주지 않은 것을 가지는 행위를 멀리 여의어 도둑질을 금하여야 한다. 이러한 유익한 법을 수지하여야 한다.' 그들은 어머니를 공경하고, 아버지를 공경하고, 연장자나 어른을 공경하고, 청정 범행자나 성자를 공경할 뿐만 아니라 이분들에게 예법에 맞게 인사를 하고 어법에 맞게 경어를 사용하였다. 나아가 그들은 참으로 유익하지 않고 해로운 타락한 법을 버렸다. 해롭지 않고 유익한 법을 수지하였다. 삿된 법을 버렸다. 삿된 견해를 버렸다. 악의와 탐욕을 버렸다. 나쁜 말과 잡담을 하는 행위를 버리고 나쁜 말과 잡담을 하는 행위를 멀리 여의었다. 순결하지 않은 행위를 버리고 순결하지 않은 행위를 멀리 여의어 삿된 음행을 금하였다. 이간하는 행위를 버리고 이간하는 행위를 멀리 여의었다. 거짓된 말을 하는 행위를 버리고 거짓된 말을 하는 행위를 멀리 여의었다. 주지 않은 것을 가지는 행위를 버리고 주지 않은 것을 가지는 행위를 멀리 여의어 도둑질을 금하였다. 그들은 이러한 유익한 법을 차례대로 수지하였다.

그들이 수지한 유익한 법이 차례대로 크게 퍼지자 인간의 수명은 차례대로 늘어났고 용모는 점차 나아졌다. 그들의 수명이 늘어나고 용모도 나아지자 1백 년의 수명을 가진 인간의 자손들은 2백 년에서 2백5십 년의 수명을 가지게 되었고, 2백 년에서 2백5십 년의 수명을 가진 인간의 자손들은 5백 년의 수명을 가지게 되었고, 5백 년의 수명을 가진 인간의 자손들은 1천 년의 수명을 가지게 되었고, 1천 년의 수명을 가진 인간의 자손들은 2천 년에서 2천5백 년의 수명을 가지게 되었고, 2천 년에서 2천5백 년의 수명을 가진 인간의 자손들은 5천 년의 수명을 가지게 되었고, 5천 년의 수명을 가진 인간의 자손들은 1만 년의 수명을 가지게 되었고, 1만 년의 수명을 가진 인간의 자손들은 2만 년의 수명을 가지게 되었고, 2만 년의 수명을 가진 인간의 자손들은 4만 년의 수명을 가지게 되었고, 4만 년의 수명을 가진 인간의 자손들은 8만 4천 년의 수명을 가지게 되었다.

6.2 악법의 소멸

인간이 8만 4천 년의 수명을 가질 때 상카라는 왕이 출현한다. 그는 전륜성왕으로 정의로운 분이요, 법다운 왕이고 사방을 정복한 승리자로 나라를 안정되게 한다. 그는 전륜성왕의 일곱 가지 보배를 두루 갖추니 윤보, 상보象寶, 마보馬寶, 보배보寶貝寶, 여인보女人寶, 장자보長者寶 그리고 주장신보主

藏臣寶가 그것이다. 그에게 아들들이 있는데, 그들은 모두 용맹하고 출중하여 적군을 제압하고 정복한다. 그는 바다를 끝으로 하는 전 대지를 징벌과 무력을 쓰지 않고 법으로써 승리하고 법으로써 통치한다.

참으로 그는 법을 의지하고 법을 존경하고 법을 존중하고 법을 숭상하고 법을 예배하고 법을 공경하고 법을 깃발로 하고 법을 상징물로 하고 법을 우선하여 백성들을 법답게 살피고 감싸고 보호한다. 그는 자신의 군대들과 카띠야들과 가신들과 비구나 사문이나 브라만들과 장자들과 읍과 지방과 변방에 사는 백성들과 자신의 영토에 머무는 짐승들과 새들을 법답게 살피고 감싸고 보호한다. 자신의 영토에서 법답지 못한 행위들이 퍼지지 않도록 한다. 자신의 영토에서 굶주리거나 가난한 자가 있으면 그들에게 음식을 나누어 굶주림을 벗어나게 하고 재물을 나누어 가난을 벗어나게 한다. 자신의 영토에서 머무는 어떤 비구나 사문이나 브라만들의 자만과 방일함을 금하고 선법과 명상에 전념하면서 각자 자신을 길들이고 각자 자신을 제어하고 각자 자신을 적정하게 한다. 그는 그러한 비구나 사문이나 브라만들에게 때때로 다가가서 이렇게 질문하고 그 내용을 파악한다. “존자시여, 무엇이 유익한 것이고 무엇이 해로운 것입니까? 무엇이 비난받는 것이고 무엇이 비난받지 않는 것입니까? 무엇을 받들어 행해야 하고 무엇을 받들어 행하지 말아야 합니까? 무엇을 행하면 오랜 세월 제게 불이익과 괴로움이 있으며 무엇을 행하면 오랜 세월 제게 이익과 행복이 있겠습니까?” 그들로부터 답변을 들은 뒤 해로운 것은 없애고 유익한 것은 수지하며, 비난받는 것은 없애고 비난받지 않는 것은 수지하며, 받들어 행하지 말아야 하는 것은 없애고 받들어 행하여야 하는 것은 수지하며, 오랜 세월 불이익과 괴로움이 있는 것은 행하지 않고 오랜 세월 이익과 행복이 있는 것은 행한다. 그는 이러한 신성한 전륜성왕의 의무를 잘 이행한다.

참으로 그는 굶주리거나 가난한 자가 있으면 음식을 나누어 굶주림을 벗어나게 하고 재물을 나누어 가난을 벗어나도록 하여 빈곤이라는 것이 알려지지 않고 퍼지지 않는다. 빈곤이 알려지지 않고 퍼지지 않아 주지 않은 것을 가지는 행위인 도둑질이 알려지지 않고 퍼지지 않는다. 이같이 참으로 그는 자신의 영토에서 법답지 못한 행위들이 퍼지지 않도록 하며 유익하지 않고 해로운 법이 알려지지 않고 퍼지지 않도록 한다. 그는 인간의 감각적 욕망을 버리고 하늘의 즐거움을 추구하여야 할 때 머리와 수염을 깎고 물들인 옷을 입고 왕궁을 떠나 출가한다.

6.3 욕천

현명한 자는 몸으로 좋은 행동을 하고 입으로 좋은 말을 하고 마음으로 좋은 생각을 하고서 몸이 무너져 죽은 뒤 선업으로 좋은 곳인 육욕천의 천상에 태어난다. 바른 자가 무조건 원하고 무조건 바라고 무조건 마음에 드는 것을 말한다면 그것이 바로 천상을 말하는 것이라고 바르게 알아야 한다. 그것은 무슨 까닭인가? 천상에는 원할 만한 것이 많고 바랄 만한 것이 많고 마음에 들 만한 것이 많으며 지극한 즐거움과 기쁨을 누리기 때문이다. 천상에서 누리는 즐거움과 기쁨을 바르게 말하기 위하여 어떤 비유를 만드는 것도 쉽지 않다. 이렇게 말씀하시자 어떤 비구가 세존께 이렇게 말씀드렸다. "세존이시여, 그렇다고 하더라도 비유를 들어 주실 수 있으십니까?" 세존께서는 그 비구에게 말씀하셨다. 비구여, 비유를 들어 보겠다. 예를 들면 전륜성왕이 일곱 가지 보배를 구족하고 네 가지 성취를 구족하여 그것으로 인하여 누리는 즐거움과 기쁨이 있다.

일곱 가지 보배 무엇이 그 일곱 가지 보배인가? 여기 관정한 카띠야 왕이 보름의 포살일에 머리를 감고 포살하기 위해 왕궁의 위층에 올라가 앉아 있으면 천 개의 바퀴살과 테두리와 중심부가 달려 있고 모든 면에서 흠이 없고 완전무결하고 신성한 ①윤보가 나타난다. 그것을 보고 관정한 카띠야 왕은 이러한 생각이 든다. '관정한 카띠야 왕이 보름의 포살일에 머리를 감고 포살을 하기 위하여 왕궁의 위층에 올라가 앉아 있을 때 만약 천 개의 바퀴살과 테두리와 중심부가 달려 있고 모든 면에서 흠이 없고 완전무결하고 신성한 윤보가 나타나면 그는 전륜성왕이 된다고 들었다. 그러

면 나는 전륜성왕이 되는가?'

그때 관정한 카띠야 왕은 전륜성왕이 되어 자리에서 일어나 왼손에 물병을 들고 "윤보는 앞으로 회전하여 나아가라. 그리하여 윤보는 승리하라."라고 말하면서 오른손으로 윤보에 물을 뿌린다. 그러면 윤보는 먼저 동방으로 나아가면서 회전한다. 전륜성왕은 네 무리의 군대와 더불어 윤보를 따라간다. 윤보가 잠시 멈추면 그곳이 어디든지 전륜성왕은 네 무리의 군대와 함께 그곳에 머문다. 그러면 동방 국가들의 왕들은 전륜성왕에게 다가와서 이렇게 말한다. "오십시오, 대왕이시여! 환영합니다, 대왕이시여! 이 모든 것은 왕의 것입니다, 대왕이시여! 명령하십시오, 대왕이시여!" 그러면 전륜선왕은 동방의 왕들에게 이렇게 명령한다. "살아 있는 생명을 죽이지 말라. 주지 않은 것을 가지지 말라. 순결하지 않은 행위를 하지 말라. 거짓말을 하지 말라. 이간하는 말을 하지 말라. 나쁜 말을 하지 말라. 잡담하지 말라." 동방의 왕들은 전륜성왕에게 "대왕의 분부대로 그렇게 하겠나이다, 대왕이시여!"라고 복종한다. 이같이 윤보와 함께 동방으로 나아간 전륜성왕은 동방 국가들을 정복하고 동방의 왕들을 조복시킨다. 그리고 윤보는 동방의 끝까지 나아가 바다에 이르자 동쪽 바다로 들어갔다가 다시 나와서 남방으로 나아간다. 동방과 같이 남방에서도 서방에서도 그리고 북방에서도 윤보와 함께 나아간 전륜성왕은 각방의 국가들을 정복하고 각방의 왕들을 조복시킨다. 이같이 윤보는 바다 끝까지 사방의 국가들을 정복한 뒤 수도에 있는 왕궁으로 돌아와 전륜성왕의 내전을 아주 멋있게 장엄한다. 윤보는 내전의 어떤 문에 차축에 꿰어진 것처럼 머문다. 전륜성왕에게 이러한 윤보가 나타난다.

더 나아가 전륜성왕에게는 온통 희고 일곱 곳으로 서며 신통을 가져서 하늘을 나는 우뽀사타라는 코끼리의 왕인 ②상보가 나타난다. 상보를 보고 전륜성왕에게 청정한 믿음이 생긴다. '이 코끼리가 잘 조련되면 이 코끼리를 타는 것은 큰 행운이다.' 상보는 마치 혈통 좋은 훌륭한 코끼리가 오랜 세월 동안 잘 조련된 것처럼 어렵지 않게 조련된다. 한번은 전륜성왕이 상보를 검증하기 위해 아침 일찍 코끼리에 올라타고 바다에 이르기까지 땅을 둘러본 뒤 왕궁에 돌아와서 아침을 먹었다. 전륜성왕에게 이러한 상보가 나타난다.

더 나아가 전륜성왕에게는 온통 희고 머리가 검으며 문자풀과 같은 갈기를 가졌고 신통을 가져서 하늘을 나는 왈라하까라는 말의 왕인 ③마보가 나타난다. 마보를 보고 전륜성왕에게 청정한 믿음이 생긴다. '이 말이 잘 조련되면 이 말을 타는 것은 큰 행운이다.' 마보는 마치 혈통 좋은 훌륭한 말이 오랜 세월 동안 잘 조련된 것처럼 어렵지 않게 조련된다. 한번은 전륜성왕이 마보를 검증하기 위해 아침 일찍 말에 올라타고 바다에 이르기까지 땅을 둘러본 뒤 왕궁에 돌아와서 아침을 먹었다. 전륜성왕에게 이러한 마보가 나타난다.

더 나아가 전륜성왕에게는 ④보배보가 나타난다. 보배보는 녹주석으로 아름답고 최상품이며 팔각형이고 아주 잘 깎였다. 보배보의 광명은 1요자나까지 두루 퍼진다. 한번은 전륜성왕이 보배보를 검증하기 위해 네 무리의 군대를 도열시킨 뒤 보배보를 깃발의 맨 위에 탑재하고 칠흑같이 어두운 밤에 행군하였다. 그러자 부근에 있는 모든 마을 사람들이 그 광명 때문에 대낮인 줄 생각하여 일을 시작하였다. 전륜성왕에게 이러한 보배보가 나타난다.

더 나아가 전륜성왕에게는 ⑤여인보가 나타난다. 여인보는 아름답고 예쁘고 우아하고 빼어난 용모를 갖추었다. 여인보는 키가 너무 크지도 너무 작지도 않고, 몸매가 너무 마르지도 너무 뚱뚱하지도 않고, 피부가 너무 검지도 너무 희지도 않고, 미모는 천상의 미모에는 미치지 못하나 인간의 미모를 넘어섰다. 여인보의 몸에 닿는 것은 마치 케이폭나무의 털이나 목화의 솜털에 닿는 것과도 같이 보드랍다. 여인보의 사지와 몸은 날씨가 추울 때 닿으면 따뜻하게 느껴지고 더울 때 닿으면 시원하게 느껴진다. 여인보의 몸에서는 전단향의 향기가 풍기고 입에서는 연꽃의 향기가 풍긴다. 여인보는 전륜성왕보다 일찍 일어나고 늦게 잠든다. 여인보는 시중을 잘 들고 행실이 곱고 말이 사랑스럽다. 여인보는 전륜성왕을 마음으로조차 거역해 본 적이 없는데 어떻게 몸으로 부정한 행을 하겠는가! 전륜성왕에게 이러한 여인보가 나타난다.

더 나아가 전륜성왕에게는 ⑥장자보가 나타난다. 장자보에게는 업의 과보로 생긴 신성한 눈이 있어서 그것으로 주인이 있거나 혹은 주인이 없는 숨겨진 보배를 본다. 장자보는 전륜성왕에게 와서 이렇게 말한다. “대왕이시여, 대왕께서는 편히 계십시오. 제가 폐하께서 원하시는 대로 폐하의 재물을 관리하겠습니다.” 한번은 전륜성왕이 장자보를 검증하기 위해서 배를 타고 강가강의 가운데로 들어가서 장자보에게 이렇게 말하였다. “장자여, 나는 황금덩이가 필요하다.” “대왕이시여, 그러시다면 한쪽 기슭에 배를 대어 주십시오.” “장자여, 나는 바로 지금 여기에서 황금덩이가 필요하다.” 그러자 장자보는 양손을 강물 속에 넣고서 황금이 가득한 항아리를 발견하여 그것을 배 위로 끄집어 올려놓게 한 뒤 전륜성왕에게 이렇게 말하였다. “이만하면 충분합니까, 대왕이시여? 이만하면 되었습니까, 대왕이시여? 이만하면 충분히 바쳐졌습니까, 대왕이시여?” 전륜성왕은 대답하였다. “그만하면 충분하다, 장자여. 그만하면 되었다, 장자여. 그만하면 충분히 바쳐졌다, 장자여.” 전륜성왕에게 이러한 장자보가 나타난다.

더 나아가 전륜성왕에게는 ⑦주장신보가 나타난다. 주장신보는 현명하고 영리하고 슬기롭고 유능하여 전륜성왕을 위하여 진척시킬 것은 진척시키고 없애야 할 것은 없애며 유지해야 할 것은 유지하게 한다. 주장신보는 전륜성왕에게 와서 이렇게 말한다. “대왕이시여, 대왕께서는 편히 계십시오. 제가 폐하께서 원하시는 대로 통치하겠습니다.” 전륜성왕에게 이러한 주장신보가 나타난다. 비구들이여, 전륜성왕은 이와 같은 일곱 가지 보배를 구족한다.

네 가지 성취 무엇이 전륜성왕의 네 가지 성취인가? 첫째 전륜성왕은 멋있고 수려하고 우아하고 빼어난 용모를 갖추어서 다른 인간들을 능가한다. 전륜성왕은 이러한 첫 번째 성취를 구족하였다. 둘째, 전륜성왕은 장수하며 오래 머문다. 그러한 측면에서 다른 인간들을 능가한다. 전륜성왕은 이러한 두 번째 성취를 구족하였다. 셋째, 전륜성왕은 병이 없고 고통이 없으며 음식을 고루 소화하는, 너무 차지도 않고 너무 덥지도 않은 업에서 생긴 불의 요소를 갖추었다. 그러한 측면에서 다른 인간들을 능가한다. 전륜성왕은 이러한 세 번째 성취를 구족하였다. 넷째, 전륜성왕은 브라만들과 장자들의 호감을 사고 그들의 마음에 든다. 마치 아버지가 아들의 호감을 사고 마음에 들 듯이 전륜성왕은 브라만들과 장자들의 호감을 사고 그들의 마음에 든다. 브라만들과 장자들은 전륜성왕의 호감을 사고 마음에 든다. 마치 아들이 아버지의 호감을 사고 마음에 들 듯이 브라만들과 장자들은 전륜성왕의 호감을 사고 마음에 든다. 한번은 전륜성왕이 네 무리의 군대와 함께 공원으로 향하였다. 그때 브라만들과 장자들이 전륜성왕에게 와서 이렇게 말하였다. "대왕이시여, 저희가 대왕을 좀 더 오래 뵐 수 있도록 서두르지 말고 천천히 가시옵소서." 이에 전륜성왕도 마부에게 말하였다. "마부여, 내가 좀 더 오래 브라만들과 장자들을 볼 수 있도록 서두르지 말고 천천히 몰아라." 전륜성왕은 이러한 네 번째 성취를 구족하였다. 비구들이여, 전륜성왕은 이와 같은 네 가지 성취를 구족하였다.

비구들이여, 이것을 어떻게 생각하는가? 전륜성왕이 이와 같은 일곱 가지 보배와 네 가지 성취를 구족함으로 인하여 즐거움과 기쁨을 누리겠는가? 비구들은 대답하였다. "세존이시여, 하나의 보배를 구족하여도 전륜성왕은 그것으로 인하여 즐거움과 기쁨을 누릴 것인데 일곱 가지 보배와 네 가지 성취를 구족하였다면 무슨 말이 필요하겠습니까?" 그러자 세존께서는 조그마한 조약돌을 하나 손에 들고 비구들에게 말씀하셨다. 비구들이여, 이것을 어떻게 생각하는가? 내가 집어 든 조그마한 조약돌 하나와 산의 왕 히말라야 중에 어떤 것이 더 큰가? 비구들은 세존에게 대답하였다. "세존이시여, 세존께서 집으신 조그마한 조약돌 하나는 너무 작아서 작은 산과도 그 크기를 견줄 수 없고 비교할 수 없는데 하물며 산의 왕 히말라야와 그 크기를 비교할 수 있겠습니까? 그것은 견줄 수도 없고 비교할 수도 없으며 비교 자체가 가능하지 않겠습니다." 비구들이여, 그와 같이 전륜성왕이 일곱 가지 보배와 네 가지 성취를 구족함으로 인하여 누리는 즐거움과 기쁨을 천상에 태어나 누리는 즐거움이나 기쁨과 견주거나 비교하는 것은 마치 내가 집어 든 조그마한 조약돌 하나를 산의 왕 히말라야와 그 크기를 견주거나 비교하는 것과 같다.

농익은 현명함 천상에 태어난 현명한 자가 참으로 오랜 세월이 흐른 뒤 어느 시절 어느 날에 설사 천상에서 떨어져 인간으로 태어난다고 하더라도 높은 가문에 태어난다. 그는 부유하고 많은 재물과 재산과 많은 금은보화와 많은 가산과 곡식을 가진 부유한 카띠야 가문이나 부유한 브라만 가문이나 부유한 장자의 가문에 태어난다. 그는 멋있고 수려하고 우아하며 빼어난 용모를 갖춘다. 그는 음식과 마실 것과 의복과 탈것과 화환과 향과 화장품과 침상과 숙소와 불을 어렵지 않게 충분히 얻는다. 그는 인간의 몸으로 다시 태어나서도 또다시 몸으로 선행을 하고 입으로 선행을 하며 마음으로 선행을 한다. 그는 몸으로 선행을 하고 입으로 선행을 하며 마음으로 선행을 하고서 몸이 무너져 죽은 뒤 선업으로 좋은 곳인 천상 세계에 또다시 태어난다.

이것은 마치 어떤 노름꾼이 자신의 생애에 최초로 노름을 시작하자마자 처음에 최고의 패를 잡아서 크고 많은 행운을 얻는다고 하자. 그는 이렇게 생각할 것이다. '나는 노름을 제대로 배우지도 않았고 노름을 제대로 하지도 않았는데 최초의 노름에서 최고의 패를 잡아 이렇게 크고 많은 행운을 얻었다!' 그러나 노름꾼이 자신의 생애에 최초로 노름을 시작하자마자 이러한 최고의 패를 잡아 크고 많은 행운을 얻는 것은 오히려 사소한 것이다. 현명한 자가 인간의 몸으로 다시 태어나서도 또다시 몸으로 좋은 행위를 하고 입으로 좋은 행위를 하고 마음으로 좋은 행위를 하여 몸이 무너져 죽은 뒤 좋은 곳인 천상 세계에 또다시 태어나는 것은 그보다 더 좋은 패를 잡은 것이다. 비구들이여, 이것이 현명한 자의 현명함이 무르익은 경지이다.MN129

6.4 범계

범천 이상의 범계로 나아가려는 자는 범행梵行을 닦아야 한다. 범행을 닦기 위하여 그는 머리와 수염을 깎고 물들인 옷을 입고 집을 떠나 출가한다. 바른 법을 이해하여 바른 견해를 갖춘 그는 적절한 범행처로 나아가 비구가 되어 [**선법계**]와 율을 수지한다. 그는 삿된 견해를 여의고 바른 견해를 갖추며 삿된 법을 여의고 바른 법을 갖추고 율을 수지하면서 이같이 사념처四念處를 닦는다.

여기 비구는 세상에 대한 탐욕과 싫어함을 버리고 초연하게 지내면서 몸을 단지 몸으로 주시하며[身隨觀] 머문다. 게으르지 않고 열심히 스스로 독려하면서 머물면 마침내 세상에 얽힌 기억과 생각들이 사라진다. 세상에 얽힌 기억과 생각들이 사라지면 마음은 고요해지고 사띠의 확립은 더욱 확고해진다. 몸에 대한 탐욕과 싫어함을 버리고 초연하게 지내면서 느낌[受]을 단지 느낌으로 주시하며[受隨觀] 머문다. 게으르지 않고 열심히 스스로 독려하면서 머물면 마침내 몸에 얽힌 기억과 생각들이 사라진다. 몸에 얽힌 기억과 생각들이 사라지면 마음은 고요해지고 느낌에 대한 사띠의 확립은 더욱 확고해진다. 희우와 고락의 느낌을 버리고 초연하게 지내면서 마음을 단지 마음으로 주시하며[心隨觀] 머문다. 게으르지 않고 열심히 스스로 독려하면서 머물면 마침내 느낌에 얽힌 기억과 생각들이 사라진다. 느낌에 얽힌 기억과 생각들이 사라지면 마음은 고요해지고 마음에 대한 사띠의 확립은 더욱 확고해진다. 마음에 대한 기억과 생각들을 버리고 초연하게 지내면서 법을 단지 법으로 주시하며[法隨觀] 머문다. 게으르지 않고 열심히 스스로 독려하면서 머물면 마침내 마음에 얽힌 기억과 생각들이 사라진다. 마음에 얽힌 기억과 생각들이 사라지면 법에 대한 사띠의 확립은 더욱 확고해진다. 이같이 사념처를 닦으면서 네 가지 대상인 몸, 느낌, 마음, 법을 단지 몸, 느낌, 마음, 법으로 차례대로 주시하여 머문다. 비구들이여, 이같이 사념처를 닦는 비구는 여래의 법을 섬으로 삼고 여래의 법을 귀의처로 삼아 머물고 다른 것을 섬으로 삼거나 귀의처로 삼아 머물지 않는다. 비구들이여, 이같이 사념처를 닦는 비구는 유익한 법을 섬으로 삼고 귀의처로 삼아 머물기 때문에 그에게 유익함이 증장하여 수명은 증장하고 용모도 증장한다.

그러면 어떠한 것이 비구의 증장한 수명인가? 여기 비구는 이같이 사념처를 닦되 열반을 성취할 수 있는 네 가지 성취수단[四如意足]을 계발하고 갖추어 닦아야 한다. 첫째 성취수단인 열의를 계발하고 갖추어 범행의 각 단계를 성취할 때마다 예전에 없던 열의를 기울여 다음 단계의 범행으로 차례대로 나아가 마침내 열반까지 나아간다. 둘째 성취수단인 정진을 계발하고 갖추어 범행의 각 단계를 성취할 때마다 예전에 없던 정진을 기울여 다음 단계의 범행으로 차례대로 나아가 마침내 열반까지 나아간다. 셋째 성취수단인 마음을 계발하고 갖추어 범행의 각 단계를 성취할 때마다 예전에 없던 마음을 기울여 다음 단계의 범행으로 차례대로 나아가 마침내 열반까지 나아간다. 넷째 성취수단인 고찰, 검증을 계발하고 갖추어 범행의 각 단계를 성취할 때마다 범행의 상태를 면밀하게 고찰하고 세존의 가르침으로 검증하여 다음 단계의 범행으로 차례대로 나아가 마침내 열반까지 나아간다. 네 가지 성취수단을 계발하고 갖추어 사념처를 닦은 여기 비구는 마침내 모든 해탈을 이루고 스스로 최상의 지혜를 실현하며 바른 깨달음을 성취하고 해야 할 일을 다 해 마쳐 열반에 도달하여 머문다. [**구경의 지혜**]를 보고 아는 그는 불사不死를 성취한다. 이것이 비구의 증장한 수명이다.

그러면 어떤 것이 비구의 증장한 용모인가? 여기 비구는 율을 수지하여 작은 허물이나 작은 어긋남에도 두려움을 보면서 학습하고 익힌 대로 한 치의 어긋남이 없이 바르게 지켜 나간다. 이같이 율을 구족하고 만족한 일상생활 속에서 감각의 대문을 잘 단속하고 사념처를 닦는다. 마라의 힘만큼 정복하기 어려운 다른 어떤 힘도 나는 보지 못하였다. 사념처를 닦는 비구는 마치 자기의 고향 동네에서 유행하는 것과 같다. 자기의 고향 동네에서 유행하는 자를 마라가 찾을 수 없고 마라가 내려앉을 수 없고 마라가 대상으로 삼지 못한다. 그는 비록 세상 사람이 비난하더라도 비난받지 않는 내면의 행복을 경험하고 더 이상 더럽혀지지 않고 오염되지 않는 내면의 행복을 느끼게 된다. 그는 마라의 영역을 벗어나 더 이상 두려움이 없고 후회가 없다. 비구들이여, 이것이 비구의 증장한 용모이다.

7 네 가지 행과 업

뿐나여, 네 가지 업이 있다. 나는 네 가지 업을 스스로 최상의 지혜로 알고 실현하여 드러낸다. 무엇이 그 넷인가? 뿐나여, 어두운 과보를 가져오는 어두운 업이 있으며, 밝은 과보를 가져오는 밝은 업이 있으며, 어둡고 밝은 과보를 가져오는 어둡고 밝은 업이 있으며, 어두운 과보도 밝은 과보도 가져오지 않고 업의 소멸로 인도하는 어둡지도 밝지도 않은 업이 있다.

악행 무엇이 어두운 과보를 가져오는 어두운 업인가? 여기 어떤 자는 악한 몸의 행위를 짓고 악한 말의 행위를 짓고 악한 마음의 행위를 짓는다. 그는 악한 몸의 행위를 짓고 악한 말의 행위를 짓고 악한 마음의 행위를 짓고 나서 몸이 무너져 죽은 후에 악한 세상에 태어난다. 그가 이러한 악한 세상에 태어나면 고통스러운 감각 접촉이 그를 접촉한다. 고통스러운 감각 접촉이 그를 접촉할 때 지옥 중생과 같이 전적으로 괴로움뿐인 고통스러운 느낌을 느낀다. 이같이 악한 신구의身口意 삼행三行으로 현재의 몸이 무너져 죽은 후 어두운 과보인 악한 세상에 태어남이 있다. 이러한 중생을 그러므로 업의 상속자라고 나는 말한다. 이것을 일러 어두운 과보를 가져오는 어두운 업이라 한다.

카띠야, 슈라만이나 브라만, 와이샤, 수드라, 또는 비구 가운데 어떤 카띠야, 슈라만이나 브라만, 와이샤, 수드라, 또는 비구는 몸으로 나쁜 행위를 하고 입으로 나쁜 말을 하고 마음으로 나쁜 생각을 한다. 또한 그는 삿된 견해를 가져서 몸으로 삿된 행위를 하고 입으로 삿된 말을 하고 마음으로 삿된 생각을 한다. 몸과 입과 마음으로 지은 나쁜 행위·말·생각과 삿된 행위·말·생각은 악행惡行이라 악업惡業을 짓게 되니 그것을 인으로 그는 목숨이 다하여 몸이 무너진 다음에는 나쁜 곳[惡處], 비참한 곳, 파멸처, 지옥에 태어난다.

선행 무엇이 밝은 과보를 가져오는 밝은 업인가? 여기 어떤 자는 선한 몸의 행위를 짓고 선한 말의 행위를 짓고 선한 마음의 행위를 짓는다. 그는 선한 몸의 행위를 짓고 선한 말의 행위를 짓고 선한 마음의 행위를 짓고 나서 몸이 무너져 죽은 후에 선한 세상에 태어난다. 그가 이러한 선한 세상에 태어나면 즐거운 감각 접촉이 그를 접촉한다. 즐거운 감각 접촉이 그를 접촉할 때 천상의 천신과 같이 전적으로 즐거움뿐인 즐거운 느낌을 느낀다. 이같이 선한 신구의 삼행으로 현재의 몸이 무너져 죽은 후 밝은 과보인 선한 세상에 태어남이 있다. 이러한 중생들을 그러므로 업의 상속자라고 나는 말한다. 이것을 일러 밝은 과보를 가져오는 밝은 업이라 한다.

카띠야, 슈라만이나 브라만, 와이샤, 수드라, 또는 비구 가운데 어떤 카띠야, 슈라만이나 브라만, 와이샤, 수드라, 또는 비구는 몸으로 좋은 행위를 하고 입으로 좋은 말을 하고 마음으로 좋은 생각을 한다. 또한 그는 바른 견해를 가져서 몸으로 바른 행위를 하고 입으로 바른말을 하고 마음으로 바른 생각을 한다. 몸과 입과 마음으로 지은 좋은 행위·말·생각과 바른 행위·말·생각은 선행善行이라 선업善業을 짓게 되니 그것을 인으로 그는 목숨이 다하여 몸이 무너진 다음에는 좋은 곳[善處], 천상에 태어난다.

악행과 선행을 섞는 행 무엇이 어둡고 밝은 과보를 가져오는 어둡고 밝은 업인가? 여기 어떤 자는 악하고 때로는 선한 몸의 행위를 짓고 악하고 때로는 선한 말의 행위를 짓고 악하고 때로는 선한 마음의 행위를 짓는다. 그는 악하고 때로는 선한 몸의 행위를 짓고 악하고 때로는 선한 말의 행위를 짓고 악하고 때로는 선한 마음의 행위를 짓고 나서 몸이 무너져 죽은 후에 고통스럽고 때로는 즐거운 세상에 태어난다. 그가 이러한 고통스럽고 때로는 즐거운 세상에 태어나면 고통스럽고 때로는 즐거운 감각 접촉이 그를 접촉한다. 고통스럽고 때로는 즐거운 감각 접촉이 그를 접촉할 때 인간세상의 인간과 같이 괴로움과 때로는 즐거움이 있는 고통스럽고 때로는 즐거운 느낌을 느낀다. 이같이 악하고 때로는 선한 신구의 삼행으로 현재의 몸이 무너져 죽은 후 어둡고 밝은 과보인 고통스럽고 때로는 즐거운 세상에 태어남이 있다. 이러한 중생을 그러므로 업의 상속자라고 나는 말한다. 이것을 일러 어둡고 밝은 과보를 가져오는 어둡고 밝은 업이라 한다.

카띠야, 슈라만이나 브라만, 와이샤, 수드라, 또는 비구 가운데 어떤 카띠야, 슈라만이나 브라만, 와이샤, 수드라, 또는 비구는 몸으로 나쁘거나 좋은 두 가지 행위를 골고루 하고 입으로 나쁘거나 좋은 두 가지 말을 골고루 하고 마음으로 나쁘거나 좋은 두 가지 생각을 골고루 한다. 또한 그는 삿되거나 바른 두 가지 견해를 골고루 가져서 몸으로 삿되거나 바른 두 가지 행위를 골고루 하고 입으로 삿되거나 바른 두 가지 말을 골고루 하고 마음으로 삿되거나 바른 두 가지 생각을 골고루 한다. 몸과 입과 마음으로 지은 나쁘거나 좋은 두 가지 행위·말·생각과 삿되거나 바른 두 가지 행위·말·생각은 악행과 선행의 두 가지라 악업과 선업의 두 가지를 짓게 되니 그것을 인으로 그는 목숨이 다하여 몸이 무너진 다음에는 나쁜 곳과 좋은 곳 두 곳에 확정적으로 태어나지 않고 인간세상에 태어난다.

범행 무엇이 어두운 과보도 밝은 과보도 가져오지 않고 업의 소멸로 인도하는 어둡지도 밝지도 않은 업인가? 여기 어떤 자는 어두운 과보를 가져오는 어두운 업을 제거하려는 의도와 밝은 과보를 가져오는 밝은 업을 제거하려는 의도와 어둡고 밝은 과보를 가져오는 어둡고 밝은 업을 제거하려는 의도를 가지고 더할 나위 없이 온전하고 지극히 청정한 범행에 따라 몸의 행위를 짓고 말의 행위를 짓고 마음의 행위를 짓는다. 그는 이러한 의도를 가지고 더할 나위 없이 온전하고 지극히 청정한 범행에 따라 몸의 행위를 짓고 말의 행위를 짓고 마음의 행위를 짓고 나서 몸이 무너져 죽기 전 유위有爲는 무상無常하여 집착하지 않으므로 모든 업을 소멸하고 모든 해탈이 완성되어 무상정등정각을 성취하고 유위계를 벗어나 무위계로 이입하여 열반에 도달하여 머문다. 이같이 더할 나위 없이 온전하고 지극히 청정한 범행에 따른 신구의 삼행으로 현재의 몸이 무너져 죽기 전 어두운 과보도 밝은 과보도 가져오지 않고 모든 업이 소멸한 무위계의 열반에 이입한다. 이러한 열반에 도달하여 머무는 아라한을 그러므로 업의 해탈자라고 나는 말한다. 이것을 일러 어두운 과보도 밝은 과보도 가져오지 않고 업의 소멸로 인도하는 어둡지도 밝지도 않은 업이라고 한다.MN57

카띠야, 슈라만이나 브라만, 와이샤, 수드라, 또는 비구 가운데 어떤 카띠야, 슈라만이나 브라만, 와이샤, 수드라, 또는 비구는 악행을 멀리 여의고 선행을 널리 짓도록 몸을 단속하고 입을 단속하고 마음을 단속한다. 나아가 그는 모든 감각의 대문을 단속한다. 감각의 대문을 단속한 그는 팔정도八正道를 중심으로 사정근四正勤, 사여의족四如意足, 사념처, 오근五根, 오력五力, 칠각지七覺支의 일곱 가지 법을 실천하는 범행을 닦는다. 그는 더욱 정진하여 범행을 닦아 마침내 범행을 완성한다. 그는 모든 해탈을 이루고 스스로 최상의 지혜를 실현하고 구족하여 바른 깨달음을 성취하고 해야 할 일을 다 해 마쳐 열반에 도달하여 머문다. 그는 번뇌가 다 했고 삶을 완성했으며 할 바를 다 했고 짐을 내려놓았으며 참된 이상을 실현했고 삶의 족쇄를 부수었으며 바른 구경의 지혜로 해탈한 아라한이다. 아라한은 자신의 범행으로부터 생겨났으며 다른 사람들이나 다른 것들로부터 생겨난 것이 아니며, 자신의 범행에 의해서 생겨났으며 다른 사람들이나 다른 것들에 의해서 생겨난 것이 아니다. 지자들은 이러한 아라한을 네 가지 계급을 포함한 모든 계급 가운데서 제일이고 네 가지 계급을 포함한 모든 계급 가운데서 제일이라고 한다. 이것은 법에 의한 것이지 비법에 의한 것이 아니다. 왜냐하면 지금의 세상에서도 미래의 세상에서도 여기의 세상에서도 다른 모든 곳의 세상에서도 법이 최상이기 때문이다.

8 신들의 전쟁

수담마 의회 세존이시여, 삼십삼천 신들의 왕 삭까를 중심으로 삼십삼천 신들이 모두 모이는 수담마 의회에는 사대천왕들도 참석합니다. 그들은 네 방위에 앉습니다. 동쪽 방위에는 춤과 노래를 즐기는 간답바[乾達婆]를 통치하는 다따랏타 대천왕이 서쪽을 향하여 삼십삼천 신들을 앞으로 하고 그들보다 낮은 곳에 앉습니다. 이처럼 남쪽 방위에는 보물을 관리하는 꿈반다를 통치하는 위룰하까 대천왕이, 서쪽 방위에는 용을 통치하는 위루빡카 대천왕이, 북쪽 방위에는 약카[夜叉]를 통치하는 웻사와나 대천왕이 신들을 향하여 낮은 곳에 앉습니다. 이것이 그들의 자리입니다. 웻사와나 대천왕의 뒤가 우리 약카의 자리입니다. 세존이시여, 세존의 문하에서 공덕을 닦은 뒤 최근에 삼십삼천에 태어난 신들은 다른 신들보다 용모와 명성이 훨씬 뛰어납니다. 그래서 삼십삼천 신들은 '참으로 하늘의 무리는 가득 차고 아수라의 무리는 줄어든다.'라고 흡족해하고 환희로워하고 기뻐하고 즐거워합니다.DN18~9, DN32

전쟁 준비 비구들이여, 옛날에 아수라들이 신들과 전쟁했다. 그때 신들의 왕 삭까가 젊은 신 수위라를 불러서 말했다. "얘야 수위라야, 아수라들이 신들과 전쟁하러 온다. 그대는 아수라들과 대적하라." "알겠습니다, 경이로운 분이시여."라고 젊은 신 수위라는 대답하였으나 그는 방일에 빠졌다. 두 번째, 세 번째로 삭까가 수위라를 불러서 말했으나 그는 여전히 방일에 빠졌다. 그때 삭까는 수위라에게 이렇게 말했다. "수위라여, 분발하지 않고 노력하지 않고도 행복을 얻을 수 있는 곳이 있다면 그대 그곳으로 가라. 그리고 나도 그곳으로 제발 데려가다오."SN11.1

삭까의 깃발 옛날에 신과 아수라들 간에 전쟁이 있었을 때 신들의 왕 삭까가 삼십삼천 신들을 불러서 말했다. "존자들이여, 신과 아수라들 간에 전쟁이 발발했을 때 두려움과 공포와 털끝이 곤두섬을 느끼게 되면 나의 깃발을 올려다보시오. 그대들이 나의 깃발을 올려다보면 두려움과 공포와 털끝이 곤두섬이 없어질 것이오. 만일 나의 깃발을 올려다볼 수 없으면 두 번째 신들의 왕 빠자빠띠의 깃발을 올려다보시오. 그대들이 신의 왕 빠자빠띠의 깃발을 올려다보면 두려움과 공포와 털끝이 곤두섬이 없어질 것이오. 만일 신의 왕 빠자빠띠의 깃발을 올려다볼 수 없으면 세 번째 신들의 왕 와루나의 깃발을 올려다보시오. 그대들이 신의 왕 와루나의 깃발을 올려다보면 두려움과 공포와 털끝이 곤두섬이 없어질 것이오. 만일 신의 왕 와루나의 깃발을 올려다볼 수 없으면 네 번째 신들의 왕 이사나의 깃발을 올려다보시오. 그대들이 신의 왕 이사나의 깃발을 올려다보면 두려움과 공포와 털끝이 곤두섬이 없어질 것이오."SN11.3

신들의 전쟁1 비구들이여, 옛날에 신과 아수라들 간에 전쟁이 있었다. 그 전쟁에서 아수라들이 이겼고 신들이 패배했다. 신들은 퇴각했고 아수라들은 북쪽을 향해서 추격했다. 그때 신들에게 이런 생각이 들었다. '아수라들이 추격해 오는구나. 우리는 아수라들과 두 번째 전쟁하리라.' 두 번째로 신들은 아수라들과 전쟁하였으나 아수라들이 이겼고 신들이 패배했다. 패배한 신들은 퇴각했고 아수라들은 북쪽을 향해서 추격했다. 그때 신들에게 이런 생각이 들었다. '아수라들이 추격해 오는구나. 우리는 아수라들과 세 번째 전쟁하리라.' 세 번째로 신들은 아수라들과 전쟁하였으나 세 번째도 아수라들이 이겼고 신들이 패배했다. 패배한 신들은 두려워서 신의 요새로 들어갔다. 신의 요새로 들어간 신들에게 이런 생각이 들었다. '우리는 이제 공포를 주는 이들로부터 우리를 보호해 줄 곳에 왔다. 이제 우리는 스스로 머물고 아수라들과 전쟁하지 않으리라.' 아수라들에게도 이런 생각이 들었다. '신들은 이제 자신들을 보호해 줄 곳으로 갔다. 이제 그들은 스스로 머물 것이고 우리와 전쟁하지 않을 것이다.'

신들의 전쟁2 비구들이여, 옛날에 신과 아수라들 간에 전쟁이 있었다. 그 전쟁에서 신들이 이겼고 아수라들이 패배했다. 아수라들은 퇴각했고 신들은 남쪽을 향해서 추격했다. 그때 아수라들에게 이런 생각이 들었다. '신들이 추격해 오는구나. 우리는 신들과 두 번째 전쟁하리라.' 두 번째로 아수라들은 신들과 전쟁했다. 두 번째도 신들이 이겼고 아수라들이 패배했다. 패배한 아수라들은 퇴각했고 신들은 남쪽을 향해서 추격했다. 그때 아수라들에게 이런 생각이 들었다. '신들이 추격해 오는구나. 우리는 신들과 세 번째 전쟁하리라.' 세 번째로 아수라들은 신들과 전쟁했다. 세 번째도 신들이 이겼고 아수라들이 패배했다. 패배한 아수라들은 두려워서 아수라의 요새로 들어갔다. 아수라의 요새로 들어간 아수라들에게 이런 생각이 들었다. '우리는 이제 공포를 주는 이들로부터 보호해 줄 곳에 왔다. 이제 우리는 스스로 머물고 신들과 전쟁하지 않으리라.' 신들에게도 이런 생각이 들었다. '아수라들은 이제 자신들을 보호해 줄 곳으로 갔다. 이제 그들은 스스로 머물 것이고 우리와 전쟁하지 않을 것이다.'AN9.39

신들의 전쟁3 비구들이여, 옛날에 신과 아수라들 간에 전쟁이 있었다. 그 전쟁에서 아수라들이 승리하고 신들이 패배했다. 패배한 신들은 북쪽으로 퇴각했고 아수라들은 그들을 추격했다. 그때 신들의 왕 삭까는 마부 마딸리에게 게송으로 말했다.

마딸리여,
심발리나무에 있는 새의 보금자리에
수레의 체가 닿지 않도록 하라.
차라리 아수라들에게 우리의 목숨을 버릴지언정
새들이 보금자리를 잃게 하지는 말라.

"알겠습니다, 존자시여."라고 마부 마딸리는 대답한 뒤 천 마리의 준마를 맨 마차를 되돌렸다. 그러자 추격하던 아수라들에게 이런 생각이 들었다. '방금 신들의 왕 삭까가 천 마리의 준마를 맨 마차를 되돌렸다. 이제 신들은 아수라들과 전쟁할 것이다.' 두려움이 생긴 아수라들은 추격을 멈추고 아수라의 도시로 돌아가 버렸다. 이렇게 하여 신들의 왕 삭까는 정의로움으로 승리하였다.SN11.6

신들의 전쟁4 비구들이여, 옛날에 신과 아수라들 간에 전쟁이 있었다. 그때 아수라왕 웨빠찟띠는 아수라들을 불러서 말하였다. "존자들이여, 만일 신과의 전쟁에서 우리가 이기고 신들이 패하면 신들의 왕 삭까의 사지와 목을 밧줄로 묶어서 나에게 데려오시오. 나는 아수라들의 도시에 있겠소." 신들의 왕 삭까도 삼십삼천의 신들을 불러서 말하였다. "존자들이여, 만일 신과 아수라들 간에 전쟁이 발발하여 신들이 이기고 아수라들이 패하면 아수라왕 웨빠찟띠의 사지와 목을 밧줄로 묶어서 나에게 데려오시오. 나는 수담마 의회에 있겠소." 비구들이여, 그 전쟁[7]에서 신들이 이기고 아수라들이 패하였다. 그러자 삼십삼천의 신들은 아수라왕의 사지와 목을 밧줄로 묶어서 수담마 의회에 있는 신들의 왕 삭까에게 데리고 갔다. 그곳에서 신들의 왕 삭까가 수담마 의회에 들어오고 나갈 때마다 아수라왕 웨빠찟띠는 사지와 목이 밧줄로 묶인 채로 오만불손하고 거친 말로 신들의 왕 삭까를 욕하고 비난하였다. 그러자 삭까의 마부 마딸리가 신들의 왕 삭까에게 게송으로 말했다.

마가완이시여
웨빠찟띠의 면전에서
그의 거친 말 듣는데도
두려움과 연약함 때문에 참으십니까?

웨빠찟띠의 거친 말을 참는 것은
두려움이나 연약함 때문이 아니니라.
나와 같은 지혜로운 자가
어찌 어리석은 자와 언쟁하리오.

제어하는 자 아무도 없으면
어리석은 자 더욱더 화를 내기 마련
그러므로 엄하고 혹독한 벌로
현자는 어리석은 자를 다스려야 합니다.

---

7 축생의 전쟁에서는 살생이 있으나 감옥은 없다. 인간의 전쟁에서는 살생과 감옥이 있다. 삼십삼천 신들의 전쟁에서는 살생과 감옥이 없다. 이 차이점을 설명하고 전쟁이 없는 세계의 조건을 설명하여 보라.

어리석은 자가 성난 것을 알면
사띠하고 고요함을 유지하는 것이
상대를 다스리는 것이라고
나는 그렇게 생각하노라.

와사와시여,
저는 인내하는 것에 대해
이런 허물을 봅니다.
어리석은 자가
'두려움 때문에 나를 견디는구나.'라고
생각하면
더욱 날뛰게 됩니다.
마치 날뛰는 소가
도망치는 사람에게 더욱 그러하듯

'두려움 때문에 나를 견디는구나.'라고
생각하든 아니든
지기의 최상의 이익들 가운데서
인욕보다 뛰어난 것 어디에도 없도다.
힘 있는 자가 힘없는 자에 대해서
감내하고 참는 것
그것이 최상의 인욕이라 말하나니
힘 있는 자는
힘없는 자를 항상 인욕해야 하도다.

어리석은 자의 힘은
힘이 아니라고 말하도다.
정의로움을 보호하는 힘

그러한 힘 있는 자는
아무에게도 비난받지 않도다.

화내는 자에게
다시 화를 내면
그 때문에 둘 다 사악해지지만
화내는 자에게
다시 화내지 않으면
이기기 어려운 전쟁에서 이기는 것이로다.

상대가 성난 것 알면
사띠하고 고요함을 유지하는 것이
자신과 상대 둘 다의 이익을 실천하는 것이라네.

자신과 상대 둘 다를 치유하는 것을 두고
바른 법에 능숙하지 못한 사람들은
두려움이나 연약함이라고 생각하도다.SN11.4~5, SN11.12

삭까의 속박 신들의 왕 삭까는 아수라왕의 사지와 목을 묶은 밧줄을 풀어 주었다. 대신 삭까의 속박으로 그를 구속하였다. 삭까의 속박은 미묘하다. 만약 아수라의 왕에게 '참으로 나는 잘못 생각하였도다. 신들은 법다웠고 아수라들은 법답지 못하였다. 그러니 나는 지금 신들의 도시로 가서 신들에게 참회하고 신들과 함께 법답게 지내리라.'라는 생각이 들면 그를 구속하였던 삭까의 속박은 저절로 풀리고 그는 여느 신들처럼 천상의 다섯 가닥의 감각적 욕망을 회복하여 갖추고 완비하여 즐기게 될 것이다. 그러나 만약 아수라왕에게 '참으로 나는 잘못 생각하지 않았도다. 신들은 법답지 못하였고 아수라들은 법다웠다. 그러니 나는 지금 아수라들의 도시로 가서 아수라들과 함께 법답게 지내리라.'라는 생각이 들면 풀렸던 삭까의 속박은 그를 다시 구속하여 그가 누렸던 천상의 다섯 가닥의 감각적 욕망이 그에게서 사라져 버릴 것이다. 삼십삼천 신들의 왕 삭까의 영역 안에서는 과거의 법답지 못함을 뉘우치고 법답게 바르게 사유하지 않은 한 그는 죽음으로도 삭까의 속박에서 벗어날 수 없다. 만약 그가 삭까의 영역에서 법답게 벗어나 야마천 이상으로 향상한다면 그는 삭까의 속박에서 벗어나게 되지만 완전히 벗어나는 것은 아니다. 다시 삭까의 영역으로 떨어질 수 있기 때문이다. 그러므로 삭까의 속박에서 완전히 벗어나려면 삭까의 영역으로 다시는 떨어지지 않는 정거천 이상으로 향상하여야 한다. 이같이 삭까의 속박은 미묘하다.SN35.248, MN26

분노하지 말라 신들의 왕 삭까는 수담마 의회에서 삼십삼천의 신들을 가르치면서 게송을 읊었다.SN11.25

분노가
그대들을 제압하게 하지 말라.
분노하는 자에게 분노하지 말라.
분노하지 않음은
언제나 성자들의 마음에 머문다오.
분노는 사악한 사람들을 짓누르니
마치 산사태가 마을을 짓누르는 것처럼.

남의 분노를 먹는 자 옛날에 못생기고 기형인 어떤 약카가 신들의 왕 삭까의 자리에 앉아 있었다. 그러자 삼십삼천의 신들은 불평하고 푸념하면서 말했다. "존자들이여, 참으로 경이롭습니다. 존자들이여, 참으로 놀랍습니다. 이 못생기고 기형인 약카가 감히 신들의 왕 삭까의 자리에 앉아 있습니다." 그런데 삼십삼천의 신들이 불평하고 푸념하면 할수록 그 약카는 점점 더 멋있어지고 잘생기게 되었다. 그러자 삼십삼천의 신들이 신들의 왕 삭까에게 다가가 그 사실을 아뢰자 삭까는 분노를 먹는 약카에게 다가가 한쪽 어깨가 드러나게 윗옷을 입고 오른쪽 무릎을 땅에 대고 합장하여 인사를 올리고 "존자여, 저는 신들의 왕 삭까입니다."라고 세 번 이름을 아뢰었다. 그런데 삭까가 이름을 아뢸수록 약카는 더 못생기게 되고 더 기형으로 변하였다. 그리고 그는 그곳에서 사라졌다. 신들의 왕 삭까는 자신의 자리에 앉아서 삼십삼천의 신들을 가르치면서 게송을 읊었다.SN11.20

나는 마음이 망가진 자가 아니기에
분노의 회오리에 쉽게 휩쓸리지 않노라.
나는 오랫동안 분노하지 않았나니
분노가 내 안에 자리 잡지 못하니라.
분노하여 거친 말을 하지 않고
내 안의 법다움에 자만하지 않느니라.
나 자신의 이익을 보기에
스스로 나 자신을 잘 제어하노라.

패퇴하는 아수라 비구들이여, 옛날에 어떤 사람이 '나는 세상에 대하여 사색하리라.' 하면서 라자가하를 벗어나 수마가다 호수로 갔다. 그 사람은 수마가다 호수의 언덕에 앉아 사색하다가 네 무리의 군대가 연꽃의 줄기로 들어가는 것을 보고 '나는 참으로 미쳤나 보다. 나는 참으로 제정신이 아닌가 보다. 내가 세상에 존재하지 않는 것을 보다니!'라는 생각이 들었다. 그 사람은 라자가하로 돌아가서 많은 사람에게 이렇게 말했다. "존자들이시여, 저는 참으로 미쳤나 봅니다. 저는 참으로 제정신이 아닌가 봅니다. 저는 세상에 존재하지 않는 것을 보았습니다." "여보시오, 도대체 그대는 어떻게 미쳤고 어떻게 제정신이 아니요? 도대체 그대는 세상에 존재하지 않는 어떤 것을 보았소?" "존자들이시여, 저는 '세상에 대하여 사색하리라.'라면서 라자가하를 벗어나 수마가다 호수로 갔습니다. 저는 수마가다 호수의 언덕에 앉아 사색하다가 네 무리의 군대가 연꽃의 줄기로 들어가는 것을 보았습니다. 존자들이시여, 이처럼 저는 참으로 미쳤고, 이처럼 저는 참으로 제정신이 아닙니다. 이처럼 저는 세상에 존재하지 않는 것을 보았습니다." "여보시오, 참으로 그대는 미쳤소. 참으로 그대는 제정신이 아니오. 참으로 그대가 본 것은 이 세상에는 존재하지 않소." 비구들이여, 그런데 그 사람은 실제로 존재하는 것을 본 것이지 존재하지 않는 것을 본 것은 아니다. 옛날에 신과 아수라들 간에 전쟁이 발발하여 신들이 이기고 아수라들이 패하였을 때 아수라들은 두려워서 연꽃 줄기를 통해서 아수라의 도시로 들어갔다.SN56.41

웨자얀따 궁전 예전에 신들과 아수라들의 전쟁이 있었는데 그 전쟁에서 신들이 승리하여 승전의 기념으로 웨자얀따 궁전을 지었습니다. 그 궁전에는 백 개의 뾰쪽 탑이 있고 그 각각의 뾰쪽 탑에는 칠백 개의 누각이 있으며 그 각각의 누각에는 일곱 요정이 있고 그 각각의 일곱 요정은 일곱 궁녀를 거느리고 있습니다. 여기 삼십삼천의 자랑이자 가장 뛰어난 곳 웨자얀따 궁전의 아름다움을 한번 보시겠습니까?MN37

사대천왕의 임무 비구들이여, 상현과 하현의 8일에 사대천왕의 신하들이 인간세상을 둘러본다. 그것은 인간세상에 얼마나 많은 사람이 어머니와 이버지를 봉앙하고, 시문과 브라만들을 공경하고, 연장자들을 공경하고, 포살에 참석하여 계를 지키고, 공덕을 쌓는지를 보기 위함이다. 마찬가지 이유로 14일에는 사대천왕의 아들들이, 보름의 포살일에는 사대천왕이 직접 인간세상을 둘러본다. 만약 인간세상에 어머니와 아버지를 봉양하고, 사문과 브라만들을 공경하고, 연장자들을 공경하고, 포살에 참석하여 계를 지키고, 공덕을 쌓는 사람이 적다면 사대천왕은 수담마 의회에 모여 있는 삼십삼천의 신들에게 '인간세상에 어머니와 아버지를 봉양하고, 사문과 브라만들을 공경하고, 연장자들을 공경하고, 포살에 참석하여 계를 지키고, 공덕을 쌓는 사람이 적습니다.'라고 그 사실을 보고한다. 그러면 삼십삼천의 신들은 '참으로 신들의 무리는 줄어들고 아수라의 무리는 늘어날 것이다.'라고 생각하여 마음이 언짢아진다. 그러나 만약 인간세상에 어머니와 아버지를 봉양하고, 사문과 브라만들을 공경하고, 연장자들을 공경하고, 포살에 참석하여 계를 지키고, 공덕을 쌓는 사람이 많다면 사대천왕은 수담마 의회에 모여 있는 삼십삼천의 신들에게 '인간세상에 어머니와 아버지를 봉양하고, 사문과 브라만들을 공경하고, 연장자들을 공경하고, 포살에 참석하여 계를 지키고, 공덕을 쌓는 사람이 많습니다.'라고 그 사실을 보고한다. 그러면 삼십삼천의 신들은 '참으로 신들의 무리는 늘어나고 아수라의 무리는 줄어들 것이다.'라고 생각하여 마음이 흡족해진다.AN3.36

9 신들의 왕의 질문과 귀의

삭까의 전생 신들의 왕 삭까가 전에 인간이었을 때 그는 일곱 가지 서계誓戒를 완전하게 받아서 지켰다. 이것을 지켰기 때문에 그는 지금의 삭까의 지위를 얻게 되었다. 어떤 것이 일곱 가지 서계인가? 살아 있는 한 나는 ①부모를 봉양할 것이며, ②연장자를 공경할 것이며, ③부드러운 말을 할 것이며, ④중상모략하지 않을 것이며, ⑤인색함의 때가 없는 마음으로 재가에 살면서 아낌없이 보시하고 나누어 가질 것이며, ⑥진실을 말할 것이며, ⑦분노하지 않을 것이고 만일 분노가 일어나면 즉시 없앨 것이다.SN11.11~2

부모를 봉양하고
연장자를 공경하며
부드럽고 예의 바른 말을 하고
중상모략하지 않으며
인색함을 제거하고
진실을 말하고
분노를 정복한 사람
그를 삼십삼천의 신들은

참된 사람이라 하느니라.

삭까의 다른 이름 비구들이여, 신들의 왕 삭까가 전에 인간이었을 때 그는 마가라는 브라만 학도였기에 '마가완'이라고도 불렸으며, 그는 이 도시 저 도시에서 보시를 베풀었기에 '뿌린다다'라고도 불렸으며, 그는 존중하면서 보시를 베풀었기에 '삭까'라고도 불렸으며, 그는 가난한 자를 위한 보호소를 보시하였기에 '와사와'라고도 불렸다. 신들의 왕 삭까는 한순간에 천 가지 의미에 대해서 생각하기에 천의 눈을 가진 자라는 의미의 '사핫삭카'라고도 불렸으며, 아수라 처녀 수자 빠자빠띠를 아내로 맞이하였기에 수자의 남편인 '수잠빠띠'라고도 불렸으며, 삼십삼천의 신들에 대한 통치권을 가져 지배력을 행사하기에 '신들의 왕'이라 불렸다.SN11.12

삭까의 방문 세존께서는 라자가하 동쪽 암바산다 브라만 마을의 북쪽에 있는 웨디야산의 인다살라 동굴에 머무셨을 무렵에 신들의 왕 삭까에게 세존을 친견하려는 간절한 원이 생겼다. 그래서 그는 '지금 아라한이시고 정등각이신 세존께서는 어디에 머물고 계실까?'라고 생각하여 세존께서 인다살라 동굴에 머물고 계시는 것을 보았다. 그는 삼십삼천의 신들을 불러서 말하였다. "존자들이여, 그분 세존께서 라자가하 동쪽 암바산다 브라만 마을의 북쪽에 있는 웨디야산의 인다살라 동굴에 머물고 계십니다. 존자들이여, 그러니 우리가 그분 아라한이시고 정등각이신 세존을 뵈러 가는 것이 어떻겠습니까?" "그렇게 하겠습니다, 존자시여."

삭까는 간답바의 아들 빤짜시카를 불러서 말하였다. "얘야, 빤짜시카야. 그분 세존께서 라자가하 동쪽 암바산다 브라만 마을의 북쪽에 있는 웨디야산의 인다살라 동굴에 머물고 계신단다. 얘야, 빤짜시카야. 그러니 우리가 그분 아라한이시고 정등각이신 세존을 뵈러 가는 것이 어떻겠느냐?" "그렇게 하겠습니다, 존자시여." 빤짜시카는 벨루와빤두 류트를 가지고 신들의 왕 삭까의 시동侍童으로 따라나섰다. 그러자 신들의 왕 삭까는 빤짜시카를 앞세우고 삼십삼천의 신들에 에워싸여 마치 힘센 자가 오므렸던 팔을 펴고 편 팔을 오므리듯이 삼십삼천에서 사라져서 인다살라 동굴 인근에 나타났다.

그러자 웨디야산과 암바산다 브라만 마을에는 큰 광명이 생겨났다. 그것은 신들의 신성한 힘 때문이었다. 그래서 주위에 있는 마을의 사람들이 이렇게 말했다. "보시오. 오늘 웨디야산은 불타고 있습니다. 오늘 웨디야산은 타오르고 있습니다. 오늘 웨디야산과 암바산다 브라만 마을에는 도대체 무슨 일이 있습니까?" 이렇게 말하면서 그들은 두려워서 떨었고 몸에 털이 곤두섰다.

빤짜시카의 노래 그때 신들의 왕 삭까는 빤짜시카를 불러서 말하였다. "얘야, 빤짜시카야. 세존께서 명상에 머무시고 명상을 즐기면서 혼자 앉아 계실 때 나와 같은 자가 다가가기란 쉽지 않다. 그러니 그대가 먼저 세존을 편안하게 해 드려라. 그런 후 나는 그분 아라한이시고 정등각이신 세존을 뵈러 가는 것이 좋겠다." "그렇게 하겠습니다, 존자시여." 빤짜시카는 벨루와빤두 류트를 가지고 인다살라 동굴로 다가가 '이 정도 거리이면 세존께서 내가 연주하는 소리를 들으시기에 너무 멀지도 않고 너무 가깝지도 않을 것이다.'라면서 한 곁에 섰다. 벨루와빤두 류트를 연주하면서 세존을 칭송하고 아라한을 칭송하면서도 연모의 정이 가득 담긴 게송을 노래하였다.

선여인이여!
태양과 같이 밝은 분
그대의 아버지 띰바루에게 경배합니다.
나에게 기쁨을 주는 아름다운 그대
그분에 의해서 태어났으니

땀 흘리는 자에게 바람이 소중하고
목마른 자에게는 물이 귀하듯

나에게 광채를 가진 그대 사랑으로 다가오니
마치 아라한들에게 법과 같으니

선여인이여!
병든 자에게 약과 같고
배고픈 자에게 음식과 같나니
나의 사랑의 열병 식혀 주시오.
마치 타는 불꽃을 물로 끄듯이

무더위에 지친 코끼리가
연꽃잎과 꽃가루가 떠다니는
차가운 물의 연못에 뛰어드는 것처럼
나는 그대의 가슴 사이로 뛰어드나니

갈고리로도 제어하지 못하는 취한 코끼리
창이나 투창 따위에는 관심 없듯이
그런 나도 무엇을 할까 알지 못하니
그대의 뛰어난 자태에 취하였기에

나의 마음은 그대에게 묶여 버려
평상심을 잃어버렸고
다시 나의 마음 되돌릴 수 없나니
마치 미끼 달린 낚시 문 물고기처럼

아름다운 여인이여 나를 안아 주소서.
아름다운 눈을 가진 여인이여 나를 안아 주소서.
착한 여인이여 껴안아 주소서.
간절히 바라고 바라느니

곱슬머리의 여인이여
나의 바람은 처음에는 적었으나
이제는 갖가지로 자랐습니다.
마치 아라한에게 올린 보시처럼

세상에서 가장 아름다운 여인이여
공덕의 밭 아라한들에게
내가 지은 공덕이 있다면
그대와 함께 그 과보를 누리기를

세상에서 가장 아름다운 여인이여
이 광활한 대지 위에서
내가 지은 공덕이 있다면
그대와 함께 그 과보를 누리기를

마치 삭까의 후예인 세존께서
사띠로 일념이 되어
지혜롭게 불사不死를 찾듯이
나 또한 나의 태양인 그대를 찾으리니

마치 성자가 위없는 정각을
성취하고 기뻐하듯이
나 또한 그대와 하나 되어
기뻐할 것이오, 선여인이여!

만일 삼십삼천의 주인인 삭까
나의 소원 들어주신다면
선여인이여 나는 그대를 원하리니

이렇듯 나의 사랑은 강합니다.

현명한 여인이여!
꽃이 활짝 핀 살라나무와 같이 아름다운 분
그대의 아버지께 경배하면서 귀의하나니
그분의 이러한 딸을 위해서

이렇게 노래하자 세존께서 말씀하셨다. "빤짜시카여, 그대의 활줄 소리는 노래와 잘 어울리고 그대의 노래는 활줄 소리와 잘 어울리는구나. 빤짜시카여, 그런데 언제 그대는 성자를 칭송하고 아라한을 칭송하면서도 연모의 정이 가득 담긴 이런 게송을 지었느냐? "세존이시여, 한때 세존께서는 우루웰라의 네란자라 강둑에 있는 염소치기의 니그로다나무 아래서 처음 정등각을 성취하여 머무셨습니다. 저는 그때 한 여인을 사랑하였습니다. 그녀는 띰바루 간답바 왕의 딸이며 태양과 같이 밝은 밧다라는 여인이었습니다. 그러나 그 여인은 다른 사람을 사랑하고 있었으니 시칸디라는 마부 마딸리의 아들을 사랑하였습니다. 저는 어떤 수단으로도 그 여인을 얻지 못하였으므로 벨루와빤두 류트를 가지고 띰바루 간답바 왕의 거처로 갔습니다. 그곳에서 벨루와빤두 류트를 연주하면서 세존을 칭송하고 아라한을 칭송하면서도 연모의 정이 가득 담긴 이런 게송을 노래하였습니다.

세존이시여, 이렇게 게송을 노래하자 태양과 같이 밝은 밧다는 저에게 이렇게 말했습니다. '존자여, 저는 그분 세존을 면전에서 뵙지는 못했습니다. 그러나 저는 삼십삼천의 수담마 의회에 춤을 추러 가서 그분 세존에 대해서 들었습니다. 존자여, 그대가 그분 세존을 칭송하시니 오늘 우리는 함께 지냅시다.' 세존이시여, 그날 저는 그 여인과 함께 지냈습니다. 그 이후로 지금까지 만나지 못하고 있습니다."

세존을 친견하는 삭까 그때 신들의 왕 삭까에게 이런 생각이 들었다. '간답바의 아들 빤짜시카는 세존과 함께 환담하고 세존께서도 빤짜시카와 환담하시는구나.' 그러자 그는 빤짜시카를 불러서 말했다. "얘야, 빤짜시카야. 그대는 내 이름으로 '세존이시여, 신들의 왕 삭까가 대신들과 측근들과 함께 세존의 발에 머리로 절을 올립니다.'라고 하면서 세존께 절을 올려라." "그렇게 하겠습니다, 존자시여." 빤짜시카는 그가 시키는 대로 세존께 절을 올렸다. 절은 받자 세존께서 이렇게 말씀하셨다. 빤짜시카여, 신들의 왕 삭까와 대신들과 측근들은 행복하라. 신들과 인간들과 아수라들과 용들과 간담바들과 다른 모든 무리도 행복을 원하기 때문이니라. 여래들은 이러한 큰 위력을 가진 약카들에게 이렇게 인사를 받느니라.

세존께서 인사를 받으시자 신들의 왕 삭까는 인다살라 동굴로 들어가서 세존께 절을 올린 뒤 한 곁에 섰다. 삼십삼천의 신들도 인다살라 동굴에 들어가서 세존께 절을 올린 뒤 한 곁에 섰다. 간담바의 아들 빤짜시카도 인다실라 동굴에 들어가서 세존께 절을 올린 뒤 한 곁에 섰다. 그때 인다살라 동굴의 바닥은 고르지 못했는데 고르게 되었고 좁은 부분은 넓게 되었으며 동굴의 어둠은 사라졌고 광명이 드러났다. 그것은 모두 신들의 신성한 힘 때문이었다. 그러자 세존께서는 신들의 왕 삭까에게 이렇게 말씀하셨다. 꼬시야 존자는 많은 업무와 해야 할 일로 바쁨에도 불구하고 여기에 친히 오시다니 참으로 놀랍고 참으로 경이롭습니다.

"세존이시여, 저는 오랫동안 세존을 친견하러 오고 싶었습니다만 삼십삼천의 신들의 이런저런 업무와 해야 할 일로 바쁘다 보니 그동안 세존을 친견하러 올 수가 없었습니다. 한때 세존께서 사왓티의 살라라 토굴에 머무셨을 때 저는 세존을 친견하러 사왓티로 갔습니다. 그때 세존께서는 어떤 명상에 들어 좌정하고 계셨습니다. 그리고 분자띠라는 웻사와나 대천왕의 궁녀가 세존의 시중을 들고 있었는데 그녀는 합장한 채로 공경하면서 동굴 입구 근처에 서 있었습니다. 그래서 저는 이렇게 말했습니다. '여인이여, 그대는 내 이름으로 '세존이시여, 신들의 왕 삭까가 대신들과 측근들과 함께 세존의 발에 머리로 절을 올립니다.'라고 하면서 세존께 절을 올려 주시오.' 그러자 분자띠는 이렇게 말했습니다. '존자시여, 지금은 세존을 친견할 적당한 시간이 아닙니다. 세존께서는 홀로 앉아 계십니다.'

'여인이여, 그렇다면 세존께서 홀로 앉음에서 나오시면 그대는 내 말을 전하면서 세존께 절을 올려 주시오.'라고 저는 말하였습니다. 세존이시여, 그런데 그 여인이 세존께 저의 이름으로 절을 올렸습니까? 세존께서는 그 여인의 말을 기억하십니까?"

신들의 왕이여, 그 여인은 나에게 절을 올렸습니다. 나는 그 여인의 말을 기억합니다. 그리고 그때 나는 존자의 마차 바퀴 소리를 듣고 홀로 앉음에서 나왔습니다.

고빠까의 질책과 삭까의 요청 "세존이시여, 저희 삼십삼천의 무리에 처음으로 태어난 신들이 '아라한이시고 정등각이신 세존들께서 세상에 출현하실 때마다 참으로 하늘의 무리는 가득 차고 아수라 무리는 줄어든다.'라고 말하는 것을 저는 그들의 면전에서 직접 듣고 그들의 면전에서 직접 확인하였습니다. 그리고 저는 '아라한이시고 정등각이신 세존들께서 세상에 출현하실 때마다 참으로 하늘의 무리는 가득 차고 아수라 무리는 줄어든다.'라고 하는 것을 직접 경험하였습니다.

세존이시여, 여기 까삘라왓투에 고빠까라는 석가족의 딸이 있었습니다. 그녀는 세존께 청정한 믿음이 있었고 법에 청정한 믿음이 있었고 승가에 청정한 믿음이 있었고 계를 구족하였습니다. 그녀는 여성이 되기를 멀리하고 남성이 되는 것을 닦아서 몸이 무너져 죽은 뒤에 좋은 세계, 천상에 태어났습니다. 실로 그녀는 삼십삼천의 일원이 되어 저의 아들로 태어났습니다. 우리는 그를 '신의 아들 고빠까'라고 부릅니다. 그런데 어떤 세 명의 비구는 낮은 간답바의 무리에 태어났습니다. 그들은 다섯 가닥의 감각적 욕망을 갖추고 완비하여 즐기면서 우리의 시중을 들고 우리를 섬기러 옵니다. 그들이 우리의 시중을 들고 우리를 섬기러 오면 신의 아들 고빠까는 이렇게 질책합니다.

'존자들이여, 그대들은 그분 세존의 설법을 들을 때 도대체 얼굴을 어디에 두고 있었습니까? 나는 여인의 몸이었는데도 세존께 청정한 믿음이 있었고 법에 청정한 믿음이 있었고 승가에 청정한 믿음이 있었고 계를 구족하였습니다. 그런 나는 여성이 되기를 멀리하고 남성이 되는 것을 닦아서 몸이 무너져 죽은 뒤에 좋은 세계, 천상에 태어났습니다. 실로 나는 삼십삼천의 일원이 되어 신들의 왕 삭까의 아들로 태어났습니다. 여기서는 나를 '신의 아들 고빠까, 신의 아들 고빠까'라고 부릅니다. 존자들이여, 그러나 그대들은 세존의 아래서 청정범행을 닦은 뒤 낮은 간답바의 무리에 태어났습니다. 세존의 법을 배우던 비구가 낮은 간답바의 무리에 태어난 것을 보게 되니 참으로 민망합니다.' 신의 아들 고빠까의 질책을 받은 뒤 두 명은 그 후 사띠를 확립하여 범보천梵輔天의 과위를 얻었으며 한 명은 계속 감각적 욕망에 빠져 있었습니다." 그리고 신들의 왕 삭까는 게송으로 말씀드렸다.

'눈을 가진 분 세존의 청신녀가 있었으니
나의 이름은 고빠까였습니다.
세존과 법에 청정한 믿음이 있었고
밝은 마음으로 승가를 모셨습니다.

그분 세존의 좋은 법 때문에
나는 이제 삭까의 아들이 되어 큰 위력을 가졌으며
큰 광채를 가진 천상에 태어났으니
여기서 나를 고빠까라 부릅니다.

예전에 인간이었을 때
본 적이 있는 비구들을 보았으니
그들은 세존의 제자들이었으며
나의 집에서 그들 발을 씻겨드리고 공경하고
먹을 것과 마실 것으로 시중을 들었으나
이제 그들은 간답바의 무리에 태어났습니다.

도대체 이분들은 세존께서 설법하실 때
참으로 얼굴을 어디에 두고 있었나요?
눈을 가지신 분이 깨달으시고 잘 설하신 법은
참으로 각자 알아야 하는 것입니다.

그때 그들을 섬긴 나는
세존의 좋은 말씀 따른 뒤
이제 삭까의 아들이 되어 큰 위력을 가졌으며
큰 광채를 가진 천상에 태어났습니다.

그러나 그들은 출가하여 뛰어난 분을 섬겼고
위없는 청정범행을 닦고서도
간답바의 무리에 태어나
낮은 몸을 받아
비구였을 때 자신들을 섬겼던 나를 섬기니
참으로 보기에 민망합니다.

재가에 머무르던 내가 성취한
이런 수승함을 보십시오.
나는 재가의 여인이었으나
이제 삼십삼천 신들의 왕 삭까의 아들이 되어
천상의 감각적 욕망을 다 갖추고 있습니다.'

그들 세존의 제자 비구들은
이와 같은 고빠까의 질책받고
이러한 절박함이 생겼습니다.
'오! 돌아가서 정진합시다.
우리는 더 이상 남의 하인이 되지 맙시다.'

그들 가운데 두 명은 정진을 시작하고
세존의 교법을 계속해서 기억해내어
마음의 티끌을 없애고
감각적 욕망에서 위험을 보았습니다.

마치 코끼리가 얽어매는 줄들을 잘라 버리듯
마침내 그들은 감각적 욕망을 떨쳐버리고
사악한 법을 멀리 내팽개쳐 버린 뒤
삼십삼천의 신들에게로 다가갔습니다.

삼십삼천의 신들은 인드라와 빠자빠띠와 함께
모두 수담마 의회에 모여 앉아 있었습니다.
오욕을 없앴고 때를 제거한 두 영웅은
앉아 있는 신들에게 다가갔습니다.

두 영웅을 보자 신들의 왕인 와사와는
신들의 무리 가운데서 절박함이 생겼습니다.
'낮은 무리에 태어난 그들이
이제 삼십삼천의 신들을 능가하는구나!'

삭까의 절박함에서 생겨난 이 말을 듣고서
고빠까는 와사와에게 말하였습니다.

'세존은
인간의 세상에서 지배자입니다.
그분은 감각적 욕망을 다스리는
석가모니라고 알려졌습니다.

이들은 그분의 법의 아들들인데
사띠를 놓아버렸습니다.
저의 질책을 받은 그들은
사띠를 다시 가지게 되었습니다.

세 명 가운데 한 명은 아직 여기에 머물면서
간답바 무리에 섞여서 살지만
두 분은 바른 깨달음의 길을 계속해서 닦으며
신들조차도 하시下視하니
스스로 명상에 들었기 때문입니다.'

이와 같은 것으로
세존의 법이 드러나는 것입니다.
여기에 대해서 어떤 제자가 의심하겠습니까?
격류를 건너고 의심을 잘라버린
성자요 만 생명의 지배자이신
세존께 예배합니다.

두 분은 여기서 그런 법을 알고서
수승함을 증득했습니다.
이곳에서 범보천의 과위를 얻었나니
두 분은 특별한 경지로 간 자들입니다.

그런 법을 얻기 위해서
세존이시여, 우리는 여기에 왔습니다.
이제 세존께서 허락해주신다면
세존이시여, 우리는 질문을 드리고자 합니다.

그러자 세존께 이런 생각이 드셨다. '삭까는 오랜 세월 청정하게 살았다. 그러니 나에게 하는 질문은 무엇이든 모두 의미를 구족한 것이지 의미를 구족하지 못한 것이 아닐 것이다. 그의 질문을 내가 설명하면 그는 즉시 그 의미를 정확하게 알 것이다.' 세존께서 게송으로 말씀하셨다.

무엇이든 그대의 마음에 원하는 것이 있다면
모두 나에게 질문하십시오, 와사와여.
그대의 모든 질문에 대해서
나는 그대가 결론에 이르도록 할 것입니다.

첫 번째 질문 세존의 허락을 받은 신들의 왕 삭까는 첫 번째 질문을 하였다. "세존이시여, 신들과 인간들과 아수라들과 용들과 간답바들과 그 이외 모든 무리는 비록 '원망하지 않고 몽둥이를 들지 않고 적을 만들지 않고 적대감 없이 평화롭게 머무르리라.'라고 하지만 무엇에 속박되어 원망하고 몽둥이를 들고 적을 만들고 적대감을 가져 원망하면서 머물게 됩니까?" 신들의 왕이여, 질투와 인색에 속박되어서 신들과 인간들과 아수라들과 용들과 간답바들과 이외 모든 무리는 비록 '원망하지 않고 몽둥이를 들지 않고 적을 만들지 않고 적대감 없이 평화롭게 머무르리라.'라고 하지만 원망하고 몽둥이를 들고 적을 만들고 적대감을 가져 원망하면서 머무릅니다.

"참으로 그러합니다, 세존이시여. 참으로 그러합니다, 선서시여. 질문에 대한 세존의 상세한 설명을 듣고 저는 의심을 건넜으며 의문이 가시었습니다."

두 번째 질문 "세존이시여, 질투와 인색은 무엇이 그 근원이며, 무엇으로부터 일어나고 무엇으로부터 생기며 무엇으로부터 발생합니까? 무엇이 있을 때 질투와 인색이 있으며 무엇이 없을 때 질투와 인색도 없습니까?" 신들의 왕이여, 질투와 인색은 갈애가 그 근원이며, 갈애로부터 일어나고 갈애로부터 생기며 갈애로부터 발생합니다. 갈애가 있을 때 질투와 인색이 있으며 갈애가 없을 때 질투와 인색도 없습니다.

"세존이시여, 갈애는 무엇이 그 근원이며, 무엇으로부터 일어나고 무엇으로부터 생기며 무엇으로부터 발생합니까? 무엇이 있을 때 갈애가 있으며 무엇이 없을 때 갈애가 없습니까?" 신들의 왕이여, 갈애는 좋아하고 싫어함이 그 근원이며, 좋아하고 싫어함으로부터 일어나고 좋아하고 싫어함으로부터 생기며 좋아하고 싫어함으로부터 발생합니다. 좋아하고 싫어함이 있을 때 갈애가 있으며 좋아하고 싫어함이 없을 때 갈애가 없습니다.

"세존이시여, 좋아하고 싫어함은 무엇이 그 근원이며, 무엇으로부터 일어나고 무엇으로부터 생기며 무엇으로부터 발생합니까? 무엇이 있을 때 좋아하고 싫어함이 있으며 무엇이 없을 때 좋아하고 싫어함이 없습니까?" 신들의 왕이여, 좋아하고 싫어함은 촉觸이 그 근원이며, 촉으로부터 일어나고 촉으로부터 생기며 촉으로부터 발생합니다. 촉이 있을 때 좋아하고 싫어함이 있으며 촉이 없을 때 좋아하고 싫어함도 없습니다.

"세존이시여, 촉은 무엇이 그 근원이며, 무엇으로부터 일어나고 무엇으로부터 생기며 무엇으로부터 발생합니까? 무엇이 있을 때 촉이 있으며 무엇이 없을 때 촉도 없습니까?" 신들의 왕이여, 촉은 육입六入이 그 근원이며, 육입으로부터 일어나고 육입으로부터 생기며 육입으로부터 발생합니다. 육입이 있을 때 촉이 있으며 육입이 없을 때 촉도 없습니다.

세 번째 질문 "세존이시여, 어떻게 닦을 때 육입의 소멸로 인도하는 닦음을 실천하는 것이 됩니까?" 신들의 왕이여, 정신적 즐거움에도 두 가지가 있다고 나는 말합니다. 그것은 받들어 행해야 하는 것과 받들어 행하지 말아야 하는 것입니다. 정신적 괴로움에도 두 가지가 있다고 나는 말합니다. 그것은 받들어 행해야 하는 것과 받들어 행하지 말아야 하는 것입니다. 평온에도 두 가지가 있다고 나는 말합니다. 그것은 받들어 행해야 하는 것과 받들어 행하지 말아야 하는 것입니다.

신들의 왕이여, '정신적 즐거움에도 두 가지가 있다고 나는 말합니다.

그것은 받들어 행해야 하는 것과 받들어 행하지 말아야 하는 것입니다.'라고 나는 말하였습니다. 그러면 왜 정신적 즐거움에 대해서 이렇게 설하였겠습니까? '내가 어떤 정신적 즐거움을 받들어 행할 때 해로운 법이 증장하고 유익한 법이 제거된다.'라고 알면 그러한 정신적 즐거움은 받들어 행하지 말아야 하는 것입니다. 그러나 '내가 어떤 정신적 즐거움을 받들어 행할 때 해로운 법이 제거되고 유익한 법이 증장한다.'라고 알면 그러한 정신적 즐거움은 받들어 행해야 하는 것입니다. 후자의 경우에 만일 일으킨 생각과 지속적인 고찰이 있기도 하고 없기도 하다면 일으킨 생각과 지속적인 고찰이 없는 경우가 더 수승합니다. '정신적 즐거움에도 두 가지가 있다고 나는 말합니다. 그것은 받들어 행해야 하는 것과 받들어 행하지 말아야 하는 것입니다.'라고 내가 말한 것은 이것을 반연하여 말한 것입니다.

신들의 왕이여, '정신적 괴로움에도 두 가지가 있다고 나는 말합니다. 그것은 받들어 행해야 하는 것과 받들어 행하지 말아야 하는 것입니다.' 라고 나는 말하였습니다. 그러면 왜 정신적 괴로움에 대해서 이렇게 설하였겠습니까? '내가 어떤 정신적 괴로움을 받들어 행할 때 해로운 법이 증장하고 유익한 법이 제거된다.'라고 알면 그러한 정신적 괴로움은 받들어 행하지 말아야 하는 것입니다. 그러나 '내가 어떤 정신적 괴로움을 받들어 행할 때 해로운 법이 제거되고 유익한 법이 증장한다.'라고 알면 그러한 정신적 괴로움은 받들어 행해야 하는 것입니다. 후자의 경우에 만일 일으킨 생각과 지속적인 고찰이 있기도 하고 없기도 하다면 일으킨 생각과 지속적인 고찰이 없는 경우가 더 수승합니다. '정신적 괴로움에도 두 가지가 있다고 나는 말합니다. 그것은 받들어 행해야 하는 것과 받들어 행하지 말아야 하는 것입니다.'라고 내가 말한 것은 이것을 반연하여 말한 것입니다.

신들의 왕이여, '평온에도 두 가지가 있다고 나는 말합니다. 그것은 받들어 행해야 하는 것과 받들어 행하지 말아야 하는 것입니다.'라고 나는 말하였습니다. 그러면 왜 평온에 대해서 이렇게 설하였겠습니까? '내가 어떤 평온을 받들어 행할 때 해로운 법이 증장하고 유익한 법이 제거된다.'라고 알면 그러한 평온은 받들어 행하지 말아야 하는 것입니다. 그러나 '내가 어떤 평온을 받들어 행할 때 해로운 법이 제거되고 유익한 법이 증장한다.'라고 알면 그러한 평온은 받들어 행해야 하는 것입니다. 후자의 경우에 만일 일으킨 생각과 지속적인 고찰이 있기도 하고 없기도 하다면 일으킨 생각과 지속적인 고찰이 없는 경우가 더 수승합니다. '평온에도 두 가지가 있다고 나는 말합니다. 그것은 받들어 행해야 하는 것과 받들어 행하지 말아야 하는 것입니다.'라고 내가 말한 것은 이것을 반연하여 말한 것입니다. 신들의 왕이여, 이렇게 닦을 때 육입의 소멸로 인도하는 닦음을 실천하는 것이 됩니다.

"참으로 그러합니다, 세존이시여. 참으로 그러합니다, 선서시여. 질문에 대한 세존의 상세한 설명을 듣고 저는 의심을 건넜으며 의문이 가시었습니다."

네 번째 질문 "세존이시여, 어떻게 닦을 때 계의 단속을 위해서 닦는 것이 됩니까?" 신들의 왕이여, 몸으로 짓는 행위에도 두 가지가 있다고 나는 말합니다. 그것은 받들어 행해야 하는 것과 받들어 행하지 말아야 하는 것입니다. 말로 짓는 행위에도 두 가지가 있다고 나는 말합니다. 그것은 받들어 행해야 하는 것과 받들어 행하지 말아야 하는 것입니다. 마음으로 짓는 행위에도 두 가지가 있다고 나는 말합니다. 그것은 받들어 행해야 하는 것과 받들어 행하지 말아야 하는 것입니다.

신들의 왕이여, '몸으로 짓는 행위에도 두 가지가 있다고 나는 말합니다. 그것은 받들어 행해야 하는 것과 받들어 행하지 말아야 하는 것입니다.'라고 나는 말하였습니다. 그러면 왜 몸으로 짓는 행위에 대해서 이렇게 설하였겠습니까? '내가 어떤 몸으로 짓는 행위를 받들어 행할 때 해로운 법이 증장하고 유익한 법이 제거된다.'라고 알면 그러한 몸으로 짓는 행위는 받들어 행하지 말아야 하는 것입니다. 그러나 '내가 어떤 몸으로 짓는 행위를 받들어 행할 때 해로운 법이 제거되고 유익한 법이 증장한다.'라고 알면 그러한 몸으로 짓는 행위는 받들어 행해야 하는 것입니다.

'몸으로 짓는 행위에도 두 가지가 있다고 나는 말합니다. 그것은 받들어 행해야 하는 것과 받들어 행하지 말아야 하는 것입니다.'라고 내가 말한 것은 이것을 반연하여 말한 것입니다.

신들의 왕이여, '말로 짓는 행위에도 두 가지가 있다고 나는 말합니다. 그것은 받들어 행해야 하는 것과 받들어 행하지 말아야 하는 것입니다.'라고 나는 말하였습니다. 그러면 왜 말로 짓는 행위에 대해서 이렇게 설하였겠습니까? '내가 어떤 말로 짓는 행위를 받들어 행할 때 해로운 법이 증장하고 유익한 법이 제거된다.'라고 알면 그러한 말로 짓는 행위는 받들어 행하지 말아야 하는 것입니다. 그러나 '내가 어떤 말로 짓는 행위를 받들어 행할 때 해로운 법이 제거되고 유익한 법이 증장한다.'라고 알면 그러한 말로 짓는 행위는 받들어 행해야 하는 것입니다. '말로 짓는 행위에도 두 가지가 있다고 나는 말합니다. 그것은 받들어 행해야 하는 것과 받들어 행하지 말아야 하는 것입니다.'라고 내가 말한 것은 이것을 반연하며 말한 것입니다.

신들의 왕이여, '마음으로 짓는 행위에도 두 가지가 있다고 나는 말합니다. 그것은 받들어 행해야 하는 것과 받들어 행하지 말아야 하는 것입니다.'라고 나는 말하였습니다. 그러면 왜 마음으로 짓는 행위에 대해서 이렇게 설하였겠습니까? '내가 어떤 마음의 행위를 받들어 행할 때 해로운 법이 증장하고 유익한 법이 제거된다.'라고 알면 그러한 마음의 행위는 받들어 행하지 말아야 하는 것입니다. 그러나 '내가 어떤 마음의 행위를 받들어 행할 때 해로운 법이 제거되고 유익한 법이 증장한다.'라고 알면 그러한 마음의 행위는 받들어 행해야 하는 것입니다. '마음의 행위에도 두 가지가 있다고 나는 말합니다. 그것은 받들어 행해야 하는 것과 받들어 행하지 말아야 하는 것입니다.'라고 내가 말한 것은 이것을 반연하여 말한 것입니다. 신들의 왕이여, 이렇게 닦을 때 계의 단속을 위해 닦는 것이 됩니다.

"참으로 그러합니다, 세존이시여. 참으로 그러합니다, 선서시여. 질문에 대한 세존의 상세한 설명을 듣고 저는 의심을 건넜으며 의문이 가시었습니다."

다섯 번째 질문 "세존이시여, 어떻게 닦을 때 감각기능의 단속을 위해서 닦는 것이 됩니까?" 신들의 왕이여, 눈으로 인식되는 형상에도 두 가지가 있다고 나는 말합니다. 그것은 받들어 행해야 하는 것과 받들어 행하지 말아야 하는 것입니다. 눈과 마찬가지로 귀로 인식되는 소리, 코로 인식되는 냄새, 혀로 인식되는 맛, 몸으로 느끼는 감촉, 의식으로 인식되는 법에도 두 가지가 있다고 나는 말합니다. 이같이 말씀하시자 삭까는 이렇게 말씀드렸다.

"세존이시여, 세존께서 간략하게 설하여 주신 뜻을 저는 이제 이같이 자세하게 잘 알고 있습니다. 세존이시여, 어떤 경우에 '내가 눈으로 인식되는 형상을 받아들일 때 해로운 법이 증장하고 유익한 법이 제거된다.'라고 알면 그러한 형상은 받아들이지 말아야 합니다. 그러나 '내가 눈으로 인식되는 형상을 받아들일 때 해로운 법이 제거되고 유익한 법이 증장한다.'라고 알면 그러한 형상은 받아들여야 합니다. 눈과 마찬가지로 어떤 경우에 '내가 귀로 인식되는 소리, 코로 인식되는 냄새, 혀로 인식되는 맛, 몸으로 느끼는 감촉, 의식으로 인식되는 법을 받아들일 때 해로운 법이 증장하고 유익한 법이 제거된다.'라고 알면 그러한 소리·냄새·맛·감촉·법은 받아들이지 말아야 합니다. 그러나 '내가 귀로 인식되는 소리, 코로 인식되는 냄새, 혀로 인식되는 맛, 몸으로 느끼는 감촉, 의식으로 인식되는 법을 받아들일 때 해로운 법이 제거되고 유익한 법이 증장한다.'라고 알면 그러한 소리·냄새·맛·감촉·법은 받아들여야 합니다. 세존께서 간략하게 설하여 주신 뜻을 저는 이제 이같이 자세하게 잘 알고 있기에 의심을 건넜으며 의문이 가시었습니다."

여섯 번째 질문 "세존이시여, 모든 사문이나 브라만들은 전일全一한 교설을 지니고 전일한 계를 가지고 전일한 의욕을 가지고 전일한 목적을 가집니까?" 신들의 왕이여, 모든 사문이나 브라만들은 전일한 교설을 지니지 않고 전일한 계를 가지지 않고 전일한 의욕을 가지지 않고 전일한 목적을 가지지 않습니다.

"세존이시여, 그러면 왜 모든 사문이나 브라만들은 전일한 교설을 지니지 않고 전일한 계를 가지지 않고 전일한 의욕을 가지지 않고 전일한 목적을 가지지 않습니까?" 신들의 왕이여, 세상은 여러 성분이 있고 각각 다른 성분이 있습니다. 여러 성분이 있고 각각 다른 성분이 있는 이러한 세상에서 중생은 그것이 무엇이든 어떤 성분을 천착穿鑿합니다. 그리고는 그들이 천착한 것만 완강하게 고집하여 '이것만이 진리고 다른 것은 쓸모없다.'라고 주장합니다. 그러므로 모든 사문이나 브라만들은 전일한 교설을 지니지 않고 전일한 계를 가지지 않고 전일한 의욕을 가지지 않고 전일한 목적을 가지지 않습니다.

"세존이시여, 그러면 모든 사문이나 브라만들은 구경의 청정범행을 닦고 구경의 완성을 이루며 구경의 열반을 얻고 구경의 목적을 얻습니까?" 신들의 왕이여, 모든 사문이나 브라만들은 구경의 청정범행을 닦지 못하고 구경의 완성을 이루지 못하며 구경의 열반을 얻지 못하고 구경의 목적을 얻지 못합니다.

"세존이시여, 그러면 왜 모든 사문이나 브라만들은 구경의 청정범행을 닦지 못하고 구경의 완성을 이루지 못하며 구경의 열반을 얻지 못하고 구경의 목적을 얻지 못합니까?" 신들의 왕이여, 갈애를 소멸하여 해탈한 자들만이 구경의 청정범행을 닦고 구경의 완성을 이루며 구경의 열반을 얻고 구경의 목적을 얻습니다.

이같이 세존께서는 삭까의 질문을 설명하셨다. 그러자 신의 왕 삭까에게는 '일어나는 법은 그 무엇이든 모두 멸하기 마련인 법이다.'라는 티 없고 때가 없는 법의 눈이 생겼으며 함께 세존을 친견한 대신들과 측근들도 그러하였다. 신들의 왕 삭까는 마음이 흡족해져서 세존의 말씀을 크게 기뻐하였다. "참으로 그러합니다, 세존이시여. 참으로 그러합니다, 선서시여. 질문에 대한 세존의 상세한 설명을 듣고 저는 의심을 건넜으며 의문이 가시었습니다." 그리고 삭까는 이렇게 말씀드렸다.

삭까의 의심과 의문이 해소됨 "세존이시여, 동요는 병이요 종기요 쇠창살입니다. 동요는 중생을 이런저런 존재로 태어나도록 끌고 다닙니다. 그래서 중생은 높고 낮은 이런저런 곳에 태어납니다. 세존이시여, 저 밖에 있는 다른 사문이나 브라만들은 제게 질문할 기회조차 주지 않았는데 세존께서는 제게 그 모든 질문을 설명해 주셨습니다. 그래서 오랜 세월 동안 잠재해 있었던 저의 의심과 의문의 쇠창살이 세존에 의해서 뽑혔습니다."

신들의 왕이여, 그대는 이런 질문을 다른 사문이나 브라만들에게도 했던 것을 기억합니까? "세존이시여, 저는 이런 질문을 다른 사문이나 브라만들에게도 했던 것을 기억합니다." 신들의 왕이여, 그런데 그들은 어떻게 설명하였습니까? 만일 그대에게 부담되지 않는다면 말해 주십시오. "세존이시여, 세존께서 앉아 계시거나 세존과 같으신 분이 앉아 계시는 한 제게 부담되지 않습니다." 신들의 왕이여, 그렇다면 말해 보십시오.

"세존이시여, 저는 숲속 외딴 거주처에서 사는 자로 보이는 자들을 만나러 간 적이 있습니다. 그들에게 세존께 드렸던 질문을 하였습니다. 그러나 그들은 저의 질문에 대답하지 않았습니다. 그 대신 '존자는 누구십니까?'라고 저에게 되물었습니다. 그들의 질문을 받고 저는 '존자들이여, 저는 신들의 왕 삭까입니다.'라고 설명하였습니다. 그들은 제게 '신들의 왕이시여, 그런데 존자께서는 무슨 업을 지어서 그런 지위를 얻었습니까?'라고 다른 질문을 하였습니다. 저는 들은 대로 배운 대로 그들에게 법을 설했습니다. 그들은 그 정도로도 마음이 흡족해서 '우리는 신들의 왕 삭까를 친견했다. 우리가 신들의 왕 삭까에게 질문한 것을 모두 신들의 왕 삭까는 우리에게 설명하셨다.'라고 하였습니다. 제가 그들의 제자가 된 것이 아니라 오히려 그들이 저의 제자가 되었습니다. 세존이시여, 저는 세존의 제자이며 흐름에 든 자[預流者]가 되어, 악취에 떨어지지 않는 법을 가지고 해탈이 확실하며 정등각으로 나아가는 자가 되었습니다."

신들의 왕이여, 그대는 이전에도 이러한 만족을 얻고 이러한 기쁨을 얻은 것을 기억합니까? "세존이시여, 저는 이전에도 이러한 만족을 얻고 이러한 기쁨을 얻은 것을 기억합니다." 신들의 왕이여, 그러면 그대는 이

전에 어떻게 이러한 만족을 얻고 이러한 기쁨을 얻은 것을 기억합니까?

“세존이시여, 예전에 신들과 아수라들의 전쟁이 발발하였습니다. 그 전쟁에서 신들이 승리하였고 아수라들은 패배하였습니다. 그 전쟁에서 승리를 얻은 뒤 저는 매우 만족하였고 매우 기뻐하였고 ‘이제 천상의 음식과 아수라들의 음식 둘 다 즐기게 되었구나.’라는 생각이 들었습니다. 그런데 그러한 만족과 기쁨은 폭력을 수반하고 무력을 수반한 것이기에 역겨워함으로 인도하지 못하고, 욕망의 빛바램으로 인도하지 못하고, 소멸로 인도하지 못하고, 고요함으로 인도하지 못하고, 최상의 지혜로 인도하지 못하고, 바른 깨달음으로 인도하지 못하고, 열반으로 인도하지는 못했습니다. 세존이시여, 그러나 세존의 법을 듣고 얻은 이러한 만족과 기쁨은 폭력을 수반하지 않고 무력을 수반하지 않은 것이기에 전적으로 역겨워함으로 인도하고, 욕망의 빛바램으로 인도하고, 소멸로 인도하고, 고요함으로 인도하고, 최상의 지혜로 인도하고, 바른 깨달음으로 인도하고, 열반으로 인도합니다.”

여섯 가지 만족과 기쁨 신들의 왕이여, 그러면 그대는 어떠한 이익을 보기 때문에 그러한 만족과 그러한 기쁨을 설합니까? “세존이시여, 저는 여섯 가지 이익을 보기에 이러한 만족과 이러한 기쁨을 말합니다.

저는 여기 인다살라 동굴에서
세존의 제자로
다시 태어남을 얻었습니다.
세존이시여, 이같이 아십시오.

저는 미혹하지 않는 지혜를 지닌 분의
교법을 좋아하고 교법에 머물 것이니
바른길을 잘 알아차리고
사띠를 확립하며 머물 것입니다.

저는 하늘의 몸에서 떨어져
천상의 수명을 버린 뒤에
저의 마음이 좋아하는 대로
미혹하여 모태를 찾지 않을 것입니다.

설혹 제가 인간으로 태어나더라도
인간의 몸에서 떨어져
인간의 수명을 버린 뒤에
다시 신이 될 것이니
신들의 세상에서 가장 높은 자가 될 것입니다.

제가 범천으로 다시 태어나더라도
더욱더 수승한 명성을 지닌
색구경천의 범천이니
그곳은 제 거주처의 마지막이 될 것입니다.

제가 바른길을 행하여
깨달음을 얻게 된다면
완전한 지혜를 갖추어 머무를 것이니
그것은 태어남의 마지막이 될 것입니다.

세존이시여, 저는 이러한 여섯 가지 이익을 보기 때문에 이러한 만족과 이러한 기쁨을 설합니다." 그리고 이같이 게송을 읊었다.

삭까의 귀의

궁극의 목적을 찾지 못한 채
의심과 의문을 품고

오랜 세월 동안 저는
깨달은 분을 찾으면서 방황하였습니다.

예전에 제가 생각하기에
외딴 처소에 머무는 사문들이
깨달은 분들이라고 여기면서
그들을 섬기러 저는 갔습니다.

'어떻게 해서 궁극의 목적에 성공합니까?'
'어떻게 해서 궁극의 목적에 실패합니까?'
이렇게 물었으나 그들은 대답하지 못했고
도와 도 닦음에 대해서도 마찬가지였습니다.

대신에 그들은 신들의 왕 삭까가 왔다고
저에 대해서 알게 되자
오히려 저에게 물었습니다.
'무엇을 행하여 신들의 왕을 성취합니까?'

들은 대로 알고 있는 대로
오히려 그들에게 법을 설하였습니다.
그러자 그들은 '우리는 신들의 왕을 보았다.'라고
매우 만족하고 매우 기뻐했습니다.

이제 저는 세존을 뵈었고
의심과 의문을 다 건넜으며
오늘 모든 두려움이
남김없이 사라졌습니다.

갈애의 쇠창살을 뽑으신 분이며
대적할 자 없이 바른 깨달음을 성취하신 분이며
대영웅이요 태양의 후예이신
세존께 저는 예경합니다.

세존이시여,
마치 천신들이 범천을 공경하는 것처럼
오늘 우리는 당신께 경배합니다.
참으로 당신을 공경합니다.

오직 당신만이 바르게 깨달은 분이요,
당신은 위없는 스승이십니다.
신을 포함한 세상에서
당신과 대적할 자 아무도 없습니다.

이렇게 게송을 읊은 신들의 왕 삭까는 간답바의 아들 빤짜시카를 불러서 말하였다. "얘야, 빤짜시카야. 그대가 먼저 세존을 편안하게 해 드림으로 그대는 나에게 많은 도움을 주었도다. 얘야, 그대가 먼지 세존을 편안하게 해 드렸기에 우리는 그분 아라한이시고 정등각이신 세존을 친견하러 올 수 있었도다. 이제 나는 그대의 아버지가 될 것이며 그대는 간답바의 왕이 될 것이로다. 그대가 그토록 원하던 태양과 같이 밝은 밧다를 그대에게 줄 것이로다." 그리고 신들의 왕 삭까는 손으로 땅을 짚고 세 번 감흥어를 읊었다. "그분 아라한이시고 정등각이신 세존께 귀의합니다."DN21

삭까의 예배 신들의 왕 삭까는 웨자얀따 궁전에서 내려와서 합장하고 비구 승가를 향하여 예배하였다. 그러자 마부 마딸리는 게송으로 말했다.SN11.20

와사와시여,

그런데 존자께서는
집 없는 비구들 왜 부러워하십니까?
선인들의 품행을 말씀해 주소서.
우리는 당신 말씀 듣겠나이다.

마딸리여,
이러한 이유로 나는
집 없는 비구들을 부러워하느니라.

그들은 떠나온 마을에 대해서는
무관심한 채 유행하며 나아가노라.
창고든 항아리든 상자든
그 어디에도 그 무엇이든 축적하지 않으며
남들이 보시하는 것으로 생활하고
서계를 굳게 지키며
좋은 말을 들려주고 지혜로우며
고요하고 바르게 지내느니라.

마딸리여,
신들도 아수라들과 싸우고
범부들도 범부들과 싸우지만
그들은 싸우는 자들 가운데서 싸우지 않고
폭력이 난무하는 가운데서 평화로우며
거머쥐고 있는 자들 가운데서 거머쥐지 않으니
그분들께 나는 예배하노라.

삭까시여,
당신이 예배하는 분들은

세상에서 뛰어난 분들이시니
당신이 예배하는 그런 분들에게
저도 예배드리옵니다.

10 신과 우주

신에 대한 지와 견 비구들이여, 내가 아직 바른 깨달음을 성취하지 못하였을 때 신의 형상은 보지 못하였으나 ①신의 광명은 인식하였다. 그러한 내게 '만일 내가 신의 광명도 인식하고 형상도 보게 된다면 나의 지와 견은 더욱 청정해질 것이다.'라는 생각이 들었다.

나는 방일하지 않고 열심히 스스로 독려하며 지내면서 나중에 신의 광명도 인식하였고 ②형상도 보았다. 그러나 나는 신들과 함께 머물지 못했고 대화하지 못했고 토론하지 못했다. 그러한 내게 '만일 내가 신의 광명도 인식하고 형상도 보며 나아가 신들과 함께 머물고 대화하고 토론하게 된다면 나의 지와 견은 더욱 청정해질 것이다.'라는 생각이 들었다.

나는 방일하지 않고 열심히 스스로 독려하며 지내면서 나중에 신의 광명도 인식하였고 형상도 보았으며, ③신들과 함께 머물고 대화하고 토론하게 되었다. 그러나 나는 신들이 어떤 신들의 무리에 속하였는지 어디서 왔는지 알지 못했다. 그러한 내게 '만일 내가 신의 광명도 인식하고 형상도 보며, 신들과 함께 머물고 대화하고 토론하며, 나아가 신들이 어떠한 무리에 속하고 어디에서 왔는지 알게 된다면 나의 지와 견은 더욱 청정해질 것이다.'라는 생각이 들었다.

나는 방일하지 않고 열심히 스스로 독려하며 지내면서 나중에 신의 광명도 인식하였고 형상도 보았으며, 신들과 함께 머물고 대화하고 토론하였으며, ④신들이 어떠한 무리에 속하고 어디에서 왔는지 알게 되었다. 그러나 나는 신들이 어떤 업보로 죽어서 어디에서 태어나는지 알지 못했다. 그러한 내게 '만일 내가 신의 광명도 인식하고 형상도 보며, 신들과 함께 머물고 대화하고 토론하며, 신들이 어떠한 무리에 속하고 어디에서 왔는지 알며, 나아가 신들이 어떤 업보로 죽어서 어디에서 태어나는지 알게 된다면 나의 지와 견은 더욱 청정해질 것이다.'라는 생각이 들었다.

나는 방일하지 않고 열심히 스스로 독려하며 지내면서 나중에 신의 광명도 인식하였고 형상도 보았으며, 신들과 함께 머물고 대화하고 토론하였으며, 신들이 어떠한 무리에 속하고 어디에서 왔는지 알았으며, ⑤신들이 어떤 업보로 죽어서 어디에서 태어나는지 알게 되었다. 그러나 나는 신들이 어떤 음식을 먹고 어떤 고락을 경험하는지 알지 못했다. 그러한 내게 '만일 내가 신의 광명도 인식하고 형상도 보며, 신들과 함께 머물고 대화하고 토론하며, 신들이 어떠한 무리에 속하고 어디에서 왔는지 알며, 신들이 어떤 업보로 죽어서 어디에서 태어나는지 알며, 나아가 신들이 어떤 음식을 먹고 어떤 고락을 경험하는지 알게 된다면 나의 지와 견은 더욱 청정해질 것이다.'라는 생각이 들었다.

나는 방일하지 않고 열심히 스스로 독려하며 지내면서 나중에 신의 광명도 인식하였고 형상도 보았으며, 신들과 함께 머물고 대화하고 토론하였으며, 신들이 어떠한 무리에 속하고 어디에서 왔는지 알았으며, 신들이 어떤 업보로 죽어서 어디에서 태어나는지 알았으며, ⑥신들이 어떤 음식을 먹고 어떤 고락을 경험하는지 알게 되었다. 그러나 나는 신들이 얼마나 오래 사는지 신들의 수명을 알지 못했다. 그러한 내게 '만일 내가 신의 광명도 인식하고 형상도 보며, 신들과 함께 머물고 대화하고 토론하며, 신들이 어떠한 무리에 속하고 어디에서 왔는지 알며, 신들이 어떤 업보로 죽어서 어디에서 태어나는지 알며, 신들이 어떤 음식을 먹고 어떤 고락을 경험하는지 알며, 나아가 신들의 수명을 알게 된다면 나의 지와 견은 더욱 청정해질 것이다.'라는 생각이 들었다.

나는 방일하지 않고 열심히 스스로 독려하며 지내면서 나중에 신의 광명도 인식하였고 형상도 보았으며, 신들과 함께 머물고 대화하고 토론하였으며, 신들이 어떠한 무리에 속하고 어디에서 왔는지 알았으며, 신들이 어떤 업보로 죽어서 어디에서 태어나는지 알았으며, 신들이 어떤 음식을 먹고 어떤 고락을 경험하는지 알았으며, ⑦신들의 수명을 알게 되었다. 그러나 나는 내가 어떤 신들과 전생에 함께 산 적이 있는지 없는지 알지 못했다. 그러한 내게 '만일 내가 신의 광명도 인식하고 형상도 보며, 신들과 함께 머물고 대화하고 토론하며, 신들이 어떠한 무리에 속하고 어디에서 왔는지 알며, 신들이 어떤 업보로 죽어서 어디에서 태어나는지 알며, 신들이 어떤 음식을 먹고 어떤 고락을 경험하는지 알며, 신들의 수명을 알며, 나아가 어떤 신들과 전생에 함께 산 적이 있는지 없는지 알게 된다면 나의 지와 견은 더욱 청정해질 것이다.'라는 생각이 들었다.

나는 방일하지 않고 열심히 스스로 독려하며 지내면서 나중에 신의 광명도 인식하였고 형상도 보았으며, 신들과 함께 머물고 대화하고 토론하였으며, 신들이 어떠한 무리에 속하고 어디에서 왔는지 알았으며, 신들이 어떤 업보로 죽어서 어디에서 태어나는지 알았으며, 신들이 어떤 음식을 먹고 어떤 고락을 경험하는지 알았으며, 신들의 수명을 알았으며, ⑧어떤 신들과 전생에 함께 산 적이 있는지 없는지 알게 되었다.

비구들이여, 내게 이같이 신들에 대한 여덟 가지 지와 견이 지극히 청정하게 되었다. 신과 마찬가지로 마라와 범천 그리고 사문과 브라만을 포함한 인간에 대한 여덟 가지 지와 견이 지극히 청정하게 되었다. 그렇지 않았더라면 나는 신을 포함하고 마라를 포함하고 범천을 포함하고 사문과 브라만을 포함하고 인간을 포함한 이 세상에서 스스로 위없는 바른 깨달음을 실현하였다고 천명하지 못하였을 것이다. 그러나 내게 이같이 여덟 가지 지와 견이 지극히 청정하였기에 나는 신을 포함하고 마라를 포함하고 범천을 포함하고 사문과 브라만을 포함하고 인간을 포함한 이 세상에서 스스로 위없는 바른 깨달음을 실현하였다고 천명하였다. 그리고 나에게는 [**구경의 지혜**]라는 지와 견이 일어났다.AN8.64

세상의 끝 신의 아들 로히땃사가 밤이 아주 깊었을 때 아주 멋진 모습을 하고 기원정사의 제따숲을 환하게 밝히고서 세존께 다가와 절을 올린 뒤 이렇게 여쭈었다. "세존이시여, 참으로 태어남도 늙음도 병도 죽음도 없고 생겨남도 멸함도 없는 그런 세상의 끝을 발로 걸어가서 알고 보고 도달할 수 있습니까?" 도반이여, 참으로 태어남도 늙음도 병도 죽음도 없고 생겨남도 멸함도 없는 그런 세상의 끝을 발로 걸어가서 알고 보고 도달할 수 있다고 나는 말하지 않는다.

그러자 그는 이같이 말하였다. "세존께서는 '태어남도 늙음도 병도 죽음도 없고 생겨남도 멸함도 없는 그런 세상의 끝을 발로 걸어가서 알고 보고 도달할 수 있다고 나는 말하지 않는다.'라는 금언을 말씀하시니 참으로 경이롭습니다, 세존이시여. 참으로 놀랍습니다, 세존이시여. 세존이시여, 저는 전생에 로히땃사라고 하는 천신이었습니다. 그때 저는 신통을 가져서 허공을 날아다녔습니다. 그 속력이 빨라서 마치 능숙한 궁수가 힘들이지 않고 쏜 가벼운 화살이 야자나무의 그늘을 가로질러 신속하게 날아가는 것과 같았으며, 큰 보폭은 마치 큰 대륙의 동쪽 바다에서 서쪽 바다를 한 걸음으로 걷는 것과 같았습니다. 이러한 속력과 보폭을 가졌기에 '나는 허공을 날아서 세상의 끝에 도달하리라.'라는 생각이 들었습니다. 그때 저의 수명이 아직 백 년이 남아 있어 먹고 마시는 것, 대소변을 보는 것, 수면과 피로를 제거하는 것을 제외하고 백 년의 수명 동안 계속해서 허공을 날았으나 세상의 끝에는 이르지 못하고 도중에 죽고 말았습니다.

이러한 저에게 세존께서는 '태어남도 늙음도 병도 죽음도 없고 생겨남도 멸함도 없는 그런 세상의 끝을 발로 걸어가서 알고 보고 도달할 수 있다고 나는 말하지 않는다.'라는 금언을 말씀하시니 참으로 경이롭습니다, 세존이시여. 참으로 놀랍습니다, 세존이시여." 도반이여, 태어남도 늙음도 병도 죽음도 없고 생겨남도 멸함도 없는 그런 세상의 끝을 발로 걸어가서 알고 보고 도달할 수 있다고 나는 말하지 않는다. 그러나 세상의 끝에 도달하지 않고서는 괴로움을 끝낼 수 있다고도 나는 말하지 않는다. 마음과 더불어 한 길 몸뚱이 안에서 세상과 세상의 일어남과 세상의 소멸과 세상의 소멸로 인도하는 바른길을 나는 천명하노라.

몸으로 결코 세상의 끝에 도달하지 못하지만

세상의 끝에 도달하지 않고서는
괴로움을 끝낼 수도 없다네.
그러므로
세상을 알고
세상의 일어남을 알고
세상의 소멸을 아는
지혜로운 자는
세상의 끝에 도달하여
세상의 끝을 알아
괴로움을 끝내고
청정범행을 완성하여
이 세상도
저세상도 바라지 않네.AN4.45~6

천신들의 후회 비구들이여, 간밤에 많은 무리의 천신들이 밤이 아주 깊었을 때 아주 멋진 모습을 하고 기원정사의 제따 숲을 환하게 밝히면서 내게 다가와 절을 한 뒤 차례대로 이같이 말하였다. "세존이시여, 저희는 전생에 인간이었을 때 출가자들이 저의 집에 다가왔을 때 자리에서 일어나서 맞이하기는 했으나 ①절을 올리지는 않았습니다. 그런 저희는 그때 해야 할 일을 다 하지 못하여 지금 저열한 몸을 받게 되어 낙담하고 후회합니다." 두 번째 무리의 천신들이 이같이 말하였다.

"세존이시여, 저희는 전생에 인간이었을 때 출가자들이 저의 집에 다가왔을 때 자리에서 일어나서 맞이하고, 절을 올리기는 했으나 ②자리를 내드리지는 않았습니다. 그런 저희는 그때 해야 할 일을 다 하지 못하여 지금 저열한 몸을 받게 되어 낙담하고 후회합니다." 세 번째 무리의 천신들이 이같이 말하였다.

"세존이시여, 저희는 전생에 인간이었을 때 출가자들이 저의 집에 다가왔을 때 자리에서 일어나서 맞이하고, 절을 올리고, 자리를 내드리기는 했으나 ③능력껏 힘껏 나누어 가지지는 않았습니다. 그런 저희는 그때 해야 할 일을 다 하지 못하여 지금 저열한 몸을 받게 되어 낙담하고 후회합니다." 네 번째 무리의 천신들이 이같이 말하였다.

"세존이시여, 저희는 전생에 인간이었을 때 출가자들이 저의 집에 다가왔을 때 자리에서 일어나서 맞이하고, 절을 올리고, 자리를 내드리고, 능력껏 힘껏 나누어 가지기는 했으나 ④법을 듣기 위해 앉지는 않았습니다. 그런 저희는 그때 해야 할 일을 다 하지 못하여 지금 저열한 몸을 받게 되어 낙담하고 후회합니다." 다섯 번째 무리의 천신들이 이같이 말하였다.

"세존이시여, 저희는 전생에 인간이었을 때 출가자들이 저의 집에 다가왔을 때 자리에서 일어나서 맞이하고, 절을 올리고, 자리를 내드리고, 능력껏 힘껏 나누어 가지고, 법을 듣기 위해 앉기는 했으나 ⑤귀를 기울여 법을 듣지는 않았습니다. 그런 저희는 그때 해야 할 일을 다 하지 못하여 지금 저열한 몸을 받게 되어 낙담하고 후회합니다." 여섯 번째 무리의 천신들이 이같이 말하였다.

"세존이시여, 저희는 전생에 인간이었을 때 출가자들이 저의 집에 다가왔을 때 자리에서 일어나서 맞이하고, 절을 올리고, 자리를 내드리고, 능력껏 힘껏 나누어 가지고, 법을 듣기 위해 앉고, 귀를 기울여 법을 듣기는 했으나 ⑥들은 법을 호지護持하지는 않았습니다. 그런 저희는 그때 해야 할 일을 다 하지 못하여 지금 저열한 몸을 받게 되어 낙담하고 후회합니다." 일곱 번째 무리의 천신들이 이같이 말하였다.

"세존이시여, 저희는 전생에 인간이었을 때 출가자들이 저의 집에 다가왔을 때 자리에서 일어나서 맞이하고, 절을 올리고, 자리를 내드리고, 능력껏 힘껏 나누어 가지고, 법을 듣기 위해 앉고, 귀를 기울여 법을 듣고, 들은 법을 호지하기는 했으나 ⑦호지한 법의 뜻을 숙고하지는 않았습니다. 그런 저희는 그때 해야 할 일을 다 하지 못하여 지금 저열한 몸을 받게 되어 낙담하고 후회합니다." 여덟 번째 무리의 천신들이 이같이 말하였다.

"세존이시여, 저희는 전생에 인간이었을 때 출가자들이 저의 집에 다가왔을 때 자리에서 일어나서 맞이하고, 절을 올리고, 자리를 내드리고,

능력껏 힘껏 나누어 가지고, 법을 듣기 위해 앉고, 귀를 기울여 법을 듣고, 들은 법을 호지하고, 호지한 법의 뜻을 숙고하기는 했으나 ⑧호지한 법대로 범행을 닦지는 않았습니다. 그런 저희는 그때 해야 할 일을 다 하지 못하여 지금 저열한 몸을 받게 되어 낙담하고 후회합니다." 비구들이여, 여기 나무 밑이 있다. 여기 빈 꾸띠들이 있다. 사띠를 하라. 방일하지 마라. 나중에 후회하지 마라. 마치 이들 여덟 무리의 천신들처럼.AN9.19

신의 음성 비구들이여, 삼십삼천의 신들은 그곳에 있는 빠릿찻따까 꼬윌라라나무의 꽃이 만발하면 그 나무 아래서 삼십삼천에서의 넉 달 동안 다섯 가닥의 감각적 욕망을 갖추고 완비하여 즐겼다. 꽃이 만발한 빠릿찻따까 꼬윌라라나무는 사방으로 50요자나까지 광채가 빛났으며 바람을 따라 향기가 100요자나까지 퍼졌다. 이것이 빠릿찻따까 꼬윌라라나무의 위력이다. 그래서 신들은 그 나무에 새잎이 돋으면 꽃이 만발할 것을 기대하여 마음으로 흡족해한다. 새잎이 돋은 후 잎이 떨어지면 꽃이 만발할 것을 기대하여 마음으로 흡족해한다. 잎이 떨어진 후 꽃눈이 돋으면 꽃이 만발할 것을 기대하여 마음으로 흡족해한다. 꽃눈이 돋은 후 꽃망울이 서면 꽃이 만발할 것을 기대하여 마음으로 흡족해한다. 꽃망울이 선 후 꽃봉오리가 생기면 꽃이 만발할 것을 기대하여 마음으로 흡족해한다. 꽃봉오리가 생긴 후 꽃이 반개하면 꽃이 만발할 것을 기대하여 마음으로 흡족해한다. 꽃이 반개한 후 꽃이 만발하는 것을 보면 삼십삼천 신들은 마음으로 매우 흡족해한다.

비구들이여, 여기 성스러운 제자가 집을 떠나 출가를 결심할 때는 마치 삼십삼천에 있는 빠릿찻따까 꼬윌라라나무에 새잎이 돋는 것을 보고 삼십삼천 신들이 마음으로 흡족해하는 것과 같다. 성스러운 제자가 머리와 수염을 깎고 집을 떠나 출가하였을 때는 마치 나무에 잎이 떨어지는 것을 보고 삼십삼천 신들이 마음으로 흡족해하는 것과 같다. 성스러운 제자가 [**초정념**]을 구족하여 머물 때는 마치 나무에 꽃눈이 돋는 것을 보고 삼십삼천 신들이 마음으로 흡족해하는 것과 같다. 성스러운 제자가 [**제2정념**]을 구족하여 머물 때는 마치 나무에 꽃망울이 서는 것을 보고 삼십삼천 신들이 마음으로 흡족해하는 것과 같다. 성스러운 제자가 [**제3정념**]을 구족하여 머물 때는 마치 나무에 꽃봉오리가 생기는 것을 보고 삼십삼천 신들이 마음으로 흡족해하는 것과 같다. 성스러운 제자가 [**제4정념**]을 구족하여 머물 때는 마치 나무에 꽃이 반개하는 것을 보고 삼십삼천 신들이 마음으로 흡족해하는 것과 같다. 성스러운 제자가 멸진정을 구족하여 머물 때는 마치 나무에 꽃이 만발하는 것을 보고 삼십삼천 신들이 마음으로 매우 흡족해하는 것과 같다.

그때 땅의 신들은 이렇게 소리 내어 말한다. "이러저러한 존자가 집을 떠나 출가하여 모든 번뇌 다 하여 마음의 해탈[心解脫]과 지혜의 해탈[慧解脫]을 스스로 최상의 지혜로 알고 실현하고 구족하여 머뭅니다." 땅의 신들의 말을 듣고 사왕천의 신들도, 삼십삼천의 신들도, 야마천의 신들도, 도솔천의 신들도, 화락천의 신들도, 타화자재천의 신들도 그리고 범천들도 차례대로 그와 같이 소리 내어 말한다. 꽃이 만발할 때 빠릿찻따까 꼬윌라라나무는 사방으로 50요자나까지 광채가 빛나고 바람을 따라 향기가 100요자나까지 퍼지는 것이 빠릿찻따까 꼬윌라라나무의 위력이다. 번뇌 다한 아라한 비구의 해탈은 해탈을 성취하는 바로 그 순간과 바로 그 시점에 신들과 범천들의 소리는 범천의 세상까지 차례대로 울려 퍼진다. 이것이 번뇌 다한 아라한 비구의 위력이다.AN7.65

아비부 비구의 음성 비구들이여, 옛날에 아루나와라는 왕이 있었다. 그의 수도는 아루나와띠였다. 아라한이시고 정등각이신 시키尸棄 세존께서 그의 수도를 의지하여 머물고 계셨다. 시키 세존께는 아비부와 삼바와라는 고결한 두 상수제자가 있었다. 어느 날 시키 세존께서 아비부를 불러서 말씀하셨다. "비구여, 이리 오라. 걸식시간이 될 때까지 범천의 세상으로 가자." "그러겠습니다, 세존이시여." 그러자 시키 세존과 아비부는 마치 힘센 사람이 구부렸던 팔을 펴고 폈던 팔을 구부리는 것처럼 수도에서 사라져 범천의 세상에 나타났다. 그때 시키 세존께서 말씀하셨다. "비구여, 저 범천과 범천의 회중과 범중천들에게 법을 설하라.” “그렇게 하겠습니다, 세존이시여.” 아비부는 범천과 범천의 회중과 범중천들에게 법다운 이야기로 가르치고 격려하고 분발하게 하였다. 그러자 그곳에서 범천과 범천의 회중과 범중천들은 불평하고 푸념하면서 서로에게 말했다. “존자들이여, 참으로 경이롭습니다. 존자들이여, 참으로 놀랍습니다. 어찌 스승의 면전에서 제자가 법을 설한단 말입니까?”

그러자 시키 세존께서 아비부를 불러서 말씀하셨다. “비구여, 범천과 범천의 회중과 범중천들이 흠을 잡아 불평하는구나. 그러니 그대는 범천과 범천의 회중과 범중천들에게 더욱더 절박함이 생기게 하라.” “알겠습니다, 세존이시여.” 아비부는 그의 몸을 볼 수 있게 하여 법을 설하기도 하고, 몸을 숨긴 채 법을 설하기도 하고, 상반신은 숨긴 채 하반신만을 볼 수 있게 하여 법을 설하기도 하고, 하반신은 숨긴 채 상반신만 볼 수 있게 하여 법을 설하기도 하였다. 그러자 범천과 범천의 회중과 범중천들에게 경이로움과 놀라움이 생겼다. “존자들이여, 저 사문의 크나큰 능력과 크나큰 위력은 참으로 경이롭습니다. 존자들이여, 참으로 놀랍습니다.”

그러자 아비부는 시키 세존께 이렇게 말씀드렸다. “세존이시여, 저는 비구승가 가운데서 ‘도반들이여, 저는 범천의 세상에 있으면서 1천의 세계에 저의 목소리를 듣게 할 수 있습니다.’라고 말한 것을 기억합니다.” “비구여, 지금이 바로 그때이다. 비구여, 지금이 바로 그대가 범천의 세상에 있으면서 1천의 세계에 그대의 목소리를 듣게 할 수 있는 그 시간이다.” “알겠습니다, 세존이시여.” 아비부는 범천의 세상에 서서 이 게송을 읊었다.

용기를 내라, 분발하라.
부처님의 교법에 전념하라.
마치 코끼리가 갈대로 만든 오두막을 부수듯
죽음의 군대를 쓸어버려라.
세존 법과 율에서 방일하지 않고 머무는 자

윤회를 벗어나 괴로움을 끝낼 것이로다.

시키 세존과 아비부는 범천과 범천의 회중과 범중천들에게 절박함이 생기게 한 뒤 마치 힘센 사람이 구부렸던 팔을 펴고 폈던 팔을 구부리는 것처럼 범천에서 사라져 수도에 나타났다. 그때 시키 세존께서 비구들을 불러서 말씀하셨다.

"비구들이여, 그대들은 아비부가 범천의 세상에 있으면서 게송을 읊는 것을 들었는가?" "세존이시여, 저희는 아비부 비구가 범천의 세상에 있으면서 게송을 읊는 것을 들었습니다." "비구들이여, 그러면 그대들은 어떤 게송을 들었는가?" "세존이시여, 저희는 이 게송을 들었습니다."라고 대답한 뒤 게송을 읊자 시키 세존께서 말씀하셨다. "장하고 장하구나, 비구들이여. 그대들이 아비부가 범천의 세상에 있으면서 게송을 읊는 것을 들었다니 참으로 장하구나."SN6.14

세존의 음성 아난다阿難陀 존자가 세존께 다가가 절을 올리고 이렇게 여쭈었다. "세존이시여, 저는 세존의 면전에서 범천의 세계에 머무는 아비부라는 시키 세존의 상수제자는 1천의 세계에 그의 목소리를 듣게 한다고 들어 받아 지녔습니다. 그런데 아라한이시고 정등각이신 세존께서는 얼마나 많은 세계에 세존의 목소리를 듣게 할 수 있습니까?" 아난다여, 그는 단지 시키 세존의 제자였을 뿐이다. 세존들은 그 경지를 측량할 수가 없다. 두 번째로 아난다 존자는 똑같은 질문을 하였고 세존께서 똑같은 답변을 하였다. 아난다 존자가 세 번째로 똑같은 질문을 하자 세존께서 이렇게 말씀하셨다.

아난다여, 산의 왕인 수미산과 수미산을 기준으로 남쪽의 섬부주贍部洲, 동쪽의 승신주勝身洲, 서쪽의 우화주牛貨洲, 북쪽의 구로주俱盧洲라는 대륙과 대해가 있으며 달과 해가 움직이면서 사방을 비추고 광명이 빛난다. 이 광명이 비추는 곳까지를 하나의 소세계小世界라고 한다. 여기에는 1천의 섬부주, 승신주, 우화주, 구로주, 4천의 대해, 1천의 달과 해가 있으며, 1천의 사왕천, 삼십삼천, 야마천, 도솔천, 화락천, 타화자재천이 있으며 1천의 범천의 세상이 있다. 소세계에 관한 한 대범천이 최고라 한다. 이러한 소세계를 천(10^3)배 한 것이 소천세계小千世界, 소천세계를 다시 10^3배 한 것이 중천세계中千世界, 중천세계를 또다시 10^3배 한 것이 대천세계大千世界이다. 대천세계를 삼천(3×10^3)배 한 것이 삼천대천세계三千大千世界로, 삼조(3×10^{12})개의 소세계로 이루어져 있다.

아난다여, 여래는 원하기만 하면 삼천대천세계에 여래의 목소리를 듣게 할 수 있나니 원하는 만큼 할 수 있다. "세존이시여, 어떻게 세존께서는 원하기만 하면 삼천대천세계에 세존의 목소리를 듣게 할 수 있고 원하는 만큼 할 수 있습니까?" 아난다여, 여기 여래는 삼천대천세계를 빛으로 덮을 수 있느니라. 삼천대천세계의 중생이 그 광명을 인식할 때 여래가 음성을 내면 중생이 여래의 음성을 들을 수 있느니라. 이같이 여래는 삼천대천세계에 여래의 목소리를 듣게 할 수 있고 원하는 만큼 할 수가 있느니라.AN3.80, AN10.29

신들의 수명 비구들이여, '인간들의 5년은 사왕천의 단 하루 밤낮과 같고, 그 밤낮으로 계산하여 30일이 1달이고, 그 달로 계산하여 12달이 1년이다. 그 해로 계산하여 사왕천 신들의 수명의 한계는 500년이다. 이것과 관련하여 '인간세상 왕위의 행복은 천상의 행복에 비하면 하잘 것이 없다.' 라고 말했다. 인간의 10년은 삼십삼천 신들의 하루 밤낮과 같고, 그 밤낮으로 계산하여 30일이 1달이고, 그 달로 계산하여 12달이 1년이다. 그 해로 계산하여 삼십삼천 신들의 수명의 한계는 1,000년이다. 인간의 20년은 야마천 신들의 하루 밤낮과 같고, 그 밤낮으로 계산하여 30일이 1달이고, 그 달로 계산하여 12달이 1년이다. 그 해로 계산하여 야마천 신들의 수명의 한계는 2,000년이다. 인간의 40년은 도솔천 신들의 하루 밤낮과 같고, 그 밤낮으로 계산하여 30일이 1달이고, 그 달로 계산하여 12달이 1년이다. 그 해로 계산하여 도솔천 신들의 수명의 한계는 4,000년이다. 인간의 60년은 화락천의 신들의 하루 밤낮과 같고, 그 밤낮으로 계산하여 30일이

1달이고, 그 달로 계산하여 12달이 1년이다. 그 해로 계산하여 화락천 신들의 수명의 한계는 6,000년이다. 인간의 80년은 타화자재천 신들의 하루 밤낮과 같고, 그 밤낮으로 계산하여 30일이 1달이고, 그 달로 계산하여 12달이 1년이다. 그 해로 계산하여 타화자재천 신들의 수명의 한계는 8,000년이다.'[8] **[신들의 수명]**, 이것과 관련하여 '인간세상 왕위의 행복은 천상의 행복에 비하면 하잘 것이 없다.'라고 말했다.AN8.42~3, AN8.45

블랙홀 비구들이여, 암흑으로 덮여 있고 칠흑같이 어두우며 우주의 틈새에 놓여 있는 끝없이 깊고 텅 빈 곳이 있어, 그곳에는 큰 신통력과 큰 위력을 가진 해와 달도 빛을 비추지 못한다. 그러자 어떤 비구가 세존께 이렇게 여쭈었다. "세존이시여, 이 암흑은 참으로 큽니다. 세존이시여, 이 암흑은 많은 두려움을 줍니다. 그런데 이 암흑보다 더 크고 더 많은 두려움을 주는 다른 암흑이 있습니까?" 비구여, 이 암흑보다 더 크고 더 많은 두려움을 주는 다른 암흑이 있다. "세존이시여, 그러면 어떤 다른 암흑이 이보다 더 크고 더 많은 두려움을 줍니까?"SN56.46

과거의 인류 여기 웨뿔라라고 불리는 이 산은 옛날에 빠찌나왐사라 했고, 그 무렵 사람들을 띠와라라 했으며 수명의 한계는 4만 년이었다. 그들은 이 산을 4일이 걸려서 올라갔고 4일이 걸려서 내려왔다. 그 시절 아라한이시고 정등각이신 까꾸산다[拘留孫] 세존께서 세상에 출현하셨고, 위두라와 산지와라는 고결한 두 상수제자가 있었다.

---

8 경전의 기록으로 사왕천의 수명을 인간의 시간으로 계산하면 50×30×12×500년=9,000,000년=9백만 년이 된다. 그리고 삼십삼천, 야마천, 도솔천, 화락천, 타화자재천의 수명은 인간의 시간으로 각각 100×30×12×1,000년, 200×30×12×2,000년, 400×30×12×4,000년, 800×30×12×8,000년, 1600×30×12×16,000년=92.16억 년이 된다. 그런데 우주의 현재 나이와 색계 초선천의 범천 수명을 고려하면 욕계 천상 천인의 상기 수명은 본문처럼 줄어드는 것이 타당하다. 즉 사천왕의 수명은 90만 년(5×30×12×500년) 그리고 타화자재천의 수명은 2.3억 년(80×30×12×8,000년)이 적절하다. 이렇게 보면 인간세상의 3,000년은 사왕천에서는 20개월, 삼십삼천에서는 10개월이 되며 이같이 줄어들어 타화자재천에서는 37일쯤 된다. 세존의 재세 시 도솔천에 태어난 수닷타 장자는 그곳에서의 수명 4,000년 가운데 지금 그곳에서 세존의 반열반을 목도한 지 75일쯤 지났다. 수닷타 장자는 인간의 왕위보다 비교할 수 없는 크나큰 천상의 행복을 누리고 있다.

옛날에 이 산은 왕까까라 했고, 그 무렵 사람들을 로히땃사라 했으며 수명의 한계는 3만 년이었다. 그들은 이 산을 3일이 걸려서 올라갔고 3일이 걸려서 내려왔다. 그 시절 아라한이시고 정등각이신 꼬나가마나[拘那含] 세존께서 세상에 출현하셨고, 비요사와 웃따라라는 고결한 두 상수제자가 있었다.

옛날에 이 산은 수빳사라 했고, 그 무렵 사람들을 숩삐야라 했으며 수명의 한계는 2만 년이었다. 그들은 이 산을 2일이 걸려서 올라갔고 2일이 걸려서 내려왔다. 그 시절 아라한이시고 정등각이신 깟사빠[迦葉] 세존께서 세상에 출현하셨고, 띳사와 바라드와자라는 고결한 두 상수제자가 있었다.

지금 이 산은 웨뿔라라 하고, 지금의 사람들을 마가다 사람이라 하며 수명의 한계는 짧고 제한적이고 빨리 지나가 버려 오래 살아도 100년의 이쪽저쪽이다. 마가다 사람들은 웨뿔라 산을 한 시간이면 올라가고 한 시간이면 내려온다. 지금 여래가 아라한이자 정등각으로 세상에 출현하였고, 나에게는 사리뿟따와 목갈라나라는 고결한 두 상수제자가 있다.

보라, 비구들이여. 옛날에 불리었던 이 산의 이름도 사라졌고, 그때의 사람도 죽었으며, 그분 세존들께서도 반열반하셨다. 이처럼 지금 이 산의 이름도 사라지게 될 것이고, 지금 사람들도 죽을 것이며, 여래도 반열반할 시간이 있을 것이다. 이같이 형성된 것은 무상하고, 견고하지 않고, 안식을 주지 못한다. 그러므로 형성된 것은 그것이 무엇이든 모두 염오해야 마땅하며, 그것이 무엇이든 그것에 대한 탐욕이 빛바래도록 해야 마땅하며, 그것이 무엇이든 그것으로부터 해탈해야 마땅하다. 세존께서는 이렇게 말씀하신 뒤 게송을 읊으셨다.

이 산은
띠와라들에게는 빠찌나왐사였고
로히땃사들에게는 왕까까였고
숩삐야들에게는 수빳사였고

마가다들에게는 웨뿔라였다네.

형성된 것은 참으로 무상하여
일어났다가 사라지는 법이니
일어나고 사라짐
이것의 가라앉음이 진정한 행복일세.SN15.20

지구의 괴멸 비구들이여, '인간이 머무는 이 세상은 지금부터 참으로 긴 세월이 지난 어느 때 여러 해 동안, 수십 년 동안, 또는 수백 년 동안 비가 적절하게 내리지 않는 시기가 있다. 그때 비가 적절하게 내리지 않으면 씨앗류와 초목류와 약초와 풀과 밀림은 차례대로 모두 시들고 말라 버려서 존재하지 않게 된다. 그때로부터 또다시 참으로 긴 세월이 지난 뒤 어느 때 어느 곳에서 두 번째 태양이 나타난다. 두 번째 태양이 나타나면 작은 강이나 작은 못은 모두 시들고 말라 버려서 존재하지 않게 된다. 그때로부터 또다시 참으로 긴 세월이 지난 뒤 어느 때 어느 곳에서 세 번째 태양이 나타난다. 세 번째 태양이 나타나면 강가, 야무나, 아찌라와띠, 사라부, 마히 같은 큰 강들도 모두 시들고 말라 버려서 존재하지 않게 된다. 그때로부터 또다시 참으로 긴 세월이 지난 뒤 어느 때 어느 곳에서 네 번째 태양이 나타난다. 네 번째 태양이 나타나면 큰 강들의 근원인 아노닷따, 시하빠빠따, 라타까라, 깐나문다, 꾸날라, 찻단따, 만다끼니 같은 큰 호수들도 시들고 말라 버려서 존재하지 않게 된다. 그때로부터 또다시 참으로 긴 세월이 지난 뒤 어느 때 어느 곳에서 다섯 번째 태양이 나타난다. 다섯 번째 태양이 나타나면 대해의 물이 해변에서 100요자나의 물이 줄어들고, 200요자나의 물이 줄어들고, 점차 늘어나 700요자나의 물이 줄어들며, 사람 키의 7길만큼의 물만 남게 되고, 6길만큼의 물만 남게 되고, 점차 줄어들어 1길만큼의 물만 남게 되고, 무릎만큼만의 물만 남게 되고, 마침내 발목만큼만의 물만 남게 된다. 마치 가을에 비가 많이 내리면 여기저기 소 발자국에 물이 고이듯이 대해에는 소 발자국 정도의 물만 남게 된다. 그때로부터 또

다시 참으로 긴 세월이 지난 뒤 어느 때 어느 곳에서 여섯 번째 태양이 나타난다. 여섯 번째 태양이 나타나면 대지와 산의 왕 수미산은 연기를 내고 연기를 내뿜고 연기를 분출한다. 예를 들면 도공의 가마가 달구어지면 먼저 연기를 내고 연기를 내뿜고 연기를 분출하는 것과 같다. 그때로부터 또 다시 참으로 긴 세월이 지난 뒤 어느 때 어느 곳에서 일곱 번째 태양이 나타난다. 일곱 번째 태양이 나타나면 대지와 산의 왕 수미산은 불이 붙고 맹렬히 불타올라 하나의 불덩이가 된다. 대지와 수미산은 활활 타오르고 맹렬하게 타올라 수미산이 무너지고, 대지와 수미산이 활활 타오르고 맹렬하게 타올라 없어질 때 재도 먼지도 남지 않는다. 예를 들면 정제된 버터나 기름이 활활 타오르고 맹렬하게 타오르면 재도 먼지도 남지 않는 것과 같다.'[**지구의 궤멸**] 비구들이여, 여기서 견해를 갖춘 자들 말고는 '대지와 산의 왕 수미산이 활활 타오를 것이고 소멸할 것이고 없어질 것이다.'라는 이 말을 누가 믿겠는가?AN7.62

깊이 공부하기

1.1 인류의 기원을 설명하듯이 범천의 기원을 설명하여 보라.

1.2 우주의 성겁 기간에 어떤 중생도 태어난 적이 없는 범천에 어떻게 최초의 중생이 화생으로 태어날 수 있는가? 마찬가지로 어떤 중생도 태어난 적이 없는 삼십삼천에 어떻게 최초의 중생이 태생으로 태어날 수 있는가? 지구에 어떻게 인간세상과 축생이 공존하게 되었는가? 인간세상과 사왕천은 공존할 수 있는가?

1.3 우주 공간은 공기가 없어 진공이고, 기온은 약 -270℃이고, 우주 공간의 거리는 빛의 속도로 달려도 많은 시간이 걸리는데 어떻게 범천이나 아라한 비구는 마치 힘센 자가 오므렸던 팔을 펴고 편 팔을 오므리듯이 범천의 세상과 인간세상을 왕래하며 날아다니는가?

1.4 삼십삼천의 왕 제석천은 사왕천을 통솔하면서 천계를 수호하는데, 천계에서 퇴락하거나 축출된 천신들이 때때로 무리를 이루어 제석천과 전쟁을 일으킨다. 그런데 살생과 날카로운 무기가 드러나지 않고 알려지지 않은 곳에서 전쟁은 어떻게 하는가?

1.5 축생과 인간의 구분은 무엇을 기준으로 하는가? 또한 인간과 욕천의 구분은 무엇을 기준으로 하는가?

1.6 죽음으로 지옥을 벗어난다. 어떻게 하면 악업이 사라져 지옥에서 죽게 되는가?

1.7 지옥에서 어떤 중생이 참으로 오랜 세월 동안 갖가지 고문과 형벌로 지극히 고통스러운 괴로움과 슬픔을 겪다가 죽게 되어 인간세상에 태어나

는 경우가 있다. 그들 가운데 어떤 이는 태어나 점차 장성하여 수염과 머리를 깎고 출가하여 도를 닦아 정의삼매에 들어 직전 전생까지만 기억해 낸 뒤 이렇게 주장한다. '고행을 닦으면 악업이 소멸한다. 고통과 슬픔을 초래하는 악업을 씻고 배출하고 소멸하기 위하여 고행을 닦아야 한다. 이미 있는 악업은 고행으로 소멸하고 율을 철저하게 지키는 생활로 새로운 악업을 짓지 않으면 반드시 해탈한다.' 그의 주장에 어떤 잘못이 있는가?

1.8 지옥에서 어떤 중생이 참으로 오랜 세월 동안 갖가지 고문과 형벌로 지극히 고통스러운 괴로움과 슬픔을 겪다가 죽게 되어 인간세상에 태어나는 경우가 있다. 그들 가운데 어떤 이는 지옥에서의 생각에 훈습되어 인간세상에서 감당하기 어렵고 극복할 수 없는 고통스러운 괴로움과 슬픔을 겪을 때 이렇게 생각한다. '나는 죽고 싶다. 죽으면 이 모든 괴로움과 슬픔에서 벗어날 것이며 끝낼 수 있을 것이다. 누가 어떻게 나를 죽여 줄 수 있는가?' 그의 생각에 어떤 잘못이 있는가?

1.9 선처에 태어나기 위하여 세존께서는 선행과 보시행 두 가지를 실천하라고 설하신다. 이때 선행과 보시행의 역할을 분별하여 설명해 보라.

1.10 선행과 악행은 선처와 악처로 나아가는 행인데 목숨이 다하여 몸이 무너져 선처나 악처로 태어날 때 그 행의 결과가 드러난다. 이와 달리 범행은 범계로 나아가는 행인데 목숨이 다하기 전에 그 행의 과위가 드러난다. 그 이유를 설명하여 보라.

1.11 악행을 짓고 산 채로 지옥에 떨어지는 사례들이 경전에 나타난다. 이러한 사례들에서 악행의 결과가 목숨이 다하기 전에 드러나는 이유를 설명하여 보라.

1.12 수행修行은 무엇이며 세존의 가르침 가운데 어디에 포함되는가?

제2장

세존의 전생

세존의 전생에 관한 기록은 전생과 관련된 특별한 장소에서 세존의 회상MN81.83으로, 훈계를 위하여 과거의 사실을 드러내는 경우DN17로, 또는 천신과의 대화DN19 등으로 나타난다. 가장 오래된 세존의 전생은 깟사빠 부처님이 계실 때였다. 그때 인간의 수명은 2만 년이고 도보 속도가 시속 100m 정도였다. 비록 깟사빠 부처님의 법과 율이 오래 유지되었으나 인간의 퇴락은 지속하여 세존의 재세 시 마침내 인간은 지금처럼 왜소해졌고 수명은 1백 년도 미치지 못하며 도보 속도는 시속 5km 정도로 빨라졌다. 비록 인간이 성취한 이전의 물질문명은 단절되었으나 인간이 저지른 업은 상속하여 윤회를 거듭하였다. 인간이 퇴락하는 오랜 세월 윤회하면서 세존께서는 인간을 벗어나려는 마음이 더욱 굳건해졌고 마침내 더 이상 퇴락하는 인간과 더불어 윤회할 수 없는, 그리하여 인간으로서 마지막 생에 이른다.

1 최초로 출가하는 전생

어느 때 세존께서 유행하시던 중 가시던 길을 벗어나 어떤 곳에 잠시 서서 주위를 찬찬히 둘러보면서 미소를 지으시고 머무셨다. 그러자 곁에 있던 아난다에게 이런 생각이 들었다. '어떤 이유와 어떤 조건 때문에 세존께서는 미소를 지으실까? 세존께서는 이유 없이 미소를 짓지 않으신다.' 그러자 아난다는 한쪽 어깨가 드러나게 옷을 입고 세존께 합장하여 절을 올리고 말씀드렸다. "세존이시여, 어떤 이유와 어떤 조건 때문에 세존께서는 이곳에서 미소를 지으십니까? 세존께서는 이유 없이 미소를 짓지 않으십니다." 세존께서 말씀하셨다. 아난다여, 옛적에 아라한이시고 정등각이신 깟사빠 세존께서 계셨을 때 이 지역에 부유하고 번창하고 인구가 많고 사람들로 붐비는 웨발링가라는 상업도시가 있었다. 깟사빠 세존께서 이 웨발링가 상업도시 부근의 원림에 머무셨는데 이곳이 바로 그곳이다. 깟사빠 세존께서는 여기 이곳에 머무시면서 비구승가를 교계하셨다. 그때 아난다는 그의 대의를 네 겹으로 접어 자리를 만들고 말씀드렸다. "세존이시여, 그렇다면 세존께서는 여기 앉으십시오. 그렇게 하시면 이곳은 두 분의 아라한이시고 정등각이신 세존들께서 머무시고 교계하신 곳이 됩니다." 세존께서는 마련된 자리에 앉으셔서 이렇게 말씀하셨다.

아난다여, 지금의 아라한이고 정등각인 여래가 세상에 출현하였듯이 옛적에 아라한이시고 정등각이신 깟사빠 세존께서 세상에 출현하셨다. 지금의 여래는 카띠야 태생이고 카띠야 가문에서 태어났듯이 깟사빠 세존께서는 브라만 태생이고 브라만 가문에서 태어나셨다. 지금의 여래는 고따마 종족이듯이 깟사빠 세존께서는 깟사빠 종족이셨다. 지금 여래의 시대 수명의 한계는 짧고 제한적이어서 오래 살아도 백 년의 이쪽저쪽이지만 깟사빠 세존의 시대에 수명의 한계는 2만 년이었다. 지금의 여래는 아삿따나무 아래에서 깨달음을 이루었듯이 깟사빠 세존께서는 니그로다나무 아래에서 깨달음을 이루셨다. 지금의 여래에게 사리뿟따와 목갈라나라는 고결한 두 상수제자가 있듯이 깟사빠 세존께는 띳사와 바라드와자라는 고결한 두 상수제자가 있었다. 지금 여래의 제자들의 회중은 하나이며 천이백오십 명의 비구들로 이루어져 있으며 이들은 모두 번뇌 다한 자들이듯이 깟사빠 세존의 제자들의 회중도 하나이며 2만 명의 비구들로 이루어져 있었으며 이들은 모두 번뇌 다한 자들이었다. 지금의 여래에게는 아난다가 시자이며 그는 최고의 시자이듯이 깟사빠 세존께는 삽바밋따라는 비구가 시자로 있었으며 그는 최고의 시자였다. 지금 여래의 아버지는 숫도다나 왕이고 어머니는 마야 왕비이며 수도는 까삘라왓투라는 도시였듯이 깟사빠 세존의 아버지는 브라흐마닷따라는 브라만이었고 어머니는 다나와띠라는 브라만 여인이며 그때 끼끼라는 왕이 있었는데 끼끼 왕의 수도는 와라나시라는 도시였다.DN14

아난다여, 이같이 옛적에 아라한이시고 정등각이신 깟사빠 세존께서 계셨을 때 이 웨발링가라는 상업도시에 가띠까라라는 도기공이 있었다. 그는 깟사빠 세존의 신도 가운데 가장 으뜸가는 신도였다. 그런데 도기공에게는 조띠빨라라는 브라만 학도 친구가 있었는데 그는 도기공의 가장 절친한 친구였다. 어느 때 도기공은 조띠빨라를 불러 말하였다. “여보게, 벗 조띠빨라여, 우리 함께 아라한이시고 정등각이신 깟사빠 세존을 뵈러 가세. 아라한이시고 정등각이신 깟사빠 세존을 친견하는 것은 참으로 좋은 일일세.” 이렇게 말하자 조띠빨라는 대답하였다. “벗 가띠까라여, 그만하게. 그 까까머리 사문을 만나서 무엇을 한다는 말이오.” 두 번째로, 세 번째로 도기공은 조띠빨라에게 말하였다. “여보게, 벗 조띠빨라여. 우리 함께 아라한이시고 정등각이신 깟사빠 세존을 뵈러 가세. 아라한이시고 정등각이신 깟사빠 세존을 친견하는 것은 참으로 좋은 일일세.” 이렇게 말하자 조띠빨라는 두 번째에도, 세 번째에도 이렇게 대답하였다. “벗 가띠까라여, 그만하게. 그 까까머리 사문을 만나서 무엇을 한다는 말이오.” 그러자 도기공은 다시 말하였다. “벗 조띠빨라여, 그러면 속돌과 목욕가루를 가지고 강으로 목욕가세.” “그러세, 벗이여.”라고 조띠빨라는 대답하였다. 그리고 도기공과 조띠빨라는 속돌과 목욕가루를 가지고 강으로 목욕갔다.

아난다여, 도기공과 조띠빨라는 강에서 목욕하고 있었다. 그때 도기공은 조띠빨라에게 이렇게 말하였다. "벗 조띠빨라여. 여기서 가까운 곳에 아라한이시고 정등각이신 깟사빠 세존의 원림이 있다네. 여보게, 벗 조띠빨라여, 우리 함께 아라한이시고 정등각이신 깟사빠 세존을 뵈러 가세. 아라한이시고 정등각이신 깟사빠 세존을 친견하는 것은 참으로 좋은 일일세." 이렇게 말하자 조띠빨라는 말하였다. "벗 가띠까라여, 그만하게. 그 까까머리 사문을 만나서 무엇을 한다는 말이오." 두 번째로, 세 번째로 도기공은 말하였다. "벗 조띠빨라여. 여기서 가까운 곳에 아라한이시고 정등각이신 깟사빠 세존의 원림이 있다네. 여보게, 벗 조띠빨라여, 우리 함께 아라한이시고 정등각이신 깟사빠 세존을 뵈러 가세. 아라한이시고 정등각이신 깟사빠 세존을 친견하는 것은 참으로 좋은 일일세." 이렇게 말하자 조띠빨라는 두 번째에도, 세 번째에도 말하였다. "벗 가띠까라여, 그만하게. 그 까까머리 사문을 만나서 무엇을 한다는 말이오."

아난다여, 그러자 도기공은 조띠빨라의 허리띠를 거머쥐고 이렇게 말하였다. "벗 조띠빨라여. 여기서 가까운 곳에 아라한이시고 정등각이신 깟사빠 세존의 원림이 있다네. 여보게, 벗 조띠빨라여, 우리 함께 아라한이시고 정등각이신 깟사빠 세존을 뵈러 가세. 아라한이시고 정등각이신 깟사빠 세존을 친견하는 것은 참으로 좋은 일일세." 이렇게 말하자 조띠빨라는 말하였다. "벗 가띠까라여, 그만하게. 그 까까머리 사문을 만나서 무엇을 한다는 말이오."

아난다여, 조띠빨라가 머리를 감자 도기공은 그의 머리채를 잡고 이렇게 말하였다. "벗 조띠빨라여. 여기서 가까운 곳에 아라한이시고 정등각이신 깟사빠 세존의 원림이 있다네. 여보게, 벗 조띠빨라여, 우리 함께 아라한이시고 정등각이신 깟사빠 세존을 뵈러 가세. 아라한이시고 정등각이신 깟사빠 세존을 친견하는 것은 참으로 좋은 일일세." 이렇게 말하자 조띠빨라에게 이런 생각이 들었다. '참으로 경이롭구나. 참으로 놀랍구나. 우리는 서로 태생이 다름에도 내가 머리를 감고 있을 때 나의 머리채를 당길 생각을 다하다니. 참으로 이것은 예삿일이 아니지 싶구나.' 그는 머리채를 잡힌 채 도기공에게 말하였다. "벗 가띠까라여, 그대는 이렇게까지 해야 하는가?" 도기공은 조띠빨라의 머리채를 잡은 채 대답하였다. "벗 조띠빨라여, 나는 이렇게까지 해야 한다네. 왜냐하면 그만큼 나는 아라한이시고 정등각이신 깟사빠 세존을 친견하는 것은 좋은 일이라고 생각한다네." 그는 말하였다. "벗 가띠까라여, 그렇다면 나의 머리채를 놓게. 함께 가세."

아난다여, 그러자 도기공과 조띠빨라는 아라한이시고 정등각이신 깟사빠 세존을 뵈러 갔다. 도기공은 깟사빠 세존께 절을 올리고 한 곁에 앉았으며 조띠빨라도 한 곁에 앉았다. 도기공은 깟사빠 세존께 이렇게 말씀드렸다. "세존이시여, 이 조띠빨라 브라만 학도는 저의 친구 중에 가장 절친한 친구입니다. 세존께서는 이 친구에게 법을 설해 주십시오." 그때 깟사빠 세존께서는 도기공과 조띠빨라에게 법문으로 가르치시고 격려하시고 분발하게 하시고 기쁘게 하셨다. 그때 도기공과 조띠빨라는 깟사빠 세존의 가르침을 받고 격려받고 분발하고 기뻐하며 세존의 말씀을 기뻐하고 감사드리면서 자리에서 일어나 세존께 절을 올리고 오른쪽으로 돌아 경의를 표한 뒤 물러갔다.

아난다여, 그들이 원림에서 물러가 마을을 향해 갈 때 조띠빨라는 도기공에게 이렇게 말하였다. "벗 가띠까라여, 그대는 이런 법을 들으면서 왜 집을 나와서 출가하지 않는가?" 도기공이 대답하였다. "벗 조띠빨라여, 내가 늙고 눈먼 양친을 봉양하는 것을 어찌 모르는가? 내가 늙고 눈먼 양친을 봉양하지 않아도 되었다면 나는 이미 출가하였을 것이네." 조띠빨라는 말하였다. "벗 가띠까라여, 그렇다면 나는 집을 떠나 출가하겠네."

아난다여, 이렇게 말한 조띠빨라는 집을 떠나 출가하는 자가 준비해야 하는 일을 마치자 도기공과 함께 깟사빠 세존을 뵈러 가서 절을 올리고 한 곁에 앉았다. 도기공은 이렇게 말씀드렸다. "세존이시여, 여기 조띠빨라 브라만 학도는 저의 친구 중에 가장 절친한 친구입니다. 이 친구는 세존께 출가하려고 합니다. 세존께서는 이 친구의 출가를 허락해 주십시오." 이렇게 하여 조띠빨라는 깟사빠 세존의 아래로 출가하여 비구가 되었다.[9] 조띠빨라가 비구가 된 지 보름이 지나자 깟사빠 세존께서는 웨발링가에서 원하는 만큼 머무시고 와라나시를 향하여 비구승가와 함께 유행을 떠나셨다.

아난다여, 아마 그대에게 이런 생각이 들지도 모른다. '그때의 도기공 가띠까라의 가장 절친한 친구인 조띠빨라 브라만 학도는 다른 사람이었을 것이다.' 아난다여, 그러나 그렇게 여겨서는 안 된다. 그때의 조띠빨라 브라만 학도가 나였다.MN81

옛 벗의 만남 깟사빠 세존의 재가제자로서 불환과를 성취한 가띠까라는 정거천에 태어나 그곳에서 아라한 중의 한 분이 되었다. 어느 날 가띠까라는 세존의 곁에서 게송을 읊었고 이에 세존께서 응송하셨다. 이리하여 옛 벗 두 분의 만남은 이루어졌나니 두 분은 정각을 이루시고 범행을 완성하여 마지막 몸을 가진 분들이었다.SN1.50, SN2.24

여기 일곱 분은 해탈하여
무번천無煩天에 태어났으니
탐욕과 성냄을 완전히 없애고
세상에 대한 애착 건넜습니다.

건너기 어려운 죽음의 영역
그런 흙탕 완전히 넘어버렸고
인간의 몸도 버리고 천상의 속박도 넘어선
그들은 대체 누구인가?

우빠까, 빨라간다, 뿍꾸사띠,
밧디야, 바하데와, 바후단띠, 삥기야
이들은 인간의 몸도 버리고 천상의 속박도

---

9 이것으로 석가모니 부처님 직전의 부처님이 깟사빠 세존이라고 추정한다.

완전히 넘어선 분들입니다.

마라의 올가미를 제거한 자들에 대해
그대는 참으로 훌륭하게 말하니
그들은 어떤 법 알아서
존재의 속박 모두 잘라 없앴는가?

그분 세존 외에 그 누구의 법도 아니며
당신의 교법 외에 그 누구의 법도 아닙니다.
그들은 모두 당신의 법 완전하게 알아서
존재의 속박 모두 잘라 없앴나이다.
오온이 남김없이 소멸하는
여기 이 교법을 알아
그들은 존재의 속박을 잘랐습니다.

알기도 어렵고 참으로 깨닫기도 어려운
심오한 그런 말을 그대는 하는구나.
그대는 누구의 법 알아서
이처럼 미묘한 말 하는가?

예전에 저는 도기공이었으며
웨발링가 마을에서 도기를 만들었습니다.
재가에 머물면서 늙고 눈먼 부모를 봉양한
깟사빠 세존의 재가제자였습니다.
성행위를 완전히 금하면서 지낸 저는
욕망 여윈 청정범행 부지런히 닦았습니다.
그런 저는 당신과 동향이었고
그때 저는 당신의 친구였지요.

그러기에 해탈한 이들 일곱 분
비구들에 대해서 꿰뚫어 알았습니다.
그들은 탐욕과 성냄을 완전히 없애고
세상에 대한 애착 건넜습니다.

박가와여, 그대가 말한 그대로
참으로 그대 그때 그러했노라.
예전에 그대는 도기공이었으며
웨발링가 마을에서 도기를 만들었다.
재가에 머물면서 늙고 눈먼 부모를 봉양한
깟사빠 세존의 재가제자였었다.

성행위를 완전히 금하면서 지낸 그대
욕망 여윈 청정범행 부지런히 닦았나니
그런 그대 나와 동향이었고
그때 그대 나의 친구였다.

2 출가의 관행을 제정한 전생

아난다여, 옛적에 마카데와[10]라는 대왕이 있었다. 그는 법다웠고 법으로 통치하였으며 법에 확고하여 브라만들과 장자들과 시민들과 지방민들 사이에서 법대로 통치하였다. 또한 그는 보름날에 포살을 준수하였다. 대왕은 이렇게 여러 해가 지나고 여러 백 년이 지나고 여러 천 년이 지난 어느 날 그의 이발사에게 말하였다. "착한 이발사여, 그대가 만일 내 머리에서 흰 머리카락이 생기는 것을 보면 나에게 알려다오." 이발사는 대왕에게

10 석가족의 왕들 가운데 마카데와라는 왕이 있다. 제3장을 참고.

"알겠습니다, 폐하."라고 대답하였다. 이발사는 여러 해가 지나고 여러 백 년이 지나고 여러 천 년이 지나 대왕의 머리에서 흰 머리카락이 생긴 것을 보고 말하였다. "폐하, 폐하에게 염라대왕의 사자가 나타났습니다. 폐하의 머리에서 흰 머리카락이 생긴 것이 보입니다." 대왕은 말하였다. "착한 이발사여, 그렇다면 그 흰 머리카락을 족집게로 잘 뽑아서 내 손바닥에 놓아다오." 이발사는 "그러겠습니다, 폐하."라고 대답하고 흰 머리카락을 족집게로 잘 뽑아서 대왕의 손바닥에 올려놓았다. 그러자 대왕은 이발사에게 가장 좋은 마을을 영지로 하사하고 왕세자를 불러 이렇게 말하였다. "사랑하는 왕자여, 나에게 염라대왕의 사자가 나타났다. 내 머리에서 흰 머리카락이 생긴 것이 보인다. 나는 인간의 감각적 욕망을 다 누렸으니 이제 하늘의 감각적 욕망을 누릴 준비를 해야 할 때가 되었다. 이리 오라, 사랑하는 왕자여! 이 왕국을 통치하라. 나는 이제 머리와 수염을 깎고 물들인 옷을 입고 대궐을 떠나 출가할 것이다.

사랑하는 왕자여. 너도 역시 머리에서 흰 머리카락이 생기는 것을 보면 왕세자를 왕위에 잘 옹립한 뒤 머리와 수염을 깎고 물들인 옷을 입고 대궐을 떠나 출가하도록 하라. 내가 제정한 좋은 관행이 끊임없이 지속하여 전해지도록 하라. 너는 좋은 관행을 실천하지 않아서 좋은 관행을 실천하는 선대로부터 좋은 관행을 전해 받는 마지막 후손이 되지 말라. 두 세대의 사람이 살고 있을 때 어떤 후대의 사람이 선대가 실천한 좋은 관행을 끊어 버리면 그가 좋은 관행을 실천하는 선대로부터 좋은 관행을 전해 받는 마지막 사람이 될 것이다. 사랑하는 왕자여, 그러므로 나는 이렇게 말한다. '내가 제정한 좋은 관행이 끊임없이 지속하여 전해져 너는 좋은 관행을 전해 받는 마지막 사람이 되지 말라."

아난다여, 그러자 대왕은 왕세자를 왕위에 잘 옹립한 뒤 머리와 수염을 깎고 물들인 옷을 입고 대궐을 떠나 출가하여 자신이 미리 조성한 마카데와 망고 숲에서 머물면서 청정하게 수행을 닦았다. 그는 몸이 무너져 죽은 후 욕천의 세상에 태어났다.

아난다여, 그 후로 마카데와 대왕의 후손들 가운데 마지막으로 니미라는 왕이 있었다. 니미 왕까지 자손 대대로 머리와 수염을 깎고 물들인 옷을 입고 대궐을 떠나 출가하여 마카데와 망고 숲에서 머물면서 청정하게 수행을 닦았다. 그들은 몸이 무너져 죽은 후 욕천의 세상에 태어났다. 그런데 니미 왕에게는 깔라라자나까라는 왕자가 있었다. 그는 대궐을 떠나 출가하지 않았으므로 좋은 관행을 끊어 버렸다. 그는 그들 가운데서 좋은 관행을 전해 받은 마지막 사람이 되었다.

아난다여, 아마 그대는 '그때에 좋은 관행을 제정한 마카데와 대왕은 다른 사람이었을 것이다.'라고 생각할지도 모른다. 아난다여, 그러나 그것을 그렇게 여겨서는 안 된다. 그때의 마카데와 대왕은 나였으며, 지금의 이곳이 바로 그때의 마카데와 망고 숲이었다.MN83

3 재가에서 명상을 닦는 전생

아난다여, 옛적에 마하수닷사나라는 전륜성왕이 있었다. 그는 정의로운 분이요 법다운 왕이었으며 사방을 정복한 승리자여서 나라를 안정되게 하고 나라를 풍요롭게 하였다. 지금의 꾸시나라는 마하수닷사나 왕이 다스리던 꾸사와띠라는 수도였으며 그 크기는 동서로는 12요자나이고 남북으로는 7요자나였다($121km^2$≃36.7백만 평≃서울시의 20%). 수도 꾸사와띠는 마치 알라까만다라는 신들의 수도와 같이 부유하고 번창하였으며 인구가 많고 사람들로 붐비며 이같이 풍족하였다.

수도 꾸사와띠 수도 꾸사와띠에는 열 가지 소리가 끊인 적이 없었나니 즉 코끼리 소리, 말 소리, 마차 소리, 북소리, 무딩가 북소리, 류트 소리, 노랫소리, 심벌즈 소리, 벨 소리 그리고 열 번째로 '잡수세요. 마시세요. 드세요.'라는 소리였다.

수도 꾸사와띠는 일곱 가지로 장식한 성벽으로 둘러싸여 있었다. 황금, 은, 녹주석, 수정, 홍옥(루비), 녹옥(에메랄드) 그리고 일곱 번째 갖가지 보석으로 장식한 성벽이었다. 수도 꾸사와띠에는 네 가지로 장식한 대문들이 있었다. 황금, 은, 녹주석 그리고 네 번째 수정으로 장식한 대문이었다. 각각의 대문에는 그 높이가 사람 키 서너 배가 되는 일곱 개의 기둥이 있었다. 황금, 은, 녹주석, 수정, 홍옥, 녹옥 그리고 일곱 번째 갖가지 보석으로 장식한 기둥이었다.

수도 꾸사와띠는 일곱 가지 장식줄이 야자나무를 둘러싸고 있었다. 황금, 은, 녹주석, 수정, 홍옥, 녹옥 그리고 일곱 번째 갖가지 보석으로 장식한 줄이었다. 황금으로 장식한 줄로 둘러싸인 야자나무 줄기는 황금으로 장식하였고 잎과 열매는 은으로 장식하였다. 은으로 장식한 줄로 둘러싸인 야자나무 줄기는 은으로 장식하였고 잎과 열매는 황금으로 장식하였다. 녹주석으로 장식한 줄로 둘러싸인 야자나무 줄기는 녹주석으로 장식하였고 잎과 열매는 수정으로 장식하였다. 수정으로 장식한 줄로 둘러싸인 야자나무 줄기는 수정으로 장식하였고 잎과 열매는 녹주석으로 장식하였다. 홍옥으로 장식한 줄로 둘러싸인 야자나무 줄기는 홍옥으로 장식하였고 잎과 열매는 녹옥으로 장식하였다. 녹옥으로 장식한 줄로 둘러싸인 야자나무 줄기는 녹옥으로 장식하였고 잎과 열매는 홍옥으로 장식하였다. 갖가지 보석으로 장식한 줄로 둘러싸인 야자나무 줄기는 갖가지 보석으로 장식하였고 잎과 열매도 갖가지 보석으로 장식하였다. 이들 야자나무를 둘러싼 줄들이 바람에 움직이면 사랑스럽고 매혹적이고 아름답고 취하게 하는 소리가 났다. 마치 잘 훈련되고 숙련된 연주자들이 여러 가지로 잘 구성된 악기로 멋지게 연주하는 소리가 아름답고 사랑스럽고 매혹적이고 활발하게 하고 취하게 하는 것처럼 야자나무를 둘러싼 줄들이 바람에 움직이면 아름답고 사랑스럽고 매혹적이고 활발하게 하고 취하게 하는 소리가 났다.

그때 마하수닷사나 왕에게 '나는 이 야자나무들 사이에 1백 개 활의 간격으로 연못들을 만들게 해야겠다.'라는 생각이 들었다. 그래서 왕은 야자나무들 사이에 1백 개 활의 간격으로 연못들을 만들게 하였다. 연못들은 각각 네 가지로 장식한 벽돌로 쌓아서 만들었다. 황금, 은, 녹주석 그리고 네 번째 수정으로 장식한 벽돌이었다. 연못들에는 네 가지로 장식한 계단들이 있었다. 황금, 은, 녹주석 그리고 네 번째 수정으로 장식한 계단이었다. 황금으로 장식한 계단에는 기둥은 황금으로 장식하였고 난간과 난간동자는 은으로 장식하였다. 은으로 장식한 계단에는 기둥은 은으로 장식하였고 난간과 난간동자는 황금으로 장식하였다. 녹주석으로 장식한 계단에는 기둥은 녹주석으로 장식하였고 난간과 난간동자는 수정으로 장식하였다. 수정으로 장식한 계단에는 기둥은 수정으로 장식하였고 난간과 난간동자는 녹주석으로 장식하였다. 연못들은 두 가지로 장식한 흉벽으로 에워싸여 있었다. 황금으로 장식한 흉벽과 은으로 장식한 흉벽이었다. 황금으로 장식한 흉벽에는 기둥은 황금으로 장식하였고 난간과 난간동자는 은으로 장식하였으며 은으로 장식한 흉벽에는 기둥은 은으로 장식하였고 난간과 난간동자는 황금으로 장식하였다.

왕에게 '나는 이 연못들에 연꽃들을 자라게 해야겠다. 사시사철 피는 청련, 홍련, 자련, 백련을 심어 모든 사람에게 개방해야겠다.'라는 생각이 들었다. 그래서 왕은 연못들에 연꽃들을 자라게 하였다. 사시사철 피는 청련, 홍련, 자련, 백련을 심어 모든 사람에게 개방하였다. 그리고 왕에게 '나는 이 연못들의 둑에 목욕관리자를 두어야겠다. 그래서 여기에 오는 사람들이 목욕할 수 있게 해야겠다.'라는 생각이 들었다. 그래서 왕은 연못들의 둑에 목욕관리자를 두어서 오는 사람들이 목욕할 수 있게 하였다.

왕에게 '나는 이 연못들의 둑에 갖가지 보시를 베푸는 곳을 개설해야겠다. 음식을 원하는 자에게는 음식을 베풀고, 물을 원하는 자에게는 물을 베풀고, 옷을 원하는 자에게는 옷을 베풀고, 탈것을 원하는 자에게는 탈것을 베풀고, 잘 곳을 원하는 자에게는 잘 곳을 베풀고, 배필을 원하는 자에게는 원하는 배필을 얻을 수 있도록 하고, 금화를 원하는 자에게는 금화를 베풀고, 황금을 원하는 자에게는 황금을 베풀도록 하리라.'라는 생각이 들었다. 그래서 왕은 연못들의 둑에 이러한 보시를 베푸는 곳을 개설하여 음식을 원하는 자에게는 음식을 베풀고, 물을 원하는 자에게는 물을 베풀고, 옷을 원하는 자에게는 옷을 베풀고, 탈것을 원하는 자에게는 탈것을 베풀고, 잘 곳을 원하는 자에게는 잘 곳을 베풀고, 배필을 원하는 자에게는 원하는 배필을 얻을 수 있도록 하고, 금화를 원하는 자에게는 금화를 베풀고, 황금을 원하는 자에게는 황금을 베풀었다.

담마 궁전 브라만들과 장자들이 수많은 재물을 가지고 왕에게 다가와서 이렇게 말하였다. "폐하, 저희가 가지고 온 여기 재물은 모두 폐하께 바치는 것이오니 이를 받아 주십시오." 왕은 그들에게 말하였다. "존자들이여, 내가 가진 수많은 재물로도 충분하오. 그것은 법답게 모은 세금이오. 그러니 그대들이 가지고 온 것은 그대들이 가지시고 이것을 더 가져가시오." 그들은 왕이 자신들이 가지고 온 재물을 거절하자 한 곁에 모여서 '우리가 우리의 재물을 다시 각자의 집으로 되가져간다는 것은 어울리지 않습니다. 우리가 왕의 거처를 지어 드립시다.'라고 상의하였다. 그래서 그들은 왕에게 다가가서 "폐하, 저희가 폐하의 거처를 지어 드리겠습니다."라고 말하였다. 그러자 왕은 침묵으로 허락하였다.

그때 신들의 왕 삭까는 마하수닷사나 왕의 마음에 일어난 생각을 마음으로 알고 신의 아들 윗사깜마를 불러서 말하였다. "오라, 착한 윗사깜마여. 그대는 마하수닷사나 왕의 거처인 담마 궁전을 짓는 데 도와주어라." "그렇게 하겠습니다, 존자시여."라고 신의 아들 윗사깜마는 대답한 뒤 마치 힘센 사람이 구부렸던 팔을 펴고 폈던 팔을 구부리는 것처럼 삼십삼천의 신들 사이에서 사라져서 마하수닷사나 왕 앞에 나타나서 이렇게 말하였다. "폐하, 당신의 거처인 담마 궁전을 짓는 데 도와드리겠습니다." 왕은 침묵으로 허락하였다. 아난다여, 그러자 신의 아들 윗사깜마와 브라만들과 장자들이 왕의 거처인 담마 궁전을 지었다. 담마 궁전의 크기는 동서로 1요자나였고 남북으로는 0.5요자나였다(약 70만 평).

담마 궁전은 사람 세 길의 높이가 되도록 기초를 돋워서 지었으며 네 가지로 장식한 벽돌을 쌓아서 만들었다. 황금, 은, 녹주석 그리고 네 번째 수정으로 장식하였다. 담마 궁전은 네 가지로 장식한 성벽으로 둘러싸여 있었다. 황금, 은, 녹주석 그리고 네 번째 수정으로 장식한 성벽이었다. 담마 궁전은 네 가지로 장식한 24개의 큰 계단들이 있었다. 황금, 은, 녹주석 그리고 네 번째 수정으로 장식한 계단이었다. 황금으로 장식한 계단에는 기둥은 황금으로 장식하였고 난간과 난간동자는 은으로 장식하였다. 은으로 장식한 계단에는 기둥은 은으로 장식하였고 난간과 난간동자는 황금으로 장식하였다. 녹주석으로 장식한 계단에는 기둥은 녹주석으로 장식하였고 난간과 난간동자는 수정으로 장식하였다. 수정으로 장식한 계단에는 기둥은 수정으로 장식하였고 난간과 난간동자는 녹주석으로 장식하였다. 담마 궁전은 네 가지로 장식한 8만 4천 개의 기둥이 있었다. 황금, 은, 녹주석 그리고 네 번째 수정으로 장식한 기둥이었다. 또한 담마 궁전은 네 가지로 장식한 8만 4천 개의 방이 있었다. 황금, 은, 녹주석 그리고 네 번째 수정으로 장식한 방이었다. 황금으로 장식한 방의 침상은 은으로, 은으로 장식한 방의 침상은 황금으로, 녹주석으로 장식한 방의 침상은 상아로, 수정으로 장식한 방의 침상은 전단향으로 장식하였다. 황금으로 장식한 방의 문에는 은으로 장식한 야자나무가 서 있었는데 줄기는 은으로 장식하였고 잎과 열매는 황금으로 장식하였다. 은으로 장식한 방의 문에는 황금으로 장식한 야자나무가 서 있었는데 줄기는 황금으로 장식하였고 잎과 열매는 은으로 장식하였다. 녹주석으로 장식한 방의 문에는 수정으로 장식한 야자나무가 서 있었는데 줄기는 수정으로 장식하였고 잎과 열매는 녹주석으로 장식하였다. 수정으로 장식한 방의 문에는 녹주석으로 장식한 야자나무가 서 있었는데 줄기는 녹주석으로 장식하였고 잎과 열매는 수정으로 장식하였다. 그러자 왕에게 '나는 내가 낮의 머묾을 위해 머무는 대장엄 중각강당의 문 앞에 줄기와 잎과 열매를 황금으로 장식한 야자나무 숲을 만들게 하리라.'라는 생각이 들었다. 그래서 왕은 낮의 머묾을 위해 머무는 대장엄 중각강당의 문 앞에 줄기와 잎과 열매를 황금으로 장식한 야자나무 숲을 만들게 하였다.

담마 궁전은 두 가지로 장식한 흉벽으로 에워싸여 있었다. 황금으로 장식한 흉벽과 은으로 장식한 흉벽이었다. 황금으로 장식한 흉벽에는 기둥은 황금으로 장식하였고 난간과 난간동자는 은으로 장식하였다. 은으로 장식한 흉벽에는 기둥은 은으로 장식하였고 난간과 난간동자는 황금으로 장식하였다. 담마 궁전은 두 가지로 장식한 그물로 에워싸여 있었다. 황금으로 장식한 그물과 은으로 장식한 그물이었다. 황금으로 장식한 그물에는 은으로 장식한 종들이 은으로 장식한 그물에는 황금으로 장식한 종들이 달려 있었다. 두 가지로 장식한 종들로 가득한 그물들이 바람에 움직이면 사랑스럽고 매혹적이고 아름답고 취하게 하는 소리가 났다. 마치 잘 훈련되고 숙련된 연주자들이 여러 가지로 잘 구성된 악기로 멋지게 연주하는 소리가 아름답고 사랑스럽고 매혹적이고 활발하게 하고 취하게 하는 것처럼 두 가지로 장식한 종들로 가득한 그물들이 바람에 움직이면 아름답고 사랑스럽고 매혹적이고 활발하게 하고 취하게 하는 소리가 났다.

그러자 왕에게 '나는 담마 궁전의 앞에 담마라는 연못을 만들게 해야겠다.'라는 생각이 들었다. 그래서 왕은 담마 궁전의 앞에 담마라는 연못을 만들게 하였다. 담마 연못의 크기는 동서로 1요자나였고 남북으로는 0.5요자나였다. 연못은 각각 네 가지로 장식한 벽돌로 쌓아서 만들었다. 황금, 은, 녹주석 그리고 네 번째 수정으로 장식한 벽돌이었다. 연못에는 네 가지로 장식한 계단들이 있었다. 황금, 은, 녹주석 그리고 네 번째 수정으로 장식한 계단이었다. 황금으로 장식한 계단에는 기둥은 황금으로 장식하였고 난간과 난간동자는 은으로 장식하였고 은으로 장식한 계단에는 기둥은 은으로 장식하였고 난간과 난간동자는 황금으로 장식하였다. 녹주석으로 장식한 계단에는 기둥은 녹주석으로 장식하였고 난간과 난간동자는 수정으로 장식하였고 수정으로 장식한 계단에는 기둥은 수정으로 장식하였고 난간과 난간동자는 녹주석으로 장식하였다. 연못은 두 가지로 장식한 흉벽으로 에워싸여 있었다. 황금으로 장식한 흉벽과 은으로 장식한 흉벽이었다. 황금으로 장식한 흉벽에는 기둥은 황금으로 장식하였고 난간과 난간동자는 은으로 장식하였으며 은으로 장식한 흉벽에는 기둥은 은으로 장식하였고 난간과 난간동자는 황금으로 장식하였다.

그러자 왕에게 '나는 담마 연못에 연꽃들을 자라게 해야겠다. 사시사철 피는 청련, 홍련, 자련, 백련을 심어 모든 사람에게 개방해야겠다.'라는 생각이 들었다. 그래서 왕은 그 연못에 연꽃들을 자라게 하였다. 사시사철 피는 청련, 홍련, 자련, 백련을 심어 모든 사람에게 개방하였다. 그리고 왕에게 '나는 담마 연못의 둑에 목욕관리자를 두어야겠다. 그래서 여기에 오는 사람들이 목욕할 수 있게 해야겠다.'라는 생각이 들었다. 그래서 왕은 연못의 둑에 목욕관리자를 두어서 오는 사람들이 목욕할 수 있게 하였다.

그러자 왕에게 '나는 담마 연못의 둑에 갖가지 보시를 베푸는 곳을 개설해야겠다. 음식을 원하는 자에게는 음식을 베풀고, 물을 원하는 자에게는 물을 베풀고, 옷을 원하는 자에게는 옷을 베풀고, 탈것을 원하는 자에게는 탈것을 베풀고, 잘 곳을 원하는 자에게는 잘 곳을 베풀고, 배필을 원하는 자에게는 원하는 배필을 얻을 수 있도록 하고, 금화를 원하는 자에게는 금화를 베풀고, 황금을 원하는 자에게는 황금을 베풀도록 하리라.'라는 생각이 들었다. 그래서 왕은 연못의 둑에 이러한 보시를 베푸는 곳을 개설하여 음식을 원하는 자에게는 음식을 베풀고, 물을 원하는 자에게는 물을 베풀고, 옷을 원하는 자에게는 옷을 베풀고, 탈것을 원하는 자에게는 탈것을 베풀고, 잘 곳을 원하는 자에게는 잘 곳을 베풀고, 배필을 원하는 자에게는 원하는 배필을 얻을 수 있도록 하고, 금화를 원하는 자에게는 금화를 베풀고, 황금을 원하는 자에게는 황금을 베풀었다.

담마 궁전이 완성되자 눈이 부셔서 쳐다보기가 어려웠다. 마치 우기철의 마지막 달인 가을에 하늘이 청명하고 구름 한 점 없을 때 태양이 창공에 떠오르면 눈이 부셔서 쳐다보기 어려운 것처럼 담마 궁전도 눈이 부셔서 쳐다보기가 어려웠다. 담마 궁전이 완성되고 담마 연못이 완성되자 왕은 사문과 브라만들을 초청하여 그 당시에 사문이었던 자들에게는 사문으로서의 존경을 표시하고 브라만들에게는 브라만으로서의 존경을 표시하여 그들이 원하는 모든 것을 충족하게 한 뒤 담마 궁전에 올랐다.

명상을 닦음 그때 왕에게 '나는 무슨 업의 결실과 무슨 업의 과보로 지금 이런 크나큰 번영과 크나큰 위세를 가지게 되었을까?'라는 생각이 들었다. 그러자 왕에게 '나는 세 가지 업의 결실과 세 가지 업의 과보로 지금 이런 크나큰 번영과 크나큰 위세를 가지게 되었으니 그것은 보시와 선법의 길들임과 불선법의 제어이다.'라는 생각이 들었다. 이러한 생각이 들자 왕은 대장엄 중각강당으로 갔다. 대장엄 중각강당의 문 앞에 서서 '탐욕의 생각이여! 멈추어라. 성냄의 생각이여! 멈추어라. 어리석음의 생각이여! 멈추어라. 탐욕의 생각이여! 이만하면 되었다. 성냄의 생각이여! 이만하면 되었다. 어리석음의 생각이여! 이만하면 되었다. 탐욕의 말이여! 멈추어라. 성냄의 말이여! 멈추어라. 어리석음의 말이여! 멈추어라. 탐욕의 말이여! 이만하면 되었다. 성냄의 말이여! 이만하면 되었다. 어리석음의 말이여! 이만하면 되었다. 탐욕의 행동이여! 멈추어라. 성냄의 행동이여! 멈추어라. 어리석음의 행동이여! 멈추어라. 탐욕의 행동이여! 이만하면 되었다. 성냄의 행동이여! 이만하면 되었다. 어리석음의 행동이여! 이만하면 되었다.'라고 감흥어를 읊었다. 그러자 왕은 대장엄 중각강당에 들어간 뒤 황금으로 된 침상에 바로 앉아 명상하며 머물렀다.

임종과 수밧다 왕비 여러 해가 지나고 여러 백 년이 지나고 여러 천 년이 지난 어느 날 수밧다 왕비는 네 무리의 군대와 여인들과 더불어 담마 궁전으로 갔다. 담마 궁전에 올라가서 대장엄 중각강당으로 다가가 대장엄 중각강당 문 앞의 큰 기둥 사이에 이르렀다. 그때 왕은 전갈을 받고서는 왕비에게 "왕비여, 그곳에 계시오. 대장엄 중각강당 안으로 들어오지 마시오."라고 말하였다. 그리고 왕은 시중을 불러서 말하였다. "여봐라, 이리 오너라. 대장엄 중각강당 안에 있는 황금 침상을 가져다가 대장엄 중각강당 문 앞의 황금으로 장식한 야자나무 숲에 자리를 마련하여라." "그렇게 하겠습니다, 폐하."라고 시중은 대답한 뒤 대장엄 중각강당 안에 있는 황금 침상을 가져다가 대장엄 중각강당 문 앞의 황금으로 장식한 야자나무 숲에 자리를 마련하였다. 그러자 왕은 황금 침상에 올라 발로써 발을 포개고 오른쪽 옆구리를 침상에 대고 사자처럼 누웠다. 그런 후 왕비를 가까이 들게 하였다. 황금 침상으로 가까이 다가온 왕비에게 '왕의 얼굴은 기쁨과 행복으로 가득하고 눈은 영롱하고 밝으며 피부는 청정하고 빛이 난다. 그러니 참으로 왕께서 임종하지 마시도록 해야겠다.'라는 생각이 들었다. 그래서 왕비는 왕에게 이렇게 말하였다.

"폐하, 폐하께는 8만 4천의 도시가 있나니 그중에 수도 꾸사와띠가 최상입니다. 여기에 대한 의욕을 내십시오. 삶에 대한 애착을 지니십시오. 폐하, 폐하께는 8만 4천의 궁전이 있나니 그중에 담마 궁전이 최상입니다. 여기에 대한 의욕을 내십시오. 삶에 대한 애착을 지니십시오. 폐하, 폐하께는 8만 4천의 중각강당이 있나니 그중에 대장엄 중각강당이 최상입니다. 여기에 대한 의욕을 내십시오. 삶에 대한 애착을 지니십시오. 폐하, 폐하께는 8만 4천의 침상이 있나니 그중에 여기 황금 침상이 최상입니다. 여기에 대한 의욕을 내십시오. 삶에 대한 애착을 지니십시오. 폐하, 폐하께는 8만 4천의 코끼리가 있나니 그중에 황금으로 장식하고 황금 깃발을 가지고 황금의 그물로 덮여 있는 우뽀사타 코끼리 왕이 최상입니다. 여기에 대한 의욕을 내십시오. 삶에 대한 애착을 지니십시오. 폐하, 폐하께는 8만 4천의 말이 있나니 그중에 황금으로 장식하고 황금 깃발을 가지고 황금의 그물로 덮여 있는 왈라하까 말의 왕이 최상입니다. 여기에 대한 의욕을 내십시오. 삶에 대한 애착을 지니십시오. 폐하, 폐하께는 8만 4천의 마차가 있나니 그중에 황금으로 장식하고 황금 깃발을 가지고 황금의 그물로 덮여 있는 웨자얀따 마차가 최상입니다. 여기에 대한 의욕을 내십시오. 삶에 대한 애착을 지니십시오. 폐하, 폐하께는 8만 4천의 보배가 있나니 그중에 보배보가 최상입니다. 여기에 대한 의욕을 내십시오. 삶에 대한 애착을 지니십시오. 폐하, 폐하께는 8만 4천의 여인들이 있나니 그중에 여인보가 최상입니다. 여기에 대한 의욕을 내십시오. 삶에 대한 애착을 지니십시오. 폐하, 폐하께는 8만 4천의 장자가 있나니 그중에 장자보가 최상입니다. 여기에 대한 의욕을 내십시오. 삶에 대한 애착을 지니십시오. 폐하, 폐하께는 8만 4천의 카띠야 가신들이 있나니 그중에 주장신보가 최상입니다. 여기에 대한 의욕을 내십시오. 삶에 대한 애착을 지니십시오. 폐하, 폐하께는 8만 4천의 암소들이 있나니 그중에 황금으로 장식하고 은으로 만든 우유통을 가진 암소가 최상입니다. 여기에 대한 의욕을 내십시오. 삶에 대한 애착을 지니십시오. 폐하, 폐하께는 8만 4천의 옷이 있나니 그중에 금실로 수놓고 섬세한 비단으로 만든 최상의 옷들이 있습니다. 여기에 대한 의욕을 내십시오. 삶에 대한 애착을 지니십시오. 폐하, 폐하께는 8만 4천의 요리가 있나니 그중에 저녁이나 아침이나 드실 수 있는 최상의 요리가 있습니다. 여기에 대한 의욕을 내십시오. 삶에 대한 애착을 지니십시오."

왕비가 이렇게 말하자 왕은 말하였다. "왕비여, 그대는 오랜 세월 짐이 원하고 좋아하고 마음에 들게 말을 하였습니다. 그런데 그대는 짐의 마지막 임종 시간에 짐이 원하지 않고 좋아하지 않고 마음에 들지 않게 말을 합니다." 왕비가 말하였다. "폐하, 그러면 제가 어떻게 말씀을 드려야 합니까?" 왕이 대답하였다. "왕비여, 그대는 짐에게 이렇게 말하시오. '폐하, 사랑스럽고 마음에 드는 모든 것과는 헤어지기 마련이고 없어지기 마련이고 변화하기 마련입니다. 폐하, 그러하니 폐하께서는 애착을 지니고 임종하지 마십시오. 애착을 지니고 임종하는 것은 괴로움입니다. 애착을 지니고 임종하는 것은 비난받게 됩니다. 폐하, 폐하께는 8만 4천의 도시가 있나니 그중에 수도 꾸사와띠가 최상입니다. 여기뿐만 아니라 모든 도시에 대한 의욕을 버리십시오. 삶에 대한 애착을 지니지 마십시오. 폐하, 폐하께는 8만 4천의 궁전이 있나니 그중에 담마 궁전이 최상입니다. 여기뿐만 아니라 모든 궁전에 대한 의욕을 버리십시오. 삶에 대한 애착을 지니지 마십시오. 폐하, 폐하께는 8만 4천의 중각강당이 있나니 그중에 대장엄 중각강당이 최상입니다. 여기뿐만 아니라 모든 중각강당에 대한 의욕을 버리십시오. 삶에 대한 애착을 지니지 마십시오. 폐하, 폐하께는 8만 4천의 침상이 있나니 그중에 여기 황금 침상이 최상입니다. 여기뿐만 아니라 모든 침상에 대한 의욕을 버리십시오. 삶에 대한 애착을 지니지 마십시오. 폐하, 폐하께는 8만 4천의 코끼리가 있나니 그중에 황금으로 장식하고 황금 깃발을 가지고 황금의 그물로 덮여 있는 우뽀사타 코끼리 왕이 최상입니다. 여기뿐만 아니라 모든 코끼리에 대한 의욕을 버리십시오. 삶에 대한 애착을 지니지 마십시오. 폐하, 폐하께는 8만 4천의 말이 있나니 그중에 황금으로 장식하고 황금 깃발을 가지고 황금의 그물로 덮여 있는 왈라

하까 말의 왕이 최상입니다. 여기뿐만 아니라 모든 말에 대한 의욕을 버리십시오. 삶에 대한 애착을 지니지 마십시오. 폐하, 폐하께는 8만 4천의 마차가 있나니 그중에 황금으로 장식하고 황금 깃발을 가지고 황금의 그물로 덮여 있는 웨자얀따 마차가 최상입니다. 여기뿐만 아니라 모든 마차에 대한 의욕을 버리십시오. 삶에 대한 애착을 지니지 마십시오. 폐하, 폐하께는 8만 4천의 보배가 있나니 그중에 보배보가 최상입니다. 여기뿐만 아니라 모든 보배에 대한 의욕을 버리십시오. 삶에 대한 애착을 지니지 마십시오. 폐하, 폐하께는 8만 4천의 여인들이 있나니 그중에 여인보가 최상입니다. 여기뿐만 아니라 모든 여인에 대한 의욕을 버리십시오. 삶에 대한 애착을 지니지 마십시오. 폐하, 폐하께는 8만 4천의 장자가 있나니 그중에 장자보가 최상입니다. 여기뿐만 아니라 모든 장자에 대한 의욕을 버리십시오. 삶에 대한 애착을 지니지 마십시오. 폐하, 폐하께는 8만 4천의 카띠야 가신들이 있나니 그중에 주장신보가 최상입니다. 여기뿐만 아니라 모든 카띠야 가신에 대한 의욕을 버리십시오. 삶에 대한 애착을 지니지 마십시오. 폐하, 폐하께는 8만 4천의 암소들이 있나니 그중에 황금으로 장식하고 은으로 만든 우유통을 가진 암소가 최상입니다. 여기뿐만 아니라 모든 암소에 대한 의욕을 버리십시오. 삶에 대한 애착을 지니지 마십시오. 폐하, 폐하께는 8만 4천의 옷이 있나니 그중에 금실로 수놓고 섬세한 비단으로 만든 최상의 옷들이 있습니다. 여기뿐만 아니라 모든 옷에 대한 의욕을 버리십시오. 삶에 대한 애착을 지니지 마십시오. 폐하, 폐하께는 8만 4천의 요리가 있나니 그중에 저녁이나 아침이나 드실 수 있는 최상의 요리가 있습니다. 여기뿐만 아니라 모든 요리에 대한 의욕을 버리십시오. 삶에 대한 애착을 지니지 마십시오.'라고 짐에게 말하시오."

이렇게 말하자 왕비는 울면서 눈물을 흘렸다. 울음을 멈추고 눈물을 닦은 뒤 왕비는 왕의 마지막 임종 시간에 왕이 원하고 좋아하고 마음에 들게 하는 말로 왕에게 말하였다. 그러자 왕은 오래 지나지 않아 임종하였다. 마치 장자나 장자의 아들이 맛있는 음식을 먹고 난 뒤에 식곤증이 생기듯 왕에게 그와 같은 임종의 느낌이 있었다. 왕은 재가자로서 담마 궁전에서 몸이 무너져 죽음에 이르기까지 명상을 닦았다.

아난다여, 아마 그대는 '그때의 마하수닷사나 왕은 다른 사람이었을 것이다.'라고 생각할지도 모른다. 그러나 그것을 그렇게 여겨서는 안 된다. 그때의 마하수닷사나 왕은 바로 나였다.DN17

4 출가하여 큰 회상을 이루는 전생

마하고윈다 옛적에 디삼빠띠라는 왕이 있었는데 그에게는 레누 왕자가 있었다. 왕에게는 고윈다라는 브라만 궁중 제관이 있었는데 그에게는 조띠빨라라는 아들이 있었다. 레누 왕자와 조띠빨라 브라만 학도와 다른 여섯 명의 카띠야를 합하여 여덟은 동무가 되었다. 많은 세월이 지난 어느 날 고윈다 브라만이 임종하게 되자 왕은 '오, 참으로 짐은 고윈다 브라만에게 모든 업무를 위임한 뒤 다섯 가닥의 감각적 욕망을 고루 즐기고 싶었는데, 바로 이때 그가 임종하였구나.'라고 하면서 크게 슬퍼하였다. 이 말을 들은 레누 왕자는 이렇게 말하였다. "폐하, 폐하께서는 고윈다 브라만이 임종하였다고 해서 너무 크게 슬퍼하지 마십시오. 폐하, 고윈다 브라만에게는 조띠빨라라는 아들이 있습니다. 그 아들은 아버지보다 더 현명하고 일을 보는 눈이 더 뛰어납니다. 그러니 폐하께서 그의 아버지에게 맡겼던 업무를 모두 조띠빨라에게 맡겨 보십시오." 왕이 물었다. "참으로 그러한가, 왕자여?"왕자는 대답하였다. "참으로 그러합니다. 폐하."

그러자 왕은 시중을 불러서 말하였다. "여봐라. 이리 오너라. 그대는 조띠빨라에게 가서 그에게 '조띠빨라 존자는 잘 지내십니까? 디삼빠띠 왕이 조띠빨라 브라만 학도를 부르십니다. 디삼빠띠 왕은 조띠빨라 브라만 학도를 보고자 합니다.'라고 말을 전하라." "그렇게 하겠습니다, 폐하."라고 그는 대답한 뒤 조띠빨라 브라만 학도에게 가서 이렇게 말하였다. "조띠빨라 존자는 잘 지내십니까? 디삼빠띠 왕이 조띠빨라 브라만 학도를 부르십니다. 디삼빠띠 왕은 조띠빨라 브라만 학도를 보고자 합니다." "그렇게 하겠습니다, 존자여."라고 조띠빨라는 대답한 뒤 디삼빠띠 왕을 뵈러 대궐을 향하였다. 입궁하여 디삼빠띠 왕과 함께 환담하였다. 유쾌하고 기억할 만한 이야기로 담소를 한 뒤 한 곁에 앉은 조띠빨라에게 왕은 이렇게 말하였다. "조띠빨라 존자여, 우리의 업무를 맡아주시오. 조띠빨라 존자는 우리의 청을 거절하지 마시오. 그대의 부친께서 맡았던 자리를 그대가 맡아주시오. 고윈다의 자리에 그대를 임명하려 하오." "그렇게 하겠습니다, 폐하."라고 조띠빨라는 대답하였다.

그러자 왕은 조띠빨라를 고윈다의 자리에 임명하였다. 조띠빨라는 고윈다의 자리에 임명되어 아버지의 자리에 앉아 아버지가 보던 업무를 그대로 보았고 아버지가 보지 않던 업무는 그도 보지 않았으며, 아버지가 하던 일을 그대로 완수하였고 아버지가 하지 않은 일은 그도 하지 않았다. 이러한 그를 두고 사람들은 "오, 참으로 이 브라만 학도는 고윈다로다. 오, 참으로 이 브라만 학도는 마하고윈다로다."라고 말하였다. 이러한 연유로 조띠빨라 브라만 학도는 마하고윈다라는 이름을 가지게 되었다.

일곱 왕국의 업무 어느 때 마하고윈다는 여섯 카띠야에게 가서 이렇게 말하였다. "존자들이여, 디삼빠띠 왕은 긴 세월을 보내서 늙고 나이 들고 노후하고 노쇠합니다. 존자들이여, 어느 누가 사람 목숨의 일에 대해서 알겠습니까? 왕께서 임종하면 왕을 추대하는 자들이 레누 왕자를 왕위에 관정하는 경우가 생길 것입니다. 존자들은 레누 왕자에게 가십시오. 그리고 레누 왕자에게 '우리는 레누 왕자의 사랑스럽고 마음에 들고 거스르지 않는 동무들입니다. 우리는 왕자와 더불어 행복과 괴로움을 함께 합니다. 존자여, 디삼빠띠 왕은 긴 세월을 보내서 늙고 나이 들고 노후하고 노쇠합니다. 존자여, 어느 누가 사람 목숨의 일에 대해서 알겠습니까? 만약 디삼빠띠 왕께서 임종하시면 왕을 추대하는 자들이 레누 존자를 왕위에 관정하는 경우가 생길 것입니다. 만일 레누 존자가 왕위를 얻으면 우리에게도 나누어 주십시오.'라고 말하십시오." "그렇게 하겠습니다, 존자여."라고 여섯 카띠야는 마하고윈다에게 대답한 뒤 레누 왕자에게 다가가 말하였다.

"우리는 레누 왕자의 사랑스럽고 마음에 들고 거스르지 않는 동무들입니다. 우리는 왕자와 더불어 행복과 괴로움을 함께 합니다. 존자여, 디삼빠띠 왕은 긴 세월을 보내서 늙고 나이 들고 노후하고 노쇠합니다. 존자여, 어느 누가 사람 목숨의 일에 대해서 알겠습니까? 만약 디삼빠띠 왕께서 임종하시면 왕을 추대하는 자들이 레누 존자를 왕위에 관정하는 경우가 생길 것입니다. 만일 레누 존자가 왕위를 얻으면 우리에게도 나누어 주십시오." 그러자 왕자가 말하였다. "존자들이여, 나의 영토에서 그대들 말고 어떤 다른 행복이 있겠습니까? 존자들이여, 만일 내가 왕위를 얻으면 그대들에게도 나누어 주겠습니다."

세월이 흘러 어느 때 왕은 임종하였다. 왕이 임종하자 왕을 추대하는 자들은 레누 왕자를 왕위에 추대하는 관정식을 거행하였다. 왕위에 오른 레누는 다섯 가닥의 감각적 욕망에 빠지고 사로잡혀 지냈다. 그러자 마하고윈다는 그들 여섯 카띠야에게 가서 이렇게 말하였다. "존자들이여, 디삼빠띠 왕께서 임종하셨습니다. 왕위에 오른 레누 왕은 다섯 가닥의 감각적 욕망에 빠지고 사로잡혀 지냅니다. 존자들이여, 누가 알겠습니까? 감각적 욕망이란 취하기 마련인 것입니다. 존자들은 레누 왕에게 가십시오. 그리고 레누 왕에게 '폐하, 디삼빠띠 왕께서 임종하셨고 레누 존자는 왕위에 추대되었습니다. 폐하는 전에 하신 말씀을 기억하십니까?'라고 말하십시오." "그렇게 하겠습니다, 존자여."라고 여섯 카띠야는 대답한 뒤 레누 왕에게 다가가 이렇게 말하였다. "폐하, 디삼빠띠 왕께서 임종하셨고 레누 존자는 왕위에 추대되었습니다. 폐하는 전에 하신 말씀을 기억하십니까?" 왕은 대답하였다. "존자들이여, 나는 기억하고 있습니다. 존자들이여, 그러면 북쪽은 넓고 남쪽은 수레의 앞쪽처럼 좁은 이 영토를 누가 일곱 등분으로 공평하게 잘 나눌 수 있겠습니까?"

그러자 레누 왕은 시중을 불러서 말하였다. "여봐라, 이리 오너라. 그대는 마하고윈다 브라만에게 가라. 그리고 마하고윈다 브라만에게 이렇게 말하라. '존자여, 레누 왕이 그대를 부르십니다.'라고 전하라." "그렇게 하겠습니다, 폐하."라고 대답한 뒤 마하고윈다에게 가서 말하였다. "존자여,

레누 왕이 그대를 부르십니다.” “알겠습니다, 존자여.”라고 마하고윈다는 대답한 뒤 레누 왕을 뵈러 갔다. 그리고 레누 왕과 함께 환담하였다. 유쾌하고 기억할 만한 이야기로 담소를 한 뒤 한 곁에 앉은 마하고윈다에게 레누 왕은 이렇게 말하였다. “오십시오, 고윈다 존자여. 북쪽은 넓고 남쪽은 수레의 앞쪽처럼 좁은 이 영토를 일곱 등분으로 공평하게 잘 나누어 보십시오.” “그렇게 하겠습니다, 폐하.”라고 대답한 뒤 북쪽은 넓고 남쪽은 수레의 앞쪽처럼 좁은 영토를 일곱 등분으로 공평하게 잘 나누었다. 일곱으로 나눈 영토의 중앙에는 레누 왕의 영토가 위치하였으며 나머지 여섯 영토는 중앙의 영토를 공평하게 둘러싸고 있었다. 일곱 개의 큰 도시를 각 영토에 하나씩 배분하였는데 단따뿌라는 깔링가들에게, 뽀따까는 앗사까들에게, 마힛사띠는 아완띠들에게, 로루까는 소위라들에게, 미틸라는 위데하들에게, 짬빠는 앙가들에게, 와라나시는 까시들에게 배분하였다. 그러자 여섯 카띠야는 ‘참으로 우리가 원하고 바라고 지향하고 얻으려고 애쓰던 것을 우리는 얻었구나.’라고 그들 각자가 얻은 것에 마음이 흡족하였으며 그들에게 배정된 영토를 다스리는 왕이 되었다. 그리하여 바라따의 일곱 명의 왕들은 레누, 삿따부, 브라흐마닷따, 웻사부, 바라따, 두 명의 다따랏타였다. 그러자 여섯 카띠야는 마하고윈다에게 다가가 이렇게 말하였다. “고윈다 존자는 레누 왕의 사랑스럽고 마음에 들고 거스르지 않는 동무입니다. 그와 같이 고윈다 존자는 우리들의 사랑스럽고 마음에 들고 거스르지 않는 동무입니다. 고윈다 존자는 우리의 업무를 맡아 주십시오. 고윈다 존자는 우리의 청을 거절하지 마십시오.” “그렇게 하겠습니다, 존자들이여.”라고 마하고윈다는 여섯 명의 카띠야에게 대답하였다. 그러자 마하고윈다는 일곱 명의 관정식을 거친 카띠야 왕들이 다스리는 왕국의 업무를 맡았다. 그는 일곱 명의 뛰어난 브라만들과 7백 명의 기본과정을 마친 자들을 가르쳐 일곱 왕국의 업무를 수행하도록 하였다.

우기철 안거 마하고윈다에게는 ‘마하고윈다 브라만은 범천을 눈으로 보고 범천과 토론하고 이야기하고 상의한다.’라는 좋은 명성이 점차 퍼졌다. 이러한 풍문을 들은 마하고윈다에게 이런 생각이 들었다. '마하고윈다 브라만은 범천을 보고 범천과 토론하고 이야기하고 상의한다.'라는 나에 대한 좋은 명성이 퍼졌다. 그러나 나는 범천을 보지도 못하고 범천과 토론하지도 못하고 이야기하지도 못하고 상의하지도 못한다. 그러나 나는 늙고 나이 든 스승들의 오랜 전통을 전수한 브라만들이 '우기철 넉 달 동안 홀로 앉아 명상을 닦는 자는 범천을 보고 범천과 토론하고 이야기하고 상의하게 된다.'라고 말하는 것을 들었다. 그러니 나는 우기철 넉 달 동안 홀로 명상을 닦으리라.'

마하고윈다는 레누 왕에게 다가가 이렇게 말하였다. "폐하, '마하고윈다 브라만은 범천을 보고 범천과 토론하고 이야기하고 상의한다.'라는 저에 대한 좋은 명성이 퍼졌습니다. 폐하, 그러나 저는 범천을 보지도 못하고 범천과 토론하지도 못하고 이야기하지도 못하고 상의하지도 못합니다. 그러나 저는 늙고 나이 든 스승들의 오랜 전통을 전수한 브라만들이 '우기철 넉 달 동안 홀로 앉아 명상을 닦는 자는 범천을 보고 범천과 토론하고 이야기하고 상의하게 된다.'라고 말하는 것을 들었습니다. 폐하, 그러니 저는 우기철 넉 달 동안 홀로 명상을 닦고자 합니다. 음식을 가져다주는 한 사람 외에는 아무도 저에게 접근하지 못할 것입니다." "고윈다 존자가 적당하다고 생각하는 대로 하십시오."라고 레누 왕은 말하였다. 그러자 마하고윈다는 여섯 카띠야에게 갔다. 그리고 레누 왕에게 말한 것과 마찬가지로 여섯 카띠야에게 그렇게 말하였다. 그들도 레누 왕처럼 마하고윈다에게 말하였다. 그러자 마하고윈다는 일곱 명의 뛰어난 브라만들과 7백 명의 기본과정을 마친 자들에게 갔다. 그리고 레누 왕과 여섯 카띠야에게 말한 것과 마찬가지로 일곱 명의 뛰어난 브라만들과 7백 명의 기본과정을 마친 자들에게 그렇게 말하였다. 그들도 레누 왕과 여섯 카띠야처럼 마하고윈다에게 말하였다. 그러자 마하고윈다는 40명의 동등한 위치에 있는 아내들에게 갔다. 그리고 레누 왕과 여섯 카띠야에게 말한 것과 마찬가지로 40명의 동등한 위치에 있는 아내들에게 그렇게 말하였다. 그들도 레누 왕과 여섯 카띠야처럼 마하고윈다에게 말하였다.

마하고윈다는 도시의 동쪽에 새 공회당을 짓게 하고 우기철 넉 달 동안 홀로 앉아 명상을 닦았다. 음식을 가져다주는 한 사람 외에는 아무도 그에게 접근하지 못하였다. 그와 같이 마하고윈다는 우기철 넉 달 동안 홀로 앉아 명상을 닦았지만 만족하지 못하였고 피곤하기만 하였다. 마하고윈다는 '나는 늙고 나이 든 스승들의 오랜 전통을 전수한 브라만들이 '우기철 넉 달 동안 홀로 앉아 명상을 닦는 자는 범천을 보고 범천과 토론하고 이야기하고 상의하게 된다.'라고 말하는 것을 들었다. 그러나 나는 우기철 넉 달 동안 홀로 앉아 명상을 닦았으나 범천을 보지도 못하고 범천과 토론하지도 못하고 이야기하지도 못하고 상의하지도 못한다.'라고 생각하였다.

범천의 가르침 범천 사낭꾸마라는 마하고윈다의 마음에 일어난 생각을 마음으로 알고 마치 힘센 자가 오므렸던 팔을 펴고 편 팔을 오므리듯이 그와 같이 범천의 세상에서 사라져서 마하고윈다 앞에 나타났다. 마하고윈다는 전에 보지 못한 모습을 보자 두려움이 생겼고 공포가 생겼고 털이 곤두섰다. 마하고윈다는 두렵고 공포에 질려 털이 곤두선 채 게송으로 말하였고 범천 사낭꾸마라도 게송으로 대답하였다.

존자시여,
전에 보지 못한 훌륭한 용모를 갖추신
당신은 누구십니까?
당신을 모르기에 묻습니다.
당신을 누구라고 알아야 합니까?

나는 사낭꾸마라라고 하오.
범천의 세상에서는
모두 그렇게 안다오.
모든 신들도 나를 그렇게 아나니

고윈다여, 그대도 그렇게 아시오.

사낭꾸마라 범천이시여,
앉을 자리와 발 씻을 물과
꿀 과자를 시물로 올립니다.
존자께 여쭙고자 하나니
저의 시물을 받아 주십시오.

고윈다여,
그대의 시물을 섭수하겠소.
기회를 주리니 그대는 말하시오.
현생의 이익과 내생의 행복을 위해서
그대가 원하는 것은 무엇이든 물어보시오.

그러자 마하고윈다에게 이런 생각이 들었다. '범천 사낭꾸마라는 나에게 질문을 허락하셨다. 나는 현생의 이익을 물어볼 것인가 아니면 내생의 이익을 물어볼 것인가?' 그러자 마하고윈다에게 다시 이런 생각이 들었다. '나는 현생의 이익에 관해서는 능숙하다. 남들도 나에게 현생의 이익에 관해서 묻는다. 그러니 나는 범천 사낭꾸마라에게 내생의 이익에 관해서 물어보리라.'

인간의 질문에 대해 막힘이 없으신 분
범천 사낭꾸마라께
질문을 여쭙습니다.
무엇을 의지하고 무엇을 공부해야
죽기 마련인 인간은
범천의 세상을 얻게 됩니까?

인간 세상에 있으면서
성행위를 삼가고
나와 나의 것이라는 애착을 버린 뒤
세속의 비린내를 없애고
홀로 명상을 닦아 명상에 확고부동하는 것
이것을 의지하고 이것을 공부해야
죽기 마련인 인간은
범천의 세상을 얻게 되는 것이오.

마하고윈다는 이어서 질문하였다. "범천이시여, '성행위를 삼가고 나와 나의 것이라는 애착을 버리는' 것을 저는 잘 알겠습니다. 여기 어떤 자가 재물이나 재산이 적든 많든 간에 모두 다 버리고 부모 형제와 일가친척들 그리고 친지와 측근들이 적든 많든 간에 모두 다 버린 뒤 머리와 수염을 깎고 물들인 옷을 입고 집을 떠나 출가하는 것입니다. 이같이 '성행위를 삼가고 나와 나의 것이라는 애착을 버리는' 것을 저는 잘 알겠습니다. 범천이시여, 그러나 '홀로 명상을 닦아 명상에 확고부동하는 것'을 저는 잘 알지 못합니다. 이것을 알지 못하여 저는 여쭙습니다." "고윈다 존자여, 여기 세상을 버리고 출가하여 세상에 대한 탐욕과 싫어함을 버리고 초연하게 지내는 자는 숲속이나 나무 아래 또는 외진 처소에서 바르게 앉아 상체를 곧추세우고 명상을 확립하되, 이것을 열심히 하여 끊임없이 지속시키면서 머뭅니다. 이것이 '홀로 명상을 닦아 명상에 확고부동하는 것'입니다." 그리고 마하고윈다는 '세속의 비린내'를 게송으로 물었고 범천은 게송으로 대답하였다.

범천 사낭꾸마라시여,
인간세상에 있으면서
세속의 비린내란 무엇입니까?
지자시여

이것을 알지 못하여 저는 여쭙니다.
어떤 오염원의 장막에 가리어
인간들은 비린 냄새를 내뿜으며
범천의 세상으로부터 멀어지게 됩니까?

탐욕, 성냄, 어리석음,
분노, 악의, 의심,
모욕하거나 얕보는 것, 질투나 인색,
속임수나 사기, 완고하거나 뻔뻔스러움,
자만이나 거만, 허영이나 방일
이런 것에 빠지면
세속의 비린내를 없애지 못하여
범천의 세상으로부터 멀어지게 되고
필연코 지옥에 떨어지게 된다오.

마하고윈다는 이어서 말하였다. "범천께서 말씀하시는 세속의 비린내에 대하여 제가 이해하기로는 세속에 머물면서 세속의 비린내를 몰아내기란 쉽지 않겠습니다만 세속을 떠나 세속의 비린내를 몰아내는 것은 어렵지 않겠습니다. 저는 세속과 집을 떠나 출가하려 합니다." 범천 사낭꾸마라는 말하였다. "고윈다 존자가 적당하다고 생각하는 대로 하시오."

출가와 큰 회상 그러자 마하고윈다는 ①레누 왕에게 다가가 이렇게 말하였다. "이제 폐하께서는 폐하의 왕국의 업무를 맡을 다른 궁중 제관을 찾으십시오. 저는 집을 떠나 출가하려 합니다. 범천께서 말씀하시는 세속의 비린내에 대하여 제가 이해하기로는 세속에 머물면서 세속의 비린내를 몰아내기란 쉽지 않겠습니다만 세속을 떠나 세속의 비린내를 몰아내는 것은 어렵지 않겠습니다. 저는 세속과 집을 떠나 출가하려 합니다." 그리고 마하고윈다는 게송으로 말하였고 레누 왕도 게송으로 응답하였다.

대지의 주인인 레누 왕에게 아뢰오니
폐하의 왕국의 업무를 맡을
다른 궁중 제관을 찾으십시오.
저는 이제 궁중 제관을
그만두려고 합니다.

만일 그대에게 부족한 것이 있다면
대지의 주인인 내가
그 부족함을 채워줄 것이오.
만일 그대를 해치려는 자가 있다면
대지의 대장군인 내가
그대를 보호하겠소.
그대는 나의 아버지이고
나는 그대의 아들처럼
그대를 보호하고 충족하게 하겠소.
고윈다여,
그대는 나를 떠나지 마시오.

폐하께서 채워줄 수 있는 것에는
저에게 부족함이 없으며
저를 해치려는 자도 없습니다.
범천의 말씀을 들은 뒤로부터
저는 세속의 삶에 관심이 없어졌습니다.

범천이라니
그 범천은
어떤 용모를 가졌으며
그대에게 무슨 말씀을 하셨습니까?

도대체 그 범천은
무슨 말씀을 하셨기에
범천의 말씀을 들은 뒤
그대는
그대의 집도 나도
모두 버리려고 하는 것이요?

저는 우기철 안거를 지내기 전에는
제사를 지내던 자로서
불을 피웠고
꾸샤풀을 뿌렸습니다.
우기철 안거를 마칠 무렵
범천의 세상에서
사낭꾸마라 범천께서 나타나셨습니다.
저는 범천께 질문하였고
범천께서는
범천의 세상을 얻는 가르침을
설명하셨나니
그것을 듣고
인간세상의 삶에 관심이 없어졌습니다.

존자시여,
당신이 말씀하신 것에 대해서
나는 존자를 믿습니다.
범천의 말씀을 들은 뒤
어찌 다른 뜻이 있을 수 있겠습니까.
그러한 우리는
당신을 따를 것입니다.

고윈다여,
존자는 우리의 스승이십니다.
마치 녹주석의 보석이
깨끗하고 때가 없고 청정하듯이
그와 같이
깨끗하고 때가 없고 청정한
고윈다 존자의 가르침을
우리는 따를 것입니다.
만일
고윈다 존자께서
집을 떠나 출가한다면
나도
집을 떠나 출가할 것입니다.
존자께서 가는 곳은
바로
우리가 가는 곳이 될 것입니다.

그리고 마하고윈다는 ②여섯 카띠야에게 다가가 이렇게 말하였다. "이제 존자들께서는 존자들 왕국의 업무를 맡을 다른 궁중 제관을 찾으십시오. 저는 집을 떠나 출가하려 합니다. 범천께서 말씀하시는 세속의 비린내에 대하여 제가 이해하기로는 세속에 머물면서 세속의 비린내를 몰아내기란 쉽지 않겠습니다만 세속을 떠나 세속의 비린내를 몰아내는 것은 어렵지 않겠습니다. 저는 세속과 집을 떠나 출가하려 합니다." 그러자 여섯 카띠야는 한 곁으로 모여 이같이 의논하였다. '브라만들은 재물에 욕심이 많다고 합니다. 그러니 우리는 마하고윈다를 재물로 길들입시다.' 그들은 마하고윈다에게 다가가 이렇게 말하였다. "존자여, 여기 여섯 왕국에는 수많은 재물이 있습니다. 그중에서 존자께서 원하는 만큼 가져가십시오." 마하고윈다는 이렇게 말하였다. "존자들이여, 저에게는 이미 존자들에게 받은 재물만 해도 넘쳐 나며 과분하게 많습니다. 저는 그러한 재물을 모두 버리고 집을 떠나 출가하려 합니다. 범천께서 말씀하시는 세속의 비린내에 대하여 제가 이해하기로는 세속에 머물면서 세속의 비린내를 몰아내기란 쉽지 않겠습니다만 세속을 떠나 세속의 비린내를 몰아내는 것은 어렵지 않겠습니다. 저는 세속과 집을 떠나 출가하려 합니다." 그러자 여섯 카띠야는 다시 한 곁으로 모여 이같이 의논하였다. '브라만들은 여인에 욕심이 많다고 합니다. 그러니 우리는 마하고윈다를 여인으로 길들입시다.' 그들은 마하고윈다에게 다가가 이렇게 말하였다. "존자여, 여기 여섯 왕국에는 아름다운 여인들이 있습니다. 그중에서 존자께서 원하는 여인들을 원하는 만큼 가져가십시오." 마하고윈다는 이렇게 말하였다. "존자들이여, 저에게는 이미 40명의 동등한 위치에 있는 아름다운 아내들이 있습니다. 저에게는 이러한 아내들만 해도 넘쳐 나며 과분하게 많습니다. 저는 이러한 아내들을 모두 버리고 집을 떠나 출가하려 합니다. 범천께서 말씀하시는 세속의 비린내에 대하여 제가 이해하기로는 세속에 머물면서 세속의 비린내를 몰아내기란 쉽지 않겠습니다만 세속을 떠나 세속의 비린내를 몰아내는 것은 어렵지 않겠습니다. 저는 세속과 집을 떠나 출가하려 합니다."

여섯 카띠야는 범천의 세상을 얻는 가르침을 마하고윈다에게 듣고 이렇게 말하였다. "만일 고윈다 존자께서 집을 떠나 출가한다면 우리도 집을 떠나 출가할 것입니다. 존자께서 가는 곳은 바로 우리가 가는 곳이 될 것입니다. 그렇지만 우리는 정리해야 할 일들이 많습니다. 그러니 고윈다 존자는 7년만 기다려 주십시오. 7년이 지나면 우리도 집을 떠나 존자와 함께 출가할 것입니다. 존자께서 가는 곳은 바로 우리가 가는 곳이 될 것입니다." 마하고윈다는 이렇게 말하였다. "존자들이여, 7년은 너무나 깁니다. 나는 그대들의 출가를 위하여 7년이나 기다릴 수 없습니다. 존자들이여, 어느 누가 사람 목숨의 일에 대해서 알겠습니까? 태어난 자 반드시 죽어야 합니다. 목숨이 붙어 있을 때 우리는 범천의 세상을 얻는 청정범행을 닦아야 합니다. 저는 인간세상의 일을 모두 버리고 집을 떠나 출가하려 합니다. 범천께서 말씀하시는 세속의 비린내에 대하여 제가 이해하기로는 세속에 머물면서 세속의 비린내를 몰아내기란 쉽지 않겠습니다만 세속을 떠나 세속의 비린내를 몰아내는 것은 어렵지 않겠습니다. 저는 세속과 집을 떠나 출가하려 합니다." 그러자 여섯 카띠야는 6년을 제안하였으나 마찬가지로 거절되자 다시 5년, 4년, 3년, 2년을 제안하였으나 마찬가지로 거절되자 다시 이렇게 말하였다. "그렇지만 우리는 정리해야 할 일들이 많습니다. 그러니 고윈다 존자는 1년만 기다려 주십시오. 1년이 지나면 우리도 집을 떠나 존자와 함께 출가할 것입니다. 존자께서 가는 곳은 바로 우리가 가는 곳이 될 것입니다." 마하고윈다는 이렇게 말하였다. "존자들이여, 1년은 너무나 깁니다. 나는 그대들의 출가를 위하여 1년이나 기다릴 수 없습니다. 존자들이여, 어느 누가 사람 목숨의 일에 대해서 알겠습니까? 태어난 자 반드시 죽어야 합니다. 목숨이 붙어 있을 때 우리는 범천의 세상을 얻는 청정범행을 닦아야 합니다. 저는 인간세상의 일을 모두 버리고 집을 떠나 출가하려 합니다. 범천께서 말씀하시는 세속의 비린내에 대하여 제가 이해하기로는 세속에 머물면서 세속의 비린내를 몰아내기란 쉽지 않겠습니다만 세속을 떠나 세속의 비린내를 몰아내는 것은 어렵지 않겠습니다. 저는 세속과 집을 떠나 출가하려 합니다."

그러자 여섯 카띠야는 다시 이렇게 말하였다. "그렇지만 우리는 정리해야 할 일들이 많습니다. 그러니 고윈다 존자는 7개월만 기다려 주십시오. 7개월이 지나면 우리도 집을 떠나 존자와 함께 출가할 것입니다. 존자께서 가는 곳은 바로 우리가 가는 곳이 될 것입니다." 마하고윈다는 이렇게 말하였다. "존자들이여, 7개월은 너무나 깁니다. 나는 그대들의 출가를 위하여 7개월이나 기다릴 수 없습니다. 존자들이여, 어느 누가 사람 목숨의 일에 대해서 알겠습니까? 태어난 자 반드시 죽어야 합니다. 목숨이 붙어 있을 때 우리는 범천의 세상을 얻는 청정범행을 닦아야 합니다. 저는 인간세상의 일을 모두 버리고 집을 떠나 출가하려 합니다. 범천께서 말씀하시는 세속의 비린내에 대하여 제가 이해하기로는 세속에 머물면서 세속의 비린내를 몰아내기란 쉽지 않겠습니다만 세속을 떠나 세속의 비린내를 몰아내는 것은 어렵지 않겠습니다. 저는 세속과 집을 떠나 출가하려 합니다." 그러자 여섯 카띠야는 6개월을 제안하였으나 마찬가지로 거절되자 다시 5개월, 4개월, 3개월, 2개월, 1개월을 제안하였으나 마찬가지로 거절되자 다시 이렇게 말하였다. "그렇지만 우리는 정리해야 할 일들이 많습니다. 그러니 고윈다 존자는 보름만 기다려 주십시오. 보름이 지나면 우리도 집을 떠나 존자와 함께 출가할 것입니다. 존자께서 가는 곳은 바로 우리가 가는 곳이 될 것입니다." 마하고윈다는 이렇게 말하였다. "존자들이여, 보름은 너무나 깁니다. 나는 그대들의 출가를 위하여 보름이나 기다릴 수 없습니다. 존자들이여, 어느 누가 사람 목숨의 일에 대해서 알겠습니까? 태어난 자 반드시 죽어야 합니다. 목숨이 붙어 있을 때 우리는 범천의 세상을 얻는 청정범행을 닦아야 합니다. 저는 인간세상의 일을 모두 버리고 집을 떠나 출가하려 합니다. 범천께서 말씀하시는 세속의 비린내에 대하여 제가 이해하기로는 세속에 머물면서 세속의 비린내를 몰아내기란 쉽지 않겠습니다만 세속을 떠나 세속의 비린내를 몰아내는 것은 어렵지 않겠습니다. 저는 세속과 집을 떠나 출가하려 합니다." 그러자 여섯 카띠야는 다시 이렇게 말하였다. "그렇다면 고윈다 존자는 7일만 기다려 주십시오. 7일이 지나면 우리도 집을 떠나 존자와 함께 출가할 것입니다. 존자께서 가는 곳은 바로 우리가 가는 곳이 될 것입니다." 마하고윈다는 이렇게 말하였다. "존자들이여, 7일은 길지 않습니다. 나는 7일에 동의합니다. 7일은 기다릴 수 있습니다."

존자들이여, 그러자 마하고윈다는 ③일곱 명의 뛰어난 브라만들과 7백 명의 기본과정을 마친 자들에게 다가가 이렇게 말하였다. "이제 존자들은 존자들을 가르쳐 줄 다른 스승을 찾으시오. 나는 모든 왕국의 업무를 버리고 집을 떠나 출가하려 합니다. 범천께서 말씀하시는 세속의 비린내에 대하여 내가 이해하기로는 세속에 머물면서 세속의 비린내를 몰아내기란 쉽지 않겠습니다만 세속을 떠나 세속의 비린내를 몰아내는 것은 어렵지 않겠습니다. 나는 세속과 집을 떠나 출가하려 합니다." 그러자 그들은 이렇게 말하였다. "고윈다 존자께서는 집을 떠나 출가하지 마십시오. 존자시여, 출가하면 권력도 없어지고 얻는 것도 없지만 브라만의 생활은 권력도 더 많고 얻는 것도 더 많습니다.” 마하고윈다는 이렇게 말하였다. “존자들이여, 존자들은 ‘출가하면 권력도 없어지고 얻는 것도 없지만 브라만의 생활은 권력도 더 많고 얻는 것도 더 많습니다.’라고 말하지 마시오. 존자들이여, 브라만들 가운데 나보다 누가 더 많은 권력을 가졌고 더 많은 것을 얻었단 말이오. 존자들이여, 참으로 나는 마치 왕들의 왕과 같고 브라만들의 브라만과 같고 재가자들의 신과 같습니다. 그렇지만 권력과 재물로는 범천의 세상을 얻을 수는 없습니다. 나는 모든 권력과 재물을 버리고 집을 떠나 출가하려 합니다. 범천께서 말씀하시는 세속의 비린내에 대하여 내가 이해하기로는 세속에 머물면서 세속의 비린내를 몰아내기란 쉽지 않겠습니다만 세속을 떠나 세속의 비린내를 몰아내는 것은 어렵지 않겠습니다. 나는 세속과 집을 떠나 출가하려 합니다.” 그들은 범천의 세상을 얻는 가르침을 마하고윈다에게 듣고 이렇게 말하였다. “만일 고윈다 존자께서 집을 떠나 출가한다면 우리도 집을 떠나 출가할 것입니다. 존자께서 가는 곳은 바로 우리가 가는 곳이 될 것입니다.”

그리고 마하고윈다는 40명의 동등한 위치에 있는 ④아내들에게 다가가 이렇게 말하였다. “이제 그대들은 의지할 만한 자신들의 친척 집으로 가거나 다른 남편을 찾으시오. 여인들이여, 나는 모든 것을 버리고 집을 떠나 출가하려 합니다. 범천께서 말씀하시는 세속의 비린내에 대하여 내가 이해하기로는 세속에 머물면서 세속의 비린내를 몰아내기란 쉽지 않겠습니다만 세속을 떠나 세속의 비린내를 몰아내는 것은 어렵지 않겠습니다. 나는 세속과 집을 떠나 출가하려 합니다.” 그들은 범천의 세상을 얻는 가르침을 마하고윈다에게 듣고 이렇게 말하였다. “당신만이 친척들 중의 친척이요 남편들 중의 남편입니다. 만일 고윈다 존자께서 집을 떠나 출가한다면 우리도 집을 떠나 출가할 것입니다. 존자께서 가는 곳은 바로 우리가 가는 곳이 될 것입니다.”

마하고윈다는 7일이 지나자 머리와 수염을 깎고 물들인 옷을 입고 집을 떠나 출가하였다. 마하고윈다가 출가하자 관정식을 거행한 일곱 명의 카띠야 왕, 일곱 명의 뛰어난 브라만들과 7백 명의 기본과정을 마친 자들,

40명의 동등한 위치에 있는 아내들, 수천 명의 카띠야들, 수천 명의 브라만들, 수천 명의 장자들, 수많은 후궁의 여인들까지도 머리와 수염을 깎고 물들인 옷을 입고 마하고윈다를 따라서 출가하였다. 이러한 큰 회중에 둘러싸여 마하고윈다는 마을과 성읍과 수도에서 유행하였다. 그 무렵에 마하고윈다가 마을과 성읍과 수도에 다가가면 그는 마치 왕들의 왕과 같았고 브라만들의 브라만과 같았고 재가자들의 신과 같았다. 그 무렵에 사람들은 재채기를 하거나 넘어지거나 하면 '마하고윈다 존자께 귀의합니다. 일곱 왕의 궁중 제관께 귀의합니다.'라고 하였다.

마하고윈다의 제자들 가운데 그의 가르침을 모두 남김없이 완전히 알았던 자들은 몸이 무너져 죽은 뒤에 범천의 세상에 태어났다. 그의 가르침을 모두 남김없이 완전히 알지 못한 자들은 몸이 무너져 죽은 뒤에 어떤 자들은 타화자재천 신들의 동료로, 어떤 자들은 화락천, 도솔천, 야마천, 삼십삼천, 또는 사왕천 신들의 동료로 태어났다. 이처럼 그들 모든 선남자善男子들의 출가는 헛되지 않았고 무익하지 않았으며 결실이 있고 이익이 있었다.

빤짜시카는 말하였다. "세존이시여, 저는 수담마 의회에서 신들의 면전에서 직접 듣고 면전에서 직접 파악한 것을 세존께 아룁니다. 삼십삼천의 신들이 모두 수담마 의회에 모여 앉았을 때 사대천왕들은 네 방위에 앉으며 저희는 그다음에 자리합니다. 수담마 의회 때 범천 사낭꾸마라가 출현하여서 마하고윈다 브라만을 이같이 칭송하는 것으로 세존을 칭송하였습니다. 세존께서는 마하고윈다 브라만으로서의 전생을 기억하십니까?"
빤짜시카여, 나는 기억하노라. 그때의 마하고윈다 브라만은 나였다.DN19

5 전생에 관한 이야기

궁중 제관의 전생 꾸따단따 브라만이여, 옛날에 마하위지따라는 왕이 있었다. 어느 날 왕은 궁중 제관 브라만을 불러서 이같이 말했다. "브라만이여, 이제 나는 큰 제사를 지내기를 원합니다. 존자는 내게 오랫동안 이익과 행복이 있도록 나를 훈도해 주시오." 궁중 제관 브라만은 왕에게 참된 제사의 성취를 가르쳐 주었다.[11] 그러자 꾸따단따와 함께 세존의 설법을 듣던 브라만들과 장자들에게 큰 소동이 일어나서 시끄럽고 큰 소리로 떠들썩하게 되었다. "오, 참된 제사로다. 오, 참된 제사의 성취로다." 그러나 꾸따단따는 침묵하고 앉아 있었다. 그러자 브라만들은 꾸따단따에게 이렇게 말하였다. "그런데 왜 꾸따단따 존자께서는 사문 고따마의 좋은 말씀을 좋은 말씀이라고 함께 기뻐하지 않습니까?" "존자들이여, 나는 사문 고따마의 좋은 말씀을 좋은 말씀이라고 함께 기뻐하지 않는 것이 아닙니다. 존자들이여, 그러나 사문 고따마께서는 '나는 이렇게 들었다.'라든지 '이렇게 할 만하다.'라고 말씀하지 않으십니다. 대신에 사문 고따마께서는 '그때는 이러하였다. 그때는 그와 같았다.'라고 말씀하십니다. 그래서 내게는 '참으로 사문 고따마께서는 그때 제사의 주인이었던 마하위지따 왕이었을까? 아니면 그 제사의 제관이었던 궁중 제관 브라만이었을까?'라는 의문이 듭니다." 이렇게 회중에게 대답한 뒤 꾸따단따는 세존께 여쭈었다. "고따마 존자시여, 그런데 고따마 존자께서는 이런 제사의 주인으로 제사를 지냈거나 제관으로 제사를 집행한 뒤에 몸이 무너져 죽은 다음에 좋은 세계, 하늘 세계에 태어났음을 인정하십니까?" 이에 세존께서 이렇게 말씀하셨다. 브라만이여, 나는 이런 제사의 주인이 되었거나 제관으로 제사를 집행한 뒤에 몸이 무너져 죽은 다음에 좋은 세계, 하늘 세계에 태어났음을 인정한다. 나는 그때 궁중 제관 브라만이었으며 그 제사의 제관이었다.DN5

큰 보시하는 전생 장자여, 옛날에 웰라마라는 브라만이 있었다. 그는 이러한 큰 보시를 했다. 그는 은으로 가득 채운 8만 4천 개의 황금 그릇을 보시했고, 금으로 가득 채운 8만 4천 개의 은그릇을 보시했고, 칠보로 가득 채운 8만 4천 개의 동 그릇을 보시했다. 8만 4천 마리의 코끼리를 보시했

11 상세한 내용은 제14장 브라만의 타파 참고.

나니 각 코끼리는 황금으로 장식하고 황금의 깃발을 가지고 황금의 그물로 덮였다. 8만 4천 대의 마차를 보시했나니 각 마차는 사자 가죽으로 덮인 것, 호랑이 가죽으로 덮인 것, 표범 가죽으로 덮인 것, 황색 담요로 덮인 것, 황금으로 장식된 것, 황금의 깃발을 가진 것, 황금의 그물로 덮인 것이었다. 8만 4천의 암소를 보시했나니 각 암소는 섬세한 황마黃麻로 엮은 밧줄을 가졌으며 은으로 된 우유통을 가진 것이었다. 8만 4천의 처녀를 보시했나니 각 처녀는 보석을 박은 귀걸이로 장식하고 있었다. 8만 4천의 침상을 보시했나니 각 침상은 양털로 된 덮개가 있고, 흰색의 모직 이불이 깔려 있고, 영양 가죽 깔개가 펴져 있고, 차양으로 가려졌고, 양쪽에 심홍색의 베개가 있었다. 8만 4천 꼬띠의 옷을 보시했나니 각 옷은 섬세한 아마亞麻로 된 것, 섬세한 비단으로 된 것, 섬세한 모직으로 된 것, 섬세한 면으로 된 것이었다. 하물며 먹을 것과 마실 것, 예를 들면 딱딱한 음식, 부드러운 음식, 액즙, 주스에 대해서는 더 말해서 무엇 하겠는가! 마실 것은 마치 강처럼 흘렀다. 장자여, 그대에게 이런 생각이 들지도 모른다. '참으로 그때 큰 보시를 한 웰라마 브라만은 아마 어떤 다른 사람이었을 것이다.' 장자여, 그러나 그렇게 여겨서는 아니 된다. 바로 내가 그때 웰라마 브라만이었으며 내가 그런 큰 보시를 했다.

장자여, 그러나 그러한 큰 보시를 할 때 보시받아 마땅한 사람이 없었으니 아무도 보시를 청정하게 받지 못했다. 장자여, 웰라마 브라만이 한 큰 보시보다 만약 견해를 바르게 구족한 한 사람에게 공양한다면, 이것은 그것보다 더 큰 결실이 있다. 장자여, 견해를 바르게 구족한 백 명의 사람에게 공양하는 것보다 만약 한 사람의 일래자一來者에게 공양한다면, 이것이 그것보다 더 큰 결실이 있다. 장자여, 백 명의 일래자에게 공양하는 것보다 만약 한 사람의 불환자不還者에게 공양한다면, 백 명의 불환자에게 공양하는 것보다 만약 한 사람의 아라한에게 공양한다면, 백 명의 아라한에게 공양하는 것보다 만약 한 사람의 벽지불辟支佛에게 공양한다면, 백 명의 벽지불에게 공양하는 것보다 만약 한 분의 아라한이시고 정등각이신 세존께 공양한다면, 한 분의 세존께 공양하는 것보다 세존을 상수로 하는 비구승가에 공양한다면, 세존을 상수로 하는 비구승가에게 공양하는 것보다 세존을 상수로 하는 사방승가를 위하여 승원을 짓는다면, 사방승가를 위하여 승원을 짓는 것보다 청정한 마음으로 세존의 법과 율에 귀의한다면, 세존의 법과 율에 귀의하는 것보다 청정한 마음으로 선법계를 지킨다면, 선법계를 지키는 것보다 출가하여 청정범행을 닦는다면. 청정범행을 닦는 것보다 정각을 성취하는 것이 더 큰 결실이 있다.[12] AN9.20

마차공의 전생 비구들이여, 예전에 빠쩨따나라는 왕이 있었는데 어느 날 왕은 마차공에게 물었다. "마차공이여, 6개월 후에 전쟁이 있을 것이다. 나에게 새 바퀴 한 짝을 만들어 줄 수 있겠는가?" "대왕이시여, 만들어 드리겠습니다." 그런데 마차공은 6일을 제외한 6개월 동안 오직 한 개의 바퀴밖에 만들지 못했다. 그때 왕이 마차공에게 물었다. "마차공이여, 오늘부터 6일 후에 전쟁이 있을 것이다. 한 짝의 새 바퀴를 완성했는가?" "대왕이시여, 6개월 중에서 6일밖에 남지 않았는데 오직 한 개의 바퀴밖에 만들지 못했습니다." "마차공이여, 6일 동안 나머지 한 개의 바퀴를 만들 수 있겠는가?" "대왕이시여, 만들어 드리겠습니다." 마차공은 6일 동안 나머지 바퀴를 만들어 한 짝의 새 바퀴를 가지고 빠쩨따나 왕에게 다가가 말했다. "대왕이시여, 이것이 한 짝의 새 바퀴입니다." "마차공이여, 이것은 6일을 제외한 6개월을 걸려 만든 것이고, 이것은 6일 만에 만든 것이다. 이 둘에 차이점이 있는가? 나는 어떤 차이점도 볼 수 없구나." "대왕이시여, 차이점이 있습니다. 여기 차이점을 보십시오. 바퀴를 굴려 보겠습니다."

마차공은 먼저 6일 만에 만든 바퀴를 굴렸다. 그것은 힘이 미친 곳까지 가서 선회하고는 땅바닥에 넘어졌다. 그리고 6일을 제외한 6개월을 걸려 만든 바퀴를 굴렸다. 그것은 힘이 미친 곳까지 굴러가서 마치 차축에 끼워 넣은 것처럼 넘어지지 않고 멈추었다. 왕이 말했다. "마차공이여, 6

12 부처님의 교법이 사라져 없는 시대에 태어나 홀로 무상정등정각을 성취한 자 가운데 교법을 펼치면 붓다라 하고 교법을 펼치지 않으면 벽지불이라고 한다. 부처님의 교법이 사라지지 않고 남아 있는 시대에 태어나 부처님의 교법에 의지하여 무상정등정각을 성취한 자는 붓다 또는 벽지불이라고 하지 않고 아라한이라고 한다.

일 만에 만든 바퀴는 힘이 미친 곳까지 굴러가서 선회하고는 땅바닥에 넘어지는데 그것은 무슨 이유와 무슨 조건 때문인가? 그러나 6일을 제외한 6개월을 걸려 만든 바퀴는 힘이 미친 곳까지 굴러가서 마치 차축에 끼워 넣은 것처럼 넘어지지 않고 멈추는데 그것은 무슨 이유와 무슨 조건 때문인가?" "대왕이시여, 6일 만에 만든 바퀴는 테두리가 휘어 결점이 있고 불완전하고, 바큇살도 휘어 결점이 있고 불완전하며, 바퀴 중심도 휘었고 결점이 있고 불완전합니다. 그것은 이같이 휘고 결점이 있고 불완전하기에 굴러갈 때 힘이 미친 곳까지 가서 선회하고는 땅바닥에 넘어집니다. 그러나 6일을 제외한 6개월을 걸려 만든 바퀴는 테두리가 휘지 않아 결점이 없고 완전하고, 바큇살도 휘지 않아 결점이 없고 완전하고, 바퀴 중심도 휘지 않아 결점이 없고 완전합니다. 그것은 이같이 휘지 않고 결점이 없고 완전하기에 굴러갈 때 힘이 미친 곳까지 가서 마치 차축에 끼워 넣은 것처럼 넘어지지 않고 멈춥니다."

비구들이여, 그대들은 아마 이렇게 생각할지도 모른다. '그때 그 마차공은 어떤 다른 사람이었을 것이다.' 그러나 그렇게 생각해서는 안 된다. 그때 그 마차공은 바로 나였다. 비구들이여, 그때 나는 마차공이어서 바퀴의 테두리와 살과 중심이 휘었고 결점이 있고 불완전한 것을 잘 알았다.

그러나 지금 나는 아라한이고 정등각이어서 사람의 몸과 말과 마음이 비뚤어지고 결점이 있고 불완전한 것을 잘 안다. 비구 비구니를 막론하고 그 누구든지 몸의 비뚤어짐과 결점과 불완전함을 버리지 않고, 말의 비뚤어짐과 결점과 불완전함을 버리지 않고, 마음의 비뚤어짐과 결점과 불완전함을 버리지 않으면 법과 율에서 떨어진다. 그것은 마치 6일 만에 만든 바퀴가 땅바닥에 넘어지는 것과 같다. 그러므로 그대들은 이같이 공부해야 한다. '몸의 비뚤어짐과 결점과 불완전함을 버려야 하리라. 말의 비뚤어짐과 결점과 불완전함을 버려야 하리라. 마음의 비뚤어짐과 결점과 불완전함을 버려야 하리라.'AN3.15

전생의 스승 세존의 어느 전생에 세존의 스승이었던 자가 인간의 몸이 무너진 뒤 범천에 태어났다. 그는 범천에서 바까라고 불렸다. 어느 날 바까 범천에게 나쁜 견해가 일어났다. '이것은 항상하고, 이것은 견고하고, 이것은 영원하고, 이것은 유일하며, 이것은 불멸의 법이다. 이것은 참으로 태어나지 않고 늙지 않고 죽지 않으며, 사라지지 않고 생겨나지 않는다. 이것을 넘어선 다른 더 수승한 법이란 없다.' 세존께서는 마음으로 바까 범천이 마음에 일으킨 생각을 아시고 마치 힘센 사람이 구부렸던 팔을 펴고 폈던 팔을 구부리는 것처럼 제따 숲에서 사라져서 범천의 세상에 나타나셨다. 바까 범천은 세존께서 오는 것을 보고 이렇게 말씀드렸다.

"어서 오십시오, 존자여. 환영합니다, 존자여. 존자여, 오랜만에 기회를 내셔서 여기에 오셨군요. 그런데 참으로 이것은 항상하고, 이것은 견고하고, 이것은 영원하고, 이것은 유일하며, 이것은 불멸의 법입니다. 이것은 참으로 태어나지 않고 늙지 않고 죽지 않으며, 사라지지 않고 생겨나지 않습니다. 이것을 넘어선 다른 더 수승한 법이란 없습니다." 세존께서 이렇게 말씀하셨다. "존자여, 참으로 그대 바까 범천은 무명에 빠졌구나. 존자여, 참으로 그대 바까 범천은 무명에 빠졌구나. 그대는 무상한 것을 '항상하다.'라고 말하고, 견고하지 않은 것을 '견고하다.'라고 말하고, 영원하지 않은 것을 '영원하다.'라고 말하고, 유일하지 않은 것을 '유일하다.'라고 말하며, 소멸하는 법을 '불멸의 법이다.'라고 말하며, 참으로 태어나고 늙고 죽고 사라지고 생겨나는 것을 두고 '태어나지 않고 늙지 않고 죽지 않고 사라지지 않고 생겨나지 않는다.'라고 말하며, 이것을 넘어선 다른 더 수승한 법이 있는데도 '이것을 넘어선 다른 더 수승한 법이란 없다.'라고 말하기 때문이니라." 그러자 바까 범천은 게송을 읊었고 세존께서 응송하셨다.SN6.4

존자여,
공덕지어 여기에 태어난 우리 72명은
자유자재 이제 얻어 태어남과 늙음을 건넜다오.
지혜의 달인이여,

이것이 최상의 범천의 경지이니
수많은 사람은 우리를 동경한다오.

바까여,
긴 수명이라고 그대가 생각하지만
그것은 짧을 뿐 결코 긴 수명 아니로다.
브라만이여,
나는 그대 수명을 꿰뚫어 아나니
그것은 십만 니랍부다[13]의 기간일 뿐이라네.

존자여,
당신은 마치 '나는 무한한 몸을 가졌으며
태어남·늙음·슬픔 모두 넘어섰다.'라고 말합니다.
저 자신의 오래된 서원과 계행을 여쭙노니
제가 이해할 수 있도록 저에게 말씀해 주소서.

더위에 시달리고 목말라서 괴로운
아주 많은 사람에게 그대는 마실 것을 주었도다.
이것이 그대의 오래된 서원과 계행
막 잠에서 깨어나 꿈을 기억하는 것처럼
나는 분명하게 기억하노라.

에니강 언덕에서 붙잡혀 끌려가던
포로들을 그대는 모두 풀어주었도다.
이것이 그대의 오래된 서원과 계행
막 잠에서 깨어나 꿈을 기억하는 것처럼

---

13 수레에 실은 20카리 분량의 참깨를 100년이 지날 때마다 참깨 한 알씩 꺼내 없앤다. 20카리 분량의 참깨가 이런 방법으로 모두 다 없어지는 것이 1압부다이고, 20압부다가 1니랍부다이다.AN10.89

나는 분명하게 기억하노라.

강가강의 포악한 용, 사람 잡아먹으려 잡은 배를
힘센 그대는 용감하게 풀어주었도다.
이것이 그대의 오래된 서원과 계행
막 잠에서 깨어나 꿈을 기억하는 것처럼
나는 분명하게 기억하노라.

나는 깝빠라는 그대의 제자였으니
그대는 그를 두고 총명하다 인정했도다.
이것이 그대의 오래된 서원과 계행
막 잠에서 깨어나 꿈을 기억하는 것처럼
나는 분명하게 기억하노라.

분명히 당신은 나의 수명 꿰뚫어 알고
다른 것도 꿰뚫어 아나니
당신은 부처입니다.
그러한 당신의 광휘로운 위신력이
범천의 세상을 밝히고 있습니다.

전생의 도반 세존께서 전생에 깟사빠 부처님 곁으로 출가하여 비구가 되었을 때 도반이었던 사하까 비구가 있었다. 그는 깟사빠 세존의 문하에서 청정범행을 닦아 몸이 무너져 죽은 뒤 범천에 태어났다. 그는 범천에서 사함빠띠라고 불렸다.SN48.57 그는 세존께서 정각을 이룬 때 세존께서 법을 설하시도록 기회를 제공하였으며MN26, MN85, 세존께서 정각을 이루시고 니그로다나무 아래에 머물 때 정각법正覺法을 의지하고 머무는 것을 동의하여 말씀드렸으며SN6.2, AN4.21, 세존께서 니그로다나무 아래에 머무는 어느 날 세존께서 사념처와 오근에 각각 확신하시자 이에 동의하여 말씀드렸으며SN47.18.43, SN48.57, 세존께서 늦가을 비가 부슬부슬 내리는 춥고 어두운 밤 노지에 홀로 앉아 계실 때 세존의 곁에서 따뜻한 말씀드렸으며SN6.3, 세존께서 반열반하시자 안타까움의 게송을 읊었다.DN16, SN6.10 이처럼 그는 세존의 곁에서 좋은 도반으로 머물렀다. 또한 그는 승가를 수호하고 외호하였다. 그는 비구승가가 분열한 지 얼마 되지 않은 때 데와닷따에 대하여 세존께 말씀드렸으며SN6.12, 시끄럽게 하여 세존에게 쫓겨난 비구들을 섭수하도록 요청하였으며MN67, SN22.80, 고깔리까 비구가 지옥에 떨어지자 이를 세존께 알렸다.SN6.10, AN10.89 또한 그는 신들의 왕 삭까를 대동하고 세존을 친견하여 삭까를 정법으로 인도하였으며SN11.17, 재가자를 정법으로 인도하였다.SN6.3

제3장

탄생과 출가

세존께서 태어남이 있는 마지막 생을 맞이한 시기는 기원전 6세기경이다. 이 시기에 인류의 역사에서 인간은 광범위한 지역에서 철기를 더욱 보편적으로 사용하였다. 이에 농업생산력이 향상되고 인구가 증가하였으며 잉여생산물의 증가로 무역과 교류가 활발하였다. 한편 인도의 역사에서 이 시기에는 기원전 13세기경부터 아리아족이 인도 서북부 지역으로 침입하여 말라와 까삘라왓투와 같은 일부 토착 원주민 국가를 제외하고 인도 중앙과 갠지스강 남쪽과 하류 지역을 점령한 상태였다. 이러한 역사적인 배경[14] 속에 세존께서 까삘라왓투에서 태어나 토착원주민의 종교전통에 따라 사문으로 출가하였다.

---

14 상세한 역사적 배경은 《수트라》(김영사, 2018) 제1장을 참고.

1 석가족의 시조

암밧타여, 옛날에 옥까까[15] 왕이 있었는데 그에게는 사랑스럽고 마음에 드는 어린 새 왕비가 있었다. 옥까까 왕은 새 왕비가 낳은 어린 왕자 잔뚜에게 왕위를 물려주기 위하여 손위의 왕자들인 옥까무카, 까라깐다, 핫티니까, 시니뿌라를 왕국에서 추방하였다. 왕국에서 추방된 그들은 히말라야산 남쪽 완만한 구릉에 우거진 사카나무[16] 숲이 있고 그 숲의 동쪽 가장자리는 강이 남서 방향으로 흐르며 강의 남동쪽으로 비옥한 평원이 펼쳐지는 곳에서 터전을 잡고 삶을 영위하였다. 그들은 자신들의 혈통이 섞이는 것을 두려워하여 누이들과 함께 살면서 자신들의 혈통을 지켰다.

그러던 어느 날 옥까까 왕은 대신들과 측근들을 불러서 말하였다. "여보게들, 왕자들은 지금 어디에 살고 있는가?" 그들은 왕에게 대답하였다. "폐하, 히말라야산 남쪽 기슭의 강이 있고 우거진 사카나무 숲으로 둘러싸인 곳에서 삶을 영위하고 계십니다. 왕자님들은 혈통이 섞이는 것을 두려워하여 누이들과 함께 살면서 혈통을 지키고 있습니다." 그러자 옥까까 왕은 감흥어를 읊었다. '오, 참으로 나의 왕자들은 사카나무 숲으로 둘러싸인 곳에서 머물렀구나. 오, 참으로 나의 왕자들은 사카나무 숲으로 둘러싸인 곳에서 머문 자들 가운데 최상이로구나.'

암밧타여, 그 이후로 그들은 고따마라는 옥까까 왕의 족성族姓을 가진 이들 가운데 석가족[17]이라고 알려지게 되었고 석가족이라고 불리게 되었으며 옥까까 왕은 석가족의 시조라고 알려지게 되었고 불리게 되었다.'[**석가족의 시조**]DN3

---

15 왕은 이미 다섯 왕비(밧따, 찟따, 잔뚜, 잘리니, 위사카)가 있었다. 첫째 왕비는 네 왕자와 다섯 공주(삐야, 숩삐야, 아난다, 위지따, 위지따세나)를 출산하고 죽었다. 한편 옥까까 왕의 족보에서 시조는 마하삼마따이다. 마하삼마따의 아들 로자가 2대이고 차례대로 와라로자, 깔야나, 와라깔야나, 만다따, 와라만다따, 우뽀사타, 짜라, 우빠짜라, 마카데와이다. 마카데와에서 옥까까까지의 계보는 분명하지 않다. Edward J. Thomas, 《The Life Of Buddha As Legend And History》 pp.7~10.

16 사카나무는 지금의 티크teak 나무를 말한다.

17 Sakyā, Sākya, Sakkā, Sākiyā 등의 여러 가지 표현들이 니까야 경전에 나타난다. 편의상 석가족釋迦族으로 표기한다.

이들 네 왕자는 왕국에서 추방될 때 그들의 자매인 다섯 공주와 여덟 명의 대신들 그리고 생존에 필요한 군사들과 인원을 이끌고 왕궁을 등지고 히말라야로 향하였다. 그들은 까삘라 선인仙人의 도움과 충고를 받아들여 북쪽으로는 히말라야 남쪽 기슭과 연결된 우거진 사카나무 숲으로 둘러져 있고 남쪽으로는 농사짓기에 적합한 넓은 평원이 펼쳐져 있으며 숲과 평원 사이에는 강이 흐르는 양지바르고 아늑한 곳에 터를 잡았다. 어느 날 여덟 대신들이 모여 왕자들의 혼기가 되면 옥까까 왕의 혈통을 지키고 옥까까 왕의 족성을 흠 없이 온전히 잇기 위하여 공주를 왕자와 혼인시키기로 하였다. 그들은 논밭을 개간하고 성곽을 쌓았으며 수로를 만들었다. 그들은 전통적인 농업뿐만 아니라 주변의 천연 환경을 활용하여 임업과 목축업도 발전시키자 사람들의 왕래가 점차 잦아졌다. 곡식과 물자가 풍부해지자 상업과 무역도 활발하여 그곳은 번창하게 되었다. 그들과 그들의 후예는 그곳을 발전시켜 점차 큰 도시로 만들어 갔다.

그들은 그 도시를 까삘라왓투라고 이름 짓고 석가족의 수도로 정하였다. 까삘라왓투는 수도이자 국가로 석가족은 이 수도를 중심으로 점차 번성하여 나갔다. 세존의 재세 시 까삘라왓투는 세존의 고향이자 고국이며 세존의 부친인 숫도다나 왕이 다스리는 국가였다.

한편 네 왕자와의 혼인에서 제외된 첫째 공주 삐야는 까삘라왓투 동쪽의 멀고 깊은 숲속에서 병으로 퇴위하고 자신의 왕국을 떠나 요양하던 라마 왕과 혼인하였다. 그리고 그곳에서 새로운 왕국을 건설하였다. 그들은 숲속의 맹수들로부터 자신들을 보호하기 위하여 가시가 많은 꼴리야 나무를 담장처럼 촘촘히 둘러 심었다. 이것으로 그들은 꼴리야라고 알려지게 되었고 불리게 되었다. 꼴리야는 석가족의 이웃 나라이자 자매 나라로서 석가족과 서로 돕고 의지하며 함께 발전하였다. 오랜 세월이 흐른 뒤 꼴리야의 데와다하 왕은 이곳에 큰 수도를 건설하고 수도의 이름을 자신의 이름을 좇아 데와다하로 명명하였다. 꼴리야의 수도 데와다하는 까삘라왓투의 동북쪽에 있으며[18] 히말라야의 산자락이 끝나고 평원이 시작되는 곳에 있었다. 데와다하 왕은 세존의 모친인 마야 공주의 조부였으며 수도 데와다하는 마야 공주의 고향이었다.

숫도다나 왕의 조부 자야세나 왕은 옥까까 왕의 몇 대 후손인지 알려지지 않았다. 자야세나 왕은 아들 시하하누와 딸 야소다라를 두었다. 시하하누는 왕위를 계승하였고 깟짜나를 왕비로 받아들었다. 깟짜나 왕비는 데와다하의 딸이었으며, 꼴리야의 왕위를 계승한 데와다하의 아들 안자나 왕은 야소다라 공주와 혼인하였다. 두 왕족 가문은 이처럼 중첩되게 혼인하였다.

시하하누 왕과 깟짜나 왕비 사이에 첫째 숫도다나 왕자, 둘째 빠미따 공주, 셋째 속꼬다나 왕자, 넷째 아미또다나 왕자, 다섯째 아미따 공주가 있었다. 한편으로 야소다라 왕비와 안자나 왕 사이에는 첫째 마야 공주, 둘째 빠자빠띠 공주, 셋째 숩빠붓다 왕자, 넷째 단디빠니 왕자가 있었다. 시하하누 왕의 첫째 왕자 숫도다나와 안자나 왕의 첫째 공주 마야가 혼인

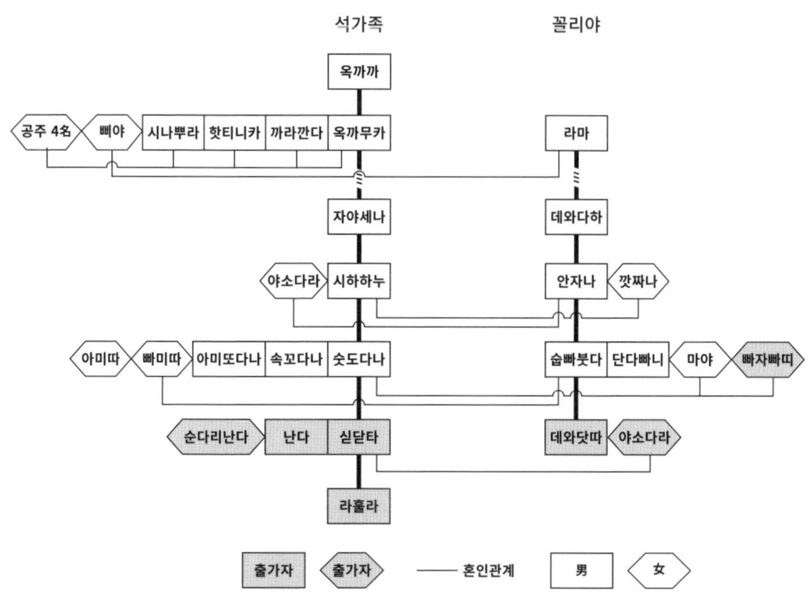

석가족과 꼴리야의 가계도

18 까삘라왓투의 동동북쪽으로 직선거리 약 53km 거리에 있다.

하였다. 또한 시하하누 왕의 장녀 빠미따 공주와 안자나 왕의 장자 숩빠붓다 왕자가 혼인하여 선대와 같이 중첩 혼인을 이어 갔다.

까삘라왓투를 건립하고 다스렸던 석가족은 어떤 특징을 가졌는가? 부처님의 반열반 후에 코살라의 침공으로 까삘라왓투는 완전하게 멸망하였고 이 과정에서 석가족은 대부분 살육당하고 극히 일부만 북쪽의 히말라야산으로 도망쳐 생존하였다. 이후 인도 역사에서 석가족은 잊히고 사라져 갔지만 석가족 출신의 부처님으로 인하여 석가족에 대한 역사적 기록이 완전히 잊히고 사라지지는 않았다. 석가족에 대한 기록과 흔적은 경전의 곳곳에서 나타난다. 까삘라왓투는 모계를 특징으로 하는 사회제도와 농경을 기반으로 하는 경제 제도 그리고 구성원의 화합을 중요시하는 공화제의 정치제도를 그 특징으로 한다. 이러한 국가의 특징은 국가의 터전을 닦은 네 명의 왕자들이 부왕 옥까까 왕 아래에서 자라면서 자연스럽게 보고 배워 습득한 것이라고 할 수 있다.

옥까까 왕의 왕국은 네 왕자가 왕국 바깥으로 추방되어 자리 잡은 까삘라왓투보다 농사짓기에 더욱 적합하고 더욱 비옥한 땅이었을 것이다. 까삘라왓투의 남쪽 지역은 갠지스강 유역까지 펼쳐져 있는 비옥한 평야 지역이다. 세존의 재세 시 까삘라왓투와 같은 국가의 특징을 공유하고 있던 나라는 말리국과 왓지국의 두 대국과 꼴리야와 삡팔리바나와 같은 작은 국가가 여럿 있었다. 당시 이들 국가는 히말라야 남쪽 지역과 갠지스강 유역 북쪽 지역 사이에 있었는데 이들 국가는 모두 토착 원주민의 국가였다.

석가족을 포함한 토착 원주민들은 혈통과 가문을 중요시하여 근친결혼도 마다하지 않았다. 그들의 혈통에 대한 자부심을 엿볼 수 있는 사건이 있었는데, 아리야계 대국 코살라 국왕의 청혼에 까삘라왓투의 석가족은 자신들의 혈통을 지키기 위하여 공주 대신 공주의 시녀를 보낸 것이다. 이들 토착 원주민은 태음력을 사용하였고 보름달이 밝게 뜨는 보름날에 사람들이 모이거나 흩어지곤 하였다. 이들의 피부는 희지도 검지도 않은 황금색으로 표현되는 유색인종이었다. 브라만 출신의 일부 아리아인들이 이들의 피부 색깔을 두고 자기들처럼 희지 않고 까무잡잡하다고 비난하기도 하였다. 그들에게는 그들만의 언어가 있었으며, 중요한 내용을 결정할 때 그들은 세 번까지 같은 말을 반복하여 확정하는 대화 문화가 있으며, 세상과 멀리 떨어진 히말라야 산속에서 지혜를 닦는 까삘라 선인과 같은 종교인들이 있었다.

2 왕자의 탄생과 성장

석가족과 꼴리야의 두 왕족 가문은 오랜 세월의 혈연으로 이루어진 신뢰를 바탕으로 석가족의 장자 숫도다나와 꼴리야의 장녀 마야의 혼인은 두 가문의 축복 속에서 성대히 거행되었다. 결혼 후 마야 왕비는 태기가 없다가 마흔이 넘어서야 임신하게 되었다. 만삭이 된 마야 왕비는 해산과 산후조리를 위하여 까삘라왓투를 떠나 일찍 어머니를 여의고 홀로 된 아버지가 애타게 기다리고 있는 고향 데와다하로 향하였다. 까삘라왓투에서 대로를 따라 동쪽으로 향하던 중 룸비니[19] 동산에 도착하였을 때 왕비는 산기를 느끼고 그곳에서 출산하였다. 이렇게 세존께서 출생하셨다. 중생으로서의 마지막 생을 길에서 태어나셨다. 이때는 음지의 잔설마저 흔적도 없이 사라졌고 봄기운이 완연하여 갖가지 꽃들이 만개하였고 나비와 벌과 새들은 곧 다가올 우기를 준비하려 바쁘게 움직이고 있었다.

건강한 왕자를 출산한 왕비는 기쁜 마음으로 그 소식을 숫도다나 왕에게 전하고 몸을 추수리고 다시 길을 재촉하였다. 룸비니 동산을 떠나 까삘라왓투의 국경선을 넘고 강을 건너 데와다하에 도착한 왕비는 친정에서 극진한 보살핌을 받았으나 노산과 여독으로 나빠진 건강을 회복하지 못하고 건강이 더욱 악화하였다. 왕비는 동생 빠자빠띠 공주를 불렀다. "빠자빠띠여, 너는 언니를 대신하여 나의 아기를 키워줄 수 있겠니?"라고 말하

19 까삘라왓투에서 동쪽으로 직선거리 약 23km에 룸비니가 있으며, 룸비니에서 동북쪽으로 직선거리 약 58km에 데와다하가 있다.

자 동생은 눈물을 흘리며 고개를 끄덕였다. 슬퍼하여 눈물을 흘리는 착한 동생을 위로하고 격려한 뒤 왕비는 안도하는 숨을 내쉬고 엷은 미소를 머금고 마지막 눈길을 어린 왕자에 둔 채 세상을 떠났다. 출산하고 7일이 되던 날이었다.

왕자의 출산 소식으로 기쁨에 들떠 있던 까삘라왓투는 왕비의 서거 소식에 무거운 침묵과 슬픔이 흘렀다. 데와다하에서도 장녀의 죽음에 슬픔이 가득하였지만 빠자빠띠 공주는 언니의 마지막 부탁을 잊을 수가 없었다. 공주는 한시도 어린 왕자의 곁을 떠나지 않고 어린 왕자의 양육에 혼신을 기울였다. 두 나라는 적법한 절차에 따라 왕비의 장례를 치르고 애도의 기간을 거친 뒤 마야 왕비의 뒤를 이어 어린 왕자의 양육을 맡을 빠자빠띠 공주와 숫도다나 왕과의 혼인을 합의하였다. 빠자빠띠 공주는 언니가 돌아가야 할 길을 언니를 대신하여 어린 왕자를 돌보면서 데와다하를 떠나 까삘라왓투로 향하였다. 까삘라왓투에서는 어린 왕자와 새 왕비를 맞이하려는 준비로 분주하였다. 숫도다나 왕은 빠자빠띠 공주를 왕비로 맞이하였다. 그리고 숫도다나 왕은 어린 아들의 이름을 싣닫타라고 지어 널리 공표하였다. 이렇게 하여 숫도다나 왕과 마야 왕비 사이에서 외동아들로 룸비니에서 탄생한 어린 왕자는 싣닫타 고따마로 부르게 되었고 알려지게 되었다.

어린 왕자와 새 왕비가 까삘라왓투에 도착한다는 소식을 들은 석가족과 이웃 나라의 왕족들과 대신들 그리고 장자들은 왕궁으로 차례대로 방문하여 왕자의 탄생과 새 왕비를 경축하였다. 그들 가운데 히말라야 깊은 산속에서 지혜를 닦는 아시따 선인이 있었다. 선인은 시하하누 왕의 시절부터 국사 또는 왕사로서 숫도다나 왕의 스승이기도 하였다. 숫도다나 왕은 선인께 스승의 예를 갖춘 뒤 어린 왕자를 보여 주었다. 선인은 조심스럽게 어린 왕자의 상호와 용모를 살피더니 "오오, 이럴 수가!"라며 감탄과 한탄이 섞인 상기된 말투로 혼자 읊조렸다. 그러고는 어린 왕자의 상호와 용모를 다시 확인하더니 지그시 눈을 감고 눈물을 흘렸다. 선인이 갑자기 눈물을 흘리자 숫도다나 왕은 놀라서 "스승님, 왕자에게 어떤 위험을 보십니까? 스승님, 왕자에게 어떤 위험이 있습니까? 스승님, 왕자에게 어떠한 위험이 있기에 눈물을 흘리시는지요?"라고 물었다. 선인은 왕에게 말하였다.

"대왕이시여, 그런 것이 아닙니다. 대왕이시여, 걱정하실 그런 일이 아닙니다. 대왕이시여, 제가 왕자님의 상호와 용모를 보고 아는 한 왕자님께서는 지금도 앞으로도 어떠한 위험도 없습니다. 어떠한 장애도 없을 것입니다. 대왕이시여, 대왕께서는 참으로 훌륭한 왕자님을 두셨습니다. 왕자님께서는 출가하셔서 큰 깨달음을 얻어 위없는 진리를 세상에 펼치시는 성인이 되실 것입니다. 세상은 그분에게 위없는 진리를 듣게 될 것이며 그분에게 위없는 진리를 배우고 알게 될 것입니다. 그리하여 그분으로 말미암아 세상은 고통에서 벗어날 것입니다. 대왕이시여, 제가 평생 듣고자 하고 배우고자 하고 알고자 하였던 위없는 진리를 왕자님으로부터 듣고 배우고 알고 싶습니다만 제가 너무 늙고 박복하여 제 목숨이 그때를 미치지 못하고 짧음을 한탄하여 저도 모르게 눈물이 났던 것입니다." 선인은 위없는 진리의 가르침을 펼치실 미래의 성인인 어린 왕자에게 스승의 예를 갖추어 공경과 존경을 표한 뒤 물러났다.

왕궁을 벗어날 즈음 선인은 시자에게 말하였다. "얘야, 너는 싣닫타 왕자님께서 큰 깨달음을 얻고 위없는 진리의 가르침을 펼치신다는 소문을 들으면 하던 일을 모두 그만두고 즉각 그분을 찾아가 그분의 제자가 되어라. 이것이 너에게 주는 나의 마지막 유훈이니라. 오늘 내가 한 말은 틀림이 없나니 너는 반드시 명심하여라."

아시따 선인으로부터 왕자에게는 어떠한 위험이나 장애도 없다는 기쁜 소식과 왕자는 세상을 고통에서 벗어나게 하는 성인이 된다는 훌륭한 소식으로 왕궁의 안팎은 고무되고 격앙되고 충만하게 되었다. 하지만 숫도다나 왕은 혼자 조용히 있는 시간에는 깊은 생각에 잠기곤 하였다. '만약 왕자가 출가하지 않는다면 왕국으로서는 참으로 다행이지만 만약 왕자가 스승의 말씀대로 출가한다면 왕국은 누가 나의 왕위를 이어 다스리도록 해야 하는가?' 왕은 누구하고도 상의할 수 없는 혼자만의 고민을 깊이 사유하면서 모든 가능성에 대한 대책을 하나씩 준비해 나갔다. 왕은 적절한 때 사람을 불러 말하였다.

"여보게, 자네는 어린 왕자가 어느 정도 나이가 들면 아무런 불편이나 구애 없이 자유롭고 평화롭게 성장하고 지낼 수 있는 궁을 지어야 할 것이네. 그런데 여름, 우기 그리고 겨울을 각각 따로 지낼 수 있도록 적절한 세 장소를 물색하여 그곳에 궁을 지어야 할 것이네." 그리고 왕은 새 왕비를 자주 찾아가 어린 왕자를 보살피고 키우는 데 어려움은 없는지 필요한 것은 없는지 물어보고 살피면서 모든 후원을 충분하고 넉넉하게 하였다. 왕은 착하고 아름다운 새 왕비를 맞이한 지 얼마 되지 않아 새 왕비 사이에 첫째 순다리난다 공주와 둘째 난다 왕자를 두었다.

빠자빠띠 왕비는 언니로부터 어린 왕자를 자신의 품으로 안은 순간부터 어린 왕자의 곁을 떠나지 않고 왕자를 보살피고 키웠다. 아침저녁으로 손수 차지도 뜨겁지도 않은 물로 왕자를 직접 목욕시키고 유모나 시녀를 시키지 않고 직접 돌보았다. 자신이 낳은 자식은 유모에게 맡기고 자기의 모유를 직접 왕자에게 수유하였다. 언제라도 언니가 방문을 열고 들어와 왕자를 살펴보아도 한 점 부족함도 없고 한 점 아쉬움도 없이 그렇게 왕자를 키웠다. 어린 왕자는 안팎의 보살핌으로 무럭무럭 자랐다. 누워만 있던 어린 왕자는 엉금엉금 기어 다니더니 어느새 아장아장 걷기 시작하였다. 여느 어린애처럼 왕자도 말문을 트고 앞니가 나고 왕궁의 이곳저곳을 다니더니 어느새 왕궁의 내원 정원으로 출입하게 되었다.

왕자가 점차 자라서 소년이 되었을 무렵 왕궁 밖의 연례 농경제農耕祭에 처음 참석하게 되었다. 석가족의 왕은 매년 봄 농사가 본격적으로 시작되는 날에 한 해의 농사를 기원하고 농민의 수고를 직접 함께 겪음으로써 그들을 격려하고 분발하게 하였다. 농경제가 있는 날에는 여러 가지 맛있는 음식을 정성스럽게 장만하고 도시의 길도 깨끗이 청소하고 물을 담은 항아리를 곳곳에 준비하고 깃발을 세우고 꽃으로 장식하는 등 온 시가지를 천상의 왕궁처럼 장엄하였다. 모든 왕족과 대신들과 장자들과 농민들은 새 옷을 깨끗이 차려입고 준비된 쟁기들과 농기구들을 가지고 왕궁으로 모였다. 왕은 왕비와 함께 신닫타 왕자를 옆에 대동하고 늠름하게 행렬의 앞에 섰다. 많은 수행원이 왕을 뒤따르고 왕궁에 모인 모든 사람은 차례대로 행렬에 합류하였다. 왕궁을 출발한 행렬은 넓은 들녘으로 나아갔다. 많은 사람이 행렬을 따라 삼삼오오 농경제를 거행하는 들녘으로 나아갔다.

그곳에 한 그루 잠부나무가 있었는데 무성한 가지와 함께 시원한 그늘이 있었다. 그 나무 아래 왕자의 자리를 마련하고 그 위로 금빛 별무늬가 새겨진 일산을 세우고 휘장으로 보호하게 하였다. 왕자의 자리에서 왕자가 안전하고 편안하게 머무는 모습을 확인한 왕은 함께 온 사람들과 들녘으로 나아갔다. 그곳에서 왕은 금으로 도금한 금 쟁기를 집어 들고 논밭의 이쪽 끝에서 저쪽 끝으로 혹은 저쪽 끝에서 이쪽 끝으로 쟁기질하였다. 왕은 쟁기질하면서 왕국의 풍성한 수확을 기원하였다. 왕이 들녘에서 일산도 없이 뙤약볕에 맨살을 드러내고 흙먼지를 덮어쓰고 땀을 뻘뻘 흘리면서 마치 한 사람의 농부처럼 쟁기질하자 그곳에 모인 사람들은 누구라도 가만히 있을 수가 없었다. 그것은 왕자를 돌보는 왕자 주위의 시종들도 마찬가지였다. 왕비를 비롯하여 그곳에 모인 모든 여성은 마치 농부의 아낙처럼 준비한 음식과 마실 것을 들고 이고 들녘에 쟁기질하는 모든 이들에게 골고루 나누어 주는 일로 분주하였다. 이렇게 한나절 동안 모든 사람이 한마음으로 쟁기질하였다.

왕자는 들녘의 소란스러움이 점차 사그라지고 주변에 아무도 없이 조용해지자 잠부나무 아래에 앉아 명상에 들었다. 왕자는 마하고윈다로서의 전생에서 명상을 닦아 그 생을 마치고 범천에 태어났다. 범천에 태어난 왕자는 범천에서도 명상을 부지런히 닦았다. 중생으로서의 마지막 생을 인간으로 태어났으나 아직 나이가 어려 인간세상에서 배워야 할 것을 배우기 전이라 전생의 기억과 훈습에 따라 명상에 든 것이다. 왕자는 전생에 닦아 성취한 명상에 따라 [**초정념**]에 머물렀다.MN36 비록 어린 나이지만 왕자의 얼굴에는 고요함과 평온한 희열이 흘렀으며 명상에 든 자태는 인간세상의 모습을 떠난 범접할 수 없는 근엄함이 있었다. 이러한 왕자의 모습을 발견하게 된 시종들은 즉시 왕에게 아뢰었고 왕과 왕비는 왕자의 명상에 든 모습을 목도하였다.

농경제에서 돌아온 왕비는 자신이 보살피고 양육하는 왕자가 여느 왕자들처럼 평범하지 않음을 보고 왕자의 보살핌에 자긍심을 느끼면서 더욱더 정성을 기울였다. 한편 왕은 왕자에게 왕으로서 배우고 익혀야 할 것들을 적절한 때에 가르쳐야 하겠다고 생각하고 하나씩 차근차근 준비하였다. 태자가 배워야 할 학문에는 국제정치에 필요한 타국들의 언어와 역사 그리고 학문과 종교가 포함되었고, 태자가 익혀야 할 무예에는 국가 간의 전쟁에 필요한 전쟁사와 전술들 그리고 무기와 무기의 제작에 관련되는 것들도 포함되었다. 모든 학문 분야에서 왕자를 가르칠 만한 뛰어난 스승들과 갖가지 무예를 차례대로 가르칠 만한 제일가는 스승들을 대신들과 상의하여 국내외를 막론하고 섭외하였다. 그리고 왕자와 함께 학문을 배우고 무예들을 익힐 동무이자 학우가 되고 미래의 왕국을 이끌어 갈 동료이자 신하가 될 왕족들의 자제들과 대신들의 자제들 그리고 장자들의 자제들 가운데 적절한 또래의 자제들을 엄격하게 심사하여 명부를 작성토록 하였다. 또한 사람을 불러 이들이 공부하고 무예를 연마할 수 있는 학당과 부속 시설을 준비하도록 하였다. 모든 준비가 완료되자 왕은 왕자를 태자로 책봉하고 준비된 계획을 실행에 옮겼다. 이때가 왕자가 7세가 되던 해였다.

3 태자의 혼인과 생활

태자가 된 싣닫타는 많은 동무와 함께 학문과 무예를 기초부터 차례대로 배우고 익혔다. 학문과 무예가 넓고 깊어질수록 태자도 쑥쑥 자라서 어느덧 청년으로 장성하였다. 숫도다나 왕은 학문을 가르치는 태자의 스승으로부터 태자가 영민하고 총명하여 배움이 빠르고 한번 배운 것은 잊지 않고 기억한다고 들었다. 그리고 무예를 가르치는 태자의 스승으로부터는 태자는 강인하고 용맹하여 대적할 자가 없다고 들었다. 왕은 때때로 태자의 학문과 무예를 직접 점검하였고 태자의 교육에 흡족하였다. 또한 왕은 부왕으로서 태자에게 마땅히 가르치고 전수하여야 할 것들을 차례대로 직접 가르치고 전수하였다. 태자는 당대의 최고의 스승들로부터 이러한 학문과 무예를 배우고 익힌 지 10년이 되던 해 모든 배움을 갈무리하는 행사가 준비되었다. 그것은 태자의 혼인이었다. 태자가 16세가 되던 해였다.

한편 숫도다나 왕의 손아래 누이이자 석가족 가문의 장녀인 빠미따 공주와 빠자빠띠 왕비의 손아래 동생이자 꼴리야 가문의 장자인 숩빠붓다 왕자가 혼인하여 첫째 야소다라 공주와 둘째 데와닷따 왕자를 두었다. 숩빠붓다 왕은 일찍 돌아가신 어머니를 잊지 않고 기리고자 어머니의 이름을 딸의 이름으로 정하고 딸을 귀하게 키웠다. 할머니의 이름을 이어받은 야소다라 공주는 매우 아름다웠으며 매혹적이었고 자긍심도 높았다. 그래서 많은 훌륭한 왕자들과 훌륭한 가문의 청년들이 청혼하고자 하였다. 야소다라 공주는 싣닫타 태자와의 청혼을 숫도다나 왕에게 받게 되었다고 부모님께 들었다. "사랑하는 공주여, 까삘라왓투의 싣닫타 태자는 나의 큰 누님께서 낳으셨고 작은 누님께서 지극 정성으로 키우셨느니라. 그리고 꼴리야의 자랑스럽고 뛰어난 장수 끄산띠데와에게 무예를 배워 익혔느니라. 싣닫타 태자보다 더 훌륭한 사위감을 나와 너의 어머니는 찾아볼 수가 없구나. 너는 어떻게 생각하느냐?" 공주가 대답하였다. "아바마마, 아바마마의 뜻에 따라 혼인하겠습니다. 그러나 소녀 한 가지 청이 있사옵니다. 소녀와 청혼하고자 하는 청년들이 모두 참석할 수 있는 무술 대회를 개최하여 그 대회에서 싣닫타 태자가 우승한다면 싣닫타 태자와 혼인하겠습니다. 그리고 소녀 그 무술 대회를 직접 참관하도록 허락하여 주십시오." 당돌한 딸의 청을 들은 숩빠붓다 왕은 크게 웃으며 말하였다. "참으로 재미있는 청을 하였구나. 너의 청을 숫도다나 왕에게 전하겠다. 숫도다나 왕은 너의 청을 거절할 수 없을 것이다. 너의 청대로 무술 대회가 열린다면 그 대회는 참으로 흥미진진할 것이다. 나와 너의 어머니도 함께 그 무술 대회에 참관할 것이다."

며느리가 될 야소다라 공주의 청을 전해 들은 숫도다나 왕은 흔쾌히 그 청을 수락하고 무술 대회를 개최하도록 하였다. 여러 나라에서 훌륭한 왕자들과 청년들이 무술 대회에서 우승하기 위하여 까삘라왓투로 몰려들었고 무술 대회의 경기를 보기 위하여 특히 싣닫타 태자의 우승을 보기 위하여 많은 사람이 무술대회에 참관하였다. 며칠 동안의 무술 대회는 많은 사람이 보는 앞에서 여러 가지 무예를 차례대로 공정하게 진행하였고 공정하게 심판하였으며 모든 점수를 포함하여 최종적으로 싣닫타 태자의 승리를 선언하였다. 싣닫타 태자는 모든 무예에서 뛰어났으며 특히 궁술에서는 타인의 추종을 불허하는 실력을 보였다. 싣닫타 태자가 뛰어난 기량을 보일 때마다 야소다라 공주는 태자를 응원하였고 기뻐하였다. 강건하고 용맹스러운 태자가 뛰어난 기량으로 우승하자 모든 사람이 그 결과를 승복하고 인정하고 흡족해하고 만족하였다. 싣닫타 태자와 야소다라 공주의 결혼식은 성대히 거행되었고 많은 사람이 운집하여 결혼을 경축하였고 왕국의 미래를 축복하였다.

결혼식이 마무리된 어느 날 숫도다나 왕에게 신하가 아뢰었다. "폐하, 폐하의 분부대로 태자님을 위한 세 곳의 궁이 완성되었습니다. 언제든지 태자님께서 사용하실 수 있도록 준비되어 있습니다." 왕은 말하였다. "여보게, 참으로 장하네. 그대는 참으로 그 어려운 일을 잘 마무리하였네. 그대는 태자를 위한 세 궁을 잘 보호하고 유지하고 관리하도록 하게나. 태자가 머물 때 어떠한 것도 부족함이 없이 모든 것이 풍족할 것이네. 그리고 태자가 자유롭고 평안하게 머물도록 장애가 되는 어떠한 사람들도 근접하지 않을 것이네." 그리고 숫도다나 왕은 태자와 태자비를 불러 말하였다. "람마, 수람마, 수바의 세 궁이 완성되었느니라. 너희는 세 궁의 주인이고, 세 궁은 너희들을 위한 것이다. 너희는 여기 왕궁에서 머물고 싶을 만큼 머물다가 언제든지 너희 궁으로 가서 머물러도 되며 너희 궁에서 머물고 싶은 만큼 머물다가 언제든지 여기 왕궁으로 돌아와 머물러도 되느니라."

태자와 태자비는 여름에는 여름용으로 지어진 궁에서, 우기에는 우기용으로 지어진 궁에서, 겨울에는 겨울용으로 지어진 궁에서 부왕의 세심한 보살핌 아래에서 아무런 불편이나 구애 없이 자유롭고 평화로우며 풍족하고 호화로운 생활을 하였다. 더군다나 긴 우기에는 태자가 궁 생활에 답답함과 싫증을 일으킬 수도 있다고 생각하여 부왕은 아름답고 가무에 뛰어난 무희들로 즐거운 연회를 베풀도록 하였다. 부왕은 보릿고개나 심한 가뭄에도 태자가 머무는 곳은 항상 풍족하고 기름진 음식으로 가득하게 하여 그곳의 시종들까지도 흡족하게 하였다. 또한 궁에는 누각과 연못들이 있어 청련, 홍련, 백련 등이 아름답게 피었으며 잘 가꾸어진 정원에는 계절마다 아름답고 향기로운 꽃들이 만개하고 귀하고 아름다운 나무들이 자태를 뽐내고 있었다. 태자의 상의나 하의 그리고 내복이나 외투도 모두 까시국의 옷감과 비단으로만 사용하게 하였으며 향도 까시국의 전단향이 아니면 사용하지 않게 하였다.AN3.38 궁의 담장은 높고 견고하였으며 궁의 경비병들은 궁 안의 일상이 방해받지 않고 항상 유지되도록 담장 밖의 경비를 엄하게 지켰다. 이같이 궁 밖의 어려움은 보여지지도 않고 알려지지도 않은 채 부왕의 뜻대로 태자는 안락한 나날들을 보냈다.

4 태자의 사유와 출가

태자는 여러 해 동안 부왕의 의도대로 궁 생활을 즐기면서 만족한 궁 생활을 영위하는 것처럼 보였다. 그러나 학당에서의 배움을 마무리하고 왕궁을 떠나 자신의 궁에서 생활하면서 혼자 보내고 혼자 있는 시간이 많아졌다. 더군다나 궁 밖의 세상과 격리되어 안락한 궁 생활에 만족하길 바라면서 세 궁을 지었으나 계절이 바뀔 때마다 궁을 옮겨 다니고 적절한 때에는 왕궁으로 출입하느라 궁 밖의 출입이 자연스럽게 잦아졌다. 태자는 궁 밖으로 나가서 보고 듣고 느낀 것들을 궁에 돌아와 혼자 깊이 사유하곤 하였다. 태자는 홀로 사유하였고 다시 궁 밖에서 보고 듣고 관찰하고 물어 사유한 내용을 점검하고 확인하였다. 또한 태자는 학당에서 배운 종교적 지식에 대하여서도 사유하였고 때로는 학당의 스승을 찾아 종교적 지식에 대하여 여쭙고 사유하였다. 태자의 사유가 점점 깊어지고 현실에 대한 자각이 점점 확연해지자 태자는 자신의 사유에 대한 확신이 생기고 그 확신이 점차 굳건해졌다. 태자는 이렇게 사유하였다.

태자의 사유 궁 밖의 범부들은 자신이 태어나기 마련이면서 태어나기 마련인 삶을 구하고, 자신이 늙기 마련이면서 늙기 마련인 삶을 구하고, 자신이 병들기 마련이면서 병들기 마련인 삶을 구하고, 자신이 죽기 마련이면서 죽기 마련인 삶을 구하고, 자신이 괴로워하기 마련이면서 괴로워하기 마련인 삶을 구하고, 자신이 오염되기 마련이면서 오염되기 마련인 삶을 구한다.

그러면 무엇이 태어나기 마련인 것인가? 갓 태어난 아기의 울음소리가 있다. 아들과 딸이 태어나기 마련인 것이다. 남자와 여자가 태어나기 마련인 것이다. 염소와 양이 태어나기 마련인 것이다. 소와 돼지가 태어나기 마련인 것이다. 코끼리와 말이 태어나기 마련인 것이다. 이같이 범부들도 태어나기 마련인 것이다. 범부가 자신이 태어나기 마련인 삶에 묶이고 홀리고 집착하면서 또다시 태어나기 마련인 삶을 구한다.

그러면 무엇이 늙기 마련인 것인가? 지팡이에 의지한 늙은 사람이 길거리에 있다. 아들과 딸이 늙기 마련인 것이다. 남자와 여자가 늙기 마련인 것이다. 염소와 양이 늙기 마련인 것이다. 소와 돼지가 늙기 마련인 것이다. 코끼리와 말이 늙기 마련인 것이다. 이같이 범부들도 늙기 마련인 것이다. 범부가 자신이 늙기 마련인 삶에 묶이고 홀리고 집착하면서 또다시 늙기 마련인 삶을 구한다.

그러면 무엇이 병들기 마련인 것인가? 거적에 덮여 신음하는 사람이 있다. 아들과 딸이 병들기 마련인 것이다. 남자와 여자가 병들기 마련인 것이다. 염소와 양이 병들기 마련인 것이다. 소와 돼지가 병들기 마련인 것이다. 코끼리와 말이 병들기 마련인 것이다. 이같이 범부들도 병들기 마련인 것이다. 범부가 자신이 병들기 마련인 삶에 묶이고 홀리고 집착하면서 또다시 병들기 마련인 삶을 구한다.

그러면 무엇이 죽기 마련인 것인가? 장례 치르는 통곡 소리가 있다. 아들과 딸이 죽기 마련인 것이다. 남자와 여자가 죽기 마련인 것이다. 염소와 양이 죽기 마련인 것이다. 소와 돼지가 죽기 마련인 것이다. 코끼리와 말이 죽기 마련인 것이다. 이같이 범부들도 죽기 마련인 것이다. 범부가 자신이 죽기 마련인 삶에 묶이고 홀리고 집착하면서 또다시 죽기 마련인 삶을 구한다.

그러면 무엇이 괴로워하기 마련인 것인가? 갖가지 괴로움을 겪는다. 아들과 딸이 괴로워하기 마련인 것이다. 남자와 여자가 괴로워하기 마련인 것이다. 염소와 양이 괴로워하기 마련인 것이다. 소와 돼지가 괴로워하기 마련인 것이다. 코끼리와 말이 괴로워하기 마련인 것이다. 이같이 범부들도 괴로워하기 마련인 것이다. 범부가 자신이 괴로워하기 마련인 삶에 묶이고 홀리고 집착하면서 또다시 괴로워하기 마련인 삶을 구한다.

그러면 무엇이 오염되기 마련인 것인가? 갖가지로 오염된다. 아들과 딸이 오염되기 마련인 것이다. 남자와 여자가 오염되기 마련인 것이다. 염소와 양이 오염되기 마련인 것이다. 소와 돼지가 오염되기 마련인 것이다. 코끼리와 말이 오염되기 마련인 것이다. 이같이 범부들도 오염되기 마련인 것이다. 범부가 자신이 오염되기 마련인 삶에 묶이고 홀리고 집착하면서 또다시 오염되기 마련인 삶을 구한다.

아들과 딸, 남자와 여자, 염소와 양, 소와 돼지, 코끼리와 말, 이러한 것과 더불어 태어나고 늙고 병들고 죽는다. 이러한 것에서 귀천과 빈부 차이에 따라 태어남에 차이가 있으나 그것으로 태어남의 범주를 넘어서지 못한다. 마찬가지로 귀천과 빈부 차이에 따라 늙음에 차이가 있으나 그것으로 늙음의 범주를 넘어서지 못하며, 귀천과 빈부 차이에 따라 병에 차이가 있으나 그것으로 병의 범주를 넘어서지 못하며, 귀천과 빈부 차이에 따라 죽음에 차이가 있으나 그것으로 죽음의 범주를 넘어서지 못한다. 또한 이러한 것에서 일상과 일상의 생활양식에 따라 태어남에 차이가 있으나 그것으로 태어남의 범주를 넘어서지 못한다. 마찬가지로 일상과 일상의 생활양식에 따라 늙음에 차이가 있으나 그것으로 늙음의 범주를 넘어서지 못하며, 일상과 일상의 생활양식에 따라 병에 차이가 있으나 그것으로 병의 범주를 넘어서지 못하며, 일상과 일상의 생활양식에 따라 죽음에 차이가 있으나 그것으로 죽음의 범주를 넘어서지 못한다. 일상과 일상의 생활양식에 따른 다양한 차이에도 불구하고 종국에는 태어나기 마련이고, 늙기 마련이고, 병들기 마련이고, 죽기 마련인 이러한 것들이 겪는 괴로움과 오염에 차이가 있으나 그것으로 괴로움과 오염의 범주를 넘어서지는 못한다.

나 역시 이러한 것들처럼 태어나기 마련인 삶에서 벗어나지 못하여 또다시 태어나기 마련인 삶을 구하고, 늙기 마련인 삶에서 벗어나지 못하여 또다시 늙기 마련인 삶을 구하고, 병들기 마련인 삶에서 벗어나지 못하여 또다시 병들기 마련인 삶을 구하고, 죽기 마련인 삶에서 벗어나지 못하여 또다시 죽기 마련인 삶을 구하고, 괴로워하기 마련인 삶에서 벗어나지 못하여 또다시 괴로워하기 마련인 삶을 구하고, 오염되기 마련인 삶에서 벗어나지 못하여 또다시 오염되기 마련인 삶을 구하였다. 나는 왜 자신이 태어나기 마련인 삶에서 벗어나지 못하여 또다시 태어나기 마련인 삶을 구하고, 늙기 마련인 삶에서 벗어나지 못하여 또다시 늙기 마련인 삶을 구하고, 병들기 마련인 삶에서 벗어나지 못하여 또다시 병들기 마련인 삶을 구하고, 죽기 마련인 삶에서 벗어니지 못하여 또다시 죽기 마련인 삶을 구하고, 괴로워하기 마련인 삶에서 벗어나지 못하여 또다시 괴로워하기 마련인 삶을 구하고, 오염되기 마련인 삶에서 벗어나지 못하여 또다시 오염되기 마련인 삶을 구하는가? 궁 안에서 풍족하고 호화롭게 생활하는 나 자신이나 궁 밖에서 궁핍하고 힘들게 생활하는 범부나 이러한 점에서 무슨 차이가 있겠는가?

궁 밖의 범부들은 태어나기 마련인 삶을 구하고, 늙기 마련인 삶을 구하고, 병들기 마련인 삶을 구하고, 죽기 마련인 삶을 구하고, 괴로워하기 마련인 삶을 구하고, 오염되기 마련인 삶을 구한다. 그들이 이렇게 구하는 삶에 묶이고 홀리고 집착하여 자신을 잊어버리고 망각하듯이 나 역시 때때로 이렇게 구하는 삶에 묶이고 홀리고 집착하여 자신을 잊어버리고 망각하지 않았던가! 나는 이러한 나 자신을 부끄러워하고 싫어하고 혐오하였다. 그러자 나의 젊음에 대한 자부심과 건강에 대한 자부심과 장수에 대한 자부심이 완전히 사라졌다.

이때 나에게 이러한 생각이 일어났다. 참으로 나는 태어나기 마련이지만 태어나기 마련인 삶에서 재난을 알아 태어남 없음을 구하고, 늙기 마련이지만 늙기 마련인 삶에서 재난을 알아 늙음 없음을 구하고, 병들기 마련이지만 병들기 마련인 삶에서 재난을 알아 병 없음을 구하고, 죽기 마련이지만 죽기 마련인 삶에서 재난을 알아 죽음 없음을 구하고, 괴로워하기 마련이지만 괴로워하기 마련인 삶에서 재난을 알아 괴로움 없음을 구하고, 오염되기 마련이지만 오염되기 마련인 삶에서 재난을 알아 오염 없음을 구하리라. 태어남이 없고, 늙음이 없고, 병이 없고, 죽음이 없고, 괴로움이 없고, 오염이 없는 성스러운 경지를 구하리라.MN26

출가의 요청 한가롭고 조용한 어느 날 태자는 부왕을 찾아뵙고 아뢰었다. "아바마마, 소자 출가하고자 합니다. 윤허하여 주십시오." 왕은 깜짝 놀라 말하였다. "태자여, 너에게 도대체 무슨 일 있었느냐? 도대체 무슨 일로 그리 말하느냐?" 태자가 아무 대답 없이 가만히 있자 왕은 말하였다. "태자여, 너희가 머무는 궁이 마음에 들지 않느냐? 그곳 생활이 마음에 들지 않는 것이냐?" 태자는 대답하였다. "그런 것이 아니옵니다. 아바마마께서 세심하게 보살펴 주셔서 저희 생활은 부족함이 없이 만족하며 풍족합니다. 그리고 저희가 머무는 세 궁은 더할 나위 없이 자유롭고 평화로우며 아무런 불편이나 구애 없습니다." 이 말을 듣자 왕은 아시따 선인의 말을 기억하고 태자를 달래듯이 말하였다. "태자여, 이 아비를 어려워하지 말고 허심탄회하게 말하여 보라. 태자가 원하는 것이 무엇이냐? 태자가 출가하여 얻고자 하는 것이 무엇이냐? 이 아비가 무엇을 해 주면 출가하지 않겠다고 말할 수 있겠느냐?" 태자가 대답하였다. "아바마마, 소자는 참으로 태어나기 마련인 삶에서 태어남 없음을 구하고자 합니다. 늙기 마련인 삶에서 늙음 없음을 구하고자 합니다. 병들기 마련인 삶에서 병 없음을 구하고자 합니다. 죽기 마련인 삶에서 죽음 없음을 구하고자 합니다. 괴로워하기 마련인 삶에서 괴로움 없음을 구하고자 합니다. 오염되기 마련인 삶에서 오염 없음을 구하고자 합니다. 이것이 소자가 출가하여 얻고자 하는 것입니다. 아바마마께서 참으로 태어나기 마련인 삶에서 태어남 없음을 구해 주시고, 늙기 마련인 삶에서 늙음 없음을 구해 주시고, 병들기 마련인 삶에서 병 없음을 구해 주시고, 죽기 마련인 삶에서 죽음 없음을 구해 주시고, 괴로워하기 마련인 삶에서 괴로움 없음을 구해 주시고, 오염되기 마련인 삶에서 오염 없음을 구해 주시면 소자 출가하지 않겠나이다."

왕은 단호하게 대답하였다. "인간이면 누구든지 태어나기 마련이고, 늙기 마련이고, 병들기 마련이고, 죽기 마련이고, 괴로워하기 마련이고, 오염되기 마련인 것인데 어찌하여 그것들의 있음을 수용하지 못하고 그것들의 없음을 구하려 하는가? 어떤 인간도 그것들 가운데 한 가지라도 없음을 구하지 못하는데 어찌 여섯 가지 모두의 없음을 구할 수 있단 말인가? 나라에는 엄연히 국법이 있나니, 국법에 따라 왕은 왕의 책무를 다하여야 하고 태자는 태자의 책무를 다하여야 하느니라. 태자여, 너의 출가에 대한 청은 불허하노라. 너는 다른 청은 할 수 있으나 출가에 대한 청은 다시는 하지 말아야 할 것이니라."

잠시 침묵이 흐른 뒤 태자는 말하였다. "아바마마, 소자 다른 청이 있사옵니다." 왕이 말하였다. "그것이 무엇이더냐? 태자는 그 청을 말하여라." 태자가 말하였다. "아바마마, 옛날 선왕 가운데 왕의 책무를 다하고 왕궁을 떠나 출가한 분들이 계셨습니다. 태자가 출가하기 전에 해야 할 책무는 무엇입니까? 제가 무슨 책무를 다하여야 아바마마께서 저의 출가를 윤허하십니까?" 왕은 이렇게 생각하였다. '태자의 출가를 막을 자 그자는 누구일까? 지금 왕궁에 있는 자들 가운데 그자는 없다. 태자궁에도 없다. 왕국 내에도 없다. 혹시 미래에 태어날 태자의 아들이 그자가 아닐까! 태자가 나를 설득하듯, 태자의 아들이 태자를 설득하지 않을까!' 그리고 태자에게 말하였다. "장자로서 대를 이어라. 이것이 너의 책무이니라."

라훌라의 탄생 이 일이 있고 난 후 누구도 이 일을 다시 거론하지 않았다. 이 일이 일어나지 않은 듯 모두에게 잊히기를 바라는 듯 모든 것이 일상으로 돌아간 뒤 세월이 흘러 해가 바뀌었다. 어느 날 태자비에게 태기가 있다는 소식이 왕궁으로 전해졌다. 만삭이 가까워지자 빠자빠띠 왕비는 언니 마야 왕비를 생각하고는 태자비에게 말하였다. "태자비여, 데와다하는 너의 고향이자 나의 고향이기도 하다. 고향 데와다하로 가는 길은 맨몸으로도 멀고 험한데 하물며 만삭의 몸으로 말하여 무엇 하겠느냐! 해산과 산후조리를 위하여 고향 데와다하로 가지 말고 이곳 까삘라왓투로 오너라." 태자비는 빠자빠띠 왕비의 간곡한 말에 까삘라왓투의 왕궁으로 향하였다. 그곳에서 빠자빠띠 왕비의 지극한 보살핌을 받고 출산하였다. 어엿한 아들이었다. 모두가 기다리고 기다리던 아들의 탄생이었다. 태자는 태어난 아들의 이름을 라훌라라고 지었다.

갓 태어난 아기와 산모의 건강과 안위를 위하여 낮에는 햇빛으로부터 보호하고 밤에는 달빛과 별빛으로부터 보호하고 밤낮으로 바람과 사람으로부터 보호하고 마실 것과 음식을 가리는 일정 기간이 오랜 관습으로 전해졌다. 이 기간이 무사히 지나 산모와 아기의 건강이 회복되고 강건해졌다. 새로 태어난 아들을 널리 알리고 경축하는 축제가 왕궁에서 개최되었다. 축제가 시작되자 태자와 태자비는 어린 아들과 함께 제일 먼저 부왕과 왕비를 찾아뵙고 인사드렸다. "아바마마, 어마마마, 여기 장손 라훌라입니다. 장손 라훌라 인사드립니다." 그런 연후에 어린 아들과 함께 태자와 태자비는 아들의 탄생을 경축하러 온 석가족과 이웃 나라의 왕족들과 대신들 그리고 장자들을 차례대로 맞이하였다. 며칠 동안 성대히 진행되었던 축제의 마지막 날 늦은 오후가 되었다. 태자와 태자비는 어린 아들과 함께 부왕과 왕비를 찾아뵙고 축제가 성대히 잘 마무리되어 감사의 인사를 드렸다.

그리고 태자는 태자비와 어린 아들을 침실로 안내한 뒤 왕궁의 이곳저곳을 다니면서 축제를 준비하고 수고한 사람들을 차례대로 격려하고 위로하였다. 며칠 동안 지치고 피로가 누적되어 있던 사람들 가운데 일부는 축제가 무사히 잘 마무리되자 왕궁의 이곳저곳에서 쓰러져 졸거나 잠들기도 하였다. 태자는 침실에서 태자비가 기다릴지도 모른다는 생각에 침실로 갔다. 곤히 잠들어 있는 태자비와 어린 아들을 바라보며 시종들을 물러가게 한 뒤 태자비와 어린 아들에게 마지막 작별을 마음으로 고하였다. 그리고 침실을 나와 태자는 왕궁의 이곳저곳이 잘 내려다보이는 높은 누각에 혼자 앉아 이렇게 생각하였다. '며칠 동안의 축제는 오늘로 끝났다. 이제 석가족의 장자는 라훌라이다. 나는 장자로서의 책무를 다하였다. 나는 나의 책무를 다하였으므로 더 이상 출가를 미룰 이유가 없다.'

출가하는 태자 태자는 이어서 생각하였다. '재가자의 생활이란 갖가지 일들로써 실타래처럼 얽혀져 번거롭고 고단한 길이지만 출가자의 생활이란 허공처럼 막힘이 없고 열려 있는 길이다. 재가자의 생활을 영위하면서 더할 나위 없이 온전하고 지극히 청정한 범행을 실천하는 것은 쉽지 않으며 나아가 청정범행을 성취하는 것은 어려운 일이다. 그러나 출가자의 생활을 영위하면서 더할 나위 없이 온전하고 지극히 청정한 범행을 실천하는 것은 쉬운 일이며 나아가 청정범행을 성취하는 것은 가능한 일이다. 그러므로 이제 머리와 수염을 깎고, 물들인 옷을 입고, 재산이 적건 많건 간에 모두 다 버리고, 부모 형제와 일가친척들도 적건 많건 간에 모두 다 버리고, 궁을 떠나 출가하리라. 그리하여 출가자의 생활을 시작하리라.'**[출가의 사유]**MN36, MN100

'나는 출가하여 위없는 성스러운 경지를 구하리라. 그리하여 출가의 목적을 반드시 성취하리라. 그전에는 어떠한 이유로든 되돌아오지 않으리라. 출가의 목적을 성취한 것으로 부모님의 은혜와 빚을 갚을 수 있으리라. 출가의 목적을 성취한 것으로 아내와 아들이 겪을 아픔과 빚을 갚을 수 있으리라. 출가의 목적을 성취한 것으로 스승들과 동무들 그리고 모든 빚진 이들에게 빚을 갚을 수 있으리라.'

삼경이 지나고 사경도 지날 무렵 태자는 자리에서 문득 일어났다. 더 이상의 사유는 필요치 않았다. 이제는 오랫동안 사유한 결실을 거둘 때이다. 행동을 시작하여야 할 때인 것이다. 태자는 부왕과 왕비의 침실을 향하여 마지막 작별의 큰절을 올렸다. 그리고 마부 찬나가 머무는 숙소로 다가갔다. 곤히 잠들고 있는 찬나를 흔들어 깨웠다. "찬나여, 일어나라. 찬나여, 그만 잠에서 깨어나라." 찬나가 비몽사몽간에 일어나 말하였다. "태자님, 무슨 일입니까?" 태자가 말하였다. "찬나여, 목소리를 낮추어라. 곤하게 자는 다른 사람들을 깨우지 말라. 조금 있으면 새벽 여명이 틀 것이다. 지금 먼 길을 떠날 채비를 하여라. 말 울음과 말발굽 소리가 나지 않게 깐타까를 준비하여라." "네, 태자님. 분부대로 지금 말을 준비하겠습니다."라고 대답하고 찬나는 음식과 준비물을 챙겨서 마구간으로 갔다. 말 울음과 말발굽 소리가 나지 않게 깐타까를 준비하여 태자가 기다리는 왕궁의 동문으로 나아갔다. 이렇게 태자는 왕궁을 떠나 출가의 길을 떠났다. 이때가 태자가 혼인한 지 13년째 되는 29세가 되는 해였다.

아직 새벽 여명이 트기 전이라 사방이 어두워 길이 보이지 않았으나 희미한 별빛과 찬나의 능숙한 도움으로 태자는 동쪽으로 천천히 나아갔다. 새벽의 여명이 서쪽 하늘에서 반사되어 길의 윤곽이 조금씩 드러나자 말의 속도를 내기 시작하였고 점차 길이 뚜렷이 보이기 시작하자 말의 속도를 높여 달리기 시작하였다. 그렇게 태자는 동쪽으로 전력을 다하여 달리고 또 달렸다. 뒤쪽으로 왕궁은 아스라이 사라졌고 왕궁으로 향하는 큰길도 어느새 샛길로 변하였고 왕궁에서 쫓아오는 어떤 병사들도 없었다. 이윽고 까삘라왓투와 말라국의 국경인 아노마 강변에 이르러 국경을 건넜다.

그곳은 말라의 작은 마을 아누삐야로 향하는 국경의 강변으로 사람의 왕래가 드문 숲이었다. 태자는 말에서 내려 축제에서 착용하고 있던 의관을 하나씩 벗어서 한 곳에 내려놓았다. 외투와 모자 그리고 장검과 비단신을 가지런히 모아 놓고 그 위에 머리와 몸의 장식물, 귀걸이, 목걸이, 팔지, 발찌 그리고 반지를 벗어 놓았다. 그런 후 길게 자란 머리카락을 풀어헤치고 준비한 단칼을 빼서 긴 머리카락을 한 묶음씩 잘라 가지런히 모아 묶었다. 영문을 몰라 당황하던 찬나는 마지막 작별을 직감하자 마치 죄인인 양 무릎을 꿇고 바닥에 주저앉았다.

태자가 찬나에게 말하였다. "찬나여, 여기서부터 나 홀로 길을 가야 하니, 너는 왕궁으로 돌아가거라." 그러자 찬나가 말하였다. "태자님이시여, 태자님께서 어디로 가시든 제가 항상 태자님을 모시고 갔고, 태자님께서 그곳에서 돌아가실 때는 제가 항상 태자님을 모시고 돌아갔습니다. 이것이 소인의 책무입니다." 태자가 말하였다. "그러하다, 찬나여. 그것이 너의 책무였느니라, 찬나여. 착한 찬나여, 너는 지금까지 너의 책무를 참으로 잘하였느니라. 이제 너에게 마지막 책무를 맡기니 너는 너의 마지막 책무를 다하여라." 태자는 말없이 바라보는 찬나의 어깨를 다독이며 말하였다. "찬나여, 이것이 너의 마지막 책무이니라. 너는 왕궁으로 돌아가 부왕을 뵙고 나의 외투와 모자 그리고 장검과 머리카락을 드리고 나의 말씀을 전하여라. 그리고 태자비를 뵙고 여기 목걸이와 반지를 드리고 나의 말을 전하라. 이것이 너의 마지막 책무이니라." 슬픔에 잠긴 찬나는 "소인 태자님의 마지막 책무 받들겠습니다."라고 말하고 태자에게 마지막 작별의 절을 하였다.

태자는 울먹이는 찬나의 등을 쓰다듬으면서 말하였다. "찬나여, 자책하지 말라. 너의 잘못은 없다. 누구도 너의 잘못을 말하지 않을 것이다. 너는 돌아가서 늙으신 부모님을 잘 봉양하여라. 여기 나머지 패물과 단검은 너의 몫이니 부모님 봉양에 보탬이 되게 하여라." 그리고 태자는 돌아서서 남으로 향하였다. 숲으로 난 길을 따라 태자의 뒷모습이 사라져 갔다. 때는 초봄이었다. 아침저녁으로는 아직 쌀쌀하고 한낮의 햇볕은 따가운 그런 봄날이었다. 이렇게 태자는 그날 왕국을 떠나 출가하였다. 그의 나이는 29세였다. 이제 태자는 사문 고따마로 불리게 되었고 알려지게 되었다.

제4장

정각과 전법

1 유행을 시작하다

사냥꾼 사문 고따마는 숲으로 난 길을 따라 남으로 향하였다. 나무 사이로 비치는 따사로운 햇살과 훈훈한 봄바람을 맞으며 어디에 있을지 모르는 스승을 찾아 유행을 시작하였다. 떠나온 부모님과 가족 그리고 친지들, 학당의 스승들과 동무들의 추억과 기억을 즈려밟듯 걸음을 옮겼다. 비록 오랜 기간 무예로 단련된 강인한 몸이지만 처음 맨발로 낯선 숲길을 걷는 것은 그리 쉬운 일이 아니었다. 그렇게 한동안 숲길을 걸었을 때 사냥터로 가던 사냥꾼을 만났다. 그는 사냥꾼에게 옷을 서로 바꿔 입자고 제안하였고 그 제안은 흔쾌히 성사되었다. 떠나온 곳의 마지막 기억을 정리하듯 궁에 적합한 옷을 벗어 버리고 숲에 적합한 사냥꾼의 옷으로 갈아입은 그는 출가자의 첫날을 맞이하고 있었다.

태자를 뒤쫓는 신하들 한편 숲으로 난 길을 따라 태자의 뒷모습이 사라진 뒤에도 마지막 뒷모습이 사라진 그곳을 한참 동안 응시하던 찬나는 문득 고개를 떨어트린 채 일어났다. 찬나는 태자의 물품들을 잘 쌓고 묶어서 말에다 싣고 왕궁을 향하였다. 풀 죽고 슬픔에 잠긴 찬나를 맞이한 것은 횃불을 든 왕궁의 사람들이었다. 왕궁 밖 먼 길에서부터 횃불이 밝혀져 있었다. 왕 앞으로 인도된 그에게 왕이 말하였다. "착한 찬나여, 태자는 어찌하고 너 홀로 돌아왔느냐?" 찬나가 왕에게 고하였다. "대왕마마, 태자님께서 출가하셨습니다. 왕국을 떠나 말라국으로 가셨습니다. 태자님의 외투와 모자 그리고 장검과 머리카락을 대왕마마께 전해 드리고 태자님의 말씀을 전하라는 마지막 책무를 저에게 주시고 떠나셨습니다." 왕은 마음을 가다듬고 말하였다. "착한 찬나여, 태자가 전하는 말을 전하여라." 찬나가 말하였다. "대왕마마, 태자님께서 이렇게 말씀하셨습니다. 아바마마, 어마마마, 소자의 불충과 불효를 용서하십시오. 소자는 성스러운 경지를 성취하기 전에는 결단코 돌아오지 않을 것입니다. 부디 옥체 강녕하소서." 왕비는 이 말을 듣고 슬픔에 젖어 눈물을 흘리며 말하였다. "태자가 이 어두운 밤에 낯선 숲속에 홀로 있단 말인가? 궁에서 고이 자란 태자가 어찌 노숙하며 어찌 걸식한단 말이냐. 맹수나 도적 떼를 만나면 우리 태자를 어찌한단 말이냐." 이러자 왕이 찬나에게 말하였다. "착한 찬나여, 너는 너의 마지막 책무를 잘하였느니라. 그만 물러가거라."

왕의 거처에서 물러난 찬나는 태자비 앞으로 인도되었다. 태자비가 말하였다. "착한 찬나여, 태자님은 어찌하고 너 홀로 돌아왔느냐?" 찬나가 태자비에게 고하였다 "태자비마마, 태자님께서 출가하셨습니다. 왕국을 떠나 말라국으로 가셨습니다. 태자님의 목걸이와 반지를 태자비마마께 전해 드리고 태자님의 말씀을 전하라는 마지막 책무를 저에게 주시고 떠나셨습니다." 태자비는 마음을 가다듬고 말하였다. "착한 찬나여, 태자님께서 전하시는 말씀을 전하여라." 찬나가 말하였다. "태자비마마, 태자님께서 이렇게 말씀하셨습니다. 나는 성스러운 경지를 성취하기 전에는 결단코 돌아오지 않을 것이오. 부질없이 나를 기다리거나 찾지 마시오. 부디 그대가 원하는 행복을 찾아가시길 바라오." 태자비는 이 말을 듣고 슬픔과 서러움에 젖어 눈물을 흘리며 말하였다. "옛날 선조의 선왕 가운데 왕궁을 떠나 출가한 분들이 계셨다. 그렇지만 그분들은 출가하였어도 처자식을 버리지는 않았다. 어찌하여 이리 어린 자식을 버리고 출가한단 말인가. 부부로서 영원한 행복을 약조하였거늘 어찌 약조의 징표인 이 목걸이와 반지를 너에게서 돌려받는다는 말인가. 한마디 언질도 없이 어찌 마지막 작별의 말씀을 너에게서 듣는단 말인가.” 잠시 후 태자비는 이어서 말하였다. “착한 찬나여, 태자께서 하신 다른 말씀은 없었느냐?” 찬나는 국왕께 전한 태자의 말을 그대로 전한 뒤 말하였다. “또한 태자님께서는 소인에게 이렇게 말씀하셨습니다. 너는 돌아가서 늙으신 부모님을 잘 봉양하여라. 여기 나머지 폐물과 단검은 너의 몫이니 부모님 봉양에 보탬이 되게 하여라.” 그리고 찬나는 나머지 폐물과 단검을 펼쳐 보이고 말하였다. “태자비마마, 여기 태자님의 물품은 소인에게 어울리지 않습니다. 태자비마마께서 뜻하시는 대로 처분하소서.” 태자비가 말하였다. “아니 이것은 태자님의 신발이 아니더냐. 진정 맨발로 가셨다는 것이냐?” 태자비는 잠시 침묵 후 말하였다. “착한 찬나여, 몸을 치장하는 장식물은 버림받은 여인네에게는 어울리지 않는구나. 너는 돌아가서 처자식을 잘 보살펴라. 여기 나의 장식물은 너의 몫이니 처자식 봉양에 보탬이 되게 하여라. 착한 찬나여, 너는 너의 마지막 책무를 잘하였느니라. 그만 물러가거라.”

다음 날 왕은 가까운 친지들과 대신들 그리고 몇몇 측근들을 긴급하게 불러들여 회의를 개최하여 논의하였다. “존자들이시여, 태자가 왕국을 버리고 출가하였소. 이를 어찌하면 좋겠소.” “태자님을 왕궁으로 모셔 와야 합니다.” “그렇습니다. 어떻게 모셔 오느냐를 논의하고 있습니다.” “군대를 보내는 것은 어떻습니까?” “당치 않습니다. 태자님께서는 무슨 죄인도 아닌데 어찌 군대를 보낸답니까.” “국경을 넘어 군대를 보내는 것은 말라국의 오해를 살 수 있을 뿐 아니라 만약 말라국이 자국에서 유행하는 출가 사문을 자국의 국법으로 보호하려 한다면 큰 낭패를 보게 될 것이오.” “그렇다면 평복을 입은 건장한 장정들 몇 명을 보내는 것은 어떻겠습니까?” “모르시는 말씀입니다. 이 나라에 태자님을 힘으로 제압할 수 있는 장정이 어디 있단 말입니까? 태자님의 뛰어난 무예를 몇 명의 장정들이라도 제압하기 어려울 뿐만 아니라 지엄하신 태자님의 뜻을 거슬러 힘으로 제압할 장정은 이 왕국에는 없습니다.” “그렇다면 태자님을 설득할 수 있는 분을 보내면 어떻겠습니까?” “그 부분에 대하여서는 제가 말씀을 드려야 하겠습니다. 제가 태자님을 학당에서 10년 동안 가르치고 최근까지 종교 지식에 관하여 대화한 경험으로 보면 태자님의 깊은 학문의 경지를 견줄 자, 저를 포함하여 이 왕국에는 없습니다. 견줄 자도 없는데 설득할 자 어디에 있겠습니까?" "그렇다면 태자님께서 스스로 돌아오실 때까지 그냥 두 손 놓고 기다려야 한단 말씀입니까?" "그럴 수는 없습니다. 그것은 신하의 도리가 아닙니다. 대왕 폐하의 성심을 편안하게 해 드리고 왕국의 미래를 위하는 신하의 충정으로 태자님께 간청드려 태자님을 모시고 돌아오겠습니다. 여기 모이신 대신들 가운데 나이가 제일 많은 소신이 다녀오는 것이 좋겠습니다. 저는 대왕 폐하의 명으로 말라국에 여러 번 다녀온 적이 있어 그곳의 지리에도 익숙합니다. 제가 평복을 입더라도 태자님께서는 저를 알아보실 것이며 물들인 옷을 입으시더라도 저는 태자님을 알아볼 수 있습니다. 대왕 폐하께서는 윤허하여 주십시오." "존자시여, 그대의 뜻대로 하시오." "소신, 대왕 폐하의 분부 받잡겠습니다." "여보시게, 자네는 찬나를 길잡이로 삼아 짐의 마차로 존자님을 국경까지 모셔라. 그곳에서 기다렸다가 태자와 존자님을 모시고 왕궁으로 돌아오너라." 연로한 대신은 서둘러 채비를 마치고 찬나를 앞세우고 길을 떠났다.

찬나가 국경까지 길을 안내하자 대신이 말하였다. "찬나여, 태자님께서 가신 길이 강 건너 숲으로 난 저 길이더냐?" 찬나의 대답을 들은 대신은 "저 길을 따라가면 국경에서 가장 가까운 빠와라는 도시가 나올 것이니라. 그 도시에는 사문의 숲이 있느니라. 태자님께서는 그곳에 계실 것이다. 찬나여, 너는 깐타까를 준비하여라. 시자여, 너는 나를 따르라."라고 말한 뒤 나머지 일행에게 일렀다. "너희들은 언제든지 왕궁으로 돌아갈 준비를 하고 여기서 기다려라. 그리고 날렵한 말 한 필을 따로 준비하여라." 대신은 한 명의 시자와 찬나를 앞세워 강을 건너 태자가 간 길을 따라 사문의 숲으로 달렸다.

여성 출가자들 사냥꾼의 옷을 입고 출가자의 첫날을 보내고 있는 사문 고따마는 한적한 곳의 어느 나무 아래에 앉아 사유하였다. '이제 나의 출가를 거스를 자 아무도 없나니 나는 나의 출가를 시작하노라. 이 순간을 위하여 얼마나 많은 시간과 노력을 기울였으며 번민하였던가. 이제는 떠나온 그 모든 것들을 잊어버리고 떠나오기 위하여 기울였던 그 모든 것들을 잊어버리자. 이제부터 나는 홀로 노숙과 걸식으로 살아가야 하는 출가 사문이다. 출가의 목적인 성스러운 경지를 성취하기 위하여 마땅히 익히고 배워야 할 것들에 나의 모든 노력을 기울여야 하리라. 만약 몸을 다치거나 병이 들면 이러한 노력에 장애가 될 것이다. 다친 몸이나 병든 몸을 돌볼 사람은 어디에도 없다. 나는 몸을 다치지 않도록 주의하면서 유행해야 할 것이다. 또한 병이 들지 않도록 노숙에 주의를 기울여야 하며 물과 음식을 섭취할 때도 주의를 기울여야 하리라.' 마치 무리에서 떨어져 홀로 황야에 선 한 마리의 늑대처럼 사문 고따마의 눈빛은 예리하고 깊어져 갔다.

사문 고따마는 이렇게 생각을 가다듬고 유행을 하였다. 길을 걷다가 한적한 곳이 있으면 고요히 앉았다가 다시 길을 걸었다. 목마름과 배고픔을 견디면서 적절한 때와 장소에서 갈증을 해소하거나 걸식으로 배고픔을 달랬다. 한낮의 뜨거운 햇빛을 피하고 해가 떨어진 숲속의 추위를 견디고 적응해 갔다. 이렇게 출가자의 첫날과 다음 날들을 보내면서 남으로 유행하였다. 띄엄띄엄 떨어져 있는 인가들을 거치고 작은 마을을 거쳐 크고 아담한 어느 마을에 도착하였다. 마을에서 걸식하는 그는 그 마을에 의지하고 있던 여성 출가자들의 눈에 띄었다. 그들은 그와 대화하였다. "존자시여, 존자께서는 출가하신 지 오래되어 보이지 않습니다." "저는 집을 떠나 출가한 지 며칠 되지 않습니다. 저는 성스러운 경지를 성취하고자 출가하였습니다. 존자들의 출가의 목적은 무엇입니까? 존자께서 지니시는 법과 율은 무엇입니까?" "존자시여, 저희는 인간의 오염을 혐오하여 출가하였습니다. 인간의 오염을 벗어나는 것이 저희 출가의 목적입니다. 저희는 청정한 출가자의 생활을 지니는 것으로 법과 율로 삼고 있습니다." "존자시여, 저희 법과 율은 존자에게 도움이 되지 못합니다. 존자께서는 이 길을 따라 남으로 가십시오. 빠와라는 큰 도시가 나올 것입니다. 그곳에 사문의 숲이 있는데 그 사문의 숲은 이 지역에서 가장 많은 사문이 머무는 곳입니다. 그곳에 존자께서 찾는 법과 율을 지니시는 분이 계실지 모르겠습니다." 목례하고 돌아서려는 그에게 그들은 말하였다.

"잠깐만 기다리시오, 존자시여. 출가한 지 오래된 사문들은 살생을 혐오하고 살생하는 자를 혐오합니다. 그들은 살생하는 도구와 기구를 혐오하며 사냥꾼의 옷을 혐오합니다. 출가한 사문에게 사냥꾼의 옷은 어울리지 않습니다. 저희가 사용한 적이 없는 여벌 옷이 있습니다. 사냥꾼의 옷은 저희에게 주시고 출가한 사문에게 어울리는 이 옷으로 바꾸어 입고 가십시오. 그리고 걸식할 때 필요한 그릇과 사문들은 누구나 지니고 다니는 실과 바늘입니다. 이것들은 저희가 사용한 적이 없는 여벌의 것들입니다. 부디 존자께서 원하시는 출가의 목적을 성취하시길 바랍니다." 그는 그들에게 감사의 묵례를 하고 남으로 길을 떠났다.

빠와의 사문들 사문 고따마는 빠와에 도착하여 도시 인근에 있는 사문의 숲에 이르렀다. 숲속은 홀로 나무 아래에서 머무는 사문들, 삼삼오오 어울려 머무는 사문들, 숲을 떠나는 사문들, 숲에 도착하는 사문들로 활기찼다. 그는 숲속 한적한 곳의 어느 나무 아래에 앉았다. 그리고 다른 사문들이 걸식하고 생활하는 것을 보고 따라서 걸식하고 생활하였다. 이렇게 며칠이 지나자 사문으로서의 일상생활이 익숙해졌다. 그는 대화하게 된 사문에게 "존자의 출가 목적은 무엇입니까? 존자께서 지니시는 법과 율은 무엇입니까?"라고 묻고 그들의 법과 율을 배웠다. 그리고 그들로부터 함께 머무는 숲속에서 사문으로서 지켜야 할 기본적인 예법과 관습을 배웠으며 마을에서 걸식할 때 지켜야 할 기본적인 예법과 관습도 배웠다. 사문의 숲에서 충분히 머물렀다고 생각한 그는 다음 날 걸식을 마치고 그곳을 떠나리라 생각하였다.

한편 빠와에 도착한 대신의 일행은 사문의 숲 입구에서 가장 가까운 곳에 여장을 풀고 태자가 사문의 숲에서 나와 걸식할 때를 기다리고 있었다. 이때 찬나가 대신에게 말하였다. "존자시여, 태자님입니다. 저기 저분이 태자님이십니다." 대신이 말하였다. "너희들은 이곳에서 몸을 숨기고 조용히 기다려라." 사문 고따마가 걸식을 마치고 숲속의 한적한 곳에 머무르고 있을 때 대신이 홀로 나아가 땅바닥에 엎드려 절을 올리고 간청하였다. "태자마마, 소신 태자마마를 뵙습니다. 태자마마, 대왕마마와 왕비마마께서 눈물로 기다리고 계시는 왕궁으로 돌아가소서. 태자마마, 태자비마마와 아기마마께서 눈물로 기다리고 계시는 왕궁으로 돌아가소서. 태자마마, 조정의 모든 신하와 백성들이 눈물로 기다리는 왕궁으로 돌아가소서." "존자시여, 물들인 옷을 입은 사문에게 왕궁은 어울리지 않습니다. 존자시여, 걸식하는 사문에게 왕궁은 어울리지 않습니다. 존자시여, 맨발로 유행하는 사문에게 왕궁은 어울리지 않습니다." "태자마마, 태자마마의 심중을 깊이 헤아리지 못한 소신을 벌하소서. 태자마마, 태자마마께서 원하시는 사문의 생활을 왕궁에서 그대로 하실 수 있도록 소신이 힘껏 보필하겠습니다. 태자마마, 태자마마께서 찾으시는 천하의 훌륭한 사문들을 차례로 왕궁으로 모셔서 머물도록 소신이 성심껏 보필하겠습니다. 태자마마, 태자마마께서 성취하시고자 하는 바를 왕궁에서도 성취하실 수 있도록 소신이 신명을 다하여 보필하겠습니다. 태자마마, 소신과 조정 신하들이 모두 이같이 태자마마를 보필하겠습니다. 소신이 태자마마를 모시고 왕궁으로 돌아가도록 허락하여 주십시오. 태자마마, 깐타까가 준비되었습니다." "존자시여, 여기 이 숲은 존자에게 어울리지 않습니다. 존자에게 어울리는 왕궁으로 돌아가십시오. 이제 나는 나의 길을 떠나야 하니 존자는 존자의 길로 가시오." 그는 이렇게 말하고는 자리에서 일어나 사문의 숲을 나와 남으로 향하였다. 태자의 뒷모습이 사라지자 대신은 자리에서 일어나 찬나와 시자를 불렀다. "애야, 너는 지금 깐타까를 타고 가거라. 일행이 기다리고 있는 강변에 도착하면 준비된 말로 갈아타고 왕궁으로 돌아가 내가 이르는 대로 하여라. 시간이 급하다. 얼른 가거라. 찬나여, 너는 나와 돌아갈 채비를 챙겨 얼른 돌아가자."

왕궁에 도달한 대신은 시자에게 보고받고 왕에게 다가가 아뢰었다. "대왕 폐하, 소신이 어리석고 불충하여 태자님께서 환궁하지 못하여 폐하의 성심을 어지럽혔습니다. 소신을 벌하여 주소서." "존자시여, 어찌 존자의 잘못이겠소. 이제 이 일을 어찌하면 좋겠소?" "대왕 폐하, 태자님의 안위를 보살피는 다른 방법이 있습니다." "그것이 무엇이오? 그 방법이 무엇인지 말해 보시오." "대왕 폐하, 왕국에는 태자님과 생사고락을 함께 하기로 맹세한 동무이자 신하들이 있습니다. 그들 가운데 어떤 자들은 출가하고자 할 것이며 출가한 그들이 태자님과 더불어 출가 생활한다면 그들이 태자님의 안위를 보살필 수 있을 것입니다." "존자시여, 그렇게 된다면 짐과 왕비의 근심과 걱정을 덜 수 있을 것이오. 그대의 뜻대로 하시오." 대신은 대전에서 물러나 시자가 안내하는 곳으로 나아갔다.

그곳에는 태자와 함께 학당에서 학문과 무예를 닦던 자들이 모여 있었다. 대신이 그들에게 말하였다. "너희들은 마음을 가다듬고 나의 말을 잘 들어라. 태자님께서 출가하셨다. 태자님께서 출가 사문이 되셔서 지금 말라국을 홀로 유행하고 계신다. 너희들은 어릴 적부터 태자님과 함께 학당에서 학문과 무예를 닦던 학우였으며 태자님과 생사고락을 함께 하기로 맹세한 동무이자 신하들이다. 너희들 가운데 출가할 자 누구인가? 출가하여 태자님과 생사고락을 함께 할 자 누구인가?" "존자시여, 저희 가운데 출가할 자 많습니다. 출가하여 태자님과 생사고락을 함께 할 자 많습니다. 몇 명의 출가자라면 족하시겠습니까?" "다섯 명이라면 적절하리라." "그들이 갖추어야 할 조건은 무엇입니까?" "그들이 갖추어야 할 조건은 오직 부모님의 허락이니라." "저희 가운데 부모님의 허락을 받는 다섯 명의 출가자를 언제까지 선출하면 되겠습니까? 선출한 후 어떻게 하면 되겠습니까?" "오늘 밤이 지나고 이틀을 주겠다. 이틀 동안 모든 출가 준비를 마치고 다음 날 새벽 동틀 무렵 왕궁 동문 앞에 모여라. 태자님의 뒤를 쫓아가야 하리라. 출가자는 여느 출가 사문들과 같이 머리와 수염을 깎고, 물들인 옷을 입고, 걸식을 위한 그릇과 필수 소지품을 갖추어야 한다." 이렇게 말한 뒤 대신은 찬나와 시자에게 말하였다. "너희 둘은 오늘 밤이 지나고 이틀이 지난 다음 날 새벽 동틀 무렵 왕궁 동문 앞에 말들을 준비하여라. 다섯 출가자를 사문의 숲까지 안내하여라. 사문의 숲에서부터 찬나는 다섯 출가자의 뒤를 따라가고 시자는 그곳에서 찬나가 돌아올 때까지 기다려라. 찬나는 다섯 출가자가 태자님을 만나는 것을 확인하면 돌아와 시자와 함께 왕궁으로 돌아오너라."

그날 밤이 지나고 하루가 지난 뒤 꼰단냐가 대신을 찾아왔다. 그는 까삘라왓투에서 가까운 도나왓투라는 도시에서 태어난 브라만으로 그의 가문은 대대로 왕궁에 종사하였다. 그는 아시따 선인 다음으로 어린 싣닫타 왕자의 상호와 용모를 보러 온 여덟 명의 브라만 가운데 한 명이었다. 그는 당대의 뛰어난 관상학 대가인 선친으로부터 관상학을 전수하였으며 건강이 좋지 않았던 선친을 대신하여 젊은 나이임에도 불구하고 가문을 대표하여 그 자리에 참석하였다. 그는 대신에게 말하였다. "존자시여, 태자님께서 출가하셨다고 들었습니다. 그리고 다섯 명의 출가자를 선출한다는 말을 들었습니다. 사실입니까?" "사실입니다, 존자시여." "존자시여, 존자께서도 아시다시피 저는 어린 태자님의 상호와 용모를 본 그날부터 지금까지 태자님께서 출가하시기를 기다려 왔습니다. 이 나라에서 태자님을 따라 태자님 곁에서 출가할 자를 찾는 것은 저를 제외하고는 가능하지 않은 일입니다. 다섯 명의 출가자에 저를 포함시켜 주십시오." "존자시여, 존자의 뜻대로 하시지요. 존자시여, 저의 청이 하나 있습니다. 왕실과 나라의 안위를 위한 것이니 존자께서 꼭 들어주시길 청합니다." "존자시여, 그것이 무엇입니까?" "존자시여, 태자님께서 큰 깨달음을 얻게 되시거나 혹은 태자님께 큰 변고가 생기게 되면 제일 먼저 까삘라왓투에 알려주시길 바랍니다." "존자시여, 존자의 청을 받들겠습니다. 약조하겠습니다." "존자시여, 내일 새벽 동틀 무렵 왕궁 동문 앞으로 오십시오. 말들이 준비되어 있을 것입니다. 태자님을 마지막으로 뵈었던 사문의 숲까지 안내할 것입니다."

꾸시나라의 다섯 도반 사문 고따마는 사문의 숲을 나와 말라국의 수도 꾸시나라로 향하였다. 꾸시나라의 인근 숲에 머물던 어느 날 그는 한 무리의 사문들을 만났다. 그들은 품행이 단정하고 얼굴이 맑고 수행이 깊어 보였다. 그들과 대화하였다. "존자들이시여, 존자들의 출가 목적은 무엇입니까? 존자들께서 지니시는 법과 율은 무엇입니까?" "존자시여, 우리는 인간세상을 벗어나 천상세계에 태어나는 것을 출가 목적으로 삼고 있습니다. 우리는 다양한 고행하는 법과 율을 지니고 있습니다." "고행하는 법과 율을 어떻게 배울 수 있습니까?" "그것은 생활하면서 하나씩 익혀야 합니다. 우리는 미틸라의 인근 숲에 계시는 박가와 선인으로부터 배웠습니다. 존자께서도 그분에게 배울 수 있을 것입니다."

그는 그 숲에서 충분히 머물렀던 어느 날 한 무리의 사문들을 만났다. 그들은 어릴 적부터 학문과 무예를 함께 닦던 벗이자 생사고락을 함께 하기로 맹세한 동무들이었다. 그들은 숲속 한적한 곳의 어느 나무 아래에 앉아 있던 그에게 다가와 절을 한 뒤 대화하였다. "태자님이시여, 저희도 태자님처럼 출가하였습니다." "존자들이시여, 그대들의 출가는 그대들 스스로 한 것입니까? 아니면 남이 시켜서 한 것입니까?" "저희의 출가는 저희 스스로 한 것입니다." "부모님의 허락은 받으셨습니까?" "그렇습니다. 저희 모두 부모님의 허락을 받았습니다." "존자들이시여, 존자들의 출가의 목적은 무엇입니까? 존자들께서 지니시는 법과 율은 무엇입니까?" "태자님이시여, 태자님의 출가의 목적이 곧 저희 출가의 목적이 될 것입니다. 태자님께서 지니시는 법과 율이 곧 저희가 지니는 법과 율이 될 것입니다." "존자들이시여, 존자들은 이디에서 미물며 어디로 가려고 합니까?" "태자님이시여, 태자님께서 머무시는 곳이 곧 저희가 머무는 곳이 될 것이며 태자님께서 가시는 곳이 곧 저희가 가는 곳이 될 것입니다." 잠시 침묵이 흐른 뒤 대화는 이어졌다.

"그렇다면 나와 그대들은 두 가지 약조를 서로 해야 합니다." "그 두 가지가 무엇입니까?" "첫째 법과 율을 배우고 익히고자 할 때 그대들은 나를 방해하지 않으며 나는 그대들을 방해하지 않습니다. 둘째 배우고 익힌 법과 율을 그대들은 나에게 가르쳐 주며 나는 그대들에게 가르쳐 줍니다." "태자님이시여, 저희는 맹세코 두 가지 약조를 지키겠습니다." "존자들이시여, 그대들도 나처럼 출가하여 사문이 되었습니다. 따라서 사문의 예법과 관례를 따라서 그대들은 나를 태자라고 부르는 것은 적절하지 않으니 도반 고따마라고 부르든지 사문 고따마라고 불러야 할 것입니다." "도반 고따마여, 우리는 그대를 도반 고따마로 부르겠습니다." 그들은 이렇게 그의 도반이 되었고 함께 유행하는 일행이 되었다. 그들은 꼰단냐, 밧디야, 왑빠, 마하나마, 앗사지의 다섯 사문이었다.

이들 다섯 출가자가 사문 고따마와 합류한 것을 멀리서 확인한 찬나는 빠와로 돌아가 그곳에서 자신을 기다리던 시자와 함께 왕궁으로 돌아가 대신에게 이 사실을 알렸다. 한편 그는 자기의 출가의 목적과 더불어 약조대로 이들 다섯 도반에게 지금까지 배우고 익혔던 법과 율을 가르쳤다. 그는 다섯 도반과 함께 그곳을 떠나 꾸시나라의 동쪽으로 난 대로를 따라 미틸라로 향하였다. 미틸라는 한때 위데하의 수도였으나 쇠락한 도시로 꾸시나라의 동북쪽에 위치하였다.

2 스승을 찾아 유행하다

미틸라의 박가와 선인 미틸라에 도착한 사문 고따마 일행은 박가와 선인이 머무는 숲을 찾아갔다. 숲에는 갖가지 고행을 연마하는 고행자들로 활기찼다. 마치 갖가지 무예를 연마하는 군사들의 훈련장처럼 갖가지 고행으로 구역이 구분되어 있고 시설이 설치되어 있었다. 그는 박가와 선인에게 다가가 여쭈었다. "존자시여, 존자의 출가 목적은 무엇입니까? 존자께서 지니시는 법과 율은 무엇입니까?" "존자여, 인간은 오염된 인간세상을 벗어나야 합니다. 인간은 오염되지 않은 천상세계에 태어나야 합니다. 이것이 우리의 출가 목적입니다. 우리는 다양한 고행을 실행하는 법과 율을 지니고 있습니다. 존자여, 인간은 갖가지 오염을 짓습니다. 무엇으로 갖가지 오염을 지을까요? 몸입니다. 인간은 몸으로 갖가지 오염을 짓는 것입니다. 인간이 과거에 지은 갖가지 오염의 과보로 미래에 갖가지 고통을 겪습니다. 무엇으로 갖가지 고통을 겪습니까? 몸입니다. 따라서 인간은 몸으로 갖가지 고통을 미리 겪으면 미래에 갖가지 고통의 과보를 초래하는 과거에 지은 갖가지 오염이 사라집니다. 오염이 사라지면 오염된 인간세상을 벗어날 수 있습니다."

"존자시여, 존자의 법과 율을 배우고 익히고자 합니다." "그대들은 이 숲에 머무십시오. 그대들은 갖가지 고통을 겪고 그것을 극복하는 고행을 차례대로 배우고 익힐 것입니다. 어떤 고행은 그대들에게 잘 맞지 않을 수 있고 어떤 고행은 그대들에게 잘 맞을 수 있으니 그것은 그대들이 과거에 지은 오염의 종류에 따른 것입니다. 그대들에게 맞는 고행을 찾아내길 바랍니다. 모든 고행에는 고통의 정도에 따라 상중하의 단계가 있습니다. 그대들은 먼저 하의 단계를 배우고 익힐 것입니다. 그리고 고행을 처음 시작하는 수행자들은 요가를 배워 익혀서 갖가지 고행을 견딜 수 있는 몸을 먼저 만들어야 합니다."

그는 일행과 함께 숲에 머물면서 갖가지 고행을 차례대로 배우고 익혀 나갔다. 거친 음식을 먹는 고행, 음식의 양을 극도로 줄이는 고행, 금식하는 고행, 금언하는 고행, 숨을 조절하는 고행, 잠자지 않는 고행, 고통을 일으키는 몸의 자세를 유지하는 고행, 추위와 더위를 견디는 고행, 갖가지 도구나 기구에 의한 고행 등의 갖가지 고행을 배우고 익혔다. 숲에서 배우고 익힐 수 있는 모든 고행을 두루 섭렵한 뒤 그는 박가와 선인에게 다가가 말하였다. "존자시여, 갖가지 고행을 닦으면 갖가지 오염이 사라집니다. 오염이 사라지는 것을 어떻게 보고 알 수 있습니까?" "믿음입니다. 나는 그런 믿음을 가지고 있습니다." "존자께서 지니신 믿음을 어떻게 저희도 지닐 수 있습니까?" "나의 믿음은 이 숲과 함께 스승으로부터 전수하였습니다. 나의 스승 또한 스승의 전통을 계승하였으며 스승으로부터 제자로 계승된 전통은 이 숲의 역사만큼이나 아주 오랜 역사가 있습니다." "존자시여, 이러한 경우가 있을 것입니다. 어떤 오염을 지으면 그 오염의 과보로 겪는 고통을 현생에서 받는 경우가 있을 것입니다. 고행하면 그 고행의 과위를 현생에서 보고 알 수 있을 것입니다." "현생에서 모든 오염을 여읜다고 하더라도 인간의 몸을 지닌 채 천상세계로 나아갈 수는 없을 것입니다. 존자여, 이 숲에서 내려오는 믿음을 지니지 않은 채 모든 고행의 상의 단계를 닦는 것은 어려운 일입니다. 이러한 믿음을 갖추지 않은 채 목숨이 다할 때까지 고행을 닦는 것은 어려운 일입니다. 믿음 없이 고행에 목숨을 바치는 것은 어려울 것입니다."

"존자시여, 만약 믿음으로만 고행을 닦는다면 이러한 경우가 있을 것입니다. 하의 오염을 지은 사람이 부질없이 상의 고행을 하는 경우가 있을 것입니다." 잠시 침묵이 흐른 뒤 박가와 선인은 말하였다. "존자들이여, 그대들은 웨살리에 있는 알라라 깔라마 선인을 찾아가십시오. 그대들이 원하는 법과 율을 배울 수 있을 것입니다." 그는 다섯 도반과 함께 그곳을 떠나 미틸라의 서쪽으로 난 대로를 따라 웨살리로 향하였다. 웨살리는 토착 원주민의 8부족 연합체 국가인 왓지국의 수도로 미틸라의 남서쪽에 위치하였다.

웨살리의 알라라 깔라마 선인 웨살리에 도착한 사문 고따마의 일행은 알라라 깔라마 선인이 머무는 숲을 찾아갔다. 숲은 고요하였고 명상을 닦는 수행자들로 가득하였다. 그는 120세의 알라라 깔라마 선인에게 다가가 여쭈었다. "존자시여, 존자의 출가 목적은 무엇입니까? 존자께서 지니시는 법과 율은 무엇입니까?" "존자여, 인간은 오염된 인간세상을 벗어나 범천에 태어나야 합니다. 이것이 우리의 출가 목적입니다. 우리는 다양한 명상을 닦는 법과 율을 지니고 있습니다." "존자시여, 존자께서 지닌 법과 율에 따라 명상을 닦아 성취하면 그 성취를 어떻게 보고 알 수 있습니까?" "존자여, 이 법은 이 법에 대하여 지혜가 있는 사람이라면 오래지 않아 자기 스승과 동등한 법을 실현하고 증득할 수 있으며 실현하고 증득한 그 법을 스스로의 지혜로 보고 알 수 있는 그러한 법입니다." "존자시여, 존자의 법과 율을 배우고 익히고자 합니다." "그대들은 이 숲에 머무십시오. 그대들은 다양한 명상을 차례대로 배우고 익힐 것입니다."

그는 일행과 함께 숲에 머물면서 여느 입문자와 같이 갖가지 명상을 차례대로 배우고 익혀 나갔다. 그곳에 머문 지 오래되지 않아 그는 입문자로서 배워야 할 스승의 가르침을 모두 차례대로 실현하고 증득하였다. 그는 입을 열자마자 지혜로운 말과 확신에 찬 말로써 "나는 이 법을 실현하고 증득하며 이 법을 보고 안다."라고 선언하였고 그곳의 다른 사문들도 그렇게 인정하여 말하였다. 그때 그에게 이러한 생각이 들었다. 스승 알라라 깔라마는 단순히 믿음만으로 '나는 최상의 법을 실현하고 증득하며 스스로 최상의 지혜로 보고 안다.'라고 선언하는 것이 아니라 참으로 최상의 법을 스스로 최상의 지혜로 알고 보면서 실현하고 증득한다. 이러한 생각에 이르자 그는 스승을 만나러 가서 이렇게 말하였다. "존자시여, 어떻게 최상의 법을 스스로 최상의 지혜로 알고 보면서 실현하고 증득한다고 선언하십니까?" 이렇게 여쭙자 스승은 무소유처정無所有處定에 대하여 설명하면서 무소유처정을 실현하고 증득하는 것으로 그와 같이 선언한다고 말하였다. 그때 그에게 이러한 생각이 들었다. 스승에게만 확고한 신념이 있는 것이 아니라 나에게도 확고한 신념이 있다. 스승에게만 지극한 노력이 있는 것이 아니라 나에게도 지극한 노력이 있다. 스승에게만 명상이 있는 것이 아니라 나에게도 지금까지 증득한 명상이 있다. 스승에게만 명상에 대한 지혜가 있는 것이 아니라 나에게도 지금까지 증득한 명상에 대한 지혜가 있다. 참으로 나는 스승께서 스스로 최상의 지혜로 알고 보면서 실현하고 증득한다고 선언하는 그 법을 실현하고 증득하기 위하여 정진하리라. 이같이 정진한 지 오래되지 않아 그는 그 법을 스스로 최상의 지혜로 알고 보면서 실현하고 증득하였다.

그리고 그는 스승을 만나러 가서 이렇게 말하였다. "존자시여, 존자께서 이러저러한 연유로 '나는 이 법을 스스로 최상의 지혜로 알고 보면서 실현하고 증득하여 머문다.'라고 선언하지 않으셨습니까?" 그는 이렇게 여쭈면서 스승에게 이러저러한 연유를 상세하게 설명하였다. 그러자 스승은 이렇게 말하였다. "그렇습니다. 존자여, 나는 그대와 같이 그러한 연유로 이 법을 스스로 최상의 지혜로 알고 보면서 실현하고 증득한다고 선언하였습니다." 그는 스승에게 말하였다. "존자시여, 그렇다면 저도 스승과 같이 그러저러한 연유로 이 법을 스스로 최상의 지혜로 알고 보면서 실현하고 증득한다고 선언합니다." 스승은 말하였다. "존자여, 존자와 같은 분이 우리의 동료 수행자가 되는 것은 참으로 우리에게 이득이고 큰 축복입니다. 내가 스스로 최상의 지혜로 알고 보면서 실현하고 증득한다고 선언하였던 그 법을 이처럼 존자도 스스로 최상의 지혜로 알고 보면서 실현하고 증득하였습니다. 그리고 존자가 스스로 최상의 지혜로 알고 보면서 실현하고 증득한다고 선언한 그 법을 나도 마찬가지로 스스로 최상의 지혜로 알고 보면서 실현하고 증득하였습니다. 이처럼 내가 알던 그 법을 존자가 알고, 존자가 아는 그 법을 내가 알았습니다. 이같이 나처럼 존자도 그렇고 존자처럼 나도 그러합니다. 오십시오, 존자여. 우리 둘이 함께 이곳에 머물면서 여기 교단을 수호합시다." "존자시여, 어떤 명상을 닦으면 그 명상의 과위로 어떤 범천에 태어납니다. 범천에 태어난다는 것은 어떻게 보고 알 수 있습니까?" "믿음입니다. 나는 그런 믿음을 가지고 있습니다." "존자께서 지니신 믿음을 어떻게 저희도 지닐 수 있습니까?" "나의 믿음은 이 숲과 함께 스승으로부터 전수하였습니다. 나의 스승 또한 스승의 전통을 계승하였으며 스승으로부터 제자로 계승된 전통은 이 숲의 역사만큼이나 아주 오랜 역사가 있습니다." "존자시여, 이러한 경우가 있을 것입니다. 범천에 태어나는 것과 상관없는 명상을 믿음으로만 닦는 경우가 있을 것입니다. 설사 범천에 태어나더라도 윤회는 벗어나지 못합니다."

이같이 스승은 제자를 스승과 동등한 위치에 놓고 그를 인정하였으나 그에게 이러한 생각이 들었다. '참으로 이 법은 태어남 없음으로 인도하지 못하고, 늙음 없음으로 인도하지 못하고, 병 없음으로 인도하지 못하고, 죽음 없음으로 인도하지 못하고, 괴로움 없음으로 인도하지 못하고, 오염 없음으로 인도하지 못한다. 이 법은 단지 무소유처정에 잠시 입정入定하게 할 뿐이다.' 그는 그 법에 만족하지 않고 그 법에 실망하여 그곳을 떠나갔다. 그는 다섯 도반과 함께 남으로 향하여 왓지국의 국경인 갠지스강을 건너 마가다국으로 들어갔다.MN26, MN36

라자가하의 웃다까 라마뿟따 선인 말라국과 왓지국과는 달리 아리아계의 국가인 마가다국은 브라만교라고 하는 자신들의 종교가 있었다. 브라만의 종교인 브라만교는 토착 원주민의 종교와는 다른 종교 형태를 유지하였다. 브라만들은 출가가 아닌 재가를, 유행 생활이 아닌 정착 생활을 전통으로 지켰으며 걸식이 아닌 제사의 공물을 받았다. 무엇보다도 그들은 그들 사회의 최상위 지배계급으로 군림하였으며 그들의 종교인 신분은 세습에 의해서만 전수되었다. 따라서 그들은 독신이 아닌 혼인하는 전통을 지녔다. 토착 원주민의 종교적 전통과는 매우 이질적인 그들의 종교 전통은 도시와 마을 내의 크고 작은 사원에서 행하여졌다. 아리아인들이 인도 대륙 서북부에서 침입하기 시작하여 강가강 하류까지 진출하는 동안 매우 이질적인 두 종교 전통은 서로 영향을 주고받았다. 마가다는 다른 아리아계 국가들과 비교하여 강가강 하류 지역까지 깊숙이 진출한 나라로서 역사가 비교적 짧은 신생국가였다. 따라서 마가다의 급선무는 아리아인의 종교 전통을 굳건히 확립하는 것보다 신생국가로서의 생존과 국력 배양이었다. 강가강 상류와 중류 지역에 정착하였던 토착 원주민들이 아리아인들의 오랜 침입 전쟁으로 강가강 하류 지역까지 피난하였으므로 마가다에서는 이질적인 두 종교 전통이 활발하게 서로에게 영향을 주고받는 현장이 되었다. 마가다를 건립한 세니아 빔비사라 왕은 외침의 방어가 용이한 다섯 산봉오리로 둘러싸인 천연 요새를 수도로 정하고 라자가하[20]로 명명하였다. 그리고 자신의 왕국에시 유헹하는 사문들에게 편리와 호의를 베풀었다.

어느 날 왕에게 말하였다. "폐하, 폐하께서는 아셔야 합니다. 여기 라자가하에 범상치 않은 사문이 나타났습니다." "여보게, 상세히 말하여 보

20 북으로 강가강이 유유히 흐르는 대평원 가운데 섬처럼 생긴 작은 산맥이 있다. 그 산맥은 길이가 34km, 폭이 4km 정도이며 크고 작은 산봉우리의 고도는 대략 310~330m 정도이고 방향은 동서에서 약간 기울어져 동동북과 서서남 방향으로 곧게 뻗어 있다. 산맥 인근 평원의 고도는 약 60~70m이다. 이 산맥의 동쪽 끝에서 서서남쪽으로 6km 지점에 산맥 안으로 둥글게 형성된 천연 요새가 있다. 이 천연 요새는 산 정상 능선의 빤다와, 독수리봉, 웨바라, 이시길리, 웨뿔라 다섯 봉우리로 둘러싸여 있는데 이 봉우리는 성벽으로 연결되어 있다. 왕궁이 위치한 천연 요새의 면적은 대략 50만 평 정도이고 입구는 약 1.6km의 성벽으로 쌓아 막았다. 빔비사라의 아들 아자따삿뚜는 왕이 된 뒤 이 성벽 바깥에 새로운 왕궁을 지었으며 이후 왕궁에서 북서쪽으로 72km 떨어진 강가강 강변에 새로운 수도 빠딸리뿟따(지금의 빠뜨나)를 건설하여 천도하였다. 참고로 이 산맥의 서서남 끝은 가야를 향하고 있다.

게.” “폐하, 폐하께서도 들으셨을 것입니다. 까삘라왓투의 태자가 출가하여 사문이 되었습니다. 그 사문이 다섯 동료와 함께 라자가하의 서남쪽 산 아래의 숲에 머물고 있습니다.” 왕은 사문 고따마 일행이 머무는 곳으로 향하였다. 왕은 사문에 대한 예의를 갖춘 뒤 대화하였다. “존자시여, 존자께서는 어디서 오신 어떤 분이십니까?” “대왕이시여, 저는 까삘라왓투에서 온 석가족의 고따마입니다.” “존자시여, 존자의 출가 목적은 무엇입니까? 존자께서 지니시는 법과 율은 무엇입니까?” “대왕이시여, 저는 출가 목적인 성스러운 경지를 아직 성취하지 못하였습니다. 대왕께 말씀드릴 만한 법과 율을 저는 아직 지니지 못하였습니다.” “존자시여, 존자께서 출가의 목적인 성스러운 경지를 성취하도록 성심껏 보필하겠습니다. 존자시여, 존자께서 가끔 왕궁에 오셔서 성스러운 지혜의 설법을 해 주시기를 청합니다.” “대왕이시여, 출가의 목적을 성취하지 못한 사문이 설법하는 것은 어울리지 않습니다.” “그러시다면 존자시여, 존자께서 출가의 목적을 성취하시면 라자가하가 존자께서 설법하시는 수도들 가운데 최초의 수도가 되게 해 주시겠습니까?” 사문 고따마는 침묵으로 답하자 왕이 말하였다. “부디 존자께서 원하시는 출가의 목적을 성취하시길 바랍니다.”

라자가하에는 여러 지역에서 다양한 법과 율을 지닌 종교인들이 모여들었고 머물렀다. 사문 고따마 일행은 라자가하에 머물면서 많은 사문과 단체들과 사원들을 편력하였다. 때로는 그들이 그에게 다가왔고 때로는 그가 그들에게 다가갔다. 때로는 다섯 도반과 함께 다니면서 묻고 배웠으며 때로는 모두 흩어져서 각기 묻고 배워서 약속된 장소에 모여서 서로 배운 법과 율을 공유하였다. 어느 날 그는 일행과 더불어 웃다까 라마뿟따 선인이 머무는 숲을 찾아갔다. 나이가 많아 백발이 성성한 웃다까 라마뿟따는 선친 라마로부터 전수한 법과 율을 가르쳤다. 숲은 고요하였고 명상을 닦는 수행자들로 가득하였다. 그는 선인에게 다가가 여쭈었다. “존자시여, 존자의 출가의 목적은 무엇입니까? 존자께서 지니시는 법과 율은 무엇입니까?” “존자여, 인간은 오염된 인간세상을 벗어나 범천에 태어나야 합니다. 이것이 우리의 출가 목적입니다. 우리는 다양한 명상을 닦는 법과 율을 지니고 있습니다." "존자시여, 존자께서 지닌 법과 율에 따라 명상을 닦아 성취하면 그 성취를 어떻게 보고 알 수 있습니까?" "존자여, 이 법은 이 법에 대하여 지혜가 있는 사람이라면 오래지 않아 자기 스승과 동등한 법을 실현하고 증득할 수 있으며 그 법을 스스로의 지혜로 보고 알 수 있는 그러한 법입니다." "존자시여, 존자의 법과 율을 배우고 익히고자 합니다." "그대들은 이 숲에 머무십시오. 그대들은 다양한 명상을 차례대로 배우고 익힐 것입니다."

그는 일행과 함께 숲에 머물면서 여느 입문자와 같이 갖가지 명상을 차례대로 배우고 익혀 나갔다. 그곳에 머문 지 오래되지 않아 그는 입문자로서 배워야 할 스승의 가르침을 모두 차례대로 실현하고 증득하였다. 그는 입을 열자마자 지혜로운 말과 확신에 찬 말로써 "나는 이 법을 실현하고 증득하며 이 법을 보고 안다."라고 선언하였고 그곳의 다른 사문들도 그렇게 인정하여 말하였다. 그때 그에게 이러한 생각이 들었다. 스승 웃다까 라마뿟따는 단순히 믿음만으로 '나는 최상의 법을 실현하고 증득하며 스스로 최상의 지혜로 보고 안다.'라고 선언하는 것이 아니라 참으로 최상의 법을 스스로 최상의 지혜로 알고 보면서 실현하고 증득한다. 이러한 생각에 이르자 그는 스승을 만나러 가서 이렇게 말하였다. "존자시여, 어떻게 최상의 법을 스스로 최상의 지혜로 알고 보면서 실현하고 증득한다고 선언하십니까?" 이렇게 여쭙자 스승은 비상비비상처정非想非非想處定에 대하여 설명하면서 비상비비상처정을 실현하고 증득하는 것으로 그와 같이 선언한다고 말하였다. 그때 그에게 이러한 생각이 들었다. 스승에게만 확고한 신념이 있는 것이 아니라 나에게도 확고한 신념이 있다. 스승에게만 지극한 노력이 있는 것이 아니라 나에게도 지극한 노력이 있다. 스승에게만 명상이 있는 것이 아니라 나에게도 지금까지 증득한 명상이 있다. 스승에게만 명상에 대한 지혜가 있는 것이 아니라 나에게도 지금까지 증득한 명상에 대한 지혜가 있다. 참으로 나는 스승께서 스스로 최상의 지혜로 알고 보면서 실현하고 증득한다고 선언하는 그 법을 실현하고 증득하기 위하여 정진하리라. 이같이 정진한 지 오래되지 않아 그는 그 법을 스스로 최상의 지혜로 알고 보면서 실현하고 증득하였다.

그리고 그는 스승을 만나러 가서 이렇게 말하였다. "존자시여, 존자께서 이러저러한 연유로 '나는 이 법을 스스로 최상의 지혜로 알고 보면서 실현하고 증득하여 머문다.'라고 선언하지 않으셨습니까?" 그는 이렇게 여쭈면서 스승에게 이러저러한 연유를 상세하게 설명하였다. 그러자 스승은 이렇게 말하였다. "그렇습니다. 존자여, 나는 그대와 같이 그러한 연유로 이 법을 스스로 최상의 지혜로 알고 보면서 실현하고 증득한다고 선언하였습니다." 그는 스승에게 말하였다. "존자시여, 그렇다면 저도 스승과 같이 그러저러한 연유로 이 법을 스스로 최상의 지혜로 알고 보면서 실현하고 증득한다고 선언합니다." 스승은 말하였다. "존자여, 존자와 같은 분이 우리의 동료 수행자가 되는 것은 참으로 우리에게 이득이고 큰 축복입니다. 내가 스스로 최상의 지혜로 알고 보면서 실현하고 증득한다고 선언하였던 그 법을 이처럼 존자도 스스로 최상의 지혜로 알고 보면서 실현하고 증득하였습니다. 그리고 존자가 스스로 최상의 지혜로 알고 보면서 실현하고 증득한다고 선언한 그 법을 나도 마찬가지로 스스로 최상의 지혜로 알고 보면서 실현하고 증득하였습니다. 이처럼 내가 알던 그 법을 존자가 알고, 존자가 아는 그 법을 내가 알았습니다. 이같이 나처럼 존자도 그렇고 존자처럼 나도 그러합니다. 그러나 존자는 젊고 나는 이미 많이 늙었습니다. 오십시오, 존자시여. 이제 그대가 스승이십니다. 그대가 여기 교단을 지도해 주십시오." "존자시여, 어떤 명상을 닦으면 그 명상의 과위로 어떤 범천에 태어납니다. 범천에 태어난다는 것은 어떻게 보고 알 수 있습니까?" "믿음입니다. 나는 그런 믿음을 가지고 있습니다." "존자께서 지니신 믿음을 어떻게 저희도 지닐 수 있습니까?" "나의 믿음은 이 숲과 함께 스승이시자 선친으로부터 전수하였습니다. 나의 스승 또한 스승의 전통을 계승하였으며 스승으로부터 제자로 계승된 전통은 이 숲의 역사만큼이나 아주 오랜 역사가 있습니다." "존자시여, 이러한 경우가 있을 것입니다. 범천에 태어나는 것과 상관없는 명상을 믿음으로만 닦는 경우가 있을 것입니다. 설사 범천에 태어나더라도 윤회는 벗어나지 못합니다."

이같이 스승은 제자를 오히려 스승의 위치에 놓고 그를 인정하였으나 그에게 이러한 생각이 들었다. '참으로 이 법은 태어남 없음으로 인도하지 못하고, 늙음 없음으로 인도하지 못하고, 병 없음으로 인도하지 못하고, 죽음 없음으로 인도하지 못하고, 괴로움 없음으로 인도하지 못하고, 오염 없음으로 인도하지 못한다. 이 법은 단지 비상비비상처정에 잠시 입정하게 할 뿐이다.' 그는 그 법에 만족하지 않고 그 법에 실망하여 그곳을 떠나갔다. 라자가하에는 더 이상 의지할 만한 스승이 없었으며 라자가하에 유행하는 사문들로부터 추천받은 자들 가운데 의지할 만한 스승이 없자 그는 다섯 도반과 함께 라자가하를 떠나 서서남쪽으로 향하였다.MN26, MN36

3 스승 없이 정진하다

3.1 우루웰라에서의 고행

사문 고따마 일행은 라자가하의 서서남쪽 50km 정도 떨어져 있는 작은 도시 가야에 이르러 그곳에서 잠시 머물렀다. 가야에서 머문 뒤 가야의 곁을 흐르는 네란자라강의 상류를 따라 남쪽으로 향하였다. 강의 물은 맑았고 강을 따라 마을에서 마을로 차례로 유행하다가 우루웰라의 세나니가마라는 마을[21]에 이르게 되었다. 그는 그곳에서 풍요로운 땅과 평화로운 숲과 유유히 흐르는 맑은 물과 아름다운 강기슭을 보았다. 그에게 이러한 생각이 들었다. '땅은 풍요롭고 숲은 상쾌하다. 유유히 흐르는 강은 맑고, 강기슭은 아름답고 고요하다. 근처에는 걸식할 수 있는 마을이 있다. 참으로 이곳은 유익한 것을 구하고 위없는 성스러운 경지를 구하는 출가 사문들이 정진하기에 적합한 곳이다.' 그는 강기슭에 가까운 한적한 숲속에 있는 커다란 삡팔라[菩提樹]나무 아래에 자리를 잡고 사유하였다. '나는 의지할 만한 스승을 찾아 여러 해 동안 여러 나라를 유행하였다. 몇 분의 스승

21 장군촌이라고 하는 이 마을은 지금의 부다가야에서 남쪽으로 13km 정도 떨어져 있다.

을 찾아 그분들의 경지를 성취하였고 스승들은 나의 성취를 인정하였다. 라자가하에는 더 이상 의지할 만한 스승이 없었다. 다른 나라에서 라자가하로 유행하는 많은 사문에게 수소문하였으나 의지할 만한 스승을 듣지 못하였다. 어디에도 없는 스승을 찾아 유행하는 것은 유익하지 않다. 이제 스승 없이 정진하여야 할 것이다. 정진하기에 더욱 적합한 곳을 찾기 위하여 이곳을 떠나는 것은 바람직하지 않다. 나는 이곳에서 스승 없이 정진하리라. 어떤 법과 율에 따라 정진을 할 것인가? 나는 박가와 선인으로부터 고행을 배우고 익혔으나 일부 고행에서는 상의 단계를 성취하지 않았다. 상의 단계까지 성취하는 고행을 하리라.' 보리수나무 아래에 바르게 앉아 있던 그의 모습을 본 솟티야라는 목동은 부드럽고 어린 꾸샤풀[吉祥草]을 골라 베어 말려서 여러 다발로 만들어 나무 아래에 갖다 놓았다. 그는 마른 꾸샤풀을 자리에 깔고 앉았다.

3.1.1 네 가지를 갖춘 고행

그는 박가와 선인으로부터 네 가지를 갖춘 고행을 실현하였던 것을 이같이 기억하였다. 나는 이렇게 고행하였다. 첫째 참으로 나는 고행을 하였고 극도로 고행하였다. 둘째 참으로 나는 자신을 버렸고 극도로 버렸다. 셋째 참으로 나는 악행을 혐오하였고 극도로 악행을 혐오하였다. 넷째 참으로 나는 은둔하였고 극도로 은둔하였다.

고행과 극도의 고행 나는 이렇게 고행하였다. '나는 세상의 관습을 거부하며 살았고, 손으로 음식을 받아 핥아서 먹었다. 누구든지 음식을 주려고 오라 하면 가지 않고, 서라 하면 서지 않고, 초청에도 응하지 않았다. 가져온 음식을 받지 않고, 내 몫으로 지칭된 음식을 받지 않고, 그릇에서 떠 주는 음식을 받지 않고, 항아리에서 퍼 주는 것을 받지 않고, 문지방을 넘어와서 주는 것을 받지 않고, 막대기를 넘어와서 주는 것을 받지 않고, 절굿공이를 넘어와서 주는 것을 받지 않았다. 임산부에게 받지 않고, 젖먹이는 여자에게 받지 않고, 남자에게 안겨 있는 여자에게 받지 않고, 두 사람이 먹고 있을 때 받지 않았다. 기근이 든 때 걸식 수행자를 위하여 곡식을 모아 둔 곳에서 음식을 받지 않았다. 개가 옆에서 보고 있을 때 음식을 받지 않고, 파리 떼가 날아다닐 때 음식을 받지 않고, 생선과 고기를 받지 않았으며, 곡차·과일주·발효주를 마시지 않았다.

또한 나는 첫 하루 동안은 하루에 한 번만 음식을 먹었다. 그다음 이틀 동안은 이틀에 한 번만, 그다음의 사흘 동안은 사흘에 한 번만 음식을 먹었으며, 이런 방식으로 계속하여, 그다음의 이레 동안은 이레에 한 번만 음식을 먹었다. 이때 하루에 한 번만 음식을 먹을 때는 두세 입 분량의 음식만 담을 수 있는 작은 걸식그릇인 닷띠에 한 닷띠의 음식만 구걸하고, 이틀에 한 번만 음식을 먹을 때는 두 닷띠의 음식만 구걸하고, 사흘에 한 번만 음식을 먹을 때는 세 닷띠의 음식만 구걸하였으며, 이런 방식으로 계속하여, 이레에 한 번만 음식을 먹을 때는 일곱 닷띠의 음식만 구걸하였다. 또는 하루에 한 번만 음식을 먹을 때는 한 집에서만 한 입의 음식만 구걸하고, 이틀에 한 번만 음식을 먹을 때는 두 집에서만 두 입의 음식만 구걸하고, 사흘에 한 번만 음식을 먹을 때는 세 집에서만 세 입의 음식만 구걸하였으며, 이런 방식으로 계속하여, 이레에 한 번만 음식을 먹을 때는 일곱 집에서만 일곱 입의 음식만 구걸하였다. 이같이 한 달씩 살았다.

나는 거친 음식을 먹었다. 거친 채소, 수수, 니바라 쌀, 왕겨, 뜨물, 깻가루, 수초, 풀, 소똥을 먹었으며, 떨어진 열매와 매달려 있는 열매 그리고 나무나 풀뿌리를 음식으로 먹었다.

나는 버려진 헝겊으로 만든 거친 옷을 입고, 시체를 싸맨 헝겊으로 만든 옷을 입고, 넝마로 만든 옷을 입고, 꾸샤풀로 만든 옷을 입고, 나무껍질로 만든 옷을 입었다. 영양 가죽으로 만든 덮개를 걸치고, 인간의 머리카락으로 만든 덮개를 걸치고, 동물의 꼬리털로 만든 덮개를 걸치고, 올빼미털로 만든 덮개를 걸치고, 나뭇가지로 만든 덮개를 걸쳤다.

나는 머리털과 수염을 뽑는 고행에 몰두하여 머리털과 수염을 뽑아 버렸고, 자리에 앉지 않고 서 있는 고행에 몰두하여 서 있었고, 서 있지 않고 쪼그리고 앉는 고행에 몰두하여 쪼그리고 앉았으며, 가시로 된 좌구에 앉아 머물고, 가시로 된 침구에서 누워 머물며, 저녁까지 하루에 세 번 물에 들어가는 고행에 몰두하며 지냈다. 이같이 여러 가지 형태로 몸을 괴롭히고 고통을 주는 고행에 몰두하며 지냈다. 참으로 나는 이처럼 고행하였다.'[**고행**]

나는 이렇게 극도로 고행하였다. 나는 외양간에서 소 떼들이 떠나고 소 치기들이 떠난 뒤 그곳에서 사지를 구부려서 젖을 빠는 어린 송아지들의 똥을 먹었다. 나는 자신의 똥과 오줌이 다하지 않는 한, 참으로 자신의 똥과 오줌을 먹었다. 이것은 참으로 역겹고 더러운 음식으로 나는 이러한 음식을 먹었다. 참으로 나는 이처럼 극도로 고행하였다.

자신을 버리는 고행 나는 이렇게 자신을 버렸다. 오랫동안 묵은 먼지와 때가 몸에 쌓였다가 저절로 벗겨져 떨어졌다. 마치 여러 해 된 띤두까나무의 그루터기가 한 겹씩 벗겨져 떨어지듯이 그와 같이 오랫동안 묵은 먼지와 때가 몸에 쌓였다가 저절로 벗겨져 떨어졌다. 그때 나에게 '오, 나는 이 먼지와 때를 손으로 밀어 없애야지. 혹은 다른 사람이 나의 먼지와 때를 밀어 없애 줄지도 모른다.'라는 생각이 없었다. 참으로 나는 이처럼 자신을 버렸다.

나는 이렇게 극도로 자신을 버렸다. 나는 추운 겨울 서리가 내리는 시기이며 한 해를 보내는 마지막 4일과 새해를 맞이하는 첫 4일의 8일 동안 밤에는 달빛에 젖은 노천露天에서 지냈고, 낮에는 햇빛도 머물지 않는 숲속에서 머물렀다. 무더운 한여름의 마지막 한 달 동안은 낮에는 태양의 열기로 달아오른 노천에서 지냈고, 밤에는 숲의 열기로 달아오른 숲속에서 머물렀다. 이러한 나에게 예전에 들어 보지 못한 게송이 저절로 떠올랐다.

추위와 더위에 시달리면서
벌거벗은 채
혼자
무시무시한 숲속에서 머무는

나는
추위를 달래는
불의 따스함을 추구하지 않고
더위를 달래는
바람의 시원함을 추구하지 않고
궁극의 진리를 추구하노라.

악행을 혐오하는 고행 나는 이렇게 악행을 혐오하였다. 나는 악행을 혐오하여 악행을 저지르지 않았다. '땅의 틈새에 있는 저 미물을 해치지 않기를.'이라고 생각하면서 나는 조신하고 조심하여 앞으로 나아갔고 조신하고 조심하면서 다시 돌아왔다. 땅의 틈새에 있는 미물뿐만 아니라 한 방울 물에도 연민을 일으켰다. 참으로 나는 이처럼 악행을 혐오하였다.

나는 이렇게 극도로 악행을 혐오하였다. 나는 공동묘지에서 마치 시체처럼 머물렀다. 나는 송장의 뼈다귀를 베개로 삼고 누워서 마치 시체처럼 공동묘지에서 낮과 밤을 머물렀다. 이때 소 치는 이들이 나에게 다가와서 마치 내가 시체인 양 나에게 침을 뱉고 오줌을 누고 오물을 던지고 막대기 끝으로 나의 귀를 찔렀다. 그러나 나는 그들에게 결코 나쁜 마음을 일으켰다는 것을 기억하지 못한다. 나는 이렇게 공동묘지에서 마치 시체처럼 평온하게 머물렀다. 참으로 나는 이처럼 극도로 악행을 혐오하였다.

은둔하는 고행 나는 이렇게 은둔하였다. 나는 어떤 깊은 숲의 보이지 않는 곳으로 들어가 머물렀다. 내가 소나 가축을 돌보는 자나 풀을 베는 자나 땔감을 줍는 자나 약초를 캐는 자를 보면 숲에서 숲으로, 밀림에서 밀림으로, 골짜기에서 골짜기로, 능선에서 능선으로 피하였다. 그것은 무슨 까닭인가? 그들이 나를 보지 못하고 내가 그들을 보지 않기 위해서였다. 마치 숲에 사는 사슴이 인간을 보고 숲에서 숲으로, 밀림에서 밀림으로, 골짜기에서 골짜기로, 능선에서 능선으로 피하듯이 나도 소 치기나 가축을 돌보는 자나 풀을 베는 자나 땔감을 줍는 자나 약초를 캐는 자를 보면 숲에서 숲으로, 밀림에서 밀림으로, 골짜기에서 골짜기로, 능선에서 능선으로 피하였다. 참으로 나는 이처럼 은둔하였다.

나는 이렇게 극도로 은둔하였다. 나는 아주 무시무시한 어떤 숲속의 깊은 곳에 들어가서 머물렀다. 그 무시무시한 숲속의 깊은 곳에는 큰 무서움이 있었다. 탐욕이 끊어지지 않은 자가 그 숲속에 들어가면 대부분 무서워서 털이 곤두서는 그런 곳에 나는 머물렀다. 참으로 나는 이처럼 극도로 은둔하는 자였다.MN12

3.1.2 두려움과 공포를 극복하는 고행

나는 이렇게 고행하였다. 멀리 떨어진 숲과 밀림의 외딴곳은 참으로 견뎌내기가 어렵다. 그러한 곳에서 머물기는 어렵다. 혼자됨을 즐기기는 어렵다. 만약 어떤 슈라만이든 브라만이든 몸의 행위가 청정하지 못한 자들이나 말의 행위가 청정하지 못한 자들이나 마음의 행위가 청정하지 못한 자들이 멀리 떨어진 숲과 밀림의 외딴곳에 머물게 되면 그것으로 인하여 그들에게 해로운 두려움과 공포가 엄습할 것이다. 숲은 이러한 자의 마음을 빼앗아 간다. 그러나 나는 몸의 행위나 말의 행위나 마음의 행위가 청정하지 못한 채 멀리 떨어진 숲과 밀림의 외딴곳에 머물지 않았다. 나는 몸의 행위와 말의 행위와 마음의 행위가 청정하였다. 나는 몸의 행위와 말의 행위와 마음의 행위가 청정한 자들 가운데 한 사람으로 멀리 떨어진 숲과 밀림의 외딴곳에 머물렀다. 그러한 나는 이러한 숲속에 머무는데 두려움과 공포를 극복하고 불굴의 정진이 생겼다.

만약 어떤 슈라만이든 브라만이든 탐진치에 오염되어 감각적 욕망에 깊이 탐닉하거나 악의를 품거나 의혹과 의심을 품은 자들이 멀리 떨어진 숲과 밀림의 외딴곳에 머물게 되면 그것으로 인하여 그들에게 해로운 두려움과 공포가 엄습할 것이다. 숲은 이러한 자의 마음을 빼앗아 간다. 그러나 나는 탐진치에 오염되어 감각적 욕망에 깊이 탐닉하거나 악의를 품거나 의혹과 의심을 품은 채 멀리 떨어진 숲과 밀림의 외딴곳에 머물지 않았다. 나는 탐진치에 오염되지 않아 감각적 욕망에 깊이 탐닉하지 않고 악의를 품지 않고 의혹과 의심을 품지 않았다. 나는 탐진치에 오염되지 않아 감각적 욕망에 깊이 탐닉하지 않고 악의를 품지 않고 의혹과 의심을 품지 않은 자들 가운데 한 사람으로 멀리 떨어진 숲과 밀림의 외딴곳에 머물렀다. 그러한 나는 이러한 숲속에 머물면서 두려움과 공포를 극복하고 불굴의 정진이 생겼다.

만약 어떤 슈라만이든 브라만이든 권태와 혼침에 압도되거나 들뜸과 후회로 마음이 산란하거나 게을러 정진하지 않는 자들이 멀리 떨어진 숲과 밀림의 외딴곳에 머물게 되면 그것으로 인하여 그들에게 해로운 두려움과 공포가 엄습할 것이다. 숲은 이러한 자의 마음을 빼앗아 간다. 그러나 나는 권태와 혼침에 압도되거나 들뜸과 후회로 마음이 산란하거나 게을러 정진하지 않은 채 멀리 떨어진 숲과 밀림의 외딴곳에 머물지 않았다. 나는 권태와 혼침에 압도되지 않고 들뜸과 후회로 마음이 산란하지 않고 부지런히 정진하였다. 나는 권태와 혼침에 압도되지 않고 들뜸과 후회로 마음이 산란하지 않고 부지런히 정진하는 자들 가운데 한 사람으로 멀리 떨어진 숲과 밀림의 외딴곳에 머물렀다. 그러한 나는 이러한 숲속에 머물면서 두려움과 공포를 극복하고 불굴의 정진이 생겼다.

이렇게 이러한 숲속에서의 두려움과 공포를 극복할 때 내게 이런 생각이 들었다. '만약 내가 어두운 날 밤 숲과 밀림의 멀리 떨어진 외딴곳보다 더 무시무시하고 더 소름 돋는 숲속의 공동묘지나 밀림 속의 공동묘지 같은 곳에서 머문다면 아마도 나에게 두려움과 공포가 엄습하는 것을 볼 수 있으리라.' 그래서 나는 그런 날 밤에 멀리 떨어진 숲과 밀림의 외딴곳보다 더 무시무시하고 더 소름 돋는 숲속의 공동묘지나 밀림 속의 공동묘지 같은 곳에서 앉아서 머물렀다. 내가 그런 곳에 머무는 동안 짐승이 오고 가거나 공작새가 마른 나뭇가지를 부러뜨리거나 바람이 낙엽을 흩날리거나 혹은 나뭇가지를 흔들었다. 그때 내게 '지금 다가오는 이것이 두려움과 공포가 아닌가?'라는 생각이 들었다. 그때 내게 이런 생각이 들었다. '왜 내가 꼭 앉아서 두려움과 공포를 기대하거나 기다려야 하는가? 내가 어떠한 자세로 무엇을 하고 있든지 간에 그 자세를 유지한 채 엄습하는 모든 두려움과 공포를 물리치리라.' 마침 내가 걷고 있을 때 두려움과 공포가 엄습하였다. 나는 서지도, 앉지도, 눕지도 않고 오직 그 걸음을 유지하면서 두려움과 공포를 물리쳤다. 마침 내가 가만히 서 있을 때 두려움과 공포가 엄습하였다. 나는 걷지도, 앉지도, 눕지도 않고 오직 서 있음을 유지하면서 두려움과 공포를 물리쳤다. 마침 내가 앉아 있을 때 두려움과 공포가 엄습하였다. 나는 걷지도, 서지도, 눕지도 않고 오직 앉아 있음을 유지하면서 두려움과 공포를 물리쳤다. 마침 내가 누워 있을 때 두려움과 공포가 다가왔다. 나는 걷지도, 서지도, 앉지도 않고 오직 누워 있음을 유지하면서 두려움과 공포를 물리쳤다. 내가 어떠한 자세로 무엇을 하고 있든지 간에 그 자세를 유지한 채 엄습하는 모든 두려움과 공포를 물리치면서 내게는 불굴의 정진이 생겼다.MN4

3.1.3 네 가지 지극한 고행

마음을 제압하는 고행 두려움과 공포를 극복하는 고행을 실현하였던 기억에 이어서 고행을 성취하려는 그에게 이런 생각이 들었다. '나는 이렇게 고행하리라. 나는 아랫니에다 윗니를 얹고 혀를 입천장에 대고 상체를 곧추세우고 바르게 앉아 마음으로 마음을 제압하고 압박하고 항복시키는 고행을 닦으리라.' 그래서 그는 아랫니에다 윗니를 얹고 혀를 입천장에 대고 상체를 곧추세우고 바르게 앉아 마음으로 마음을 제압하고 압박하고 항복시켰다. 그가 그렇게 아랫니에다 윗니를 얹고 혀를 입천장에 대고 상체를 곧추세우고 바르게 앉아 마음으로 마음을 제압하고 압박하고 항복시키자 겨드랑이에서 땀이 흘렀다. 마치 힘센 사람이 나약한 사람의 머리통을 잡거나 어깨를 붙잡아 제압하고 압박하고 항복시키듯이 그는 마음으로 마음을 제압하고 압박하고 항복시켰고, 그렇게 항복시키자 겨드랑이에서 땀이 흘렀다. 이러한 고행으로 비록 그에게는 불굴의 정진이 생겨 나태하지 않았고 명상이 확립되어 잊어버림이 없었지만 이러한 고통스러운 고행으로 인하여 그의 몸이 극도로 긴장되고 안정되지 않았다.

숨을 쉬지 않는 고행 그에게 이런 생각이 들었다. '나는 숨을 쉬지 않는 고행을 닦으리라.' 그래서 그는 입과 코로 들숨과 날숨을 멈추었다. 그렇게 입과 코로 들숨과 날숨을 멈추자 귓구멍에서 바람이 나오면서 굉음이 났다. 마치 대장장이가 풀무를 불면 굉음이 나는 것처럼 귓구멍에서 바람이 나오면서 굉음이 났다. 또한 그렇게 입과 코로 들숨과 날숨을 멈추자 거센 바람이 머리를 내리쳤다. 마치 힘센 사람이 예리한 칼로 머리를 쪼개는 것처럼 거센 바람이 머리를 내리쳤다. 또한 그렇게 입과 코로 들숨과 날숨을 멈추자 머리에 심한 두통이 생겼다. 마치 힘센 사람이 단단한 가죽끈으로 머리를 머리띠로 동여매는 것처럼 머리에 심한 두통이 생겼다. 또한 그렇게 입과 코로 들숨과 날숨을 멈추자 거센 바람이 배를 도려내었다. 마치 능숙한 백정이나 백정의 도제가 예리한 도살용 칼로 배를 도려내는 것처럼 거센 바람이 배를 도려내었다. 또한 그렇게 입과 코로 들숨과 날숨을 멈추자 몸에 큰불이 붙었다. 마치 힘센 두 사람이 힘없는 사람의 양팔을 잡고 숯불 구덩이 위에서 그 사람을 지지고 태우는 것처럼 몸에 큰불이 붙었다. 이러한 고행으로 비록 그에게는 불굴의 정진이 생겨 나태하지 않았고 명상이 확립되어 잊어버림이 없었지만 이러한 고통스러운 고행으로 인하여 그의 몸이 극도로 긴장되고 안정되지 않았다. 그때 신들이 그러한 그를 보고 "사문 고따마는 죽었다."라고 말하였으며, 다른 신들은 "사문 고따마는 죽지 않았다. 그렇지만 그는 죽어 가고 있다."라고 말하였으며, 또 다른 신들은 "사문 고따마는 죽은 것도 아니고 죽어 가는 것도 아니다. 사문 고따마는 아라한이며, 아라한은 그와 같이 머문다."라고 말하였다.

소량의 음식을 먹는 고행 그에게 이런 생각이 이같이 들었다. '나는 아주 적은 양의 음식을 먹는 고행을 닦으리라. 녹두든 콩이든 참깨든 혹은 쌀이든 한 움큼씩만 먹는 수행을 닦으리라.' 그래서 그는 아주 적은 양의 음식을 먹었으니 녹두든 콩이든 참깨든 혹은 쌀이든 한 움큼씩만 먹었다. 그렇게 아주 적은 양의 음식을 먹자 그의 몸은 아주 야위어 갔다. 그의 사지는 마치 아시띠까 넝쿨의 마디나 깔라풀의 마디와 같았다. 그의 엉덩이는 마치 낙타의 발처럼 되었고, 그의 등뼈는 줄로 엮은 구슬처럼 되었고, 그의 갈빗대들은 허물어지고 부서진 오래된 집의 서까래처럼 드러났고, 그의 동공은 마치 깊은 우물에서 물이 깊고 멀리 들어가 보이듯 깊고 멀리 들어가 보였고, 그의 머리 가죽은 마치 익지 않은 호리병박으로 만든 그릇이 바람과 햇빛에 시들듯이 시들었다. 그렇게 아주 적은 음식 때문에 그의 뱃가죽이 등뼈에 달라붙어 그가 뱃가죽을 만져야지 하면 등뼈가 잡혔고, 등뼈를 만져야지 하면 뱃가죽이 잡혔다. 그가 대변이나 소변을 보려고 하면 머리가 땅에 꼬꾸라졌으며, 몸을 편안하게 하려고 손으로 사지를 문지르면 뿌리가 썩은 털들이 몸에서 우수수 떨어져 나갔다. 이러한 고행으로 비록 그에게는 불굴의 정진이 생겨 나태하지 않았고 명상이 확립되어 잊어버림이 없었지만 이러한 고통스러운 고행으로 인하여 그의 몸이 극도로 긴장되고 안정되지 않았다.

단식하는 고행 그에게 이런 생각이 들었다. '나는 일정한 기간 모든 음식을 끊는 고행을 닦으리라.' 그래서 그는 모든 음식을 끊었다. 그렇게 모든 음식을 끊자 그의 몸은 극도로 야위어 갔다. 그때 신들이 다가와서 이렇게 말하였다. "존경하는 분이시여, 당신이 모든 음식을 끊어버리는 고행을 더 이상 하시는 것은 아니 됩니다. 만약 당신이 모든 음식을 끊어 버리는 고행을 계속하시면 우리는 당신께 하늘 음식을 당신의 털구멍으로 공급해 드릴 것입니다. 그것으로 당신은 연명할 수 있을 것입니다." 그러나 그에게 이런 생각이 들었다. '내가 완전한 단식을 공포하였음에도 불구하고 만약 신들이 하늘 음식을 나의 털구멍으로 공급해 주고 내가 그것으로 연명한다면 나는 결국 거짓말을 하는 것이 된다.' 그래서 그는 신들에게 "하늘 음식은 나에게 필요 없소."라고 거절하였다. 이러한 고행으로 비록 그에게는 불굴의 정진이 생겨 나태하지 않았고 명상이 확립되어 잊어버림이 없었지만 이러한 고통스러운 고행으로 인하여 그의 몸이 극도로 긴장되고 안정되지 않았다. 그때 사람들은 그러한 그를 보고 "사문 고따마의 피부는 검다."라고 말하였으며, 다른 사람들은 "사문 고따마의 피부는 검은 것이 아니라 푸르다."라고 말하였으며, 또 다른 사람들은 "사문 고따마는 검지도 푸르지도 않고 황금색 피부를 가졌다."라고 말하였다.

3.2 세 가지 나무토막의 비유

고행을 성취한 후 그에게 이런 생각이 들었다. '과거의 어떠한 사문들이나 브라만들이 어떠한 격렬하고 괴롭고 혹독하고 사무치고 호된 고행을 하였다고 하더라도 이것이 가장 지극한 것이고 이보다 더한 것은 없다. 미래의 어떠한 사문들이나 브라만들이 어떠한 격렬하고 괴롭고 혹독하고 사무치고 호된 고행을 한다고 하더라도 이것이 가장 지극한 것이고 이보다 더한 것은 없다. 현재의 어떠한 사문들이나 브라만들이 어떠한 격렬하고 괴롭고 혹독하고 사무치고 호된 고행을 하더라도 이것이 가장 지극한 것이고 이보다 더한 것은 없다. 그러나 나는 이러한 지극한 고행으로도 인간의 법을 초월하였고 성자들에게 적합한 지知와 견見의 특별함이나 성스러운 경지를 증득하지 못하였다. 정각에 이르는 다른 길이 없을까?'MN36, MN100

첫 번째 비유 그에게 이전에 들어 본 적이 없는 세 가지 비유가 즉시 떠올랐다. 그 첫 번째 비유이다. 예를 들면 오랫동안 물속이나 물 위에 있었던 어떤 나무토막이 있었다. 그때 이떤 사람이 '불을 지피고 열을 내리라.'라고 생각하면서 부시 막대를 가지고 왔다. 그 사람은 오랫동안 물속이나 물 위에 있었던 나무토막에 부시 막대를 비벼 불을 지피고 열을 낼 수 있겠는가? 아니다. 그 사람은 나무토막에 부시 막대를 비벼 불을 지피고 열을 낼 수 없다. 왜냐하면 나무토막은 오랫동안 물속이나 물 위에 있어서 겉뿐만 아니라 속까지 젖어 있기 때문이다. 비록 그 사람이 아무리 좋은 부시 막대를 가지고 아무리 좋은 열의를 가지고 지극히 노력하더라도 결국 그 사람은 지치고 짜증 내게 될 것이다.

그와 같이 어떤 사문이나 브라만들은 감각적 욕망에 오랫동안 머물러 있을 뿐만 아니라 또한 안으로 감각적 욕망에 대한 열망, 애착, 홀림, 갈증, 열병을 잘 제어하지 못하고 가라앉히지 못한다. 이러한 사문이나 브라만들은, 마치 오랫동안 물속이나 물 위에 있어서 겉뿐만 아니라 속까지 젖어 있는 저 젖은 나무토막에다 부시 막대를 아무리 격렬하게 비벼도 불을 지피고 열을 낼 수 없는 것과 같이, 아무리 격렬하게 괴롭고 혹독하고 사무치고 호된 고행을 하더라도 그들은 특별한 지와 견 그리고 위없는 정각을 얻을 수 없다. 이러한 사문이나 브라만들이 비록 그러한 고행에 미치지 않는 고행을 하더라도 그들은 특별한 지와 견 그리고 위없는 정각을 얻을 수가 없다. 이것은 마치 오랫동안 물속이나 물 위에 있어서 겉뿐만 아니라 속까지 젖어 있는 나무토막에다 부시 막대를 그와 같이 격렬하게 비비지 않는다고 하더라도 불을 지피고 열을 낼 수 없는 것과 같다. 이것이 그가 이전에 들어 본 적이 없는 즉시 떠오른 첫 번째 비유이다.

두 번째 비유 그에게 이전에 들어 본 적이 없는 두 번째 비유가 즉시 떠올랐다. 예를 들면 오랫동안 물속이나 물 위에 있었던 어떤 나무토막을 물에서 건져 내어 물에서 멀리 떨어진 양지바른 땅바닥에 옮겨 놓았으나 땅바닥에 옮겨 놓은 지 충분하게 오래되지 않았다. 그때 어떤 사람이 '불을 지피고 열을 내리라.'라고 생각하면서 부시 막대를 가지고 왔다. 그 사람은 물에서 멀리 떨어진 양지바른 땅바닥에 놓여 있는 나무토막에 부시 막대를 비벼 불을 지피고 열을 낼 수 있겠는가? 아니다. 그 사람은 나무토막에다 부시 막대를 비벼 불을 지피고 열을 낼 수 없다. 왜냐하면 나무토막은 비록 물에서 멀리 떨어진 양지바른 땅바닥에 옮겨 놓았으나 그 땅바닥에 옮겨 놓은 지 충분하게 오래되지 않았으므로 비록 겉은 말랐지만 속은 아직 젖어 있기 때문이다. 결국 그 사람은 지치고 짜증 내게 될 것이다.

그와 같이 어떤 사문이나 브라만들은 감각적 욕망을 멀리 떨쳐 버리고 머물렀으나 감각적 욕망을 멀리 떨쳐 버리고 머문 지 충분하게 오래되지 않아서 아직 안으로 감각적 욕망에 대한 열망, 애착, 홀림, 갈증, 열병을 잘 제거하지 못하고 가라앉히지 못한다. 이러한 사문이나 브라만들은, 마치 물에서 멀리 떨어진 양지바른 땅바닥에 옮겨 놓았으나 땅바닥에 옮겨놓은 지 충분하게 오래되지 않아 비록 겉은 말랐지만 속은 아직 젖어 있는 나무토막에 부시 막대를 아무리 격렬하게 비벼도 불을 지피고 열을 낼 수 없는 것과 같이, 비록 격렬하게 괴롭고 혹독하고 사무치고 호된 고행을 하더라도 특별한 지와 견 그리고 위없는 정각을 얻을 수 없다. 이러한 사문이나 브라만들이 비록 그러한 고행에 미치지 않는 고행을 하더라도 그들은 특별한 지와 견 그리고 위없는 정각을 얻을 수가 없다. 이것은 마치 물에서 멀리 떨어진 양지바른 땅바닥에 옮겨 놓았으나 땅바닥에 옮겨 놓은 지 충분하게 오래되지 않아 비록 겉은 말랐지만 속은 아직 젖어 있는 나무토막에 부시 막대를 그와 같이 격렬하게 비비지 않는다고 하더라도 불을 지피고 열을 낼 수 없는 것과 같다. 이것이 그가 이전에 들어 본 적이 없는 즉시 떠오른 두 번째 비유이다.

세 번째 비유 그에게 이전에 들어 본 적이 없는 세 번째 비유가 즉시 떠올랐다. 예를 들면 어떤 나무토막을 물에서 건져 내어 물에서 멀리 떨어진 양지바른 땅바닥에 옮겨 놓았으며 땅바닥에 옮겨 놓은 지 충분하게 오래되어 물기 하나 없이 속까지 말라 있었다. 그때 어떤 사람이 '불을 지피고 열을 내리라.'라고 생각하면서 부시 막대를 가지고 왔다. 그 사람은 물에서 멀리 떨어진 양지바른 땅바닥에 충분히 오랫동안 옮겨 놓아서 물기 하나 없이 속까지 마른 나무토막에 부시 막대를 비벼 불을 지피고 열을 낼 수 있겠는가? 그렇다. 그 사람은 나무토막에다 부시 막대를 비벼 불을 지피고 열을 낼 수 있다. 왜냐하면 나무토막은 물에서 멀리 떨어진 양지바른 땅바닥에 충분히 오랫동안 있어서 물기 하나 없이 겉뿐만 아니라 속까지 말라 있기 때문이다. 결국 그 사람은 불을 지피고 열을 낼 수 있다.

그와 같이 어떤 사문이나 브라만들은 감각적 욕망을 멀리 떨쳐 버린 채 머물 뿐만 아니라 감각적 욕망을 멀리 떨쳐 버리고 머문 지 충분하게 오래되어 또한 안으로 감각적 욕망에 대한 열망, 애착, 홀림, 갈증, 열병을 잘 제거하고 가라앉힌다. 이러한 사문이나 브라만들은, 마치 물에서 멀리 떨어진 양지바른 땅바닥에 충분히 오랫동안 있어서 물기 하나 없이 겉뿐만 아니라 속까지 마른 나무토막에 부시 막대를 매우 격렬하게 비비면 불을 지피고 열을 낼 수 있는 것과 같이, 비록 격렬하게 괴롭고 혹독하고 사무치고 호된 고행을 하더라도 특별한 지와 견 그리고 위없는 정각을 얻을 수 있다. 이러한 사문이나 브라만들이 비록 그러한 고행에 미치지 않는 고행을 하더라도 그들은 특별한 지와 견 그리고 위없는 정각을 얻을 수 있다. 이것은 마치 물에서 멀리 떨어진 양지바른 땅바닥에 충분히 오랫동안 있어서 물기 하나 없이 겉뿐만 아니라 속까지 마른 나무토막에 부시 막대를 그와 같이 격렬하게 비비지 않는다고 하더라도 불을 지피고 열을 낼 수 있는 것과 같다.[22] 이것이 그가 이전에 들어 본 적이 없는 즉시 떠오른 세 번째 비유이다.MN36, MN85, MN100

3.3 어릴 적 기억

그에게 이런 생각이 들었다. '물기 하나 없이 겉뿐만 아니라 속까지 마른 나무토막처럼 감각적 욕망을 멀리 떨쳐 버리고 안으로 감각적 욕망에 대한 갈애를 잘 제거하고 가라앉히는 길은 없을까?' 그는 이러한 관점에서 과거의 모든 종교적 지식과 경험에 관한 모든 기억을 시간의 역순으로 면밀하게 더듬어 갔다. 이윽고 그는 어릴 적 부왕께서 농경제 의식을 거행할 때 잠부나무 아래에 홀로 앉아 경험하였던 명상을 기억해 내었다. 그때 그는 감각적 욕망을 완전히 떨쳐 버리고 해로운 법들을 떨쳐 버린 뒤 일으킨 생각과 지속적 고찰이 있고, 떨쳐 버렸음에서 생긴 기쁨과 행복이 있는 초정념에 머물렀던 적이 있었다. '그때의 명상에서는 감각적 욕망을 멀리 떨쳐 버리고 안으로 감각적 욕망에 대한 갈애를 잘 제거하고 가라앉힘으로 혹시 그것이 정각에 이르는 길이지 않을까?' 그에게 그 기억을 따라서 '이것이 정각에 이르는 길이다.'라는 인식이 즉각 일어났다. 그러한 그에게 이런 생각이 들었다. '명상의 기쁨과 행복은 감각적 욕망과 해로운 법을 떨쳐 버림에 의하여 생기는 것이어서 감각적 욕망과도 상관없고 감각적

22 겉과 속이 젖어 있는 나무토막의 겉과 속을 각각 말리는 것에 해당하는 세존의 가르침은 무엇인가? 이때 나무토막을 물에서 건져 내어 물에서 멀리 떨어진 양지바른 땅바닥에 옮겨 놓는 것에 해당하는 세존의 가르침은 무엇이며, 부시 막대에 해당하는 세존의 가르침은 무엇인가?

욕망에 대한 갈애와도 상관없는데, 나는 그것을 왜 두려워하였고 멀리하였던가!' 그러자 그에게 이런 생각이 들었다. '감각적 욕망과도 상관없고 감각적 욕망에 대한 갈애와도 상관없으며 감각적 욕망을 떨쳐 버림에 의하여 생기는 그러한 기쁨과 행복을 나는 두려워하지 않으며 멀리하지 않으리라.'

그에게 이런 생각이 들었다. '이렇게 극도로 야위고 허약한 몸으로 그러한 기쁨과 행복을 얻기란 쉽지 않다. 기력을 회복하기 위하여 나는 죽 같은 부드러운 음식을 먹으리라.' 그리고 그는 모든 고행을 중단하고 강가로 내려가 강물에 목욕하고 몸을 편안하게 하였다. 그리고 세나니 마을의 우바이優婆夷[23] 수자따[24]가 올린 우유죽을 먹었고, 점차 기력을 회복하면서 밥과 같은 덩어리진 음식을 먹기 시작하였다. 그와 함께 그곳에서 정진하고 있었던 다섯 도반은 '참으로 우리의 사문 고따마가 위없는 성스러운 경지를 증득한다면 그것을 우리에게 알려 줄 것이다.'라고 생각하면서 고행에 매진하고 있었다. 그러나 그가 위없는 성스러운 경지를 증득하지도 못한 채 모든 고행을 중단하고 강물에 목욕하고 몸을 편안하게 하면서 우유죽을 먹고 점차 기력을 회복하면서 밥과 같은 덩어리진 음식을 먹자 다섯 도반은 '이제 사문 고따마는 지극한 정진을 포기하고 호사스러운 생활을 하고 시치스러운 생활에 젖이 다락하었다.'라고 생각하면시 그를 혐오하고 실망하여 모두 함께 떠나갔다.MN36, MN100

3.4 두 가지 사유

감각적 욕망을 멀리 떨쳐 버리고 안으로 감각적 욕망에 대한 갈애를 잘 제거하고 가라앉히려는 그에게 이런 생각이 들었다. '나는 사유를 둘로 나누어 머물리라.' 그리고 그는 감각적 욕망과 관련된 사유를 하나의 부분으로 만들고 감각적 욕망의 벗어남과 관련된 사유를 또 하나의 부분으로 만들었다.

---

23 청신녀淸信女라고 의역하는 여성 재가제자이다.

24 세존께서 먼저 나의 가르침에 귀의한 우바이들 가운데 으뜸이라고 칭송하셨다.AN1.14

그는 이같이 사유를 둘로 나누어 방일하지 않고 열심히 스스로 독려하며 머물 때 감각적 욕망과 관련된 사유가 일어났다. 그때 그는 이같이 확연하게 알았다. '나에게 감각적 욕망과 관련된 사유가 일어났다. 이것은 참으로 나 자신을 고통에 빠트리고, 다른 사람을 고통에 빠트리고, 둘 다를 고통에 빠트린다. 이것은 안목과 지혜를 소멸시키고 나를 곤혹스럽게 하고 정각과 열반으로 나아가게 하지 못한다.'

그가 '이것은 참으로 나 자신을 고통에 빠트린다.'라고 숙고하였을 때 그것은 사라졌으며 '이것은 참으로 다른 사람을 고통에 빠트린다.'라고 숙고하였을 때 그것은 사라졌으며 '이것은 둘 다를 고통에 빠트린다.'라고 숙고하였을 때 그것은 사라졌다. 또한 그가 '이것은 안목과 지혜를 소멸시키고 나를 곤혹스럽게 하고 정각과 열반으로 나아가게 하지 못한다.'라고 숙고하였을 때 그것은 사라졌다. 그는 이같이 감각적 욕망과 관련된 사유가 일어날 때마다 반드시 그것을 버렸고 제거하였고 없앴다.

만일 어떤 사람이 감각적 욕망과 관련된 사유를 거듭해서 일으키고 감각적 욕망과 관련된 사유에 대하여 고찰을 거듭하면 그의 마음은 감각적 욕망과 관련된 사유로 기울어진다. 예를 들면 우기철의 마지막 달인 가을에 모든 곡식이 여물어 풍성해지면 소 떼는 곡식을 향하게 되고 곡식에 가까워지게 되는 것과 같다. 이러한 때 소 치는 사람은 소 떼를 여기저기서 회초리로 때리고 제지하고 묶고 잘 보호하고 단속해야 한다. 그것은 무슨 까닭인가? 그와 같이 소 떼를 잘 보호하고 단속하지 않으면 소 치는 사람은 그것으로 인해 매를 맞게 되거나 구속되어 벌을 받게 되거나 재산을 몰수당하거나 사람들에게 비난받기 때문이다. 그와 같이 그는 감각적 욕망과 관련된 사유의 유익하지 못함과 재난과 고통과 청정하지 못함을 보았고 감각적 욕망과 관련된 사유가 일어날 때마다 반드시 그것을 버렸고 제거하였고 없앴다.

또한 그는 이같이 사유를 둘로 나누어 방일하지 않고 열심히 스스로 독려하며 머물 때 감각적 욕망의 벗어남과 관련된 사유가 일어났다. 그때 그는 이같이 확연하게 알았다. '나에게 감각적 욕망의 벗어남과 관련된 사유가 일어났다. 이것은 참으로 나 자신을 고통에 빠트리지 않고, 다른 사람을 고통에 빠트리지 않고, 둘 다를 고통에 빠트리지 않는다. 이것은 안목과 지혜를 증장시키고 나를 곤혹스럽게 하지 않고 정각과 열반으로 나아가게 한다.'

그가 '이것은 참으로 나 자신을 고통에 빠트리지 않는다.'라고 숙고하였을 때 그것은 유지되었으며, '이것은 참으로 다른 사람을 고통에 빠트리지 않는다.'라고 숙고하였을 때 그것은 유지되었으며, '이것은 둘 다를 고통에 빠트리지 않는다.'라고 숙고하였을 때 그것은 유지되었다. 또한 그가 '이것은 안목과 지혜를 증장시키고 나를 곤혹스럽게 하지 않고 정각과 열반으로 나아가게 한다.'라고 숙고하였을 때 그것은 유지되었다. 그는 이같이 감각적 욕망의 벗어남과 관련된 사유가 일어날 때마다 반드시 그것을 유지하였고 증장시켰다.

만일 어떤 사람이 감각적 욕망의 벗어남과 관련된 사유를 거듭해서 일으키고 감각적 욕망의 벗어남과 관련된 사유에 대하여 고찰을 거듭하면 그의 마음은 감각적 욕망의 벗어남과 관련된 사유로 기울어진다. 예를 들면 우기철의 마지막 달인 가을에 모든 곡식을 수확하여 마을 안으로 다 거둬들이면 소 떼가 향하고 가까이하는 곡식은 들녘에 없는 것과 같다. 이러한 때 소 치는 사람은 소 떼를 여기저기서 회초리로 때리지 않고 제지하지 않고 묶지 않고 잘 보호하지 않고 단속하지 않아도 된다. 그는 나무 아래로 가거나 노지에 가서 '여기 소 떼가 있구나.'라고 잘 보고 알기만 하면 된다. 그것은 무슨 까닭인가? 그와 같이 소 떼를 잘 보호하지 않고 단속하지 않아도 소 치는 사람은 그것으로 인해 매를 맞게 되거나 구속되어 벌을 받게 되거나 재산을 몰수당하거나 사람들에게 비난받는 일이 없기 때문이다. 그와 같이 그는 감각적 욕망의 벗어남과 관련된 사유에 대하여 '이런 마음의 현상들이 있구나.'라고 잘 보고 알기만 하면 된다. 그는 온 밤을 그것을 거듭 생각하고 거듭 고찰하여도 그것으로 인해 어떤 두려움도 보지 못하였으며, 온 낮을 그것을 거듭 생각하고 거듭 고찰하여도 그것으로 인해 어떤 두려움도 보지 못하였으며, 낮과 밤을 온통 그것을 거듭 생각하고 거듭 고찰하여도 그것으로 인해 어떤 두려움도 보지 못하였다. 그는 감각적 욕망의 벗어남과 관련된 사유의 유익함과 재난 없음과 고통 없음과 청정함을 보았고 감각적 욕망의 벗어남과 관련된 사유가 일어날 때마다 반드시 그것을 유지하였고 증장시켰다.[25]

그러나 그에게 이런 생각이 들었다. '내가 너무 오랫동안 거듭 생각하고 거듭 고찰하면 몸이 피로해질 것이고, 몸이 피로해지면 마음이 들뜰 것이고, 마음이 들뜨면 고요함에서 멀어질 것이다.' 그런 그는 마음이 들뜨지 않고 마음이 고요하게끔 하기 위하여 마음을 가라앉히고 마음 안으로 감각적 욕망의 벗어남을 확고하게 하고 단일하게 유지하였다. 그러한 그에게는 불굴의 정진이 생겼고, 감각적 욕망의 벗어남이 확립되었고, 몸이 경안하여 마음이 들뜨지 않았고, 마음이 단일하고 고요하게 되었다.MN19

4 정각을 이루다

4.1 색계4정념의 성취

초정념 그는 '방일하지 않고 열심히 스스로 독려하며 사띠의 대상을 주시하여 사띠를 확립한다. 그리하여 감각적 욕망의 벗어남에 머물고 감각적 욕망의 벗어남을 확립하고 감각적 욕망의 벗어남을 단일하게 유지하였다. 그러나 이렇게 사띠의 확립을 유지하지 못하는 경우가 있다. 그것은 사띠의 대상을 주시하지 않고 사띠의 확립을 유지하지 못하게 하는 대상에 생각을 일으키는 일으킨 생각[覺]과 그러한 대상을 움켜쥐고 지속하여 고찰하고 주시하는 지속적인 고찰[觀]이다. 이것이 각관覺觀이다. 각관을 갖추었더라도 감각적 욕망을 완전히 벗어나고 떨쳐 버리고 율을 지켜 불선법不善法을 완전히 벗어나고 떨쳐 버리면 오직 이러한 벗어남과 떨쳐 버림에 의하여 기쁨과 행복의 희락이 발생한다. 그는 어릴 적과 달리 이러한 기쁨과

---

25 두 가지 사유에 해당하는 세존의 가르침은 무엇인가?

행복의 희락을 두려워하지 않고 멀리하지 않으면서 그곳에 의식이 머물게 하였다. 그리하여 그는 이러한 기쁨과 행복의 희락에 의식이 머무는 이생희락지離生喜樂地의 초정념初正念을 성취하였다. 일으킨 생각과 지속적인 고찰 그리고 기쁨과 행복이 초정념을 구성하는 요소가 되며, 소리적멸은 초정념의 성취를 특징짓는다.'[**초정념**]MN4, MN8

이러한 이생희락으로 '그는 몸을 흠뻑 적시고 충만케 하고 가득 채우고 속속들이 스며들게 하였으며 온몸 구석구석에 이생희락이 스며들지 않은 데가 없었다. 예를 들면 노련하고 솜씨 좋은 목욕사나 그의 조수가 금속 대야에 목욕 가루를 가득 담아 놓고는 물을 알맞게 부으며 계속 이기면 목욕 가루에 물기가 젖어 들고 스며들어 물기가 안팎으로 흠뻑 스며들 뿐 금속 대야 바깥으로 목욕 가루를 흘려보내지 않을 것이다. 이같이 그는 이생희락으로 몸을 흠뻑 적시고 충만하게 하고 가득 채우고 속속들이 스며들게 하였으며 온몸 구석구석에 이생희락이 스며들지 않은 데가 없었다.'[**이생희락**]MN39

제2정념 '이생희락으로 몸을 흠뻑 적시고 충만한 그는 오직 이생희락에 대한 일심一心을 이루게 되어 마음이 단일한 상태가 된다. 이러한 마음의 단일한 상태를 끊임없이 유지하므로 일으킨 생각과 지속적인 고찰의 각관은 더 이상 일어나지 않아 완전히 없어진다. 각관이 적멸하고 마음의 단일함이 끊어지지 않으면서 범행에 대한 확신이 생기고 마음은 더욱 고요하여진다. 이러한 마음의 고요함에서 다양한 기쁨과 행복의 희락이 발생한다. 그는 이생희락을 벗어나 다양한 희락에 의식이 머물게 하였다. 그리하여 다양한 기쁨과 행복의 희락에 의식이 머무는 정생희락지靜生喜樂地의 제2정념을 성취하였다. 확신과 마음의 단일함 그리고 기쁨과 행복이 제2정념을 구성하는 요소가 되며, 각관적멸은 제2정념의 성취를 특징짓는다.'[**제2정념**]

이러한 정생희락으로 '그는 몸을 흠뻑 적시고 충만하게 하고 가득 채우고 속속들이 스며들게 하였으며 온몸 구석구석에 정생희락이 스며들지 않은 데가 없었다. 예를 들면 밑바닥에서 물이 샘솟는 어떤 호수에 비록 동쪽에서 흘러 들어오는 물도 없고, 서쪽에서 흘러 들어오는 물도 없고, 남쪽에서 흘러 들어오는 물도 없고, 북쪽에서 흘러 들어오는 물도 없으며, 또한 하늘에서 때때로 비가 내리지 않더라도 호수의 밑바닥에서 차가운 물이 끊임없이 솟아 올라오면 호수를 차가운 물로 흠뻑 적시고 충만하게 하고 가득 채우고 속속들이 스며들게 할 것이, 호수의 어느 곳도 차가운 물이 스며들지 않은 곳이 없을 것이다. 이같이 그는 정생희락으로 몸을 흠뻑 적시고 충만하게 하고 가득 채우고 속속들이 스며들게 하였으며 온몸 구석구석에 정생희락이 스며들지 않은 데가 없었다.'[**정생희락**]

제3정념 '정생희락으로 몸을 흠뻑 적시고 충만한 그는 정생희락에 머물면서 정생희락을 고찰하고 주시한다. 희락을 갈애하여 발생한 것이 정생희락이다. 희락에 대한 애愛를 버림으로써 다양한 희락이 사라진다. 다양한 희락이 사라지면서 마음이 평정[捨]해지고 대상을 고찰하고 주시하는 사띠[念]가 선명하고 뚜렷하게 확립된다. 그리고 다양한 희락의 사라짐에 의하여 묘한 행복이 발생한다. 그는 다양한 희락을 벗어나 묘한 행복에 의식이 머물게 하였다. 그리하여 묘한 행복에 의식이 머무는 이희묘락지離喜妙樂地의 제3정념을 성취하였다. 행복과 마음의 평정 그리고 사띠의 확립이 제3정념을 구성하는 요소가 되며, 희심喜心적멸은 제3정념의 성취를 특징짓는다.'[**제3정념**]

이러한 이희묘락으로 '그는 몸을 흠뻑 적시고 충만하게 하고 가득 채우고 속속들이 스며들게 하였으며 온몸 구석구석에 이희묘락이 스며들지 않은 데가 없었다. 예를 들면 청련이나 홍련이나 백련이 피어 있는 호수에 어떤 청련이나 홍련이나 백련들이 호수의 물속에서 생기고 자라서 물 밖으로 나오지 않고 물속에 잠긴 채 무성하게 어우러져 피어 있다면 호수의 차가운 물이 청련이나 홍련이나 백련들을 꼭대기에서 뿌리까지 흠뻑 적시고 충만하게 하고 가득 채우고 속속들이 스며들며 연꽃의 어떤 부분도 물이 스며들지 않은 곳이 없을 것이다. 이같이 그는 이희묘락으로 몸을 흠뻑 적시고 충만하게 하고 가득 채우고 속속들이 스며들게 하였으며 온몸 구석구석에 이희묘락이 스며들지 않은 데가 없었다.'[**이희묘락**]

제4정념 '이희묘락으로 몸을 흠뻑 적시고 충만한 그는 이희묘락에 머물면서 이희묘락을 고찰하고 주시한다. 이희묘락은 희락에 대한 애愛를 버림으로써 발생한 것이므로 그렇게 발생한 묘락에 대한 미세한 애마저 버린다. 묘락에 대한 미세한 애를 버림으로 묘락이 사라진다. 묘락이 사라지면서 마음은 매우 고요하여 마음의 평정과 사띠의 확립은 더욱 강화된다. 묘락이 사라지면 미세한 애를 포함하여 모든 애를 떨쳐 버리고 고락苦樂의 느낌[受]도 모두 소멸하여 의식은 머물 수 있는 어떠한 대상도 없는 청정한 상태가 된다. 그는 묘락을 벗어나 의식은 머물 수 있는 어떠한 대상도 없는 청정한 상태를 유지하였다. 그리하여 청정한 상태를 의식이 유지하는 사념청정지捨念清淨地의 제4정념을 성취하였다. 강한 사띠의 확립과 강한 마음의 평정 그리고 마음의 고요가 제4정념을 구성하는 요소가 되며, 출입식出入息적멸은 제4정념의 성취를 특징짓는다.'[**제4정념**]

이러한 사념청정으로 '그는 몸을 흠뻑 적시고 충만하게 하고 가득 채우고 속속들이 스며들게 하였으며 온몸 구석구석에 사념청정이 스며들지 않은 데가 없었다. 예를 들면 어떤 사람이 발끝에서 머리끝까지 온몸을 크고 넓은 흰 천으로 덮어쓰고 앉아 있으면 그의 몸은 어느 부분도 그 흰 천으로 덮이지 않은 곳이 없을 것이다. 이같이 그는 사념청정으로 몸을 흠뻑 적시고 충만하게 하고 가득 채우고 속속들이 스며들게 하였으며 온몸 구석구석에 사념청정이 스며들지 않은 데가 없었다.'[**사념청정**]

4.2 삼명의 증득

'이같이 제4정념을 차례로 성취한 그는 사념청정을 이루어 마음이 청정하고, 모든 애와 수가 사라져서 마음이 깨끗하고, 사라지되 완전히 사라져 마음에 흠과 결이 없고, 다시 발생하지 않도록 완전히 사라져 오염원까지 사라지고 없으며, 어떠한 대상에도 의식이 머물지도 의지하지도 않아 마음이 부드럽고, 범행을 진행하기에 마음이 적합하고, 어떠한 대상에도 마음이 동요되거나 움직이지 않아 매우 안정되고 흔들림 없는 부동심을 이루었을 때, 강한 사띠의 확립에 의한 온전한 고찰과 주시의 견과 강한 마음의 평정에 의한 온전한 알아차림의 지로 마음을 향하게 하고 기울이게 하여 다음과 같이 보고 안다. '나의 육신은 물질로 이루어진 것이고 물질은 지수화풍地水火風의 사대四大로 구성되어 있으며, 부모로부터 생겨났고 음식물에 의하여 축적되어 왔다. 이러한 나의 육신은 항상恒常하지 않고 무상하여 반드시 늙고 병들고 죽게 되어 붕괴하고 해체되기 마련이다. 그런데 나의 마음은 이러한 나의 육신에 묶여 있구나.'

그는 이같이 보고 알아서 육신에 묶여 있는 마음을 육신으로부터 풀고 벗어나는 상태로 나아간다. 육신으로부터 완전히 벗어나기 위하여 그는 마음으로 만드는 몸으로 마음을 향하게 하고 기울이게 한다. 마음으로 만든 몸은 육신과 달리 마음으로 이루어진 것이고, 형상을 지니고 있으며, 모든 수족을 다 갖추고 있고, 육근의 감각기능을 결여하지도 않는다. 이러한 마음으로 만든 몸은 모든 애와 수가 소멸하여 있으며 어디에도 머물지도 의지하지도 않는다. 마음으로 만든 몸이 육신을 벗어나는 것은 마치 칼을 칼집에서 꺼내는 것과 같으며 뱀이 뱀의 허물에서 벗어나는 것과도 같은 것이다. 마음으로 만든 몸이 육신을 벗어나서 어디에도 머물지도 의지하지도 않은 채 마음이 향하거나 기우는 대로 보고 알고 행한다. 이것을 신통지神通知라고 한다.'[**신통지 조건**] 그는 그날 밤 초야初夜(오후 6~10시)에 숙명통을, 중야中夜(오후 10~오전 2시)에는 천안통을 그리고 후야後夜(오전 2~6시)[26]에는 누진통을 차례로 성취하였다.DN2, DN10

---

26 흔히 후대의 시간 분류에 따라 초경初更(오후 7~9시), 이경二更(오후 9~11시), 삼경三更(오후 11~오전 1시)으로 해석하기도 하지만 율장의 용례에 따라 본문처럼 초야, 중야, 후야로 본다. 참고로 율장에서는 하루의 시작을 여명黎明의 시작으로 보며, 하루는 낮과 밤으로 이분하고, 낮과 밤은 각각 삼등분하여 낮은 이른 낮, 한낮, 늦은 낮으로 밤은 이른 밤, 한밤, 늦은 밤으로 구분한다. 여명을 6시로 보면 이른 낮(初日, 오전 6~10시), 한낮(中日, 오전 10~오후 2시), 늦은 낮(後日, 오후 2~6시)이 되며, 밤은 본문처럼 이른 밤의 초야, 한밤의 중야, 늦은 밤의 후야로 구분한다. 참고로 황혼黃昏이 완전히 지면 밤이 시작된다.

숙명통 '마음으로 만든 몸이 육신을 벗어나서 어디에도 머물지도 의지하지도 않은 채 마음이 전생을 기억하는 지혜인 숙명통宿命通을 향하거나 기울이면 그는 수많은 자신의 전생을 기억한다. 수많은 자신의 전생 중에서 한 전생, 두 전생, 셋 전생, 넷 전생, 다섯 전생, 열 전생, 스물 전생, 서른 전생, 마흔 전생, 쉰 전생, 백 전생, 천 전생, 십만 전생, 혹은 우주가 팽창하여 형성되는 성겁 동안의 전생, 우주가 수축하여 소멸하는 괴겁 동안의 전생, 우주가 팽창하고 수축하는 대겁 동안의 전생을 기억한다. 이같이 기억하는 모든 전생의 삶 속에서 그는 '어떤 곳에서 태어나서 어떤 이름을 가졌고, 어떤 종족에 속하였으며, 어떤 용모를 가졌으며, 어떤 음식을 먹었으며, 어떠한 고통과 행복을 겪었으며, 몇 살까지 살았으며, 그곳에서 죽어서 다른 어떤 곳에 태어났다.'라는 것을 특징과 더불어 상세하게 기억한다.

이같이 그가 자신의 전생을 기억하는 것은 마치 자신의 마을에서 다른 마을로 여행을 갔다가 여행을 마치고 자신의 마을로 돌아와 다른 마을에 있었던 일들을 특징과 더불어 상세하게 기억하는 것과도 같다. 예를 들면 어떤 사람이 어떤 마을로 여행을 갔다가 그곳에서 다른 마을로 또다시 여행을 갔다가 자신의 마을로 되돌아온다. 그에게 이런 생각이 들 것이다. '나는 우리 마을에서 어떤 마을로 여행을 갔다. 그 마을에서 나는 이렇게 서 있었고 앉아 있고 말했고 침묵했고 행동했고 일했으며, 이렇게 옷을 입었고 사람들을 만났고 음식을 먹었고 잠을 잤다. 그리고 나는 그 마을에서 떠나 다시 다른 마을로 여행을 갔다. 그 마을에서 나는 또한 이렇게 서 있었고 앉아 있고 말했고 침묵했고 행동했고 일했으며, 이렇게 옷을 입었고 사람들을 만났고 음식을 먹었고 잠을 잤다. 그리고 그 마을에서 다시 우리 마을로 되돌아왔다.' 그와 같이 그는 한량없는 전생의 갖가지 모습을 특색과 더불어 상세하게 기억한다.'[**숙명통**]MN4, MN6

이것이 그가 그날 밤의 초야에 증득한 첫 번째 명지明知이다. 마치 어둠 속에서 등불을 밝히면 어둠이 제거되고 광명이 일어나듯이 방일하지 않고 열심히 스스로 독려하며 머무는 자에게 무명이 제거되고 명지가 일어난다. 이같이 그에게도 무명이 제거되고 명지가 일어났다.

천안통 '마음으로 만든 몸이 육신을 벗어나서 어디에도 머물지도 의지하지도 않은 채 마음이 중생의 죽음과 다시 태어남을 아는 지혜인 천안통天眼通을 향하거나 기울이면 그는 육안을 넘어선 청정하고 신성한 천안으로 육안의 시야에 나타나지 않는 것들을 마치 육안으로 보는 것처럼 볼 수 있을 뿐만 아니라 중생의 죽음과 다시 태어남을 보고 안다. 육신의 피부로 가려져 있는 것들, 땅의 표면으로 가려져 있는 것들, 벽과 담과 산으로 가려져 있는 것들, 다른 차원의 세계에 속하여 육안으로 볼 수 없는 것들, 이러한 것들을 볼 수 있다. 또한 중생이 미래에 죽어서 다시 태어날 때 그들이 스스로 지은 업에 따라서 선처善處에 태어나거나 혹은 악처惡處에 태어나는 것을 보고 알며, 태어날 때 잘생기게 태어나거나 혹은 못생기게 태어나는 것을 보고 알며, 천박하게 태어나거나 혹은 고귀하게 태어나는 것을 보고 안다. 중생이 몸으로 불선법을 골고루 짓고 입으로 불선법을 골고루 짓고 마음으로 불선법을 골고루 짓거나, 성자들을 비방하거나, 삿된 견해를 지녀서 사견으로 업을 짓는다면 이러한 중생은 미래에 죽어서 다시 태어날 때 비참한 곳, 악처, 파멸처인 지옥에 태어난다. 그러나 중생이 몸으로 선법을 골고루 짓고 입으로 선법을 골고루 짓고 마음으로 선법을 골고루 짓거나, 성자들을 비방하지 않거나, 바른 견해를 지녀서 정견으로 업을 짓는다면 이들은 미래에 죽어서 다시 태어날 때 선처인 천상 세계에 태어난다.

이같이 그가 천안으로 미래의 일을 보고 아는 것은 마치 사거리의 높은 곳에서 사거리를 내려다보고 사람들이 사거리에서 오고 가는 것을 보고 아는 것과도 같다. 예를 들면 사거리가 훤히 내려다보이는 높은 누각에서 시력이 좋은 어떤 사람이 사거리를 내려다본다. 그는 사람들이 집에 들어가고 나오는 것을, 사람들이 사거리에서 오고 가는 것을, 사람들이 사거리에서 서거나 앉는 것을 보고 안다. 그에게 이런 생각이 들 것이다. '나는 여기 사람들이 집에 들어가고 나오는 것을, 사람들이 사거리에서 오고 가는 것을, 사람들이 사거리에서 서거나 앉는 것을 보고 안다.' 그와 같이 그는 육안을 넘어선 청정하고 신성한 천안으로 중생이 미래에 죽어서 다시 태어날 때 그들이 스스로 지은 업에 따라서 선처에 태어나거나 혹은 악처에 태어나는 것을 보고 알며, 태어날 때 잘생기게 태어나거나 혹은 못생기게 태어나는 것을 보고 알며, 천박하게 태어나거나 혹은 고귀하게 태어나는 것을 보고 안다.'[**천안통**]

이것이 그가 그날 밤의 중야에 증득한 두 번째 명지이다. 마치 어둠 속에서 등불을 밝히면 어둠이 제거되고 광명이 일어나듯이 방일하지 않고 열심히 스스로 독려하며 머무는 자에게 무명이 제거되고 명지가 일어난다. 이같이 그에게도 무명이 제거되고 명지가 일어났다.

누진통 '마음으로 만든 몸이 육신을 벗어나서 어디에도 머물지도 의지하지도 않은 채 마음이 모든 번뇌를 소멸하는 지혜인 누진통漏盡通을 향하거나 기울이면 그는 제4정념에서 나아가 멸진정에 이르러 모든 번뇌[漏]를 소멸한다. 그는 '이것이 바로 괴로움이요, 이것이 바로 괴로움이 일어나는 바탕이요, 이것이 바로 괴로움이 일어나는 바탕이 사라지는 소멸이요, 이것이 바로 괴로움이 일어나는 바탕이 사라지는 소멸로 인도하는 바른길이다.'[**사성제**]라고 안다. 또한 그는 '이것이 바로 번뇌이요, 이것이 바로 번뇌가 일어나는 바탕이요, 이것이 바로 번뇌가 일어나는 바탕이 사라지는 소멸이요, 이것이 바로 번뇌가 일어나는 바탕이 사라지는 소멸로 인도하는 바른길이다.'라고 안다. 이같이 사성제四聖諦를 있는 그대로 보고 아는 그는 모든 번뇌를 소멸한다. 욕루欲漏를 소멸하여 오욕五欲으로부터 마음이 해탈하며, 유루有漏를 소멸하여 수受로부터 마음이 해탈하며, 무명루無明漏를 소멸하여 상想으로부터 마음이 해탈한다. 이같이 모든 번뇌를 소멸하여 모든 번뇌로부터 마음이 해탈하여 심해탈心解脫과 혜해탈慧解脫을 갖춘 구해탈具解脫을 성취하여 '태어남은 다했다. 청정범행은 성취되었다. 할 일을 다해 마쳤다. 다시는 어떤 존재로도 돌아오지 않을 것이다.' [**구경의 지혜**]를 보고 안다.

이같이 그가 보고 아는 것은 마치 깊은 산속의 맑고 잔잔한 호숫가에서 호수 속 조가비, 조약돌, 모래, 수초, 물고기들이 움직이는 것을 보고 아는 것과도 같다. 예를 들면 깊은 산속의 맑고 잔잔한 호숫가에서 어떤 사람이 호수 속 조가비, 조약돌, 모래, 수초, 물고기들이 움직이는 것을 보고 안다. 그에게 이런 생각이 들 것이다. '이 호수는 참으로 맑고 깨끗하고 투명하며 고요하여 잔잔하다. 나는 이 호수 속 조가비, 조약돌, 모래, 수초, 물고기들이 움직이는 것을 보고 안다.' 그와 같이 그는 사성제를 있는 그대로 보고 알아 모든 번뇌를 소멸하고 모든 해탈을 성취하여 [구경의 지혜]를 보고 안다.'[누진통]

이것이 그가 그날 밤의 후야에 증득한 세 번째 명지이다. 마치 어둠 속에서 등불을 밝히면 어둠이 제거되고 광명이 일어나듯이 방일하지 않고 열심히 스스로 독려하며 머무는 자에게 무명이 제거되고 명지가 일어난다. 이같이 그에게도 무명이 제거되고 명지가 일어났다.

4.3 정각의 성취

마침내 그는 유익한 것을 증득하였고 위없는 성스러운 경지를 증득하였다. 참으로 그는 누구나 태어나기 마련이지만 태어나기 마련인 삶에서 재난을 알아 태어남 없는 위없이 성스러운 경지인 열반을 증득하였고, 누구나 늙기 마련이지만 늙기 마련인 삶에서 재난을 알아 늙음 없는 위없이 성스러운 경지인 열반을 증득하였고, 누구나 병들기 마련이지만 병들기 마련인 삶에서 재난을 알아 병 없는 위없이 성스러운 경지인 열반을 증득하였고, 누구나 죽기 마련이지만 죽기 마련인 삶에서 재난을 알아 죽음 없는 위없이 성스러운 경지인 열반을 증득하였고, 누구나 괴로워하기 마련이지만 괴로워하기 마련인 삶에서 재난을 알아 괴로움 없는 위없이 성스러운 경지인 열반을 증득하였고, 누구나 오염되기 마련이지만 오염되기 마련인 삶에서 재난을 알아 오염 없는 위없이 성스러운 경지인 열반을 증득하였다.

그러한 그에게 '나의 해탈은 확고부동하다. 이것이 나의 마지막 태어남이다. 더 이상 다시 태어남은 없다.'라는 지와 견이 생겼다. 그리하여 그날 그는 출가의 목적을 성취하였고 정각을 성취하였다. 출가한 지 6년이 되던 해로 그의 나이는 35세였다. 이제 사문 고따마는 석가족의 성자聖者라는 의미인 석가모니釋迦牟尼로 불리게 되었고 알려지게 되었다.

4.3.1 정각법에 머물다

보리수 아래에서 정각을 성취한 그분 석가모니께서는 해탈의 지복을 누리며 정각 후 첫 7일을 보리수 아래에 머물렀다. 연기법을 자각하고 연기법을 따라 정각을 이루었고 연기법의 중요한 실례實例인 십이연기를 순관과 역관으로 살피고 게송을 읊었다.

참으로
열심히 바른 노력 기울여
정념을 닦아
정각을 성취하여
연기법이 드러나면
모든 과에는 연이 있고
연이 사라지면 과 또한 사라지나니
태양이 어두운 허공을 비추듯
모든 의혹 사라지도다.

그분은 보리수 아래에서 나와 근처의 아자빨라니그로다나무 아래로 자리를 옮겨 해탈의 지복을 누리며 두 번째 7일을 보냈다. 이 기간에 어떤 오만한 브라만이 흠흠 헛기침하면서 그분께 다가와 인사하고 질문하였다. 그 후 그분은 아자빨라니그로다나무 아래에서 나와 근처의 무짤린다나무 아래로 자리를 옮겨 해탈의 지복을 누리며 세 번째 7일을 보냈다. 이때 먹구름이 일어나 비가 오고 찬바람이 부는 날씨가 되자 무짤린다 용왕이 자기의 몸으로 그분을 비와 바람으로부터 보호하였다. 네 번째 7일은 무짤린다나무 아래에서 나와 근처의 라자야따나나무 아래에서 해탈의 지복을 누렸다. 이 기간에 라가가하로 향하던 욱깔라 지방의 따빳수와 발리까[27] 형제에게 보리죽과 밀환蜜丸을 공양받았다. 그들은 그분께 귀의하여 최초의

27 세존께서 이들이 먼저 나의 가르침에 귀의한 우바새들 가운데 으뜸이라고 칭송하였다.AN1.14 이들은 이귀의二歸依한 우바새 가운데 최초였으며 이후 발리까는 출가하였다.

우바새優婆塞[28]가 되었다. 그리고 그분은 라자야따나나무 아래에서 나와 아자빨라니그로다나무 아래로 자리를 옮겨 머물던 다섯 번째 7일의 어느 날 문득 이런 생각이 일어났다. '참으로 나는 누구를 존경하고 존중하고 의지하고 귀의하여 머물러야 하는가? 존경할 사람이 없고 존중할 사람이 없고 의지할 사람이 없고 귀의할 사람이 없이 머문다는 것은 괴로운 것이다. 참으로 나는 무엇을 존경하고 존중하고 의지하고 귀의하여 머물러야 하는가? 존경할 무엇이 없고 존중할 무엇이 없고 의지할 무엇이 없고 귀의할 무엇이 없이 머문다는 것은 괴로운 것이다.'

그러자 그분에게 이런 생각이 일어났다. 나는 정각을 이루는 과정에서 '사대로 만든 몸'을 벗어나 '마음으로 만든 몸'을 형성하였고, '마음으로 만든 몸'을 벗어나 '법으로 만든 몸'을 완성하였다. '법으로 만든 몸'은 오분법신五分法身이라고도 하는 오법온五法蘊으로 구성되어 있다. 오법온의 율온律蘊, 염온念蘊, 정온定蘊, 해탈온解脫蘊, 해탈지견온解脫知見蘊 가운데 내가 아직 완성하지 못한 율온이 있다면 그것을 완성하기 위해서 나는 다른 사문이나 브라만을 존경하고 존중하고 의지하고 귀의하여 머물러야 할 것이다. 그러나 나는 신과 마라와 범천을 포함하고 사문과 브라만과 인간을 포함한 무리 가운데 나보다도 더 율온을 잘 구족하여 내가 존경하고 존중하고 의지하고 귀의하여 머물러야 할 다른 어떤 사문이나 브라만도 보지 못한다. 율온과 마찬가지로 염온, 정온, 해탈온, 해탈지견온 가운데 어느 하나라도 내가 아직 완성하지 못한 것이 있다면 그것을 완성하기 위해서 나는 다른 사문이나 브라만을 존경하고 존중하고 의지하고 귀의하여 머물러야 할 것이다. 그러나 나는 신과 마라와 범천을 포함하고 사문과 브라만과 인간을 포함한 무리 가운데 나보다도 더 염온, 정온, 해탈온, 또는 해탈지견온을 잘 구족하여 내가 존경하고 존중하고 의지하고 귀의하여 머물러야 할 다른 어떤 사문이나 브라만도 보지 못한다. 그러자 그분에게 이런 생각이 들었다. '참으로 나는 정각正覺으로 발견하고 증득한 바로 이 정각법을

28 청신사淸信士로 의역하는 남성 재가제자이다.

존경하고 존중하고 의지하고 귀의하여 머무르리라.'

그때 사함빠띠 범천은 그의 마음으로 그분의 마음에서 일으킨 생각을 알고서 마치 힘센 사람이 구부린 팔을 펴고 편 팔을 구부리듯이 그렇게 재빨리 범천의 세상에서 사라져 그분 앞에 나타났다. 사함빠띠 범천은 한쪽 어깨가 드러나게 윗옷을 입고 그분을 향해 합장하고 이렇게 말하였다. "참으로 그러하옵니다, 정등각이시여. 참으로 그러하옵니다, 선서이시여. 정등각이시여, 과거의 아라한이시고 정등각이신 선서들께서도 오직 정각법을 존경하고 존중하고 의지하고 귀의하여 머물렀습니다. 정등각이시여, 미래의 아라한이시고 정등각이신 선서들께서도 오직 정각법을 존경하고 존중하고 의지하고 귀의하여 머무를 것입니다. 정등각이시여, 현재의 아라한이시고 정등각이신 선서께서도 오직 정각법을 존경하고 존중하고 의지하고 귀의하여 머무십니다." 이렇게 말한 뒤 사함빠띠 범천은 다시 다음과 같이 말하였다.

과거에
정각을 성취하신 모든 분도
미래에
정각을 성취하실 모든 분도
현재에
정각을 성취하신 분도
모두
오직 정각법을
존경하고 존중하고 의지하고 귀의하여
머무셨고 머무실 것이고 또한 머무시나니
이것이
모든 정등각의 법다움이어라.

그러므로

출세간의 이익을 위해서
정각법을 추구하는
뭇사람들의 근심을 없애나니
이러한 정등각의 정각법을
존경하고 존중하고 의지하고 귀의하여
머무르소서.

이렇게 말한 뒤 사함빠띠 범천은 그분에게 절을 하고 오른쪽으로 돌아 경의를 표한 뒤 그곳에서 사라졌다. 그러자 그분은 범천의 간청을 충분히 고려하여 '참으로 나는 정각으로 발견하고 증득한 바로 이 정각법을 존경하고 존중하고 의지하고 귀의하여 머무르리라.'라는 판단이 적절하다고 생각한 뒤 정각으로 발견하고 증득한 정각법을 존경하고 존중하고 의지하고 귀의하여 머물렀다.SN6.1, AN4.21

4.3.2 설법의 간청

정각법에 머무는 그분에게 다섯 번째 7일의 어느 날 이러한 생각이 들었다. '내가 발견하고 증득한 이 정각법은 심오하여 보기 어렵고, 깨닫기 어렵고, 고요하고 수승하여 사유의 영역을 넘어섰고, 미묘하여 오로지 현자賢者들만이 알아볼 수 있을 것이다. 그러나 사람들은 집착을 좋아하고 집착을 기뻐하고 집착을 즐긴다. 집착을 좋아하고 집착을 기뻐하고 집착을 즐기는 사람들이 이러한 법 이를테면 연과 인에 의하여 과가 발생하는 연기를 보기는 어려울 것이다. 또한 모든 형성된 것들의 가라앉음, 모든 재생의 근거를 완전히 놓아 버림, 욕망의 빛바램, 갈애의 소멸, 번뇌의 소멸, 위없는 성스러운 경지인 열반을 보기도 어려울 것이다. 설혹 내가 이러한 법을 가르친다고 하더라도 저들이 이 법을 이해하지 못한다면 그것은 의미 없는 일이 될 뿐이고 부질없는 일이 될 뿐이다.' 그때 그분에게 이전에 들어 보지 못한 게송이 즉흥적으로 떠올랐다.

이같이
어렵게 증득할 수 있는
이 법을
과연 설할 필요가 있을까?
탐욕과 성냄, 어리석음으로
가득한
세상 사람들이
이 법을
증득하기란 실로 어렵다.
이 법은
세상의 흐름을 거스르고
미묘하고 심오하고
보기 어렵고
미세하여
어둠의 무더기에 덮여있는
어리석은 자들
탐욕에 물든 자들
성냄에 빠진 자들은
결코 보지 못하리니.

이같이 숙고할 때 그분의 마음은 법을 설하기보다는 무관심으로 기울었다. 그때 사함빠띠 범천은 그의 마음으로 그분의 마음에서 일으킨 생각을 알고서 이렇게 생각하였다. '정각을 이루신 정등각이시고 위없는 성스러운 경지인 열반으로 나아가신 선서께서 법을 설하기보다는 무관심으로 마음을 굳히신다면, 세상은 망할 것이고 파멸할 것이다.' 그러자 사함빠띠 범천은 마치 힘센 사람이 구부린 팔을 펴고 편 팔을 구부리듯이 그렇게 재빨리 범천의 세상에서 사라져 그분 앞에 나타났다. 사함빠띠 범천은 한쪽 어깨가 드러나게 윗옷을 입고 그분을 향해 합장하고 이렇게 말하였다.

"정등각이시여, 정등각께서는 법을 설하소서. 선서이시여, 선서께서는 법을 설하소서. 먼지가 적게 낀 중생이 있습니다. 그들은 법을 듣지 않으면 타락할 것입니다. 그 법을 이해할 만한 자들이 있을 것입니다. 그들에게 법을 설하소서." 이렇게 말하고 다시 다음과 같이 말하였다.

때 묻은 자들이
궁리해낸
청정하지 못한 법이
예전에
인간세상에 나타나
인간들이 타락하였습니다.
정등각이시여,
청정한 법을 설하시어
불사의 문을 여소서.
때 없는 분께서
깨달으신 이 법을
설하시어
저들이
이 법을 듣게 하소서.

마치
바위산 꼭대기에 서면
주변을 두루 볼 수 있듯이
현자시여,
법으로 충만한 궁전에 오르소서.
모든 것을 볼 수 있는 눈을 가진 분이시여
괴로움을 제거한 분께서는
괴로움에 빠져있고

생로병사에 압도된 저들을
굽어살피소서.

자리에서 일어서소서.
영웅이시여
전쟁에서 승리하신 분이시여
대상의 지도자시여
빚 없는 분이시여
세상을 유행하소서.
법을 이해할 만한 자들이 있을 것이오니
그들에게 법을 설하소서.

그렇게 세 번 청하자 그분은 범천의 간청을 충분히 알고 중생에 대한 연민으로 인간의 능력을 넘어선 신성하고 청정한 하늘 눈[天眼]으로 세상을 두루 살펴보았다. 세상의 중생 가운데는 때가 엷게 낀 사람도 있고 두텁게 낀 사람도 있고, 육근의 기능이 예리한 사람도 있고 둔한 사람도 있고, 자질이 선량한 사람도 있고 나쁜 사람도 있고, 가르치기 쉬운 사람도 있고 어려운 사람도 있으며, 세상과 세상의 오염에 대해 두려움을 보며 지내는 사람들도 있으며 그렇지 않은 사람들도 있음을 보았다. 예를 들면 마치 어떤 청련이나 홍련이나 백련은 물속에서 생겨나 물속에서 자라서 물에 잠겨 물속에서만 머물며, 어떤 청련이나 홍련이나 백련은 물속에서 생겨나 물속에서 자라서 물 표면까지 나와 머물며, 어떤 청련이나 홍련이나 백련은 물속에서 생겨나 물속에서 자라서 물 위로 올라와 당당하게 서서 물에 젖지 않는 것과 같다. 그때 그분은 사함빠띠 범천에게 게송으로 대답하였다.

이제
그들에게
불사의 문은 열렸다.

귀를 가진 자는
귀를 기울여라.
범천이여,
미묘하고 숭고한
이 법을
그들에게 설하리라.
귀 기울이는 자들에게
이 법을
설하리라.

그러자 사함빠띠 범천은 '정등각께서는 이 법을 설하리라고 말씀하셨다. 나는 정등각께서 법을 설하시도록 간청을 드렸고, 정등각께서는 나의 간청을 들어주셨다.'라고 생각하면서 그분에게 절을 하고 오른쪽으로 돌아 경의를 표한 뒤 그곳에서 사라졌다.SN6.1

4.3.3 제자를 찾다

그러한 그분에게 이러한 생각이 들었다. '누구에게 제일 먼저 법을 설해야 할까? 누가 이 법을 이해할 수 있을까?' 이때 이러한 생각이 들었다. '알라라 깔라마는 지자이고 슬기롭고 현명하며 오랫동안 때가 엷게 낀 분이다. 나는 알라라 깔라마에게 제일 먼저 법을 설하리라. 그는 이 법을 이해할 것이다.' 그러자 천신들이 그분에게 와서 이렇게 말하였다. "정등각이시여, 알라라 깔라마는 7일 전에 임종하였습니다." 그러자 그분에게도 '알라라 깔라마는 7일 전에 임종하였다.'라는 지와 견이 일어났다. 그러한 그분에게 이러한 생각이 들었다. '알라라 깔라마는 임종하여 이 법을 듣지 못하는구나! 그가 이 법을 들었더라면 이해하였을 것이다.'

그러자 그분에게 또한 이러한 생각이 들었다. '알라라 깔라마는 7일 전에 임종하였다. 그렇다면 누구에게 제일 먼저 법을 설해야 할까? 누가 이 법을 이해할 수 있을까?' 이때 이러한 생각이 들었다. '웃다까 라마뿟다는 지자이고 슬기롭고 현명하며 오랫동안 때가 엷게 낀 분이다. 나는 웃다까 라마뿟다에게 제일 먼저 법을 설하리라. 그는 이 법을 이해할 것이다.' 그러자 천신들이 그분에게 와서 이렇게 말하였다. "정등각이시여, 웃다까 라마뿟다는 지난밤에 임종하였습니다." 그러자 그분에게도 '웃다까 라마뿟다는 지난밤에 임종하였다.'라는 지와 견이 일어났다. 그러한 그분에게 이러한 생각이 들었다. '웃다까 라마뿟다는 임종하여 이 법을 듣지 못하는구나! 그가 이 법을 들었더라면 이해하였을 것이다.'

그러자 그분에게 또한 이러한 생각이 들었다. '알라라 깔라마는 7일 전에 그리고 웃다까 라마뿟다는 지난밤에 임종하였다. 그렇다면 누구에게 제일 먼저 법을 설해야 할까? 누가 이 법을 이해할 수 있을까?' 이때 이러한 생각이 들었다. '내가 이곳의 강기슭에 처음 왔을 때 나와 함께 왔던 다섯 도반이 있었다. 그들은 '참으로 우리의 사문 고따마가 위없는 성스러운 경지를 증득한다면 그것을 우리에게 알려 줄 것이다.'라고 생각하면서 나와 함께 고행에 매진하고 있었다. 또한 배우고 익힌 법과 율을 그들은 나에게 가르쳐 주고 나는 그들에게 가르쳐 주기로 서로 약조하지 않았던가! 나는 그들에게 제일 먼저 법을 설하리라. 그들은 나의 법을 듣는 최초의 제자들이 되리라. 그들은 이 법을 이해할 것이다.' 그때 이러한 생각이 들었다. '지금 그들은 어디에 머물고 있을까?' 그분은 인간의 능력을 넘어선 청정한 눈으로 그들이 바라나시 인근에 있는 이시빠따나[29]의 녹야원에 머무는 것을 보았다. 그분은 그곳에서 흡족하게 머물고는 바라나시로 제자를 찾아 유행을 떠났다.

5 제자를 찾아 유행하다

29 바라나시의 옛 이름은 와라나시로 강가강에 인접한 수로의 요충지로 까시국의 수도였다. 부다가야에서 직선거리로 북서쪽으로 210km 정도 거리에 있다. 이시빠따나는 바라나시와 10km 정도 북북동으로 떨어져 있으며 지금의 사르나트이다.

유행승 우빠까 유행하는 그분에게 어느 길에서 어떤 아지와까 유행승이 이렇게 말하였다. "도반이여, 그대의 감관은 밝고 피부색은 청정하고 빛이 납니다. 도반이여, 저는 아지와까의 가르침을 따르는 우빠까라고 합니다. 저는 저의 고향 우루웰라로 가는 길입니다. 도반이여, 그대의 스승은 누구십니까? 그대는 누구이며 어디로 가는 길입니까?" 그분은 게송으로 대답하였다.

우빠까여,
일체의 악한 법을 정복하였기에
나는 승리자요
모든 번뇌 다하였기에
진정한 승리자요
어떤 것에도 물들지 않고
일체를 여의고
갈애 다하고 무명을 벗어나
모든 해탈을 이루어
스스로 최상의 지혜로 알고 보아
적멸을 이루었기에
일체승자요
일체지자이나니
누구를 스승이라 부르리오!
나에게는
스승도 없고
유사한 이도 없으며
지상에도 천상에도 나와 견줄 이 없다네.
나는
세상에서 유일한
아라한이고

위없는 스승이며
정등각이라네.
나는
까시의 도성 바라나시 인근 이시빠따나로 가서
법의 바퀴[法輪]를 굴리리라.
어두운 이 세상에
불사의 북을 울리리라.

이렇게 말하자 그는 "도반이여, 열반을 성취한 승리자가 되었다고 자인합니까?"라고 물었고 그분께서 이렇게 답하셨다. 우빠까여, 모든 번뇌 부수어 버리면 그대도 나와 같은 승리자가 되리니. 우빠까여, 나는 일체의 악한 법을 정복하였기에 승리자가 되었다네. 그는 "도반이여, 그럴지도 모르겠지요."라고 말하고서 머리를 끄덕이며 떠났다.[30]

다섯 사문 마침내 그분은 차례대로 유행하여 바라나시에 있는 이시빠따나의 녹야원에 있는 그들을 찾아갔다. 그들은 멀리서 그분이 오는 것을 보고는 서로 합의하였다. "도반들이여, 저기 사문 고따마가 오고 있습니다. 그는 고행을 포기하고 호사스러운 생활을 하고 용맹정진을 포기하고 사치스러운 생활에 젖었습니다. 그가 오면 아무런 인사도 하지 말고, 일어서지도 말고, 그의 발우와 대의를 받아 주지도 맙시다. 그러나 만일 그가 원한다면 스스로 앉을 수는 있게 해 줍시다." 그러나 그분이 점점 가까이 다가가자 그들은 자신들의 합의를 지킬 수 없었다. 한 사람은 마중 나와 발우와 대의를 받아 들었고, 다른 사람은 일어나 자리를 마련하였고, 또 다른 사람은 발 씻을 물을 가져왔다. 그들은 그분의 이름을 부르고 "도반이여"라고 말을 걸었다. 그때 그분은 그들에게 이렇게 말하였다.

출가자들이여, 무상정등정각을 성취한 나는 아라한이고 정등각이다.

30 이후 우빠까는 수년이 지나 출가하여 비구가 되었으며 마침내 아라한 중의 한 분이 되었다.

아라한이고 정등각을 그대들은 이름으로 불러서도 아니 되고 "도반이여"라고 불러서도 아니 된다. 그대들이여, 귀를 기울여라. 불사는 성취되었다. 내 이제 그대들에게 가르쳐 주리라. 그대들에게 법을 설하리라. 내가 가르친 대로 따라 실천하면, 그대들은 오래지 않아 정각을 성취하여 좋은 가문의 아들들이 바르게 집을 떠나 출가하는 목적인 위없는 청정범행의 완성을 최상의 지혜로 알고 실현하고 구족하여 머물 것이다.

이렇게 말하자 그들은 이렇게 말하였다. "도반 고따마여, 우리가 행하였던 행동과 우리가 닦았던 수행과 우리가 행하였던 난행과 고행으로도 인간의 법을 초월하고 성자들에게 적합한 지와 견의 특별함이 아직 성취되지 않았습니다. 그런데 그대는 고행을 포기하고 호사스러운 생활을 하고 용맹정진을 포기하고 사치스러운 생활에 젖었습니다. 이러한 그대가 어떻게 인간의 법을 초월하고 성자들에게 적합한 지와 견의 특별함을 증득할 수 있습니까?"

그분은 이렇게 대답하였다. 그대들이여, 나는 정진을 포기하지 않았고 호사스러운 생활을 하지도 않았고 용맹정진을 포기하지도 않았고 사치스러운 생활에 젖지도 않았다. 그대들이여, 무상정등정각을 성취한 나는 아라한이고 정등각이다. 그대들이여, 귀를 기울여라. 불사는 성취되었다. 내 이제 그대들에게 가르쳐 주리라. 그대들에게 법을 설하리라. 내가 가르친 대로 따라 실천하면, 그대들은 오래지 않아 정각을 성취하여 좋은 가문의 아들들이 바르게 집을 떠나 출가하는 목적인 위없는 청정범행의 완성을 최상의 지혜로 알고 실현하고 구족하여 머물 것이다.

이렇게 말하자 그들은 똑같은 질문으로 의심하여 재차 물었으며, 그분은 똑같은 답변으로 확신하여 재차 대답하였다. 그러자 그들은 똑같은 질문으로 의심하여 세 번째 물었으며, 그분은 똑같은 답변으로 확신하여 세 번째 대답하였다.

그러나 그들은 의심을 풀지 못하고 똑같은 질문으로 다시 물었다. 그들이 네 번째 똑같이 질문하였을 때 그분은 그들에게 이렇게 대답하였다. 예전에 그대들과 나는 각자 배우고 익힌 법과 율을 그대들은 나에게 가르쳐 주며 나는 그대들에게 가르쳐 주기로 약조하였다. 그대들은 예전에 내가 이러한 약조를 어긴 것을 본 적이 있는가? 그대들은 예전에 내가 배우고 익힌 법과 율을 거짓으로 말하는 것을 본 적이 있는가? 그대들은 예전에 내가 법과 율에 따라 그대들과 함께한 수행을 거짓으로 한 적이 있는가? 그들은 이렇게 대답하였다. "없습니다, 존자시여."

그들이 이같이 대답하였을 때 그분은 다시 이렇게 말하였다. 그대들이여, 나는 정진을 포기하지 않았고 호사스러운 생활을 하지도 않았고 용맹정진을 포기하지도 않았고 사치스러운 생활에 젖지도 않았다. 그대들이여, 무상정등정각을 성취한 나는 아라한이고 정등각이다. 그대들이여, 귀를 기울여라. 불사는 성취되었다. 내 이제 그대들에게 가르쳐 주리라. 그대들에게 법을 설하리라. 내가 가르친 대로 따라 실천하면, 그대들은 오래지 않아 정각을 성취하여 좋은 가문의 아들들이 바르게 집을 떠나 출가하는 목적인 위없는 청정범행의 완성을 최상의 지혜로 알고 실현하고 구족하여 머물 것이다. 이때 "가르침을 받겠습니다, 존자시여."라고 사문 꼰단냐가 말하자 나머지 네 사문도 그와 같이 대답하였다. 마침내 그들을 확신시킬 수 있었다.

그분은 그들에게 정각으로 발견하고 증득한 법을 가르쳤다. 그분께서 존경하고 존중하고 의지하고 귀의하여 머무는 법을 그들에게 가르쳤다. 걸식해야 하는 시간에도 그분이 두 명을 가르치는 동안 나머지 세 명이 걸식을 나갔고 그들이 걸식음식을 가져오면 여섯 명이 나누어 먹었으며, 그분이 세 명을 가르치는 동안 나머지 두 명이 걸식을 나갔고 그들이 걸식음식을 가져오면 여섯 명이 나누어 먹었다. 이처럼 걸식하는 시간도 아끼면서 그분은 이같이 법의 바퀴를 굴렸나니 그것은 사문이나 브라만이나 신이나 마라나 범천이나 이 세상 그 누구도 멈추게 할 수 없었다.

5.1 초전법륜

이렇게 하여 다섯 사문에게 최초로 가르침을 펼치신 초전법륜初轉法輪에서는 먼저 두 가지 사견인 고행주의와 쾌락주의를 여의고 이러한 사견을 여인 중도中道를 갖추어 정각에 이르는 바른길인 팔정도로 나아가라고 가르쳤다. 그리고 팔정도의 첫 단계인 정견을 갖추기 위하여 사성제를 바르게 이해하라고 가르쳤다.

5.1.1 고행주의

그대들이여, 출가자가 가까이하지 말아야 할 두 가지 극단이 있다. 그것의 첫 번째는 괴롭고 성스럽지 못하며 이익을 주지 않는 자기 학대의 고행에 몰두하는 것이다. 이것은 출가자가 안목을 만들지 못하고 지혜를 만들지 못하여 출가자를 고요함과 최상의 지혜와 정각과 열반으로 인도하지 못한다.

사견으로 닦는 고행 자기 학대의 고행에 몰두하는 자들은 참으로 '우리는 전생에 존재했다고 하거나 존재하지 않았다고 하는 것'을 알지도 보지도 못하며, '우리는 전생에 악업을 지었다고 하거나 악업을 짓지 않았다고 하는 것'을 알지도 보지도 못하며, '우리가 전생에 지은 악업의 종류는 이러저러하다는 것'을 알지도 보지도 못하며, '어제의 고행으로 지금까지 얼마만큼의 괴로움이 소멸하였고, 오늘의 고행으로 얼마만큼의 괴로움이 소멸하고 있으며, 내일의 고행으로 소멸하여야 할 괴로움이 얼마만큼 남아 있는 것'을 알지도 보지도 못한다. 또한 그들은 그러한 고행으로 말미암아 해로운 법을 버리는 것도 아니며 유익한 법을 성취하는 것도 아니면서 '네 가지를 갖춘 고행'이나 '두려움과 공포를 극복하는 고행'이나 '네 가지 지극한 고행'에 몰두한다. 이러한 고행에 몰두하는 것은 그들이 '과거의 오래된 악업은 고행으로 끝을 내고, 현재의 새로운 악업은 더 이상 짓지 않음으로써 미래에 악업의 과보를 더 이상 초래하지 않는다. 미래에 더 이상 악업의 과보를 초래하지 않고 과거와 현재의 악업이 다하므로 괴로움이 다한다. 괴로움이 다하면 해탈하게 될 것이다.'라는 잘못된 견해를 가지고 있기 때문이다.MN14

독이 든 쓴 음료 그대들이여, 이와 같은 사견으로 여러 가지 형태로 몸을 괴롭히고 고통을 주는 고행은 지금도 괴롭고 미래도 괴로운 과보를 초래하는 법의 실천이다. 예를 들면 여기 독이 섞인 맛이 쓰고 냄새나 색깔이 고약한 음료를 담은 그릇이 있다. 그때 살기를 원하지 않고 죽기를 바라고 즐거움에 진저리 치고 괴로움을 원하는 어떤 사람이 그 그릇에 담긴 음료를 마시려고 한다고 하자. 그에게 이렇게 말할 것이다. "여보시게, 이 사람아. 여기 이 그릇에 담긴 음료를 마시려고 하는가? 여기 이 음료는 색깔이나 냄새가 고약하고 맛이 쓸 뿐만 아니라 독이 섞여 있다네. 그대가 한사코 이 음료를 마시고자 한다면 도대체 누가 그대를 저지할 수 있겠는가! 그러나 그대는 이것을 알아야 한다네. 그대가 이 음료를 마실 때 색깔이나 냄새는 고약할 것이며 맛은 쓸 것이네. 그리고 이 음료를 마시고 나면 이 음료에 섞인 독으로 말미암아 죽음에 버금가는 고통을 받게 되거나 죽게 될 것이네." 이러한 말을 듣고도 그는 잠시도 머뭇거리거나 숙고하지도 않고 음료를 마실 것이고 마시는 것을 포기하지 않을 것이다. 그리고 그가 음료를 마실 때 색깔이나 냄새는 고약할 것이며 맛은 쓸 것이다. 그리고 음료를 마시고 나서 음료에 섞인 독으로 말미암아 죽음에 버금가는 고통을 받게 되거나 죽게 될 것이다. 이러한 비유로 여러 가지 형태로 몸을 괴롭히고 고통을 주는 고행은 지금도 괴롭고 미래도 괴로운 과보를 초래하는 법의 실천이라고 나는 말한다. 그들은 몸이 무너져 죽은 뒤 처참한 곳, 불행한 곳, 파멸처, 지옥에 태어난다.MN46

5.1.2 쾌락주의

그대들이여, 출가자가 가까이하지 말아야 할 두 가지 극단이 있다. 그것의 두 번째는 저열하고 비속하고 통속적이며 성스럽지 못하며 이익을 주지 않는 감각적 욕망에 탐닉하는 것이다. 이것은 출가자가 안목을 만들지 못하고 지혜를 만들지 못하여 출가자를 고요함과 최상의 지혜와 정각과 열반으로 인도하지 못한다. 그대들이여, 여기 어떤 사람이 감각적 욕망 속에 살면서 감각적 욕망을 즐기고 감각적 욕망에 관한 생각에 사로잡혀 있으며 감각적 욕망의 열병으로 불타오르고 감각적 욕망을 찾기에 혈안이 되어 있으면 그 사람이 어떻게 감각적 욕망에서 벗어나야 비로소 알 수 있고, 감각적 욕망에서 벗어나야 비로소 볼 수 있고, 감각적 욕망에서 벗어나야 비로소 얻을 수 있고, 감각적 욕망에서 벗어나야 비로소 실현할 수 있는 것을 알거나 보거나 얻거나 실현할 수 있겠는가? 그것은 불가능하다. 그것은 마치 높고 큰 산에 가로막혀 그 산꼭대기에서 볼 수 있는 산의 저쪽 반대편을 이쪽 산기슭에 있는 사람이 볼 수 없는 것과 같다.[31] MN125

감각적 욕망의 대상과 탐닉 무엇이 감각적 욕망을 탐닉하는 것인가? 감각적 욕망에는 다섯 가닥의 얽어매는 감각적 욕망의 대상이 있다. 원하고 좋아하고 마음에 들고 사랑스럽고 매혹적인 대상으로서 눈으로 인식되는 형상, 귀로 인식되는 소리, 코로 인식되는 냄새, 혀로 인식되는 맛, 몸으로 느끼는 감촉이 있다. 이것이 다섯 가닥의 얽어매는 감각적 욕망의 대상이다. 이를테면 눈으로 갖가지 형상의 전체 모습이나 부분적인 세세한 모습을 볼 때 그 형상에는 원하고 좋아하고 마음에 들고 사랑스럽고 매혹적인 달콤함이 있다. 이것이 눈의 감각적 욕망의 달콤함이다. 눈의 감각적 욕망의 달콤함에 묶이고 홀리고 빠져서 그것의 재난을 보지 못하고 그것의 벗어남을 알지 못한 채 그것을 탐닉한다. 이것이 눈의 감각적 욕망에 탐닉하는 것이다. 눈과 마찬가지로 귀, 코, 혀, 몸의 얽어매는 감각적 욕망의 대상을 조건으로 원하고 좋아하고 마음에 들고 사랑스럽고 매혹적인 달콤함이 생겨난다. 이것이 귀, 코, 혀, 몸의 감각적 욕망의 달콤함이다. 이 감각적 욕망의 달콤함에 묶이고 홀리고 빠져서 그것의 재난을 보지 못하고 그것의 벗어남을 알지 못한 채 그것을 탐닉한다. 이것이 귀, 코, 혀, 몸의 감각적 욕망에 탐닉하는 것이다. 이같이 다섯 가닥의 얽어매는 감각적 욕망의 대상을 조건으로 감각적 욕망의 달콤함이 생기는데 이것을 탐닉하는 것이 감각적 욕망을 탐닉하는 것이라고 나는 말한다.

31 감각적 욕망이라는 크고 높은 산의 꼭대기에서 산의 저쪽 반대편을 보면 무엇이 보이겠는가?

감각적 욕망의 재난 무엇이 감각적 욕망의 재난인가? 감각적 욕망의 달콤함에 묶이고 홀리고 빠지면 호오好惡, 미추美醜, 고락苦樂, 이해利害, 시비是非의 분별 등이 물밀듯이 흘러들어 오고 갖가지 탐욕이 불길처럼 일어난다. 이것을 조건으로 생기는 위험과 재난이 감각적 욕망의 재난이다.

덫에 걸린 원숭이 그대들이여, 산의 왕 히말라야에는 원숭이도 다니기 어렵고 사람도 다니기 어려운 매우 험난하고 울퉁불퉁한 지대가 있으며, 원숭이는 다닐 수 있으나 사람은 다니기 어려운 험난하고 울퉁불퉁한 지대가 있으며, 원숭이도 다닐 수 있고 사람도 다닐 수 있는 평탄하고 아름다운 지역이 있다. 사냥꾼들은 원숭이를 포획하기 위해서 원숭이가 다니는 길에 원숭이가 원하고 좋아하고 마음에 들고 사랑스럽고 매혹적인 미끼를 설치한다. 그리고 미끼와 그 주변에 송진을 칠한 덫을 놓는다. 그러면 어리석지 않고 욕심이 없는 원숭이들은 송진을 칠한 덫을 보고 조심하여 그것을 멀리한다. 그러나 어리석고 욕심이 있는 원숭이는 송진을 칠한 덫에 다가가서 미끼를 손으로 움켜쥔다. 그러면 덫에 손이 달라붙어 버린다. 원숭이는 '손을 떼야겠다.'라고 하면서 다른 손을 덫에 댄다. 그러면 그 손도 덫에 달라붙어 버린다. '양손을 다 떼야겠다.'라고 하면서 원숭이는 한 발을 덫에 댄다. 그러면 그 발도 덫에 달라붙어 버린다. '양손도 떼고 한 발도 떼야겠다.'라고 하면서 원숭이는 나머지 발을 덫에 댄다. 그러면 그 발도 덫에 달라붙어 버린다. 원숭이는 '양손과 양발을 다 떼야겠다.'라고 하면서 주둥이를 덫에 댄다. 그러면 주둥이도 덫에 달라붙어 버린다. 이처럼 원숭이는 몸의 다섯 곳이 덫에 달라붙어 비명을 지르고 몸부림친다. 덫은 원숭이를 얽어매었고 원숭이는 위험과 재난에 처하였다. 원숭이는 사냥꾼이 원하는 대로 나무 막대기에 묶여 사냥꾼이 원하는 곳으로 끌려간다. 이것이 감각적 욕망의 대상에 의한 다섯 가닥의 얽어맴과 감각적 욕망의 재난에 대한 비유이다.SN47.7

넝쿨나무에 뒤덮인 살라나무 그대들이여, 예를 들면 여름의 마지막 달에 넝쿨나무의 일종인 말루와 넝쿨나무의 씨앗이 영글어 익는다. 이즈음 어느 말루와 넝쿨나무의 깍지가 터져 말루와 넝쿨나무의 씨앗이 어떤 살라나무 아래 떨어진다고 하자. 그러면 그때 살라나무에 사는 신의 친구와 동료들, 친지와 친척, 정원에 사는 신들, 숲에 사는 신들, 나무에 사는 신들, 약초와 큰 나무에 사는 신들은 그 모습을 보고 두려워하고 떨고 놀랄 것이다. 그들은 살라나무에 함께 모여서 이같이 그 살라나무에 사는 신을 안심시킬 것이다. "존자여, 걱정하지 말고 두려워하지 마시오. 아마도 말루와 넝쿨나무의 씨앗을 공작새가 삼키거나 작은 동물들이 먹거나 개미들이 갉아 먹거나 혹은 싹을 틔우지 못할지도 모릅니다." 그러나 말루와 넝쿨나무의 씨앗을 공작새가 삼키지도 않고 작은 동물들이 먹지도 않고 개미들이 갉아 먹지도 않고 싹을 틔울 것이다. 씨앗은 비구름이 동반한 비를 맞아 싹을 잘 틔워 자라게 될 것이다. 연약하고 부드럽고 포근하고 감미로운 말루와 넝쿨나무의 어린줄기와 여린 잎들은 살라나무를 잘 감아 줄 것이다. 그러면 살라나무에 사는 신은 이렇게 생각을 할 것이다. '참으로 나의 친구와 동료들, 친지와 친척, 정원에 사는 신들, 숲에 사는 신들, 나무에 사는 신들, 약초와 큰 나무에 사는 신들은 말루와 넝쿨나무의 씨앗에서 도대체 어떠한 미래의 두려움을 보았기에 함께 모여서 '존자여, 걱정하지 말고 두려워하지 마시오. 아마도 말루와 넝쿨나무의 씨앗을 공작새가 삼키거나 작은 동물들이 먹거나 개미들이 갉아 먹거나 혹은 싹을 틔우지 못할지도 모릅니다.'라고 나를 안심시켰는가? 여기 말루와 넝쿨나무의 어린줄기와 여린 잎들은 참으로 연약하고 부드럽고 포근하고 감미로워 그 감촉은 정말 좋고 안락하구나.'

그러나 말루와 넝쿨나무의 줄기와 잎들은 점차 자라면서 살라나무를 완전히 감싸 버릴 것이다. 살라나무의 가지들과 꼭대기까지 감싸고는 마치 꼭대기 위로 차양을 친 것처럼 덮어 버리고 다시 아래로 늘어트려 살라나무의 큰 가지들을 부러트리고 살라나무를 햇빛으로부터 차단하여 서서히 고사시킨다. 마침내 살라나무를 넘어트릴 것이다. 그러면 살라나무에 사는 신은 참으로 고통스럽고 극심하고 사무치고 혹독한 느낌을 느끼게 된다. 살라나무에 사는 신에게 이러한 생각이 들 것이다. '그 조그마한 말루와 넝쿨나무의 씨앗 때문에 내가 사는 살라나무가 말루와 넝쿨나무의 줄기와 잎들로 완전히 감싸였다. 살라나무의 큰 가지들이 부러졌고 살라나무가 서서히 고사하였다. 마침내 살라나무가 넘어지고 부수어지면서 나는 참으로 고통스럽고 극심하고 사무치고 혹독한 느낌을 느낀다. 이것이 참으로 나의 친구와 동료들, 친지와 친척, 정원에 사는 신들, 숲에 사는 신들, 나무에 사는 신들, 약초와 큰 나무에 사는 신들이 말루와 넝쿨나무의 씨앗에서 본 미래의 두려움이었구나! 그들은 이러한 두려움을 보았기에 함께 모여서 '존자여, 걱정하지 말고 두려워하지 마시오. 아마도 이 말루와 넝쿨나무의 씨앗을 공작새가 삼키거나 작은 동물들이 먹거나 개미들이 갉아 먹거나 혹은 싹을 틔우지 못할지도 모릅니다.'라고 나를 안심시켰구나! 이제 나는 그 씨앗을 원인으로 그것을 근원으로 이러한 고통스럽고 극심하고 사무치고 혹독한 느낌을 이제 겪게 되었구나!' MN45

사견을 가진 사문 그대들이여, 어떤 사문들이나 브라만들은 '감각적 욕망을 누리는 것에는 아무런 허물이나 잘못이 없다.'라는 주장과 견해를 가졌다. 그들은 감각적 욕망을 마음껏 누리면서 감각적 욕망에 흠뻑 취해 버린다. 그들은 상투를 튼 여자 유행승과 함께 유행하고 친밀하게 지낸다. 그들은 이렇게 말한다. "저들 훌륭한 사문들이나 브라만들은 감각적 욕망에서 도대체 어떠한 미래의 두려움을 보기에 감각적 욕망을 버리라고 하는가? 또한 그들은 감각적 욕망에서 도대체 무엇을 알기에 감각적 욕망을 철저히 안다고 선언하는가? 여기 여자 유행승의 연약하고 부드럽고 포근하고 감미로운 속살의 감촉은 정말 좋고 안락하구나. 저들 훌륭한 사문들이나 브라만들은 어찌 이것을 버리라고 하는가? 그들은 어찌 이것을 안다고 선언하는가?" 이렇게 말하는 그들은 감각적 욕망을 마음껏 누리며 감각적 욕망에 흠뻑 취해 버린다.

그들은 감각적 욕망을 마음껏 누리며 감각적 욕망에 흠뻑 취해 살다가 몸이 무너져 죽은 뒤 처참한 곳, 불행한 곳, 파멸처, 지옥에 태어난다.

그들은 그곳에서 고통스럽고 극심하고 사무치고 혹독한 느낌을 느낀다. 그곳에서 그들은 이렇게 말할 것이다. "우리는 지옥에 태어났다. 여기 지옥에서 우리는 고통스럽고 극심하고 사무치고 혹독한 느낌을 느낀다. 이것이 감각적 욕망을 버리라고 하고 감각적 욕망을 철저히 안다고 선언한 저들 훌륭한 사문들이나 브라만들이 감각적 욕망에서 본 미래의 두려움이었구나! 우리는 감각적 욕망에서 미래의 두려움을 보지 못하고 감각적 욕망을 알지 못한 채 감각적 욕망을 마음껏 누리며 감각적 욕망에 흠뻑 취해 살았구나! 그것을 원인으로 그것을 근원으로 이러한 고통스럽고 극심하고 사무치고 혹독한 느낌을 이곳 지옥에서 지금 겪게 되었구나!"

독이 든 단 음료 그대들이여, 예를 들면 여기 독이 섞여 있으나 맛이 달고 냄새나 색깔이 좋은 음료를 담은 그릇이 있다. 그때 살기를 원하지 않고 죽기를 바라고 즐거움에 진저리 치고 괴로움을 원하는 어떤 사람이 그릇에 담긴 음료를 마시려고 한다고 하자. 그에게 이렇게 말할 것이다. "여보시게, 이 사람아. 여기 그릇에 담긴 음료를 마시려고 하는가? 여기 음료는 색깔이나 냄새가 좋고 맛은 다나 독이 섞여 있다네. 그대가 한사코 이 음료를 마시고자 한다면 도대체 누가 그대를 저지할 수 있겠는가! 그러나 그대는 이것을 알아야 한다네. 그대가 음료를 마실 때 색깔이나 냄새는 좋을 것이며 맛은 달 것이네. 그리고 음료를 마시고 나면 음료에 섞인 독으로 말미암아 죽음에 버금가는 고통을 받게 되거나 죽게 될 것이네." 이러한 말을 듣고도 그는 잠시도 머뭇거리거나 숙고하지도 않고 음료를 마실 것이고 마시는 것을 포기하지 않을 것이다. 그리고 그가 음료를 마실 때 색깔이나 냄새는 좋을 것이며 맛은 달 것이다. 그리고 음료를 마시고 나서 음료에 섞인 독으로 말미암아 죽음에 버금가는 고통을 받게 되거나 죽게 될 것이다. 이러한 비유로 감각적 욕망에 탐닉하는 것은 지금은 즐거우나 미래에 괴로운 과보를 초래하는 법의 실천이라고 나는 말한다. 그들은 몸이 무너져 죽은 뒤 처참한 곳, 불행한 곳, 파멸처, 지옥에 태어난다.MN46

열 가지 비유 그대들이여, 그대들이 감각적 욕망의 재난에 대하여 바르게 이해하고 바르게 파악하기 위하여 뼈다귀의 비유, 고깃덩이의 비유, 건초 횃불의 비유, 숯불 구덩이의 비유, 꿈의 비유, 빌린 물건의 비유, 과일이 열린 나무의 비유, 칼과 도마의 비유, 칼과 쇠사슬의 비유, 뱀 머리의 비유를 들 것이다. 그대들이여, 예를 들면 ①배고프고 몹시 지친 개가 푸줏간 앞에 나타났을 때 숙련된 백정이나 백정의 도제가 개에게 살점이라고는 한 점도 남김없이 완전히 발라졌고 피만 조금 묻은 뼈다귀를 잘라서 던져 준다면, 개가 이 뼈다귀를 핥아서 배고픔과 지침을 달래기는커녕 도리어 더욱 지치고 더욱 배고파서 낙담하고 절망하게 될 것이다. 이같이 뼈다귀에 비유한 감각적 욕망은 많은 괴로움과 많은 절망을 주고 더 많은 재난을 초래한다.

②까마귀나 매가 고깃덩이 한 점을 물고 날아갈 때 다른 굶주린 까마귀나 독수리가 까마귀나 매를 발견하고 뒤쫓아 날아가서 날카로운 부리와 발톱으로 까마귀나 매를 쪼아 대고 할퀸다. 이때 까마귀나 매가 물고 가던 고깃덩이 한 점을 얼른 놓지 않는다면, 까마귀나 매는 이것 때문에 죽음에 이르기도 하고 죽음에 버금가는 고통을 당하게 될 것이다. 이같이 고깃덩이에 비유한 감각적 욕망은 많은 괴로움과 많은 절망을 주고 더 많은 재난을 초래한다.

③어떤 사람이 건초 횃불을 들고 걷고 있는데 문득 바람이 거세게 자신에게로 불어올 때 그 사람이 얼른 건초 횃불을 놓지 않는다면, 그는 건초 횃불로 인하여 그의 손을 태우거나 팔을 태우거나 혹은 옷으로 불이 옮겨 붙어 몸을 태울 것이다. 그는 이것 때문에 죽음에 이르기도 하고 죽음에 버금가는 고통을 당하게 될 것이다. 이같이 건초 횃불에 비유한 감각적 욕망은 많은 괴로움과 많은 절망을 주고 더 많은 재난을 초래한다.

④불꽃이나 연기도 없이 새빨갛게 잘 달구어진 깊이가 한 길이 넘는 숯불 구덩이로 건장하고 힘이 센 두 남자가 어떤 사람의 두 팔을 붙잡고 그 사람을 강제로 숯불 구덩이로 밀어 넣어 떨어뜨린다면, 그는 이것 때문에 죽음에 이르기도 하고 죽음에 버금가는 고통을 당하게 될 것이다. 이같

이 숯불 구덩이에 비유한 감각적 욕망은 많은 괴로움과 많은 절망을 주고 더 많은 재난을 초래한다.

⑤아름다운 숲과 아름다운 초원과 아름다운 호수가 있는 공원에서 아름다운 사람들과 달콤하고 감미로운 꿈을 꾸다가 문득 꿈에서 깨어난다면, 그는 꿈을 깬 후의 현실의 공허함 때문에 낙담하고 절망하게 될 것이다. 이같이 꿈에 비유한 감각적 욕망은 많은 괴로움과 많은 절망을 주고 더 많은 재난을 초래한다.

⑥어떤 가난한 사람이 부유한 장자로부터 진귀한 귀금속과 화려한 의상들과 희귀하고 값비싼 장식품을 빌렸다. 그가 빌린 물건으로 치장하고 장식하여 많은 사람이 모인 곳으로 나아가 뽐내고 자랑하고 떠벌릴 때 장자가 빌려준 물건들을 모두 회수하여 가져가 버린다면, 그는 이것 때문에 실망하고 낙담하고 절망하게 될 것이다. 이같이 빌린 물건에 비유된 감각적 욕망은 많은 괴로움과 많은 절망을 주고 더 많은 재난을 초래한다.

⑦마을이나 성읍에서 멀지 않은 곳의 울창한 숲속에 과일이 주렁주렁 달린 키 큰 나무가 한 그루 있다. 어떤 사람이 원하는 만큼 배불리 과일을 먹고 준비한 호주머니에 과일을 가득 채우기 위하여 이 나무에 올라갔을 때 숲속의 다른 곳에서 온 두 번째 사람이 준비한 호주머니에 과일을 가득 채우기 위하여 나무의 밑동을 준비한 톱으로 자른다. 이때 먼저 나무에 올라갔던 사람이 만일 빨리 내려오지 않는다면, 그는 나무가 넘어질 때 그의 손이 부러지거나 발이 부러지거나 몸의 다른 부분이 다쳐서 이것 때문에 죽음에 이르기도 하고 죽음에 버금가는 고통을 당하게 될 것이다. 이같이 과일이 열린 나무에 비유한 감각적 욕망은 많은 괴로움과 많은 절망을 주고 더 많은 재난을 초래한다.

⑧살아 있는 생선이나 짐승들을 도마 위에 올려놓고 칼로 자르고 토막 내면, 생선이나 짐승은 죽음에 이르러 죽음의 고통을 당하게 될 것이다. 이같이 칼과 도마에 비유한 감각적 욕망은 살아 있는 사람을 토막 내는 칼과 도마와 같아 많은 괴로움과 많은 절망을 주고 더 많은 재난을 초래한다.

⑨어떤 사람이 죄인의 목에 씌우는 칼과 죄인을 묶어 두는 쇠사슬에 묶여 있다면, 그는 이것 때문에 죽음에 이르기도 하고 죽음에 버금가는 고통을 당하게 될 것이다. 이같이 칼과 쇠사슬에 비유한 감각적 욕망은 많은 괴로움과 많은 절망을 주고 더 많은 재난을 초래한다.

⑩어떤 뱀이 있었다. 뱀의 꼬리가 뱀의 머리에 이르기를 '나도 머리처럼 맨 앞에서 뱀을 이끌고 싶다. 더 이상 맨 끝에서 이끌려 가고 싶지 않다.'라고 하면서 꼬리로 나무를 감고 뱀의 진행을 방해하였다. 뱀 머리는 어쩔 수 없이 뱀 꼬리에게 잠깐만 원하는 대로 뱀을 이끌어 보라고 허락하였다. 뱀 머리가 된 꼬리는 즐겁게 뱀을 이끌었으나 눈이 없어 잠깐 사이에 그만 뱀을 불구덩이에 빠뜨렸다. 뱀은 이것 때문에 죽음에 이르는 고통을 겪고 마침내 죽음에 이르렀다. 이같이 뱀 머리에 비유한 감각적 욕망은 많은 괴로움과 많은 절망을 주고 더 많은 재난을 초래한다.MN22

5.1.3 팔정도

그대들이여, 이같이 출가자가 가까이하지 말아야 할 두 가지 극단이 있다. 그것은 괴롭고 성스럽지 못하며 이익을 주지 않는 자기 학대의 고행에 몰두하는 것과 저열하고 비속하고 통속적이고 성스럽지 못하며 이익을 주지 않는 감각적 욕망에 탐닉하는 것이다. 이것은 출가자가 안목을 만들지 못하고 지혜를 만들지 못하여 출가자를 고요함과 최상의 지혜와 정각과 열반으로 인도하지 못한다. 그대들이여, 여래는 이러한 두 가지 극단을 따르지 않고 여의는 중도를 따라 정각을 완전하게 성취하였나니, 중도는 출가자가 안목을 만들고 지혜를 만들어 출가자를 고요함과 최상의 지혜와 정각과 열반으로 인도한다.SN56.11

그러므로 그대들도 괴롭고 성스럽지 못하며 이익을 주지 않는 자기 학대의 고행을 중단하고 안목을 만들고 지혜를 만들어 고요함과 최상의 지혜와 정각과 열반으로 인도하는 중도를 따라야 한다. 또한 미래에 괴로운 과보를 초래하는 감각적 욕망의 탐닉을 중단하고 감각적 욕망을 벗어나고 감각적 욕망의 재난을 벗어나는 중도를 따라야 한다. 무엇이 감각적 욕망에서 벗어남인가? 무엇으로 감각적 욕망에서 벗어나고 감각적 욕망의 재난에서 벗어날 수 있는가? 감각적 욕망의 달콤함에 대한 열망과 갈애를 제어하고 버리는 것이 감각적 욕망에서 벗어남이다. 그렇다면 무엇이 감각적 욕망의 달콤함에 대한 열망과 갈애를 제어하고 버리는 길인가? 무엇이 감각적 욕망의 벗어남을 성취하는 길인가? 그것은 중도이니, 안목을 만들고 지혜를 만들어 고요함과 최상의 지혜와 정각과 열반으로 인도하는 중도를 따라야 한다. 무엇이 중도인가? 무엇이 안목을 만들고 지혜를 만들어 고요함과 최상의 지혜와 정각과 열반으로 인도하는 중도인가?

그릇된 견해[邪見]를 벗어나는 것이 중도이다. 중도는 곧 사견의 여읨이며, 사견의 여읨은 곧 정견의 시작이요 정견의 완성이다. 정견은 어떠한 사견에도 함몰되지 않고, 어떠한 사견에도 입각하지 않으며, 어떠한 사견에도 의지하거나 의존하지 않는 것이다. 출가자는 어떠한 사견에도 함몰되거나 입각하거나 의지하거나 의존하지 않으며 어떠한 사견에도 움켜쥐지 않으면서 머문다. 사견을 여의어 중도를 따르는 출가자는 바른 가르침[正法]을 배워 바르게 이해하여 정견을 갖춘다. 이같이 바른 견해를 지니고 그릇된 견해를 여의는 것이 정견을 닦는 것이다.

범행梵行의 시작에서부터 열반에 이르기까지 범행의 모든 단계를 바르게 이해하고 승인하는 바른 견해를 보호하고 지속시키도록 사유하며, 각 단계의 범행 과정에서 바른 견해가 이어져 나가도록 사유하며, 범행의 모든 단계와 각 단계 사이에서 바른 견해에서 한 치도 어긋나지 않도록 사유하는 것이 바른 사유이다. 이같이 바른 견해에서 어긋나지 않도록 바른 사유를 하고 바른 견해로부터 어긋나게 하는 그릇된 사유를 여의는 것이 정사유正思惟를 닦는 것이다.

바른 사유를 벗어나지 않는 바른말을 하고 바른 사유를 벗어나게 하는 그릇된 말과 그릇된 말의 극치인 논쟁을 여의는 것이 정어正語를 닦는 것이다. 바른말을 벗어나지 않는 바른 행위행동을 하고 바른말을 벗어나게 하는 그릇된 행위행동을 여의는 것이 정행正行[32]을 닦는 것이다. 바른 행위행동을 벗어나지 않는 바른 생계를 지키고 바른 행위행동을 벗어나게 하는 그릇된 생계를 여의는 것이 정명正命을 닦는 것이다. 이것은 생계로 인하여 일상생활 중의 어떠한 부분에서도 함몰되거나 입각하거나 의지하거나 의존하지 않고 또한 움켜쥐지 않으면서 머무는 것이며, 모든 일상생활에서 정견, 정사유, 정어, 정행의 상태를 조금이라도 벗어나지 않는 것이 바른 생계의 의미이다. 이같이 바른 생계를 닦으면서 범행자는 만족한 일상생활을 갖춘다. 만족한 일상생활 속에서 더욱 유익하고 건전한 상태로 향상하는 바른 정진精進을 닦고 유익하지 않고 불건전한 상태로 퇴락하는 그릇된 정진을 여의는 것이 정진正進[33]을 닦는 것이다. 정진은 사정근으로 성취한다. 정념正念과 정정正定은 각각 색계4정념과 무색계4정정을 닦아 성취한다.

이같이 바른 견해[正見], 바른 사유[正思惟], 바른말[正語], 바른 행위[正行], 바른 생계[正命], 바른 정진[正進], 바른 사띠[正念], 바른 사마디[正定]의 여덟 가지가 여덟 가지 바른길의 팔정도八正道이다. 그대들이 출세간의 행복이 있고 성스럽고 이익을 주는 여덟 가지 바른길[正道]을 닦아 나아가면 바른 깨달음[正覺]을 성취할 것이다.

5.1.4 사성제

그대들이여, 사견을 여읜 출가자는 팔정도의 정견을 갖추기 위하여 바른 가르침을 배워 바르게 이해하여야 한다. 무엇이 바른 가르침인가? 그것은 네 가지 성스러운 진리인 사성제이다. 네 가지 거룩한 진리라는 의미의 사성제는 그분께서 정각으로 발견하고 증득한 법이며, 그분께서 존경하고 존중하고 의지하고 귀의하여 머무는 법이다. 그분은 그 법을 네 가지 성스러운 진리라고 선언하고, 확립하고, 드러내고, 분석하고, 해설하고, 설명하고, 가르쳤다.

사성제는 고성제苦聖諦, 고집성제苦集聖諦, 고집멸성제苦集滅聖諦, 고집멸도성제苦集滅道聖諦를 일컫는다. 이 네 가지를 각각 시전示轉, 권전勸轉, 증전證轉의

32 정업正業으로 한역한 것을 본서에서 정행으로 번역한다.
33 정정진正精進으로 한역한 것을 본서에서 정진正進으로 번역한다.

세 단계로 설명한 것이 삼전십이행三轉十二行이다. 삼전십이행으로 설명되는 사성제는 그분의 가르침을 체계적으로 상세하고 세밀하게 전개해 나가는 출발점이자 가르침을 큰 틀에서 체계적으로 압축하고 갈무리해 나가는 종결점이기도 하다. 따라서 사성제는 그분의 가르침을 큰 틀에서 함축하여 거두어들이면서 동시에 세밀하게 펼쳐 나아가는 가르침에 대한 일종의 사이트 맵과도 같다.

고성제 괴로움의 거룩한 진리라는 고성제는 괴로움을 발견하고 그 사실을 드러내어 '이것이 바로 괴로움의 거룩한 진리이다.'라고 선언한 것이다. 인간은 태어나고, 늙고, 병들고, 죽게 되어 있다. 사람이면 누구나 이러한 생로병사의 고통을 겪어야 하므로 인간의 삶 자체가 괴로움이요, 그러한 삶을 영위하는 인간 자체 역시 괴로움의 산실이요, 괴로움의 생산공장이요, 괴로움의 덩어리이다. 이같이 인간은 누구나 삶 속에서 괴로움을 보고 듣고 느끼고 겪는데 어찌 그것을 '발견'하였다고 할 수 있는가? 인간은 괴로움을 겪는 사이사이 즐거움도 겪고 때로는 괴롭지도 즐겁지도 않음[不苦不樂]도 겪는데, 오직 괴로움만을 발견했다고 하는 것은 무슨 이유인가? 즐거움이나 괴롭지도 즐겁지도 않음은 왜 발견의 대상이 되지 않는가? 그것은 인간이 일상에서 보고 듣고 느끼면서 겪는 괴로움·즐거움·괴롭지도 즐겁지도 않음을 일으키는 '근원적인 괴로움'을 발견하였기 때문이다. 이러한 근원적인 괴로움을 발견하기란 지극히 어려우며 이렇게 발견한 사실을 선언하는 일은 더욱더 어렵고 희유稀有하다.

왜 '근원적인' 괴로움인가? 그것은 사견에서 일어나는 괴로움이요, 오욕에서 일어나는 괴로움이요, 무명에서 일어나는 괴로움이기 때문이다. 이러한 괴로움은 모든 중생이 열반에 이르기 전까지 피할 수 없는 괴로움이기에 근원적이며, 일상에서 겪는 괴로움·즐거움·괴롭지도 즐겁지도 않음은 이러한 근원적인 괴로움의 바탕에서 드러난 것이다. 사견에서 일어나는 즐거움, 오욕에서 일어나는 즐거움, 무명에서 일어나는 즐거움은 모두 실체가 없어 오래 지속되지 않고, 많은 괴로움과 많은 절망과 많은 재난을 초래하며, 결코 생로병사를 벗어나게 하지도 못한다. 괴롭지도 즐겁지도 않음도 마찬가지이다. 따라서 고성제의 고는 근원적인 고이며 열반에 이르러 비로소 사라지는 고이다.

그렇다면 이렇게 발견된 근원적인 괴로움이 왜 진리가 되는가? 사견, 오욕, 무명은 모두 근원적인 괴로움을 일으키는 바탕이 되므로 사견, 오욕, 무명을 벗어나는 것은 곧 근원적인 괴로움을 벗어나는 것이다. 중도, 이욕離欲, 연각緣覺은 사견, 오욕, 무명으로부터의 벗어남이고 따라서 근원적인 괴로움으로부터의 벗어남이다. 중도, 이욕, 연각은 바른 깨달음과 열반으로 인도한다. 근원적인 괴로움으로부터의 벗어남, 중도와 이욕과 연각, 바른 깨달음과 열반은 진리이다. 근원적인 괴로움으로부터의 벗어남은 근원적인 괴로움의 발견을 전제로 하고 있으므로 이렇게 발견된 근원적인 괴로움을 진리라고 하며 바른 깨달음과 열반으로 이끄는 진리이므로 거룩한 진리라고 한다.

이같이 고성제는 근원적인 괴로움을 발견한 것이고 그 사실을 드러내어 '이것이 바로 괴로움의 거룩한 진리이다.'라고 외치고 펼쳐서 보이는 것이다. 이것이 고성제의 시전이다. 고성제의 시전에서는 고를 상세하게 설명하고 가르친다. 인류 역사상 괴로움을 겪지 않은 사람은 아무도 없었지만 고성제의 시전 이전까지 근원적인 괴로움을 발견한 사람 역시 아무도 없었다. 이렇게 펼쳐 보인 고성제를 통하여 '괴로움은 철저하게 알아야 한다.'라고 외쳐서 권장하는 것이 고성제의 권전이다. 어떻게 철저하게 아는가? 사견의 전말과 폐해를 철저하게 이해함으로써, 오욕의 전말과 폐해를 철저하게 승해勝解함으로써, 무명의 전말과 폐해를 철저하게 앎으로써 사견과 오욕과 무명에서 일어나는 근원적인 괴로움을 철저하게 알 수 있다. 이렇게 권장된 고성제를 통하여 '괴로움은 철저하게 알았다.'라고 외쳐서 고성제의 권전을 스스로 성취했음을 증명하는 것이 고성제의 증전이다.

고집성제 괴로움이 일어나는 바탕의 거룩한 진리라는 고집성제는 괴로움이 일어나는 바탕을 발견한 것이고, 그 사실을 드러내어 '이것이 바로 괴로움이 일어나는 바탕의 성스러운 진리이다.'라고 선언한 것이다.

모든 인간이 근원적인 괴로움을 겪는 바탕은 윤회를 벗어나지 못하여 인간으로 태어났기 때문이다. 인간으로 태어났기 때문에 삶을 영위하면서 생로병사를 겪고 그 속에서 갖가지 괴로움을 겪는 것이다. 달리 표현하면, 윤회의 굴레 안에서 인간으로 태어남을 초래하는 요인이 이러한 근원적인 괴로움을 일으키는 바탕이다. 그 요인이 바로 사견, 오욕, 무명이며 이러한 근원적인 괴로움을 일으키는 바탕은 윤회를 벗어나는 열반에 이르러서야 모두 사라진다.

이같이 고집성제는 괴로움이 일어나는 바탕을 발견한 것이고, 그 사실을 드러내어 '이것이 바로 괴로움이 일어나는 바탕의 거룩한 진리이다.'라고 외치고 펼쳐서 보이는 것이다. 이것이 고집성제의 시전이다. 고집성제의 시전에서는 사견의 폐해에 대하여 상세하게 설명하고 가르쳐 사견을 여의는 중도를 알게 하며, 오욕의 폐해에 대하여 상세하게 설명하고 가르쳐 오욕을 여의는 이욕을 알게 하며, 무명에 대하여 상세하게 설명하고 가르쳐 무명을 여의는 연각을 알게 한다. 이렇게 펼쳐지고 보인 고집성제를 통하여 '괴로움이 일어나는 바탕은 철저하게 알아야 한다.'라고 외쳐서 권장하는 것이 고집성제의 권전이다. 어떻게 철저하게 아는가? 중도를 통하여 사견을 철저하게 이해함으로써, 이욕을 통하여 오욕을 철저하게 승해함으로써, 연각을 통하여 무명을 철저하게 앎으로써 사견, 오욕, 무명을 철저하게 알 수 있다. 이렇게 권장된 고집성제를 통하여 '괴로움이 일어나는 바탕은 철저하게 알았다.'라고 외쳐서 고집성제의 권전을 스스로 성취했음을 증명하는 것이 고집성제의 증전이다.

고집멸성제 괴로움이 일어나는 바탕이 사라지는 소멸의 거룩한 진리라는 고집멸성제는 괴로움이 일어나는 바탕이 사라지는 소멸을 발견한 것이고, 그 사실을 드러내어 '이것이 바로 괴로움이 일어나는 바탕이 사라지는 소멸의 성스러운 진리이다.'라고 선언한 것이다. 어떠한 괴로움도 없는 것은 괴로움이 일어나는 바탕을 완전하게 소멸한 것을 의미한다. 괴로움이 일어나는 바탕을 완전하게 소멸하면 다시는 괴로움이 일어날 수 없고 괴로움이 완전히 없어져[苦盡] 그대로 윤회를 벗어난 열반이다.

이같이 고집멸성제는 괴로움이 일어나는 바탕이 사라지는 소멸을 발견한 것이고, 그 사실을 드러내어 '이것이 바로 괴로움이 일어나는 바탕이 사라지는 소멸의 성스러운 진리이다.'라고 외치고 펼쳐서 보이는 것이다. 이것이 고집멸성제의 시전이다. 고집멸성제의 시전에서는 욕계, 색계, 무색계의 삼계를 상세하게 설명하고 가르쳐 삼계를 여의는 열반을 알게 한다. 괴로움이 일어나는 바탕이 완전히 사라지는 소멸이 가능하다는 사실과 그러한 상태가 실제로 존재한다는 사실 그리고 그러한 상태가 우주 저쪽의 먼 곳이나 사후에나 가능한 것이 아니라 현생에서 누구나 성취할 수 있다는 것을 고집멸성제의 시전은 말하고 있다. 이렇게 펼쳐지고 보인 고집멸성제를 통하여 '괴로움이 일어나는 바탕이 사라지는 소멸은 철저하게 실현하여야 한다.'라고 외쳐서 권장하는 것이 고집멸성제의 권전이다. 어떻게 철저하게 실현하는가? 사견을 철저하게 버리는 중도의 완성으로써, 오욕을 철저하게 벗어나는 이욕의 성취로써, 무명을 철저하게 자각하는 연각의 성취로써 사견, 오욕, 무명이 사라지는 소멸은 철저하게 실현된다. 이렇게 권장된 고집멸성제를 통하여 '괴로움이 일어나는 바탕이 사라지는 소멸은 철저하게 실현하였다.'라고 외쳐서 고집멸성제의 권전을 스스로 완성했음을 증명하는 것이 고집멸성제의 증전이다.

고집멸도성제 괴로움이 일어나는 바탕이 사라지는 소멸로 인도하는 길의 거룩한 진리라는 고집멸도성제는 괴로움이 일어나는 바탕이 사라지는 소멸로 인도하는 길을 발견한 것이고, 그 사실을 드러내어 '이것이 바로 괴로움이 일어나는 바탕이 사라지는 소멸로 인도하는 길의 성스러운 진리이다.'라고 선언한 것이다.

이같이 고집멸도성제는 괴로움이 일어나는 바탕이 사라지는 소멸로 인도하는 길을 발견한 것이고, 그 사실을 드러내어 '이것이 바로 괴로움이 일어나는 바탕이 사라지는 소멸로 인도하는 길의 성스러운 진리이다.'라고 외치고 펼쳐서 보이는 것이다. 이것이 고집멸도성제의 시전이다. 고집멸도성제의 시전에서는 욕계에 속하는 인간계를 벗어나 차례로 욕계, 색계, 무색계를 벗어나 열반으로 나아가는 바른길인 팔정도를 포함하여 37도품을 알게 한다.[34] 이러한 고집멸도성제의 시전을 통하여 괴로움이 일어나는 바탕이 완전히 사라지는 소멸로 인도하는 방법, 수단, 길이 누구에게나 차별 없이 숨김없이 드러난다. 이렇게 펼쳐지고 보인 고집멸도성제를 통하여 '괴로움이 일어나는 바탕이 사라지는 소멸로 인도하는 길을 철저하게 닦아야 한다.'라고 외쳐서 권장하는 것이 고집멸도성제의 권전이다. 어떻게 철저하게 닦는가? 바로 팔정도를 닦는 것이다. 이렇게 권장된 고집멸도성제를 통하여 '괴로움이 일어나는 바탕이 사라지는 소멸로 인도하는 길을 철저하게 닦았다.'라고 외쳐서 고집멸도성제의 권전을 스스로 성취했음을 증명하는 것이 고집멸도성제의 증전이다.MN141, DN22

5.1.5 오비구

그대들이여, 내가 이같이 시전, 권전, 증전의 세 가지三轉 양상으로 네 가지 성스러운 진리를 열두 가지 형태十二行相로 갖추어서 알고 보는 것이 지극히 청정하게 되지 못하였다면 나는 신을 포함하고 마라를 포함하고 범천을 포함하고 슈라만과 브라만을 포함하고 인간을 포함한 이 세상에서 스스로 위없는 바른 깨달음을 실현하였다고 천명하지 않았을 것이다. 그러나 내가 이같이 세 가지 양상으로 네 가지 성스러운 진리를 열두 가지 형태로 갖추어서 알고 보는 것이 지극히 청정하게 되었기 때문에 나는 인간을 포함하고 브라만과 슈라만을 포함하고 신을 포함하고 마라를 포함하고 범천을 포함한 이 세상에서 스스로 위없는 바른 깨달음을 실현하였다고 천명하였다. 그리고 나에게는 [**구경의 지혜**]라는 지와 견이 일어났다.

이같이 그분께서 이 세상에 처음 사자후獅子吼를 토하셨다. 마치 '동물의 왕 사자가 해거름에 굴에서 나와 기지개를 켜고 사자후를 토한다. 세

---

34 팔정도와 37도품에 관한 체계적인 해설은 《수트라》(김영사, 2018) 제5장을 참고.

번 사자후를 토한 뒤 초원을 두루 굽어본 뒤 초원으로 들어간다. 짐승들은 동물의 왕인 사자의 포효하는 소리를 듣고는 두려워하고 공포를 느끼고 전율에 빠진다. 굴에 사는 짐승은 굴로 깊이 들어가고 물에 사는 짐승은 물로 깊이 들어가고 숲에 사는 짐승은 숲속 깊이 들어가고 새들은 허공으로 날아오른다. 마을이나 성읍이나 수도에서 견고한 밧줄에 묶인 코끼리나 가축들도 역시 두려움에 떨면서 묶인 줄을 풀려고 이리저리 날뛰거나 대소변을 이곳저곳에 지린다. 동물의 왕인 사자는 동물들 가운데서 이처럼 크나큰 능력이 있고 이처럼 크나큰 힘이 있고 이처럼 크나큰 위력이 있다.'[**사자후**] 그분은 이 세상에 이처럼 사자후를 토하셨다.

그분께서 정각으로 발견하고 증득한 법을, 그분께서 존경하고 존중하고 의지하고 귀의하여 머물고 있는 법을 상세하게 선언하고, 확립하고, 드러내고, 분석하고, 해설하고, 설명하고, 가르쳤을 때 다섯 사문 가운데 꼰단냐에게 이러한 법을 이해하여 법을 보는 안목[法眼]이 생겼고 법을 보는 바른 견해[正見]가 생겼다. 그는 이렇게 말하였다. "존자시여, 그러합니다. 버려야 할 것을 버리고 지켜야 할 것을 지키면서 마땅히 해야 할 일을 차례대로 해 나가면 생긴 것은 그 무엇이든 소멸하기 마련이니 이같이 출가자는 향상으로 나아갈 수 있습니다. 이같이 그가 누구이든 그는 열반으로 나아갈 수 있습니다." 이때 그분은 "참으로 꼰단냐는 이 법을 완전하게 알았구나. 참으로 꼰단냐는 이 법을 완전하게 알았구나."라고 감흥이 일어나 말씀하였다. 이렇게 해서 그는 안냐 꼰단냐라는 이름을 가지게 되었고 이 이름으로 불리게 되었다. 안냐 꼰단냐는 마음이 흡족해져서 그분의 말씀을 크게 기뻐하였다. 안냐 꼰단냐는 법에 대한 확신으로 이렇게 말하였다. "존자께서는 위없는 바른 깨달음을 실현하는 법을 설하여 주셨습니다. 저는 이제 존자께 귀의하옵고 존자의 법과 율에 귀의합니다. 존자시여, 저는 이제 존자의 곁으로 출가하여 제자가 되고자 하오니 받아 주소서." 그분께서는 "오라, 비구여!"라고 말씀하시면서 그를 비구제자로 받아 주었다. 그리하여 안냐 꼰단냐는 최초의 비구제자가 되었으며 오래된 비구제자 가운데 으뜸이 되었다. 그분은 나머지 네 사문에게 걸식하는 시간도 아껴 가면서 며칠 동안 부지런히 법륜을 굴렸다. 그들은 그분의 반복적인 가르침과 여러 가지 방편으로 상세하게 설명하는 가르침을 듣고 안냐 꼰단냐처럼 차례대로 법을 이해하여 법안이 생겼고 법을 보는 정견이 생겼다. 그리고 그들도 안냐 꼰단냐의 뒤를 이어 차례대로 비구제자가 되었다. 이리하여 다섯 비구[五比丘]가 세상에 드러나게 되었고 알려지게 되었다. 그분은 다섯 비구에게 말씀하였다.

십불명호 비구들이여, 위없는 바른 깨달음을 실현하고 위없는 바른 깨달음으로 발견하고 증득한 법을 수지하신 분은 그분이 누구이든지 마땅히 바른 명호로 불러야 하며 바른 명호로 알아야 한다. 그분은 오직 그분만이 스스로 여래如來라고 부른다. 이것은 인간을 포함하고 브라만과 슈라만을 포함하고 신을 포함하고 마라를 포함하고 범천을 포함한 이 세상의 그 누구라도 마땅히 지켜야 한다. 그리고 그대들은 '여래를 ①번뇌 다하여 윤회를 벗어나신 아라한阿羅漢이시며, ②위없는 바른 깨달음을 실현하여 구경의 경지에 이르신 정등각正等覺이시며, ③최상의 지혜와 청정범행을 구족하신 명행족明行足이시며, ④열반으로 잘 나아가신 선서善逝이시며, ⑤이 세상 모든 것을 잘 아시는 세간해世間解이시며, ⑥세상에 견줄 이 없이 거룩하신 무상사無上士이시며, ⑦모든 중생을 잘 다스리시는 조어장부調御丈夫이시며, ⑧하늘과 인간세상의 스승이신 천인사天人師이시며, ⑨위없이 바르게 깨달아 마땅히 예배받으실 불佛이시며, ⑩세상에서 위없는 존경을 받으시는 세존世尊이신 열 가지 명호[十名號]로 불러야 한다.'[**십불명호**] 여기 십불명호十佛名號는 그대들뿐만 아니라 인간을 포함하고 브라만과 슈라만을 포함하고 신을 포함하고 마라를 포함하고 범천을 포함한 이 세상의 그 누구라도 마땅히 지켜야 한다.

여래 비구들이여, 그분은 스스로 여래라고 부르는 것은 무슨 까닭인가? ① 그분은 인간을 포함하고 브라만과 슈라만을 포함하고 신을 포함하고 마라를 포함하고 범천을 포함한 이 세상에서 그 모든 생명체가 보고 듣고 생각하고 알고 탐구하고 마음으로 고찰한 것을 바르게 깨달아 안다. 그래서 그분은 스스로 여래라 부른다. ②그분은 위없는 바른 깨달음을 철저하고 바르게 깨달은 그날 밤부터 업으로 받은 사대로 이루어진 몸이 무너져 반열반에 든 그날 사이에 해설하고 설명하고 가르친 그 모든 것은 진리로서 여여如如한 것이지 다른 것이 아니다. 그래서 그분은 스스로 여래라 부른다. ③그분은 인간을 포함하고 브라만과 슈라만을 포함하고 신을 포함하고 마라를 포함하고 범천을 포함한 이 세상에서 그 모든 생명체 가운데서 지배되지 않는 분이요 오류 없이 보는 분이요 자재하는 분이다. 그래서 그분은 스스로 여래라 부른다. ④그분은 설한 그대로 행하는 분이고 행하는 그대로 설하는 분이다. 그래서 그분은 스스로 여래라 부른다. ⑤만일 과거·미래·현재의 어떤 법이 사실이 아니고 옳지 않고 이익을 줄 수 없다고 여겨지면 그분은 그것에 대하여 설하지 않는다. 만일 과거·미래·현재의 어떤 법이 사실이고 옳더라도 이익을 줄 수 없다고 여겨지면 그분은 그것에 대하여 설하지 않는다. 만일 과거·미래·현재의 어떤 법이 사실이고 옳고 이익을 줄 수 있다 하더라도 그분은 그것에 대하여 설할 바른 시기를 안다. 이처럼 과거·미래·현재의 어떤 법들에 대하여 그분은 사실이고 옳고 유익한 것을 시기에 맞게 설하고 바른 법과 율을 설하는 분이다. 그래서 그분은 스스로 여래라 부른다.AN4.23, DN29

십불명호의 해설 비구들이여, 그대들이 여래를 아라한, 정등각, 명행족, 선서, 세간해, 무상사, 조어장부, 천인사, 불, 세존의 열 가지 명호로 불러야 하는 것은 무슨 까닭인가? 이같이 세상에 출현하신 분 여래는 ①모든 번뇌 다하여 윤회를 완전히 벗어나신 분이어서 아라한이라 불러야 마땅하며, ②위없는 바른 깨달음을 실현하여 구경의 경지에 이르신 분이어서 정등각이라 불러야 마땅하며, ③최상의 지혜와 청정범행을 구족하신 분이어서 명행족이라 불러야 마땅하며, ④열반으로 잘 나아가신 분이어서 선서라고 불러야 마땅하며, ⑤이 세상 모든 것을 잘 아시는 분이어서 세간해라고 불러야 마땅하며, ⑥이 세상에 견줄 이 없이 거룩하신 분이어서 무상사라고 불러야 마땅하며, ⑦모든 중생을 잘 다스리시는 분이어서 조어장부라고 불러야 마땅하며, ⑧모든 하늘과 인간 세상의 스승이신 분이어서 천인사라고 불러야 마땅하며, ⑨위없이 바르게 깨달아 마땅히 예배받으실 분이어서 불이라고 불러야 마땅하며, ⑩이 세상에서 위없는 존경을 받으시는 분이어서 세존이라고 불러야 마땅하다. 이와 같은 연유로 그대들은 여래를 열 가지 명호로써 불러야 할 것이다.

이리하여 이제 석가모니는 여래라고 알려지게 되었고, 여래이신 석가모니는 아라한, 정등각, 명행족, 선서, 세간해, 무상사, 조어장부, 천인사, 불, 세존의 열 가지 명호로써 불리게 되었고 알려지게 되었다.[35] DN2, MN7, SN40.10, AN5.14

5.2 재전법륜

이같이 세존께서 최초의 법륜을 굴리자 오비구는 그릇된 견해의 고행주의를 버리고 세존의 가르침에 따라 바른 견해를 갖추어 여덟 가지 바른길을 차례대로 닦아 갔다. 그들은 게으르지 않게 부지런히 닦았고 이렇게 닦은 지 보름쯤 되던 어느 날 세존께서는 그들의 닦음이 향상을 위하여 무르익고 견고함을 보고 그들을 불러 모았다. 그리고 세존께서는 두 번째 법륜[再轉法輪]을 굴리셨다.

5.2.1 일체

비구들이여, 그대들에게 일체一切를 설하리라. 이제 그것을 들어라. 듣고 마음에 잘 새겨라. 나는 설할 것이다. "그렇게 하겠습니다, 세존이시여." 라고 비구들은 세존께 응답하였고 세존께서는 이렇게 말씀하셨다. 무엇이 일체인가? 일체란 열두 가지 입처入處[36]이다. 십이입처十二入處는 여섯 가지

---

35 이후 본서에서 '아라한이시고 정등각이신 세존이시여'라거나 '아라한·정등각·세존이시여'라거나 간략하게 '선서시여'라거나 '세존이시여'라고 석가모니를 2인칭 내지는 3인칭으로 호칭할 때 '아라한이시고 정등각이시고 명행족이시고 선서이시고 세간해이시고 무상사이시고 조어장부이시고 천인사이시고 불이신 세존이시여'라거나 '아라한·정등각·명행족·선서·세간해·무상사·조어장부·천인사·불·세존이시여'라고 바로 읽어야 한다.

내입처內入處와 여섯 가지 외입처外入處로 이루어져 있다. 육내입처六內入處는 안내입처眼內入處, 이내입처耳內入處, 비내입처鼻內入處, 설내입처舌內入處, 신내입처身內入處, 의내입처意內入處로 되어 있으며, 육외입처六外入處는 색외입처色外入處, 성외입처聲外入處, 향외입처香外入處, 미외입처味外入處, 촉외입처觸外入處, 법외입처法外入處로 되어 있다. 눈과 색의 내외입처, 귀와 소리의 내외입처, 코와 냄새의 내외입처, 혀와 맛의 내외입처, 몸과 감촉의 내외입처, 의와 법의 내외입처, 이것을 일러 일체라 한다.[37] 만약 어떤 사람들이 말하기를 '나는 이러한 일체를 버리고 다른 일체를 천명할 것이다.'라고 한다면 그것은 단지 말로만 떠벌리는 주장일 뿐 실제적인 내용이 없다. 만일 그들이 질문을 받으면 대답하지 못할 뿐만 아니라 그들은 당혹스러움만 겪게 되거나 나아가서 더 큰 곤경에 처하게 될 것이다. 그것은 무슨 이유 때문인가? 그것은 그들의 영역을 벗어났기 때문이다.

비구들이여, 그대들은 이것을 어떻게 생각하는가? ①눈과 색의 내외입처는 항상한가, 무상한가? "무상합니다, 세존이시여."라고 비구들은 대답하였다. 무상한 것은 즐거움인가, 괴로움인가? "괴로움입니다, 세존이시여." 무상하고 괴로움이고 변하기 마련인 것을 두고 '이것은 나의 것이다, 이것은 나다, 이것은 나의 자아다.'라고 여기는 것이 타당하겠는가? "그렇지 않습니다, 세존이시여. 그것은 타당하지 않겠니이다." 눈과 색의 내외입처와 마찬가지로 ②귀와 소리의 내외입처, ③코와 냄새의 내외입처, ④혀와 맛의 내외입처, ⑤몸과 감촉의 내외입처에 대하여서도 세존께서 질문하였고 비구들은 한결같이 대답하였다. 비구들이여, 그대들은 이것을 어떻게 생각하는가? ⑥의와 법의 내외입처는 항상한가, 무상한가? "무상합니다, 세존이시여."라고 비구들은 대답하였다. 무상한 것은 즐거움인가, 괴로움인가? "괴로움입니다, 세존이시여." 무상하고 괴로움이고 변하기 마련인 것을 두고 '이것은 나의 것이다, 이것은 나다, 이것은 나의

36 인식주체로서의 의식과 인식대상으로서의 의식이 도달하여 머무는 의식영역 또는 장場으로 육내입처와 육외입처는 육근六根과 육경六境과 다르다.

37 일체에 관한 체계적인 해설은 《수트라》(김영사, 2018) 제2장을 참고.

자아다.'라고 여기는 것이 타당하겠는가? "그렇지 않습니다, 세존이시여. 그것은 타당하지 않겠나이다."

비구들이여, 일체를 철저하게 알지 못하고 일체에 대한 탐욕이 빛바래지지 못하고 일체를 버리지 못하면 괴로움을 멸진할 수 없다. ①눈과 색의 내외입처를 철저하게 알지 못하고 눈과 색의 내외입처에 대한 탐욕이 빛바래지지 못하고 눈과 색의 내외입처를 버리지 못하면 괴로움을 멸진할 수 없다. 눈과 색의 내외입처와 마찬가지로 ②귀와 소리의 내외입처, ③코와 냄새의 내외입처, ④혀와 맛의 내외입처, ⑤몸과 감촉의 내외입처, ⑥의와 법의 내외입처를 철저하게 알지 못하고 의와 법의 내외입처에 대한 탐욕이 빛바래지지 못하고 의와 법의 내외입처를 버리지 못하면 괴로움을 멸진할 수 없다. 비구들이여, 그러나 일체를 철저하게 알고 일체에 대한 탐욕이 빛바래지고 일체를 버리면 괴로움을 멸진할 수 있다. ①눈과 색의 내외입처를 철저하게 알고 눈과 색의 내외입처에 대한 탐욕이 빛바래지고 눈과 색의 내외입처를 버리면 괴로움을 멸진할 수 있다. 눈과 색의 내외입처와 마찬가지로 ②귀와 소리의 내외입처, ③코와 냄새의 내외입처, ④혀와 맛의 내외입처, ⑤몸과 감촉의 내외입처, ⑥의와 법의 내외입처를 철저하게 알고 의와 법의 내외입처에 대한 탐욕이 빛바래지고 의와 법의 내외입처를 버리면 괴로움을 멸진할 수 있다.

일체의 단속 비구들이여, 여섯 가지 눈, 귀, 코, 혀, 몸, 의 내입처와 여섯 가지 색, 성, 향, 미, 촉, 법 외입처를 길들이지 않고 보호하지 않고 제어하지 않고 단속하지 않으면 이것들은 괴로움을 불러들이고 괴로움을 실어 나른다. 그러나 여섯 가지 내입처와 여섯 가지 외입처를 길들이고 보호하고 제어하고 단속하면 이것들은 행복을 불러들이고 행복을 실어 나른다.

비구들이여, 이것을 어떻게 생각하는가? 과거에도 보지 못하였고 현재에도 보지 못하고 미래에도 보지 못할 지극히 아름답고 기묘하고 고귀하고 희귀한 눈으로 보아야 하는 형색이 있다면, 여기 비구는 그것으로 인하여 마음이 기울거나 움직이거나 일어나는 것이나 욕망이나 탐욕이나 애정을 가지겠는가? "그렇지 않습니다, 세존이시여." 장하구나, 비구들이여. 그대들은 마음에 드는 형색을 보게 되면 그것으로 인하여 마음이 기울거나 움직이거나 일어나는 것이나 욕망이나 탐욕이나 애정을 없애야 한다. 마음에 들지 않은 형색을 보게 되면 그것으로 인하여 마음이 기울거나 움직이거나 일어나는 것이나 거부함이나 싫어함이나 증오함으로 마음이 오염되지 않아야 한다. 형색을 보고 마음이 기울어 사띠를 놓아 버린 자는 형색에 마음이 묶여 마음의 오염이 증장하니 그에게 괴로움은 늘어나고 열반은 멀어진다. 그러나 사띠를 확립하여 사띠의 대상에 머물면서 형색을 보아도 형색에 물들지 않는 자는 형색에 마음이 묶여 있지 않아 마음의 오염은 소멸하니 그에게 괴로움은 사라지고 열반은 가까워진다.

비구들이여, 이것을 어떻게 생각하는가? 과거에도 듣지 못하였고 현재에도 듣지 못하고 미래에도 듣지 못할 지극히 아름답고 기묘하고 고귀하고 희귀한 귀로 들어야 하는 소리가 있다면, 여기 비구는 그것으로 인하여 마음이 기울거나 움직이거나 일어나는 것이나 욕망이나 탐욕이나 애정을 가지겠는가? "그렇지 않습니다, 세존이시여." 장하구나, 비구들이여. 그대들은 마음에 드는 소리를 듣게 되면 그것으로 인하여 마음이 기울거나 움직이거나 일어나는 것이나 욕망이나 탐욕이나 애정을 없애야 한다. 마음에 들지 않은 소리를 듣게 되면 그것으로 인하여 마음이 기울거나 움직이거나 일어나는 것이나 거부함이나 싫어함이나 증오함으로 마음이 오염되지 않아야 한다. 소리를 듣고 마음이 기울어 사띠를 놓아 버린 자는 소리에 마음이 묶여 마음의 오염이 증장하니 그에게 괴로움은 늘어나고 열반은 멀어진다. 그러나 사띠를 확립하여 사띠의 대상에 머물면서 소리를 들어도 소리에 물들지 않는 자는 소리에 마음이 묶여 있지 않아 마음의 오염은 소멸하니 그에게 괴로움은 사라지고 열반은 가까워진다.

비구들이여, 이것을 어떻게 생각하는가? 과거에도 맡지 못하였고 현재에도 맡지 못하고 미래에도 맡지 못할 지극히 향기롭고 기묘하고 고귀하고 희귀한 코로 맡아야 하는 냄새가 있다면, 여기 비구는 그것으로 인하여 마음이 기울거나 움직이거나 일어나는 것이나 욕망이나 탐욕이나 애정을 가지겠는가? "그렇지 않습니다, 세존이시여." 장하구나, 비구들이여. 그대들은 마음에 드는 냄새를 맡게 되면 그것으로 인하여 마음이 기울거나 움직이거나 일어나는 것이나 욕망이나 탐욕이나 애정을 없애야 한다. 마음에 들지 않은 냄새를 맡게 되면 그것으로 인하여 마음이 기울거나 움직이거나 일어나는 것이나 거부함이나 싫어함이나 증오함으로 마음이 오염되지 않아야 한다. 냄새를 맡고 마음이 기울어 사띠를 놓아 버린 자는 냄새에 마음이 묶여 마음의 오염이 증장하니 그에게 괴로움은 늘어나고 열반은 멀어진다. 그러나 사띠를 확립하여 사띠의 대상에 머물면서 냄새를 맡아 냄새에 물들지 않는 자는 냄새에 마음이 묶여 있지 않아 마음의 오염은 소멸하니 그에게 괴로움은 사라지고 열반은 가까워진다.

비구들이여, 이것을 어떻게 생각하는가? 과거에도 맛보지 못하였고 현재에도 맛보지 못하고 미래에도 맛보지 못할 지극히 감미롭고 기묘하고 고귀하고 희귀한 혀로 맛보아야 하는 음식이 있다면, 여기 비구는 그것으로 인하여 마음이 기울거나 움직이거나 일어나는 것이나 욕망이나 탐욕이나 애정을 가지겠는가? "그렇지 않습니다, 세존이시여." 장하구나, 비구들이여. 그대들은 마음에 드는 음식을 맛보게 되면 그것으로 인하여 마음이 기울거나 움직이거나 일어나는 것이나 욕망이나 탐욕이나 애정을 없애야 한다. 마음에 들지 않은 음식을 맛보게 되면 그것으로 인하여 마음이 기울거나 움직이거나 일어나는 것이나 거부함이나 싫어함이나 증오함으로 마음이 오염되지 않아야 한다. 음식을 맛보고 마음이 기울어 사띠를 놓아 버린 자는 맛에 마음이 묶여 마음의 오염이 증장하니 그에게 괴로움은 늘어나고 열반은 멀어진다. 그러나 사띠를 확립하여 사띠의 대상에 머물면서 음식을 맛보아 맛에 물들지 않는 자는 맛에 마음이 묶여 있지 않아 마음의 오염은 소멸하니 그에게 괴로움은 사라지고 열반은 가까워진다.

비구들이여, 이것을 어떻게 생각하는가? 과거에도 감촉하지 못하였고 현재에도 감촉하지 못하고 미래에도 감촉하지 못할 지극히 부드럽고 기묘하고 고귀하고 희귀한 몸으로 닿아야 하는 감촉이 있다면, 여기 비구는 그것으로 인하여 마음이 기울거나 움직이거나 일어나는 것이나 욕망이나 탐욕이나 애정을 가지겠는가? "그렇지 않습니다, 세존이시여." 장하구나, 비구들이여. 그대들은 마음에 드는 감촉이 있게 되면 그것으로 인하여 마음이 기울거나 움직이거나 일어나는 것이나 욕망이나 탐욕이나 애정을 없애야 한다. 마음에 들지 않은 감촉이 있게 되면 그것으로 인하여 마음이 기울거나 움직이거나 일어나는 것이나 거부함이나 싫어함이나 증오함으로 마음이 오염되지 않아야 한다. 감촉에 마음이 기울어 사띠를 놓아 버린 자는 감촉에 마음이 묶여 마음의 오염이 증장하니 그에게 괴로움은 늘어나고 열반은 멀어진다. 그러나 사띠를 확립하여 사띠의 대상에 머물면서 감촉하여 감촉에 물들지 않는 자는 감촉에 마음이 묶여 있지 않아 마음의 오염은 소멸하니 그에게 괴로움은 사라지고 열반은 가까워진다.

비구들이여, 이것을 어떻게 생각하는가? 과거에도 알지 못하였고 현재에도 알지 못하고 미래에도 알지 못할 지극히 유익하고 기묘하고 희귀한 의식으로 알아야 하는 세속적인 사량 분별의 법이 있다면, 여기 비구는 그것으로 인하여 마음이 기울거나 움직이거나 일어나는 것이나 욕망이나 탐욕이나 애정을 가지겠는가? "그렇지 않습니다, 세존이시여." 장하구나, 비구들이여. 그대들은 마음에 드는 세속적인 사량 분별의 법이 있게 되면 그것으로 인하여 마음이 기울거나 움직이거나 일어나는 것이나 욕망이나 탐욕이나 애정을 없애야 한다. 마음에 들지 않은 세속적인 사량 분별의 법이 있게 되면 그것으로 인하여 마음이 기울거나 움직이거나 일어나는 것이나 거부함이나 싫어함이나 증오함으로 마음이 오염되지 않아야 한다. 세속적인 사량 분별의 법에 마음이 기울어 사띠를 놓아 버린 자는 세속적인 사량 분별의 법에 마음이 묶여 마음의 오염이 증장하니 그에게 괴로움은 늘어나고 열반은 멀어진다. 그러나 사띠를 확립하여 사띠의 대상에 머물면서 의식하여 세속적인 사량 분별의 법에 물들지 않는 자는 세속적인 사량 분별의 법에 마음이 묶여 있지 않아 마음의 오염은 소멸하니 그에게 괴로움은 사라지고 열반은 가까워진다.

비구들이여, 여기 비구는 사띠를 확립하여 사띠의 대상에 머물면서 눈으로 형색을 볼 때 단지 봄만 있고 형색은 마치 거울에 비추어지듯 비추어질 뿐일 것이다. 마찬가지로 귀로 소리를 들을 때, 코로 냄새를 맡을 때, 혀로 음식을 맛볼 때, 몸으로 감촉할 때, 의식으로 법을 알 때 사띠의 대상에 머물면서 사띠를 확립한 자는 이와 같을 것이다. 그에게는 '형색에 의함'이라는 것이 없으며 '눈에 의함'이라는 것도 없으며 이 둘의 가운데도 없다. 마찬가지로 그에게는 '소리, 냄새, 맛, 감촉, 또는 법에 의함'이라는 것이 없으며 '귀, 코, 혀, 몸, 또는 의에 의함'이라는 것도 없으며 이 둘의 가운데도 없다. 비구들이여, 이것이 괴로움의 소멸이요 괴로움의 끝이다.

마라의 속박 비구들이여, 마라 빠삐만[38]의 속박은 신들의 왕 삭까의 속박보다 더 미묘하다. 비구들이여, 원하고 좋아하고 마음에 들고 사랑스럽고 매혹적인 대상으로서 안내입처로 인식되는 색외입처의 형색, 이내입처로 인식되는 성외입처의 소리, 비내입처로 인식되는 향외입처의 냄새, 설내입처로 인식되는 미외입처의 맛, 신내입처로 느끼는 촉외입처의 감촉, 의내입처로 인식되는 법외입처의 법이 있다. 이러한 대상들에 대한 탐욕을 버리지 못하고 탐욕의 벗어남을 알지 못한 채 그것들에 묶이고 홀리고 빠져서 그것들을 탐닉하면, '그는 불행을 만났고 재난을 얻었고 사악한 마라의 손아귀에 들어갔다.'라고 알아야 한다. 예를 들면 숲속의 사슴이 사냥꾼이 놓아둔 미끼에 설치된 올가미에 걸려 묶여 있다면, '그는 불행을 만났고 재난을 얻었고 사냥꾼의 손아귀에 들어갔다.'라고 알아야 한다. 왜냐하면 사냥꾼이 오면 그는 어디로도 도망갈 수 없기 때문이라고 여겨지는 것과 같다. 그는 감각적 욕망을 완전히 떨치지 못하였으므로 마라의 속박을 벗어나지 못한다. 감각적 욕망을 완전히 떨치지 않는 한 그는 죽음으로도 마라의 속박을 벗어날 수 없다. 따라서 그는 '마라의 소굴로 들어갔다, 마라의 지배를 받는다, 마라의 덫에 걸렸다.'라고 한다. 그는 마라의 속박에 묶여 마라가 원하는 대로 하게 된다.

비구들이여, 그러나 이러한 대상들에 대한 탐욕을 버리고 탐욕의 벗

---

38 욕계의 가장 높은 타화자재천을 다스리는 신들의 왕이다. 따라서 그의 영역은 욕계이다.

어남을 보면서 그것들에 묶이지 않고 홀리지 않고 빠지지 않아서 그것들을 탐닉하지 않으면, '그는 불행을 벗어났고 재난을 벗어났고 사악한 마라의 손아귀를 벗어났다.'라고 알아야 한다. 예를 들면 숲속의 사슴이 사냥꾼의 영역을 벗어났다면, '그는 불행을 벗어났고 재난을 벗어났고 사냥꾼의 손아귀를 벗어났다.'라고 알아야 한다. 왜냐하면 그는 사냥꾼의 영역을 벗어나 깊고 안전한 숲속에서 두려움 없이 가고 두려움 없이 서고 두려움 없이 앉고 두려움 없이 잠을 잘 수 있기 때문이라고 여겨지는 것과 같다. 그는 감각적 욕망을 완전히 떨쳐 마라의 속박을 벗어났다. 따라서 그는 '마라의 소굴에서 벗어났다, 마라의 지배를 받지 않는다, 마라의 덫에 걸리지 않았다.'라고 한다. 그는 마라의 속박에서 풀려나 마라가 원하는 대로 하지 않게 된다. 그러나 그는 마라의 속박에서 벗어났으나 완전히 벗어난 것은 아니다. 다시 마라의 영역으로 떨어질 수 있기 때문이다. 그러므로 마라의 속박에서 완전히 벗어나려면 마라의 영역으로 다시는 떨어지지 않는 정거천 이상으로 향상하여야 한다.

비구들이여, 어떤 자가 일체를 철저하게 알지 못한 채 안내입처로 인식되는 색외입처의 형색, 이내입처로 인식되는 성외입처의 소리, 비내입처로 인식되는 향외입처의 냄새, 설내입처로 인식되는 미외입처의 맛, 신내입처로 느끼는 촉외입처의 감촉, 또는 의내입치로 인식되는 법외입처의 법에 대하여 '이것은 나의 것이다, 이것은 나다, 또는 이것은 나의 자아다.'라고 생각하거나 이러한 생각을 바탕으로 '자아의 실재는 물질이다, 정신이다, 물질이기도 하고 정신이기도 하다, 물질도 아니고 정신도 아니다.'라고 하거나 '자아는 사후에 존재한다, 존재하지 않는다, 존재하기도 하고 존재하지 않기도 한다, 존재하는 것도 아니고 존재하지 않는 것도 아니다.'라고 하거나 '자아의 실재에 고락이 있다, 없다, 있기도 하고 없기도 하다, 있는 것도 아니고 없는 것도 아니다.'라고 하거나 '자아의 실재에 생각[想]이 있다, 없다, 있기도 하고 없기도 하다, 있는 것도 아니고 없는 것도 아니다.'라고 하거나 '자아의 공간적 한계는 있다, 없다, 있기도 하고 없기도 하다, 있는 것도 아니고 없는 것도 아니다.'라고 한다면 그는 마라에게 묶인 것이다. 왜냐하면 이러한 생각들은 외입처들의 형색, 소리, 냄새, 맛, 감촉, 또는 법을 취착한 것이기 때문이다. 외입처들에 대한 취착取着으로 감각적 욕망을 완전히 떨치기 어려우며 이러한 까닭으로 취착에 의한 사량思量은 병이고 종기고 쇠창살이라고 한다. 만약 그렇지 않다면 그는 마라로부터 풀려난 것이다.

거북이와 자칼 비구들이여, 옛날에 거북이 한 마리가 해거름에 강둑을 따라서 먹을거리를 찾고 있었다. 그때 자칼도 해거름에 강둑을 따라서 먹을거리를 찾고 있었다. 거북이는 자칼이 멀리서 오는 것을 보고 목과 사지를 등딱지에 감추고 미동도 하지 않고 침묵하며 엎드려 있었다. 자칼이 거북이 곁에 다가가서 '거북이가 목과 사지 가운데 어느 하나라도 내놓으면 바로 그것을 붙잡아 몸통을 끌어내어 먹어 버릴 것이다.'라고 생각하면서 기다리고 있었다. 그러나 거북이가 목과 사지 가운데 어느 것도 내놓지 않자 기회를 얻지 못한 자칼은 거북이에게 낙담하고 싫증이 나서 그곳을 떠났다. 비구들이여, 그와 같이 마라도 항상 그대들의 곁에 서서 '이 자가 안, 이, 비, 설, 신, 의내입처 가운데 어느 하나라도 색, 성, 향, 미, 촉, 법외입처 가운데 어느 하나라도 쫓아 움직인다면 바로 그것으로 기회를 잡으리라.'라고 생각하면서 기다리고 있다. 그러므로 그대들은 감각의 대문을 잘 지키며 머물러야 할 뿐만 아니라 외입처들의 형색, 소리, 냄새, 맛, 감촉, 또는 법의 좋아하거나 싫어하는 대상에 머물지 말고 사띠의 대상에 머물러야 한다. 마치 거북이가 등딱지에 목과 사지를 집어넣듯 비구는 마음에 일어난 사유를 안으로 거둬들여 사띠의 대상에 머물러야 한다.

물고기와 낚싯바늘 비구들이여, 예를 들면 어떤 낚시꾼이 미끼가 달린 낚싯바늘을 깊은 물속에 던진다고 하자. 미끼를 발견한 어떤 물고기가 그것을 삼키면 물고기는 곤경에 처하고 재앙에 처하게 되며, 낚시꾼은 물고기를 가지고 자신이 원하는 대로 할 수 있게 된다. 그와 같이 세상에는 여섯 가지 미끼가 달린 낚싯바늘이 있으니 그것은 세상 사람들에게 재앙이 되고 그들의 생명을 앗아 가게 된다. 무엇이 그 여섯인가? 외입처들의 형색, 소리, 냄새, 맛, 감촉, 또는 법의 원하고 좋아하고 마음에 들고 사랑스럽고 매혹적인 대상들이다. 만약 대상들에 묶이고 홀리고 빠지고 그것들을 탐닉하면 그 사람은 마라의 낚싯바늘을 삼켜 버렸다고 한다. 그는 곤경에 처하였고 재앙에 처하였으며, 마라는 그를 가지고 자신이 원하는 대로 하게 된다. 비구들이여, 외입처들의 형색, 소리, 냄새, 맛, 감촉, 또는 법의 대상들이 무엇이든지 좋아하지도 않고 싫어하지도 않으면서 대상들에 묶이지 않고 홀리지 않고 빠지지 않고 그것들을 탐닉하지 않으면 그 사람은 마라의 낚싯바늘을 삼키지 않았다고 한다. 그는 곤경에 처하지 않았고 재앙에 처하지 않았으며, 마라는 그를 가지고 자신이 원하는 대로 하지 못하게 된다.

탐욕과 취착의 단속 비구들이여, 그러면 어떻게 외입처들의 형색, 소리, 냄새, 맛, 감촉, 또는 법에 대한 탐욕과 취착을 단속하는가? 여기 비구는 외입처들의 형색, 소리, 냄새, 맛, 감촉, 또는 법의 원하고 좋아하고 마음에 들고 사랑스럽고 매혹적인 대상에 대하여 묶이지 않고 홀리지 않고 빠지지 않고 그것들을 탐닉하지 않으며, 원하지 않고 좋아하지 않고 마음에 들지 않고 사랑스럽지 않고 매혹적이지 않은 대상에 대하여 싫어하지 않고 염오하지 않는다. 그는 사띠를 확립하여 사띠의 대싱에 머물러 있어 그의 마음은 이러한 대상으로 제한되지 않으며 이러한 대상의 영향에서 벗어나 있다. 이처럼 외입처들의 형색, 소리, 냄새, 맛, 감촉, 또는 법에 대한 탐욕과 취착을 단속한다.

서로 묶여 있는 여섯 마리 동물 비구들이여, 예를 들면 어떤 사람이 각각 다른 삶의 영역과 먹이 영역을 가진 여섯 마리의 동물을 잡아 튼튼한 밧줄로 묶으려고 한다고 하자. 그는 큰 뱀을 잡아 튼튼한 밧줄로 묶고, 악어를 잡아 튼튼한 밧줄로 묶고, 큰 새를 잡아 튼튼한 밧줄로 묶고, 개를 잡아 튼튼한 밧줄로 묶고, 자칼을 잡아 튼튼한 밧줄로 묶고, 원숭이를 잡아 튼튼한 밧줄로 묶은 뒤 밧줄들을 모두 가운데로 모아 매듭으로 묶어 두었다 하

자. 그러면 각각 다른 삶의 영역과 먹이 영역을 가진 여섯 마리의 동물들은 모두 각자 자기 자신의 먹이 영역과 삶의 영역으로 돌아가려고 할 것이다. 큰 뱀은 뱀 굴로 가려고 할 것이고, 악어는 물로 들어가려고 할 것이고, 큰 새는 허공으로 날아가려고 할 것이고, 개는 마을로 들어가려고 할 것이고, 자칼은 공동묘지로 가려고 할 것이고, 원숭이는 숲으로 가려고 할 것이다. 그러다가 이들 여섯 마리의 동물들이 지치고 피곤해지면 그들 가운데서 가장 힘이 센 동물 쪽으로 끌려갈 것이고 그 동물을 따를 것이고 그 동물에게 복종할 것이다. 가장 힘이 센 동물이 자기의 먹이 영역과 삶의 영역에서 만족하면 그다음 힘이 센 동물 차례가 된다. 각각 다른 삶의 영역과 먹이 영역을 가진 여섯 마리의 동물들로 비유된 육내입처의 먹이가 되는 형색, 소리, 냄새, 맛, 감촉, 또는 법에 대한 탐욕이나 취착을 단속하지 못하고 가장 강력한 탐욕이나 취착에 차례대로 끌려가게 된다.

그러나 큰 뱀을 잡아 튼튼한 밧줄로 묶고, 악어를 잡아 튼튼한 밧줄로 묶고, 큰 새를 잡아 튼튼한 밧줄로 묶고, 개를 잡아 튼튼한 밧줄로 묶고, 자칼을 잡아 튼튼한 밧줄로 묶고, 원숭이를 잡아 튼튼한 밧줄로 묶은 뒤 밧줄들을 모두 튼튼한 말뚝이나 기둥에 묶어 두었다고 하자. 그러면 각각 다른 삶의 영역과 먹이 영역을 가진 여섯 마리의 동물들은 모두 각자 자기 자신의 먹이 영역과 삶의 영역으로 돌아가려고 할 것이다. 큰 뱀은 뱀 굴로 가려고 할 것이고, 악어는 물로 들어가려고 할 것이고, 큰 새는 허공으로 날아가려고 할 것이고, 개는 마을로 들어가려고 할 것이고, 자칼은 공동묘지로 가려고 할 것이고, 원숭이는 숲으로 가려고 할 것이다. 그러다가 이들 여섯 마리의 동물들이 지치고 피곤해지면 그들은 말뚝이나 기둥 가까이에 설 것이고 그곳에 앉을 것이고 그곳에 누울 것이다. 이때 적절한 먹이를 가지고 이들 여섯 마리 동물들을 길들일 수 있을 것이다. 이러한 비유에서 튼튼한 말뚝이나 기둥이라는 것은 사띠의 대상을 두고 한 말이다. 그러므로 여기 비구들은 몸에 대한 사띠를 닦고 몸에 대한 사띠를 확립하여 형색, 소리, 냄새, 맛, 감촉, 또는 법에 대한 탐욕이나 취착을 단속하여야 한다.

비구들이여, 만일 내가 이같이 여섯 가지 내입처와 여섯 가지 외입처의 달콤함을 달콤함이라고 위험함을 위험함이라고 벗어남을 벗어남이라고 최상의 지혜로 알지 못하였다면, 나는 인간과 브라만과 사문과 신과 마라와 범천을 포함한 무리에서 벗어나지 못하고 풀려나지 못하고 해탈하지 못하여 그 무리 가운데에서 스스로 위없는 바른 깨달음을 실현하였다고 결단코 천명하지 않았을 것이다. 비구들이여, 그러나 내가 이같이 여섯 가지 내입처와 여섯 가지 외입처의 달콤함을 달콤함이라고 위험함을 위험함이라고 벗어남을 벗어남이라고 최상의 지혜로 알았기 때문에, 나는 인간과 브라만과 사문과 신과 마라와 범천을 포함한 무리에서 벗어나고 풀려나고 해탈하여 그 무리 가운데에서 스스로 위없는 바른 깨달음을 실현하였다고 천명하였다. 그리고 그러한 나에게는 '나의 해탈은 확고부동하다. 이것이 나의 마지막 태어남이며, 이제 더 이상의 다시 태어남[再生]은 없다.'라는 지와 견이 일어났다.SN35, MN26

5.2.2 오온

식과 수상사 비구들이여, 내입처를 인因으로 외입처를 연緣으로 식識이 발생한다. '분리하고 구별하는 앎'이라는 의미의 식은 육외입처의 이름을 따라 각각 색식色識, 성식聲識, 향식香識, 미식味識, 촉식觸識, 법식法識으로 명명한다. 이것이 육식六識이다. 내입처, 외입처, 식 세 가지[三事]가 촉觸하여 수受·상想·사思가 함께 일어난다. 이때 일어난 육수六受, 육상六想, 육사六思 가운데 육수와 육사는 육내입처의 이름을 따라 명명하고 육상은 육외입처의 이름을 따라 명명한다. 여기서 수受는 '몸으로 느끼는 앎'이라는 의미로 흔히 느낌이라고 한다. 이러한 느낌으로는 괴로운 느낌[苦受], 즐거운 느낌[樂受], 괴롭지도 즐겁지도 않은 느낌[不苦不樂受]이 있다. 상想은 '함께 앎'이라는 의미로 분류하는 앎 혹은 범주화하는 앎이라는 의미가 있다. 이것은 인식 대상을 형상화하거나 언어화하여 분류하고 범주화한다. 사思는 '행동하는 앎'이라는 의미로 의도 혹은 사량思量의 의미가 있다. 나아가 사가 의도적인 또는 의지적인 행위나 행동으로 발전하면 상카라와 동의어로 보고 행行으로 취급한다. 이러한 행은 마땅히 해야 하는 행, 하지 않아야 하는 행, 또는 해도 되고 하지 않아도 되는 행 등으로 행위 기준을 형성한다.[39]

오온 일체와 일체로부터 발생한 식 그리고 수, 상, 사 이것이 인간의 의식 영역의 전부이다. 이것을 오온五蘊이라고 한다. 여기서 온蘊은 '근간根幹, 무더기, 덩어리'라는 의미로 누적되고 축적되어 이루어진 무더기 혹은 덩어리를 의미한다. 색온色蘊, 수온受蘊, 상온想蘊, 행온行蘊, 식온識蘊으로 이루어져 있는 오온은 매 순간의 인식 활동이 누적되고 축적되어 이루어진 것이다. 이렇게 누적되고 축적되는 과정에 욕구가 개입된다. 욕구에 탐착하거나 취착한 오온을 오취온五取蘊이라 한다. 욕구에 탐착한 오취온은 점차적인 욕구 성취 과정에서 스스로 자기 동일시하므로 오취온은 자아 형성의 바탕이 된다. 오취온으로 자아가 형성된 인간은 지속하여 오취온을 자기 동일시하여 자아를 유지하고 성장시킨다.

오취온 만일 오취온에 전적으로 괴로움만이 있어 오취온으로 괴로움에 떨어지고 괴로움에 빠져들고 즐거움에는 빠져들지 않는다면 중생은 오취온을 탐닉하지 않을 것이다. 그러나 오취온에는 즐거움도 있어 오취온으로 즐거움에 떨어지고 즐거움에 빠져들고 괴로움에만 빠져들지는 않는다. 그래서 중생은 오취온을 탐닉한다. 탐닉하기 때문에 속박되고 속박되기 때문에 그들의 마음이 오염된다. 만일 오취온에 전적으로 즐거움만이 있어 오취온으로 즐거움에 떨어지고 즐거움에 빠져들고 괴로움에는 빠져들지 않는다면 중생은 오취온을 염오하지 않을 것이다. 그러나 오취온에는 괴로움도 있어 오취온으로 괴로움에 떨어지고 괴로움에 빠져들고 즐거움에만 빠져들지는 않는다. 그래서 중생은 오취온을 염오한다. 염오하기 때문에 탐욕이 빛바래고 탐욕이 빛바래기 때문에 그들의 마음이 청정하게 된다.

---

39 오온과 연기법에 관한 체계적인 해설은 《수트라》(김영사, 2018) 제3장을 참고.

그러므로 그대들은 오취온에 대한 욕구를 길들여야 한다. 만약 그대들이 오취온에 대한 욕구를 여의지 못하고 탐욕을 여의지 못하고 애정을 여의지 못하고 갈증을 여의지 못하고 열기를 여의지 못하고 갈애를 여의지 못하면, 오취온이 끊임없이 변하고 다른 상태로 변화되기에 그대들에게는 슬픔·비탄·고통·고뇌·절망이 일어난다. 그러나 만약 그대들이 오취온에 대한 욕구를 여의고 탐욕을 여의고 애정을 여의고 갈증을 여의고 열기를 여의고 갈애를 여의면, 오취온이 끊임없이 변하고 다른 상태로 변화되더라도 그대들에게는 슬픔·비탄·고통·고뇌·절망이 일어나지 않는다.

만약 그대들이 오취온에 대한 욕구를 여의지 못하고 탐욕을 여의지 못하고 애정을 여의지 못하고 갈증을 여의지 못하고 열기를 여의지 못하고 갈애를 여의지 못하여 마음이 오염되고 오염된 마음으로 신구의 삼행으로 악업을 지어 악법을 골고루 갖추게 되더라도 여기 인간세상에서 편안하고 만족하고 즐겁고 행복한 삶을 영위하고 몸이 무너져 죽은 다음에는 선처에 태어난다면, 여래는 그대들에게 오취온에 대한 욕구를 여의고 탐욕을 여의고 애정을 여의고 갈증을 여의고 열기를 여의고 갈애를 여의라고 하지 않았을 것이다. 악법을 골고루 갖추게 되면 비록 여기 인간세상에서 편안하고 만족하고 즐겁고 행복한 삶을 영위하더라도 몸이 무너져 죽은 다음에는 반드시 악처에 태어나기 때문에 여래는 그대들에게 오취온에 대한 욕구를 여의고 탐욕을 여의고 애정을 여의고 갈증을 여의고 열기를 여의고 갈애를 여의라고 하는 것이다.

그러나 만약 그대들이 오취온에 대한 욕구를 여의고 탐욕을 여의고 애정을 여의고 갈증을 여의고 열기를 여의고 갈애를 여의어 마음이 오염되지 않고 깨끗한 마음으로 신구의 삼행으로 선업을 지어 선법을 골고루 갖추게 되더라도 여기 인간세상에서 부족하고 속상하고 절망하고 괴로운 삶을 영위하고 몸이 무너져 죽은 다음에는 악처에 태어난다면, 여래는 그대들에게 오취온에 대한 욕구를 여의고 탐욕을 여의고 애정을 여의고 갈증을 여의고 열기를 여의고 갈애를 여의라고 하지 않았을 것이다. 선법을 골고루 갖추게 되면 비록 여기 인간세상에서 부족하고 속상하고 절망하고 괴로운 삶을 영위하더라도 몸이 무너져 죽은 다음에는 반드시 선처에 태어나기 때문에 여래는 그대들에게 오취온에 대한 욕구를 여의고 탐욕을 여의고 애정을 여의고 갈증을 여의고 열기를 여의고 갈애를 여의라고 하는 것이다.

오온의 해설 어떤 것이 색온, 수온, 상온, 행온, 식온인가? 여섯 가지 외입처에 누적되고 축적된 색·성·향·미·촉·법을 색온이라 한다. 여기 색·성·향·미·촉·법은 사대와 사대로 이루어진 물질이라 색色이라고 한다. 여섯 가지 내입처와 촉하여 발생한 수가 누적되고 축적된 안·이·비·설·신·의를 수온이라 한다. 여기 안·이·비·설·신·의는 괴로운 느낌, 즐거운 느낌, 괴롭지도 즐겁지도 않은 느낌이라 수라고 한다. 여섯 가지 외입처와 촉하여 발생한 상이 누적되고 축적된 색·성·향·미·촉·법을 상온이라 한다. 여기 색·성·향·미·촉·법은 형상이나 언어로 분류하고 범주화하여 상이라고 한다. 여섯 가지 내입처와 촉하여 발생한 행이 누적되고 축적된 안·이·비·설·신·의를 행온이라 한다. 여기 안·이·비·설·신·의는 해야 하는 행, 하지 않아야 하는 행, 해도 되고 하지 않아도 되는 행이라 행이라고 한다. 여섯 가지 외입처와 촉하여 발생한 식과 여섯 가지 상온과 촉하여 발생한 식이 누적되고 축적된 색·성·향·미·촉·법을 식온이라 한다. 여기 색·성·향·미·촉·법은 비교하여 분별하거나 구별하여 식이라고 한다.

비구들이여, 견해는 무엇을 토대로 형성되었는가? 견해의 토대는 무엇으로 되어 있는가? 여기 배우지 못한 범부는 성자들을 친견하지 못하고 성스러운 법에 능숙하지 못하고 성스러운 법에 인도되지 못하고, 바른 사람들을 친견하지 못하고 바른 사람들의 법에 능숙하지 못하고 바른 사람들의 법에 인도되지 않아서 색온을 두고 '이것은 나의 것이다, 이것은 나의 색이다, 이것은 나의 자아다.'라고 여긴다. 색온과 마찬가지로 수온, 상온, 행온, 식온을 두고 '이것은 나의 것이다, 이것은 나의 느낌, 인식, 행, 식이다, 이것은 나의 자아다.'라고 여긴다. 이와 같은 색, 수, 상, 행, 식의 다섯 가지가 누적되고 축적되어 오온이 되고, 이러한 오온이 욕구에 탐착하여 오취온이 된다. 오취온은 점차적인 욕구 성취 과정에서 스스로 자기 동일시함으로 자아 형성의 바탕이 되고 따라서 견해의 토대가 된다. 이렇게 형성된 자아에게 '이것이 우주이며 우주는 이러저러하다, 이것이 자아이며 자아는 이러저러하며 사후에 단멸하여 아무것도 남지 않거나 사후에도 항상하여 영원불멸하다.'라는 견해가 생기게 되고, 이러한 견해를 두고 '이것은 나의 것이다, 이것은 나의 견해이다, 이것은 나의 자아다.'라고 여긴다.

그러나 여기 잘 배운 성스러운 제자는 성자들을 친견하고 성스러운 법에 능숙하고 성스러운 법에 인도되고, 바른 사람들을 친견하고 바른 사람들의 법에 능숙하고 바른 사람들의 법에 인도되어서 색온을 두고 '이것은 나의 것이 아니다, 이것은 나의 색이 아니다, 이것은 나의 자아가 아니다.'라고 여긴다. 색온과 마찬가지로 수온, 상온, 행온, 식온을 두고 '이것은 나의 것이 아니다, 이것은 나의 느낌, 인식, 행, 식이 아니다, 이것은 나의 자아가 아니다.'라고 여긴다. 이와 같은 색, 수, 상, 행, 식의 다섯 가지가 누적되고 축적되어 오온이 되고, 이러한 오온이 견해의 토대가 된다. 이렇게 형성된 오온에게 '이것이 우주이며 우주는 이러저러하다, 이것이 자아이며 자아는 이러저러하며 사후에 단멸하여 아무것도 남지 않거나 사후에도 항상하여 영원불멸하다.'라는 견해가 생기게 되더라도, 이러한 견해를 두고 '이것은 나의 것이 아니다, 이것은 나의 견해가 아니다, 이것은 나의 자아가 아니다.'라고 여긴다.

비구들이여, 이것을 어떻게 생각하는가? 색은 항상한가, 무상한가? "무상합니다, 세존이시여."라고 비구들은 대답하였다. 무상한 것은 즐거움인가, 괴로움인가? "괴로움입니다, 세존이시여." 무상하고 괴로움이고 변하기 마련인 것을 두고 '이것은 나의 것이다, 이것은 나의 색이다, 이것은 나의 자아다.'라고 여기는 것이 타당하겠는가? "그렇지 않습니다, 세존이시여. 그것은 타당하지 않겠나이다." 장하구나, 비구들이여. 그대들은 이것을 어떻게 생각하는가? 수, 상, 행, 식은 각각 항상한가, 무상한가? "무상합니다, 세존이시여."라고 비구들은 대답하였다. 무상한 것은 즐거움인가, 괴로움인가? "괴로움입니다, 세존이시여." 무상하고 괴로움이고 변하기 마련인 것을 두고 '이것은 나의 것이다, 이것은 나의 수, 상, 행, 식이다, 이것은 나의 자아다.'라고 여기는 것이 타당하겠는가? "그렇지 않습니다, 세존이시여. 그것은 타당하지 않겠나이다."

장하구나, 비구들이여. 그러므로 사대와 사대로 이루어진 색이 어떤 것이든지 예를 들어, 그것이 과거의 것이든 미래의 것이든 혹은 현재의 것이든, 안의 것이든 밖의 것이든, 거친 것이든 섬세한 것이든, 저열한 것이든 수승한 것이든, 멀리 있는 것이든 가까이 있는 것이든, 그 모든 색에 대하여 '이것은 나의 것이 아니다, 이것은 나의 색이 아니다, 이것은 나의 자아가 아니다.'라고 선명하게 보고 알아야 한다. 마찬가지로 괴로움·즐거움·괴롭지도 즐겁지도 않음의 느낌인 수, 형상과 언어로 분류하고 범주화하는 인식인 상, 해야 하는 행·하지 않아야 하는 행·해도 되고 하지 않아도 되는 행 등의 행위 기준인 행, 비교하고 분별하는 식이 어떤 것이든지 예를 들어, 그것이 과거의 것이든 미래의 것이든 혹은 현재의 것이든, 안의 것이든 밖의 것이든, 거친 것이든 섬세한 것이든, 저열한 것이든 수승한 것이든, 멀리 있는 것이든 가까이 있는 것이든, 그 모든 수, 상, 행, 식에 대하여 '이것은 나의 것이 아니다, 이것은 나의 수, 상, 행, 식이 아니다, 이것은 나의 자아가 아니다.'라고 선명하게 보고 알아야 한다.

나의 것이 아닌 오온 비구들이여, 만약 여기 어떤 사람이 색온을 두고 '이것은 나의 것이다, 이것은 나의 색이다, 이것은 나의 자아다.'라고 주장한다면 그의 주장처럼 그는 그가 소유하고 자신이라 여기는 그의 몸을 마치 왕이 자신의 영토를 지배하듯 '나의 몸이 늙거나 병들거나 죽을 때, 늙지 말라거나 병들지 말라거나 죽지 말라.'고 몸을 지배할 수 있어야 하며 또한 '나의 얼굴이나 피부 또는 체형을 원하는 대로 되어라.'라고 몸을 지배할 수 있어야 한다. 또한 그가 색온과 마찬가지로 수온, 상온, 행온, 식온을 두고 '이것은 나의 것이다, 이것은 나의 느낌, 인식, 행, 식이다, 이것은 나의 자아다.'라고 주장한다면 그의 주장처럼 그는 그가 소유하고 자신이라 여기는 느낌, 인식, 행, 식을 마치 왕이 자신의 영토를 지배하듯 '나의 느낌, 인식, 행, 식이 원하지 않을 때, 원하는 대로 되어라.'라고 느낌, 인식, 행, 식을 지배할 수 있어야 하며 또한 '원하는 대로 늘리거나 줄이리라.'라고 느낌, 인식, 행, 식을 지배할 수 있어야 한다. 그러나 색온, 수온, 상온, 행온, 식온 그 어느 것 하나라도 그렇게 되지 않는다.

이같이 그대들은 그대들의 것이 아닌 것을 버려야 한다. 그대들이 그것을 버리면 오랜 세월 동안 이익과 행복이 있을 것이다. 무엇이 그대들의 것이 아닌가? 색온이 그대들의 것이 아니다. 그것을 버려라. 그대들이 그것을 버리면 오랜 세월 동안 이익과 행복이 있을 것이다. 색온과 마찬가지로 수온, 상온, 행온, 식온이 그대들의 것이 아니다. 그것들을 버려라. 그대들이 그것들을 버리면 오랜 세월 동안 이익과 행복이 있을 것이다.

비구들이여, 그대들은 이것을 어떻게 생각하는가? 여기 제따 숲에서 어떤 사람이 풀이나 나뭇잎 또는 나무토막이나 나뭇가지를 그가 원하는 대로 가지고 가거나 묶거나 태운다면, 그대들은 그 사람이 그대 자신을 그가 원하는 대로 가지고 가거나 묶거나 태운다고 생각하겠는가? "그렇지 않습니다, 세존이시여. 그 사람이 원하는 대로 가지고 가거나 묶거나 태우는 풀이나 나뭇잎 또는 나무토막이나 나뭇가지는 저희 자신도 아니고 저희 자신에게 속한 것도 아니기 때문입니다." 비구들이여, 이같이 그대들의 것이 아닌 것을 버려야 한다. 그대들이 그것을 버리면 오랜 세월 동안 이익과 행복이 있을 것이다.

이같이 그 모든 색, 수, 상, 행, 식에 대하여 '이것은 나의 것이 아니다, 이것은 나의 색, 수, 상, 행, 식이 아니다, 이것은 나의 자아가 아니다.'라고 선명하게 보고 아는 잘 배운 성스러운 제자는 색에도 염오를 일으키고, 느낌에도 염오를 일으키고, 상에도 염오를 일으키고, 행에도 염오를 일으키고, 식에도 염오를 일으킨다. 이렇게 염오를 일으키면서 편견과 고집, 모든 견해 그리고 모든 견해의 토대와 그 잠재 성향을 근절하기 위하여 갈애를 멸진하고, 이욕을 일으켜 탐욕을 빛바래게 하고 마침내 탐욕을 소멸하고, 해탈하여 열반을 증득한다. 이때 스스로 최상의 지혜를 실현하고 구족하여 [**구경의 지혜**]를 보고 안다. 이같이 여래가 해탈하여 증득한 열반을 그대들도 지혜롭게 마음을 기울이고 바르게 노력하여 해탈하여 열반을 증득하도록 하라. 세존께서는 이렇게 말씀하셨다. 오비구는 흡족한 마음으로 세존의 말씀을 크게 기뻐하였다. 이 상세한 설법이 설하였을 때 오비구는 취착이 없어져서 번뇌로부터 마음이 해탈하였다.SN22, MN22, MN35, MN147

6 전법을 위해 유행하다

야사와 야사의 친구들 세존께서 두 번째 법륜을 굴리자 오비구는 모두 사향사과四向四果의 과위를 성취하였다. 그들은 더 나아가 열반을 증득하기 위하여 세존의 가르침에 따라 게으르지 않게 부지런히 청정범행을 닦았다. 이때가 세존께서 정각을 성취한 후 첫째 우기雨期[40]를 맞이하는 해였다. 어느 날 이른 아침 경행하던 세존께서는 고뇌하며 방황하는 젊은이를 맞이하게 되었다. 그의 이름은 야사[41]였다. 그는 '오! 참으로 괴롭구나. 오! 참으로 고통스럽구나.'라고 혼자 중얼거렸다. 이에 세존께서 말씀하셨다. 야사여, 여기에는 괴로움이 없느니라. 야사여, 여기에는 고통이 없느니라. 야사여, 여기 앉으라. 괴로움이 없고 고통이 없는 곳에 이르는 가르침을 설하리라. 세존께서는 [**사성제**]를 설하셨다. 세존의 사성제 설법을 듣고 야사는 방황을 끝내고 출가하였다.

여섯 번째 비구가 된 야사는 세존과 오비구의 뒤를 따라 인근 마을에서 걸식하였다. 이 모습을 본 그의 절친한 네 명의 친구인 위말라, 수바후, 뿐나지 그리고 가왐빠띠는 모여서 의논하였다. "여보게, 야사에게 우리가 모르는 일이 일어났음이 분명하네. 그는 우리의 죽마고우이고, 우리는

---

40 인도의 우기는 현행의 태양력으로 대략 6월부터 10월까지의 약 4~5개월간이다.

41 바라나시의 대부호인 장자의 아들로 알려진 야사와 관련된 기록은 경장에는 그의 네 명의 친구 가운데 한 명인 가왐빠띠 존자가 나타나는 것(DN23, SN56.30)이 유일하나 율장에는 상세하게 나온다. 세존께서 야사의 아버지에게 설법할 때 신통으로 야사를 보이지 않게 한다. 야사의 아버지가 삼귀의三歸依하는 최초의 우바새로, 야사의 어머니와 야사의 부인이 삼귀의하는 최초의 우바이라고 율장은 말한다.MV1.7

그의 죽마고우일세. 우리는 그에게 일어난 일을 알아야 하네. 우리가 그를 위해 마땅히 해야 할 일이 있다면 우리는 모두 힘을 모아 반드시 그 일을 해내야 하네." 네 명의 친구는 녹야원으로 가서 야사를 찾았고, 야사는 그들을 세존께 안내하였다. 세존을 뵙고 세존의 설법을 들은 그들은 야사처럼 출가하였다. 비구가 된 그들은 야사의 뒤에서 차례대로 마을에서 걸식하였다. 이 모습을 본 그들의 친구들은 모여서 의논하였다. "여보게들, 야사와 네 명의 친구들에게 우리가 모르는 일이 일어났음이 분명하네. 그들은 우리 가운데 스승님들에게 칭송받는 자들이자 우리의 죽마고우이고, 우리는 그들의 죽마고우일세. 우리는 그들에게 일어난 일을 알아야 하네. 우리가 그들을 위해 마땅히 해야 할 일이 있다면 우리는 모두 힘을 모아 반드시 그 일을 해내야 하네. 그런데 이 일은 우리 몇 명이 해결하기보다는 우리의 모든 친구와 동문이 모여서 함께 힘을 합쳐 해결하는 것이 좋을 것이네." 50명의 친구와 동문은 모두 모여 녹야원으로 가서 그들을 찾았다. 그들은 50명을 세존께 안내하였다. 세존을 뵙고 세존의 설법을 들은 50명은 그들처럼 출가하였다. 세존께서는 55명의 새로운 비구들에게 오비구처럼 설법하였고 오비구는 그들을 도우며 그들과 함께 세존의 가르침대로 청정범행을 닦았다.

새로운 비구들은 게으르지 않게 부지런히 닦았고 이렇게 닦은 지 몇 달이 지나 우기가 끝나던 무렵 그들도 모두 사향사과의 과위를 성취하였다. 세존께서는 그들과 오비구들을 모두 불러 모았다. 그리고 세존께서는 모든 비구에게 전법傳法을 하명下命하셨다.

6.1 전법령傳法令

비구들이여! 여래의 법을 전하라.

비구들이여,
나는

인간과 천상에 있는
모든 올가미에서 벗어났다.
그대들도
인간과 천상에 있는
모든 올가미에서 벗어났다.

비구들이여,
귀 기울이는
많은 사람의 이상을 위하고
많은 사람의 이익을 위하고
많은 사람의 행복을 위하고
신과 세상의
이상과 이익과 행복을 위하여
유행을 떠나라.
둘이서
같은 길로 가지 말라.

비구들이여,
유행하면서
여래의 법을 설하라.
시작도 훌륭하고
중간도 훌륭하고
끝도 훌륭하게
여래의 법을 설하라.
의미와 표현을 잘 갖추어
여래의 법을 설하라.

비구들이여,

여래의 법을 설하면서
그대들은
더할 나위 없이 완벽하고
지극히 청정한
범행을 드러내어라.

비구들이여,
눈에 먼지가 적게 낀 중생이 있나니
만약 그들이
여래의 법을 듣지 않으면
그들은 타락하여 파멸할 것이나
만약 그들이
여래의 법을 듣고
범행을 닦으면
그들은 청정하여 불사를 얻으리라.

비구들이여,
그대처럼
나도
홀로
유행을 떠나리라.
우루웰라로 가서
법을 설하리라.SN4.4~5

이렇게 세존께서는 마땅히 스승으로서 제자에게 내리는 하명을 갈무리하신 뒤 '우루웰라에 가서 법을 설한 뒤 라자가하로 향하리라.'라는 말씀을 남기시고 자리에서 일어나 먼 길을 떠날 채비를 하셨다. 이때 안냐 꼰단냐는 모인 비구들에게 말하였다. "존자들이여, 스승님께서 홀로 유행을 떠난다고 하셨습니다. 스승님께서 이렇게 말씀하실 때는 우리 가운데 누구라도 스승님의 뒤를 좇아서는 아니 됩니다. 우리는 우루웰라 지역으로 가서는 아니 됩니다. 또한 만약 우리가 일시에 녹야원을 떠나면 숲을 벗어나자마자 스승님의 말씀을 어기는 허물을 벗어날 수 없습니다. 그러니 녹야원에서 각 방향으로 가장 먼 곳으로 떠나는 비구부터 하루에 한 차례씩 차례대로 떠나도록 합시다. 저는 내일 이른 아침 세존께서 유행을 떠나시고 나면 북쪽 까삘라왓투로 갈 것입니다." 이때 앗사지는 이렇게 말하였다. "존자들이여, 저는 동쪽 라자가하로 가겠습니다. 그곳에서 스승님께서 오시기를 기다리며 법을 설하겠습니다. 존자들이여, 다음 우기 때 스승님을 모시고 라자가하에서 머물려고 오는 존자들을 기다리겠습니다." 비구들은 이렇게 화합하여 결정한 뒤 가장 먼 곳으로 가는 비구들부터 유행을 떠날 채비를 갖추었다. 다음 날 이른 아침 세존께서 홀로 유행을 떠나셨다. 비구들은 숲 입구에서 세존께 예를 갖춘 뒤 그들도 차례대로 유행을 떠났다. 이렇게 하여 무상정등정각을 성취하신 분이신 아라한, 정등각, 명행족, 선서, 세간해, 무상사, 조어장부, 천인사, 불, 세존께서 출현하심과 그분의 정각법이 세상에 널리 알려지고 퍼지게 되었다.

6.2 오비구의 족적

안냐 꼰단냐는 까삘라왓투를 향하여 유행을 떠났다. 까삘라왓투에 도착한 그는 대신을 뵙고 전하였다. "아셔야 합니다, 존자시여. 태자님께서 위없는 정각을 이루셨습니다. 태자님께서 무상정등정각을 성취하셔서 아라한·정등각·세존이 되셨습니다." "존자시여, 무상정등정각을 성취하신 그분 아라한·정등각·세존께서는 어디에 머물고 계셨으며 지금은 어디에 머물고 계시며 어디에서 뵐 수 있겠습니까?" "이번 우기에 세존께서는 바라나시에 있는 이시빠따나의 녹야원에서 머무셨습니다. 그곳에서 세존께서는 저희 다섯 출가자에게 법을 설하셨고 저희는 모두 그분의 가르침에 의지하여 그분의 비구제자가 되었습니다. 세존께서는 그곳에서 우루웰라로 가셨습니다. 다음 우기에는 라자가하에 머무실 것입니다." "존자시여, 존자께서는 저와의 약조를 잊지 않고 잘 지켜 주셨습니다. 이에 감사드립니다. 존자께서는 어디에서 머무시다가 어디로 가시는지요?" "존자시여, 저는 고향으로 가서 그곳에서 스승님의 말씀에 따라 스승님의 법을 설하고 스승님의 가르침에 따라 청정범행을 닦을 것입니다." "존자시여, 존자님께서 계시지 않는 동안 존자님의 고향 집안은 무탈하고 평안하였습니다."

존자는 고향을 방문한 뒤 히말라야의 찻단따 숲에 있는 만다끼니호수 근처의 언덕으로 들어갔다. 그곳에서 청정범행을 닦아 완성하고 세존의 법을 설하였다. 존자는 그곳에서 아라한 중의 한 분이 된 후 여동생 만따니의 아들 뿐나를 출가시켰다. 그가 바로 세존께서 법을 설하는 비구들 가운데 으뜸이라고 칭송하신 뿐나 만따니뿟따였다. 존자는 그곳에서 머문지 12년째 되던 어느 날 자신의 반열반이 멀지 않음을 알고 라자가하의 죽림정사로 세존을 뵈러 갔다. 존자는 아주 오랜만에 세존을 뵙고 세존께 다가가서 세존의 두 발에 머리를 대고 엎드려서 세존의 발에 입을 맞추고 손으로 어루만지면서 "세존이시여, 저는 꼰단냐입니다. 선서이시여, 저는 꼰단냐입니다."라고 자신의 이름을 말씀드리며 세존께 하직 인사를 드렸다.SN8.9 그리고 세존의 허락을 받아 다시 히말라야로 돌아가서 자신의 숲 속 거처에서 반열반에 들었다.[42] 화장을 마친 존자의 유골은 존자의 유지대로 죽림정사의 세존께 보내졌고 그곳에 존자의 유골을 모신 탑이 세워졌다.

마하나마는 까시국에 있는 맛치까산다로 유행하면서 그 지역의 상인 찟따 장자에게 세존의 법을 설하였다. 찟따 장자는 마하나마에게 세존의 법을 듣고 자기의 망고 숲에 정사를 지었다. 장자는 정사에 마하나마를 모시고 존자에게 세존의 법을 배우고 닦아서 불환과를 성취하였다. 세존께서 법을 설하는 재가자들 가운데 으뜸이라고 칭송하였던 자가 바로 찟따 장자였다. 많은 비구가 망고 원림의 정사를 방문하고 머물면서 장자의 환대를 받았다.

---

42 세존보다 최소 15세 연상이었던 존자가 세존을 마지막 친견하였을 때가 적어도 60대 초반쯤이었다.

앗사지는 스승에게 멀지 않은 곳에 머물면서 스승에게 누가 되지 않도록 하였다. 라자가하에서 걸식하는 앗사지의 엄정하고 평정한 위의와 품행을 본 사리뿟따가 앗사지의 스승과 스승의 법에 대하여 확신을 얻어 친구 목갈라나와 함께 세존의 곁으로 출가하였다. 한때 앗사지는 중병에 걸려 고통과 괴로움에 시달리고 있었는데 라자가하의 죽림정사에 머물고 계시던 세존께 간병을 요청하였다.SN22.88 또한 세존께서 왓지국의 웨살리에 있는 중각강당에 머무셨을 때 앗사지는 그 지역의 명망이 높은 니간타의 후예 삿짜까에게 세존의 법을 전하였다.MN35 밧디야와 왑빠의 족적은 드러나지 않았다.

한때 세존께서는 오비구를 이렇게 회상하셨다. 오비구는 여래의 교훈을 받고 여래의 가르침을 받아 자신이 태어나기 마련이지만 태어나기 마련인 삶에서 재난을 알아 태어남 없는 위없는 성스러운 경지인 열반을 구하였고 마침내 태어남 없는 위없는 성스러운 경지인 열반을 증득하였다. 자신이 늙기 마련이지만 늙기 마련인 삶에서 재난을 알아 늙음 없는 위없는 성스러운 경지인 열반을 구하였고 마침내 늙음 없는 위없는 성스러운 경지인 열반을 증득하였다. 자신이 병 들기 마련이지만 병 들기 마련인 삶에서 재난을 알아 병 없는 위없는 성스러운 경지인 열반을 구하였고 마침내 병 없는 위없는 성스러운 경지인 열반을 증득하였다. 자신이 죽기 마련이지만 죽기 마련인 삶에서 재난을 알아 죽음 없는 위없는 성스러운 경지인 열반을 구하였고 마침내 죽음 없는 위없는 성스러운 경지인 열반을 증득하였다. 자신이 괴로워하기 마련이지만 괴로워하기 마련인 삶에서 재난을 알아 괴로움 없는 위없는 성스러운 경지인 열반을 구하였고 마침내 괴로움 없는 위없는 성스러운 경지인 열반을 증득하였다. 자신이 오염되기 마련이지만 오염되기 마련인 삶에서 재난을 알아 오염 없는 위없는 성스러운 경지인 열반을 구하였고 마침내 오염 없는 위없는 성스러운 경지인 열반을 증득하였다. 이와 같은 그들에게 '나의 해탈은 확고부동하다. 이것이 마지막 태어남이다. 더 이상 다시 태어남은 없다.'라는 지와 견이 생겼다.MN26

제5장
교단의 형성

비구승가의 형성은 안냐 꼰단냐 존자를 위시한 오비구로 시작하여 야사 비구를 포함한 55명의 비구로 세상에 드러나게 되었다. 나아가 우루웰라로 유행하던 중 서로 친구인 30명의 지체 높은 무리가 출가하였다. 우루웰라에 도착하여 깟사빠를 상수로 하는 천 명의 비구가 라자가하에 입성하면서 비구승가가 본격적으로 세상에 강한 인상을 주면서 드러나게 되었다. 그 후 까삘라왓투의 방문으로 깔루다이, 라훌라, 난다, 아누룻다, 아난다, 우빨리, 밧디야와 같은 출중한 비구들이 합류하였다. 그리고 세존의 두 상수제자인 사리뿟따와 목갈라나가 250명의 비구와 함께 승가에 합류하였다. 이때가 세존께서 정각을 이룬 후 1년~2년 사이의 시기였다. 이후에는 언제 어디서 어떤 비구들이 얼마나 많이 합류하였는지 차례대로 모두 알 수 없으나 그 숫자는 기하급수적으로 늘어 갔음에는 분명하다.

세존께서 모두 네 차례에 걸쳐 모두 41명의 으뜸 되는 비구들을 칭송하였다.[43] 첫 번째 칭송에는 10명(안냐 꼰단냐, 사리뿟따, 목

---

43 대승에서 흔히 일컫는 부처님의 십대제자는 ①지혜제일智慧第一 사리불舍利弗 또는 사리자舍利子, ②신통神通제일 목건련目揵連 또는 목련目連, ③두타頭陀제일 대가섭大迦葉 또는 가섭迦葉, ④천안제일 아나율阿那律, ⑤해공解空제일 수보리須菩提, ⑥설법說法제일 부루나富樓那, ⑦지계持戒제일 우바리優婆離, ⑧논의論議제일 가전연迦旃延, ⑨밀행密行제일 라후라羅睺羅, ⑩다문多聞제일 아난다 또는 아난阿難이다. 여기서 니까야 경장의 내용과 일치하지 않은 점들은 다음과 같다. ①해공제일은 니까야에서는 '평화롭게 머무는 자들 가운데 으뜸'으로 화평和平제일 또는 무쟁無爭제일이며, ②니까야에서 설법제일은 뿐나 만따니뿟따이며 부르나는 세존께서 으뜸으로 한 번도 칭송한 적이 없는 비구이며, ③지계제일은 니까야에서

갈라나, 아누룻다, 깟짜나, 깟사빠, 뿐나 만따니뿟다, 삔돌라 바라드와자, 깔리고다야의 아들 밧디야, 라꾼따까 밧디야), 두 번째 9명(수부띠, 소나 꾸띠깐나, 시왈리, 쭐라빤타까, 마하빤타까, 레와따, 깡카레와따, 소나 꼴리위사, 왁깔리), 세 번째 10명(라훌라, 랏타빨라, 왕기사, 꾼다다나, 우빠세나, 답바, 삘린다왓차, 바히야, 꾸마라깟사빠, 마하꿋티따), 네 번째 12명(우루웰라 깟사빠, 깔루다이, 난다까, 난다, 아난다, 박꿀라, 소비따, 우빨리, 마하깝삐나, 사가따, 라다, 모가라자)의 비구를 칭송하였다. 이때 두 가지 으뜸으로 두 번 칭송받은 자는 수부티와 쭐라빤타까이며, 아난다는 다섯 가지 으뜸으로 다섯 번 반복하여 칭송받았다. 이들 가운데 마하빤타까와 쭐라빤타까는 형제이며, 사리뿟따와 우빠세나 그리고 레와따도 형제이다.

본 장에서 세존께 으뜸으로 칭송받은 41명의 비구를 세존의 삶의 시간적 흐름에 따른 법연과 중요도에 따라 소개하였다. 이들 가운데 안냐 꼰단냐는 이미 전장에서 소개하였고 난다까, 수부띠, 삔돌라 바라드와자, 소나 꾸띠깐나, 시왈리, 왁깔리, 소나 꼴리위사, 왕기사, 우빨리, 꾸마라깟사빠, 아난다는 후장에서 소개한다. 이들 칭송받은 41명의 비구와 더불어 극적인 출가 이야기로 회자하는 앙굴리말라, 랏타빨라, 셀라, 왓차곳따, 마간디야 비구들도 소개하였다. 아울러 세존의 삶의 시간적 흐름에 따라 라자가하의 빔비사라 왕과 주치의 지와까도 소개하였다.

는 지율持律제일이며, ④논의제일은 니까야에서는 '간략하게 설한 것을 상세하게 설명하는 자들 가운데 으뜸'으로 상술詳述제일이며, ⑤밀행제일은 니까야에서는 '배우기를 좋아하는 자들 가운데 으뜸'으로 학습學習제일이다. 이뿐만 아니라 대승의 십대제자는 니까야 경장과 빨리 율장 어디에도 함께 나타나지 않는다. 그러므로 대승의 십대제자는 후대에 조작된 것으로 비불설非佛說로 단정하며, 대승의 십대제자가 함께 등장하는 대승의 경전들과 니까야 경장과 내용이 일치하지 않은 십대제자의 내용을 수록한 대승의 경전들은 후대의 위작으로 비불설로 단정한다.

1 깟사빠 3형제의 출가

지체 높은 무리 우루웰라로 향하던 중 세존께서 어느 숲에 머무셨다. 서로 친구인 30명의 지체 높은 무리가 부인을 동반하여 숲속에서 놀고 있었다. 그런데 그들 중 부인이 없던 한 친구는 기녀를 동반하였는데 방심한 사이 기녀가 재물을 가지고 도망쳤다. 그들은 기녀를 찾으러 다니다가 숲속의 나무 아래에 앉아 있던 세존을 보고 말하였다. "존자여, 여기 지나가던 이러저러한 여자를 보셨습니까?" "공자들이여, 그대들은 그 여자로 무엇을 하려고 찾는가?" 자초지종自初至終 사정을 들은 세존께서는 "공자들이여, 그대들은 어떻게 생각하는가? 세상은 불타고 그대들은 어둠에 덮여 있는데 어찌 그대들은 불타는 세상에서 웃고 즐기며 어둠에 덮인 자신들을 위하여 등불을 찾지 아니하고 재물을 훔친 여인을 찾으려고 한단 말인가? 그대들에게 어떠한 것이 더욱 훌륭한 것인가? 재물을 훔친 여인을 찾는 것인가? 아니면 어둠을 밝히는 등불을 찾는 것인가?"라고 말씀하시고는 그들을 위하여 설법하셨다. 세존의 설법을 들은 그들은 출가하였다.MV1.14

우루웰라 깟사빠 우루웰라의 세나니 마을 곁을 흐르는 네란자라강의 상류 지역에는 불의 신을 섬기는 교단을 이끄는 깟사빠 3형제가 있었다. 이 교단은 모두 1천 명으로 구성되어 있었다. 그중 5백 명은 3형제의 맏이인 우루웰라 깟사빠와 함께 강 상류 지역의 제일 위쪽에 자리 잡고 있었으며, 둘째인 나디 깟사빠는 3백 명의 무리와 함께 강 상류 지역의 중간에 자리 잡고 있었으며, 셋째인 가야 깟사빠는 2백 명의 무리와 함께 강 상류 지역의 아래에 자리 잡고 있었다. 큰 규모의 제사는 맏형이 맡고, 중간 규모의 제사는 둘째가 그리고 규모가 작은 제사는 셋째가 맡으면서 이들 3형제는 맏형의 지도하에 서로 도우며 교단을 이끌어 갔다. 맏이가 거처하고 있는 곳에는 크고 긴 동굴이 있었는데 동굴에는 그들이 용왕이라고 섬기는 신통을 부리고 맹독을 품은 큰 독사가 있었다. 동굴의 입구에는 전각이 세워져 있고 전각에서 뱀에게 희생물을 정기적으로 바치고 전각 앞에서 제사를 지내곤 하였다. 그리고 곳곳에 불을 피워 놓은 다양한 제각祭閣이 있었다. 우루웰라 깟사빠는 교단과 자신에 대한 자긍심이 가득하였으며 승부욕과 결단력 그리고 연륜과 경험이 있는 자였다.

세존의 신통1 세존께서 이곳에 도착하여 용왕이 사는 동굴 입구에 있는 전각으로 다가가 "깟사빠여, 그대가 괜찮다면 하룻밤을 여기 전각에서 지내고자 합니다."라고 말하였다. 깟사빠는 "훌륭한 사문이여, 나는 괜찮지만 흉악한 용왕이 그대를 해칠지도 모릅니다."라고 거부하였다. 이렇게 두 번 더 대화를 반복하자 세존께서 "깟사빠여, 용왕은 결코 나를 해칠 수 없습니다. 자, 이제 전각에 들어가는 것을 허용하여 주십시오."라고 말하였다. 이에 깟사빠는 "그렇다면 그대 좋을 대로 하시오."라고 허용하였다. 밤이 되자 용왕은 세존을 향하여 연기를 내뿜었고 세존께서도 신통으로 용왕을 향하여 연기를 내뿜었다. 그러자 용왕은 불을 내뿜었고 세존 역시 불을 내뿜었다. 전각은 연기와 불에 휩싸여 마치 불타는 것처럼 보였다. 이에 5백 명은 "아! 저 젊은 사문이 용왕에게 희생되는구나."라고 말하였다. 밤이 지나자 세존께서는 용왕의 털끝 하나 해치지 않은 채 용왕의 위세를 꺾어 용왕을 발우에 집어넣어 깟사빠에게 보여 주었다. "깟사빠여, 이것이 용왕입니다. 그의 위세는 나의 위력에 이렇게 꺾였습니다." 이렇게 세존께서 첫 번째 신통을 보였다. 이에 깟사빠는 '이 사문은 크나큰 신통과 위력을 가졌다. 어찌 신통을 부리고 맹독을 품은 독사인 용왕을 저리 만들 수 있단 말인가? 그러나 이 사문은 참으로 나와 같은 도인은 아니리라.'라고 생각하면서 세존에 대한 신심을 일으켜 "훌륭한 사문이여, 이곳에 머무십시오. 내가 그대에게 매일 공양을 올리겠습니다."라고 말하였다.

천신의 수발 사왕천의 왕과 삼십삼천의 왕인 제석천 그리고 사함빠띠 범천이 각각 깊은 밤에 세존을 방문하여 법을 청하였다. 그때마다 숲은 아름다운 빛으로 가득하였다. 밤이 지나 시간이 되자 깟사빠는 세존의 거처에 찾아와 공양이 준비되었음을 알리면서 간밤의 광휘에 대하여 여쭙자 세존은 사실대로 대답하였다. 이에 깟사빠는 '이 사문은 크나큰 신통과 위력을 가졌다. 어찌 천신이나 범천이 법을 들으려고 이 사문을 방문한단 말인가? 그러나 이 사문은 참으로 나와 같은 도인은 아니리라.'라고 생각하였다. 또한 어느 때 세존께서 '나는 분소의糞掃衣[44]를 어디서 씻어야 할까?'라고 생각을 일으키자 제석천은 "세존이시여, 이곳에서 분소의를 씻으십시오."라고 하면서 연못을 만들었다. 연못에서 세탁을 마친 세존은 '나는 어디서 분소의를 놓고 펴서 말릴까?'라고 생각을 일으키자 제석천은 "세존이시여, 이곳에서 분소의를 놓고 펴서 말리십시오."라고 하면서 평평한 큰 바위를 가져다 놓았다. 그리고 세존은 '나는 무엇을 의지하여 이 연못을 건너 나갈까?'라고 생각을 일으키자 천신이 "세존이시여, 이 가지를 의지하여 연못을 건너 나오십시오."라면서 카쿠다 나뭇가지를 늘여 놓았다. 다음 날 시간이 되자 깟사빠는 세존의 거처에 찾아와 공양이 준비되었음을 알리면서 못 보던 연못과 큰 바위와 나뭇가지에 대하여 여쭙자 세존은 사실대로 대답하였다. 이에 깟사빠는 '이 사문은 크나큰 신통과 위력을 가졌다. 어찌 천신이 이 사문을 자발적으로 돕는단 말인가? 그러나 이 사문은 참으로 나와 같은 도인은 아니리라.'라고 생각하였다.

세존의 신통2 어느 날 시간이 되자 깟사빠는 세존의 거처에 찾아와 공양이 준비되었음을 알렸다. 세존께서는 여느 때와 달리 공양이 준비된 곳으로 함께 가지 않고 깟사빠에게 먼저 출발하라고 하였다. 뒤늦게 출발한 세존은 신통으로 공양이 준비된 장소에 깟사빠보다 먼저 도착하되 그 시기에 그 지역에서는 볼 수 없는 싱싱한 장미 사과를 가지고 나타났다. 세존께서 "깟사빠여, 이 사과는 이곳에서 멀리 떨어진 곳에서 갓 딴 것으로 색이 곱고 향기로우며 맛이 좋습니다."라고 하면서 사과를 깟사빠에게 권하였다. 이에 깟사빠는 '이 사문은 크나큰 신통과 위력을 가졌다. 어찌 나보다 늦게 출발했으면서도 이곳에서 멀리 떨어진 곳에서 자라는 사과를 따 올 수

---

44 버려진 천 조각을 주워서 기워 만든 옷.

있단 말인가? 그러나 이 사문은 참으로 나와 같은 도인은 아니리라.'라고 생각하였다. 세존께서는 사과에 이어 다음 날에는 각각 망고, 아말라까나무의 열매, 하리따끼나무의 열매, 삼십삼천에 있는 빠릿찻땃까 꽃을 가지고 나타나 깟사빠에게 권하였다.

세존의 신통3 어느 날 깟사빠는 큰 제사를 준비하느라 분주한 가운데 '내일은 큰 제사가 있다. 앙가국과 마가다국에서 많은 사람이 제물을 가지고 올 것이다. 만약 그들이 보는 앞에서 저 사문이 신통을 드러내면 그의 이익과 명성은 높아질 것이지만 나의 이익과 명성은 줄어들 것이다. 내일 저 사문이 공양에 오지 않으면 어떨까?'라는 생각을 일으켰다. 깟사빠의 생각을 마음으로 안 세존은 신통으로 북부 지역으로 가서 걸식음식을 받아 히말라야의 아름다운 호수에서 식사하고 그곳에서 오후를 보냈다. 다음 날 시간이 되자 깟사빠는 세존의 거처에 찾아와 공양이 준비되었음을 알리면서 어제 공양에 오지 않은 연유를 여쭙자 세존은 사실대로 대답하였다. 이에 깟사빠는 '이 사문은 크나큰 신통과 위력을 가졌다. 어찌 이 사문은 나의 마음을 알 수 있단 말인가? 그러나 이 사문은 참으로 나와 같은 도인은 아니리라.'라고 생각하였다.

세존의 신통4 어느 날 5백 명이 여느 때처럼 장작을 팼으나 장작이 쪼개지지 않았다. 그들은 '우리가 아무리 장작을 패도 여느 때처럼 장작이 쪼개지지 않는 것은 저 위대한 사문의 신통과 위력 때문일 것이다.'라고 생각하여 깟사빠에게 이 사실을 알렸다. 깟사빠는 세존을 찾아뵙고 연유를 여쭈었다. 세존께서 이렇게 말씀하셨다. 깟사빠여, 그대가 장작을 패십시오. 깟사빠가 장작을 패자 5백 명이 패려던 모든 장작이 동시에 쪼개졌다. 이에 깟사빠는 '이 사문은 크나큰 신통과 위력을 가졌다. 어찌 내가 장작을 패자 5백 명분의 장작이 동시에 쪼개질 수 있단 말인가? 그러나 이 사문은 참으로 나와 같은 도인은 아니리라.'라고 생각하였다. 세존께서는 같은 방식으로 장작에 이어 다음 날에는 각각 불을 지피거나 불을 끄는 것으로도 신통을 보였다.

세존의 신통5 마지막으로 신통을 드러냈던 것은 폭우로 네란자라강에 홍수가 일어났을 때였다. 세존의 거처까지 물이 차오르자 세존께서는 '사방으로 물을 물리치고 흙먼지 위에서 경행하면 어떨까?'라고 생각하였다. '위대한 사문께서 물에 떠내려가지 않기를 바란다.'라고 걱정하며 많은 제자들과 함께 배를 타고 세존의 거처에 도달한 깟사빠는 물을 물리치고 흙먼지 위에서 경행하는 세존을 보았다. 세존의 안전을 확인한 깟사빠는 '이 사문은 크나큰 신통과 위력을 가졌다. 어찌 드세게 흐르는 강물을 사방으로 물리치고 흙먼지 위에서 경행할 수 있단 말인가? 그러나 이 사문은 참으로 나와 같은 도인은 아니리라.'라고 생각하였다.

깟사빠의 조복 이같이 세존께서는 깟사빠의 주변에 머물면서 여러 차례 신통과 위력을 드러냈으나 깟사빠는 '이 사문은 크나큰 신통과 위력을 가졌다. 그러나 이 사문은 참으로 나와 같은 도인은 아니리라.'라고 생각하였다. 이에 세존께서 어느 날 이렇게 말씀하셨다. 깟사빠여, 그대는 도인이 아닐 뿐만 아니라 도인의 길에 들어서지도 못하였습니다. 도인이 되게 하거나 도인의 길에 들어서게 하는 길조차 그대에게는 없습니다. 그러자 깟사빠는 마침내 조복하여 세존의 두 발 아래 엎드려 말하였다. "대사문이시여, 저는 이제 대사문의 곁으로 출가하여 제자가 되고자 하오니 받아주소서." 세존께서 말씀하셨다. 그대가 출가 준비가 되었다면 그렇게 하리라.

깟사빠의 출가 깟사빠는 세존의 말씀을 듣고 물러나 5백 명의 제자를 불러 모았다. "그대들이여, 그대들은 보았는가, 저 대사문의 신통과 위력을! 나는 지금 머리와 수염을 깎고, 물들인 옷을 입고, 가진 것 모두 다 버리고, 부모 형제와 그대들을 모두 다 버리고, 대사문을 스승으로 삼아 그분의 곁으로 출가할 것이니라. 그대들이여, 원하는 자는 나를 따르고 원하지 않는 자는 지금 이곳을 떠나라." 5백 명의 제자는 이렇게 대답하였다. "존자시여, 존자께서 보아 오신 저 대사문의 신통과 위력을 저희도 함께 보았습니다. 이제 존자께서 대사문의 교법을 따르신다면 저희도 존자를 따라 그분의 곁으로 출가할 것입니다." 깟사빠와 5백 명의 제자는 그들이 모시던 불을 끄고 주변을 정리하였다. 그들은 태울 것들은 태우고 버릴 것은 버리고 목제기木祭器는 강으로 던져 버렸다. 그리고 그들은 머리와 수염을 깎고 물들인 옷을 입고 세존께 나아가 출가하여 비구가 되었다. 강 위쪽에서 소중히 여기던 목제기가 머리카락과 함께 둥둥 떠내려오자 둘째인 나디 깟사빠가 급히 올라와 형님에게 여쭈었다. "형님, 이것이 더 나은 길입니까?" "그렇다." "그렇다면 저희도 형님께서 택하신 길을 따르겠습니다." 이같이 둘째와 셋째 형제도 주변을 정리하고 머리와 수염을 깎고 물들인 옷을 입고 세존께 나아가 출가하여 비구가 되었다. 이렇게 하여 세존께 큰 회중을 가진 자들 가운데서 으뜸이라고 칭송받는 우루웰라 깟사빠가 세상에 드러나게 되었다.MV1.15~20

가야시사에서의 설법 1천 명의 새로운 비구에게 세존께서는 반복적인 가르침과 여러 가지 방편으로 상세하게 설명하는 가르침으로 그들에게 법을 이해하고 법을 보는 안목이 생기도록 법륜을 굴리셨다. 그리고 그들에게 법안이 생겼을 때는 사향사과의 과위를 성취하도록 법륜을 차례대로 굴리셨다. 세존에 대한 경외심으로 가득한 그들은 세존에 대한 마음의 문이 열려 있어서 마치 깨끗한 흰 천을 염색하듯이 그들의 마음은 세존의 가르침으로 젖어 들었다. 그들은 게으르지 않게 부지런히 듣고 사유하고 나아가 청정범행을 닦았다. 이렇게 배우고 닦은 지 몇 달이 되던 어느 날 세존께서는 그들의 닦음이 무르익고 견고한 것을 보고 그들을 불러 모았다. 그리고 세존께서는 그들과 함께 그곳을 떠나 라자가하로 유행을 떠나셨다. 가야에 도착하여 세존께서는 비구승가와 함께 가야의 인근에 있는 가야시사라는 언덕으로 된 숲에 머무셨다. 그곳에서 비구들을 불러 모아 이렇게 설하셨다.

1.1 불타오르는 일체

불타는 일체 비구들이여, 일체가 불타오르고 있다. 여섯 가지 내입처와 여섯 가지 외입처의 일체가 불타오르고 있다. 육내입처를 인으로 육외입처를 연으로 발생하는 육식도 불타오르고 있다. 불타오르는 세 가지 육내입처, 육외입처, 육식이 촉하여 함께 일어나는 육수·육상·육사도 모두 불타오르고 있다.

불타는 눈과 색 비구들이여, 내입처의 눈이 불타오르고 있고 외입처의 색이 불타오르고 있다. 색을 분별하는 색식이 불타오르고 있다. 눈의 느낌[眼受]으로 괴로운 느낌·즐거운 느낌·괴롭지도 즐겁지도 않은 느낌이 불타오르고 있다. 색을 형상이나 언어로 분류하고 범주화하는 앎[色想]이 불타오르고 있다. 눈의 의지적인 행[眼行]으로 마땅히 해야 하는 행·하지 않아야 하는 행·해도 되고 하지 않아도 되는 행이 불타오르고 있다. 이같이 눈과 색이 불타오르고 있다.

비구들이여, 불타오르면 어떻게 되는가? 맹렬히 불타오르는 불구덩이는 무슨 장작이든 무슨 기름이든 다 태워 버리고 연기와 재와 열기만 남긴 채 흔적도 없이 사라져 버린다. 이같이 일체가 불타오르는 불구덩이에서 무슨 눈이든지 무슨 색이든지 다 태워 버리고 남는 것은 탐욕과 성냄과 어리석음뿐이라고 나는 말한다. 탐욕과 성냄과 어리석음으로 말미암아 태어남이 있고, 늙음이 있고, 죽음이 있어 슬픔·비탄·고통·고뇌·절망에서 벗어나지 못한다.

비구들이여, 불타오르는 불구덩이는 어떻게 유지하는가? 맹렬히 불타오르는 불구덩이는 바깥에서는 무슨 장작이든 적절하게 채워 주고 안에서는 불쏘시개로 뒤적거려 줘야 하며 또는 바깥에서는 무슨 기름이든 적절하게 채워 주고 안에서는 심지를 일으켜 세워 주어야 한다. 이렇게 하면 불은 꺼지지 않고 유지할 수 있다. 이같이 일체가 불타오르는 불구덩이에서는 바깥에서는 무슨 색이든지 안근을 통하여 채워 주어야 하고 안에서는 무슨 눈과 색이든 뒤적거리고 일으켜 세워야 한다.

불타는 의와 법 비구들이여, 눈과 색과 마찬가지로 귀와 소리, 코와 냄새, 혀와 맛, 몸과 감촉 그리고 의와 법이 불타오르고 있다. 법을 분별하는 법식이 불타오르고 있다. 의의 느낌[意受]으로 괴로운 느낌·즐거운 느낌·괴롭지도 즐겁지도 않은 느낌이 불타오르고 있다. 법을 형상이나 언어로 분류하고 범주화하는 앎[法想]이 불타오르고 있다. 의의 의지적인 행[意行]으로 마땅히 해야 하는 행·하지 않아야 하는 행·해도 되고 하지 않아도 되는 행이 불타오르고 있다. 이같이 귀와 소리, 코와 냄새, 혀와 맛, 몸과 감촉 그리고 의와 법이 불타오르고 있다.

비구들이여, 불타오르면 어떻게 되는가? 맹렬히 불타오르는 불구덩이는 무슨 장작이든 무슨 기름이든 다 태워 버리고 연기와 재와 열기만 남긴 채 흔적도 없이 사라져 버린다. 이같이 일체가 불타오르는 불구덩이에서 무슨 귀와 소리, 코와 냄새, 혀와 맛, 몸과 감촉이든지 그리고 무슨 의와 법이든지 모두 태워 버리고 남는 것은 탐욕과 성냄과 어리석음뿐이라고 나는 말한다. 탐욕과 성냄과 어리석음으로 말미암아 태어남이 있고, 늙음이 있고, 죽음이 있어 슬픔·비탄·고통·고뇌·절망에서 벗어나지 못한다.

비구들이여, 불타오르는 불구덩이는 어떻게 유지하는가? 맹렬히 불타오르는 불구덩이는 바깥에서는 무슨 장작이든 적절하게 채워 주고 안에서는 불쏘시개로 뒤적거려 줘야 하며 또는 바깥에서는 무슨 기름이든 적절하게 채워 주고 안에서는 심지를 일으켜 세워 주어야 한다. 이렇게 하면 불은 꺼지지 않고 유지할 수 있다. 이같이 일체가 불타오르는 불구덩이에서는 바깥에서는 무슨 성, 향, 미, 촉이든지 이근, 비근, 설근, 신근을 통하여 채워 주어야 하고, 그리고 무슨 법이든지 의근을 통하여 채워 주어야 하고 안에서는 무슨 이와 성, 비와 향, 설과 미, 신과 촉이든 그리고 무슨 의와 법이든 뒤적거리고 일으켜 세워야 한다.

불타는 일체를 끄다 비구들이여, 여기 잘 배운 성스러운 제자는 성자를 친견하고 성스러운 법에 능숙하고 성스러운 법에 인도되어서 일체가 불타오르는 것을 끈다. 여섯 가지 내입처와 여섯 가지 외입처의 일체가 불타오르는 것을 끈다. 육내입처를 인으로 육외입처를 연으로 발생하는 육식도 불타오르는 것을 끈다. 불타오르는 세 가지 육내입처, 육외입처, 육식이 촉하여 함께 일어나는 육수·육상·육사도 모두 불타오르는 것을 끈다.

불타는 눈과 색을 끄다 비구들이여, 내입처의 눈이 불타오르는 것을 끄고 외입처의 색이 불타오르는 것을 끈다. 색을 분별하는 색식이 불타오르는 것을 끈다. 눈의 느낌[眼受]으로 괴로운 느낌·즐거운 느낌·괴롭지도 즐겁지도 않은 느낌이 불타오르는 것을 끈다. 색을 형상이나 언어로 분류하고 범주화하는 앎[色想]이 불타오르는 것을 끈다. 눈의 의지적인 행[眼行]으로 마땅히 해야 하는 행·하지 않아야 하는 행·해도 되고 하지 않아도 되는 행이 불타오르는 것을 끈다. 이같이 눈과 색이 불타오르는 것을 끈다.

비구들이여, 불타오르는 불구덩이는 어떻게 끌 수 있는가? 맹렬히 불타오르는 불구덩이는 바깥에서는 무슨 장작이든 적절하게 채워 주지 않거나 안에서는 불쏘시개로 뒤적거려 주지 않으면 또는 바깥에서는 무슨 기름이든 적절하게 채워 주지 않거나 안에서는 심지를 일으켜 세워 주지 않으면 불은 유지할 수 없고 꺼지고 만다. 이같이 일체가 불타오르는 불구덩이에서는 바깥에서는 무슨 색이든지 안근을 길들이고 보호하고 제어하고 단속하여 색을 취하지 않고 안에서는 무슨 눈과 색이든 그것들에 대하여 욕구를 여의고 탐욕을 여의고 애정을 여의고 갈증을 여의고 열기를 여의고 갈애를 여의어 그것들을 뒤적거리지 않고 일으켜 세우지 않아야 한다. 이렇게 하면 불은 유지할 수 없고 꺼지고 만다.

비구들이여, 불타오르는 것이 꺼지면 어떻게 되는가? 맹렬히 불타오르는 것이 꺼지면 불구덩이에 무슨 장작이든 무슨 기름이든 채우더라도 다시 불을 붙이지 않는 한 연기와 재와 열기는 생기지 않는다. 이같이 일체가 불타오르는 것이 꺼지면 불구덩이에 무슨 눈이든 무슨 색이든 다시 불을 붙이지 않는 한 탐욕과 성냄과 어리석음은 소멸한다고 나는 말한다. 탐욕과 성냄과 어리석음이 소멸하면 태어남이 없고, 늙음이 없고, 죽음이 없어 슬픔·비탄·고통·고뇌·절망에서 벗어난다.

불타는 의와 법을 끄다 비구들이여, 눈과 색과 마찬가지로 귀와 소리, 코와 냄새, 혀와 맛, 몸과 감촉 그리고 의와 법이 불타오르는 것을 끈다. 법을 분별하는 법식이 불타오르는 것을 끈다. 의의 느낌[意受]으로 괴로운 느낌·즐거운 느낌·괴롭지도 즐겁지도 않은 느낌이 불타오르는 것을 끈다. 법을 형상이나 언어로 분류하고 범주화하는 앎[法想]이 불타오르는 것을 끈다. 의의 의지적인 행[意行]으로 마땅히 해야 하는 행·하지 않아야 하는 행·해도 되고 하지 않아도 되는 행이 불타오르는 것을 끈다. 이같이 귀와 소리, 코와 냄새, 혀와 맛, 몸과 감촉 그리고 의와 법이 불타오르는 것을 끈다.

비구들이여, 불타오르는 불구덩이는 어떻게 끌 수 있는가? 맹렬히 불타오르는 불구덩이는 바깥에서는 무슨 장작이든 적절하게 채워 주지 않거나 안에서는 불쏘시개로 뒤적거려 주지 않으면 또는 바깥에서는 무슨 기름이든 적절하게 채워 주지 않거나 안에서는 심지를 일으켜 세워 주지 않으면 불은 유지할 수 없고 꺼지고 만다. 이같이 일체가 불타오르는 불구덩이에서는 바깥에서는 무슨 성, 향, 미, 촉이든지 이근, 비근, 설근, 신근을 길들이고 보호하고 제어하고 단속하여 성, 향, 미, 촉을 취하지 않고 안에서는 무슨 이와 성, 비와 향, 설과 미, 신과 촉이든 그리고 무슨 의와 법이든 그것들에 대한 욕구를 여의고 탐욕을 여의고 애정을 여의고 갈증을 여의고 열기를 여의고 갈애를 여의어 그것들을 뒤적거리지 않고 일으켜 세우지 않아야 한다. 이렇게 하면 불은 유지할 수 없고 꺼지고 만다.

비구들이여, 불타오르는 것이 꺼지면 어떻게 되는가? 맹렬히 불타오르는 것이 꺼지면 불구덩이에 무슨 장작이든 무슨 기름이든 채우더라도 다시 불을 붙이지 않는 한 연기와 재와 열기는 생기지 않는다. 이같이 일체가 불타오르는 것이 꺼지면 불구덩이에 무슨 이와 성, 비와 향, 설과 미, 신과 촉이든 그리고 무슨 의와 법이든 다시 불을 붙이지 않는 한 탐욕과 성냄과 어리석음은 소멸한다고 나는 말한다. 탐욕과 성냄과 어리석음이 소멸하면 태어남이 없고, 늙음이 없고, 죽음이 없어 슬픔·비탄·고통·고뇌·절망에서 벗어난다.

염오하는 일체 비구들이여, 여기 잘 배운 성스러운 제자는 무슨 눈이든지 무슨 색이든지 눈에 염오를 일으키고 색에 염오를 일으킨다. 염오를 일으켜 욕구를 여의고 탐욕을 여의고 애정을 여의고 갈증을 여의고 열기를 여의고 갈애를 여의어 탐욕과 성냄과 어리석음이 소멸하되 그 오염원까지 완전하게 소멸한다. 눈과 색과 마찬가지로 귀와 소리, 코와 냄새, 혀와 맛, 몸과 감촉 그리고 의와 법에도 염오를 일으킨다. 염오를 일으켜 욕구를 여의고 탐욕을 여의고 애정을 여의고 갈증을 여의고 열기를 여의고 갈애를 여의어 탐욕과 성냄과 어리석음이 소멸하되 그 오염원까지 완전하게 소멸한다. 탐욕과 성냄과 어리석음이 그 오염원까지 완전하게 소멸하면 태어남이 없고, 늙음이 없고, 죽음이 없으며 슬픔·비탄·고통·고뇌·절망에서 완전히 벗어나며, 모든 해탈을 성취하고 열반을 증득한다. 이때 스스로 최상의 지혜를 실현하고 구족하여 [**구경의 지혜**]를 보고 안다.

비구들이여, 이같이 여래가 해탈하여 증득한 열반을 그대들도 지혜롭게 마음을 기울이고 바르게 노력하여 청정범행을 닦아 해탈하여 열반을 증득하도록 하라. 이렇게 불타오르는 일체의 설법이 설하였을 때 비구들은 스승께서 자신들의 향상을 위하여 자신들에게 꼭 맞는 설법을 해 주셨다고 생각하여 흡족한 마음으로 세존의 말씀을 크게 기뻐하였다. 비구들은 일체에 타오르는 불을 끄고 다시는 불이 다시 다오르지 않도록 게으르지 않게 부지런히 청정범행을 닦았다. 많은 비구에게 취착이 없어지고 마음이 해탈하여 사향사과의 과위를 성취하였다.SN35.28

세존께서는 가야시사에 머무는 동안 비구들이 감각의 대문을 길들이고 보호하고 제어하고 단속하는 일에 능숙할 뿐만 아니라 그들의 닦음이 더욱 무르익고 더욱 견고하여짐을 보고 라자가하로 입성하는 적절한 시기임을 아시고 라자가하로 향하였다.

2 빔비사라 왕의 후원

깟사빠 3형제가 운영하던 1천 명의 교단이 한 명의 젊은 출가사문에게 조복하였다는 소문이 라자가하에 퍼지기 시작하였으나 사람들은 그 소문을 믿지 못하였다. 그러나 예약된 제사들이 취소되고 더 이상 제사를 받지 않는다는 소문이 퍼지면서 사람들은 그 교단에 어떤 변고가 생겼다고 설왕설래하였다. 그러던 가운데 네란자라강의 상류 지역과 가야에서 온 사람들에게 라자가하의 사람들은 이렇게 들었다. "석가족의 후예이고, 석가족 가문에서 출가한 대사문 고따마라는 분이 홀연히 홀로 나타나 지혜와 신통력으로 깟사빠 3형제의 교단을 조복시켜 그들을 모두 비구제자로 삼았습니다. 1천 명의 비구제자를 지도하는 그분 석가모니께서는 이러한 연유로 [**십불명호**]라는 좋은 명성이 따르며 그분 석가모니 부처님께서 무상정등정각으로 발견하고 증득한 정각법에 좋은 명성이 이같이 따릅니다.

천신을 포함하고 마라를 포함하고 범천을 포함하여 어떤 누구와도 비교할 수 없는 으뜸이신 그분 세존께서는 더할 나위 없이 온전하고 지극히 청정한 범행을 드러내어 정각법을 설하십니다. 세존께서 '①위없는 진리를 스스로 깨달아 위없는 진리를 설하시며, ②최상의 지혜를 실현하여 최상의 지혜를 드러내도록 설하시며, ③시작도 훌륭하고 중간도 훌륭하고 끝도 훌륭하게 설하시며, ④의미에 맞게 단어와 표현과 문장을 잘 갖추어 설하시며, ⑤설한 대로 실천하고 실천한 대로 설하시니, 누구든지 귀 기울이면 ⑥직접 보고 들을 수 있도록 설하며, ⑦스스로 듣고 알 수 있도록 설하시며, ⑧이렇게 알 수 있을 때까지 시간이 걸리지 않도록 설하시며, ⑨향상으로 인도하도록 설하시며, ⑩지자들은 각자 스스로 알아 갈 수 있도록 설하십니다.'[**십불설법**]이라는 좋은 명성이 위없는 불설법佛說法에 따릅니다. 참으로 이러한 정각을 성취하신 부처님을 뵙는 것은 축복이며 이러한 분께서 직접 설하시는 불설법을 듣는 것은 축복입니다."

세존께서는 1천 명의 비구와 함께 일렬로 늘어서 차례대로 라자가하에 도착하였다. 비구들은 품행이 단정하고 고요하였으며 전방의 아래를 주시하면서 걷고 있었다. 사람들은 1km 넘는 비구들의 행렬을 직접 자기의 눈으로 목도하면서도 믿지 못하였다.

이 일은 빔비사라[45] 왕에게 보고되었다. "폐하, 폐하께서는 아셔야 합니다. 여기 라자가하에 폐하께서 기뻐하실 일이 일어났습니다." "여보게, 상세히 말하여 보게." "폐하, 폐하께서도 기억하실 것입니다. 몇 해 전 까삘라왓투의 태자 고따마 사문께서 다섯 동료와 함께 라자가하에 머문 적이 있었습니다. 그분께서 라자가하로 돌아오셨습니다. 1천 명의 비구제자와 함께 라자가하로 돌아오셨습니다." "오, 그분께서 드디어 출가의 목적을 성취하셨구나! 그분께서 나의 청을 잊지 않고 들어주셨도다." 왕은 세존께서 머무는 곳으로 향하였다. 세존에 대한 예의를 갖춘 뒤 왕은 말하였다. "세존이시여, 세존께서는 저의 청을 잊지 않고 라자가하에 오셨습니다. 세존이시여, 저에게 다섯 가지 소원이 있었습니다. 나라를 세우는 것, 그 나라에 큰 깨달음을 이루신 분께서 오시는 것, 그분을 섬기는 것, 그분의 가르침을 듣는 것, 그리고 마지막으로 그분의 가르침을 배워서 아는 것, 이 다섯 가지가 제가 품었던 소원이었습니다. 이제 저는 저의 소원을 모두 이룰 수 있게 되었습니다. 세존이시여, 세존께서는 비구승가와 함께 내일 저의 공양을 허락하여 주십시오."

2.1 죽림정사

세존께서는 오전에 비구승가와 함께 왕궁으로 가셔서 비구승가와 함께 마련된 자리에 앉으셨다. 그러자 빔비사라 왕은 세존과 비구승가에게 여러 가지 부드러운 음식과 딱딱한 음식을 손수 대접하고 만족시켜 드렸다. 세존께서 공양을 마치시고 빔비사라 왕과 대신들과 브라만과 장자들에게 쉬운 가르침부터 차례차례로 법을 설하셨다. 세존과 비구승가가 왕궁을 떠

45 지역의 강력한 족장 밧티야의 아들로 기원전 558년(이와 다른 기록이 있음)에 태어난 세니야 빔비사라는 부친으로부터 족장을 승계받아 15세 때 마가다국을 건립하고 하리얀까 왕조를 열어 34년간 재위하였다. 그는 부친이 실패한 앙가국의 정벌에 성공하였다. 자신의 아들 아자따삿뚜로 하여금 앙가를 통치하게 하여 강가강 하류에서 인도양에 이르는 해상로를 확보하였다. 또한 꼬살라 국왕의 여동생과 정략결혼을 하여 그녀가 결혼 지참금으로 소유한 강가강의 중류 내륙 국가이자 꼬살라가 점령하고 있던 바라나시의 까시국을 제국의 영향력 아래에 두어 인도 대륙을 통일하는 대제국의 기틀을 확립하였다. 그는 49세에 아자따삿뚜에게 왕위를 찬탈당하고 감옥에서 죽었다. 세존보다 다섯 살 아래인 왕은 31세에 세존을 두 번째 친견한 후 19년간 세존의 큰 후원자가 되었다.

난 뒤 왕은 대신에게 말하였다. "여보게, 세존께서 공양하시러 먼 길을 오고 가시는 것이 마음에 걸리네. 어떻게 하면 세존께서 편리하게 공양받으시고 많은 사람에게 손쉽게 설법하실 수 있겠는가? 오고 가기에 편리하되 번잡하지 않고 조용하고 편안하게 머물 수 있는 곳으로 어디가 적절하겠는가?" "폐하, 왕궁에서 멀지 않고 너무 가깝지도 않고 오고 가기에 교통이 편리하되 번잡하지 않고 조용하고 편안하게 머물 수 있는 곳이 있사옵니다. 폐하께서도 가끔 방문하시어 즐기시는 궁정 정원이 있는 대나무 숲입니다. 그곳에는 폐하께서 목욕하시던 큰 연못이 있으며 기본적인 시설이 갖추어져 있고 관리도 잘 되어 있는 곳입니다." "대나무 숲이 좋겠군. 그곳이라면 세존과 비구승가를 모시기에 적절한 곳이야. 그대는 참으로 좋은 곳을 말해 주었도다. 그대는 대나무 숲으로 가서 세존과 1천 명의 비구승가가 불편함 없이 머물 수 있도록 시설을 확인하게. 그리고 숲 입구 근처 적절한 곳에 대강당을 짓도록 하게. 그곳에서 세존과 비구승가에게 공양 올리고 세존의 설법을 청하여 들을 것이네. 그대는 이 일을 서둘러야 할 것이네. 우기가 닥치기 전에 마무리하면 좋을 것이네."

왕은 세존께 나아가 말하였다. "세존이시여, 왕궁에서 멀지 않고 너무 가깝지도 않은 곳에 저의 대나무 숲이 있습니다. 그곳은 오고 가기에 편리하되 번잡하지 않고 조용하고 편안하게 머물 수 있는 곳입니다. 이 대나무 숲을 세존과 비구승가에 보시하오니 세존께서는 승낙하여 주시길 간청합니다." 세존께서는 침묵으로 허락하신 후 적절한 시기에 비구승가와 함께 대나무 숲으로 가셔서 머무셨다. 어느 날 대강당 공사를 둘러보는 대신은 비구들이 비를 피하려고 큰 나무나 동굴 그리고 사당이나 제각 또는 공사 중인 대강당의 처마 아래에서 머물다가 나오는 것을 보고 어느 비구께 여쭈었다. "존자시여, 이곳 대나무 숲에 비를 피할 수 있는 정사精舍를 지어도 되는지요? 세존께 여쭈어 본 뒤 저에게 알려 주십시오. 저는 여기서 기다리고 있겠습니다." 대신은 세존의 허락을 받들고 왕에게 나아갔다. "폐하, 폐하께옵서 보시하신 대나무 숲에서 세존께서 비를 피하고 우기에도 편안하게 머물 수 있도록 정사를 지어 폐하께서 보시함이 마땅한 줄 아뢻니다.” “그대는 참으로 기특한 생각을 말해 주었소. 세존뿐만 아니라 비구승가를 위한 정사도 함께 보시할 수 있도록 해 주시게.” 대나무 숲에 정사를 지어 보시할 수도 있다는 소문이 퍼지자 대신들과 장자들도 정사를 지어 보시하였다. 이렇게 하여 교단 최초의 승원인 죽림정사竹林精舍[46]가 건립되었다.

2.2 빔비사라 왕의 소원

빔비사라 왕은 꼬살라 국왕의 여동생 꼬살라데위와 정략결혼을 하여 아들 아자따삿뚜를 두었고 웃제니국의 빠두마와띠와 결혼하여 아들 아바야를 두었으며 뛰어난 외모와 미모의 맛다 지방 왕족 출신의 케마 왕비 등이 있었다. 세존의 법에 귀의한 왕은 아들들과 아내들 그리고 측근들과 대신들에게 세존의 법을 권장하였다. 부인 케마는 출가하여 비구니가 되어 아라한 중의 한 분이 되었고, 아바야 왕자는 개종하고 출가하여 아라한 중의 한 분이 되었으며, 아들의 설법을 듣고 그의 어머니 빠두마와띠도 출가하여 아라한 중의 한 분이 되었다. 그리고 석가모니 부처님의 정각법正覺法에 깨끗한 믿음이 있었고 세존의 불설법佛說法에 깨끗한 믿음이 있었고 승가의 청정한 전승법傳承法에 깨끗한 믿음이 있었으며 세존과 비구승가에 귀의하였던 빔비사라 왕은 감옥에서 불행한 임종을 맞이할 때조차도 세존을 칭송하면서 임종하였다. 마가다의 많은 사람도 왕과 같이 석가모니 부처님의 정각법에 깨끗한 믿음이 있었고 세존의 불설법에 깨끗한 믿음이 있었고 승가의 전승법에 깨끗한 믿음이 있었으며 세존과 비구승가에 귀의하였

46 왕궁에서 산맥을 따라 약 3km 서서남쪽에 죽림정사가 있다. 죽림정사는 북쪽의 대평원에서 산맥의 안쪽으로 들어가는 유일한 협곡을 등지고 있는데 협곡에서 흘러나오는 삽삐니강이 대나무 숲을 흐른다. 현존하는 유적으로 추정하면 그 넓이가 대략 10~15만 평 정도 된다. 죽림정사에서 협곡을 거처 약 4km 돌아가면 독수리봉의 남쪽 경사면 아래에 도착한다. (이곳 근처에 빔비사라 왕이 투옥되었던 감옥이 있다.) 이곳까지는 말을 타고 갈 수 있다. 여기서부터 가파른 길과 계단으로 되어 있는 길을 따라 독수리봉과 멧돼지 동굴로 갈 수 있다. 독수리봉으로 가는 길과 계단은 빔비사라 왕이 세존의 설법을 듣기 위하여 자주 방문하였는데 왕이 사람들을 시켜서 길과 계단을 개량하였다. 길의 폭은 약 3~4m 정도이다. 이곳에서 직선거리로 약 800m, 도보로 약 1.5km 위에 독수리봉이 있고, 독수리봉에서 직선거리로 약 300m 아래에 세존의 개인 거처로 사용하였던 멧돼지 동굴이 있다.

다. 그들은 "마가다의 왕 세니아 빔비사라는 정의로운 분이요 법다운 왕이셨다. 우리는 이처럼 정의로운 분이요 법다운 왕이신 그분의 통치하에 편안하게 지냈다. 그분은 우리에게 행복을 주시고 임종하셨다. 그분은 임종할 때조차도 세존을 칭송하였다."라고 칭송하였다.

빔비사라 왕이 임종한 후 세월이 지난 어느 날 세존께서는 왓지국의 나디까에서 걸식하신 후 벽돌승원에 머무셨을 때 빔비사라 왕이 다가와 크게 외쳤다. "세존이시여, 저는 빔비사라입니다. 선서시여, 저는 빔비사라입니다. 세존이시여, 저는 그곳 인간의 세상에서 죽어서 이곳 사왕천에서 북방을 관장하는 웻사와나 대천왕의 일원으로 태어났습니다. 이곳에서 저의 이름은 자나와사와입니다. 제가 사왕천에 태어난 것은 이번이 일곱 번째이며, 그곳 인간의 세상에서 일곱 번째 죽었습니다. 이렇게 모두 열네 번을 윤회하였으며 전생에 살았던 거주지를 모두 잘 기억합니다. 세존이시여, 저는 열네 번 윤회하는 동안 한 번도 악처에 떨어지지 않았음을 알고 있습니다. 그런 저에게 이제는 예류자가 되어 범천에 태어나고자 하는 소원[47]이 확고합니다."[48] DN18

3 주치의 지와까

지와까 꼬마라밧짜는 라자가하의 뛰어난 기녀 살라와띠의 아들로 태어났으나 키 속에 넣어 쓰레기 더미에 버려졌다. 왕궁으로 가던 길에 어린 아바야 왕자가 까마귀에 둘러싸인 갓난아이를 발견하자 왕자의 궁으로 데려가 보호하고 양육하였다. 그가 자라서 사춘기가 되자 자신의 출생에 관하

---

47 예류자가 되고자 하는 소원이 사왕천에서 생긴 계기를 상세히 설명해 보라.(참고 DN18) 이것으로 예류자가 되고자 하는 소원이 인간의 세상에서 생기지 않고 사왕천에서 생긴 이유를 설명해 보라.

48 사부 니까야에서 빔비사라 왕의 직접적인 기록으로 유일하다. 라자가하 입성 이래 세존의 활발한 초창기 전법 활동에 비하여 빔비사라 왕의 기록뿐만 아니라 라자가하(죽림정사 포함)에서 설법한 기록이 많지 않은 것은 세존의 설법을 담아 둘 수 있는 비구제자가 아직 온전하게 갖추어지지 않았기 때문이다. 세존께서 사왓티에 머무셨던 약 24년 동안에는 세존의 설법을 담아 둘 수 있는 비구제자들이 충분하게 갖추어져 동시대뿐만 아니라 후대 인류를 연민하셔서 법륜을 굴리셨다.

여 왕자에게 물었다. "전하, 나의 어머니는 누구이고 나의 아버지는 누구입니까?" "지와까여, 나도 네 어머니를 모른다. 그러나 내가 너의 아버지이다. 너는 나에 의하여 키워졌다." 그러자 지와까는 '왕가에서 기술 없이 살기란 쉽지 않다. 내가 지녀야 할 기술로 의술을 배우면 어떨까?'라고 생각하고 어느 날 아무에게도 알리지 않고 당시의 최고 교육도시 딱까실라로 떠났다.

딱까실라에서 널리 알려진 아떼야라는 의사에게 7년 동안 의술을 배웠다. 공부를 마치고 라자가하로 돌아오는 길에 사께따에서 스승이 준 여비가 다 떨어졌다. 사께따에서 여비를 구하고자 7년 동안 두통을 앓던 어느 대부호의 부인을 치료하여 사례금과 마차와 하인까지 얻었다. 라자가하에 도착하여 자신이 처음 받은 사례금으로 자신을 데려와 길러 준 은혜의 일부라도 보답하려고 아바야 왕자에게 드렸으나 아바야 왕자는 받지 않았다.

어느 날 그는 다른 의사들이 치료하지 못하던 빔비사라 왕의 치질을 치료하여 왕의 신임을 얻어 어의御醫로 임명되었고, 왕은 그에게 하사금과 궁중의 여인들을 하사하였다. 지와까는 왕께 아뢰었다. "폐하, 쓰레기 더미에 버려진 저를 거두어 주신 폐하의 은혜는 평생을 갚아도 다 갚지 못하는데 어찌 폐하의 하사금을 받을 수 있겠습니까? 폐하, 소신에게 궁중의 여인은 어울리지 않습니다. 폐하께옵서 기뻐하실 일거리를 저에게 주시옵소서. 저에게 폐하의 은혜를 갚을 수 있는 소임을 주소서." "착한 지와까여, 그렇다면 궁중의 여인들을 보살펴라. 그리고 세존과 비구승가를 보살펴 드리도록 하라. 착한 지와까여, 궁에서 그리 멀지 않은 곳에 작은 집이 딸린 망고 숲이 있나니 이제 그것은 너의 소유이다. 그곳에서 편히 지내도록 하라."

이렇게 하여 그는 세존과 비구승가의 주치의가 되었다. 그는 사람들이 신뢰하는 자들 가운데 으뜸이라고 세존으로부터 칭송을 받는 자가 되었다.MV8.1, AN1.14 그는 자기의 망고 숲에 타원형 강당[49]을 짓고 정사를 지어서 세존과 비구승가에 보시하였다. 왕궁을 사이에 두고 죽림정사와 반대쪽에 있었던 지와까의 망고 숲 승원은 세존과 비구승가가 편히 머무는 곳이 되었고 아프거나 다친 비구나 세존께서 머물면서 치료받을 수 있는 곳이 되었다.

3.1 재가자에 관한 법

재가자가 되는 법 한때 세존께서는 지와까의 망고 숲 승원에 머무셨다. 그때 지와까가 세존께 다가가 절을 올리고 한 곁에 앉아서 여쭈었다. "세존이시여, 어떻게 하면 세존의 재가자가 됩니까?" 세존께서는 이렇게 설하셨다. 지와까여, '거룩한 석가모니 부처님께서 무상정등정각으로 발견하고 증득한 정각법에 귀의합니다. 위없는 스승인 세존께서 정각법을 직접 해설하고 설명한 불설법에 귀의합니다. 불설법을 배우고 익힌 청정한 승가가 배우고 익힌 대로 호지護持하여 전승하는 전승법에 귀의합니다. 또는 간단하게 '거룩한 부처님의 정각법에 귀의합니다. 위없는 세존의 불설법에 귀의합니다. 청정한 승가의 전승법에 귀의합니다.'[**삼법귀의**][50]라고 천명하고 재가에 머무르면 이것이 바로 여래의 재가자가 되는 것이다.

선법계 "세존이시여, 그러면 세존의 재가자가 지켜야 하는 계는 무엇입니까?" 지와까여, 재가자는 선법계善法戒를 수지하고 지켜야 한다. 이때 아무리 작은 허물이나 작은 어긋남에도 두려움을 보면서 선법계를 바르게 지켜야 한다. 무엇이 선법계인가? '①생명을 죽이는 행위를 버리고 생명을 죽이는 행위를 멀리 여읜다. 몽둥이를 내려놓고 칼을 내려놓으며 자애로운 마음을 지니고 일체 생명을 연민하며 머문다. ②주지 않은 것을 가지는 행위를 버리고 주지 않은 것을 가지는 행위를 멀리 여읜다. 준 것만을 받고 주지 않는 것을 훔치지 않아 청정하게 머문다. ③순결하지 않은 행위를 버리고 순결하지 않은 행위를 멀리 여읜다. 순결하지 못한 삶을 버리고 순

---

49 강당의 입구는 동쪽에 있으며 서쪽 끝에 큰 기둥이 있고 세존께서는 이 기둥을 등지고 동쪽을 향하여 앉았고 비구들은 세존을 향하여 앉아서 설법을 들었다.

50 흔히 불법승佛法僧 삼보三寶에 귀의하는 삼귀의三歸依로 전형화되어 있는데, 귀의불과 귀의승은 세존의 가르침과 합치되지 않음을 세존의 가르침으로 밝혀 보라.

결하지 않은 성행위의 저속함을 버리고 청정하고 순결하게 머문다. ④거짓된 말을 버리고 거짓된 말을 멀리 여읜다. 거짓된 말을 하지 않고 진실한 말을 하여 진실에 부합하고 세상 사람을 속이지 않아 스스로 굳건하고 믿음직하게 머문다. ⑤이간하는 말을 버리고 이간하는 말을 멀리 여읜다. 사람들을 이간하려고 여기서 듣고 저기서 다르게 말하거나 저기서 듣고 여기서 다르게 말하지 않으며 사람들의 화합을 좋아하고 화합을 기뻐하고 화합을 즐겨하여 이간 된 사람들을 화합하게 하는 말을 하여 스스로 굳건하게 화합하여 머문다. ⑥나쁜 말을 버리고 나쁜 말을 멀리 여읜다. 나쁜 말을 하지 않아 사람들의 마음에 상처를 주지 않으며 유순하고 사랑스럽고 가슴에 와닿고 예의 바르고 들어서 즐거운 말을 하여 스스로 굳건하고 유순하게 머문다. ⑦잡담하는 말을 버리고 잡담하는 말을 멀리 여읜다. 잡담하지 않고 유익한 것을 말하고, 계를 말하고, 법을 말하고, 시기에 맞는 말을 하여 스스로 굳건하고 법답게 머문다.'[**선법계**] 이렇게 재가자는 선법계를 지킨다.

재가자의 이익 "세존이시여, 어떻게 하면 세존의 재가자가 자신의 이익을 위하지만 남의 이익을 위하지는 않습니까?" 지와까여, 자신의 이익을 위하지만 남의 이익을 위하지는 않는 재가자는 이렇게 한다. 자신은 믿음을 구족하지만 남이 믿음을 구족하도록 하지 않으며, 자신은 선법계를 구족하지만 남이 선법계를 구족하도록 하지 않으며, 자신은 보시를 구족하지만 남이 보시를 구족하도록 하지 않으며, 자신은 청정한 비구들을 친견하지만 남이 청정한 비구들을 친견하도록 하지 않으며, 자신은 정법을 듣지만 남이 정법을 듣도록 하지 않으며, 자신은 듣고 배운 법을 바르게 잘 호지하지만 남이 법을 호지하도록 하지 않으며, 자신은 호지한 법의 뜻을 면밀히 사유하여 조사하지만 남이 법의 뜻을 면밀히 사유하여 조사하도록 하지 않으며, 자신은 법의 뜻을 완전하게 안 후에 출세간법으로 나아가 닦지만 남이 출세간법으로 나아가 닦도록 하지 않는다. 이같이 하는 재가자는 자신의 이익을 위하지만 남의 이익을 위하지는 않는다.

"세존이시여, 어떻게 하면 세존의 재가자가 자신의 이익을 위하고 남의 이익을 위하기도 합니까?" 지와까여, 자신의 이익을 위하고 남의 이익을 위하기도 하는 재가자는 이렇게 한다. 자신도 믿음을 구족하면서 남도 믿음을 구족하도록 하며, 자신도 선법계를 구족하면서 남도 선법계를 구족하도록 하며, 자신도 보시를 구족하면서 남도 보시를 구족하도록 하며, 자신도 청정한 비구들을 친견하면서 남도 청정한 비구들을 친견하도록 하며, 자신도 정법을 들으면서 남도 정법을 듣도록 하며, 자신도 듣고 배운 법을 바르게 잘 호지하면서 남도 법을 호지하도록 하며, 자신도 호지한 법의 뜻을 면밀히 사유하여 조사하면서 남도 법의 뜻을 면밀히 사유하여 조사하도록 하며, 자신도 법의 뜻을 완전하게 안 후에 출세간법으로 나아가 닦으면서 남도 출세간법으로 나아가 닦도록 한다. 이같이 하는 재가자는 자신의 이익을 위하고 남의 이익을 위하기도 한다.

재가자의 파멸 "세존이시여, 어떻게 하면 세존의 재가자가 쇠퇴하게 되고 파멸하게 됩니까?" 지와까여, 재가자가 쇠퇴하게 되고 파멸하게 되는 일곱 가지 법이 있다. 무엇이 그 일곱인가? 재가자가 ①청정한 비구를 친견하지 않는다. ②정법을 듣고 배우지 않는다. ③선법계를 학습하지 않는다. ④청정한 비구들에게 믿음이 없다. ⑤결점을 찾고 비난하는 마음으로 법을 듣는다. ⑥외도들 가운데 보시할 만한 곳이나 사람을 찾아 보시한다. ⑦청정한 비구승가에는 보시하지 않는다. 이러한 일곱 가지 법은 재가자를 정법으로부터 쇠퇴하게 하고 파멸하게 한다.

"세존이시여, 어떻게 하면 세존의 재가자가 발전하게 되고 번영하게 됩니까?" 지와까여, 재가자가 발전하게 되고 번영하게 하는 일곱 가지 법이 있다. 무엇이 그 일곱인가? 재가자가 청정한 비구를 친견한다. 정법을 듣고 배운다. 선법계를 학습한다. 청정한 비구들에게 믿음이 있다. 결점을 찾지 않고 비난하지 않는 마음으로 법을 듣는다. 외도들 가운데 보시할 만한 곳이나 사람을 찾지 않는다. 청정한 비구승가에 보시한다. 이러한 일곱 가지 법은 재가자를 정법에서 발전하게 하고 번영하게 한다.

재가자가 불신하는 비구 "세존이시여, 재가자가 어떤 비구에게 불신不信을 표시하여 걸식음식을 거부하고 보시를 거부할 수 있습니까?" 지와까여, 재가자가 원한다면 여덟 가지 특징 가운데 한 가지라도 지닌 비구에게 불신을 표시하여 걸식음식을 거부하고 보시를 거부할 수 있다. 무엇이 그 여덟인가? 여기 어떤 비구가 ①부처님의 정각법을 따르지 않고 거부하고 배척하고 비방하거나, ②세존의 불설법을 따르지 않고 거부하고 배척하고 비방하거나, ③청정한 승가의 전승법을 따르지 않고 거부하고 배척하고 비방하거나, ④재가자의 생업을 하지 못하게 여기저기 말을 하거나 돌아다니거나, ⑤재가자에게 손해를 끼치기 위해 여기저기 말을 하거나 돌아다니거나, ⑥재가자를 모욕하고 비난하거나, ⑦재가자들을 이간시키거나, ⑧머물러서는 안 될 곳에 머물러 있다. 이러한 여덟 가지 특징 가운데 한 가지라도 지닌 비구에게 재가자가 원한다면 불신을 표시하여 걸식음식을 거부하고 보시를 거부할 수 있다.[51]

"세존이시여, 재가자가 어떤 비구에게 깨끗한 믿음을 표시하여 걸식음식을 보시하고 생활필수품을 보시할 수 있습니까?" 지와까여, 재가자가 원한다면 여덟 가지 특징을 모두 가진 비구에게 깨끗한 믿음을 표시하여 걸식음식을 보시하고 생활필수품을 보시할 수 있다. 무엇이 그 여덟인가? 여기 어떤 비구가 부처님의 정각법을 따르고 거부하지 않고 배척하지 않고 비방하지 않으며, 세존의 불설법을 따르고 거부하지 않고 배척하지 않고 비방하지 않으며, 청정한 승가의 전승법을 따르고 거부하지 않고 배척하지 않고 비방하지 않으며, 재가자의 생업을 하지 못하게 여기저기 말을 하지 않고 돌아다니지 않으며, 재가자에게 손해를 끼치기 위해 여기저기 말을 하지 않고 돌아다니지 않으며, 재가자를 모욕하지 않고 비난하지 않으며, 재가자들을 이간시키지 않으며, 머물러서는 안 될 곳에 머무르지 않는다. 이러한 여덟 가지 특징을 모두 지닌 비구에게 재가자가 원한다

---

51 어떤 비구를 불신하는 재가자는 개인비구에게 불신을 표명하거나 비구승가에게 불신을 표명할 수 있다. 후자의 경우 비구승가는 불신받은 비구에게 사죄조치(제10장 깜마율의 제정 참고)를 처분할 수 있다. 그러면 불신받은 비구는 재가자를 찾아가 사죄하여야 한다. 이때 재가자의 불신받은 비구가 지닌 특징과 사죄조치를 받은 비구가 지닌 특징은 서로 같은가? 아니면 다른가?

면 깨끗한 믿음을 표시하여 걸식음식을 보시하고 생활필수품을 보시할 수 있다.

비구가 불신하는 재가자 "세존이시여, 그러면 비구가 어떤 재가자에게 불신을 표시하여 걸식음식을 거부하고 보시를 거부할 수 있습니까?" 지와까여, 비구가 원한다면 여덟 가지 특징 가운데 한 가지라도 지닌 재가자에게 불신을 표시하여 발우를 엎어 걸식음식을 거부하고 보시를 거부할 수 있다. 무엇이 그 여덟인가? 여기 어떤 재가자가 ①부처님의 정각법을 따르지 않고 거부하고 배척하고 비방하거나, ②세존의 불설법을 따르지 않고 거부하고 배척하고 비방하거나, ③청정한 승가의 전승법을 따르지 않고 거부하고 배척하고 비방하거나, ④비구가 거처에 머물지 못하도록 도모하거나, ⑤비구가 생활필수품을 얻지 못하도록 여기저기 말을 하거나 돌아다니거나, ⑥비구에게 피해 끼치기 위해 여기저기 말을 하거나 돌아다니거나, ⑦비구를 모욕하고 비난하거나, ⑧비구들을 이간시킨다. 이러한 여덟 가지 특징 가운데 한 가지라도 지닌 재가자에게 비구가 원한다면 불신을 표시하여 발우를 엎는 복발覆鉢로 걸식음식을 거부하고 보시를 거부할 수 있다.[52]

"세존이시여, 그러면 비구가 어떤 재가자에게 깨끗한 믿음을 표시하여 걸식음식을 수용하고 생활필수품을 수용할 수 있습니까?" 지와까여, 비구가 원한다면 여덟 가지 특징을 모두 지닌 재가자에게 깨끗한 믿음을 표시하여 걸식음식을 수용하고 생활필수품을 수용할 수 있다. 무엇이 그 여덟인가? 여기 어떤 재가자가 부처님의 정각법을 따르고 거부하지 않고 배척하지 않고 비방하지 않으며, 세존의 불설법을 따르고 거부하지 않고 배척하지 않고 비방하지 않으며, 청정한 승가의 전승법을 따르고 거부하지 않고 배척하지 않고 비방하지 않으며, 비구가 거처에 머물도록 하며,

52 비구가 불신하는 재가자에게 개인비구가 하는 복발과 비구승가가 하는 복발 두 가지가 있다. 비구승가가 하는 복발을 복발조치(제10장 깜마율의 제정 참고)라고 한다. 이때 개인비구의 복발조치를 받는 재가자가 지닌 특징과 승가의 복발조치를 받는 재가자가 지닌 특징은 서로 같은가? 아니면 다른가?

비구가 생활필수품을 얻지 못하도록 여기저기 말을 하지 않고 돌아다니지 않으며, 비구에게 피해 끼치기 위해 여기저기 말을 하지 않고 돌아다니지 않으며, 비구를 모욕하지 않고 비난하지 않으며, 비구들을 이간시키지 않는다. 이러한 여덟 가지 특징을 모두 지닌 재가자에게 비구가 원한다면 깨끗한 믿음을 표시하여 걸식음식을 수용하고 생활필수품을 수용할 수 있다.AN8.26, SN35.160~161, DN2

3.2 허용하는 육식

"세존이시여, 저에게 이러한 소문이 들립니다. '사문 꼬따마와 그의 비구제자들에게 고기 음식을 대접하려는 어떤 사람들은 살아 있는 동물을 죽이고 그 동물로 요리한 고기 음식을 대접하는데, 사문 고따마와 그의 비구제자들은 자신에게 제공된 고기 음식을 준비하기 위하여 살아 있는 동물을 죽이고 그 동물로 요리한 고기 음식인 것을 알면서도 그 고기 음식을 먹는다.' 세존이시여, 이렇게 소문처럼 말하는 그들은 세존께서 행하신 것을 사실대로 말한 것입니까? 혹시 그들은 거짓으로 세존을 헐뜯는 것입니까? 만약 거짓으로 세존을 헐뜯는 것이라면 그들은 어떤 이유로도 비난받지 않겠습니까?" 세존께서는 이렇게 말씀하셨다. 지와까여, 그렇게 소문처럼 말하는 자들은 내가 행한 것을 사실대로 말한 것이 아니다. 그들은 사실이 아닌 거짓으로 나를 헐뜯는 것이다.

허용하지 않는 육식 지와까여, 여래의 비구제자들은 다음의 세 가지 경우에는 고기 음식을 먹어서는 안 된다고 나는 설한다. 본 것, 들은 것, 의심스러운 것의 세 가지 경우이다. ①본 것이란 이러한 경우이다. 어떤 비구에게 고기 음식을 대접하려는 어떤 사람들이 살아 있는 동물을 죽이고 그 동물로 요리한 고기 음식을 준비할 때 비구가 자신에게 제공되는 고기 음식을 준비하기 위하여 그 사람들이 살아 있는 동물을 죽이는 것을 직접 본 경우이다. 이런 경우 그 사람들이 살아 있는 동물을 죽이고 그 동물로 요리하는 고기 음식을 비구는 먹어서는 안 된다. ②들은 것이란 이러한 경우이다. 어떤 비구에게 고기 음식을 대접하려는 어떤 사람들이 살아 있는 동물을 죽이고 그 동물로 요리한 고기 음식을 준비할 때 비구가 자신에게 제공되는 고기 음식을 준비하기 위하여 그 사람들이 살아 있는 동물을 죽이는 것을 직접 들은 경우이다. 이런 경우 그 사람들이 살아 있는 동물을 죽이고 그 동물로 요리하는 고기 음식을 비구는 먹어서는 안 된다. ③의심스러운 것이란 이러한 경우이다. 어떤 비구에게 고기 음식을 대접하려는 어떤 사람들이 살아 있는 동물을 죽이고 그 동물로 요리한 고기 음식을 준비할 때 그 비구가 자신에게 제공되는 고기 음식을 준비하기 위하여 그 사람들이 살아 있는 동물을 죽이는 것이 정황으로 의심되는 경우이다. 이런 경우 그 사람들이 살아 있는 동물을 죽이고 그 동물로 요리하는 고기 음식을 비구는 먹어서는 안 된다. 비구들은 이러한 세 가지 경우 가운데 한 가지 경우라도 해당하는 고기 음식을 먹어서는 안 된다고 나는 설한다.[53]

다섯 가지 악업 지와까여, 여래나 여래의 비구제자에게 고기 음식을 대접하려는 어떤 사람들이 고기 음식을 준비하기 위하여 살아 있는 동물을 죽이는 경우 그 사람들은 다섯 가지 이유로 많은 악업을 쌓게 된다. 여기 어떤 사람들이 여래나 여래의 비구제자에게 고기 음식을 대접하려고 한다. 그가 고기 음식에 필요한 좋은 고기를 먼저 준비하여야 한다고 생각하고 '가서 살아 있는 동물을 데려오너라.'라고 말할 때 그는 자신을 해치게 된다. 이것이 그가 악업을 짓는 첫 번째 이유다. 살아 있는 동물이 목에 고삐가 채여 처절하게 울부짖으면서 강제로 끌려올 때 그는 정신적으로 괴로움과 고통을 경험한다. 이것이 그가 악업을 짓는 두 번째 이유다. 그가 '그 동물을 죽여라.'라고 말할 때 그는 자신을 해치게 된다. 이것이 그가 악업을 짓는 세 번째 이유다. 살아 있는 동물이 칼이나 몽둥이 또는 어떤 연장으로 처참하게 도살될 때 그는 정신적으로 괴로움과 고통을 경험한다. 이

53 만약 어떤 자가 주장하기를 '식물에도 생명이 있으니 살아 있는 식물의 뿌리와 줄기와 잎을 모두 채취하여 만든 음식, 예를 들면 콩나물이나 어린 배추 같은 음식은 허용하지 않아야 한다.'라고 하면 그는 세존의 가르침을 따르는 것인가? 아니면 따르지 않는 것인가? 그 이유는 무엇인가?

것이 그가 악업을 짓는 네 번째 이유다. 그가 이렇게 살아 있는 동물을 죽이고 그 동물로 요리한 고기 음식은 여래나 여래의 비구제자에게 허용되지 않는다. 허용되지 않는 고기 음식을 여래나 여래의 비구제자에게 제공할 때 그는 악업을 짓는다. 이것이 그가 악업을 짓는 다섯 번째 이유다. 지와까여, 여래나 여래의 비구제자에게 고기 음식을 대접하려는 어떤 사람들이 고기 음식을 준비하기 위하여 살아 있는 동물을 죽이는 경우 그 사람들은 이와 같은 다섯 가지 이유로 많은 악업을 짓게 된다.[54]

허용하는 육식 지와까여, 그러나 여래의 비구제자들은 다음의 세 가지 경우를 모두 만족하는 경우 고기 음식을 먹어도 된다고 나는 설한다. 보지 않은 것, 듣지 않은 것, 의심스럽지 않은 것의 세 가지 경우이다. 보지 않은 것이란 이러한 경우이다. 어떤 비구에게 고기 음식을 대접하려는 어떤 사람들이 고기 음식을 준비할 때 비구가 자신에게 제공되는 고기 음식을 준비하기 위하여 그 사람들이 살아 있는 동물을 죽이는 것을 직접 보지 않은 경우이다. 듣지 않은 것이란 이러한 경우이다. 어떤 비구에게 고기 음식을 대접하려는 어떤 사람들이 고기 음식을 준비할 때 비구가 자신에게 제공되는 고기 음식을 준비하기 위하여 그 사람들이 살아 있는 동물을 죽이는 것을 직접 듣지 않은 경우이다. 의심스럽지 않은 것이란 이러한 경우이다. 어떤 비구에게 고기 음식을 대접하려는 어떤 사람들이 고기 음식을 준비할 때 비구가 자신에게 제공되는 고기 음식을 준비하기 위하여 그 사람들이 살아 있는 동물을 죽이는 것이 정황으로 의심스럽지 않은 경우이다. 비구들은 이러한 세 가지 경우를 모두 만족하면 고기 음식을 먹어도 된다고 나는 설한다.[55]

54 비구에게 '허용되지 않은 육식'을 가난한 이웃이나 굶주린 걸인에게 제공한다면 선업을 짓게 되는가? 아니면 악업을 짓게 되는가? 그 이유는 무엇인가?

55 만약 어떤 비구나 재가자가 세존께서 '허락하는 육식'조차 거부하고 육식이 살생을 방조한다는 등의 이유로 모든 비구는 오직 채식만을 수용하여야 한다고 주장한다면 그는 세존의 가르침을 따르는 것인가? 아니면 따르지 않는 것인가? 만약 따르지 않는 것이라면 그 과보는 무엇인가?

비난받을 일 없는 육식 지와까여, 여기 여래의 비구제자는 어떤 마을이나 성읍 근처에 있는 숲속의 나무 아래 또는 외진 처소에서 모든 살아 있는 생명의 이익을 위하여 연민하며 머문다. 이렇게 머무는 여기 비구에게 어떤 장자나 장자의 아들이 찾아와 다음 날의 공양을 청한다. 만일 비구가 원한다면 그의 공양 요청에 동의한다. 비구는 밤이 지나고 아침에 위의를 갖추어 기워 만든 대의를 입고 발우를 지니고 장자나 장자의 아들 집으로 가서 마련된 자리에 앉는다. 그때 장자나 장자의 아들은 맛있는 고기 음식을 대접한다. 그러나 비구는 이같이 생각하지 않는다. '여기 장자나 장자의 아들이 이렇게 맛있는 고기 음식을 대접하니 참으로 장하구나. 앞으로도 여기 장자나 장자의 아들이 이러한 맛있는 고기 음식을 자주 대접해 주면 좋겠다.' 비구에게 이러한 생각은 결단코 일어나지 않는다. 왜냐하면 비구는 음식에 묶이지 않고 홀리지 않고 집착하지 않고 재난을 보고 벗어남을 통찰하면서 음식을 먹기 때문이다.

지와까여, 이것을 어떻게 생각하는가? 그때 비구가 살아 있는 동물을 죽이고 그 동물로 요리하는 맛있는 고기 음식을 먹기 위하여 스스로 살아 있는 동물을 죽이는 생각을 마음에 품어 자신을 해치는 생각을 하겠는가? 또는 그때 비구가 살아 있는 동물을 죽이고 그 동물로 요리하는 맛있는 고기 음식을 먹기 위하여 다른 사람들이 살아 있는 동물을 죽이는 것을 마음에 품어 다른 사람을 해치는 생각을 하겠는가? 또는 그때 비구가 살아 있는 동물을 죽이고 그 동물로 요리하는 맛있는 고기 음식을 먹기 위하여 자신이 다른 사람들을 시켜 살아 있는 동물을 죽이는 것을 마음에 품어 자신과 다른 사람들 둘 다를 해치는 생각을 하겠는가? "아닙니다, 세존이시여. 여기 세존의 비구제자는 살아 있는 동물을 죽이고 그 동물로 요리하는 맛있는 고기 음식을 먹기 위하여 스스로 살아 있는 동물을 죽이는 생각을 마음에 품어 자신을 해치는 생각을 하거나 다른 사람들이 살아 있는 동물을 죽이는 것을 마음에 품어 다른 사람을 해치는 생각을 하거나 자신이 다른 사람들을 시켜 살아 있는 동물을 죽이는 것을 마음에 품어 자신과 다른 사람들 둘 다를 해치는 생각을 하지 않습니다."

지와까여, 그렇다면 그때 비구는 참으로 비난받을 일이 없는 고기 음식을 먹는 것이 아니겠는가? "그렇습니다, 세존이시여. 세존의 가르침대로 모든 살아 있는 생명의 이익을 위하여 연민하며 머무는 세존의 비구제자는 참으로 비난받을 일이 없는 고기 음식을 먹는 것입니다. 세존이시여, 저는 '범천은 자애를 가져 머문다.'라고 들었습니다. 저에게 세존께서는 바로 이 말에 대한 산 증인이십니다. 세존께서는 참으로 자애를 가져 머무는 분이시기 때문입니다."

지와까여, 탐욕과 성냄과 어리석음 때문에 악의를 일으킬 수 있고 악의를 떨쳐 버리지 못하면 자애를 항상 가져 머물 수 없다. 그러므로 여래는 탐욕과 성냄과 어리석음을 제거하였고 그 뿌리를 잘라 버렸다. 마치 야자나무를 여러 토막으로 자르고 그 나무의 뿌리까지 뽑아서 자르고 없애고 완전히 멸절시켜서 미래에 다시 야자가 열리지 않게 하는 것과 같다. 이같이 여래는 탐욕과 성냄과 어리석음을 제거하였고 그 뿌리를 잘라 버렸기 때문에 악의를 일으킬 수 없고 악의를 떨쳐 버림으로 자애를 항상 가져 머물 수 있다. 지와까여, 만일 그대가 이것을 두고 '세존께서는 참으로 자애를 가져 머무는 분'이라고 말한 것이라면 그대의 말을 인정하겠다. "그렇습니다, 세존이시여. 저는 바로 그것을 두고 '세존께서는 참으로 자애를 가져 머무는 분'이라고 말씀드렸습니다."

재가자 귀의 지와까는 세존께 말씀드렸다. "경이롭습니다, 세존이시여! 경이롭습니다, 세존이시여! 세존과 세존의 비구제자들은 허용된 음식을 먹습니다. 세존이시여, 세존과 세존의 비구제자들은 비난받을 일이 없는 음식을 먹습니다."

그리고 지와까는 세존께 이같이 귀의하였다. 세존이시여, '마치 넘어진 자를 일으켜 세우시듯, 덮여 있는 것을 걷어 내 보이시듯, 길을 잃어버린 자에게 길을 가르쳐 주시듯, 눈 있는 자 밝음을 보라고 어둠 속에서 등불을 비춰 주시듯, 세존께서는 여러 가지 방편으로 법을 설하여 주셨습니다. 저는 이제 거룩한 부처님께서 무상정등정각으로 발견하고 증득한 정각법에 귀의하옵고, 위없는 스승인 세존께서 직접 해설하고 설명한 불설법에 귀의하옵고, 세존의 법을 배우고 익힌 승가가 배우고 익힌 대로 청정하게 전승하는 전승법에 귀의하옵니다. 세존이시여, 세존께서는 저를 재가제자로 받아 주소서. 오늘부터 목숨이 붙어 있는 그날까지 귀의하옵니다.'[**재가자 귀의**]MN55

4 까삘라왓투의 방문

한편 안냐 꼰단냐에게 세존의 소식을 들은 대신은 이 소식을 숫도다나 왕에게 전하였다. 그러자 왕은 가까운 친지들과 대신들 그리고 몇몇 측근들을 긴급하게 불러 이 소식을 알렸다. 그리고 꼴리야에 사람을 보내 이 사실을 알리고 까삘라왓투의 백성들에게도 이 사실을 알리도록 하였다. 그리고 세존을 초청하기 위하여 우기가 오기 전 미리 사신을 라자가하로 보냈다. 사신은 돌아오지 않았고 사신과 동행한 동료나 시자에게 사신이 출가하여 세존의 비구제자가 되었다는 소식만 전해졌다. 이러한 일이 계속해서 여러 번 발생하자 왕은 '태자가 돌아오지 않을 수 있다.'라는 생각에 근심이 깊어졌다. 왕은 마지막 사신으로 우다이 깔루다이를 불렀다. 그는 대신의 아들로 세존과 같은 날 태어나 세존과 둘도 없는 소꿉친구였다. 또한 그는 부친과 같이 가문의 충성심을 지녔고 부친의 업무 가운데 중요한 업무를 맡아 왕국의 사정과 왕의 의중을 잘 알고 있었다. "우다이여, 나는 이미 늙고 기력이 쇠약해져 더 이상 기다릴 수가 없구나. 성스러운 경지를 성취하기 전에는 결단코 돌아오지 않겠다고 하던 우리의 태자가 이제 성스러운 경지를 성취하였다고 한다. 그렇다면 태자가 왕궁으로 돌아올 것인지 아니면 돌아오지 않을 것인지 알아야 할 것이니라. 만약 돌아온다면 더할 나위 없이 좋은 일이지만 돌아오지 않겠다고 하더라도 태자의 후임을 이을 태자 책봉식에 참석하여 후왕의 부담을 덜어 주어야 하리라. 이것이 나의 마지막 책무이니라. 그대에게 부탁하노니 이 늙은이가 죽기 전에 마지막 책무를 다할 수 있도록 그대가 마지막 사신의 소임을 다하여주게. 우다이여, 사신으로 먼저 갔던 그대의 동료나 동무처럼 그대가 출가하여 부처님의 비구제자가 된다고 하더라도 나는 그대를 원망하지 않으리라. 그대는 출가하더라도 나의 부탁을 잊지 않고 들어주겠는가?"

"대왕 폐하, 소신 아뢰옵니다. 비록 출가하였더라도 태자의 마지막 책무를 다하여야 한다는 대왕 폐하의 말씀은 참으로 지당하옵나이다. 왕국과 사직社稷을 위하여 국왕의 책무를 다하시는데 어찌 신하의 책무를 저버리겠나이까? 대왕 폐하의 하명을 받잡아 비록 소신 출가한다고 할지라도 신하의 마지막 책무를 다하겠습니다. 대왕 폐하, 부디 옥체 강녕하소서."

우다이는 대전에서 물러나 전령들과 시자를 불러 말하였다. "너희들은 잘 들어라. 첫 번째 전령은 이곳 왕궁에서 말을 타고 하루에 갈 수 있는 마을에서 대기할 것이니라. 우기를 감안하여 그 거리를 정하여야 한다. 두 번째 전령은 첫 번째 전령이 머무는 마을에서 말을 타고 하루에 갈 수 있는 마을에서 대기할 것이니라. 이렇게 하여 마지막 전령은 마가다국의 라자가하에서 대기할 것이니라. 시자는 나의 곁을 떠나지 말라. 나의 명이 하달되면 각 전령은 앞선 전령에게 명을 전달하고 원래의 거처로 즉시 돌아와서 다음 명을 기다려라. 만약 태자마마께서 너희가 머무는 지역에 오시게 되면 너희는 즉시 이 사실을 앞선 전령에게 전하고 원래의 거처로 돌아오지 말고 그곳에 머물면서 태자마마께서 오시는지 살펴야 할 것이니라. 너희의 책무에 왕국의 안위가 걸려 있다. 모두 신명을 다하여 책무에 소홀함이 없도록 하라." 이렇게 하여 우다이는 시자와 함께 라자가하에 도착하였다.

깔루다이의 출가 우다이는 세존께 나아가 예를 갖추고 한 곁에 앉아 말하였다. "세존이시여, 저는 우다이 깔루다이입니다. 저는 세상에 남아 있는 마지막 한 가지 할 일을 다해 마치고 세존의 곁으로 출가하고자 합니다. 저에게 남아 있는 세상의 마지막 한 가지 할 일을 다해 마칠 수 있도록 세존께서 도와주시기를 간청하옵니다." "깔루다이여, 그것이 무엇인가?"

"세존이시여, 대왕마마께서 연로하시고 쇠약하십니다. 대왕마마께서 양위讓位의 마지막 책무를 다 할 수 있도록 까삘라왓투를 방문하여 주십시오." 세존께서는 까삘라왓투를 방문할 시기가 적절함을 보시고 말씀하셨다. 깔루다이여, 우기가 끝나면 까삘라왓투를 방문할 것이다. 까삘라왓투의 출신 비구들 가운데 원하는 자는 함께 가도 좋다. 이렇게 하여 우다이 깔루다이는 출가하여 아라한 중의 한 분이 되었으며, 자신의 가문에게 청정한 믿음을 가지게 하는 자들 가운데 으뜸이라고 칭송받는 자가 되었다.

부모와의 재회 이 소식은 전령들에 의하여 까삘라왓투에 전해졌다. 우기가 끝나고 세존과 여러 비구가 까삘라왓투를 향하여 유행을 시작하자 전령들은 차례대로 왕궁에 도착하여 소식을 전하였다. 왕은 '태자로 돌아오면 태자에게 양위할 것이나 그렇지 않다면 난다에게 양위할 것이다. 난다에게 양위하기 위하여 먼저 난다의 결혼식과 태자 책봉식을 함께 거행할 것이다.'라고 생각하고 일정에 맞추어 준비하였다. 까삘라왓투에 도착한 세존께서는 왕궁으로 향하지 않고 왕궁에서 그리 멀지 않은 니그로다 숲으로 가서 머물렀다. 이 전갈을 받자 왕은 '태자로 돌아오지 않았구나.'라고 생각하고 대신에게 말하였다. "존자여, 극진한 예우를 갖추어 부처님을 찾아뵙고 나의 이름으로 인사를 드린 뒤 내일 공양을 청하도록 하시오."

세존께서는 오전에 비구들과 함께 왕궁으로 가셔서 마련된 자리에 앉으셨다. 그러자 왕은 세존과 비구들에게 여러 가지 부드러운 음식과 딱딱한 음식을 대접하고 만족시켜 드렸다. 세존께서 공양을 마치시자 왕과 왕비가 손수 차와 다식을 대접하면서 말하였다. "부처님이시여, 출가의 목적인 성스러운 경지를 성취하셔서 부처님이 되심을 경하드립니다. 먼 길을 마다하지 않고 까삘라왓투에 방문하여 주셔서 감사합니다. 이틀 뒤 난다의 결혼식과 태자 책봉식에 참석해 주시기를 간청합니다." 그리고 왕과 왕비는 손수 길을 안내하여 난다의 결혼식과 태자 책봉식에 참석하려고 까삘라왓투에 방문한 많은 국빈과 외교사절단, 친지들과 측근들, 대신들과 신하들, 브라만과 장자들, 태자의 동문과 동무들이 기다리고 있는 대강당으로 향하였다.

왕과 왕비는 세존을 모시고 들어가 마련된 자리에 앉으시게 한 뒤 세존께 큰절을 올렸다. 왕과 왕비가 큰절하자 대강당에 있던 모든 사람도 세존께 큰절을 올렸다. 세존께서는 그들에게 쉬운 가르침부터 차례차례로 법을 설하셨다. 호기심과 존경심 그리고 경외심으로 가득한 그들은 마치 염색한 적이 없는 흰 천을 물들이듯 세존의 불설법을 받아들여 세존의 정각법과 불설법에 대한 신뢰와 믿음이 생기기 시작하였다. 그들 가운데 어떤 자들은 과거 태자의 모습을 떠올리면서 지금 세존의 모습을 보고 그리고 얼마 전에 사신이었던 자들이 지금 변해 있는 모습을 보고 출가의 마음을 일으켰다.

야소다라와의 재회 설법을 마친 세존을 왕과 왕비가 직접 안내하여 어느 문 앞에 도착하자 왕은 그 문 앞에 지켜서 시종들과 비구들을 기다리게 하고 왕비와 세존 두 분만 문 안으로 들어가게 하였다. 홀을 지나 여러 방이 있었는데 왕비는 그중 어느 방으로 세존을 안내하였다. 그곳에는 야소다라 태자비가 있었다. 왕비는 옆문으로 자리를 피하였다. 자존심이 강한 야소다라는 지아비로부터 버림받아 생긴 좌절과 미움이, 출가 생활하는 지아비를 향한 연민과 그리움이 그리고 부처님이 되신 지아비로부터 생긴 자긍심과 기대감이 교차하였다. 그녀는 세존 앞으로 먼저 다가갈 수도 없었고 그렇다고 못 본 체 지나칠 수도 없었다. 또한 세존을 그녀의 처소로 모셔 올 수도 없었다. 이러한 사정을 누구보다도 잘 알고 있는 왕비가 두 분의 만남을 이렇게 준비하였다.

만감이 교차하는 야소다라가 말하였다. “그렇게 처자식을 버려야만 했나요, 부처님이 되기 위하여?” “아니오. 부처가 되기 위하여 처자식을 버리지 않아도 되오.” “그렇다면 그때 왜 한마디 말도 없이 처자식을 버렸던가요?” “그땐 몰랐소.” 말문이 막혀 더 이상 말을 잇지 못하는 야소다라를 뒤로하고 세존이 그 방을 나오자 왕비가 세존을 안내하여 왕이 기다리는 문밖으로 함께 나왔다. 세존과 비구들은 숲으로 되돌아갔다. 내심 따뜻한 말 한마디 바랐지만 따뜻한 말 한마디는커녕 사과 한마디도 받아 내지 못하자 그녀는 자책하였다. '따뜻한 말 한마디 내가 먼저 건네었으면 좋았을 것을 내가 그만 일을 그르쳤구나.' 그녀의 자책은 밤이 지나 다음 날까지도 이어졌다.

난다의 출가 한편 세존의 배다른 동생 난다는 자신의 결혼식과 태자 책봉식에 참석하러 먼 길을 온 세존을 찾아뵙는 것이 도리라 생각하고 니그로다 숲으로 갔다. 세존에게 다가가 인사를 하고 한 곁에 앉아서 말하였다. "형님마마, 어릴 적 형님 곁에 있었던 행복한 시절이 그립습니다. 오늘도 이렇게 형님 곁에 있으니 저는 행복합니다." "난다여, 너는 결혼과 태자 책봉에 행복하지 않으냐?" "연로하신 아바마마의 뜻을 저버리지 못하여 마지못해 하는 태자 책봉과 결혼입니다. 형님이 계시지 않는 왕궁은 가끔 빈집처럼 느껴집니다." "그렇다면 난다여, 지극한 행복에 이르는 길을 너에게 알려 주고 싶구나. 지극한 행복을 너는 성취하여 누릴 수 있을 것이다. 난다여, 나와 함께 가지 않겠느냐?" "그러겠습니다, 형님마마. 형님과 함께 가겠습니다. 형님께서 가셨던 길을 저도 끝까지 가겠습니다." 난다는 숲을 나와 결혼 준비로 바쁜 까삘라왓투의 최고 미녀인 신부 자나빠다깔야니의 집에 들러서 출가 선언하고 왕궁으로 돌아가 출가 준비하고 출가하였다.[56]

---

56 한편 라자가하의 죽림정사에서 출가 생활하던 난다는 아름다운 신부 생각에 출가 생활에 열의를 잃어버리고 의기소침하게 되었다. 그러자 세존께서 신통력으로 난다를 데리고 히말리야로 가서 암원숭이를 가리키면서 저 원숭이와 신부 중에 누가 더 예쁘냐고 묻자 당연히 난다는 신부 자나빠다깔야니가 훨씬 예쁘다고 대답하였다. 세존께서 이번에는 그를 삼십삼천으로 데리고 가서 신들의 왕 인드라가 요정들과 노는 것을 보여 주면서 저 요정들과 아내 중에 누가 더 예쁘냐고 묻자 난다는 요정들이 훨씬 아름답다고 대답하였다. 세존께서는 난다에게 출가 생활을 잘하면 저 요정들 가운데 원하는 요정을 아내로 맞을 수 있다고 하였다. 그래서 난다는 다시 출가 생활에 열의와 활력을 되찾았다. 세존께서 적절한 때 장로비구들에게 이 이야기를 알려 주었고 장로비구들은 난다에게 그것이 사실이냐고 묻자 난다는 매우 부끄러워하여 얼굴을 들지 못하였다. 이 일로 난다는 감각의 대문을 철저히 단속하고 더욱 열심히 정진하여 마침내 아라한 중의 한 분이 되었다. 감각의 대문을 잘 보호하는 비구들 가운데 으뜸이라고 세존께 칭송받았다.

라훌라의 출가 어느 날 오전에 세존께서는 비구들과 함께 숲에서 나와 인근의 마을로 걸식을 가셨다. 왕궁의 높은 정자에서 해어진 대의를 입고 민가의 집을 차례대로 방문하면서 음식을 얻는 세존의 모습을 보던 야소다라는 문득 생각이 떠올랐다. '나에게는 라훌라가 있다. 비록 나는 사과를 받아 내지 못하였으나 라훌라는 할 수 있을 것이다.' 그녀는 라훌라에게 말하였다. "나의 사랑스러운 아들아, 저분이 너의 아버지이니라. 너는 아버지에게 가서 이렇게 말씀드려라. '아바마마, 소자 라훌라 인사드립니다. 아바마마, 대왕마마이신 할바마마께옵서 소자에게 도시를 유산으로 주셨습니다. 아바마마의 유산을 소자에게 주십시오.' 라훌라야, 이렇게 말씀드리고 아버지의 유산을 꼭 받아 오너라. 아버지의 유산을 받기 전에는 돌아오지 말라. 어떤 어려운 일이 생겨도 포기하지 말고 빈손으로는 돌아오지 말거라." "어마마마, 소자 어마마마의 분부대로 하겠습니다. 가서 아바마마의 유산을 꼭 받아 오겠습니다. 아바마마의 유산을 받기 전에는 돌아오지 않겠습니다. 어떤 어려운 일이 생겨도 포기하지 않고 빈손으로 돌아오지 않겠습니다."

라훌라는 세존께로 안내되었고 어머니가 일러 준 대로 하였다. "아바마마, 소자 라훌라 인사드립니다. 아바마마, 대왕마마이신 할바마마께옵서 소자에게 도시를 유산으로 주셨습니다. 아바마마의 유산을 소자에게 주십시오." 라훌라여, 너는 진정 나의 유산을 받고 싶으냐? "네, 아바마마. 소자 아바마마의 유산을 받고 싶습니다." 라훌라여, 지금 나의 유산을 받기에는 어리니 좀 더 나이를 먹고 자란 뒤에 받는 것이 어떠냐? "아니옵니다, 아바마마. 소자는 아바마마의 유산을 받기 전에는 돌아가지 않을 것입니다." 라훌라여, 나의 유산을 받으려면 어렵고 힘든 일이 많이 생기는데 어찌하겠느냐? "아바마마, 어렵고 힘든 일이 많이 생기더라도 소자 포기하지 않겠습니다." 라훌라여, 나의 유산을 받으려면 나처럼 살아야 하며 나와 함께 먼 길을 걸어서 가야 하느니라. 또한 나처럼 삭발 출가하여야 하느니라. 그래도 하겠느냐? "아바마마, 소자는 아바마마께옵서 세상에서 가장 훌륭하신 분이라고 들었습니다. 아바마마를 매일 보면서 함께 지내는 것이 소자는 좋습니다. 아바마마처럼 삭발 출가하여 아바마마의 유산을 받겠습니다." 라훌라여, 그렇게 하라. 너는 삭발 출가하여 나의 유산을 받아라. 그리하여 다시는 세상에 태어나지 마라.

아누룻다와 밧디야의 출가 세존의 설법을 듣고 출가하려는 석가족의 왕족 가운데 세존의 첫째 작은아버지의 장남 마하나마가 있었다. 그는 돌아가신 아버님을 대신하여 가업을 잇고 홀로 계신 어머님을 봉양하며 영민하고 섬세한 동생 아누룻다를 남부럽지 않게 귀하게 보살폈다. 형님의 보살핌으로 아누룻다는 세상에 물들지 않고 겨울과 우기와 그 외의 계절을 위한 세 궁전에서 부족함 없이 안락하게 지내고 있었다. 어느 날 형은 동생에게 "아누룻다여, 그대가 출가하지 않는다면 나는 그대에게 가업을 물려주고 출가할 것이다."라고 말하였다. '나는 섬세하고 예민하여 거친 출가생활을 할 수 없다.'라고 생각한 아누룻다는 형에게 가업에 대하여 설명을 듣고 "형님이시여, 그러한 일들은 언제 끝나며, 언제 그 일들의 끝을 알 수 있습니까? 언제 그 일들을 끝내고 편안하게 다섯 가지 감각적 쾌락을 갖추고 즐길 수 있습니까?"라고 물었다. "아누룻다여, 그 일들은 끝나지 않으며 그 일들의 끝은 알려지지 않는다. 아버님께서도 조부님께서도 그 일들을 끝내지 못하고 운명하셨다." 이에 아누룻다는 '끝이 알려지지 않는 일을 한다는 것은 괴롭다. 죽는 날까지 괴로운 일을 하는 것은 어리석다. 오늘 죽는 것보다 나은 것이 무엇이겠는가?'라고 생각하고 "형님이시여, 형님께서 가업을 잘 이해하십니다. 저는 출가하겠습니다."라고 말하였다.

아누룻다는 어머님께 다가가 "어머님, 제가 집을 떠나 출가하고자 합니다. 어머님, 제가 출가하지 않으면 형님께서 출가할 것입니다. 형님은 가업을 잘 이해하지만 저는 가업을 형님처럼 할 수 없습니다. 어머님, 저의 출가를 허락하여 주십시오."라고 말씀드렸다. "사랑하는 아누룻다여, 너의 형과 너는 나의 사랑스러운 아들이다. 너희 둘은 사랑스럽고 마음에 들고 싫어함이 없으니 설사 내가 죽더라도 너희 둘 없이는 지내지 못할 것인데 하물며 내가 살아서 너희 둘 가운데 누구라도 집을 떠나 출가하는 것을 어찌 허락할 수 있겠느냐!" 두 번째도 세 번째도 아누룻다는 똑같이 말하였고 어머님도 똑같이 대답하였다. 아누룻다가 물러나지 않자 어머니는 '밧디야는 아누룻다의 둘도 없는 벗으로 지금 인접한 국가[57]를 통치하는 국왕이다. 그는 결코 왕국을 떠나 출가할 수 없으리라.'라고 생각하고 "사랑하는 아누룻다여, 너의 벗 밧디야가 너와 함께 출가하면 너도 출가하여라. 그러나 그가 출가하지 않는다면 너도 출가하지 않아야 한다."라고 말하였다.

아누룻다는 밧디야에게 다가가 자신이 처한 상황을 설명하고 "벗이여, 이처럼 나의 출가는 자네에게 달려 있다네."라고 말하였다. "벗이여, 그대의 출가가 나에게 달려 있든 않든 우리는 생사를 함께 하기로 맹세한 동무일세. 그대가 출가하겠다면 나도 그대와 함께 출가하겠네. 그런데 동무여, 여기 왕국에는 할 일이 많다네. 7년 뒤에 함께 출가하면 어떻겠는가?" "벗이여, 7년은 너무 기네. 나는 7년을 기다릴 수 없네." 밧디야는 7년에서 6년, 5년, 4년, 3년, 2년, 1년으로 제안하였다가 다시 7개월, 6개월, 5개월, 4개월, 3개월, 2개월, 1개월, 보름을 제안하였으나 받아들여지지 않자 "그렇다면 벗이여, 내가 아들과 형제에게 왕권과 왕정을 넘길 때까지 7일만 기다려 주게나."라고 말하였다. "벗이여, 7일은 길지 않으니 내가 기다리겠네." 약속한 날이 되자 밧디야는 마치 유원지를 가듯 네 종류의 군대[58]에 에워싸여 왕궁을 떠났다. 그는 국경에 다다르자 군대를 돌려보내고 아누룻다와 합류하였다.

왕족과 우빨리의 출가 아누룻다는 뜻을 같이한 아난다, 데와닷따, 바구, 낌빌라와 함께 출가하려고 모여 있었다. 그들은 모두 잘 차려입었으며 왕궁 이발사 우빨리에게 삭발 기구를 챙기게 하고 그를 대동하여 세존께서 머무는 말라국의 아누삐야로 향하였다. 까삘라왓투의 국경인 아노마 강변

---

57 밧디야가 통치한 국가의 국가명과 수도가 알려지지 않았으나 독립된 국가로 까삘라왓투와 같은 삭까족이라고 알려졌다. 까삘라왓투의 서쪽에 접경한 것으로 추정한다.

58 상군象軍인 코끼리부대, 마군馬軍인 기마부대, 차군車軍인 전차부대, 보군步軍인 보병부대의 사군四軍을 말한다.

근처에 이르자 그들은 우빨리에게 삭발하게 하였다. 차례대로 삭발을 마친 뒤 외투로 꾸러미를 만들어 장신구와 옷과 장검을 담아 우빨리에게 주면서 "여보게 우빨리여, 이제 그대는 돌아가게. 이것으로 그대의 생활 밑천은 충분할 것일세."라고 말하였다.

우빨리는 인사를 하고 꾸러미를 받아들고 돌아가다가 '석가족의 왕족들도 왕궁을 떠나 출가하는데 나는 무엇 때문에 집을 떠나 출가하지 못한단 말인가? 내가 지금 출가하지 않고 되돌아가면 나는 죽임을 당할 것이다. 석가족의 국법은 가혹하다. 그들은 내가 왕족들을 삭발하였기에 왕족들이 출가하였다고 나를 죽일 것이다.'라고 생각하였다. 우빨리는 꾸러미를 나뭇가지에 걸어 놓고 '이것은 주어진 것이니 누구든지 보면 가져라.'라고 말하고는 발걸음을 돌려 석가족의 왕족들이 있는 곳으로 갔다. 그들은 "여보게 우빨리여, 그대는 왜 돌아왔는가?"라고 물었다. 우빨리는 자기의 생각을 말하자 그들은 "우빨리여, 그대가 왕궁으로 돌아가지 않고 출가하는 것은 잘한 일이다."라고 말하였다. 그들은 우빨리를 데리고 세존께 다가가 "세존이시여, 저희는 교만합니다. 여기 우빨리는 오랜 세월 저희의 하인이었습니다. 그를 먼저 출가시켜 주십시오. 그러면 우리는 그에게 인사하고 일어서서 맞이하고 합장하고 공경하겠습니다.[59] 이렇게 하면 저희의 교만이 제거될 것입니다."라고 말씀드렸다. 세존께서 우빨리부터 차례대로 출가시켰다.[60]

출가하는 석가족들 석가족의 왕족인 우빠난다와 나가사말라, 브라만과 대신들, 세존의 옛 동문과 동무들 그리고 장자와 젊은 석가족들도 아누삐야 망고 숲으로 나아가 세존의 곁으로 출가하였다. 망고 숲은 출가하려는 사

59 당시 사문의 예법으로 같은 날 같은 시간과 같은 장소에서 함께 출가하였더라도 먼저 비구가 된 자가 상좌차가 되고 뒤에 비구가 된 자가 하좌차가 된다. 상좌차는 하좌차에게 인사를 받고 하좌차는 상좌차에게 인사한다. 서로 맞인사하지 않는다. 이것은 세존의 율에서도 마찬가지이다.

60 숫도다나 왕의 바로 아래 여동생 빠미따는 야소다라와 데와닷따의 생모이고, 빠미따 바로 아래 남동생 속꼬다나의 아들이 마하나마와 아누룻다이며, 속꼬다나의 바로 아래 남동생 아미또다나의 아들이 아난다이다. 데와닷따는 야소다라의 남동생이자 꼴리야의 태자이다. 우빨리를 제외하고 모두 왕족 출신이다. 그들의 출가에 관한 이야기는 CV7.1에 전승되어 있다.

람들과 설법을 들으려는 사람들로 붐볐다. 난다의 결혼식과 태자 책봉식을 기대하였던 사람들은 기워 만든 대의를 입고 민가의 집을 차례대로 방문하면서 음식을 얻는 세존과 비구들의 행렬이 점차 길어지는 것을 보았고 그 행렬 속에서 난다를 보았고 라훌라를 보았다. 그들은 거룩한 부처님의 정각법에 깨끗한 믿음을 가졌고 위없는 세존의 불설법에 깨끗한 믿음을 가졌고 청정한 승가의 전승법에 깨끗한 믿음을 가졌으며 세존으로부터 받은 선법계를 구족하였다. 세존께서는 충분히 머무신 후 비구들과 함께 까삘라왓투를 떠나 라자가하로 유행[61]을 떠났다.

5 라훌라 존자

라자가하로 돌아온 세존께서는 둘째 우기에 이어 셋째와 넷째 우기에도 라자가하에서 머무셨다. 죽림정사, 지와까의 망고 숲 승원, 독수리봉과 독수리봉 인근 동굴의 개인 거처 그리고 라자가하 주변의 따뽀다 온천 승원 등이 주로 머무셨던 장소였다. 죽림정사의 대나무 숲 경계 근처에 암발랏티까라는 정사가 있었는데 그곳에서 일곱 살 라훌라[62]가 머물고 있었다. 또래 친구도 없고 지상하게 보살펴 주는 이미니도 없이 지내는 라훌라는 어느 날 홀로 앉아 있는 까삘라왓투 출신의 친숙한 비구에게 다가가 거짓말로 장난을 쳤다. 이것을 보시고 세존께서는 해거름에 낮 동안의 홀로 앉음에서 일어나셔서 암발랏티까로 가셨다. 라훌라는 세존께서 멀리서 오시는 것을 보고 자리를 마련하고 발 씻을 물을 준비하였다. 세존께서는 마련된 자리에 앉으셔서 발을 씻으시고 좌정하셨다. 라훌라는 세존께 절을 올리고 한 곁에 앉았다.

61 라자가하에서 까삘라왓투는 북서쪽으로 직선거리 약 370km에 위치한다.

62 사리뿟따 존자가 출가한 뒤 적절한 때 세존께서는 사리뿟따 존자에게 사미 라훌라의 스승으로 지정하셨다. 라훌라의 스승이 된 사리뿟따 존자는 사미 라훌라를 훈계하고 지도하였다.

5.1 라훌라의 첫째 교계

5.1.1 거짓말하지 말라

사실을 부풀리는 거짓말 세존께서는 물그릇에 담긴 발을 씻은 물을 노지에 쏟아 버리시고 라훌라에게 이렇게 물으셨다. 라훌라야, 너는 이 물그릇에 발을 씻은 물이 조금 남아 있는 것을 보느냐? "그렇습니다, 세존이시여." 라훌라야, 이렇게 물그릇에 물이 조금 남아 있음에도 불구하고 물그릇에 물이 가득 있다고 고의로 거짓말하는 자가 되어서는 아니 된다. 알고도 고의로 거짓말하는 것을 전혀 부끄러워하지도 뉘우치지도 않는 자는 바르게 깨친 이의 아들이 아니고 제자도 아니다. 이같이 물그릇에 조금 남은 발을 씻은 물처럼 하찮은 것에도 거짓말을 하여서는 아니 되는데 하물며 다른 것들에 대하여서는 말하여 무엇 하겠는가! 라훌라야, 알고도 고의로 거짓말을 하지 않는 것이 출가자가 지켜야 할 법이니라. 너는 이것을 마땅히 배워서 지켜야 한다.

그러자 세존께서는 물그릇에 조금 남은 발을 씻은 물마저 노지에 쏟아 버리시고 물으셨다. 라훌라야, 너는 물그릇에 조금 남은 발을 씻은 물이 노지에 버려진 것을 보느냐? "그렇습니다, 세존이시여." 라훌라야, 이렇게 물그릇에 조금 남은 발을 씻은 물이 모두 버려져 물그릇이 비워졌음에도 불구하고 물그릇에 물이 조금 남아 있다고 고의로 거짓말하는 자가 되어서는 아니 된다. 알고도 고의로 거짓말하는 것을 전혀 부끄러워하지도 뉘우치지도 않는 자는 바르게 깨친 이의 아들이 아니고 제자도 아니다. 이같이 물그릇에 조금 남은 발을 씻은 물이 버려진 것처럼 하찮은 것에도 거짓말을 하여서는 아니 되는데 하물며 다른 것들에 대하여서는 말하여 무엇 하겠는가! 라훌라야, 알고도 고의로 거짓말을 하지 않는 것이 출가자가 지켜야 할 법이니라. 너는 이것을 마땅히 배워서 지켜야 한다.

사실을 뒤집는 거짓말 세존께서는 그 물그릇을 뒤집어엎으시고 물으셨다. 라훌라야, 너는 이 물그릇이 뒤집힌 것을 보느냐? "그렇습니다, 세존이시여." 라훌라야, 이렇게 물그릇이 뒤집혀 있음에도 불구하고 물그릇이 바르게 있다고 고의로 거짓말하는 자가 되어서는 아니 된다. 알고도 고의로 거짓말하는 것을 전혀 부끄러워하지도 뉘우치지도 않는 자는 바르게 깨친 이의 아들이 아니고 제자도 아니다. 이같이 물그릇이 뒤집힌 것처럼 하찮은 것에도 거짓말을 하여서는 아니 되는데 하물며 다른 것들에 대하여서는 말하여 무엇 하겠는가! 라훌라야, 알고도 고의로 거짓말을 하지 않는 것이 출가자가 지켜야 할 법이니라. 너는 이것을 마땅히 배워서 지켜야 한다.

세존께서는 그 물그릇을 다시 바로 세우시고 물으셨다. 라훌라야, 너는 이 물그릇이 바로 세워진 것을 보느냐? "그렇습니다, 세존이시여." 라훌라야, 이렇게 물그릇이 바로 세워져 있음에도 불구하고 물그릇이 뒤집혀 있다고 고의로 거짓말하는 자가 되어서는 아니 된다. 알고도 고의로 거짓말하는 것을 전혀 부끄러워하지도 뉘우치지도 않는 자는 바르게 깨친 이의 아들이 아니고 제자도 아니다. 이같이 물그릇이 바로 세워진 것처럼 하찮은 것에도 거짓말을 하여서는 아니 되는데 하물며 다른 것들에 대하여서는 말하여 무엇 하겠는가! 라훌라야, 알고도 고의로 거짓말을 하지 않는 것이 출가자가 지켜야 할 법이니라. 너는 이것을 마땅히 배워서 지켜야 한다.

악행을 초래하는 거짓말 라훌라야, 예를 들면 어떤 왕의 코끼리가 마차의 깃대만 한 상아를 가졌고 건장하고 혈통 좋고 전쟁에 능숙하다고 하자. 그 코끼리는 전쟁터에 나가 살아 있는 생명들을 앞발로도 죽이거나 해치고 뒷발로도 죽이거나 해치고 몸의 앞부분도 사용하고 뒷부분도 사용하고 머리도 사용하고 귀도 사용하고 상아도 사용하고 꼬리도 사용하여 살아 있는 생명들을 죽이거나 해치지만 코는 사용하지 않고 오히려 보호한다. 이것을 본 코끼리에 타고 있는 자에게 이러한 생각이 들 것이다. '이 왕의 코끼리는 마차의 깃대만 한 상아를 가졌고 건장하고 혈통 좋고 전쟁에 능숙하다. 이 코끼리는 전쟁터에 나가 살아 있는 생명들을 앞발로도 죽이거나 해치고 뒷발로도 죽이거나 해치고 몸의 앞부분도 사용하고 뒷부분도 사용하고 머리도 사용하고 귀도 사용하고 상아도 사용하고 꼬리도 사용하여 살아 있는 생명들을 죽이거나 해치지만 코는 사용하지 않고 오히려 보호하고 있다. 이 왕의 코끼리는 살아 있는 생명들을 죽이거나 해치는 데 목숨까지 내놓지는 않는구나.'

라훌라야, 그런데 만약 예를 들면 어떤 왕의 코끼리가 마차의 깃대만 한 상아를 가졌고 건장하고 혈통 좋고 전쟁에 능숙하다고 하자. 그 코끼리는 전쟁터에 나가 살아 있는 생명들을 앞발로도 죽이거나 해치고 뒷발로도 죽이거나 해치고 몸의 앞부분도 사용하고 뒷부분도 사용하고 머리도 사용하고 귀도 사용하고 상아도 사용하고 꼬리도 사용할 뿐만 아니라 코까지도 사용하여 살아 있는 생명들을 죽이거나 해친다. 이것을 본 코끼리에 타고 있는 자에게 이러한 생각이 들 것이다. '이 왕의 코끼리는 마차의 깃대만 한 상아를 가졌고 건장하고 혈통 좋고 전쟁에 능숙하다. 이 코끼리는 전쟁터에 나가 살아 있는 생명들을 앞발로도 죽이거나 해치고 뒷발로도 죽이거나 해치고 몸의 앞부분도 사용하고 뒷부분도 사용하고 머리도 사용하고 귀도 사용하고 상아도 사용하고 꼬리도 사용할 뿐만 아니라 코까지도 사용하여 살아 있는 생명들을 죽이거나 해친다. 이 왕의 코끼리는 살아 있는 생명들을 죽이거나 해치는 데 참으로 목숨까지 내놓았구나. 이제 이 왕의 코끼리가 살아 있는 생명들을 죽이거나 해치는 데 하지 못하는 일이란 없다.'

라훌라야, 코까지 사용하여 살아 있는 생명들을 죽이거나 해치는 왕의 코끼리가 살아 있는 생명들을 죽이거나 해치는 데 하지 못하는 일이란 없는 것과 같이 알고도 고의로 거짓말하는 것을 전혀 부끄러워하지도 뉘우치지도 않는 자는 누구든지 몸으로 악한 행위를 저지르는 데 하지 못하는 일이란 없다고 나는 말한다. 라훌라야, 너는 어떠한 경우라도 거짓말을 해서는 아니 된다. 장난이나 농담으로라도 결코 거짓말을 하여서는 아니 된다. 장난이나 농담으로라도 거짓말을 하는 자는 바르게 깨친 이의 아들이 아니고 제자도 아니다. 라훌라야, 장난이나 농담으로라도 거짓말을 하지 않는 것이 출가자가 지켜야 할 법이니라. 너는 이것을 마땅히 배워서 지켜야 한다.

5.1.2 신구의 삼행을 비추어 보라

세존께서는 이어서 말씀하셨다. 라훌라야, 너는 이것을 어떻게 생각하는가? 거울의 용도는 무엇인가? "얼굴이 깨끗한지 깨끗하지 않은지 비추어 보는 것입니다, 세존이시여." 라훌라야, 그러하다. 얼굴이 깨끗한지 깨끗하지 않은지 거울에 비추어 보는 것과 같이 몸의 행위가 깨끗한지 깨끗하지 않은지 계속하여 비추어 보면서 몸의 행위를 하여야 하고, 말의 행위가 깨끗한지 깨끗하지 않은지 계속하여 비추어 보면서 말의 행위를 하여야 하고, 마음의 행위가 깨끗한지 깨끗하지 않은지 계속하여 비추어 보면서 마음의 행위를 하여야 한다.

몸의 행위를 비춤 라훌라야, 너는 어떤 몸의 행위를 하고자 한다면, 너는 그 몸의 행위를 마치 거울에 얼굴을 비추어 보듯이 이렇게 비추어 보아야 한다. '나는 이제 몸의 행위를 하려고 한다. 내가 지금 하려고 하는 몸의 행위가 나를 해치게 되거나 다른 사람을 해치게 되거나 나와 남 둘 다를 해치게 되는 것은 아닐까? 이 몸의 행위가 해로운 것이어서 괴로운 과보를 가져오게 되어 괴로움으로 귀결되는 것은 아닐까?' 라훌라야, 만일 네가 이같이 비추어 보아 '내가 지금 하려고 하는 몸의 행위가 나를 해치게 되거나 다른 사람을 해치게 되거나 나와 남 둘 다를 해치게 될 것이다. 이 몸의 행위가 해로운 것이어서 괴로운 과보를 가져오게 되어 괴로움으로 귀결되는 것이다.'라고 알게 된다면, 너는 그와 같은 몸의 행위를 절대로 해서는 아니 된다. 라훌라야, 만일 네가 이같이 비추어 보아 '내가 지금 하려고 하는 몸의 행위가 나를 해치지도 않을 것이고 다른 사람을 해치지도 않을 것이고 나와 남 둘 다를 해치지도 않을 것이다. 이 몸의 행위가 유익한 것이어서 즐거운 과보를 가져오게 되어 즐거움으로 귀결되는 것이다.'라고 알게 된다면, 너는 그와 같은 몸의 행위를 마땅히 하여야 한다.

라훌라야, 너는 어떤 몸의 행위를 지금 하고 있다면, 너는 그 몸의 행위를 마치 거울에 얼굴을 비추어 보듯이 이렇게 비추어 보아야 한다. '나는 지금 몸의 행위를 하고 있다. 내가 지금 행하고 있는 몸의 행위가 나를 해치게 되거나 다른 사람을 해치게 되거나 나와 남 둘 다를 해치게 되는 것은 아닐까? 이 몸의 행위가 해로운 것이어서 괴로운 과보를 가져오게 되어 괴로움으로 귀결되는 것은 아닐까?' 라훌라야, 만일 네가 이같이 비추어 보아 '내가 지금 행하고 있는 몸의 행위가 나를 해치게 되거나 다른 사람을 해치게 되거나 나와 남 둘 다를 해치게 될 것이다. 이 몸의 행위가 해로운 것이어서 괴로운 과보를 가져오게 되어 괴로움으로 귀결되는 것이다.'라고 알게 된다면, 너는 그와 같은 몸의 행위를 당장 중지하여야 한다. 라훌라야, 만일 네가 이같이 비추어 보아 '내가 지금 행하고 있는 몸의 행위가 나를 해치지도 않을 것이고 다른 사람을 해치지도 않을 것이고 나와 남 둘 다를 해치지도 않을 것이다. 이 몸의 행위가 유익한 것이어서 즐거운 과보를 가져오게 되어 즐거움으로 귀결되는 것이다.'라고 알게 된다면, 너는 그와 같은 몸의 행위를 마땅히 계속해서 하여야 한다.

라훌라야, 너는 어떤 몸의 행위를 이미 하였다면, 너는 그 몸의 행위를 마치 거울에 얼굴을 비추어 보듯이 이렇게 비추어 보아야 한다. '나는 이미 몸의 행위를 하였다. 내가 이미 행하였던 몸의 행위가 나를 해치거나 다른 사람을 해치거나 나와 남 둘 다를 해치는 것은 아닐까? 이 몸의 행위가 해로운 것이어서 괴로운 과보를 가져와 괴로움으로 귀결된 것은 아닐까?' 라훌라야, 만일 네가 이같이 비추어 보아 '내가 이미 행하였던 몸의 행위가 나를 해치거나 다른 사람을 해치거나 나와 남 둘 다를 해치는 것이다. 이 몸의 행위가 해로운 것이어서 괴로운 과보를 가져와 괴로움으로 귀결된 것이다.'라고 알게 된다면, 너는 그와 같은 몸의 행위를 이미 행하였음을 스승이나 현명한 비구들에게 실토하고 드러내고 밝혀야 한다. 그렇게 하여 미래에는 그와 같은 몸의 행위를 다시는 반복하지 않도록 단속하여야 한다. 라훌라야, 만일 네가 이같이 비추어 보아 '내가 이미 하였던 몸의 행위가 나를 해치지도 않고 다른 사람을 해치지도 않고 나와 남 둘 다를 해치지도 않는다. 이 몸의 행위가 유익한 것이어서 즐거운 과보를 가져와 즐거움으로 귀결되는 것이다.'라고 알게 된다면, 너는 그와 같은 몸의 행위를 미래에도 마땅히 계속해서 하여야 한다. 그렇게 한다면 너는 밤낮으로 유익한 법을 공부 지으면서 희열과 환희로 머물게 될 것이다.

말의 행위를 비춤 라훌라야, 너는 어떤 말의 행위를 하고자 한다면, 너는 그 말의 행위를 마치 거울에 얼굴을 비추어 보듯이 이렇게 비추어 보아야 한다. '나는 이제 말의 행위를 하려고 한다. 내가 지금 하려고 하는 말의 행위가 나를 해치게 되거나 다른 사람을 해치게 되거나 나와 남 둘 다를 해치게 되는 것은 아닐까? 이 말의 행위가 해로운 것이어서 괴로운 과보를 가져오게 되어 괴로움으로 귀결되는 것은 아닐까?' 라훌라야, 만일 네가 이같이 비추어 보아 '내가 지금 하려고 하는 말의 행위가 나를 해치게 되거나 다른 사람을 해치게 되거나 나와 남 둘 다를 해치게 될 것이다. 이 말의 행위가 해로운 것이어서 괴로운 과보를 가져오게 되어 괴로움으로 귀결되는 것이다.'라고 알게 된다면, 너는 그와 같은 말의 행위를 절대로 해서는 아니 된다. 라훌라야, 만일 네가 이같이 비추어 보아 '내가 지금 하려고 하는 말의 행위가 나를 해치지도 않을 것이고 다른 사람을 해치지도 않을 것이고 나와 남 둘 다를 해치지도 않을 것이다. 이 말의 행위가 유익한 것이어서 즐거운 과보를 가져오게 되어 즐거움으로 귀결되는 것이다.'라고 알게 된다면, 너는 그와 같은 말의 행위를 마땅히 하여야 한다.

라훌라야, 너는 어떤 말의 행위를 지금 하고 있다면, 너는 그 말의 행위를 마치 거울에 얼굴을 비추어 보듯이 이렇게 비추어 보아야 한다. '나는 지금 말의 행위를 하고 있다. 내가 지금 행하고 있는 말의 행위가 나를 해치게 되거나 다른 사람을 해치게 되거나 나와 남 둘 다를 해치게 되는 것은 아닐까? 이 말의 행위가 해로운 것이어서 괴로운 과보를 가져오게 되어 괴로움으로 귀결되는 것은 아닐까?' 라훌라야, 만일 네가 이같이 비추어 보아 '내가 지금 행하고 있는 말의 행위가 나를 해치게 되거나 다른 사람을 해치게 되거나 나와 남 둘 다를 해치게 될 것이다. 이 말의 행위가 해로운 것이어서 괴로운 과보를 가져오게 되어 괴로움으로 귀결되는 것이다.'라고 알게 된다면, 너는 그와 같은 말의 행위를 당장 중지하여야 한다. 라훌라야, 만일 네가 이같이 비추어 보아 '내가 지금 행하고 있는 말의 행위가 나를 해치지도 않을 것이고 다른 사람을 해치지도 않을 것이고 나와 남 둘 다를 해치지도 않을 것이다. 이 말의 행위가 유익한 것이어서 즐거운 과보를 가져오게 되어 즐거움으로 귀결되는 것이다.'라고 알게 된다면, 너는 그와 같은 말의 행위를 마땅히 계속해서 하여야 한다.

라훌라야, 너는 어떤 말의 행위를 이미 하였다면, 너는 그 말의 행위를 마치 거울에 얼굴을 비추어 보듯이 이렇게 비추어 보아야 한다. '나는 이미 말의 행위를 하였다. 내가 이미 행하였던 말의 행위가 나를 해치거나 다른 사람을 해치거나 나와 남 둘 다를 해치는 것은 아닐까? 이 말의 행위가 해로운 것이어서 괴로운 과보를 가져와 괴로움으로 귀결된 것은 아닐까?' 라훌라야, 만일 네가 이같이 비추어 보아 '내가 이미 행하였던 말의 행위가 나를 해치거나 다른 사람을 해치거나 나와 남 둘 다를 해치는 것이다. 이 말의 행위가 해로운 것이어서 괴로운 과보를 가져와 괴로움으로 귀결된 것이다.'라고 알게 된다면, 너는 그와 같은 말의 행위를 이미 하였음을 스승이나 현명한 비구들에게 실토하고 드러내고 밝혀야 한다. 그렇게 하여 미래에는 그와 같은 말의 행위를 다시는 반복하지 않도록 단속하여야 한다. 라훌라야, 만일 네가 이같이 비추어 보아 '내가 이미 행하였던 말의 행위가 나를 해치지도 않고 다른 사람을 해치지도 않고 나와 남 둘 다를 해치지도 않는다. 이 말의 행위가 유익한 것이어서 즐거운 과보를 가져와 즐거움으로 귀결되는 것이다.'라고 알게 된다면, 너는 그와 같은 말의 행위를 미래에도 마땅히 계속해서 하여야 한다. 그렇게 한다면 너는 밤낮으로 유익한 법을 공부 지으면서 희열과 환희로 머물게 될 것이다.

마음의 행위를 비춤 라훌라야, 너는 어떤 마음의 행위를 하고자 한다면, 너는 그 마음의 행위를 마치 거울에 얼굴을 비추어 보듯이 이렇게 비추어 보아야 한다. '나는 이제 마음의 행위를 하려고 한다. 내가 지금 하려고 하는 마음의 행위가 나를 해치게 되거나 다른 사람을 해치게 되거나 나와 남 둘 다를 해치게 되는 것은 아닐까? 이 마음의 행위가 해로운 것이어서 괴로운 과보를 가져오게 되어 괴로움으로 귀결되는 것은 아닐까?' 라훌라야, 만일 네가 이같이 비추어 보아 '내가 지금 행하려고 하는 마음의 행위가 나를 해치게 되거나 다른 사람을 해치게 되거나 나와 남 둘 다를 해치게 될 것이다. 이 마음의 행위가 해로운 것이어서 괴로운 과보를 가져오게 되어 괴로움으로 귀결되는 것이다.'라고 알게 된다면, 너는 그와 같은 마음의 행위를 절대로 해서는 아니 된다. 라훌라야, 만일 네가 이같이 비추어 보아 '내가 지금 행하려고 하는 마음의 행위가 나를 해치지도 않을 것이고 다른 사람을 해치지도 않을 것이고 나와 남 둘 다를 해치지도 않을 것이다. 이 마음의 행위가 유익한 것이어서 즐거운 과보를 가져오게 되어 즐거움으로 귀결되는 것이다.'라고 알게 된다면, 너는 그와 같은 마음의 행위를 마땅히 하여야 한다.

라훌라야, 너는 어떤 마음의 행위를 지금 하고 있다면, 너는 그 마음의 행위를 마치 거울에 얼굴을 비추어 보듯이 이렇게 비추어 보아야 한다. '나는 지금 마음의 행위를 하고 있다. 내가 지금 행하고 있는 마음의 행위가 나를 해치게 되거나 다른 사람을 해치게 되거나 나와 남 둘 다를 해치게 되는 것은 아닐까? 이 마음의 행위가 해로운 것이어서 괴로운 과보를 가져오게 되어 괴로움으로 귀결되는 것은 아닐까?' 라훌라야, 만일 네가 이같이 비추어 보아 '내가 지금 행하고 있는 마음의 행위가 나를 해치게 되거나 다른 사람을 해치게 되거나 나와 남 둘 다를 해치게 될 것이다. 이 마음의 행위가 해로운 것이어서 괴로운 과보를 가져오게 되어 괴로움으로 귀결되는 것이다.'라고 알게 된다면, 너는 그와 같은 마음의 행위를 당장 중지하여야 한다. 라훌라야, 만일 네가 이같이 비추어 보아 '내가 지금 행하고 있는 마음의 행위가 나를 해치지도 않을 것이고 다른 사람을 해치지도 않을 것이고 나와 남 둘 다를 해치지도 않을 것이다. 이 마음의 행위가 유익한 것이어서 즐거운 과보를 가져오게 되어 즐거움으로 귀결되는 것이다.'라고 알게 된다면, 너는 그와 같은 마음의 행위를 마땅히 계속해서 하여야 한다.

라훌라야, 너는 어떤 마음의 행위를 이미 하였다면, 너는 그 마음의 행위를 마치 거울에 얼굴을 비추어 보듯이 이렇게 비추어 보아야 한다. '나는 이미 마음의 행위를 하였다. 내가 이미 행하였던 마음의 행위가 나를 해치거나 다른 사람을 해치거나 나와 남 둘 다를 해치는 것은 아닐까? 이 마음의 행위가 해로운 것이어서 괴로운 과보를 가져와 괴로움으로 귀결된 것은 아닐까?' 라훌라야, 만일 네가 이같이 비추어 보아 '내가 이미 행하였던 마음의 행위가 나를 해치거나 다른 사람을 해치거나 나와 남 둘 다를 해치는 것이다. 이 마음의 행위가 해로운 것이어서 괴로운 과보를 가져와 괴로움으로 귀결되는 것이다.'라고 알게 된다면, 너는 그와 같은 마음의 행위를 이미 하였음을 부끄러워하고 뉘우치고 진저리를 쳐야 하고 그와 같은 마음의 행위를 마음에서 몰아내야 한다. 그렇게 하여 미래에는 그와 같은 마음의 행위를 다시는 반복하지 않도록 단속하여야 한다. 라훌라야, 만일 네가 이같이 비추어 보아 '내가 이미 행하였던 마음의 행위가 나를 해치지도 않고 다른 사람을 해치지도 않고 나와 남 둘 다를 해치지도 않는다. 이 마음의 행위가 유익한 것이어서 즐거운 과보를 가져와 즐거움으로 귀결된 것이다.'라고 알게 된다면, 너는 그와 같은 마음의 행위를 미래에도 마땅히 계속해서 하여야 한다. 그렇게 한다면 너는 밤낮으로 유익한 법을 공부 지으면서 희열과 환희로 머물게 될 것이다.

5.1.3 신구의 삼행을 청정하게 하라

라훌라야, 몸의 행위가 청정하였고 말의 행위가 청정하였고 마음의 행위가 청정하였던 과거 세상의 모든 출가자는 모두 이같이 계속해서 비추어 봄에 의하여 몸의 행위가 청정하여졌고, 말의 행위가 청정하여졌고, 마음의 행위가 청정하여졌다. 라훌라야, 몸의 행위가 청정할 것이고 말의 행위가 청정할 것이고 마음의 행위가 청정할 미래 세상의 모든 출가자도 모두 이같이 계속해서 비추어 봄에 의하여 몸의 행위가 청정하여질 것이고, 말의 행위가 청정하여질 것이고, 마음의 행위가 청정하여질 것이다. 라훌라야, 몸의 행위가 청정하고 말의 행위가 청정하고 마음의 행위가 청정한 지금 세상의 모든 출가자도 모두 이같이 계속해서 비추어 봄에 의하여 몸의 행위가 청정하고, 말의 행위가 청정하고, 마음의 행위가 청정하다. 라훌라야, 그러므로 여기서 너는 '이같이 계속해서 비추어 봄에 의하여 몸의 행위를 청정하게 하리라, 이같이 계속해서 비추어 봄에 의하여 말의 행위를 청정하게 하리라, 이같이 계속해서 비추어 봄에 의하여 마음의 행위를 청정하게 하리라.'고 공부하여야 한다. 세존께서는 이같이 설하셨다. 라훌라는 흡족한 마음으로 세존의 말씀을 크게 기뻐하였다.MN61

5.2 라훌라의 둘째 교계

라훌라가 자라서 열여덟 살[63]이 되어 한창 사춘기 시절 어느 날 오전에 위의를 갖추어 기워 만든 대의를 입고 발우를 지니고 세존의 뒤를 따라 걸식을 갔다. 세존의 뒤를 따라가면서 세존의 발끝부터 머리끝까지 살펴보면서 라훌라는 이렇게 생각하였다. '세존께서는 참으로 멋지시다. 세존의 황금색 피부에는 광채가 찬란히 빛나니 세존의 모습은 마치 천상의 보석처럼 참으로 아름답다. 세존의 몸은 참으로 훌륭하다. 나는 이러한 세존의 유일한 아들이다. 세존의 피부를 닮은 나의 피부는 세존처럼 빛나고 세존의 몸을 닮은 나의 몸은 참으로 멋지고 아름답다. 만약 세존께서 세상을 평정하여 다스리는 전륜성왕이 되셨다면 나는 전륜성왕의 사리를 이을 후계자가 되어 이 세상을 더욱 아름답게 만들 수 있을 것이다.' 그러자 세존께서는 가던 걸음을 멈추고 온몸으로 돌아서서 라훌라를 보시면서 라훌라를 불러 이렇게 말씀하셨다.

라훌라여, 사대와 사대로 이루어진 물질인 색色이라고 하는 것은 그것이 어떤 것이든지, 예를 들어, 그것이 몸이든 몸이 아니든, 과거의 것이든 미래의 것이든 혹은 현재의 것이든, 안의 것이든 밖의 것이든, 거친 것이든 섬세한 것이든, 저열한 것이든 수승한 것이든, 멀리 있는 것이든 가까이 있는 것이든, 그 모든 색에 대하여 '이것은 나의 것이 아니다. 이것은 나

63 우기를 기준으로 보면 19세가 된다.

의 색이 아니다. 이것은 나의 자아가 아니다.'라고 선명하게 보고 알아야 한다. 이때 라훌라는 마음속으로 깜짝 놀라면서 세존께 여쭈었다. "오직 사대와 사대로 이루어진 물질인 색만 그러합니까, 세존이시여? 오직 사대와 사대로 이루어진 물질인 색만 그러합니까, 선서시여?" 라훌라여, 사대와 사대로 이루어진 물질인 색과 마찬가지로 수受, 상想, 행行, 식識도 그러하다.

세존께서는 이렇게 말씀하시고는 온몸으로 돌아서서 가던 길을 이어서 가셨다. 그러자 라훌라는 이렇게 생각하였다. '세존께서는 몸과 세상에 대한 나의 잘못된 생각을 아시고 경책하는 가르침을 주셨다. 누가 목전에서 세존의 경책하는 가르침을 받고 마을로 걸식을 가겠는가!' 라훌라는 그 자리에서 돌아서서 숲속의 거처로 되돌아왔다. 그리고 어느 나무 아래에서 상체를 곧추세우고 앉아 몸과 세상에 대한 자신의 잘못된 생각을 끊어버리고 세존의 가르침을 깊이 사유하면서 마음속에 새겼다. 라훌라의 스승인 사리뿟따는 세존과 다른 곳에서 걸식을 마치고 돌아와 라훌라가 세존으로부터 경책의 가르침을 받은 사실을 알지 못한 채 라훌라가 나무 아래에 앉아 있는 것을 보았다. 그는 라훌라에게 이렇게 말하였다. "라훌라여, 몸의 들숨과 날숨에 대한 사띠의 확립을 닦아라. 라훌라여, 몸의 들숨과 날숨에 대한 사띠의 확립을 닦고 많이 닦아 사띠를 확립하면 실로 큰 결실과 큰 공덕이 있다." 세존과 스승에게 가르침을 받은 라훌라는 나무 아래에 앉아 움직이지 않았다. 해거름쯤에 라훌라는 자리에서 일어나 세존을 뵈러 가서 세존께 절을 올리고 한 곁에 앉아서 여쭈었다. "세존이시여, 어떻게 몸의 들숨과 날숨에 대한 사띠의 확립을 닦고 많이 닦아 사띠를 확립하면 실로 큰 결실과 큰 공덕이 있게 됩니까?"

라훌라여, 너는 여래가 오늘 오전에 한 말을 기억하고 있느냐? "예, 세존이시여. 저는 그 말씀을 기억하고 있습니다. 세존께서 하신 말씀은 이러합니다. 사대와 사대로 이루어진 물질인 색이라고 하는 것은 그것이 어떤 것이든지, 예를 들어, 그것이 몸이든 몸이 아니든, 과거의 것이든 미래의 것이든 혹은 현재의 것이든, 안의 것이든 밖의 것이든, 거친 것이든 섬세한 것이든, 저열한 것이든 수승한 것이든, 멀리 있는 것이든 가까이 있는 것이든, 그 모든 색에 대하여 '이것은 나의 것이 아니다. 이것은 나의 색이 아니다. 이것은 나의 자아가 아니다.'라고 선명하게 보고 알아야 한다. 사대와 사대로 이루어진 물질인 색처럼 수, 상, 행, 식도 그러하다. 이같이 세존께서 하신 말씀을 저는 기억합니다."

5.2.1 지·수·화·풍·공과 같은 범행

라훌라여, 사대와 사대로 이루어진 물질인 색이라고 하는 것은 그것이 어떤 것이든지, 예를 들어, 그것이 몸이라고 한다면 몸에 대하여 '이것은 나의 것이 아니다. 이것은 나의 몸이 아니다. 이것은 나의 자아가 아니다.'라고 선명하게 보고 알아야 한다. 라훌라여, 그런데 사대와 사대로 이루어진 몸을 어떻게 이같이 선명하게 보고 알 수 있겠는가? "세존이시여, 저의 법은 세존을 근원으로 하며, 세존을 길잡이로 하며, 세존을 귀의처로 합니다. 세존께서 말씀하신 뜻을 친히 밝혀 주신다면 참으로 감사하겠습니다. 저는 세존께 잘 듣고 마음에 새겨 지닐 것입니다." 라훌라여, 그렇다면 잘 듣고 마음에 잘 새기도록 하라. 나는 설하리라. "그렇게 하겠습니다, 세존이시여."라고 대답하였고 세존께서는 이렇게 말씀하셨다.

라훌라여, 사대와 사대로 이루어진 몸을 그 구성으로 나누어 보면 몸은 머리카락·몸털·손발톱·이빨·피부, 살·근육·뼈·골수, 신장·심장·간장·늑막·비장·폐, 큰창자·작은창자·위장·배설물, 뇌수·담즙·가래·고름·피·땀·지방, 눈물·유액·침물·콧물·관절액·오줌으로 구성되어 있음을 선명하게 직시하여야 한다. 또한 사대와 사대로 이루어진 몸을 그 구성성분으로 나누어 보면 몸은 사대인 땅地, 물水, 불火, 바람風과 공간空의 내적 구성성분으로 이루어져 있음을 선명하게 직시하여야 한다.

땅과 같은 범행 라훌라여, '내적 구성성분의 땅이란 무엇인가? 몸의 내부에 속하는 것으로 고체, 고체처럼 견고하게 된 것, 서로 밀착되어 덩어리처럼 붙은 것으로 머리카락·몸털·손발톱·이빨·피부, 살·근육·뼈·골수, 신장·심장·간장·늑막·비장·폐, 큰창자·작은창자·위장·배설물 그리고 그 외에도 고체, 고체처럼 견고하게 된 것, 서로 밀착되어 덩어리처럼 붙은 것은 무엇이든 내적 구성성분의 땅이라고 한다. 내적 구성성분의 땅이든 외적 구성성분의 땅이든 그것은 단지 땅일 뿐이다. 사람들이 땅에 깨끗한 것, 더러운 것, 똥, 오줌, 침, 고름, 피를 버리지만 그렇다고 이것 때문에 땅은 좋아하거나, 거부하거나, 모욕당하거나, 혐오하지 않는다.'[**내적 구성성분의 땅**]

라훌라여, '이같이 땅을 직시하여 땅과 같은 범행을 닦아야 한다. 땅을 직시하여 땅과 같은 범행을 닦으면 마음에 드는 감각 접촉과 마음에 들지 않는 감각 접촉이 일어나더라도 마음을 사로잡아 마음에 남지 않는다. 나아가 몸의 구성성분인 땅에 대하여 '이것은 나의 것이 아니다. 이것은 나의 몸이 아니다. 이것은 나의 자아가 아니다.'라고 직시해야 한다. 이같이 직시하면서 땅과 같은 범행을 닦을 때 마음이 땅에서 벗어나고 땅에 대하여 오염되지 않은 채 땅을 선명하게 보고 알게 된다.'[**땅과 같은 범행**]

물과 같은 범행 라훌라여, '내적 구성성분의 물이란 무엇인가? 몸의 내부에 속하는 것으로 액체, 액체처럼 습한 것, 서로 밀착되어 액체처럼 고인 것으로 뇌수·담즙·가래·고름·피·땀·지방, 눈물·유액·침물·콧물·관절액·오줌 그리고 그 외에도 액체, 액체처럼 습한 것, 서로 밀착되어 액체처럼 고인 것은 무엇이든 내적 구성성분의 물이라고 한다. 내적 구성성분의 물이든 외적 구성성분의 물이든 그것은 단지 물일 뿐이다. 사람들이 물에 깨끗한 것, 더러운 것, 똥, 오줌, 침, 고름, 피를 씻지만 그렇다고 이것 때문에 물은 좋아하거나, 거부하거나, 모욕당하거나, 혐오하지 않는다.'[**내적 구성성분의 물**]

라훌라여, '이같이 물을 직시하여 물과 같은 범행을 닦아야 한다. 물을 직시하여 물과 같은 범행을 닦으면 마음에 드는 감각 접촉과 마음에 들지 않는 감각 접촉이 일어나더라도 마음을 사로잡아 마음에 남지 않는다. 나아가 몸의 구성성분인 물에 대하여 '이것은 나의 것이 아니다. 이것은 나의 몸이 아니다. 이것은 나의 자아가 아니다.'라고 직시해야 한다. 이같이 직시하면서 물과 같은 범행을 닦을 때 마음이 물에서 벗어나고 물에 대하여 오염되지 않은 채 물을 선명하게 보고 알게 된다.'[**물과 같은 범행**]

불과 같은 범행 라훌라여, '내적 구성성분의 불이란 무엇인가? 몸의 내부에 속하는 것으로 화기火氣, 화기처럼 뜨거운 것, 서로 밀착되어 불처럼 온기가 있는 것으로 따뜻하게 하는 것, 늙게 하는 것, 소진消盡하는 것이나 먹고 마시고 섭취하고 맛본 것들을 완전하게 소화하는 것, 그리고 그 외에도 화기, 화기처럼 뜨거운 것, 서로 밀착되어 불처럼 온기가 있는 것은 무엇이든 내적 구성성분의 불이라고 한다. 내적 구성성분의 불이든 외적 구성성분의 불이든 그것은 단지 불일 뿐이다. 사람들이 불에 깨끗한 것, 더러운 것, 똥, 오줌, 침, 고름, 피를 태우지만 그렇다고 이것 때문에 불은 좋아하거나, 거부하거나, 모욕당하거나, 혐오하지 않는다.'[**내적 구성성분의 불**]

라훌라여, '이같이 불을 직시하여 불과 같은 범행을 닦아야 한다. 불을 직시하여 불과 같은 범행을 닦으면 마음에 드는 감각 접촉과 마음에 들지 않는 감각 접촉이 일어나더라도 마음을 사로잡아 마음에 남지 않는다. 나아가 몸의 구성성분인 불에 대하여 '이것은 나의 것이 아니다. 이것은 나의 몸이 아니다. 이것은 나의 자아가 아니다.'라고 직시해야 한다. 이같이 직시하면서 불과 같은 범행을 닦을 때 마음이 불에서 벗어나고 불에 대하여 오염되지 않은 채 불을 선명하게 보고 알게 된다.'[**불과 같은 범행**]

바람과 같은 범행 라훌라여, '내적 구성성분의 바람이란 무엇인가? 몸의 내부에 속하는 것으로 기체, 기체와 같은 것, 서로 밀착되어 기체처럼 움직이는 것으로 들숨, 날숨, 올라가는 바람 내려가는 바람, 복부에 있는 바람, 창자에 있는 바람, 사지四肢로 부는 바람 그리고 그 외에도 기체, 기체와 같은 것, 서로 밀착되어 기체처럼 움직이는 것은 무엇이든 내적 구성성분의 바람이라고 한다. 내적 구성성분의 바람이든 외적 구성성분의 바람이든 그것은 단지 바람일 뿐이다. 바람이 깨끗한 것, 더러운 것, 똥, 오줌,

침, 고름, 피를 향하여 불지만 그렇다고 이것 때문에 바람은 좋아하거나, 거부하거나, 모욕당하거나, 혐오하지 않는다.'[내적 구성성분의 바람]

라훌라여, '이같이 바람을 직시하여 바람과 같은 범행을 닦아야 한다. 바람을 직시하여 바람과 같은 범행을 닦으면 마음에 드는 감각 접촉과 마음에 들지 않는 감각 접촉이 일어나더라도 마음을 사로잡아 마음에 남지 않는다. 나아가 몸의 구성성분인 바람에 대하여 '이것은 나의 것이 아니다. 이것은 나의 몸이 아니다. 이것은 나의 자아가 아니다.'라고 직시해야 한다. 이같이 직시하면서 바람과 같은 범행을 닦을 때 마음이 바람에서 벗어나고 바람에 대하여 오염되지 않은 채 바람을 선명하게 보고 알게 된다.'[바람과 같은 범행]

공간과 같은 범행 라훌라여, '내적 구성성분의 공간이란 무엇인가? 몸의 내부에 속하는 것으로 공간, 공간과 같은 것, 서로 밀착되어 공간처럼 비어 있는 것으로 귓구멍, 콧구멍, 입안의 공간, 먹고 마시고 섭취하고 맛본 것들이 넘어가는 목구멍, 그것들이 모이는 공간, 그것들이 아래로 배설되는 공간 그리고 그 외에도 공간, 공간과 같은 것, 서로 밀착되어 공간처럼 비어 있는 것은 무엇이든 내적 구성성분의 공간이라고 한다. 내적 구성성분의 공간이든 외적 구성성분의 공간이든 그것은 단지 공간일 뿐이다. 공간은 깨끗한 것, 더러운 것, 똥, 오줌, 침, 고름, 피를 포용하지만 그렇다고 이것 때문에 공간은 좋아하거나, 거부하거나, 모욕당하거나, 혐오하지 않는다.'[내적 구성성분의 공간]

라훌라여, '이같이 공간을 직시하여 공간과 같은 범행을 닦아야 한다. 공간을 직시하여 공간과 같은 범행을 닦으면 마음에 드는 감각 접촉과 마음에 들지 않는 감각 접촉이 일어나더라도 마음을 사로잡아 마음에 남지 않는다. 나아가 몸의 구성성분인 공간에 대하여 '이것은 나의 것이 아니다. 이것은 나의 몸이 아니다. 이것은 나의 자아가 아니다.'라고 직시해야 한다. 이같이 직시하면서 공간과 같은 범행을 닦을 때 마음이 공간에서 벗어나고 공간에 대하여 오염되지 않은 채 공간을 선명하게 보고 알게 된

다.'[공간과 같은 범행]

라훌라여, 이같이 지·수·화·풍·공과 같은 범행을 닦으면 사대와 사대로 이루어진 물질인 색이라고 하는 것은 그것이 어떤 것이든지, 예를 들어, 그것이 몸이라고 한다면 몸에 대하여 '이것은 나의 것이 아니다. 이것은 나의 몸이 아니다. 이것은 나의 자아가 아니다.'라고 선명하게 보고 알게 된다. 이같이 사대와 사대로 이루어진 몸을 선명하게 보고 알게 되면 몸의 들숨과 날숨에 대한 사띠의 확립을 닦아라. 몸의 들숨과 날숨에 대한 사띠의 확립을 닦고 많이 닦아 사띠를 확립하면 실로 큰 결실과 큰 공덕이 있다. 라훌라여, 어떻게 몸의 들숨과 날숨에 대한 사띠의 확립을 닦고 많이 닦아 사띠를 확립하면 실로 큰 결실과 큰 공덕이 있게 되는가?

5.2.2 몸의 호흡에 대한 사띠의 확립

라훌라여, 몸의 들숨과 날숨에 대한 사띠의 확립을 닦고 많이 닦아 '사띠를 확립하려는 범행자는 먼저 숲이나 나무 아래 또는 외진 처소로 나아가 세상에 대한 탐욕과 싫어함을 버리고 초연하게 지내면서 바르게 앉아 상체를 곧추세우고 몸의 호흡을 단지 몸의 호흡으로 주시하며 머물면서 다음과 같이 사띠를 닦는다. 범행자는 어떤 경우든지 오직 사띠를 확립하면서 숨을 들이쉬고 오직 사띠를 확립하면서 숨을 내쉰다.

①숨을 길게 들이쉴 때 길게 들이쉰다고 선명하게 알고, 길게 내쉴 때 길게 내쉰다고 선명하게 안다. ②숨을 짧게 들이쉴 때 짧게 들이쉰다고 선명하게 알고, 짧게 내쉴 때 짧게 내쉰다고 선명하게 안다. ③숨을 들이쉴 때 모든 유형의 들숨을 경험하면서 숨을 들이쉬고, 숨을 내쉴 때 모든 유형의 날숨을 경험하면서 숨을 내쉰다. ④숨을 들이쉴 때 몸의 작용[身行]을 편안히 하면서 숨을 들이쉬고, 숨을 내쉴 때 몸의 작용을 편안히 하면서 숨을 내쉰다.

이같이 전적全的으로 사띠를 일으켜 세워 확립하되, 이것을 선명히 알아차려야 하고 열심히 하여 끊임없이 지속한다. 이렇게 게으르지 않고 열심히 스스로 독려하면서 머물면 마침내 세상에 얽힌 기억과 생각이 사라지고 마음은 고요해지고 사띠의 확립은 더욱 확고해진다.'[**사띠의 확립**] 이같이 몸의 들숨과 날숨에 대한 사띠의 확립을 닦고 많이 닦아 사띠를 확립하는 범행자는 죽음에 이르러 마지막 들숨이나 날숨이 소멸할 때도 마지막 소멸하는 숨을 선명하게 보고 안다. 그것을 모른 채 죽음에 이르지 않는다. 세존께서는 이같이 설하셨다. 사미 라훌라는 흡족한 마음으로 세존의 말씀을 크게 기뻐하였다.MN62

5.3 라훌라의 셋째 교계

한때 세존께서는 기원정사의 한적한 곳에서 홀로 앉아 계시던 중 이러한 생각이 떠올랐다. '라훌라에게 해탈이 무르익을 법이 성숙되었다.[64] 나는 라훌라를 번뇌의 소멸로 나아가도록 인도하리라.' 이렇게 생각하시고는 세존께서는 걸식하여 공양을 마치시고 라훌라를 불러서 말씀하셨다. 라훌라여, 너의 자리를 가지고 오너라. 여래와 함께 장님들의 숲[65]으로 가서 낮 동안의 한거閑居를 하도록 하자. "그렇게 하겠습니다, 세존이시여." 장님들의 숲에 도달하자 세존께서는 어떤 나무 아래에 마련된 자리에 앉으셨고 라훌라도 세존께 절을 올리고 한 곁에 앉았다. 세존께서는 이렇게 말씀하셨다.

오온의 소멸 라훌라여, 너는 이것을 어떻게 생각하는가? 안근眼根에 의하여 형성된 안내입처는 항상한가, 무상한가? "무상합니다, 세존이시여." 무상한 것은 즐거움인가, 괴로움인가? "괴로움입니다, 세존이시여." 무상하고 괴로움이고 변하기 마련인 안내입처를 두고 '이것은 나의 것이다, 이것은 나의 안내입처이다, 이것은 나의 자아다.'라고 여기는 것이 타당하겠는가? "그렇지 않습니다, 세존이시여. 그것은 타당하지 않겠나이다."

---

64 SN18에 의하면 세존께서는 본 설법과 관련된 내용을 20여 차례 이미 설법하셨다. 그리고 본 설법을 행하였을 때의 라훌라 나이는 알려지지 않지만 우기를 기준으로 보면 25~47세가 된다.
65 기원정사가 있는 사왓티의 남쪽에 있는 숲으로 조용하고 한적하여 한거하기에 좋은 곳이다.

라훌라여, 너는 이것을 어떻게 생각하는가? 색경色境에 의하여 형성된 색외입처는 항상한가, 무상한가? "무상합니다, 세존이시여." 무상한 것은 즐거움인가, 괴로움인가? "괴로움입니다, 세존이시여." 무상하고 괴로움이고 변하기 마련인 색외입처를 두고 '이것은 나의 것이다, 이것은 나의 색외입처이다, 이것은 나의 자아다.'라고 여기는 것이 타당하겠는가? "그렇지 않습니다, 세존이시여. 그것은 타당하지 않겠나이다."

라훌라여, 너는 이것을 어떻게 생각하는가? 안내입처를 인으로 색외입처를 연으로 색식色識이 발생하는데, 색을 비교하고 분별하는 색식은 항상한가, 무상한가? "무상합니다, 세존이시여." 무상한 것은 즐거움인가, 괴로움인가? "괴로움입니다, 세존이시여." 무상하고 괴로움이고 변하기 마련인 색식을 두고 '이것은 나의 것이다, 이것은 나의 색식이다, 이것은 나의 자아다.'라고 여기는 것이 타당하겠는가? "그렇지 않습니다, 세존이시여. 그것은 타당하지 않겠나이다."

라훌라여, 너는 이것을 어떻게 생각하는가? 안내입처, 색외입처, 색식의 삼사가 접촉하여 발생하는 안수, 색상, 안사는 항상한가, 무상한가? "무상합니다, 세존이시여." 무상한 것은 즐거움인가, 괴로움인가? "괴로움입니다, 세존이시여." 무상하고 괴로움이고 변하기 마련인 안수, 색상, 안사를 두고 '이것은 나의 것이다, 이것은 나의 안수, 색상, 안사이다, 이것은 나의 자아다.'라고 여기는 것이 타당하겠는가? "그렇지 않습니다, 세존이시여. 그것은 타당하지 않겠나이다."

라훌라여, 잘 배운 성스러운 제자는 안내입처라고 하는 것은 그것이 어떤 것이든지, 예를 들어, 그것이 과거의 것이든 미래의 것이든 혹은 현재의 것이든, 안의 것이든 밖의 것이든, 거친 것이든 섬세한 것이든, 저열한 것이든 수승한 것이든, 멀리 있는 것이든 가까이 있는 것이든, 그 모든 안내입처에 대하여 '이것은 나의 것이 아니다. 이것은 나의 안내입처가 아니다. 이것은 나의 자아가 아니다.'라고 선명하게 보고 알아야 한다. 이같이 보면서 안내입처를 염오하여 버려야 한다. 안내입처와 마찬가지로 색외입처, 색식, 안수, 색상, 안사라고 하는 것은 그것이 어떤 것이든지, 예를 들어, 그것이 과거의 것이든 미래의 것이든 혹은 현재의 것이든, 안의 것이든 밖의 것이든, 거친 것이든 섬세한 것이든, 저열한 것이든 수승한 것이든, 멀리 있는 것이든 가까이 있는 것이든, 그 모든 색외입처, 색식, 안수, 색상, 안사에 대하여 '이것은 나의 것이 아니다. 이것은 나의 색외입처, 색식, 안수, 색상, 안사가 아니다. 이것은 나의 자아가 아니다.'라고 선명하게 보고 알아야 한다. 이같이 보면서 색외입처, 색식, 안수, 색상, 안사를 염오하여 버려야 한다.

안과 색에 대한 설법과 마찬가지로 이와 성, 비와 향, 설과 미, 신과 촉 그리고 의와 법에 대하여서도 차례대로 설하셨다.[66]

라훌라여, 이같이 염오하고 버림으로써 취착이 빛바래진다. 빛바랜 취착이 사라지면 해탈한다. 해탈하면 해탈하였다는 지혜가 생긴다. 그리고 [**구경의 지혜**]를 보고 안다. 이 가르침이 설해졌을 때 라훌라는 취착이 사라져 모든 번뇌를 소멸하여 모든 번뇌로부터 해탈하였다. 라훌라는 흡족한 마음으로 세존의 말씀을 크게 기뻐하였다. 이때 라훌라는 아라한 중의 한 분이 되었고 배우기를 좋아하는 자들 가운데 으뜸이라고 세존께 칭송받는 자가 되었다.MN147, SN18

6 사리뿟따 존자

사리뿟따 존자의 부친 방간따는 날라까의 촌장이었으며 모친은 루빠사리였다. 그는 4남 3녀의 장남으로 날라까에서 태어났으며 이름은 우빠띳사였다. 세 명의 남동생 쭌다, 우빠세나, 레와따는 형의 권유로 모두 출가하여 아라한이 되었다. 세 명의 여동생 짤라, 우빠짤라, 시수빠짤라는 모친의 권유로 모두 결혼하여 각각 아들을 한 명씩 두었으나 오빠를 따라 어린

66 오온의 소멸에 대하여서는 오온의 차제로 설하는 방법, 일체의 차제로 설하는 방법, 십이연기의 차제로 설하는 방법, 구차제정의 차제로 설하는 방법 등이 있다. 그런데 본 설법에서는 일체의 차제로 설하였는데 생략된 부분을 드러내 보라. 그리고 십이연기의 차제와 구차제정의 차제로 오온의 소멸을 설하여 보라.

아들을 사미로 출가시킨 뒤 모두 출가하여 아라한이 되었다.

그는 둘도 없는 소꿉친구 꼴리따와 어릴 적부터 함께 자랐고 브라만의 교육과정을 같이 마쳤으며 두 가문이 힘을 합친 선대先代처럼 꼴리따와 함께 수백 명의 브라만 학도들을 가르쳤다. 32세에 그는 꼴리따와 수백 명의 브라만 학도들과 함께 산자야 벨랏티뿟따에게 출가하였다. 오래되지 않아 불가지론자不可知論者 또는 불가지론을 따르는 회의론자懷疑論者로 알려진 그에게서 더 이상 배울 것이 없다는 것을 알고 그는 꼴리따와 함께 인도 각지를 유행하면서 다양한 교단과 스승들을 만나 배우고 닦았다. 만족하지 못한 유행생활을 접고 그들은 8년 만에 고향으로 돌아왔다. 그리고 마가다에서 불사의 가르침을 펼치는 훌륭한 스승을 찾으면 서로에게 제일 먼저 알려 주기로 약조하고 각자 스승을 찾아 나섰다.

어느 날 걸식하는 어떤 출가승이 눈에 띄었다. 그의 몸짓과 걸음걸이는 엄정하고 평정하였으며 불만족이 전혀 없는 얼굴에는 행복과 고요함으로 가득하였으며 맑고 깊은 눈은 움직임이 없고 세상의 어디에도 머물지 않아 보였다. 존자는 '나는 8년 동안 저런 출가자를 본 적이 없었다. 저 출가자의 몸은 비록 이 세상에 있지만 저 출가자가 지닌 법은 그 법을 따르는 자를 이 세상에서 벗어나게 하는 법이 분명하리라.'라고 생각하고 그분이 공양을 미치자 다가갔다. "존자시여, 저의 이름은 우빠띳사라고 하며 스승은 산자야 벨랏티뿟따라고 합니다. 존자는 누구이며 스승은 어떤 분이 십니까? 존자의 스승께서는 어떤 법을 가르치십니까?" "존자시여, 저는 앗사지라고 하며 저의 스승은 석가모니 부처님이라고 하십니다. 저는 스승의 문하에서 공부한 지 오래되지 않아서 스승의 법을 온전히 전하지 못합니다." "존자시여, 존자께서 기억하시는 짧은 가르침이라도 베풀어 주시길 간청합니다." "존자시여, '모든 법은 연과 인으로 생성되나니 연과 인이 소멸하면 법 또한 소멸하나니.' 이같이 저의 스승의 가르침을 짧게 기억합니다." "존자시여, 존자의 스승을 뵈려면 제가 어디로 가야 하는지요?" "스승께서는 죽림정사에 머무시고 계십니다."

그는 '짧음에도 불구하고 이 가르침은 진리의 가르침이요 불사의 가르침이다. 그토록 찾았던 바로 그 가르침이다.'라고 생각하고 앗사지 존자에게 감사의 예의를 갖추어 물러났다.[67] 그는 꼴리따에게 다가가 이 사실을 전하였고, 꼴리따와 함께 산자야 벨랏티뿟따에게 나아가 새로운 스승을 찾았노라고 선언하고 그곳을 떠났다. 그곳에 함께 출가하였던 브라만 학도들 가운데 250명이 따라나섰다. 그들은 죽림정사의 세존께 나아갔다. 세존께서 말씀하셨다. 저기 나의 고결한 두 상수제자가 오고 있다. 그대들이여, 길을 열어 주어라. 이렇게 세존께 출가하여 비구가 된 우빠띳사와 꼴리따는 각각 모친의 이름을 따라 사리뿟따와 목갈라나라고 불리게 되었다.[68]

6.1 세존의 칭송

사리뿟따는 출가한 직후부터 세존의 그림자처럼 늘 세존의 곁에서 머물면서 세존을 방문하는 이들에게 설하시는 세존의 가르침을 귀담아듣고 익혔다. 세존의 가르침을 많이 듣고 배우고 이해하고 분석하고 통달하였다. 존자는 마침내 이렇게 말하였다. "도반들이여, 나는 스승의 가르침에서 단어와 표현과 문장으로 구성된 어떠한 뜻에 대하여서도 장애 없이 이해하는 의무애해義無礙解를 실현하였습니다. 스승의 가르침에서 단어와 표현과 문장으로 구성된 어떠한 법에 대하여서도 장애 없이 이해하는 법法무애해를 실현하였습니다. 스승의 가르침에서 단어와 표현과 문장으로 구성된 어떠한 말씀에 대하여서도 장애 없이 이해하는 사詞무애해를 실현하였습니다. 스승의 가르침에서 단어와 표현과 문장으로 구성된 어떠한 해설에 대하여서도 장애 없이 이해하는 변辯무애해를 실현하였습니다. 이같이 네 가지 무애해를 실현하여 나는 스승의 가르침에서 단어와 표현과 문장으로 구성한 주제를 여러 가지 방법으로 설명하고 가르치고 밝히고 공언하고 확립

67 사리뿟따 존자는 평생 앗사지 존자를 공경하고 극진한 예우로 대하였다.

68 세존께서 두 번째 우기철을 죽림정사에서 지낼 무렵에 사리뿟따 존자가 출가하여 비구가 되었으므로 존자의 나이가 세존보다 세 살쯤 많다. 세존께서 라자가하에 입성한 첫해에 사리뿟따 존자가 출가하여 교단은 1,250명이 넘는 비구승가로 급성장하여 그 규모나 위세로 보아 라자가하에서 가장 강력한 신흥 교단으로 성장하였다.

하고 드러내고 분석하고 명확하게 하였습니다. 누구든지 의심과 혼란이 있는 자는 나에게 질문하십시오. 나는 도반들의 질문에 대하여 상세하게 설명하겠습니다. 우리가 서로 질문하고 답변하면서 탁마하여 얻어야 하는 법에 대하여 능숙하신 스승께서 면전에 계십니다."AN4.173

세존께서는 적절한 때 사리뿟따를 사미 라훌라의 스승으로 지정하셨고 라훌라의 스승이 된 존자는 라훌라를 훈계하고 지도하였다. 또한 세존께서는 이러한 사리뿟따를 큰 지혜를 가진 비구들 가운데서 으뜸이라고 칭송하셨으며,AN1.14.1 사리뿟따와 목갈라나를 세존의 고결한 두 상수제자라고 칭송하셨다.DN14, SN15.20 나아가 세존께서는 존자를 이렇게 칭송하셨다.

비구의 표준 여기 비구들은 '나는 사리뿟따와 목갈라나 같은 그런 비구가 되기를'이라는 바른 포부를 가져야 한다. 사리뿟따와 목갈라나는 나의 비구제자들의 모범이고 저울이고 표준이기 때문이다.AN4.176, AN2.12.1

법의 사자 사리뿟따는 여래의 설법을 직접 듣고, 자신이 들은 여래의 설법을 그대로 남에게 전달하며, 자신이 들은 여래의 설법을 학습하고, 호지하고, 잘 이해하고 알며, 자신이 들은 여래의 설법을 남이 이해하게 하며, 어떤 것이 여래의 설법과 일치함과 불일치함을 분별하여 아는 것에 능숙하여, 여래의 설법으로 말미암은 비구들과 분쟁을 해결하고 어떠한 분쟁을 만들지 않는다. 이러한 여덟 가지 법을 갖춘 사리뿟따는 법의 사자使者가 되기에 적합하다. 여기 사리뿟따는 거친 말을 하는 어떤 회중을 만나도 두려워하지 않고, 여래의 설법을 생략하여 말하지 않고, 여래의 교법을 감추거나 감추어 말하지 않으며, 여래의 교법에서 의심을 여의어 확신하여 말하고, 여래의 교법에 대한 어떠한 질문에도 귀찮아하지 않고 짜증 내지 않고 성내지 않는다. 그러한 비구라야 여래의 교법을 전하는 법의 사자로 가기에 적합하다.AN8.16

법의 대장군 셀라 브라만이 게송으로 여쭈었고 세존께서 답하셨다. "위없는 바른 깨달음을 성취하여 무상의 법왕이라 선언하시고 법륜을 굴리시는 고따마 존자시여! 누가 존자님을 스승으로 따르는 제자이며, 누가 존자님 법의 대장군이며, 누가 존자님의 뒤를 이어 법륜을 굴리나이까?" 브라만이여, 여기 비구들이 여래를 스승으로 따르는 제자들이며, 그들 가운데 사리뿟따가 법의 대장군이며, 그들 가운데 아라한 비구들이 여래의 뒤를 이어 여래가 굴린 위없는 법의 바퀴를 굴릴 것이니라.MN92

비구들의 어머니 여기 비구들은 사리뿟따와 목갈라나를 따라 배우라. 사리뿟따와 목갈라나를 섬겨라. 사리뿟따와 목갈라나는 현자요 청정범행을 닦는 동료 비구들을 도와주는 자이다. 사리뿟따는 비구들의 생모와 같고 목갈라나는 양모와 같다. 사리뿟따와 목갈라나는 예류과를 성취하지 못한 비구들을 예류과로 인도하고 더 높은 경지로도 인도한다. 사리뿟따는 네 가지 성스러운 진리들을 선언하고, 확립하고, 드러내고, 분석하고, 해설하고, 설명하고, 가르칠 수 있다.MN141

법륜을 굴리는 자1 비구들이여, 여기 한 사람이 세상에 태어난다. 그는 태어나 많은 사람에게 이상이 되고, 많은 사람에게 이익이 되고, 많은 사람에게 행복이 되고, 세상을 연민하고, 신과 세상의 이상이 되고 이익이 되고 행복이 되는 사람이 된다. 누가 그 한 사람인가? 비구들이여, 여기 한 사람이 세상에 태어난다. 그는 태어나 세상에서 그의 출현은 아주 얻기 힘든 사람이 된다. 누가 그 한 사람인가? 비구들이여, 여기 한 사람이 세상에 태어난다. 그는 태어나 세상에서 죽을 때 많은 사람이 슬퍼하는 사람이 된다. 누가 그 한 사람인가? 비구들이여, 여기 한 사람이 세상에 태어난다. 그는 태어나 세상에서 유일하여 동등한 자가 없고 대등한 자가 없고 닮은 자가 없고 상대할 자가 없고 필적할 자가 없고 같은 자가 없고 비길 자가 없으며, 두 발을 가진 자 가운데서 최상인 자가 된다. 누가 그 한 사람인가? 비구들이여, 여기 한 사람이 세상에 태어난다. 그가 태어난 세상에서 그의 출현으로 바른 견해를 갖춘 큰 눈을 지닌 자들이 나타나며, 바른 법을 갖춘 큰 빛을 지닌 자들이 나타나며, 바른 지혜를 갖춘 큰 광명을 지닌 자들이 나타나며, 여섯 가지 위없는 것[69]을 지닌 자들이 나타나며, 세상의 많은 사람이 네 가지 무애해를 실현하며, 종縱으로 여러 가지 차원의 세계를 통찰하며, 횡橫으로 갖가지 다양한 세계를 통찰하며, 영지와 해탈의 과를 차례대로 실현하여 예류과를 실현하고 일래과를 실현하고 불환과를 실현하고 아라한과를 실현한다. 누가 그 한 사람인가? 비구들이여, 이러한 그 한 사람은 아라한·정등각·세존으로 부르고 알려진 여래이다.

비구들이여, 여기 한 사람이 세상에 태어난다. 그는 태어나 세상에서 여래가 굴리는 위없는 법륜을 이렇듯 완전하게 굴리는 사람이 되며, 그 사람 이외에 여래는 어떤 사람도 여래가 굴리는 위없는 법륜을 이렇듯 완전하게 굴리는 사람을 보지 못하게 하는 사람이 된다. 누가 그 한 사람인가? 그 사람은 바로 사리뿟따이다. 비구들이여, 사리뿟따는 여래가 굴린 위없는 법륜을 완전하게 굴린다.AN1.13.1~7

법륜을 굴리는 자2 비구들이여, 여기 전륜성왕의 정통을 이은 태자가 부왕의 뜻을 알고, 부왕의 법을 알고, 법에 적합함과 부적합함을 알고, 법 적용의 바른 시기를 알고, 법을 적용할 무리[會衆]를 아는 이러한 다섯 가지 구성요건을 갖추어 부왕이 굴렸던 윤보를 정의로움으로 굴릴 때 어떠한 적대적인 사람의 손으로도 그 윤보를 멈출 수 없다. 비구들이여, 그와 마찬가지로 여기 사리뿟따는 여래의 뜻을 알고, 여래의 법을 알고, 법에 적합함과 부적합함을 알고, 법 적용의 바른 시기를 알고, 법을 적용할 무리를 아는 이러한 다섯 가지 구성요건을 갖추어 여래가 굴린 위없는 법륜을 바르게 굴릴 때 브라만도 사문도 천신도 마라도 범천도 이 세상 그 누구도 그 법륜을 멈출 수 없다.AN5.132

---

69 보는 것들 가운데 위없는 것, 듣는 것들 가운데 위없는 것, 얻는 것들 가운데 위없는 것, 공부지음들 가운데 위없는 것, 섬기는 것들 가운데 위없는 것, 계속해서 생각하는 것들 가운데 위없는 것의 여섯 가지이다.

여래의 아들 비구들이여, 사리뿟따는 현자이다. 사리뿟따는 큰 통찰지를 가졌으며, 광대한 통찰지를 가졌으며, 명쾌한 통찰지를 가졌으며, 전광석화와 같은 통찰지를 가졌으며, 예리한 통찰지를 가졌으며, 꿰뚫는 통찰지를 가졌다. 비구들이여, 사리뿟따는 성스러운 율律에서 자재를 얻고 완성을 얻었으며, 성스러운 사띠[念]에서 자재를 얻고 완성을 얻었으며, 성스러운 사마디[定]에서 자재를 얻고 완성을 얻었으며, 성스러운 해탈解脫에서 자재를 얻고 완성을 얻었으며, 성스러운 해탈지견解脫知見에서 자재를 얻고 완성을 얻었다. 비구들이여, 사리뿟따는 여래에 의하여 바르게 태어난 여래의 아들이고, 여래에 의하여 적통으로 태어난 적자嫡子이고, 여래의 입으로 태어났고, 여래의 법에서 태어났고, 여래의 법에 의하여 생겨났고, 여래의 법의 상속자이다.MN111

6.2 세존을 대신하는 설법

세존께서 사리뿟따에게 '내가 간략하게 설한 것의 뜻을 그대는 자세하게 아는구나.'라고 칭송하였다.MN114, AN6.69 때로는 세존께서 간략하게 설하고 설법 장소를 떠나 개인 거처로 돌아가는 경우가 있었는데 이럴 때 설법 장소에 있던 비구들이 사리뿟따를 찾아가 간략하게 설한 세존의 뜻을 여쭈어보고 설법을 요청하였다. 세존께서 많은 비구가 운집해 있는 곳에서 그곳에 함께 있던 사리뿟따에게 직접 법문을 들려줄 것을 말씀하는 경우[70]가 있었으며, 비구들에게 다른 곳에 있던 사리뿟따를 찾아가 법문을 들을 것을 직접 권하는 경우[71]도 있었다.

많은 비구와 재가제자에 둘러싸여서 앉아 계셨던 세존께서는 밤이 이슥하도록 그들에게 법을 설하여 그들을 격려하고 분발하게 하고 기쁘게 한 뒤 재가제자들을 돌려보내고 난 후, 또는 어느 포살일에 비구들에 둘러싸여서 앉아 계셨던 세존께서는 밤이 이슥하도록 비구들에게 법을 설하여

---

70 이러한 경우는 사리뿟따 존자에게 세 번DN33, AN10.67, AN10.68, 목갈라나 존자에게 한 번SN35.243, 그리고 아난다 존자에게 한 번MN53 나타난다.

71 이러한 경우는 오직 사리뿟따 존자에게 한 번 나타난다.

비구들을 격려하고 분발하게 하고 기쁘게 한 후, 세존께서는 비구들이 오롯이 침묵하며 세존의 말씀에 귀 기울이며 마음을 가다듬은 것을 둘러본 뒤 사리뿟따를 불러서 말씀하셨다. 사리뿟따여, 여기 비구들은 권태와 혼침이 없구나. 그대가 이런 비구들에게 법문을 들려주어라. 나는 등이 아파서 좀 쉬어야겠다. "그렇게 하겠습니다, 세존이시여."라고 사리뿟따는 대답하였다. 그러자 세존께서는 대의를 네 겹으로 접어서 자리를 만들게 한 뒤 발로써 발을 포개고 사띠를 확립하고 알아차리면서 일어날 시간을 인식하며 마음을 기울인 뒤 오른쪽 옆구리로 사자처럼 누우셨다. 세존을 향하여 세존의 한 곁에 앉아 있던 사리뿟따는 비구들을 향하여 "도반들이여."라고 비구들을 불렀고 비구들은 "도반이시여."라고 응답하자 사리뿟따는 비구들에게 설법하였다. 사리뿟따의 설법이 끝나자 세존께서 일어나셔서 '장하고 장하구나. 사리뿟따여!'라고 칭송하면서 사리뿟따의 설법 내용을 승인하거나,DN33 사리뿟따의 설법 내용을 그대로 반복하여 사리뿟따에게 설하셨다.AN10.67, AN10.68

세존께서 꼴리야의 수도 데와다하에 머무셨을 때 많은 비구가 세존께 다가와서 세존께 절을 올리고 이렇게 말하였다. "세존이시여, 저희는 서쪽 지방으로 유행을 떠나 그곳에서 머물고자 합니다. 이것을 세존께 여쭈어 봅니다." 그리자 세존께서 말씀하셨다. 비구들이여, 그대들은 사리뿟따에게 이것을 물어보았는가? "세존이시여, 저희는 사리뿟따에게 물어보지 않았습니다." 비구들이여, 사리뿟따에게 물어보아라. 사리뿟따는 현자이다. 그는 그대들과 같은 청정범행을 닦는 비구들을 도와주는 자이다. "그렇게 하겠습니다, 세존이시여."라고 비구들은 대답하였다. 그 무렵 사리뿟따는 세존으로부터 멀지 않은 곳에 있는 어떤 계수나무 숲에 머물고 있었다. 비구들은 그곳으로 나아가 사리뿟따에게 말하였다. "도반 사리뿟따여, 우리는 서쪽 지방으로 유행을 떠나 그곳에서 머물고자 합니다. 이것을 이미 스승께 여쭈었습니다. 이것을 다시 도반께 여쭈어봅니다."

"도반들이여, 서쪽 지방에 있는 카띠야의 현자들과 브라만의 현자들과 장자들의 현자들과 사문들의 현자들은 자신들이 들어 알고 있는 세존의 가르침을 확인하고 새로운 세존의 가르침을 배우고자 다른 지방에서 온 비구들에게 이렇게 질문하고 검증합니다. '존자의 스승은 어떤 교법을 가졌으며 무엇을 가르칩니까? 그대 존자는 스승으로부터 어떠한 법들을 배우고 파악하고 호지하고 바르게 이해하였습니까? 존자가 설명하는 그것은 존자의 스승께서 설하신 것과 일치합니까? 존자는 존자의 스승께서 설하신 것을 잘못 설하지 않고 바르게 잘 설합니까? 그리하여 존자는 스승의 가르침을 잘못 설하여 존자의 스승이나 동료 비구에게 비난받지 않게 됩니까?' 도반들이여, 만약 그들의 질문과 검증에 대답하지 못하면 그들에게 직접 비난받게 되거나 그 지방에서 머무는데 어려움이 생길 것입니다." "도반이시여, 이 말씀의 뜻을 바르게 이해하기 위해서 저희는 아무리 먼 곳에서라도 사리뿟따 존자의 곁으로 와야 합니다. 그러니 사리뿟따 존자께서 이 말의 뜻을 저희를 위하여 자세하게 설명하여 주시면 감사하겠습니다."[72] SN22.2

6.3 질투와 비방

질투하는 비구 그때 깔라라캇띠야 비구가 사리뿟따에게 다가가 말하였다. "도반 사리뿟따여, 몰리야팍구나 비구가 공부지음을 버리고 낮은 재가자의 삶으로 되돌아갔습니다." "그 존자는 이 법과 율에서 안식安息을 얻지 못했기 때문일 것입니다." "그렇다면 도반 사리뿟따는 이 법과 율에서 안식을 얻었습니까?" "도반이여, 나는 이 법과 율에 대하여 의심이 없습니다." "사리뿟따는 현재 이 법과 율에 대하여 의심이 없다면 미래에는 어떠합니까?" "도반이여, 나는 미래에도 이 법과 율에 대하여 의심하지 않습니다." 그러자 깔라라캇띠야 비구는 자리에서 일어나서 세존께 다가가 말하였다. "세존이시여, 사리뿟따가 [**구경의 지혜**]라고 구경의 지혜를 드러내었습니다." 그러자 세존께서는 사리뿟따를 불러오게 한 뒤 말씀하셨다.

사리뿟따여, 그대가 [**구경의 지혜**]를 드러낸 것이 사실인가? "세존이시

---

72 여기 비구들의 요청에 대한 독자 자신의 설명과 사리뿟따 존자의 설명과 비교하여 보라.

여, 저는 그러한 단어와 표현과 문장으로 그런 뜻을 말하지 않았습니다." 사리뿟따여, 어떠한 방법으로든 구경의 지혜를 드러내면 그것은 드러낸 것이라고 보아야 한다. "세존이시여, 제가 '세존이시여, 저는 그러한 단어와 표현과 문장으로 그런 뜻을 말하지 않았습니다.'라고 이렇게 말씀드리지 않았습니까?"

사리뿟따여, 만일 그대에게 묻기를 '도반 사리뿟따여, 어떻게 알고 어떻게 보기 때문에 그대는 [**구경의 지혜**]를 드러냅니까?'라고 한다면 그대는 어떻게 설명하겠는가? "세존이시여, 만일 저에게 그렇게 묻는다면 저는 이렇게 설명하겠습니다. '어떤 연과 인으로 태어남이 있는데 그 연과 인이 다하기 때문에 다함에 대하여 다함이라고 압니다. 다함에 대해서 다함이라고 안 뒤에 나는 '태어남은 다했다.'라고 보고 안다고 드러냅니다."

사리뿟따여, 만일 그대에게 묻기를 '도반 사리뿟따여, 그러면 태어남은 무엇이 그 근원이며, 무엇으로부터 일어나고, 무엇으로부터 생기며, 무엇으로부터 발생합니까?'라고 한다면 그대는 어떻게 설명하겠는가? "세존이시여, 만일 저에게 그렇게 묻는다면 저는 이렇게 설명하겠습니다. 태어남은 유有가 그 근원이며, 유로부터 일어나고, 유로부터 생기며, 유로부터 발생합니다."

사리뿟따여, 만일 그대에게 묻기를 '도반 사리뿟따여, 그러면 유는 무엇이 그 근원이며, 무엇으로부터 일어나고, 무엇으로부터 생기며, 무엇으로부터 발생합니까?'라고 한다면 그대는 어떻게 설명하겠는가? "세존이시여, 만일 저에게 그렇게 묻는다면 저는 이렇게 설명하겠습니다. 유는 취取가 그 근원이며, 취로부터 일어나고, 취로부터 생기며, 취로부터 발생합니다."

사리뿟따여, 만일 그대에게 묻기를 '도반 사리뿟따여, 그러면 유와 마찬가지로 취는 무엇이 그 근원이며, 무엇으로부터 일어나고, 무엇으로부터 생기며, 무엇으로부터 발생합니까?'라고 한다면 그대는 어떻게 설명하겠는가? "세존이시여, 저에게 그렇게 묻는다면 저는 이렇게 설명하겠습니다. 유와 마찬가지로 취는 애愛가 그 근원이며, 애로부터 일어나고, 애로부터 생기며, 애로부터 발생합니다."

사리뿟따여, 만일 그대에게 묻기를 '도반 사리뿟따여, 그러면 취와 마찬가지로 애는 무엇이 그 근원이며, 무엇으로부터 일어나고, 무엇으로부터 생기며, 무엇으로부터 발생합니까?'라고 한다면 그대는 어떻게 설명하겠는가? "세존이시여, 저에게 그렇게 묻는다면 저는 이렇게 설명하겠습니다. 취와 마찬가지로 애는 느낌[受]이 그 근원이며, 느낌으로부터 일어나고, 느낌으로부터 생기며, 느낌으로부터 발생합니다."

사리뿟따여, 만일 그대에게 묻기를 '도반 사리뿟따여, 어떻게 알고 어떻게 보기 때문에 느낌에 대한 기쁨이 자리 잡지 않습니까?'라고 한다면 그대는 어떻게 설명하겠는가? 세존이시여, 저에게 그렇게 묻는다면 저는 이렇게 설명하겠습니다. "느낌에는 괴로운 느낌, 즐거운 느낌, 괴롭지도 즐겁지도 않은 느낌의 세 가지가 있습니다. 이러한 세 가지 느낌은 무상합니다. 무상한 것은 괴로움이라고 분명하게 알 때 느낌에 대한 기쁨이 자리 잡지 않습니다." 장하고도 장하구나, 사리뿟따여. 그대가 말한 이 방법은 간략하게 설명하면 '느껴진 것은 무엇이든지 괴로움에 포함된다.'라는 것이다.

사리뿟따여, 만일 그대에게 묻기를 '도반 사리뿟따여, 어떻게 해탈하였기 때문에 그대는 [**구경의 지혜**]를 드러냅니까?'라고 한다면 그대는 어떻게 설명하겠는가? "세존이시여, 만일 저에게 그렇게 묻는다면 저는 이렇게 설명하겠습니다. 모든 취착에서 해탈하여 번뇌들이 더 이상 흐르지 않는 그러한 멸진정에 머물며, 번뇌로 인한 나 자신을 더 이상 경멸하지 않습니다." 장하고도 장하구나, 사리뿟따여. 그대가 말한 이 방법은 간략하게 설명하면 '해탈하여 번뇌에 대하여 의문을 가지지 않으며 번뇌를 제거하였음에 대해서 의심하지 않는다.'라는 것이다. 이렇게 말씀하신 뒤 세존께서는 자리에서 일어나서 거처로 들어가셨다.

세존의 인정 그곳에서 사리뿟따는 세존께서 나가신 지 오래되지 않은 때에 비구들을 불러서 말하였다. "도반들이여, 세존께서 첫 질문을 하셨을 때 나는 먼저 세존의 의향[73]을 알지 못하였기 때문에 느리게 답을 하였습니다. 그러나 세존께서 질문에 대한 나의 답을 처음 기뻐하셨을 때 나에게는 이런 생각이 들었습니다. '만일 세존께서 낮이 다 가도록 여러 가지 단어들과 표현들과 문장들과 방법들로 나에게 질문을 하시면 나는 여러 가지 단어들과 표현들과 문장들과 방법들로 낮이 다 가도록 세존께 설명해 드리리라. 만일 세존께서 밤새도록, 하루 동안, 이틀 동안, 사흘 동안, 나흘 동안, 닷새 동안, 엿새 동안, 이레 동안 여러 가지 단어들과 표현들과 문장들과 방법들로 나에게 질문을 하시면 나는 여러 가지 단어들과 표현들과 문장들과 방법들로 밤새도록, 하루 동안, 이틀 동안, 사흘 동안, 나흘 동안, 닷새 동안, 엿새 동안, 이레 동안 세존께 설명해 드리리라." 그러자 낄라라캇띠야는 자리에서 일어나서 세존께 다가가 방금 사리뿟따가 말한 것을 그대로 말하면서 "세존이시여, 사리뿟따는 이렇게 사자후를 토했습니다."라고 말하였다. 이에 세존께서 이렇게 말씀하셨다. 비구여, 사리뿟따는 법의 경계[法界]를 잘 꿰뚫었다. 그는 법의 경계를 잘 꿰뚫었기 때문에 그는 그가 말한 대로 그렇게 나의 질문에 대하여 설명할 것이다.SN12.32

비방하는 비구 사리뿟따는 많은 비구와 함께 기원정사에서 세존을 모시고 안거의 마지막 날 밤에 자자를 마치고 다음 날 지방으로 유행을 떠나고자 세존께 인사드리고 개인 거처에서 유행을 준비하고 있었다. 이때 어떤 비구가 세존께 이렇게 말하였다. "세존이시여, 사리뿟따 존자는 저에게 모욕을 주고 용서를 구하지도 않고 유행을 떠나려고 합니다." 그러자 세존께서는 어떤 다른 비구를 불러서 사리뿟따를 불러오게 하였다. 이때 이 상황을 보고 내막을 잘 알고 있는 목갈라나와 아난다는 기원정사와 주변의 여러 승원을 찾아다니면서 "존자들은 나오십시오. 존자들은 나오십시오. 지금 사리뿟따 존자가 세존의 면전에서 사자후를 토할 것입니다."라고 말하였다. 사리뿟따가 절을 올리고 세존의 한 곁에 앉을 무렵 많은 비구가 함께

73 세존의 의향은 무엇인가?

운집하였다. 세존께서는 이렇게 말씀하셨다. 사리뿟따여, 여기 동료 비구가 그대에 대하여 '세존이시여, 사리뿟따 존자는 저에게 모욕을 주고 용서를 구하지도 않고 유행을 떠나려고 합니다.'라는 불만을 지니고 있다. 이에 사리뿟따는 이렇게 말하였다.

땅과 같은 범행 "세존이시여, 참으로 몸에서 몸에 대한 사띠를 확립하지 못한 자는 동료 비구에게 모욕을 주고 용서를 구하지도 않고 유행을 떠날 것입니다. 그러나 저는 그렇지 않습니다. 저는 참으로 몸에서 몸의 구성성분인 땅에 대한 사띠를 확립하여 땅과 같은 범행을 닦았습니다. 예를 들면 사람들이 땅에 깨끗한 것을 던지거나 더러운 것을 던지거나 똥을 누거나 오줌을 누거나 침을 뱉거나 고름을 짜서 버리거나 피를 흘리기도 하지만 땅은 이것 때문에 좋아하거나 싫어하지 않고 놀라지도 주눅 들지도 넌더리 치지도 않고 모욕당하거나 혐오하지 않습니다. 이와 마찬가지로 저도 땅과 같이 좋아하거나 싫어하지 않고 놀라지도 주눅 들지도 넌더리 치지도 않고 모욕당하거나 혐오하지 않는 마음으로 머뭅니다.

수·화·풍·공과 같은 범행 세존이시여, 참으로 몸에서 몸에 대한 사띠를 확립하지 못한 자는 동료 비구에게 모욕을 주고 용서를 구하지도 않고 유행을 떠날 것입니다. 그러나 저는 그렇지 않습니다. 저는 참으로 몸에서 몸의 구성성분인 땅에 대한 사띠를 확립하여 땅과 같은 범행을 닦는 것과 마찬가지로 수·화·풍·공에 대한 사띠를 확립하여 수·화·풍·공과 같은 범행을 닦아 저도 수·화·풍·공과 같이 좋아하거나 싫어하지 않고 놀라지도 주눅 들지도 넌더리 치지도 않고 모욕당하거나 혐오하지 않는 마음으로 머뭅니다.

기름단지와 같은 범행 세존이시여, 참으로 몸에서 몸에 대한 사띠를 확립하지 못한 자는 동료 비구에게 모욕을 주고 용서를 구하지도 않고 유행을 떠날 것입니다. 그러나 저는 그렇지 않습니다. 저는 참으로 몸에서 몸에 대한 사띠를 확립하여 아홉 구멍에서 기름이 스며 나와 기름이 뚝뚝 떨어지는 기름단지와 같은 범행을 닦았습니다. 예를 들면 사람들이 기름단지에 깨끗한 것을 묻히거나 더러운 것을 묻히거나 똥을 묻히거나 오줌을 묻히거나 침을 뱉거나 고름을 짜서 묻히거나 피를 흘려 묻히기도 하지만 기름단지는 이것 때문에 좋아하거나 싫어하지 않고 놀라지도 주눅 들지도 넌더리 치지도 않고 모욕당하거나 혐오하지 않습니다. 이와 마찬가지로 저도 기름단지와 같이 좋아하거나 싫어하지 않고 놀라지도 주눅 들지도 넌더리 치지도 않고 모욕당하거나 혐오하지 않는 마음으로 머뭅니다.

천민의 아이와 같은 범행 세존이시여, 참으로 몸에서 몸에 대한 사띠를 확립하지 못한 자는 동료 비구에게 모욕을 주고 용서를 구하지도 않고 유행을 떠날 것입니다. 그러나 저는 그렇지 않습니다. 저는 참으로 몸에서 몸에 대한 사띠를 확립하여 천민의 사내아이나 천민의 딸아이와 같은 범행을 닦았습니다. 예를 들면 천민의 사내아이나 천민의 딸아이가 동냥 그릇을 들고 다 떨어진 옷을 입고 마을이나 성읍으로 들어가면 사람들이 천민의 아이에게 깨끗한 음식을 주거나 더러운 음식을 주거나 침을 뱉기도 하지만 천민의 아이는 이것 때문에 좋아하거나 싫어하지 않고 놀라지도 주눅 들지도 넌더리 치지도 않고 모욕당하거나 혐오하지 않습니다. 이와 마찬가지로 저도 천민의 아이와 같이 좋아하거나 싫어하지 않고 놀라지도 주눅 들지도 넌더리 치지도 않고 모욕당하거나 혐오하지 않는 마음으로 머뭅니다.

뿔 잘린 황소와 같은 범행 세존이시여, 참으로 몸에서 몸에 대한 사띠를 확립하지 못한 자는 동료 비구에게 모욕을 주고 용서를 구하지도 않고 유행을 떠날 것입니다. 그러나 저는 그렇지 않습니다. 저는 참으로 몸에서 몸에 대한 사띠를 확립하여 뿔 잘린 황소와 같은 범행을 닦았습니다. 예를 들면 뿔 잘린 황소가 유순하고 잘 길들여지고 잘 제어되어 이 골목 저 골목 또는 이 거리 저 거리를 누빌 때 사람들이 뿔 잘린 황소에게 손으로 쓰다듬거나 손으로 때리거나 막대기로 찌르거나 돌을 던지거나 침을 뱉기도 하지만 뿔 잘린 황소는 이것 때문에 좋아하거나 싫어하지 않고 놀라지도 주눅 들지도 넌더리 치지도 않고 모욕당하거나 혐오하지 않아 발굽이나 뿔로 그 누구도 해치지 않습니다. 이와 마찬가지로 저도 뿔 잘린 황소와 같이 좋아하거나 싫어하지 않고 놀라지도 주눅 들지도 넌더리 치지도 않고 모욕당하거나 혐오하지 않아 그 누구도 해치지 않는 마음으로 머뭅니다.

시신과 같은 범행 세존이시여, 참으로 몸에서 몸에 대한 사띠를 확립하지 못한 자는 동료 비구에게 모욕을 주고 용서를 구하지도 않고 유행을 떠날 것입니다. 그러나 저는 그렇지 않습니다. 저는 참으로 몸에서 몸에 대한 사띠를 확립하여 시신이나 사체와 같은 범행을 닦았습니다. 예를 들면 노지나 숲에 버려진 뱀의 사체나 개의 사체나 사람의 시신에 더러운 것을 던지거나 똥을 누거나 오줌을 누거나 침을 뱉거나 고름을 짜서 버리거나 피를 흘리기도 하지만 사체나 시신은 이것 때문에 좋아하거나 싫어하지 않고 놀라지도 주눅 들지도 넌더리 치지도 않고 모욕당하거나 혐오하지 않습니다. 이와 마찬가지로 저도 사체나 시신과 같이 좋아하거나 싫어하지 않고 놀라지도 주눅 들지도 넌더리 치지도 않고 모욕당하거나 혐오하지 않는 마음으로 머뭅니다.

걸레와 같은 범행 세존이시여, 참으로 몸에서 몸에 대한 사띠를 확립하지 못한 자는 동료 비구에게 모욕을 주고 용서를 구하지도 않고 유행을 떠날 것입니다. 그러나 저는 그렇지 않습니다. 저는 참으로 몸에서 몸에 대한 사띠를 확립하여 먼지 닦는 걸레와 같은 범행을 닦았습니다. 예를 들면 먼지 닦는 걸레가 깨끗한 것을 닦거나 더러운 것을 닦거나 똥을 닦거나 오줌을 닦거나 침을 닦거나 고름을 닦거나 피를 닦기도 하지만 먼지 닦는 걸레는 이것 때문에 좋아하거나 싫어하지 않고 놀라지도 주눅 들지도 넌더리 치지도 않고 모욕당하거나 혐오하지 않습니다. 이와 마찬가지로 저도 먼지 닦는 걸레와 같이 좋아하거나 싫어하지 않고 놀라지도 주눅 들지도 넌더리 치지도 않고 모욕당하거나 혐오하지 않는 마음으로 머뭅니다.[74]

잘못을 참회하는 비구 세존이시여, 참으로 몸에서 몸에 대한 사띠를 확립하지 못한 자는 동료 비구에게 모욕을 주고 용서를 구하지도 않고 유행을 떠날 것입니다. 그러나 저는 그렇지 않습니다." 그때[75] 그 비구는 자리에서 일어나 한쪽 어깨가 드러나게 윗옷을 입고 세존의 발에 머리를 엎드려서 세존께 이렇게 말하였다. '"세존이시여, 저는 잘못을 범하였습니다. 제가 어리석고 미혹하고 신중하지 못하여 사실이 아니고 헛된 거짓말을 하여 사리뿟따 존자를 비방했습니다. 세존께서는 제가 미래에 다시 이와 같은 잘못을 범하지 않고 저를 단속하겠사오니 저의 잘못에 대한 참회를 섭수해 주소서."'[참회의 말] '비구여, 참으로 그대는 잘못을 범하였다. 그대는 어리석고 미혹하고 신중하지 못하여 사실이 아니고 헛된 거짓말을 하여 사리뿟따를 비방하는 잘못을 범하였다. 그러나 그대는 잘못을 범한 것을 범했다고 인정하고 법답게 참회하였다. 그러므로 그대의 참회를 받아들인다. 잘못을 범한 것을 범했다고 인정한 다음 법답게 참회하고 미래에 그러한 잘못을 단속하는 자는 성스러운 율에서 향상하기 때문이다.'[용서의 말] 그리고 세존께서는 사리뿟따를 불러서 말씀하셨다. 사리뿟따여, 이 쓸모없는 인간의 머리가 일곱 조각으로 깨어지기 전에 그를 용서하라. "세존이시여, 만일 저 존자가 저에게 '저를 용서해 주십시오.'라고 말하면 저는 저 존자를 용서합니다."AN9.11

6.4 세간과 출세간의 질문

상인의 노력과 결실 어느 때 사리뿟따가 세존께 여쭈었다. "세존이시여,

74 사람들은 자신을 비방하기 위하여 거짓으로 모함하는 자를 삼자대면하게 되면 어떤 말로 자신의 결백을 드러내는가? 사리뿟따 존자는 어떻게 자신의 결백을 드러내었으며 상대는 어떻게 사리뿟따 존자의 결백을 인정하게 되었는가?

75 그때 그 비구가 사리뿟따 존자의 말을 중단하지 않았다면 사리뿟따 존자는 어떤 비유로 자신의 결백을 밝혔겠는가?

무슨 연과 인으로 말미암아 여기 어떤 상인商人은 그의 의도만큼 열심히 노력하였으나 그의 의도와 달리 실패하게 되며, 어떤 상인은 그의 의도만큼 열심히 노력하였으나 그의 의도와 달리 노력한 만큼 잘되지 않으며, 어떤 상인은 그의 의도만큼 열심히 노력하면 그의 의도대로 노력한 만큼 잘되며, 어떤 상인은 그의 의도만큼 열심히 노력하면 그의 의도 이상으로 노력한 것보다 잘됩니까?"

사리뿟따여, 여기 어떤 사람이 사문이나 브라만에게 "존자시여, 원하는 필수품을 말씀하십시오."라고 보시의 약속을 하지만 그는 약속대로 필수품을 보시하지 않은 채 목숨이 다해 죽어서 다시 이곳에 태어난다면 비록 그가 무슨 장사든 열심히 노력한다고 하더라도 그의 의도와 달리 그는 실패하게 된다. 사리뿟따여, 여기 어떤 사람이 사문이나 브라만에게 "존자시여, 원하는 필수품을 말씀하십시오."라고 보시의 약속을 하지만 그는 약속으로 의도한 만큼 필수품을 보시하지 않은 채 목숨이 다해 죽어서 다시 이곳에 태어난다면 비록 그가 무슨 장사든 열심히 노력한다고 하더라도 그의 의도와 달리 그는 노력한 만큼 잘되지 않게 된다. 사리뿟따여, 여기 어떤 사람이 사문이나 브라만에게 "존자시여, 원하는 필수품을 말씀하십시오."라고 보시의 약속을 하고 그는 약속으로 의도한 만큼 필수품을 보시하고 목숨이 다해 죽어서 다시 이곳에 태어난다면 그가 무슨 장사든 열심히 노력하면 그의 의도대로 그는 노력한 만큼 잘되게 된다. 사리뿟따여, 여기 어떤 사람이 사문이나 브라만에게 "존자시여, 원하는 필수품을 말씀하십시오."라고 보시의 약속을 하고 그는 약속대로 의도한 것 이상으로 더 많은 필수품을 보시하고 목숨이 다해 죽어서 다시 이곳에 태어난다면 그가 무슨 장사든 열심히 노력하면 그의 의도 이상으로 그는 노력한 것보다 잘되게 된다.AN4.79

취착이 남은 자의 임종 어느 때 사리뿟따는 걸식하러 나갔다가 시간이 일러 외도 유행승의 원림에 들렀는데 그들로부터 '취착이 남은 채로 임종하는 모든 사람은 결코 지옥에서 벗어나지 못하거나 축생의 모태에서 벗어나지 못하여 처참한 곳, 불행한 곳, 파멸처를 벗어나지 못한다.'라고 들었다. 이 주장을 듣고 사리뿟따는 이것을 인정하지도 못하고 부정하지도 못한 채 자리에서 일어나 걸식을 마치고 세존께 나아가 자초지종을 말씀드리고 여쭈었다. 이에 세존께서 이렇게 말씀하셨다.

사리뿟따여, 어떤 외도 유행승은 어리석고 영리하지 못하여 바르게 배우지 못한다. 그러나 어떤 영리한 자들은 바르게 배워 취착이 남은 자를 취착이 남은 자라고 알게 될 것이고 취착이 없는 자를 취착이 없는 자라고 알게 될 것이다. 사리뿟따여, 아홉 부류의 사람이 있나니 그들은 취착이 남은 채로 임종하더라도 지옥에서 벗어나고 축생의 모태에서 벗어나서 처참한 곳 불행한 곳 파멸처에서 벗어난다. 무엇이 그 아홉 부류인가?

①여기 어떤 사람은 율행을 원만하게 갖추고 범행을 닦아 색계4정념을 원만하게 갖추었으며 다섯 가지 낮은 단계의 족쇄를 완전히 없앴으나 취착이 남아 무색계4정정을 갖추지는 못하여 불환과不還果를 성취한다. 만약 이 사람이 불환과를 성취한 채 목숨이 다하여 죽으면 정거천에 화생하여 인간이나 이 세상으로 다시 돌아오지 않으며 그곳에서 수명의 중반쯤에 이르러 완전한 열반에 드는 자가 된다. 따라서 불환과를 성취한 이 사람은 취착이 남은 채로 임종하더라도 지옥에서 벗어나고 축생의 모태에서 벗어나서 처참한 곳 불행한 곳 파멸처에서 벗어나는 첫 번째 부류가 된다. ②불환과를 성취한 여기 어떤 사람은 정거천에 화생하여 그곳에서 수명의 반을 훌쩍 지나서 완전한 열반에 드는 자가 된다. 따라서 이 사람은 취착이 남은 채로 임종하더라도 지옥에서 벗어나고 축생의 모태에서 벗어나서 처참한 곳 불행한 곳 파멸처에서 벗어나는 두 번째 부류가 된다.

③여기 어떤 사람은 율행을 원만하게 갖추고 범행을 닦아 제3정념까지 원만하게 갖추었으며 다섯 가지 낮은 단계의 족쇄 가운데 감각적 오욕, 악의, 의심의 세 가지를 완전히 없애고 유신견과 계금취의 두 가지 낮은 단계의 족쇄를 희석하였으나 취착이 남아 제4정념과 무색계4정정을 갖추지는 못하여 일래과一來果를 성취한다. 만약 이 사람이 일래과를 성취한 채 목숨이 다하여 죽으면 제3념천에 화생하여 그곳에서 단 한 번 인간이

나 신 또는 범천으로 돌아와 힘든 노력 없이 쉽게 완전한 열반에 드는 자가 된다. 따라서 일래과를 성취한 이 사람은 취착이 남은 채로 임종하더라도 지옥에서 벗어나고 축생의 모태에서 벗어나서 처참한 곳 불행한 곳 파멸처에서 벗어나는 세 번째 부류가 된다. ④일래과를 성취한 여기 어떤 사람은 목숨이 다하여 죽으면 제3념천에 화생하여 그곳에서 단 한 번 인간이나 신 또는 범천으로 돌아와 힘들게 노력하여 어렵게 완전한 열반에 드는 자가 된다. 따라서 이 사람은 취착이 남은 채로 임종하더라도 지옥에서 벗어나고 축생의 모태에서 벗어나서 처참한 곳 불행한 곳 파멸처에서 벗어나는 네 번째 부류가 된다.

⑤여기 어떤 사람은 율행을 원만하게 갖추고 범행을 닦아 제2정념까지 원만하게 갖추었으며 다섯 가지 낮은 단계의 족쇄 가운데 감각적 오욕, 악의, 의심의 세 가지를 완전히 없앴지만 취착이 남아 제3정념과 제4정념 그리고 무색계4정정을 갖추지는 못하여 예류과預流果를 성취한다. 만약 이 사람이 예류과를 성취한 채 목숨이 다하여 죽으면 제2념천에 화생하여 그곳에서 두 번이나 세 번 인간이나 신 또는 범천으로 돌아와 완전한 열반에 드는 자가 된다. 따라서 예류과를 성취한 이 사람은 취착이 남은 채로 임종하더라도 지옥에서 벗어나고 축생의 모태에서 벗어나서 처참한 곳 불행한 곳 파멸처에서 벗어나는 다섯 번째 부류가 된다. ⑥예류과를 성취한 여기 어떤 사람은 목숨이 다하여 죽으면 제2념천에 화생하여 그곳에서 네 번이나 일곱 번까지 인간이나 신 또는 범천으로 돌아와 완전한 열반에 드는 자가 된다. 따라서 이 사람은 취착이 남은 채로 임종하더라도 지옥에서 벗어나고 축생의 모태에서 벗어나서 처참한 곳 불행한 곳 파멸처에서 벗어나는 여섯 번째 부류가 된다.

⑦여기 어떤 사람은 계행을 원만하게 갖추고 보시행을 원만하게 갖추었지만 취착이 있어 범행을 닦지 못해 어떠한 정념도 갖추지 못한 채 목숨이 다하여 죽으면 공거천의 신으로 화생하여 그곳에서 천신의 공덕과 감각적 욕망을 누리는 자가 된다. 따라서 계행과 보시행을 성취한 이 사람은 취착이 있는 채로 임종하더라도 지옥에서 벗어나고 축생의 모태에서 벗

어나서 처참한 곳 불행한 곳 파멸처에서 벗어나는 일곱 번째 부류가 된다. ⑧여기 어떤 사람은 계행을 원만하게 갖추고 보시행을 어느 정도만 지었으나 취착이 있어 보시행을 원만하게 성취 못하고 범행을 닦지 못해 어떠한 정념도 갖추지는 못한 채 목숨이 다하여 죽으면 지거천의 신으로 태생하여 그곳에서 천신의 공덕과 감각적 욕망을 누리는 자가 된다. 따라서 계행을 성취하되 보시행을 어느 정도만 지은 이 사람은 취착이 있는 채로 임종하더라도 지옥에서 벗어나고 축생의 모태에서 벗어나서 처참한 곳, 불행한 곳 파멸처에서 벗어나는 여덟 번째 부류가 된다. ⑨여기 어떤 사람은 계행을 어느 정도만 짓되 원만하게 성취하지 못하고 보시행을 어느 정도도 짓지 못하였다. 단지 선행을 어느 정도만 지은 채 목숨이 다하여 죽으면 인간으로 다시 돌아오는 자가 된다. 따라서 계행을 어느 정도만 지은 이 사람은 취착이 있는 채로 임종하더라도 지옥에서 벗어나고 축생의 모태에서 벗어나서 처참한 곳 불행한 곳 파멸처에서 벗어나는 아홉 번째 부류가 된다.

사리뿟따여, 그러나 그대는 이 법문을 비구들과 비구니들 그리고 우바새와 우바이들에게 밝혀서는 안 된다. 그것은 무슨 까닭인가? 이 법문을 듣고 그들이 방일하며 지내서는 아니 되기 때문이다.[76] 이 법문은 내가 그대의 질문을 받았기 때문에 그대에게 설한 것이다.AN9.12

6.5 탁마하는 좋은 도반

아누룻다와의 탁마 어느 때 아누룻다가 사리뿟따에게 말하였다. "도반 사리뿟따여, 여기서 나는 인간을 넘어선 신성하고 청정한 하늘 눈[天眼]으로 1천 개의 세계를 살펴봅니다. 나에게는 불굴의 정진이 생겼고 사띠는 확립되어 잊어버림이 없고 내 몸은 편안하여 동요가 없고 마음은 주의를 기울여 하나가 되었습니다. 그러나 나는 아직 취착이 없어지지 않아 번뇌로

76 세존께서 어떤 이유로 세존의 법문을 밝히지 말라고 하는 경우가 사부 니까야에서 이것이 유일하다. 그 이유는 후대의 출가자나 재가자에게 오히려 불방일을 일으킬 수 있기 때문이다. 그러함에도 불구하고 본 법문의 기록은 전수되었다.

부터 마음이 해탈하지는 못하였습니다." "도반 아누룻다여, 그대가 '여기서 나는 인간을 넘어선 신성하고 청정한 하늘 눈[天眼]으로 천 개의 세계를 살펴봅니다.'라고 하는 것은 그대의 자만입니다. 도반이여, 그리고 그대가 '나에게는 불굴의 정진이 생겼고 사띠가 확립되어 잊어버림이 없고 내 몸은 편안하여 동요가 없고 마음은 주의를 기울여 하나가 되었습니다.'라고 하는 것은 그대의 들뜸입니다. 도반이여, 그러나 그대가 '그러나 나는 아직 취착이 없어지지 않아 번뇌로부터 마음이 해탈하지는 못하였습니다.'라고 하는 것은 그대의 후회입니다. 아누룻다 존자는 이러한 세 가지 유익하지 않은 법을 버리고 이러한 세 가지 유익하지 않은 법에 마음을 기울이지 말고 불사의 경지로 마음을 향하게 하십시오." 그 후 아누룻다는 이러한 세 가지 유익하지 않은 법을 버리고 이러한 세 가지 유익하지 않은 법에 마음을 기울이지 않고 불사의 경지로 마음을 향하게 하였다. 그리고 아누룻다는 혼자 은둔하여 방일하지 않고 열심히 스스로 독려하며 지냈고 오래지 않아 좋은 가문의 아들들이 성취하고자 집을 떠나 출가하는 위없는 청정범행의 완성을 최상의 지혜로 알고 실현하고 구족하여 머물렀다. [**구경의 지혜**]를 최상의 지혜로 알았다. 마침내 아누룻다는 아라한 중의 한 분이 되었다.AN3.128

세 부류의 범행자 어느 때 사리뿟따는 자신에게 다가와 유익한 법담을 나누던 사왓타와 마하꼿티따에게 물었다. "존자여, 이 세상에는 세 부류의 범행자가 있습니다. 어떤 것이 셋입니까? 몸으로 체험하여 해탈하는 자, 견해를 얻어 해탈하는 자, 믿음으로 해탈하는 자입니다. 존자는 이러한 세 부류의 범행자 가운데서 누가 가장 훌륭하고 고결하다고 봅니까?" 이에 사왓타는 "믿음으로 해탈하는 자가 가장 훌륭하고 고결하다고 여겨집니다. 그것은 이 사람의 믿음의 기능[信根]이 탁월하기 때문입니다."라고 대답하였다. 마하꼿티따는 "몸으로 체험하여 해탈하는 자가 가장 훌륭하고 고결하다고 여겨집니다. 그것은 이 사람의 사마디의 기능[定根]이 탁월하기 때문입니다."라고 대답하였다. 그러자 마하꼿티따가 사리뿟따에게 물었다. "사리뿟따 존자여, 존자는 이러한 세 부류의 범행자 가운데서 누가 가장 훌륭하고 고결하다고 보십니까?" "견해를 얻어 해탈하는 자가 가장 훌륭하고 고결하다고 여겨집니다. 그것은 이 사람의 지혜의 기능[慧根]이 탁월하기 때문입니다." 그리고 사리뿟따가 말하였다. "우리는 각자의 영감에 따라 서로의 의견을 교환하였습니다. 도반들이여, 세존께 갑시다. 세존께 우리의 의견을 말씀드리고 세존께서 말씀하시는 대로 우리의 마음에 지니도록 합시다.[77]"AN3.21

아난다의 질문 어느 때 아난다가 세존께 여쭈었다. "세존이시여, 여기 어느 비구가 땅에 대하여 땅이라는 인식이 없고, 물에 대하여 물이라는 인식이 없고, 불에 대하여 불이라는 인식이 없고, 바람에 대하여 바람이라는 인식이 없고, 공무변처에 대하여 공무변처라는 인식이 없고, 식무변처에 대하여 식무변처라는 인식이 없고, 무소유처에 대하여 무소유처라는 인식이 없고, 비상비비상처에 대하여 비상비비상처라는 인식이 없고, 이 세상에 대하여 이 세상이라는 인식이 없고, 저세상에 대하여 저세상이라는 인식이 없지만, 그러나 인식이 있는 그러한 사마디를 얻을 수 있습니까?"AN10.6 이에 대한 세존의 말씀을 새겨들은 아난다는 곧장 사리뿟따에게 다가가서 세존께 여쭈었던 질문을 똑같이 사리뿟따에게 하였다. 이에 사리뿟따는 이같이 문답하였다. "도반 아난다여, 그러한 사마디를 얻을 수 있습니다." "도반 사리뿟따여, 그러면 어떻게 그러한 사마디를 얻을 수 있습니까?" "도반 아난다여, 한때 나는 여기 사왓티 남쪽에 있는 장님들의 숲에 머물면서 그곳에서 세존의 가르침에 따라 그러한 사마디를 얻었습니다." "도반 사리뿟따는 그때 어떤 인식을 지니고 있었습니까?" "도반이여, 그때 '존재의 소멸인 열반, 존재의 소멸인 열반'이라는 인식이 일어나고 다른 인식은 소멸합니다. 예를 들면 지저깨비에 불이 타고 있으면 어떤 불꽃이 일어나면 다른 불꽃이 소멸하는 것과 같이 '존재의 소멸인 열반, 존

77 이에 대한 세존의 말씀은 무엇인가? 그것을 누구든 이해할 수 있도록 상세하게 설명하여 보라.

재의 소멸인 열반'이라는 인식이 일어나고 다른 인식은 소멸합니다. 그때 존재의 소멸인 열반의 인식이 있었습니다."AN10.7 "경이롭습니다, 도반이여. 놀랍습니다, 도반이여. 조금 전에 저는 세존께 똑같은 질문을 하였습니다. 세존께서도 사리뿟따 존자가 설명한 것처럼 이런 단어와 이런 표현과 이런 문장으로 그 뜻을 설명하셨습니다. 참으로 스승과 제자의 뜻과 뜻이 단어와 단어가 표현과 표현이 문장과 문장이 합치되고 합일되고 모순되지 않습니다."AN11.8

뿐나 만따니뿟따와의 탁마 어느 때 까삘라왓투에서 안거를 마치고 라자가하의 죽림정사에 머무시는 세존을 뵈러 온 많은 비구에게 세존께서는 이렇게 질문하셨다. 비구들이여, 그대들이 여래의 고향에서 함께 안거에 머물던 동료 비구들 가운데서 ①누가 세상에 대한 욕심이 없으면서 동료 비구들에게 세상에 대한 욕심 없음에 관하여 이야기해 주어서 그들로부터 존경받는가? ②누가 좋은 비구와 사귀고 저열한 비구나 세속 사람들과 교제하지 않으면서 동료 비구들에게 그와 같은 교제에 관하여 이야기해 주어서 그들로부터 존경받는가? ③누가 율을 구족하면서 동료 비구들에게 율의 구족에 관하여 이야기해 주어서 그들로부터 존경받는가? ④누가 범행처의 일상생활에 만족하면서 동료 비구들에게 일상생활의 만족에 관하여 이야기해 주어서 그들로부터 존경받는가? ⑤누가 한거하면서 동료 비구들에게 한거에 관하여 이야기해 주어서 그들로부터 존경받는가? ⑥누가 열심히 정진하면서 동료 비구들에게 정진에 관하여 이야기해 주어서 그들로부터 존경받는가? ⑦누가 사띠를 구족하면서 동료 비구들에게 사띠의 구족에 관하여 이야기해 주어서 그들로부터 존경받는가? ⑧누가 사마디를 구족하면서 동료 비구들에게 사마디의 구족에 관하여 이야기해 주어서 그들로부터 존경받는가? ⑨누가 해탈을 구족하면서 동료 비구들에게 해탈의 구족에 관하여 이야기해 주어서 그들로부터 존경받는가? ⑩누가 해탈지견을 구족하면서 동료 비구들에게 해탈지견의 구족에 관하여 이야기해 주어서 동료 비구들을 훈도하고 알게 하고 보게 하고 격려하고 분발하게 하고 기쁘게 하면서 그들로부터 존경받는가? 비구들은 이구동성으로 각각의 질문에 대하여 "세존이시여, 뿐나 만따니뿟따 비구[78]가 참으로 그와 같은 자로서 동료 비구들로부터 존경받습니다."라고 대답하였다.

그때 세존 가까이에 앉아 있던 사리뿟따에게 이런 생각이 들었다. '뿐나 만따니뿟따 존자는 참으로 크나큰 이로움이 생겼구나. 지혜로운 동료 비구들이 스승님께서 직접 물으시는 열 가지 물음에 대하여 하나씩 조목조목 그를 칭송하며, 스승님께서는 그들의 대답을 크게 기뻐하시는구나. 내가 언제 어디서든 뿐나 만따니뿟따 존자를 만나 허심탄회하게 대화를 한번 나누어 보리라.' 그 후 세존께서는 유행을 떠나 사왓티의 기원정사에 머무셨고 뿐나 만따니뿟따는 그 소식을 듣고 세존을 뵈러 까삘라왓투를 떠나 죽림정사에 도착하였다. 세존께서는 법문으로 가르치시고 격려하시고 분발하게 하시고 기쁘게 하셨고 뿐나 만따니뿟따는 세존의 말씀을 좋아하고 감사드리면서 물러나 장님들의 숲으로 갔다. 이 소식을 들은 사리뿟따는 급히 좌구를 챙겨서 장님들의 숲에 도착하였다.

문답1 장님들의 숲에서 해거름에 낮 동안의 홀로 앉음에서 일어나 뿐나 만따니뿟따를 만나 물었다. "도반이여, 그대는 세존의 문하에서 청정범행을 닦으십니까?" "그러합니다, 도반이여." "도반이여, 그렇나면 ①계행의 청정을 위하여 청정범행을 닦으십니까?" "그렇지 않습니다, 도반이여." "그렇다면 ②마음의 오염원과 장애를 여의고 청정한 마음을 갖추는 마음의 청정을 위하여 청정범행을 닦으십니까?" "그렇지 않습니다, 도반이여." "그렇다면 ③그릇된 견해를 여의고 바른 견해를 갖추는 견해의 청정을 위하여 청정범행을 닦으십니까?" "그렇지 않습니다, 도반이여." "그렇다면 ④의심의 극복을 위하여 청정범행을 닦으십니까?" "그렇지 않습니다, 도반이여." "그렇다면 ⑤불사에 이르는 바른길과 바른길 아님에 대한 지견知

78 법을 설하는 자들 가운데 으뜸이라고 칭송받는 뿐나 만따니뿟따 존자의 유일한 직접적인 설법이 본경MN24으로 세존의 가르침이 차제법이라는 것을 마차로 비유한 탁월한 설법이다. 존자의 간접적인 설법은 아난다 존자가 그의 설법을 기억하는 경SN22.83이 있다.

見을 갖추는 지견의 청정을 위하여 청정범행을 닦으십니까?" "그렇지 않습니다, 도반이여." "그렇다면 ⑥불사에 이르는 바른길을 닦음에 대한 지견을 갖추는 지견의 청정을 위하여 청정범행을 닦으십니까?" "그렇지 않습니다, 도반이여." "그렇다면 ⑦불사의 지견을 갖추는 지견의 청정을 위하여 청정범행을 닦으십니까?" "그렇지 않습니다, 도반이여."

사리뿟따는 물었다. "도반이여, 그대는 세존의 문하에서 청정범행을 닦지만 계행의 청정을 위하여 청정범행을 닦지 않는다고 대답하였습니다. 이와 마찬가지로, 또한 그대는 마음의 청정, 견해의 청정, 의심의 극복, 바른길과 바른길 아님에 대한 지견의 청정, 바른길을 닦음에 대한 지견의 청정, 혹은 불사의 지견을 갖추는 지견의 청정을 위하여 청정범행을 닦지 않는다고 대답하였습니다. 도반이여, 그렇다면 그대는 무엇을 위하여 세존의 문하에서 청정범행을 닦습니까?" "도반이여, 완전한 열반을 위하여 세존의 문하에서 청정범행을 닦습니다."

문답2 사리뿟따는 물었다. "도반이여, 완전한 열반을 위하여 청정범행을 닦는 것은 곧 계행의 청정을 닦는 것이지 않습니까?" "그렇지 않습니다, 도반이여. 완전한 열반을 위하여 청정범행을 닦는 것은 곧 계행의 청정을 닦는 것이 아닙니다." "그렇다면 완전한 열반을 위하여 청정범행을 닦는 것은 곧 마음의 청정을 닦는 것이지 않습니까?" "그렇지 않습니다, 도반이여." "그렇다면 완전한 열반을 위하여 청정범행을 닦는 것은 곧 견해의 청정을 닦는 것이지 않습니까?" "그렇지 않습니다, 도반이여." "그렇다면 완전한 열반을 위하여 청정범행을 닦는 것은 곧 의심의 극복을 닦는 것이지 않습니까?" "그렇지 않습니다, 도반이여." "그렇다면 완전한 열반을 위하여 청정범행을 닦는 것은 곧 바른길과 바른길 아님에 대한 지견의 청정을 닦는 것이지 않습니까?" "그렇지 않습니다, 도반이여." "그렇다면 완전한 열반을 위하여 청정범행을 닦는 것은 곧 바른길을 닦음에 대한 지견의 청정을 닦는 것이지 않습니까?" "그렇지 않습니다, 도반이여." "그렇다면 완전한 열반을 위하여 청정범행을 닦는 것은 곧 불사의 지견을 갖추는 지견의 청정을 닦는 것이지 않습니까?” “그렇지 않습니다, 도반이여.”

“도반이여, 그대는 완전한 열반을 위하여 청정범행을 닦는 것은 곧 계행의 청정을 닦는 것이 아니라고 대답하였습니다. 이와 마찬가지로, 또한 그대는 완전한 열반을 위하여 청정범행을 닦는 것은 곧 마음의 청정, 견해의 청정, 의심의 극복, 바른길과 바른길 아님에 대한 지견의 청정, 바른길을 닦음에 대한 지견의 청정, 혹은 불사의 지견을 갖추는 지견의 청정을 닦는 것이 아니라고 대답하였습니다. 도반이여, 그렇다면 그대의 대답을 어떻게 이해해야 합니까? 완전한 열반을 위하여 청정범행을 닦는 것은 곧 무엇을 닦는 것입니까?”

완전한 열반 뿐나 만따니뿟따가 이같이 대답하였다. 도반이여, 만일 세존께서 계행의 청정을 닦는 것이 곧 완전한 열반을 위하여 청정범행을 닦는 것이라고 천명하셨다면, 이것은 취착이 있는 것도 곧 완전한 열반이라고 천명하신 것이 되고 맙니다. 이와 마찬가지로, 도반이여, 만일 세존께서 마음의 청정, 견해의 청정, 의심의 극복, 바른길과 바른길 아님에 대한 지견의 청정, 바른길을 닦음에 대한 지견의 청정, 혹은 불사의 지견을 갖추는 지견의 청정을 닦는 것이 곧 완전한 열반을 위하여 청정범행을 닦는 것이라고 천명하셨다면, 이것은 취착이 있는 것도 곧 취착 없는 완전한 열반이라고 천명하신 것이 되고 맙니다. 그 까닭은 완전한 열반에 이르러서야 모든 취착이 사라지기 때문입니다.

도반이여, 그러나 만일 계행의 청정을 닦는 것 없이도 완전한 열반을 성취한다고 한다면, 계행의 청정을 갖추지 않은 범부도 완전한 열반을 성취할 것입니다. 이러한 일은 일어날 수 없습니다. 따라서 도반이여, 계행의 청정을 닦는 것 없이는 완전한 열반을 성취할 수 없습니다. 이와 마찬가지로, 도반이여, 만일 마음의 청정, 견해의 청정, 의심의 극복, 바른길과 바른길 아님에 대한 지견의 청정, 바른길을 닦음에 대한 지견의 청정, 혹은 불사의 지견을 갖추는 지견의 청정을 닦는 것 없이도 완전한 열반을 성취한다고 한다면, 이러한 법을 갖추지 않은 범부도 완전한 열반을 성취할 것입니다. 이러한 일은 일어날 수 없습니다. 따라서 도반이여, 이러한 법을 닦는 것 없이는 완전한 열반을 성취할 수 없습니다.

일곱 마차의 비유 도반이여, 이와 관련해 이제 그대에게 비유를 하나 들겠습니다. 여기 비유로 지혜로운 사람들은 제가 대답한 말의 뜻을 잘 이해할 것입니다. 도반이여, 예를 들면 도성都城 사왓티에 살고 있는 빠세나디 꼬살라 왕이 어떤 긴급한 용무가 있어 제2의 도성인 사께따로 급히 직접 가야 한다고 합시다. 사왓티 왕궁에서 사께따 왕궁까지 일정한 간격으로 모두 일곱 곳의 마차 역이 있는데, 그 각각의 마차 역에서 가장 뛰어난 말들이 이끌고 정비가 가장 잘된 마차가 그를 위하여 준비되어 있으므로 모두 일곱 대의 마차가 대기하고 있습니다. 이제 빠세나디 꼬살라 왕은 사왓티의 왕궁 내전의 문에서 대기하고 있는 첫 번째 마차에 올라탑니다. 첫 번째 마차로 달려가 두 번째 마차 역에 도착하여 첫 번째 마차에서 내려서 두 번째 마차에 올라탑니다. 두 번째 마차로 달려가 세 번째 마차 역에서 마차를 갈아타고, 이같이 반복하여 빠세나디 꼬살라 왕은 일곱 번째 마차 역에 도착하여 여섯 번째 마차에서 내려서 일곱 번째 마차에 올라탑니다. 그는 일곱 번째 마차로 사께따의 왕궁 내전의 문에 당도합니다. 이때 그에게 그의 신하들과 친구 동료들과 일가친척들은 이렇게 물을 것입니다. "대왕이시여, 대왕께서는 이 마차로 사왓티 왕궁에서 사께따의 왕궁 내전의 문에 당도하셨습니까?"

도반이여, 이럴 때 빠세나디 꼬살라 왕은 어떻게 대답하여야 바르게 대답하는 것입니까? 도반이여, 이같이 대답해야만 빠세나디 꼬살라 왕은 바르게 대답하는 것입니다. "내가 사왓티에 있을 때 사께따에 긴급한 용무가 생겼소. 그런 나를 위하여 사왓티에서 사께따까지 모두 일곱 대의 마차가 준비되었소. 나는 사왓티의 왕궁 내전의 문에서 첫 번째 마차에 올라탔소. 첫 번째 마차로 달려와 두 번째 마차 역에 도착하여 첫 번째 마차에서 내려서 두 번째 마차에 올라탔소. 두 번째 마차로 달려가 세 번째 마차 역에 도착하여 두 번째 마차에서 내려서 세 번째 마차에 올라탔소. 이같이 반복하여 나는 여섯 번째 마차로 달려와 일곱 번째 마차 역에 도착하여 여섯 번째 마차에서 내려서 일곱 번째 마차에 올라탔소. 나는 일곱 번째 마차로 사께따의 왕궁 내전의 문에 당도했소.

나는 비록 일곱 번째 마차로 사께따의 왕궁 내전의 문에 당도했지만, 일곱 번째 마차로만 사께따의 왕궁 내전의 문에 당도할 수는 없었을 것이오. 이와 마찬가지로 첫 번째 마차로만, 두 번째 마차로만, 세 번째 마차로만, 네 번째 마차로만, 다섯 번째 마차로만, 혹은 여섯 번째 마차로만 사께따의 왕궁 내전의 문에 당도할 수는 없었을 것이오. 나는 비록 일곱 번째 마차로 사께따의 왕궁 내전의 문에 당도했지만, 그러나 만약 첫 번째 마차가 없었다면 나는 사께따의 왕궁 내전의 문에 당도할 수는 없었을 것이오. 이와 마찬가지로 두 번째 마차, 세 번째 마차, 네 번째 마차, 다섯 번째 마차, 혹은 여섯 번째 마차가 없었다면 나는 사께따의 왕궁 내전의 문에 당도할 수는 없었을 것이오."

도반이여, 이같이 계행의 청정은 마음의 오염원과 장애를 여의고 청정한 마음을 갖추는 마음의 청정을 위한 것입니다. 이러한 마음의 청정은 그릇된 견해를 여의고 바른 견해를 갖추는 견해의 청정을 위한 것입니다. 이러한 견해의 청정은 어리석음을 여의고 지혜를 갖추어 어리석음에서 발생하는 의심을 극복하기 위한 것입니다. 이러한 의심의 극복은 바른길과 바른길 아님에 대한 지견을 갖추는 지견의 청정을 위한 것입니다. 이러한 바른길과 바른길 아님에 대한 지견을 갖추는 지견의 청정은 바른길을 닦음에 대한 지견을 갖추는 지견의 청정을 위한 것입니다. 이러한 바른길을 닦음에 대한 지견을 갖추는 지견의 청정은 불사의 지견을 갖추는 지견의 청정을 위한 것입니다. 이러한 불사의 지견을 갖추는 지견의 청정은 완전한 열반을 위한 것입니다. 도반이여, 이러한 완전한 열반을 위하여 세존의 문하에서 청정범행을 닦는 것입니다.

두 용의 금언 이같이 말하자 사리뿟따는 뿐나 만따니뿟따에게 물었다. "존자의 존함은 무엇입니까? 동료 비구들이 존자를 어떻게 부릅니까?" "도반이여, 제 이름은 뿐나입니다. 동료 비구들은 저를 만따니뿟따라고 부릅니다." "경이롭습니다, 도반이시여. 놀랍습니다, 도반이시여. 이처럼 스승님의 가르침을 잘 이해하고 잘 배운 제자인 뿐나 만따니뿟따 존자께서는 이해하기 어려운 심오한 문제를 하나씩 조목조목 잘 설명해 주셨습니다. 이로써 동료 비구들에게는 이득이 생겼습니다. 뿐나 만따니뿟따 존자를 만날 수 있고 공경할 수 있는 기회를 얻은 동료 비구들에게는 큰 축복입니다. 만약 동료 비구들이 뿐나 만따니뿟따 존자께서 앉을 수 있고 존자를 모실 수 있는 좌구를 머리에 이고 다녀서라도 존자를 만날 수 있고 공경할 수 있는 기회를 얻는다면, 그들에게는 이득이고 그들에게는 큰 축복일 것입니다. 저에게도 이득이 생겼습니다. 뿐나 만따니뿟따 존자와 같은 분을 만날 수 있고 공경할 수 있는 기회를 얻은 저에게도 큰 축복입니다."

이렇게 말하자 뿐나 만따니뿟따도 사리뿟따에게 물었다. "존자의 존함은 무엇입니까? 동료 비구들이 존자를 어떻게 부릅니까?" "도반이시여, 제 이름은 우빠띳사입니다. 동료 비구들은 저를 사리뿟따라고 부릅니다." "참으로 스승과 같은 제자와 이야기하면서도 저는 사리뿟따 존자인 줄 몰랐습니다. 만일 참으로 제가 사리뿟따 존자인 줄 알았더라면 이같이 많은 말을 하지 않았을 것입니다. 경이롭습니다, 도반이시여. 놀랍습니다, 도반이시여. 이처럼 스승님의 가르침을 잘 이해하고 잘 배운 제자인 사리뿟따 존자께서 이해하기 어려운 심오한 문제를 하나씩 조목조목 잘 질문해 주셨습니다. 이로써 동료 비구들에게는 이득이 생겼습니다. 사리뿟따 존자를 만날 수 있고 공경할 수 있는 기회를 얻은 동료 비구들에게는 큰 축복입니다. 만약 동료 비구들이 사리뿟따 존자께서 앉을 수 있고 존자를 모실 수 있는 좌구를 머리에 이고 다녀서라도 존자를 만날 수 있고 공경할 수 있는 기회를 얻는다면, 그들에게는 이득이고 그들에게는 큰 축복일 것입니다. 저에게도 이득이 생겼습니다. 사리뿟따 존자와 같은 분을 만날 수 있고 공경할 수 있는 기회를 얻은 저에게도 큰 축복입니다." 이같이 두 큰 용들은 서로서로 좋은 말[金言]을 기뻐하였다.MN24

6.6 비구를 교계하고 보살핌

복된 임종과 죽음 사리뿟따는 비구들을 보살피면서 이같이 말하였다. 도반들이여, 여기 어떤 비구는 비구의 삶을 영위할수록 복되게 죽지 못하고 복되게 임종하지 못하는 그런 삶을 삽니다. 이를 일러 '비구는 자기를 즐거워하고 자기의 오온을 즐거워하였을 뿐 괴로움을 종식하기 위하여서 자기의 오온을 버리지 않았다.'라고 합니다. 도반들이여, 여기 어떤 비구는 비구의 삶을 영위할수록 복되게 죽고 복되게 임종하는 그런 삶을 삽니다. 이를 일러 '비구는 열반을 즐거워하고 오온의 버림을 즐거워하였고 괴로움을 종식하기 위하여서 자기의 오온을 버렸다.'라고 합니다. 도반들이여, 그러면 어떻게 비구가 삶을 영위할수록 복되게 죽지 못하고 복되게 임종하지 못하는 그런 삶을 삽니까? 어떻게 비구가 삶을 영위할수록 복되게 죽고 복되게 임종하는 그런 삶을 삽니까?[79] AN6.14

마음의 길 도반들이여, 만일 비구가 남의 마음 길에 능숙하지 못하면 '나는 나 자신의 마음 길에 능숙하게 되리라.'라고 공부하여야 합니다. 그러면 어떻게 비구가 자신의 마음 길에 능숙하게 됩니까? 도반들이여, 마치 장식을 좋아하는 어리고 젊은 여자나 남자가 깨끗하고 흠 없는 거울이나 맑은 물에 비친 자기의 얼굴을 살펴보면서 기미나 반점을 보게 되면 그 기미나 반점을 제거하려고 애를 쓰고 기미나 반점이 없음을 보게 되면 '이것은 나에게 이득이다. 나는 깨끗하다.'라고 생각하면서 마음이 흡족해지고 의도한 바를 성취하는 것과 같습니다. 그와 같이 비구는 '나는 때때로 탐욕하면서 머무는가, 아니면 탐욕하지 않고 머무는가? 나는 때때로 악의에 찬 마음으로 머무는가, 아니면 악의 없는 마음으로 머무는가? 나는 때때로 권태와 혼침에 압도되어 머무는가, 아니면 권태와 혼침을 여의고 머무는가? 나는 때때로 의심하면서 머무는가, 아니면 의심을 건너서 머무는가? 나는 때때로 들떠서 머무는가, 아니면 들뜨지 않고 머무는가? 나는 때때로 분노

---

79 이런 질문에 대하여 독자 자신의 답변과 사리뿟따 존자의 답변과 비교하여 보라.

하면서 머무는가, 아니면 분노하지 않고 머무는가? 나는 때때로 오염된 마음으로 머무는가, 아니면 오염되지 않은 마음으로 머무는가? 나는 때때로 몸이 불편한 채로 머무는가, 아니면 몸에 불편함이 없이 머무는가? 나는 때때로 정진하지 않고 머무는가, 아니면 열심히 정진하며 머무는가? 나는 때때로 사띠나 사마디에 들지 않고 머무는가, 아니면 사띠나 사마디에 들어서 머무는가?'라고 반조합니다.

도반들이여, 만일 비구가 자신을 반조하여 '나는 때때로 탐욕하면서 머물거나, 악의에 찬 마음으로 머물거나, 권태와 혼침에 압도되어 머물거나, 의심하면서 머물거나, 들떠서 머물거나, 분노하면서 머물거나, 오염된 마음으로 머물거나, 몸이 불편한 채로 머물거나, 정진하지 않고 머물거나, 사띠나 사마디에 들지 않고 머문다.'라고 알게 되면, 비구는 이러한 나쁘고 해로운 법들을 제거하기 위하여 아주 강한 의욕과 노력과 관심과 분발과 불퇴전으로 이러한 나쁘고 해로운 법들을 제거하며 계속하여 반조하여야 합니다. 예를 들면 옷이나 머리에 불이 붙은 자는 옷이나 머리의 불을 끄기 위하여 아주 강한 의욕과 노력과 관심과 분발과 불퇴전으로 옷이나 머리의 불을 끄며 계속하여 반조하는 것과 같습니다.

도반들이여, 만일 비구가 자신을 반조하여 '나는 탐욕하지 않고 머물고, 악의 없는 마음으로 머물고, 권태와 혼침을 여의고 머물고, 의심을 건너서 머물고, 들뜨지 않고 머물고, 분노하지 않고 머물고, 오염되지 않은 마음으로 머물고, 몸에 불편함이 없이 머물고, 열심히 정진하며 머물고, 사띠나 사마디에 들어 머문다.'라고 알게 되면, 비구는 이러한 유익한 법들에 굳게 서서 모든 번뇌를 소멸하기 위해서 청정범행을 성취하여야 합니다.AN10.52

여섯 가지 법 도반들이여, 여기 어떤 비구는 청정범행의 완성을 위하여 여섯 가지 법을 갖춥니다. 무엇이 그 여섯인가요? ①듣거나 배운 유익한 법을 재빠르게 이해하고 잘 아는 것이 첫 번째입니다. ②이해하고 아는 법을 기억하고 잘 호지하는 것이 두 번째입니다. ③기억하고 호지한 법의 뜻을 깊이 사유하고 잘 숙고하여 전체 법과 전체 법의 뜻을 완전하게 아는 것이 세 번째입니다. ④전체 법과 전체 법의 뜻을 완전하게 안 뒤 출세간법에 이르도록 닦고 출세간법에서 향상하도록 잘 닦는 것이 네 번째입니다. ⑤선한 말을 하고 선한 말씨를 가졌고 예의 바르게 말하고 명확하고 흠이 없고 뜻을 바르게 전달하는 언변을 구족한 것이 다섯 번째입니다. ⑥청정범행을 닦는 동료 비구들을 가르치고 격려하고 분발하게 하고 기쁘게 하는 것이 여섯 번째입니다.

도반들이여, 이러한 여섯 가지 법을 모두 갖춘 비구는 자신에게도 충분하고 남에게도 충분하며, 첫 번째 법을 갖추지 못하나 나머지 다섯 가지 법을 갖춘 비구는 자신에게도 충분하고 남에게도 충분하며, 첫 번째 법과 두 번째 법을 갖추지 못하나 나머지 네 가지 법을 갖춘 비구는 자신에게도 충분하고 남에게도 충분합니다.

도반들이여, 다섯 번째 법과 여섯 번째 법을 갖추지 못하나 나머지 네 가지 법을 갖춘 비구는 자신에게는 충분하나 남에게는 충분하지 못합니다. 첫 번째 법, 다섯 번째 법, 여섯 번째 법을 갖추지 못하나 나머지 세 가지 법을 갖춘 비구는 자신에게는 충분하나 남에게는 충분하지 못합니다. 첫 번째 법, 두 번째 법, 다섯 번째 법, 여섯 번째 법을 갖추지 못하나 나머지 두 가지 법을 갖춘 비구는 자신에게는 충분하나 남에게는 충분하지 못합니다.

도반들이여, 세 번째 법과 네 번째 법을 갖추지 못하나 나머지 네 가지 법을 갖춘 비구는 자신에게는 충분하지 못하나 남에게는 충분합니다. 첫 번째 법, 세 번째 법, 네 번째 법을 갖추지 못하나 나머지 세 가지 법을 갖춘 비구는 자신에게는 충분하지 못하나 남에게는 충분합니다. 첫 번째 법, 두 번째 법, 세 번째 법, 네 번째 법을 갖추지 못하나 나머지 두 가지 법을 갖춘 비구는 자신에게는 충분하지 못하나 남에게는 충분합니다.AN8.78

승가 생활 어느 때 숲속의 개인 거처에서 홀로 거주하던 굴릿사니라는 품행이 단정하지 못한 비구가 어떤 일 때문에 승가에 머물게 되었다. 그러자 사리뿟따는 굴릿사니에 관하여 비구들에게 말하였다. "도반들이여, 숲속에 홀로 거주하던 비구가 승가에 머물면 그는 ①동료 비구들에 대하여 공경하고 순응해야 하며, ②좌차座次를 잘 지켜서 장로비구들의 자리를 차지하지 않고 신참비구들이 자리에 앉지 못하게 하지 않아야 하며, ③너무 일찍 마을에 들어가서도 안 되고 한낮에 늦게 승원으로 돌아와서도 안 되며, ④마을 사람들이 아침 식사하기 전이나 점심 식사 후에 마을 집을 방문해서는 안 되며, ⑤오만불손하거나 경거망동해서는 안 되며, ⑥험한 말을 하거나 수다스러워서는 안 되며, ⑦훈계를 쉽게 받아들이고 좋은 도반과 사귀어야 하며, ⑧음식에 적당한 양을 알아야 하며, ⑨감각의 대문을 잘 지켜야 하며, ⑩부지런히 정진해야 하며, ⑪깨어 있음에 몰두하여야 하며, ⑫사띠를 확립해야 하며, ⑬마음이 단일하여야 하며, ⑭통찰지를 가져야 하며, ⑮높은 법과 높은 율에 전념해야 하며, ⑯물질을 초월한 무색계 정정에 전념해야 하며, ⑰인간을 초월한 법에 전념해야 합니다. 도반들이여, 만일 숲속에 홀로 거주하던 비구가 이러한 법을 잘 지키지 않으면 비구들 가운데 그를 두고 이렇게 말하는 비구가 있을 것입니다. '숲속에 홀로 거주하던 존자는 숲속에서 홀로 마음대로 머물더니 얻은 것이 무엇인가? 이 존자는 이러한 법을 잘 알지 못하고 지키지도 않는구나. 물어도 대답도 제대로 못 하는구나.' 만일 비구들 가운데 이러한 말을 하는 비구가 있다면 이것은 그가 승가에 머무는 데 장애가 됩니다."

이렇게 말하자 목갈라나가 물었다. "도반 사리뿟따여, 숲속에 홀로 거주하던 비구만이 이러한 법을 수지해야 합니까, 아니면 마을 부근에 홀로 거주하던 자도 마찬가지로 이러한 법을 수지해야 합니까?" "도반 목갈라나여, 숲속에 홀로 거주하던 비구도 이러한 법을 수지해야 하는데 마을 부근에 홀로 거주하던 자는 다시 말해서 무엇 하겠습니까?"MN69

6.7 임종하는 사리뿟따

확고한 믿음 어느 때 사리뿟따는 날란다의 빠와리까 망고 숲에 계시는 세존께 말하였다. "세존이시여, 저는 세존께 이러한 청정한 믿음이 있습니다. 바른 깨달음에 관한 한 세존을 능가하고 세존을 초월하는 사문이나 브라만은 이전에도 없었고 앞으로도 없을 것이며 지금도 없습니다.”

사리뿟따여, 그대는 지금 하는 말을 이처럼 황소같이 우렁찬 목소리로 말을 하고 확신에 찬 사자후를 토하는구나. 그런데 그대는 ‘그분 세존들께서는 이러저러한 율을 가진 분들이셨고, 이러저러한 법을 가진 분들이셨고, 이러저러한 통찰지를 가진 분들이셨고, 이러저러한 머묾을 가진 분들이셨고, 이러저러한 해탈을 성취한 분들이셨다.’라고 과거의 모든 아라한·정등각·세존들의 마음을 그대의 마음으로 알았는가? “아닙니다, 세존이시여.”

사리뿟따여, 그러면 그대는 ‘그분 세존들께서는 이러저러한 율을 가진 분들이실 것이고, 이러저러한 법을 가진 분들이실 것이고, 이러저러한 통찰지를 가진 분들이실 것이고, 이러저러한 머묾을 가진 분들이실 것이고, 이러저러한 해탈을 성취한 분들이실 것이다.’라고 미래의 모든 아라한·정등각·세존들의 마음을 그대의 마음으로 알았는가? “아닙니다, 세존이시여.”

사리뿟따여, 여래는 지금 이 시대의 아라한·정등각·세존이다. 그러면 그대는 ‘여래는 이러저러한 율을 가진 분이고, 이러저러한 법을 가진 분이고, 이러저러한 통찰지를 가진 분이고, 이러저러한 머묾을 가진 분이고, 이러저러한 해탈을 성취한 분이다.’라고 여래의 마음을 그대의 마음으로 알았는가? “아닙니다, 세존이시여.”

사리뿟따여, 여기서 참으로 그대에게는 과거와 미래와 현재의 아라한·정등각·세존들의 마음을 그대의 마음으로 아는 지혜가 없다. 그런데 어떻게 그대는 ‘세존이시여, 저는 세존께 이러한 청정한 믿음이 있습니다. 바른 깨달음에 관한 한 세존을 능가하고 세존을 초월하는 사문이나 브라만은 이전에도 없었고 앞으로도 없을 것이며 지금도 없습니다.’라고 이처럼 황소같이 우렁찬 목소리로 말을 하고 확신에 찬 사자후를 토하는가?

법다운 추론 “세존이시여, 제게는 분명 과거와 미래와 현재의 아라한·정등각·세존들의 마음을 마음으로 아는 지혜가 없습니다. 그러나 저는 법다운 추론으로 알았습니다. 예를 들면 왕의 국경에 있는 도시는 튼튼한 기초와 튼튼한 성벽과 망루를 가지고 있고 하나의 대문을 가지고 있습니다. 그곳에서 지혜롭고 입지가 굳고 현명한 문지기가 모르는 자들은 제지하고 아는 자들만 들어가게 합니다. 그는 도시의 성벽을 순찰할 때 성벽의 이음매와 갈라진 틈으로 고양이조차 겨우 지나다니는 정도의 틈도 보이지 않습니다. 그에게 이러한 생각이 들 것입니다. '도시를 들어오고 나가는 큰 생명체는 누구든 모두 이 대문으로 들어오고 나간다.'

세존이시여, 그와 마찬가지로 저는 법다운 추론으로 알았습니다. 그러므로 세존이시여, 누가 만일 저에게 '도반 사리뿟따여, 바른 깨달음에 관한 한 세존을 능가하고 세존을 초월하는 사문이나 브라만이 과거에 있었습니까?'라고 묻는다면 저는 '없었습니다.'라고 대답할 것이며, 누가 만일 저에게 '그러면 바른 깨달음에 관한 한 세존을 능가하고 세존을 초월하는 사문이나 브라만이 미래에 있을 것입니까?'라고 묻는다면 저는 '없을 것입니다.'라고 대답할 것이며, 누가 만일 저에게 '그러면 바른 깨달음에 관한 한 세존을 능가하고 세존을 초월하는 사문이나 브라만이 현재에 있습니까?'라고 묻는다면 저는 '없습니다.'라고 대답할 것입니다.

세존이시여, 세존의 법문을 듣기 위하여 다가온 저에게 세존께서는 높고 수승하게 검고 흰 부분들을 잘 갖추어 법을 설해 주셨습니다. 세존께서 점점 더 높고 점점 더 수승하게 검고 흰 부분들을 잘 갖추어 설해 주신 설법으로 저에게는 스승님께 '세존께서는 정등각이시다. 법은 세존에 의해서 잘 설해졌다. 세존의 제자들인 승가는 도를 잘 닦는다.'라는 청정한 믿음이 생겼습니다."DN28, SN47.12

이처럼 스승의 면전에서 스승에 대한 자신의 확고한 믿음을 드러내 보인 사리뿟따는 스승의 법이 길이 전해지고 오랫동안 머물도록 비구들이 분쟁하지 않고 합송하는 방법을 세존의 면전에서DN33 그리고 세존의 부재 시DN34 비구들에게 설하였다.[80]

모두가 좋아하는 사리뿟따 사리뿟따는 세존의 법을 배우고 가르치는데 성냄 없이 인내하며 겸손하고 유순하였다. 승원에 머물 때는 아픈 비구들을 정성껏 간호하였으며 세존과 함께 유행할 때는 어린 사미들과 나이 든 비구들을 돌보아 주었다. 그리고 데와닷따를 추종하는 왓지국 출신의 신참 비구 5백 명이 죽림정사를 떠나 가야시사로 가 버렸을 때 세존의 말씀을 받잡은 사리뿟따는 목갈라나와 함께 그들을 다시 비구승가로 돌아오게 하였다. 이처럼 사리뿟따는 비구승가에 크고 작은 어려움을 해결하고 도움이 되었다. 이와 같은 사리뿟따를 많은 비구가 칭송하고 존경하고 따랐으며 좋아하였다.

어느 때 세존께서는 아난다에게 말씀하셨다. 아난다여, 그대도 사리뿟따를 좋아하는가? "세존이시여, 어리석지 않고 악하지 않고 탐욕스럽지 않고 마음이 전도되지 않은 사람이라면 누가 사리뿟따 존자를 좋아하지 않겠습니까? 세존이시여, 사리뿟따 존자는 바라는 바가 없으며 만족할 줄 알며 재가자들과 교제하지 않습니다. 사리뿟따 존자는 한거하며 열심히 정진합니다. 사리뿟따 존자는 험한 말을 잘 견디며 스승의 법을 설하고 동료 비구들을 훈계하며 악을 비난합니다. 이러한 사리뿟따 존자를 누가 좋아하지 않겠습니까?" 참으로 그러하다, 아난다여. 참으로 그러하다, 아난다여. 어리석지 않고 악하지 않고 탐욕스럽지 않고 마음이 전도되지 않은 사람이라면 누가 사리뿟따를 좋아하지 않겠는가!SN2.29

임종하는 사리뿟따 세존께서 기원정사에 머무시는 어느 때 사리뿟따는 자신의 임종이 멀지 않음을 알고 세존의 허락을 받아 고향인 마가다의 날라까로 가서 머물고 있었다. 임종이 가까워지자 중병에 걸려 아픔과 고통에 시달리고 있었다. 완고한 브라만 여인이었던 모친을 교화하지 못하였던 존자는 임종 때 자신이 태어났던 방에서 마지막으로 모친을 교화하고 완

80 세존의 증명하에 5백 명의 비구에게 세존의 법을 숫자로 분류하여 합송하는 방법을 설한 것으로 좁게는 앙굿따라 니까야의 원형으로, 넓게는 세존의 반열반 후 5백 명의 아라한 장로비구들이 합송하는 제1차 대합송의 원형으로 볼 수 있다.

전한 열반에 들었다.[81] 자신을 교화하고 임종하자 노모는 다음 날 동틀 때까지 존자를 부둥켜안고 울부짖었다.

그때 존자의 시자였던 쭌다 사미[82]가 존자의 발우와 대의를 가지고 기원정사로 가서 아난다와 함께 세존을 뵙고 말씀드렸다. "세존이시여, 여기 쭌다 사미가 이렇게 말합니다. '사리뿟따 존자가 완전한 열반에 들었습니다. 이것이 존자의 발우와 대의입니다.' 세존이시여, 사리뿟따 존자가 완전한 열반에 들었다는 말을 듣고 저의 몸은 무겁기만 하며 방향 감각도 잃어버렸고 법도 분명하게 나타나지 않습니다." 아난다여, 사리뿟따가 완전한 열반에 들면서 그대의 오법온五法蘊을 가져가 버리기라도 하였는가? "그렇지 않습니다, 세존이시여. 사리뿟따 존자가 완전한 열반에 들면서 저의 오법온을 가져가 버리지 않았습니다. 그렇지만 사리뿟따 존자는 저를 교계하고 감싸 주고 일깨워 주고 가르치고 격려하고 분발하게 하고 기쁘게 하였습니다. 법을 가르치기에 피로한 줄 몰랐으며 동료 비구들에게 큰 도움을 주는 자였습니다. 저희는 사리뿟따 존자가 베풀어 준 법의 자양분과 법의 재물과 법의 도움을 기억합니다."

아난다여, 참으로 내가 예전에 사랑스럽고 마음에 드는 모든 것과는 헤어지기 마련이고 없어지기 마련이고 달라지기 마련이라고 말하지 않았던가? 아난다여, 비구승가에서 사리뿟따가 완전한 열반에 든 것은, 예를 들면 속재목을 가지고 튼튼하게 서 있는 큰 나무의 가장 큰 가지가 꺾어진 것과 같다. 아난다여, 그러니 여기서 그대가 슬퍼한들 무슨 소용이 있겠는가? 아난다여, 태어난 것은 무엇이든 존재하는 것은 무엇이든 형성된 것은 무엇이든 모두 부서지기 마련인 법이거늘 그런 것을 두고 '절대로 부서지지 말라.'고 한다면 그것은 있을 수 없는 일이다. 그런 경우란 존재하지 않는다.

---

81 사리뿟따 존자는 44년간 비구로 머물렀으며 존자가 반열반하고 보름 후에는 목갈라나 존자가, 6개월 후에는 세존께서 반열반에 드셨다. 사리뿟따 존자의 사리탑이 목갈라나 존자의 사리탑과 함께 날란다에 세워졌다.

82 사리뿟따 존자의 첫째 동생으로 미성년의 나이에 출가하여 쭌다 사미라고 불리었는데 이 명칭으로 이때까지도 불리게 되었다.

아난다여, 그러므로 여기서 그대들은 법을 섬으로 삼아 머물고 법을 귀의처로 삼아 머물되 다른 것을 귀의처로 삼아 머물지 말라. 누구든지 지금이나 내가 죽고 난 후에 법을 섬으로 삼아 머물고 법을 귀의처로 삼아 머물되 다른 것을 귀의처로 삼아 머물지 않으면서 공부짓기를 원하는 비구들은 최고 중의 최고가 될 것이다.SN47.13

7 목갈라나 존자

목갈라나 존자의 부친은 날라까의 인근 마을 꼴리따의 촌장이었으며 모친은 목갈리였다. 그는 외동아들로 꼴리따에서 태어났으며 이름은 꼴리따였고 사리뿟따와 함께 세존께 출가하여 비구가 되었다. 늘 세존의 곁에서 머물면서 세존의 가르침을 귀담아듣고 익혔던 사리뿟따와 달리 존자는 조용하고 소리가 없고 한적하고 사람들로부터 멀고 혼자 앉기에 좋은 외딴 처소에서 홀로 정진하였다.

7.1 세존의 보호받은 정진

졸음을 다스림 출가한 지 얼마 되지 않았을 때 존자는 마가다의 깔라왈라뭇따 마을 인근에 있는 숲속에서 정진 중에 잠깐 졸았다. 이때 박가족의 수도 숨수마라에 있는 베사깔라 숲의 미가다야라는 녹야원에 머무시던 세존께서 인간을 넘어선 신성하고 청정한 하늘 눈[天眼]으로 그것을 보시고 그곳에서 사라져 존자 앞에 나타나셔서 말씀하셨다. 목갈라나여, 그대는 졸고 있지 않은가? 목갈라나여, 그대는 졸고 있지 않은가? 깜짝 놀라 졸음에서 깨어난 존자는 대답하였다. “그렇습니다, 세존이시여.” 목갈라나여, 그렇다면 이같이 차례대로 혼침을 다스려야 한다. 그대가 어떤 인식을 가져서 머물 때 혼침이 생긴다면 ①그러한 인식을 더 이상 가지지 말며 그 인식을 짓지 말거나, 그래도 만일 혼침이 제거되지 않으면 ②법을 사유하고 고찰하고 숙고하거나, ③법을 암송하거나, ④두 귓불을 잡아당기고 손으로 사지를 문지르거나, ⑤일어나 물로 눈을 씻고는 사방을 둘러보고 별자리와 별들을 쳐다보거나, ⑥감각기능을 안으로 돌이켜 밖으로 향하지 않도록 한 채 앞과 뒤를 똑바로 인식하면서 경행하거나, ⑦언제 일어날 것이라는 인식을 마음에 주의를 기울인 채 사띠를 확립하고 발로써 발을 포개고 오른쪽 옆구리로 사자처럼 누워도 된다. 그리고 다시 깨어나면 '나는 누워 자는 즐거움이나 등을 기대는 즐거움이나 앉아서 조는 즐거움에 빠지지 않으리라.'라고 생각하며 빨리 자리에서 일어나야 한다. 목갈라나여, 그대는 이렇게 혼침을 다스려야 한다.AN7.58

성스러운 침묵 어느 날 목갈라나가 비구들에게 말하였다. 도반들이여, 나는 한적한 곳에 가서 홀로 앉아 있는 중에 문득 '성스러운 침묵, 성스러운 침묵'이라는 생각이 일어났습니다. 그러면 어떤 것이 성스러운 침묵입니까? 도반들이여, 그런 나에게 이런 생각이 들었습니다. '일으킨 생각과 지속적인 고찰을 가라앉혔기 때문에 일으킨 생각과 지속적인 고찰은 더 이상 존재하지 않으며, 자기 내면에서 색상色相을 여의고, 확신이 있으며, 마음이 단일한 상태이고, 마음의 고요함에서 생긴 다양한 희열과 행복이 있는 정생희락의 제2정념에 들어 머문다. 이것을 성스러운 침묵이라 한다.' 도반들이여, 그런 나는 일으킨 생각과 지속적인 고찰을 가라앉혔기 때문에 일으킨 생각과 지속적인 고찰은 더 이상 존재하지 않았으며, 자기 내면에서 색상을 여의었고, 확신이 있었으며, 마음의 단일한 상태이었고, 마음의 고요함에서 생긴 다양한 희열과 행복이 있는 정생희락의 제2정념에 들어 머물렀습니다. 도반들이여, 그런데 내가 이같이 머물 때 일으킨 생각이 함께한 인식과 마음이 어떤 대상에 주의를 기울임이 일어났습니다.

도반들이여, 그때 세존께서 신통으로 다가오셔서 이렇게 말씀하셨습니다. 목갈라나여, 성스러운 침묵에 대해서 방일하지 말라. 목갈라나여, 성스러운 침묵에 마음을 안주시켜라. 목갈라나여, 성스러운 침묵에 마음을 단일하게 하라. 목갈라나여, 성스러운 침묵에 마음이 고요함에 들게 하라. 도반들이여, 그런 나는 다시 일으킨 생각을 가라앉히고 마음을 단일한 상태로 만들어 제2정념에 머물러 성스러운 침묵을 지켰습니다. 도반들이여, 바르게 말하는 자가 말하기를 '그는 스승의 보호를 받아서 큰 신통의 지혜를 얻은 제자이다.'라고 하는 것은 바로 나를 두고 하는 말입니다.SN21.1

과위의 성취 도반들이여, 어느 때 나는 [**초정념**]에 들어 머물고 있었을 때 나에게 감각적 욕망이 함께한 인식이 일어났고 그 인식에 마음으로 주의를 기울임이 몰려들었습니다. 도반들이여, 그때 세존께서 신통으로 다가오셔서 말씀하셨습니다. 목갈라나여, 초정념에 대해서 방일하지 말라. 목갈라나여, 초정념에 마음을 안주시켜라. 목갈라나여, 초정념에 마음을 단일하게 하라. 목갈라나여, 초정념에 마음이 고요함에 들게 하라. 도반들이여, 그래서 다시 나는 초정념에 들어 머물렀고 초정념을 성취하게 되었습니다. 도반들이여, 바르게 말하는 자가 말하기를 '그는 스승의 보호를 받아서 큰 신통의 지혜를 얻은 제자이다.'라고 하는 것은 바로 나를 두고 하는 말입니다.

도반들이여, 초정념과 마찬가지로 어느 때 나는 제2정념에, 제3정념에, 제4정념에, 공무변처정에, 식무변처정에, 무소유처정에 들어 머물렀고 스승의 보호를 받아 각각의 정념과 징징을 성취하였습니다.

도반들이여, 어느 때 나는 무소유처정을 완전히 초월하여 비상비비상처정에 들어 머물렀습니다. 이같이 머물고 있었을 때 나에게 무소유처정에 대한 인식이 일어났고 그 인식에 마음으로 주의를 기울임이 몰려들었습니다. 도반들이여, 그때 세존께서 신통으로 다가오셔서 말씀하셨습니다. 목갈라나여, 비상비비상처정에 대해서 방일하지 말라. 목갈라나여, 비상비비상처정에 마음을 안주시켜라. 목갈라나여, 비상비비상처정에 마음을 단일하게 하라. 목갈라나여, 비상비비상처정에 마음이 고요함에 들게 하라. 도반들이여, 그래서 다시 나는 비상비비상처정에 들어 머물렀고 비상비비상처정을 성취하게 되었습니다. 도반들이여, 바르게 말하는 자가 말하기를 '그는 스승의 보호를 받아서 큰 신통의 지혜를 얻은 제자이다.'

라고 하는 것은 바로 나를 두고 하는 말입니다.SN40.1~8

7.2 자유자재하는 신통

정진을 시작하는 자 어느 때 사리뿟따는 죽림정사에서 해거름에 홀로 앉음을 풀고 일어나 목갈라나에게 다가가서 대화하였다. "도반 목갈라나여, 그대의 감각기관들은 참으로 고요하고 안색은 아주 맑고 빛납니다. 오늘 하루 평화롭게 머물렀습니까?" "도반이여, 오늘 나는 거칠게 머물렀으나 법담을 나누었습니다." "누구와 함께 법담을 나누었단 말입니까?" "도반이여, 나는 세존과 함께 법담을 나누었습니다." "도반이여, 지금 세존께서는 멀리 사왓티의 기원정사에 머물고 계십니다. 그렇다면 목갈라나 존자가 신통으로 세존께 다가갔습니까? 아니면 세존께서 신통으로 존자에게 오셨습니까?" "도반이여, 내가 신통으로 세존께 다가가지도 않았으며 세존께서 신통으로 저에게 오시지도 않았습니다. 다만 세존께서는 나와 소통하기 위하여 그분의 신성한 눈과 신성한 귀의 세계를 맑게 하셨고 나도 세존과 소통하기 위하여 나의 신성한 눈과 신성한 귀의 세계를 맑게 하였을 뿐입니다."

"그러면 목갈라나 존자는 세존과 함께 어떠한 법담을 나누었습니까?" "도반이여, 나는 세존께 이렇게 여쭈었습니다. "세존이시여, '정진을 시작한 자, 정진을 시작한 자'라고들 합니다. 어떻게 해서 정진을 시작한 자가 됩니까?" 도반이여, 세존께서는 이렇게 말씀하셨습니다. 목갈라나여, 여기 비구는 '피부와 힘줄과 뼈가 쇠약해지고 몸의 살과 피가 마르더라도 장부다운 근력과 장부다운 노력과 장부다운 분발로써 얻어야 하는 것을 얻을 때까지 정진을 계속하리라.'라고 결의하고 정진을 시작한다. 이렇게 해서 정진을 시작한 자가 된다. 도반이여, 세존과 함께 이러한 법담을 나누었습니다."

"도반이여, 예를 들면 산의 왕 히말라야의 곁에 조그마한 자갈 몇 개가 놓였을 때 목갈라나 존자는 산의 왕 히말라야와 같습니다. 참으로 목갈라나 존자는 크나큰 신통력이 있고 크나큰 위력이 있어서 원하기만 하면

일 겁을 머물 수도 있기 때문입니다." "도반이여, 예를 들면 큰 소금가마의 곁에 조그마한 소금 알갱이 몇 개가 놓였을 때 사리뿟따 존자는 큰 소금가마와 같습니다. 참으로 세존께서는 '사리뿟따는 통찰지와 율 그리고 고요함을 두루 구족하였나니, 저 언덕에 도달한 비구들 가운데 그와 같이 구족한 자가 있다면 잘해야 그와 동등할 정도'라고 칭송하셨고 또한 여러 방법으로 사리뿟따 존자를 칭찬하고 칭송하고 찬탄하셨기 때문입니다." 이같이 두 분의 위대한 용들은 서로의 좋은 말을 기뻐하였다.SN21.3

출가자의 네 가지 절망 세존께서 짜뚜마의 아말라끼 숲속 승원에 머무셨을 때 어느 날 세존을 친견하기 위하여 사리뿟따와 목갈라나를 상수로 하는 5백 명의 비구들이 승원에 도착하여 이미 그곳에 거주하고 있는 비구들과 더불어 서로 담소를 나누고 잠자리와 좌구를 준비하고 발우와 대의를 정리하면서 큰 소리로 시끄럽게 떠들었다. 그러자 세존께서는 그들을 내쫓았고 사리뿟따와 목갈라나를 상수로 하는 5백 명의 비구들은 물러나 승원을 떠났다. 이때 짜뚜마에 사는 석가족과 사함빠띠 범천은 새싹의 비유와 송아지의 비유로 세존께서 비구들에 대한 신뢰를 회복하도록 각각 차례대로 간청을 드렸고[83] 마침내 세존께서 간청을 들어주시고 신뢰를 회복하셨다. 이것을 신통으로 보고 인 목갈라나는 짜뚜마의 공회당에서 함께 머무르고 있던 비구들에게 말하였다. "도반들이여, 일어나십시오. 대의를 입고 발우를 지니십시오. 짜뚜마에 사는 석가족과 사함빠띠 범천이 씨앗의 비유와 송아지의 비유로 세존께 각각 차례대로 간청을 드리자 세존께서는 간청을 들어주시고 신뢰를 회복하셨습니다." 비구들은 다시 승원으로 들어가 세존을 뵈었고 세존께서는 이렇게 말씀하셨다.

사리뿟따여, 내가 비구승가를 내칠 때 그대에게 어떤 생각이 들었는가? "세존이시여, 저에게 '세존께서는 비구승가를 내치시는구나. 세존께서는 이제 무심하게 지금 여기에서 행복한 삶에 열중하여 머무실 것이다.

83 제8장 4.4 쫓겨나는 자들 참고.

우리도 이제 무심하게 지금 여기에서 행복한 삶에 열중하여 머물러야겠다.'라는 생각이 들었습니다." 그만하라, 사리뿟따여. 그만하라, 사리뿟따여. 그대는 다시는 그런 마음을 일으키지 마라. 그러자 세존께서는 목갈라나에게 말씀하셨다. 목갈라나여, 내가 비구승가를 내칠 때 그대에게 어떤 생각이 들었는가? "세존이시여, 저에게 '세존께서는 비구승가를 내치시는구나. 세존께서는 이제 무심하게 지금 여기에서 행복한 삶에 열중하여 머무실 것이다. 나와 사리뿟따는 비구승가를 돌보아야겠다.'라는 생각이 들었습니다." 장하구나, 목갈라나여. 장하구나, 목갈라나여. 참으로 내가 비구승가를 돌보아야 하듯이 사리뿟따와 목갈라나는 비구승가를 돌보아야 한다. 그리고 세존께서는 비구들을 불러서 말씀하셨다.

비구들이여, 물속에 들어가는 자들에게 파도에 의한 두려움, 악어에 의한 두려움, 소용돌이에 의한 두려움, 상어에 의한 두려움 이러한 네 가지 두려움이 예상되듯이 집을 나와 이 법과 율에 출가한 비구들에게는 네 가지 절망이 예상된다. 무엇이 그 넷인가? 파도에 의한 절망, 악어에 의한 절망, 소용돌이에 의한 절망, 상어에 의한 절망이 그것이다. 비구들이여, 여기 어떤 좋은 가문의 아들은 믿음으로 집을 나와 이 법과 율에 출가하여 '나는 태어남과 늙음과 죽음 그리고 슬픔·비탄·고통·고뇌·절망에 짓눌렸다. 이 전체 괴로움에 압도되었다. 이제 참으로 이 전체 괴로움의 무더기 끝을 꿰뚫어 알아야겠다.'라고 생각한다.

비구들이여, 그러면 무엇이 파도에 의한 절망인가? 청정범행을 닦는 동료 비구들은 이렇게 출가한 그에게 '그대는 앞으로 볼 때와 뒤로 돌아볼 때는 이같이 해야 하고, 몸을 구부릴 때와 펼 때는 이같이 해야 하고, 대의를 입을 때와 발우를 펼 때는 이같이 해야 합니다.'라고 가르치고 훈계하면 '나는 재가자였을 때 많은 사람을 가르치고 훈계하였다. 그러나 이제 동생뻘이 되고 자식뻘이 되고 손자뻘이 되는 어린 비구들이 나를 가르치고 훈계하는구나.'라고 생각하고 화가 나고 분노를 일으켜서 법과 율을 버리고 낮은 재가자의 삶으로 되돌아간다. 이를 일러 파도에 의한 절망이라고 한다. 비구들이여, 파도에 의한 절망이란 분노에 의한 퇴전을 두고 한 말이다.

그러면 무엇이 악어에 의한 절망인가? 청정범행을 닦는 동료 비구들은 이렇게 출가한 그에게 '그대는 이것을 씹거나 먹을 수 있고 저것은 씹거나 먹으면 안 됩니다. 이것을 맛보거나 마실 수 있고 저것을 맛보거나 마셔서는 안 됩니다. 허락되고 주어진 것만 씹거나 먹을 수 있고, 허락되지 않고 주어지지 않은 것을 씹거나 먹어서는 안 됩니다. 허락되고 주어진 것만 맛보거나 마실 수 있고, 허락되지 않고 주어지지 않은 것을 맛보거나 마셔서는 안 됩니다. 바른 때에 씹거나 먹어야 하고, 때아닌 때에 씹거나 먹어서는 안 됩니다. 바른 때에 맛보거나 마셔야 하고, 때아닌 때에 맛보거나 마셔서는 안 됩니다.'라고 가르치고 훈계하면 '나는 재가자였을 때 원하는 것은 무엇이든 씹거나 먹었으며 맛보거나 마셨다. 허락되고 주어진 것이든 허락되지 않고 주어지지 않은 것이든 무엇이든 씹거나 먹었으며 맛보거나 마셨다. 바른 때이거나 때아닌 때이거나 언제든지 씹거나 먹었으며 맛보거나 마셨다. 신심 깊은 장자들도 한낮이나 저녁의 때아닌 때에 맛있는 여러 음식을 먹고 마시는데 비구들은 나의 입에 재갈을 물리는 것 같구나.'라고 생각하여 법과 율을 버리고 낮은 재가자의 삶으로 되돌아간다. 이를 일러 악어에 의한 절망이라고 한다. 비구들이여, 악어에 의한 절망이란 게걸스럽게 먹고 마시는 것에 의한 되짐을 두고 한 말이다.

그러면 무엇이 소용돌이에 의한 절망인가? 이렇게 출가한 그는 몸도 보호되지 않았고 말도 보호되지 않았고 마음도 알아차리지 않았고 감각의 대문도 제대로 단속되지 않은 채 오전에 위의를 갖추어 기워 만든 대의를 입고 발우를 지니고 마을이나 성읍으로 걸식 가서 장자나 장자의 아들이 다섯 가닥의 얽어매는 감각적 욕망을 갖추고 완비하여 편안하게 즐기고 있는 것을 보고 '나도 재가자였을 때 다섯 가닥의 얽어매는 감각적 욕망을 갖추고 완비하여 편안하게 즐겼다. 나의 가문은 재물과 재산이 풍족하여 나의 몫의 재물과 재산으로도 풍족하게 즐기고 남들에게 베풀면서 공덕을 지을 수도 있다.'라고 생각하여 법과 율을 버리고 낮은 재가자의 삶으로 되돌아간다. 이를 일러 소용돌이에 의한 절망이라고 한다. 비구들이여, 소용돌이에 의한 절망이란 감각적 욕망에 의한 퇴전을 두고 한 말이다.

그러면 무엇이 상어에 의한 절망인가? 이렇게 출가한 그는 몸도 보호되지 않았고 말도 보호되지 않았고 마음도 알아차리지 않았고 감각의 대문도 제대로 단속되지 않은 채 오전에 위의를 갖추어 기워 만든 대의를 입고 발우를 지니고 마을이나 성읍으로 걸식 가서 제대로 몸을 감싸지도 않고 제대로 옷을 입지 않은 요염한 여인을 보고 마음이 애욕에 물든 그는 법과 율을 버리고 낮은 재가자의 삶으로 되돌아간다. 이를 일러 상어에 의한 절망이라고 한다. 비구들이여, 상어에 의한 절망이란 여인에 의한 퇴전을 두고 한 말이다.

목갈라나여, 물속에 들어간 자들이 파도, 악어, 소용돌이, 상어를 극복하고 물을 건너 네 가지 두려움이 사라지고 안전한 피안에 이르듯이 집을 나와 법과 율에 출가한 비구들이 네 가지 절망을 극복하고 모든 번뇌가 다 한 완전한 열반을 성취하도록 참으로 내가 비구들을 돌보아야 하듯이 사리뿟따와 목갈라나는 비구들을 돌보아야 한다.MN67

녹자모 강당을 흔듦 어느 때 사왓티의 녹자모 강당에 머무셨던 세존께서 신통을 가진 자들 가운데서 으뜸이라고 칭송하셨던 목갈라나를AN1.14 불러서 말씀하셨다. 목갈라나여, 여기 녹자모 강당 아래층에 머무는 동료 비구들은 경솔하고 거들먹거리고 촐랑대고 수다스럽고 산만하게 말하고 사띠를 놓아 버리고 분명히 알아차림이 없고 주의를 기울이지 못하고 마음이 산란하고 감각기능이 제어되어 있지 않구나. 목갈라나여, 그대가 가서 비구들에게 절박감을 일으키도록 하라. "그렇게 하겠습니다, 세존이시여." 라고 대답한 뒤 존자는 엄지발가락으로 녹자모 강당을 흔들리게 하고 움직이게 하고 진동하게 하는 그러한 신통을 부렸다. 그러자 비구들은 화들짝 놀라고 절박감이 생기고 몸에 털이 곤두선 채로 한 곁에 서서 말하였다. "경이롭습니다, 존자들이여. 놀랍습니다, 존자들이여. 녹자모 강당은 기초가 튼튼하게 잘 지어졌고 건물의 설계와 시공도 잘되어 있어 지금까지 움직이지 않고 흔들리지 않았습니다. 그런데 바깥은 나뭇가지도 흔들리지 않고 바람도 없이 고요한데 오직 이 강당만 지금 이렇게 흔들리고 움직이고 진동합니다.”

그때 세존께서 비구들에게 다가가서 말씀하셨다. 비구들이여, 그대들에게 절박감을 일으키기 위하여 목갈라나가 엄지발가락으로 녹자모 강당을 흔들리게 하고 움직이게 하고 진동하게 하였다. 비구들이여, 이것을 어떻게 생각하는가? 어떤 법을 닦고 많이 공부하였기 때문에 목갈라나에게 이러한 크나큰 신통력이 있고 이러한 크나큰 위력이 있는가? “세존이시여, 저희의 법은 세존을 근원으로 하며 세존을 길잡이로 하며 세존을 귀의처로 합니다. 세존이시여, 세존께서 방금 말씀하신 이 뜻을 친히 밝혀 주신다면 참으로 감사하겠습니다. 세존께 듣고 저희는 그것을 잘 호지할 것입니다.”SN51.14

악성 비구를 쫓아냄 어느 포살일 녹자모 강당에 머문 세존께서는 여느 포살일처럼 포살을 진행하지 않은 채 침묵으로 비구승가에 둘러싸여 앉아 계셨다. 밤이 흘러 초야가 지나자 아난다가 자리에서 일어나서 한쪽 어깨가 드러나게 윗옷을 입고 세존을 향해 합장하여 인사를 올린 뒤 말하였다. “세존이시여, 밤이 흘러 초야가 지났습니다. 비구승가는 오래 앉아 있었습니다. 세존께서는 포살을 시작하시이 저희가 빠띠목카를 암송하도록 허락해 주십시오.” 하지만 세존께서는 아무런 대꾸도 없이 침묵하셨다. 또다시 밤이 흘러 중야가 지나자 아난다가 다시 자리에서 일어나서 한쪽 어깨가 드러나게 윗옷을 입고 세존을 향해 합장하여 인사를 올린 뒤 두 번째로 말하였다. “세존이시여, 밤이 흘러 중야가 지났습니다. 비구승가는 오래 앉아 있었습니다. 세존께서는 포살을 시작하시어 저희가 빠띠목카를 암송하도록 허락해 주십시오.” 하지만 세존께서는 아무런 대꾸도 없이 계속 침묵하셨다. 또다시 밤이 흘러 후야가 깊어지자 아난다가 또다시 자리에서 일어나서 한쪽 어깨가 드러나게 윗옷을 입고 세존을 향해 합장하여 인사를 올린 뒤 세 번째로 말하였다. “세존이시여, 밤이 흘러 후야가 깊었습니다. 비구승가는 오래 앉아 있었습니다. 세존께서는 포살을 시작하시어 저희가 빠띠목카를 암송하도록 허락해 주십시오.” 세존께서는 말씀하셨다. 아난다여, 여기 회중이 청정하지 않다.

그때 목갈라나에게 ‘세존께서는 어떤 이를 두고 저렇게 말씀하셨을까?’라는 생각이 들자 마음으로 승가의 모든 비구의 마음에 대하여 주의를 기울였다. 율을 지키지 않고, 나쁜 성품을 지니고, 불결하고, 의심하는 습관 가지고, 비밀리에 율을 범하고, 비구가 아니면서 비구라 주장하고, 청정범행을 닦지 않으면서 청정범행을 닦는다고 주장하고, 썩은 업에 의하여 안이 썩었고, 감각의 대문을 통해 탐욕 등 오염원이 흐르고, 탐욕 등의 오염된 쓰레기를 지녀 청정하지 않은 사람이 비구승가 가운데 앉아 있는 것을 보았다. 존자는 자리에서 일어나 그 사람에게 다가가서 말하였다. “그대여, 일어나시오. 세존께서는 그대를 보셨습니다. 그대는 비구들과 함께 머물지 못합니다.” 그러나 그 사람은 아무런 대꾸 없이 침묵하고 있었다. 두 번째로 그리고 세 번째로 그 사람에게 말하였다. “그대여, 일어나시오. 세존께서는 그대를 보셨습니다. 그대는 비구들과 함께 머물지 못합니다.” 그러나 그 사람은 두 번째도 그리고 세 번째도 아무런 대꾸 없이 침묵하고 있었다. 그러자 존자는 그 사람의 팔을 붙잡아 녹자모 강당 바깥으로 끌어낸 뒤 승원 바깥으로 쫓아내고 승원의 입구 문빗장을 잠그고는 세존께 다가가 말하였다. “세존이시여, 제가 그 사람을 승원 바깥으로 쫓아냈습니다. 이제 여기 회중은 청정합니다. 세존께서는 포살을 시작하시어 저희가 빠띠목카를 암송하도록 허락해 주십시오.” 세존께서 말씀하셨다. 묘하구나, 목갈라나여. 놀랍구나, 목갈라나여. 저 쓸모없는 인간은 팔이 붙잡혀 끌려 나갈 때까지 기다리고 있었다니!AN8.20, CV9.1

신통의 사라짐 꼬삼비의 고시따 원림에서 세존을 모시고 있던 어느 때 목갈라나의 시자였던 꼴리야의 아들 까꾸다가 임종하였다. 까꾸다는 임종한 후에 마음으로 만든 몸을 얻었는데 그 크기가 두세 개의 마을과 마을에 속한 들판에 해당하였으나 그것이 자신과 남에게 해를 초래하진 않았다. 그때 까꾸다는 목갈라나에게 말하였다. “존자시여, 데와닷따에게 ‘내가 비구승가를 관리하리라.'라는 이런 바람이 생겼습니다. 데와닷따에게 이런 마음이 일어나자 그의 신통은 사라져 버렸습니다." 그러자 존자는 세존께 나아가 자초지종을 말씀드리자 세존께서 말씀하셨다.

목갈라나여, 그런데 그대는 까꾸다가 말한 것은 모두 사실이고 사실과 다르지 않다고 그대의 마음으로 까꾸다의 마음을 알았는가? 또한 그대는 까꾸다가 말한 것은 모두 사실이고 사실과 다르지 않다고 그대의 마음으로 알았는가? "세존이시여, 그러합니다." 목갈라나여, 그대의 말을 비밀로 지켜라. 목갈라나여, 그대의 말을 비밀로 지켜라. 그 쓸모없는 인간은 자기 스스로 드러낼 것이다.[84] AN5.100

허공을 나는 해골 세존께서 죽림정사에 머무실 때 어느 날 목갈라나는 오전에 라자가하로 걸식하려고 락카나와 함께 독수리봉에서 내려오면서 어떤 장소에서 미소를 지었다. 그러자 락카나가 말하였다. "도반 목갈라나여, 무슨 연과 인으로 그대는 이곳에서 미소를 짓습니까?" "도반 락카나여, 지금은 그 질문을 하기에 적당한 때가 아닙니다. 그 질문은 걸식 후 세존의 곁에 있을 때 저에게 해 주십시오." 그러자 걸식을 마치고 세존의 곁에 앉은 락카나는 목갈라나에게 말하였다. "오늘 도반 목갈라나는 독수리봉에시 내려오면서 어띤 장소에서 미소를 지었습니다. 도반 목갈라나여, 무슨 연과 인으로 그대는 그곳에서 미소를 지었습니까?" "도반이여, 오늘 나는 독수리봉에서 내려오던 중 어떤 장소에서 해골이 허공을 날아가는 것을 보았습니다. 그런데 그것을 독수리들과 까마귀들과 솔개들이 계속해서 달려들어 갈비뼈 사이를 쪼아 대고 찢어 대자 그것은 비명을 질러 댔습니다. 도반이여, 그러자 나에게는 이런 생각이 들었습니다. '참으로 경이롭구나. 참으로 놀랍구나. 이런 모습을 한 중생이 있고 이런 모습을 한 약카가 있고 이런 모습의 몸을 받은 자가 있다니!"

그러자 세존께서는 비구들을 불러서 말씀하셨다. 비구들이여, 여기

---

84 세존께서 목갈라나의 말을 비밀로 지키라고 하신 이유는 무엇인가? 본 경에서 세존의 '다섯 부류의 스승'에 대한 말씀을 참고하여 답하라.

비구들 가운데 안목을 갖춘 제자들이 있고 지혜를 갖춘 제자들이 있나니, 그것은 나의 제자 가운데 이러한 중생의 모습을 목격하는 자가 있기 때문이다. 나도 예전에 그 중생을 보았으나 누구에게도 설명하지 않았다. 만일 내가 그것을 설명하였다면 설명을 듣는 자들 가운데 어떤 자들은 나를 믿지 않았을 것이고, 나를 믿지 않는 자들에게는 오랜 세월 불이익이 되고 괴로움이 될 것이기 때문에 나는 그것을 설명하지 않았다. 비구들이여, 그 중생은 라자가하에서 살았던 소 도축업자였다. 그는 악업의 과보로 여러 해 동안, 여러 백 년 동안, 여러 천 년 동안, 여러 백 천 년 동안 지옥에서 고통을 받은 뒤 지옥에서 벗어났으나 악업의 과보가 남았기 때문에 그런 모습의 몸을 받아 고통을 겪는 것이다.

다른 어느 날 똑같은 상황이 각각 반복적으로 일어났는데 목갈라나는 가죽이 벗겨진 사람을 목격하였으며 세존께서 그 중생은 라자가하에서 살았던 양 도축업자라고 설명하셨고, 머리는 없고 몸통만 있는데 눈과 입이 가슴에 붙어 있는 자는 하리까라는 망나니이었으며, 온몸에 바늘로 된 털을 가져서 그의 몸에 난 바늘들은 머리에서 입을 향하여 박혀 있기도 하고 입에서 가슴을 향하여 박혀 있기도 하고 가슴에서 배를 향하여 박혀 있기도 하고 배에서 넓적다리를 향하여 박혀 있기도 하고 넓적다리에서 장딴지를 향하여 박혀 있기도 하고 장딴지에서 발을 향하여 박혀 있기도 한 사람은 중상모략을 일삼는 자였으며, 항아리만 한 고환을 가진 사람은 부패한 관료였으며, 냄새나고 못생긴 여인은 점치는 여인이었으며, 숯불에 그슬리고 굽히고 땀투성이인 여인은 질투심에 사로잡혀 후궁에게 활활 타오르는 숯불을 부었던 깔링가 왕의 첫째 왕비이었으며, 똥구덩이에 머리째 푹 빠져 있는 자는 간통남이었고, 가죽이 부분적으로 벗겨지고 찢어진 여인은 간통녀였으며, 분소의가 시뻘겋게 달구어지고 불꽃을 튀기고 빛을 내며 발우와 허리띠와 몸도 시뻘겋게 달구어지고 불꽃을 튀기고 빛을 내는 비구(니)는 깟사빠 부처님 시대의 사악한 비구(니)였다고 설명하셨다. SN19.1~20

웨자얀따 궁전을 흔듦 세존께서 녹자모 강당에 머무시던 어느 때 신들의 왕인 삭까가 세존을 뵙고 질문을 하였고 세존의 답변을 크게 기뻐하고 감사드리면서 경의를 표한 뒤 그곳에서 사라졌다. 삭까가 사라지고 난 뒤 얼마 되지 않았을 때 세존으로부터 멀지 않은 곳에 앉아 있었던 목갈라나에게 이러한 생각이 들었다. '이 약카는 세존의 말씀을 제대로 이해하고 기뻐한 것일까 아니면 그렇지 않은 것일까? 이 약카가 세존의 말씀을 이해하고 제대로 호지하는지 아닌지 알아보아야겠다.' 그러자 존자는 마치 힘센 사람이 구부린 팔을 펴고 편 팔을 구부리듯이 그렇게 재빨리 녹자모 강당에서 사라져 삼십삼천의 천상에 나타났다. 그때 신들의 왕 삭까는 에까뿐다리까 정원에서 다섯 종류로 된 5백 개의 천상 악기를 갖추고 완비하여 풍류를 즐기고 있었다. 신들의 왕 삭까는 목갈라나가 멀리서 오는 것을 보고 풍류를 중지시키고 존자에게 다가가 말하였다. "어서 오십시오, 목갈라나 존자시여. 저희는 존자를 환영합니다. 존자께서는 오랜만에 여기에 오실 기회를 만드셨습니다. 이리로 와서 앉으십시오. 이것이 마련된 자리입니다." 존자는 마련된 자리에 앉았고 자리 곁의 낮은 자리에 앉은 신들의 왕 삭까에게 말하였다. "꼬시야여, 세존께서는 어떻게 해서 갈애를 멸진하여 해탈한다고 간략하게 말씀하셨습니까? 그 말씀을 나도 들을 수 있으면 감사하겠습니다."

"목갈라나 존자시여, 나는 지금 바쁘고 해야 할 일이 많습니다. 나의 일 뿐만 아니라 삼십삼천의 신들의 일도 있습니다. 그렇지만 잘 듣고 잘 이해하고 잘 마음에 잡도리하고 잘 호지한 세존의 말씀은 갑자기 사라지지 않으니 다음 기회에 말씀드리겠습니다. 존자께서 귀한 기회로 이곳을 방문하셨으니 이곳을 먼저 살펴보시도록 안내하겠습니다. 존자시여, 예전에 신들과 아수라들의 전쟁이 있었는데 그 전쟁에서 신들이 승리하여 승전의 기념으로 웨자얀따 궁전을 지었습니다. 그 궁전에는 1백 개의 뾰쪽 탑이 있고 그 각각의 뾰쪽 탑에는 7백 개의 누각이 있으며 그 각각의 누각에는 일곱 요정이 있고 그 각각의 일곱 요정은 일곱 궁녀를 거느리고 있습니다. 존자시여, 여기 삼십삼천의 자랑이자 가장 뛰어난 곳 웨자얀따 궁전의 아름다움을 한번 보시겠습니까?" 존자는 침묵으로 동의하였다. 그러자 신들의 왕 삭까와 웻사와나 왕은 존자를 앞세워 웨자얀따 궁전으로 향하였다. 신들의 왕 삭까의 시녀들은 존자가 멀리서 오는 것을 보고 마치 며느리가 시아버지를 보고 수치를 느끼고 부끄러워하듯이 수치를 느끼고 부끄러워하면서 자신들의 내전으로 들어갔다. 신들의 왕 삭까와 웻사와나 왕은 존자가 웨자얀따 궁전을 산책하고 둘러보도록 안내하였다. "목갈라나 존자시여, 웨자얀따 궁전의 이곳 아름다움을 보십시오. 목갈라나 존자시여, 웨자얀따 궁전의 저곳 아름다움을 보십시오."라고 삭까가 말하였고, 웻사와나가 덧붙여 말하였다. "참으로 예전에 공덕을 많이 쌓은 자에게 이런 영예가 주어지듯 이것은 꼬시야 존자의 영예입니다. 인간들은 어떤 아름다운 것을 볼 때면 언제나 이렇게 말합니다. '참으로 이것은 삼십삼천의 신들의 영예이다.' 참으로 예전에 공덕을 많이 쌓은 자에게 이런 영예가 주어지듯 이것은 꼬시야 존자의 영예입니다."

그때 목갈라나에게 이런 생각이 들었다. '이 약카는 지나치게 방일하여 지내는구나. 내가 이제 이들에게 경각심을 일으키게 해야겠다.' 그러자 존자는 그의 발끝으로 웨자얀따 궁전이 흔들리게 하고 진동하게 하고 요동치게 하였다. 그러자 신들의 왕 삭까와 웻사와나 왕과 삼십삼천의 신들은 경이로움과 놀라움이 가득한 마음으로 말하였다. "오, 참으로 경이롭습니다. 오, 참으로 놀랍습니다. 여기 사문께서는 큰 신통과 큰 위력을 가졌습니다. 실로 그분의 발끝으로 여기 삼십삼천이 흔들리게 하고 진동하게 하고 요동치게 하다니요." 목갈라나는 신들의 왕 삭까의 마음이 동요하고 털끝이 곤두선 것을 알고 말하였다. "꼬시야여, 세존께서는 어떻게 해서 갈애를 멸진하여 해탈한다고 간략하게 말씀하셨습니까? 그 말씀을 나도 들을 수 있으면 감사하겠습니다." 신들의 왕 삭까는 마음을 가다듬어 세존과 있었던 일을 자초지종 말하면서 세존의 설법 말씀을 그대로 전하였다. 그러자 목갈라나는 신들의 왕 삭까의 말을 크게 기뻐하고 감사드리면서 마치 힘센 사람이 구부린 팔을 펴고 편 팔을 구부리듯이 그렇게 재빨리 삼십삼천에서 사라져 녹자모 강당에 나타났다.MN37 이 일이 있고 난 후 목갈라나는 때때로 삼십삼천에 나타나 신들의 왕 삭까와 많은 신들을 가르치고 격려하고 분발하게 하고 기쁘게 하였다.SN40.10~11

범천을 교화함 어떤 범천이 '여기에 올 그 어떤 사문도 브라만도 없다.'라고 생각하면서 나쁜 견해를 일으키자 세존께서는 그 범천이 일으킨 생각을 아시고 마치 힘센 사람이 구부렸던 팔을 펴고 폈던 팔을 구부리는 것처럼 제따 숲에서 사라져서 범천의 하늘에 나타나 범천의 세상보다 더 밝은 광명을 비추시면서 가부좌를 하셨다.

그때 목갈라나에게 '세존께서는 지금 어디에 머무시는가?'라는 생각이 들자 청정하고 인간을 넘어선 신성한 눈으로 세존께서 범천의 하늘에서 범천의 세상보다 더 밝은 광명을 비추시면서 가부좌를 하신 것을 보고는 세존보다 낮은 곳에서 동쪽을 향하여 세존처럼 광명을 발하면서 앉았다. 그러자 목갈라나처럼 깟사빠와 깝삐나와 아누룻다도 차례대로 세존보다 낮은 곳에서 남쪽, 서쪽, 북쪽을 향하여 세존처럼 광명을 발하면서 앉았다. 그러자 목갈라나는 범천에게 게송으로 문답하였다.SN6.5

도반이여
이전에 가졌던 그대의 견해
오늘도 그대로 가지고 있습니까?
범천의 세상을 넘어서서 빛나는
찬란한 저 광명을
그대는 봅니까?

존자시여
이전에 가졌던 저의 견해
지금은 가지고 있지 않습니다.
범천의 세상을 넘어서서 빛나는
찬란한 저 광명을

지금 보나니
제가 어찌 오늘 '나는 항상하고 영원하다.'고
이처럼 말할 수 있겠습니까!

범천의 지혜 세존께서 독수리봉에 머무셨을 무렵 어느 날 두 범천이 밤이 아주 깊었을 때 아주 멋진 모습을 하고 온 독수리봉을 환하게 밝히면서 세존께 다가가 절을 올린 뒤 한 곁에 서서 한 범천이 이렇게 말씀드렸다. "세존이시여, 이 비구니들은 해탈하였습니다." 그러자 다른 범천은 이렇게 말씀드렸다. "세존이시여, 이 비구니들은 취착 없이 잘 해탈하였습니다." 세존께서 이에 동의하셨다. 그러자 두 범천은 '스승께서 우리의 말에 동의하셨구나.'라고 생각하면서 세존께 경의를 표하고 그곳에서 사라졌다. 세존께서는 그 밤이 지나자 비구들을 불러서 간밤의 일을 자초지종 말씀하셨다.

그때 목갈라나가 세존으로부터 멀지 않은 곳에 앉아 있었다. 존자에게 이런 생각이 들었다. "어떤 범천에게 '취착이 남아 있으면 취착이 남아 있다. 취착이 없으면 취착이 없다.'라는 지혜가 있을까?" 그 무렵 띳사라는 비구가 얼마 전에 임종하여 어떤 범천의 세계에 태어났다. 그는 그곳에서 큰 신통력과 큰 위력을 가진 띳사 범천이라고 불리며 알려졌다. 목갈라나는 마치 힘센 사람이 구부렸던 팔을 펴고 폈던 팔을 구부리는 것처럼 독수리봉에서 사라져 범천의 세계에 나타났다. 띳사 범천은 목갈라나가 멀리서 오는 것을 보고 이렇게 말했다. "어서 오십시오, 목갈라나 존자여. 환영합니다, 목갈라나 존자여. 목갈라나 존자여, 오랜만에 기회를 내셔서 여기에 오셨군요. 앉으십시오. 이것이 마련된 자리입니다." 존자가 마련된 자리에 앉자 띳사 범천은 존자에게 절을 올리고 한 곁에 앉았다. 띳사 범천에게 존자는 이렇게 말했다.

"띳사여, 어떤 범천에게 '취착이 남아 있으면 취착이 남아 있다. 취착이 없으면 취착이 없다.'라는 지혜가 있습니까?" "목갈라나 존자여, 어떤 범천에게 '취착이 남아 있으면 취착이 남아 있다. 취착이 없으면 취착이 없다.'라는 지혜가 있습니다." "띳사여, 그러면 모든 범천에게 그러한 지혜가 있습니까?" "목갈라나 존자여, 모든 범천에게 그러한 지혜가 있지는 않습니다. 목갈라나 존자여, 범천들 가운데 범천의 수명에 만족하고 범천의 용모와 범천의 행복과 범천의 명성과 범천의 지배력에 만족하는 자는 범천에서 더 높은 곳으로 벗어남을 바르게 알지 못합니다. 그들에게는 그러한 지혜가 있지 않습니다. 그러나 범천의 수명에 만족하지 않고 범천의 용모와 범천의 행복과 범천의 명성과 범천의 지배력에 만족하지 않는 범천은 범천에서 더 높은 곳으로 벗어남을 바르게 압니다. 그들에게는 그러한 지혜가 있습니다."

"목갈라나 존자여, ①여기 어떤 범천은 양면으로 해탈한 비구에 대해서 '이 존자는 양면으로 해탈한 자다. 그의 몸이 머무는 한 신과 인간들은 그를 본다. 그러나 몸이 무너지고 나면 신과 인간들은 그를 보지 못한다.'라고 압니다. 이런 범천에게 '취착이 남아 있으면 취착이 남아 있다. 취착이 없으면 취착이 없다.'라는 지혜가 있습니다. ②여기 어떤 범천은 지혜로 해탈한 비구에 대해서 '이 존자는 지혜로 해탈한 자다. 그의 몸이 머무는 한 신과 인간들은 그를 본다. 그러나 몸이 무너지고 나면 신과 인간들은 그를 보지 못한다.'라고 압니다. 이런 범천에게 '취착이 남아 있으면 취착이 남아 있다. 취착이 없으면 취착이 없다.'라는 지혜가 있습니다. ③여기 어떤 범천은 몸으로 체험한 비구에 대해서 '이 존자는 몸으로 체험한 자다. 이 존자는 적당한 거처를 사용하고 좋은 친구들을 받들면서 감각기능을 조화롭게 유지하여, 좋은 가문의 아들이 성취하고자 집에서 나와 출가하는 위없는 청정범행의 완성을 스스로 최상의 지혜로 알고 실현하고 구족하여 머물 것이다.'라고 압니다. 이런 범천에게 '취착이 남아 있으면 취착이 남아 있다. 취착이 없으면 취착이 없다.'라는 지혜가 있습니다. 목갈라나 존자여, 여기 어떤 범천은 ④견해를 얻은 비구에 대하여, ⑤청정한 믿음을 지닌 비구에 대하여, ⑥정법을 따르는 비구에 대하여 '이 존자는 견해를 얻은 자, 청정한 믿음을 지닌 자, 정법을 따르는 자이다. 이 존자는 적당한 거처를 사용하고 좋은 친구들을 받들면서 감각기능을 조화롭게 유지하여, 좋은 가문의 아들이 성취하고자 집에서 나와 출가하는 위없는 청정범행의 완성을 스스로 최상의 지혜로 알고 실현하고 구족하여 머물 것이다.'라고 압니다. 이런 범천에게 '취착이 남아 있으면 취착이 남아 있다. 취착이 없으면 취착이 없다.'라는 지혜가 있습니다. 목갈라나는 띳사 범천의 말을 기뻐하고 감사를 표하고 마치 힘센 사람이 구부렸던 팔을 펴고 폈던 팔을 구부리는 것처럼 범천의 세계에서 사라져 독수리봉 산에 나타났다. 그때 목갈라나는 세존께 다가가 절을 올린 뒤 한 곁에 앉았다. 목갈라나는 띳사 범천과 나누었던 대화를 모두 세존께 아뢰었다. 이에 세존께서 말씀하셨다.

목갈라나여, 띳사 범천은 일곱 번째인 표상 없이 머무는 비구에 대해서는 말하지 않았구나. "세존이시여, 지금이 바로 적절한 시기입니다. 선서시여, 지금이 세존께서 일곱 번째인 표상 없이 머무는 비구에 대해서 설해 주실 바로 적절한 시기입니다. 세존의 말씀을 듣고 비구들은 마음에 새길 것입니다." 목갈라나여, 그렇다면 들어라. 듣고 마음에 잘 새겨라. 나는 설할 것이다. "그렇게 하겠습니다, 세존이시여."라고 대답하자 세존께서는 이렇게 말씀하셨다.

목갈라나여, 여기 비구는 어떤 표상도 마음에 기울이지 않아서 표상 없는 마음으로 사마디에 들어 머문다. ⑦어떤 범천은 그 비구에 대하여 '이 존자는 어떤 표상도 마음에 기울이지 않아서 표상 없는 마음으로 사마디에 들어 머문다. 이 존자는 적당한 거처를 사용하고 좋은 친구들을 받들면서 감각기능을 조화롭게 유지하여, 좋은 가문의 아들이 성취하고자 집에서 나와 출가하는 위없는 청정범행의 완성을 스스로 최상의 지혜로 알고 실현하고 구족하여 머물 것이다.'라고 안다. 이런 범천에게 '취착이 남아 있으면 취착이 남아 있다. 취착이 없으면 취착이 없다.'라는 지혜가 있다.AN7.53

목갈라나의 전생 박가의 수도 숨수마라에 있는 베사깔라 숲속 미가다야라는 녹야원에 머물 무렵 어느 날 목갈라나가 경행할 때 사악한 마라가 존자의 배에 들어가서 창자에 붙었다. 그러자 존자에게 '왜 내 배가 이렇게도 무거울까? 콩이 가득 들어 있는 것 같구나.'라는 생각이 들자 경행을 그만두고 승원의 준비된 자리에 앉아서 마음을 가다듬어 배를 주시하여 마라가 창자에 붙어 있는 것을 보고 말하였다. "나오라, 사악한 자여. 나오라, 사악한 자여. 세존의 제자를 성가시게 하지 말라. 그대는 세존의 제자를 성가시게 하여 그것으로 오랜 세월 동안 불이익과 괴로움을 받지 말라." 그러자 마라에게 이런 생각이 들었다. '이 사문은 나를 알지 못하고 보지 못하면서 저렇게 말한다. 그의 스승도 나를 이렇게 빨리 알아보지 못할 것인데 하물며 어떻게 제자인 그가 나를 이렇게 빨리 알아볼 수 있겠는가?'

그러자 목갈라나는 말하였다. "사악한 자여, 나는 그대를 안다. 사악한 자여, 그대는 마라다. 그대는 '이 사문은 나를 알지 못하고 보지 못하면서 저렇게 말한다. 그의 스승도 나를 이렇게 빨리 알아보지 못할 것인데 하물며 어떻게 제자인 그가 나를 이렇게 빨리 알아볼 수 있겠는가?'라고 생각하고 있다." 그러자 마라는 '이 사문은 나를 보고 나의 생각을 알고서 말하는구나.'라고 생각하고 존자의 입으로 뛰쳐나와 승원의 문빗장 곁에 섰다. 이에 존자는 이같이 말하였다. 사악한 자여, 나는 문빗장 곁에 서 있는 그대를 본다. 그대는 '이 사문은 나를 보지 못한다.'라고 생각하지 말라. 나는 또한 그대의 전생을 보고 인다.

목갈라나와 마라의 인연 사악한 자여, 오랜 옛적에 나는 두시라는 마라였고 나에게 깔리라는 이름의 누이가 있었다. 그때 그대는 그녀의 아들이었으므로 그대는 나의 조카였고 나는 그대의 외삼촌이었다. 그때 까꾸산다라는 세존께서 세상에 출현하셨는데 그분께는 위두라와 산지와라는 한 쌍의 복덕이 구족한 상수제자가 있었다. 설법에 관한 한 위두라 존자와 견줄 사람이 아무도 없었으므로 위두라라는 이름이 생긴 것이다. 그리고 정념과 정정에 관한 한 산지와 존자와 견줄 사람이 아무도 없었다. 산지와 존자는 숲이나 나무 아래 또는 외진 처소에 가서 어려움 없이 상수멸에 들곤 하였는데 어느 때 소치는 사람, 양치는 사람, 농부들이 길을 가다 나무 아래서 상수멸에 들어 있는 존자를 보고 말하였다. "여보게들, 이 사문께서 앉은 채 입적하시다니 참으로 경이롭고, 참으로 놀랍습니다. 우리가 이분을 화장해 드립시다." 그들은 풀과 소똥과 작은 장작과 큰 장작들을 모아 존자의 몸에 쌓아 덮고 불을 붙이고 그곳을 떠났다. 낮과 밤이 지나자 존자는 출정하여 분소의를 털고 자리에서 일어났다. 오전에 위의를 갖추어 분소의를 입고 발우를 지니고 마을로 걸식을 갔다. 사람들은 존자가 걸식하는 것을 보자 "여보게들, 참으로 경이롭고 참으로 놀랍습니다. 이 사문께서는 앉아서 입적하셔서 우리가 화장하였는데 스스로 다시 살아나시다니요."라고 말하자 존자에게 산지와라는 이름이 생긴 것이다.

두시 마라의 해코지1 사악한 자여, 그때 두시 마라에게 이러한 생각이 들었다. 나는 이 비구들이 오는 것도 가는 것도 머무는 것도 알지 못한다. 이들의 오고 감과 머묾을 알기 위하여 이들의 마음을 흔들어야 한다. 브라만들과 장자들을 사로잡아 그들에게 그 일을 시켜야겠다. 두시 마라는 브라만들과 장자들을 사로잡아 그들에게 자기의 생각대로 "오라, 브라만들과 장자들이여. 그대들은 저 비구들을 비난하고 욕하고 괴롭히고 모욕하라. 그러면 저 비구들은 마음이 흔들리고 마음에 변화가 생길 것이며, 그대들은 나를 충족하게 되고 나는 저 비구들을 사로잡을 기회를 포착하게 될 것이다."라고 말하였다.

그러자 브라만들과 장자들은 그 비구들을 비난하고 욕하고 괴롭히고 모욕하였다. "우리 조상의 발에서 태어난 비천하고 까무잡잡한 이들 까까머리 사문들은 '우리는 명상을 닦는 자다, 우리는 명상을 닦는 자다.'라고 말하면서 어깨를 축 늘어뜨리고 고개를 숙이고 게을러빠진 채 일없이 이리저리 생각하고 궁리하고 궁구하는 척한다. 마치 나뭇가지에 앉은 올빼미가 생쥐가 나타나기를 기다리면서 이리저리 머리를 움직이듯이, 자칼이 강둑에서 물고기가 수면 위로 나오기를 기다리면서 이리저리 몸을 움직이듯이, 고양이가 문기둥이나 쓰레기통이나 하수구에서 쥐가 나타나기를 기다리면서 이리저리 눈을 굴리듯이, 짐을 내려놓은 당나귀가 다음 짐을 기다리면서 이리저리 몸을 뒤척거리듯이 우리 조상의 발에서 태어난 비천하고 까무잡잡한 이들 까까머리 사문들은 '우리는 명상을 닦는 자다, 우리는 명상을 닦는 자다.'라고 말하면서 어깨를 축 늘어뜨리고 고개를 숙이고 게을러빠진 채 일없이 이리저리 생각하고 궁리하고 궁구하는 척한다." 이렇게 비구들을 비난하고 욕하고 괴롭히고 모욕한 브라만들과 장자들은 몸이 무너져 죽은 뒤 처참한 곳, 불행한 곳, 파멸처, 지옥에 태어났다.

한편 그때 까꾸산다 세존께서 비구들에게 이같이 말씀하셨다. 비구들이여, 두시 마라가 '오라, 브라만들과 장자들이여. 그대들은 비구들을 비난하고 욕하고 괴롭히고 모욕하라. 그러면 비구들은 마음이 흔들리고 마음에 변화가 생길 것이며, 그대들은 나를 충족하게 되고 나는 비구들을 사로잡을 기회를 포착하게 될 것이다.'라고 하면서 브라만들과 장자들에게 비구들을 비난하고 욕하고 괴롭히고 모욕할 것이다. 그러니 그대들은 두시 마라와 두시 마라에게 사로잡힌 브라만들과 장자들을 연민하는 마음의 업으로 머물러라. 그러자 비구들은 까꾸산다 세존의 훈도를 받잡아 머물렀다.

두시 마라의 해코지2 사악한 자여, 그때 두시 마라에게 이러한 생각이 들었다. '나는 여전히 비구들이 오는 것도 가는 것도 머무는 것도 알지 못한다. 이들의 오고 감과 머묾을 알기 위하여 다른 방법으로 이들의 마음을 흔들어야 한다. 다른 브라만들과 장자들을 사로잡아 그들에게 그 일을 시켜야겠다.' 두시 마라는 브라만들과 장자들을 사로잡아 그들에게 자기의 생각대로 "오라, 브라만들과 장자들이여. 그대들은 비구들을 존경하고 존중하고 공경하고 경의를 표하라. 그러면 비구들은 마음이 흔들리고 마음에 변화가 생길 것이며, 그대들은 나를 충족하게 되고 나는 비구들을 사로잡을 기회를 포착하게 될 것이다."라고 말하였다.

그러자 브라만들과 장자들은 비구들을 존경하고 존중하고 공경하고 경의를 표하였다. "좋은 옷과 옷감을 펼쳐 놓으면서 존경하는 존자시여, 저의 정성을 거두어 주소서. 존경하는 존자께서는 참으로 행하기 어려운 일을 행하십니다. 존경하는 존자의 위력으로 저에게 오랫동안 이익과 행복이 생기도록 살펴 주소서. 손수 여러 가지 음식이나 병을 치료하는 약을 지어 대접하면서, 훌륭한 승원을 지어 드리면서, 혹은 긴 머리털을 풀어 젖은 땅에 펼쳐 놓으면서 존경하는 존자시여, 저의 정성을 거두어 주소서. 존경하는 존자께서는 참으로 행하기 어려운 일을 행하십니다. 존경하는 존자의 위력으로 저에게 오랫동안 이익과 행복이 생기도록 살펴 주소서." 이렇게 비구들을 존경하고 존중하고 공경하고 경의를 표한 브라만들과 장자들은 몸이 무너져 죽은 뒤 좋은 곳 천상세계에 태어났다.

한편 그때 까꾸산다 세존께서 비구들에게 이같이 말씀하셨다. 비구들이여, 두시 마라가 "오라, 브라만들과 장자들이여. 그대들은 비구들을 존경하고 존중하고 공경하고 경의를 표하라. 그러면 비구들은 마음이 흔들리고 마음에 변화가 생길 것이며, 그대들은 나를 충족하게 되고 나는 비구들을 사로잡을 기회를 포착하게 될 것이다."라고 하면서 브라만들과 장자들을 사로잡을 것이며, 두시 마라에게 사로잡힌 브라만들과 장자들은 비구들을 존경하고 존중하고 공경하고 경의를 표할 것이다. 그러니 그대들은 두시 마라에게 사로잡힌 브라만들과 장자들이 존경하고 존중하고 공경하고 경의를 표하더라도 '사대와 사대로 이루어진 몸은 나의 것이 아니며, 나의 몸이 아니며, 나의 자아가 아니다. 이것은 변하기 마련이어서 무상하며, 무상한 것은 괴로움이다.'라고 알아차리면서 머물러라. 그러자 비구들은 까꾸산다 세존의 훈도를 받잡아 머물렀다.

두시 마라의 해코지3 사악한 자여, 그때 두시 마라에게 이러한 생각이 들었다. '이렇게 하여도 나는 여전히 비구들이 오는 것도 가는 것도 머무는 것도 알지 못한다. 이들의 오고 감과 머묾을 알기 위하여 이번에는 내가 직접 나서서 비구들의 마음을 흔들어 그 마음에 변화가 생기면 저 비구들을 사로잡을 기회를 포착하게 될 것이다.' 이렇게 생각한 두시 마라는 위두라 존자가 숲에서 나오기를 기다렸다. 마침내 오전에 위의를 갖추고 분소의를 입고 발우를 지닌 위두라 존자는 시자로서 까꾸산다 세존의 뒤를 따라 숲에서 나와 마을로 걸식을 갔다. 이때 두시 마라는 마을의 어떤 소년 몸속으로 들어가 돌을 집어 던져 위두라 존자의 머리를 다치게 하였으나 위두라 존자는 머리가 깨져 피를 흘리면서도 '사대와 사대로 이루어진 몸은 나의 것이 아니며, 나의 몸이 아니며, 나의 자아가 아니다. 이것은 변하기 마련이어서 무상하며, 무상한 것은 괴로움이다.'라고 알아차리고 마음의 고요함을 유지하면서 까꾸산다 세존의 뒤를 계속하여 따라갔다. 그때 까꾸산다 세존께서는 '이 두시 마라는 한도를 모르는구나.'라고 여기시면서 마치 코끼리가 뒤를 돌아보듯 뒤를 돌아보시자마자 두시 마라는 그곳에서 사라져 지옥에 떨어졌다.

지옥에 떨어진 두시 마라 사악한 자여, 그 지옥에는 세 가지 특징이 있다. 극심하고 사무치고 혹독한 다섯 가지 감각접촉을 겪는 고통, 극심하고 사무치고 혹독함을 초래하는 창에 찔리는 고통, 극심하고 사무치고 혹독함을 스스로 초래하는 고통이다. 지옥의 옥사쟁이가 말하였다. "여보시오, 창끝과 창끝이 그대의 심장에서 서로 부딪칠 때 그대는 '나는 1천 년 동안 여기에서 고통을 받았다.'라고 알게 될 것이네." 창끝과 창끝이 나의 심장에서 서로 부딪칠 때 나는 1천 년 동안 여기에서 고통을 받았다고 알았으며, 그렇게 알기를 수십 번, 수백 번 반복하는 동안 위두라 존자의 머리를 다치게 하였던 과보로 지옥에서 극심하고 사무치고 혹독한 고통을 겪었다. 이러한 고통을 받았을 때 나의 몸은 마치 인간의 몸과 같았으나 머리는 마치 물고기의 머리와 같은 모습이었다.

이같이 목갈라나가 승원의 문빗장 곁에 서 있는 마라를 보고 경책하자 마라는 놀라움과 두려움에 사로잡혀 몸의 털이 모두 일어나 그곳에서 꼼짝도 하지 못하였다. 이러한 마라를 보고 존자는 게송으로 경책하였다.

까꾸산다 세존의 제자
위두라 존자를 공격하여
두시 마라가 고통받은 지옥은 무엇과 같은가?

창끝과 창끝이 심장에서 서로 부딪혀
극심하고 사무치고 혹독한 고통을 겪는다네.
까꾸산다 세존의 제자
위두라 존자를 공격하여
두시 마라가 고통받은 지옥은 이와 같다네.
석가모니 부처님의 제자
비구는
이것을 잘 기억하고 잘 아나니
사악한 자여,
검은 자여,
석가모니 부처님의 제자
비구를 공격하는
그대는
지옥에서 그 고통받으리라.

어리석은 자를 태워버리려고
불은
결단코 의도하지 않지만
어리석은 자는
타오르는 불을 공격하여 스스로 불탄다네.
마라여,
이같이 그대는
석가모니 부처님의 제자
비구를 공격하여
스스로 자기 자신을 태운다네.
어리석은 자여,
사악한 자여,
석가모니 부처님의 제자

비구를 공격하여
그대는
큰 악업을 쌓았거늘
그대의 악업은 익지 않으리라고 생각하는가?
죽음을 만드는 자여,
검은 자여,
석가모니 부처님의 제자
비구를 공격할 때
그대는
오랜 세월 동안
극심하고 사무치고 혹독한 고통을 겪는
그러한 과보를 초래하는
악업을 쌓느니라.

마라여,
이제
석가모니 부처님의 제자
비구들을 공격하지 말라.
비구들 곁으로부터
멀리 떠나라.
비구들을 공격하여
성공할 수 있다는 희망을 품지 마라.

계송이 끝나자 승원의 문빗장 곁에 서 있던 마라는 바로 그곳에서 사라졌다.MN50

7.3 설법과 교계

세존을 대신하는 설법 어느 때 까삘라왓투의 새 공회당에서 많은 비구와 재가제자들에 둘러싸여서 앉아 계셨던 세존께서는 밤이 이슥하도록 그들에게 법을 설하여 그들을 격려하고 분발하게 하고 기쁘게 한 뒤 재가제자들을 돌려보냈다. 세존께서는 비구들이 오롯이 침묵하며 세존의 말씀에 귀 기울이며 마음을 가다듬은 것을 둘러본 뒤 목갈라나를 불러서 말씀하셨다. 목갈라나여, 여기 비구들은 권태와 혼침이 없구나. 그대가 이런 비구들에게 법문을 들려주어라. 나는 등이 아파서 좀 쉬어야겠다. "그렇게 하겠습니다, 세존이시여."라고 목갈라나는 대답하였다. 그러자 세존께서는 대의를 네 겹으로 접어서 자리를 만들게 한 뒤 발로써 발을 포개고 사띠를 확립하고 알아차리면서 일어날 시간을 인식하며 마음을 기울인 뒤 오른쪽 옆구리로 사자처럼 누우셨다. 세존을 향하여 세존의 한 곁에 앉아 있던 목갈라나는 비구들을 향하여 "도반들이여"라고 비구들을 불렀고, 비구들은 "도반이시여"라고 응답하자 목갈라나는 이같이 설법하였다.

도반들이여, 오염원들의 흐름과 오염원들의 흐르지 않음에 관한 법문을 할 것입니다. 도반들이여, 그러면 어떻게 오염원들이 흐릅니까? 어떻게 오염원이 흘러 마라에 사로잡히며, 다시 태어남을 초래하여 두렵고 괴로운 과보를 가져오며 미래의 태어남과 늙음과 죽음을 가져오는 그러한 사악하고 해로운 법에 제압당합니까? 도반들이여, 그러면 어떻게 오염원들이 흐르지 않습니까? 어떻게 오염원이 흐르지 않아 마라에 잡히지 않으며, 다시 태어남을 초래하여 두렵고 괴로운 과보를 가져오며 미래의 태어남과 늙음과 죽음을 가져오는 그러한 사악하고 해로운 법에 제압당하지 않습니까? 이러한 질문에 대한 목갈라나의 상세한 설법이 끝나자 세존께서 일어나셔서 "장하구나, 목갈라나. 그대는 비구들에게 오염원들의 흐름과 오염원들의 흐르지 않음에 대한 법문을 잘 설하였다."라고 칭송하면서 설법 내용을 승인하셨다.SN35.243

자질이 부족한 자 어느 때 목갈라나는 박가의 숨수마라에 있는 베사깔라 숲속 승원에서 비구들에게 이같이 말하였다. 도반들이여, 만약 어떤 동료 비구가 자질이 부족하여 훈도訓導하기 어렵고 인욕하지 못하고 교계를 수용하지 못하면, 비록 그가 '존자들께서 저에게 가르쳐 주십시오. 저는 존자들께 훈계받아야 합니다.'라고 간청하더라도 세존의 법을 가르치지 않아야 하며, 세존의 율로 이끌기 위해 해야 할 일과 하지 않아야 할 일들을 훈계하지 않아야 하며, 그를 신뢰하지 않아야 합니다.

도반들이여, 어떤 자가 자질이 부족하여 훈도하기 어렵습니까? 여기 어떤 자가 번뇌를 다한 완전한 열반이라는 바른 목표가 아닌 그릇된 목표[願]를 가지고 그것에 지배됩니다. 바른 목표를 향하고 그릇된 목표를 버리라는 훈도나 책망을 받으면 그는 훈계나 책망하는 자에게 언짢아하거나, 자신의 잘못된 행위를 인정하는 대답을 회피하여 묵묵부답하거나, 말대꾸하거나, 주제를 바꿔 발뺌하거나, 대항하면서 불만을 드러내거나, 화를 내거나, 분노합니다. 또한 그는 분노를 원인으로 고집을 부리거나, 분노에 찬 말을 내뱉거나, 적개심을 품습니다. 또한 그는 근거 없이 자신을 칭찬하고 남을 비방하거나 모욕하거나 얕잡아 봅니다. 또한 그는 질투하거나 인색하며, 속임수와 사기 치며, 완고하거나 뻔뻔스러우며, 자만하거나 거만하며, 허영이나 방일하며, 자기 자신의 견해와 감정을 굳게 고수하고 거머쥐어 쉽게 놓아 버리지 못합니다. 도반들이여, 이러한 자가 자질이 부족하여 훈도하기 어려운 자입니다. 이러한 자는 세존의 가르침을 바르게 이해하지 않아 세존의 가르침에 대한 신뢰와 믿음이 없으며, 저열한 벗·동료·도반과 어울리고, 상세하게 가르치고 훈도하여도 참지 않고 견디지 않아 훈도를 잘 받아들이기 어려운 자가 되며, 마침내 자기 자신의 견해와 감정을 굳게 고수하고 거머쥔 자로 남아 있게 됩니다.

자질을 갖춘 자 도반들이여, 만약 어떤 동료 비구가 자질을 잘 갖추어 훈도하기 쉽고 인욕하고 교계를 공경하여 수용하면, 비록 그가 '존자들께서 저에게 가르쳐 주십시오. 저는 존자들께 훈계받아야 합니다.'라고 간청하지 않더라도 세존의 법을 가르쳐야 하며, 세존의 율로 이끌기 위해 해야 할 일과 하지 않아야 할 일들을 훈계하여야 하며, 그를 신뢰하여야 합니다.

도반들이여, 어떤 동료 비구가 자질을 잘 갖추어 훈도하기 쉽습니까?

여기 어떤 동료 비구가 번뇌를 다한 완전한 열반이라는 바른 목표 이외에 어떠한 다른 그릇된 목표를 가지지 않고 그것에 지배되지 않습니다. 바른 목표를 벗어나는 그릇된 언행을 버리라는 훈도나 책망을 받으면 그는 훈계나 책망하는 자에게 언짢아하지 않으며, 자신의 잘못된 언행을 인정하는 대답을 하며, 말대꾸하지 않으며, 주제를 바꿔 발뺌하지 않으며, 수순하여 불만과 화가 없으며, 분노하지 않습니다. 또한 그는 분노하지 않으므로 분노를 원인으로 한 고집과 분노에 찬 말을 하지 않으며, 적개심을 품지 않습니다. 또한 그는 근거 없이 자신을 칭찬하고 남을 비방하지 않으며 모욕하지 않고 얕잡아 보지도 않습니다. 또한 그는 질투하지 않고 인색하지 않으며, 속임수와 사기 치지 않으며, 완고하거나 뻔뻔스럽지 않으며, 자만하거나 거만하지 않으며, 허영이나 방일하지 않으며, 자신의 견해와 감정을 굳게 고수하지 않고 거머쥐지 않아 쉽게 놓아 버립니다. 도반들이여, 이러한 자가 자질을 잘 갖추어 훈도하기 쉬운 자입니다. 이러한 자는 세존의 가르침에 대한 신뢰와 믿음이 있으며, 좋은 비구·동료·도반과 어울리고, 상세하게 가르치고 훈도하여도 참고 잘 견디고 훈도를 잘 받아들이기 쉬운 자가 되며, 마침내 번뇌를 다한 완전한 열반이라는 바른 목표를 성취하는 자로 남아 있게 됩니다.

자질을 갖추는 추론 도반들이여, 여기 비구는 이같이 스스로 깊이 사유하여 추론하여야 합니다. '그릇된 목표를 가지고 그것에 지배된 자는 완전한 열반의 바른 목표를 가진 나에게 소중하지 않고 호감을 주지도 않듯이 만일 내가 그런 자가 된다면, 나 역시 완전한 열반의 바른 목표를 가진 비구들에게 소중하지 않고 호감을 주지도 않을 것이다.' 도반들이여, 이같이 깊이 사유하여 추론한 비구는 '따라서 나는 그릇된 목표를 가지지 않고 그릇된 목표에 지배되지 않으리라. 나는 반드시 바른 목표를 가지고 바른 목표에 지배되리라.'라고 마음을 일으켜 세워야 합니다.

'그릇된 목표를 버리라는 훈계나 책망을 받으면 훈계나 책망하는 비구에게 언짢아하거나, 자신의 잘못된 행위를 인정하는 대답을 회피하여 묵묵부답하거나, 말대꾸하거나, 주제를 바꿔 발뺌하거나, 대항하면서 불만을 드러내거나, 화를 내거나, 분노하는 자는 바른 목표를 향하는 나에게 소중하지 않고 호감을 주지도 않듯이 만일 내가 그런 자가 된다면, 나 역시 바른 목표를 향하는 비구들에게 소중하지 않고 호감을 주지도 않을 것이다.' 도반들이여, 이같이 깊이 사유하여 추론한 비구는 '따라서 나는 그릇된 목표를 버리라는 훈계나 책망하는 비구에게 언짢아하지 않으며, 자신의 잘못된 언행을 인정하는 대답을 하며, 말대꾸하지 않으며, 주제를 바꿔 발뺌하지 않으며, 수순하여 불만과 화가 없으며, 분노하지 않으리라. 나는 반드시 바른 목표를 향하게 하는 훈계나 책망하는 비구에게 수순하고 순응하고 따르리라.'라고 마음을 일으켜 세워야 합니다.

'분노를 원인으로 한 고집을 부리거나, 분노에 찬 말을 내뱉거나, 적개심을 품는 자는 분노를 여읜 나에게 소중하지 않고 호감을 주지도 않듯이 만일 내가 그러한 자가 된다면, 나 역시 분노를 여읜 비구들에게 소중하지 않고 호감을 주지도 않을 것이다.' 도반들이여, 이같이 깊이 사유하여 추론한 비구는 '따라서 나는 분노하지 않아서 분노를 원인으로 한 고집과 분노에 찬 말을 하지 않으며, 적개심을 품지 않으리라. 나는 반드시 분노를 여의리라.'라고 마음을 일으켜 세워야 합니다.

'근거 없이 자신을 칭찬하고 남을 비방하거나 모욕하거나 얕잡아 보는 자는 남을 비방하지 않는 나에게 소중하지 않고 호감을 주지도 않듯이 만일 내가 그런 자가 된다면, 나 역시 남을 비방하지 않는 비구들에게 소중하지 않고 호감을 주지도 않을 것이다.' 도반들이여, 이같이 깊이 사유하여 추론한 비구는 '따라서 나는 근거 없이 자신을 칭찬하지 않으며 남을 비방하지 않고 모욕하지 않고 얕잡아 보지도 않으리라. 나는 반드시 남을 비방하지 않으리라.'라고 마음을 일으켜 세워야 합니다.

'질투하거나 인색하며, 속임수와 사기 치며, 완고하거나 뻔뻔스러우며, 자만하거나 거만하며, 허영이나 방일하는 자는 그렇지 않은 나에게 소중하지 않고 호감을 주지도 않듯이 만일 내가 그러한 자가 된다면, 나 역시 그렇지 않은 비구들에게 소중하지 않고 호감을 주지도 않을 것이다.'

도반들이여, 이같이 깊이 사유하여 추론한 비구는 '따라서 나는 질투하거나 인색하지 않으며, 속임수와 사기 치지 않으며, 완고하거나 뻔뻔스럽지 않으며, 자만하거나 거만하지 않으며, 허영이나 방일하지 않으리라. 나는 반드시 질투하지 않으리라.'라고 마음을 일으켜 세워야 합니다.

'자신의 견해와 감정을 굳게 고수하고 거머쥐어 쉽게 놓아 버리지 못하는 자는 바른 견해를 갖춘 나에게 소중하지 않고 호감을 주지도 않듯이 만일 내가 그러한 자가 된다면, 나 역시 바른 견해를 갖춘 비구들에게 소중하지 않고 호감을 주지도 않을 것이다.' 도반들이여, 이같이 깊이 사유하여 추론한 비구는 '따라서 나는 자신의 견해와 감정을 굳게 고수하지 않고 거머쥐지 않고 쉽게 놓아 버리리라. 나는 반드시 바른 견해를 갖추리라.'라고 마음을 일으켜 세워야 합니다.

자질을 갖추는 정진 도반들이여, 여기 비구는 이같이 스스로 깊이 고찰하여 정진하여야 합니다. '나는 참으로 그릇된 목표를 가지고 그릇된 목표에 지배되어 있지 않는가?'라고 깊이 고찰할 때 '나는 참으로 그릇된 목표를 가지고 그릇된 목표에 지배되어 있다.'라고 알게 되면, 그는 불건전하고 해로운 법을 버리기 위하여 정진하여야 합니다. 그러나 만약 그가 '나는 참으로 완전한 열반의 바른 목표를 가지고 바른 목표에 지배되어 있다.'라고 알게 되면, 그는 밤낮으로 건전하고 유익한 법을 공부 지으면서 희열과 환희로 머물 것입니다.

'나는 참으로 그릇된 목표를 버리라는 훈계나 책망하는 비구들에게 언짢아하거나, 자신의 잘못된 행위를 인정하는 대답을 회피하여 묵묵부답하거나, 말대꾸하거나, 주제를 바꿔 발뺌하거나, 대항하면서 불만을 드러내거나, 화를 내거나, 분노하지 않는가?'라고 깊이 고찰할 때 '나는 참으로 그렇다.'라고 알게 되면, 그는 불건전하고 해로운 법을 버리기 위하여 정진하여야 합니다. 그러나 만약 그가 '나는 참으로 바른 목표를 향하라고 훈도하는 비구들에게 수순하고 순응하고 따르고 있다.'라고 알게 되면, 그는 밤낮으로 건전하고 유익한 법을 공부 지으면서 희열과 환희로 머물 것입니다.

'나는 참으로 분노를 원인으로 한 고집을 부리거나, 분노에 찬 말을 내뱉거나, 적개심을 품지 않는가?'라고 깊이 고찰할 때 '나는 참으로 그렇다.'라고 알게 되면, 그는 불건전하고 해로운 법을 버리기 위하여 정진하여야 합니다. 그러나 만약 그가 '나는 참으로 분노를 여의었다.'라고 알게 되면, 그는 밤낮으로 건전하고 유익한 법을 공부 지으면서 희열과 환희로 머물 것입니다.

'나는 참으로 근거 없이 자신을 칭찬하고 남을 비방하거나 모욕하거나 얕잡아 보지 않는가?'라고 깊이 고찰할 때 '나는 참으로 그렇다.'라고 알게 되면, 그는 불건전하고 해로운 법을 버리기 위하여 정진하여야 합니다. 그러나 만약 그가 '나는 참으로 남을 비방하지 않는다.'라고 알게 되면, 그는 밤낮으로 건전하고 유익한 법을 공부 지으면서 희열과 환희로 머물 것입니다.

'나는 참으로 질투하거나 인색하며, 속임수와 사기 치며, 완고하거나 뻔뻔스러우며, 자만하거나 거만하며, 허영이나 방일하지 않는가?'라고 깊이 고찰할 때 '나는 참으로 그렇다.'라고 알게 되면, 그는 불건전하고 해로운 법을 버리기 위하여 정진하여야 합니다. 그러나 만약 그가 '나는 참으로 질투하지 않는다.'라고 알게 되면, 그는 밤낮으로 건전하고 유익한 법을 공부 지으면서 희열과 환희로 머물 것입니다.

'나는 참으로 나의 견해와 감정을 굳게 고수하고 거머쥐어 쉽게 놓아 버리지 못하고 있는가?'라고 깊이 고찰할 때 '나는 참으로 그렇다.'라고 알게 되면, 그는 불건전하고 해로운 법을 버리기 위하여 정진하여야 합니다. 그러나 만약 그가 '나는 참으로 나의 견해와 감정을 놓아 버려서 바른 견해를 갖추었다.'라고 알게 되면, 그는 밤낮으로 건전하고 유익한 법을 공부 지으면서 희열과 환희로 머물 것입니다.

도반들이여, 예를 들면 마치 장식을 좋아하는 어리고 젊은 여자나 남자가 깨끗하고 밝은 거울이나 대야의 맑은 물에 비친 얼굴을 살펴볼 때 만일 얼굴에 기미나 여드름을 발견하면 기미나 여드름을 제거하기 위해 애를 쓰고, 기미나 여드름이 없으면 '얼굴이 이렇게 깨끗하다니 참으로 기분 좋구나.'라고 기뻐하는 것과 같이 만일 여기 비구가 이같이 스스로 깊이 자신을 고찰할 때 자신에게 불건전하고 해로운 법이 모두 다 제거되지 않은 것을 알게 되면, 그는 불건전하고 해로운 법을 버리기 위하여 정진하여야 합니다. 그러나 만약 그가 자신에게 불건전하고 해로운 법이 모두 다 제거된 것을 알게 되면, 그는 밤낮으로 건전하고 유익한 법을 공부 지으면서 희열과 환희로 머물 것입니다.MN15

7.4 목갈라나의 임종

사리뿟따와 목갈라나의 고결한 두 상수제자가 차례대로 완전한 열반에 든 뒤 얼마 되지 않았을 어느 때 세존께서는 왓지의 욱까쩰라강 언덕의 노지에 비구승가와 함께 머무셨다. 목갈라나의 임종을 전해 듣고 침묵하고 침묵하는 비구승가를 둘러보신 뒤 비구들을 불러 말씀하셨다.

비구들이여, 사리뿟따와 목갈라나가 완전한 열반에 들자 나에게는 마치 회중이 텅 빈 것처럼 여겨지는구나. 사리뿟따와 목갈라나가 머물 때는 그들이 어디에 머물든 방향이나 장소에 상관없이 나에게는 회중이 텅 비지 않았다.

비구들이여, 사리뿟따와 목갈라나는 지금의 나에게 고결한 두 상수제자였다. 과거의 세존들께도 고결한 두 상수제자가 있었듯이 사리뿟따와 목갈라나는 지금의 나에게 고결한 두 상수제자였다. 미래의 세존들께도 고결한 두 상수제자가 있듯이 사리뿟따와 목갈라나는 지금의 나에게 고결한 두 상수제자였다.

비구들이여, 제자들의 관점에서 보면 그들은 경이롭다. 비구들이여, 제자들의 관점에서 보면 그들은 놀랍다. 왜냐하면 그들은 스승의 교법에 따라 진실로 모범이 되어 행하였고 스승의 교계에 진실로 모범이 되어 따랐기 때문이며, 또한 과거와 마찬가지로 미래도 현재에도 사부대중이 그들을 좋아하고 그들을 마음에 들어 하며 그들을 존중하고 그들을 높이 평가하기 때문이다.

비구들이여, 여래의 관점에서 보면 그들은 경이롭다. 비구들이여, 여래의 관점에서 보면 그들은 놀랍다. 왜냐하면 그들은 스승의 교법에 따라 진실로 모범이 되어 선행先行하였고 스승의 교계에 진실로 모범이 되어 이끌었기 때문이며, 또한 과거와 마찬가지로 미래도 현재에도 여래는 그들을 좋아하고 그들을 마음에 들어 하며 그들을 칭송하고 그들을 높이 평가하기 때문이다.

비구들이여, 비구승가에서 사리뿟따와 목갈라나가 완전한 열반에 든 것은, 예를 들면 속재목을 가지고 튼튼하게 서 있는 큰 나무의 가장 큰 두 가지가 꺾어진 것과 같다. 비구들이여, 그러니 여기서 그대들이 슬퍼한들 무슨 소용이 있겠는가? 비구들이여, 태어난 것은 무엇이든 존재하는 것은 무엇이든 형성된 것은 무엇이든 모두 부서지기 마련인 법이거늘 그런 것을 두고 '절대로 부서지지 말라.'고 한다면 그것은 있을 수 없는 일이다. 그런 경우란 존재하지 않는다.

비구들이여, 그러므로 여기서 그대들은 법을 섬으로 삼아 머물고 법을 귀의처로 삼아 머물되 다른 것을 귀의처로 삼아 머물지 말라. 누구든지 지금이나 내가 죽고 난 후에 법을 섬으로 삼아 머물고 법을 귀의처로 삼아 머물되 다른 것을 귀의처로 삼아 머물지 않으면서 공부하는 비구들은 최고 중의 최고가 될 것이다.SN47.14

8 아누룻다 존자

8.1 세존의 상세한 설법

출가의 목표 꼬살라의 날라까빠나에 있는 빨라사 숲에 머물던 세존께서 어느 날 아누룻다와 함께 정진하던 아난다, 난디야, 낌빌라, 바구, 밧디야, 꾼다다나, 레와따와 같은 잘 알려진 좋은 가문의 아들들로 출가한 지 얼마 되지 않은 비구들을 불러 말씀하셨다. 아누룻다들이여, 그대들은 청정범행에 기뻐하는가? "세존이시여, 참으로 저희는 청정범행에 기뻐합니다."

장하구나. 장하구나, 아누룻다들이여. 청정범행에 기뻐하는 것은 그대들과 같이 믿음으로 집을 나와 출가한 좋은 가문의 아들들에게는 참으로 어울리는 것이다. 그대들은 머리칼이 검고 축복받은 젊음을 두루 갖춘 인생의 초년에 감각적 욕망을 즐길 수도 있었을 것이다. 그러나 그런 검은 머리칼과 축복받은 젊음을 두루 갖춘 인생의 초년에 머리와 수염을 깎고 기워 만든 분소의를 입고 집을 떠나 출가하였다. 그대들이 집을 나와 출가한 것은 왕의 명령으로 인한 것도 아니고, 협박 때문도 아니고, 두려움 때문도 아니고, 빚 때문도 아니고, 생계 때문도 아니다. 아누룻다들이여, 그대들은 '나는 태어남과 늙음과 죽음 그리고 슬픔·비탄·고통·고뇌·절망에 짓눌렸다. 이 전체 괴로움에 압도되었다. 이제 참으로 이 전체 괴로움의 무더기 끝을 꿰뚫어 알아야겠다.'라고 생각하면서 믿음으로 집을 나와 출가한 것이 아닌가? "그렇습니다. 세존이시여."

해야 할 일 아누룻다들이여, 그러면 이렇게 출가한 좋은 가문의 아들은 무엇을 해야 하는가? 아누룻다들이여, 감각적 욕망을 멀리 떨쳐 버리고 해로운 법들을 멀리 여읜 희열과 행복이 있는 경지를 얻지 못하거나 이보다 더 평화로운 경지를 얻지 못하면 탐욕이 마음을 압도하여 머물거나, 악의가 마음을 압도하고 머물거나, 권태와 혼침이, 의심이, 들뜸과 후회가, 싫어함이, 게으름이 마음을 제압하여 머문다. 만일 감각적 욕망을 멀리 여의고 해로운 법을 멀리 여읜 희열과 행복이 있는 경지를 얻지 못하거나 이보다 더 평화로운 경지를 얻지 못하면 이같이 되지만, 만일 얻게 되면 이같이 되지 않는다. 그러므로 아누룻다들이여. 그대들은 탐욕이 마음을 압도하여 머물지 않도록 탐욕을 극복하여야 하며, 악의가 마음을 압도하고 머물지 않도록 악의를 극복하여야 하며, 권태와 혼침이, 의심이, 들뜸과 후회가, 싫어함이, 게으름이 마음을 제압하여 머물지 않도록 권태와 혼침을, 의심을, 들뜸과 후회를, 싫어함을, 게으름을 극복하여야 한다. 만일 이것들을 극복하면 반드시 감각적 욕망을 멀리 여의고 해로운 법을 멀리 여읜 희열과 행복이 있는 경지를 얻거나 이보다 더 평화로운 경지를 얻게 되지만, 만일 이것들을 극복하지 못하면 이러한 경지를 얻지 못한다.

숙고하기 아누룻다들이여, 그대들은 나에 대해서 여래는 '정신적 오염원이고 다시 태어남을 가져오고 두렵고 괴로운 과보를 가져오고 미래의 태어남과 늙음과 죽음을 초래하는 번뇌를 버리지 못했다. 그래서 여래는 숙고한 뒤에 어떤 것을 수용하고, 숙고한 뒤에 어떤 것을 감내하고, 숙고한 뒤에 어떤 것을 피하고, 숙고한 뒤에 어떤 것을 버린다.'라는 생각이 드는가? "세존이시여, 저희는 세존에 대하여 그런 생각은 들지 않고, 오히려 이런 생각이 듭니다. '세존께서는 정신적 오염원이고 다시 태어남을 가져오고 두렵고 괴로운 과보를 가져오고 미래의 태어남과 늙음과 죽음을 초래하는 번뇌를 버리셨다. 그래서 세존께서는 숙고한 뒤에 어떤 것을 수용하시고, 숙고한 뒤에 어떤 것을 감내하시고, 숙고한 뒤에 어떤 것을 피하시고, 숙고한 뒤에 어떤 것을 버리신다.'라는 생각이 듭니다." 장하구나. 장하구나, 아누룻다들이여. 여래는 정신적 오염원이고 다시 태어남을 가져오고 두렵고 괴로운 과보를 가져오고 미래의 태어남과 늙음과 죽음을 초래하는 번뇌를 모두 제거하였다. 예를 들면 야자수의 뿌리를 자르고 윗부분이 잘리면 줄기만 남아 다시 자랄 수 없는 야자수처럼 만들고 멸절시켜 미래에 다시는 일어나지 않게끔 하였다. 그래서 여래는 숙고한 뒤에 어떤 것을 수용하고, 숙고한 뒤에 어떤 것을 감내하고, 숙고한 뒤에 어떤 것을 피하고, 숙고한 뒤에 어떤 것을 버린다. 그러므로 아누룻다들이여. 그대들은 어떤 것을 수용하거나, 어떤 것을 감내하거나, 어떤 것을 피하거나, 어떤 것을 버릴 때 여래와 같이 깊이 숙고하여야 한다.

환생의 설명 아누룻다들이여, 이것을 어떻게 생각하는가? 여래는 어떤 목적을 보기에 제자가 죽어서 임종하면 '아무개는 이런 곳에 태어났다. 아무개는 저런 곳에 태어났다.'라고 환생을 설명하는가? "세존이시여, 저희의 법은 세존을 근원으로 하며 세존을 길잡이로 하며 세존을 귀의처로 합니다. 세존께서 말씀하신 뜻을 친히 밝혀 주신다면 참으로 감사하겠습니다.

저희는 세존께 잘 듣고 마음에 새겨 지닐 것입니다."

아누룻다들이여, 여래가 '아무개는 이런 곳에 태어났다. 아무개는 저런 곳에 태어났다.'라고 임종한 제자의 환생을 설명하는 것은 결코 사람들을 속이기 위한 것이거나, 사람들에게 듣기 좋은 말을 하기 위한 것이거나, 사람들의 이득과 환대와 명성을 얻기 위한 것이거나, '이같이 사람들이 나를 알아주겠지.'라는 이유 때문도 아니다. 그것은 믿음과 큰 기쁨과 큰 환희를 가진 좋은 가문의 아들들이 이런 말을 들으면 그러한 상태로 마음을 향하게 할 것이고, 그것은 그들에게 오랜 세월 동안 이익과 행복이 되기 때문이다.

아누룻다들이여, 예를 들어 여기 아무개라는 이름의 비구가 임종하였는데 임종한 그에 대해 '그는 번뇌 다한 완전한 열반에 든 아라한'이라고 설명하는 것을 여기 어떤 비구가 듣는다. 그리고 그는 '임종한 존자의 생전에 믿음은 이러하였고, 율행은 이러하였고, 배움은 이러하였고, 통찰지는 이러하였고, 삶은 이러하였고, 가르침은 이러하였다.'라고 그 존자의 생전 모습을 직접 자기의 눈과 귀로 보고 듣고 경험하였거나 신뢰할 만한 사람에게 들은 적이 있다. 여기 비구는 그 존자의 믿음과 율행과 배움과 통찰지와 삶과 가르침을 기억하면서 그러한 상태로 마음을 기울이고 향하게 하여 임종한 비구를 본보기로 삼아 확신을 품고 편안히 머문다.

아누룻다들이여, 예를 들어 여기 아무개라는 이름의 비구가 임종하였는데 임종한 그에 대해 '그는 다섯 가지 낮은 단계의 족쇄를 완전히 없앤 뒤 정거천에 화생하여 그곳에서 번뇌 다한 완전한 열반에 들어 그 세계로부터 다시 돌아오지 않는 법을 얻은 불환자'라고 설명하는 것을 여기 어떤 비구가 듣는다. 그리고 그는 '임종한 존자의 생전에 믿음은 이러하였고, 율행은 이러하였고, 배움은 이러하였고, 통찰지는 이러하였고, 삶은 이러하였고, 가르침은 이러하였다.'라고 그 존자의 생전 모습을 직접 자기의 눈과 귀로 보고 듣고 경험하였거나 신뢰할 만한 사람에게 들은 적이 있다. 여기 비구는 그 존자의 믿음과 율행과 배움과 통찰지와 삶과 가르침을 기억하면서 그러한 상태로 마음을 기울이고 향하게 하여 임종한 비구를 본

보기로 삼아 확신을 품고 편안히 머문다.

아누룻다들이여, 예를 들어 여기 아무개라는 이름의 비구가 임종하였는데 임종한 그에 대해 '그는 세 가지 족쇄를 완전히 없애고 유신견과 계금취가 엷어져서 범천에 화생하여 그곳에서 한 번만 이 세상에 와서 번뇌 다한 완전한 열반에 드는 일래자가 되는 법을 얻은 일래자'라고 설명하는 것을 여기 어떤 비구가 듣는다. 그리고 그는 '임종한 존자의 생전에 믿음은 이러하였고, 율행은 이러하였고, 배움은 이러하였고, 통찰지는 이러하였고, 삶은 이러하였고, 가르침은 이러하였다.'라고 그 존자의 생전 모습을 직접 자기의 눈과 귀로 보고 듣고 경험하였거나 신뢰할 만한 사람에게 들은 적이 있다. 여기 비구는 그 존자의 믿음과 율행과 배움과 통찰지와 삶과 가르침을 기억하면서 그러한 상태로 마음을 기울이고 향하게 하여 임종한 비구를 본보기로 삼아 확신을 품고 편안히 머문다.

아누룻다들이여, 예를 들어 여기 아무개라는 이름의 비구가 임종하였는데 임종한 그에 대해 '그는 세 가지 족쇄를 완전히 없애고 범천에 화생하여 그곳에서 최대 일곱 번까지 이 세상에 와서 번뇌 다한 완전한 열반에 들되 악취에 떨어지는 법이 없고 해탈이 확실하여 바른 깨달음으로 나아가는 흐름에 든 일래자'라고 설명하는 것을 여기 어떤 비구가 듣는다. 그리고 그는 '임종한 존자의 생전에 믿음은 이러하였고, 율행은 이러하였고, 배움은 이러하였고, 통찰지는 이러하였고, 삶은 이러하였고, 가르침은 이러하였다.'라고 그 존자의 생전 모습을 직접 자기의 눈과 귀로 보고 듣고 경험하였거나 신뢰할 만한 사람에게 들은 적이 있다. 여기 비구는 그 존자의 믿음과 율행과 배움과 통찰지와 삶과 가르침을 기억하면서 그러한 상태로 마음을 기울이고 향하게 하여 임종한 비구를 본보기로 삼아 확신을 품고 편안히 머문다.

아누룻다들이여, 이같이 여래가 '아무개는 이런 곳에 태어났다. 아무개는 저런 곳에 태어났다.'라고 임종한 제자의 환생을 설명하는 것은 결코 사람들을 속이기 위한 것이거나, 사람들에게 듣기 좋은 말을 하기 위한 것이거나, 사람들의 이득과 환대와 명성을 얻기 위한 것이거나, '이같이 사람들이 나를 알아주겠지.'라는 이유 때문도 아니다. 믿음을 가진 좋은 가문의 아들들뿐만 아니라 믿음을 가진 자라면 누구든지, 임종한 자가 비구뿐만 아니라 어떤 자이든, 임종한 제자의 환생을 설명하는 여래의 말을 들으면 그러한 상태로 마음을 향하게 할 것이고, 그것은 그들에게 오랜 세월 동안 이익과 행복이 되기 때문이다.MN68

8.2 화합하여 완성하는 범행

어느 때 세존께서는 발라깔로나까라 마을에 머물던 비구에게 다가가 격려 말씀하신 후 자리에서 일어나 아누룻다, 난디야, 낌빌라가 함께 머물던 동쪽 대나무 동산에 다가갔다. 이때 동산지기가 세존께서 멀리서 오시는 것을 보고 길을 막고 말하였다. "사문이여, 이 동산에 들어오지 마십시오. 여기에는 청정범행에 전념하면서 오직 자신들의 과위를 추구하는 세 분의 훌륭한 분들이 머물고 계십니다. 그분들을 불편하게 만들지 마십시오." 이때 마침 아누룻다는 동산지기가 이렇게 말하는 것을 듣고 "여보게 동산지기여, 세존을 막지 말게. 그분은 우리의 스승이시네. 우리의 스승이신 세존께서 오신 것이네."라고 말한 뒤 도반들에게 말하였다. "도반들이여, 나오십시오. 도반들이여, 나오십시오. 세존께서 오셨습니다. 우리의 스승 세존께서 오셨습니다." 그들은 세존을 영접하고 한 사람은 세존의 발우와 대의를 받아 들고 한 사람은 자리를 준비하고 한 사람은 발 씻을 물을 가져왔다. 세존께서는 마련된 자리에 앉으시고 발을 씻으신 뒤 이렇게 말씀하셨다. 아누룻다들이여, 그대들은 견딜 만한가? 잘 지내는가? 걸식하는 데 어려움은 없는가? "세존이시여, 저희는 견딜 만합니다. 세존이시여, 저희는 잘 지내고 있습니다. 세존이시여, 저희는 걸식하는 데 어려움이 없습니다."

물과 우유 같은 화합 아누룻다들이여, 그런데 그대들은 서로 존중하여 다투지 않고 서로 사이좋게 화합하면서 함께 머무는가? "세존이시여, 참으로 그러합니다. 저희는 서로 존중하여 다투지 않고 서로 사이좋게 화합하며 마치 물과 우유가 잘 섞이듯이 우정 어린 눈으로 서로 보고 서로 위하면서 함께 머뭅니다."

아누룻다들이여, 그러면 그대들은 어떻게 서로 존중하여 다투지 않고 서로 사이좋게 화합하며 마치 물과 우유가 잘 섞이듯이 우정 어린 눈으로 서로 보고 서로 위하면서 함께 머무는가? "세존이시여, 여기 저희에게 이런 생각이 듭니다. '내가 이러한 동료 비구들과 함께 머문다는 것은 참으로 나에게 이익이고 참으로 나에게 축복이다.' 그래서 저는 이 도반들이 눈앞에 있건 없건 항상 그들에 대하여 자애로운 몸의 업[身業]을 유지하고, 이 도반들이 눈앞에 있건 없건 항상 그들에 대하여 자애로운 말의 업[口業]을 유지하고, 이 도반들이 눈앞에 있건 없건 항상 그들에 대해 자애로운 마음의 업[意業]을 유지합니다. 그러면 저에게 이러한 생각이 듭니다. '이제 나는 나 자신의 마음은 제쳐 두고 이 도반들의 마음에 따라야겠다.' 세존이시여, 그러면 저는 저 자신의 마음은 제쳐 두고 이 도반들의 마음에 따릅니다. 세존이시여, 저희는 몸은 서로 다르지만 참으로 마음은 하나라고 생각합니다." 이러자 난디야와 낌빌라도 차례대로 아누룻다와 똑같은 대답을 하였다. 아누룻다는 "세존이시여, 이같이 저희는 서로 존중하여 다투지 않고 서로 사이좋게 화합하며 마치 물과 우유가 잘 섞이듯이 우정 어린 눈으로 서로 보고 서로 위하면서 함께 머뭅니다."라고 대답하였다.

아누룻다들이여, 장하고 장하구나. 아누룻다들이여, 그런데 그대들은 방일하지 않고 열심히 스스로 독려하며 머무는가? "세존이시여, 참으로 그러합니다. 저희는 방일하지 않고 열심히 스스로 독려하며 머뭅니다."

아누룻다들이여, 그러면 그대들은 어떻게 방일하지 않고 열심히 스스로 독려하며 머무는가? "세존이시여, 여기 저희 중에서 먼저 걸식을 마치고 마을에서 돌아온 자는 자리를 마련하고 마실 물과 발 씻을 물을 준비하고 여분의 음식을 담을 통을 준비합니다. 나중에 걸식을 마치고 마을에서 돌아온 자는 여분의 음식이 있으면 그가 원하면 먹습니다. 모두 공양을 마칠 때 여분의 음식이 남아 있으면 자라는 풀이 없는 곳이나 생물이 없는 물에 버리고 자리를 치우고 마실 물과 발 씻을 물을 치우고 주변을 깨끗이 청소합니다. 누구든지 마시는 물 항아리나 씻을 물 항아리나 뒷물 항아리가 바닥이 드러나거나 비어 있는 것을 보면 그것을 준비합니다. 이때 만일 항아리 물이 너무 무거워 혼자 감당할 수 없으면 손짓으로 다른 사람을 불러서 손을 맞잡고 가져옵니다. 세존이시여, 그러나 저희는 그것 때문에 거룩한 침묵을 깨뜨리지 않습니다. 세존이시여, 그리고 저희는 한적한 처소에서 바르게 앉아 상체를 곧추세우고 전면에 사띠를 일으켜 세워 확립합니다. 또한 저희는 닷새마다 법담으로 온밤을 지새웁니다. 세존이시여, 이같이 저희는 방일하지 않고 열심히 스스로 독려하며 머뭅니다."

아누룻다들이여, 장하고 장하구나. 아누룻다들이여, 그런데 그대들은 이같이 방일하지 않고 열심히 스스로 독려하며 머물 때 인간의 법을 초월하였고 성자들에게 적합한 지와 견의 특별함을 증득하여 편히 머무는가?

이렇게 하문하는 세존께 아누룻다들은 "세존이시여, 저희가 방일하지 않고 열심히 스스로 독려하며 머물 때 인간의 법을 초월하였고 성자들에게 적합한 지와 견의 특별함을 인식합니다만 얼마 지나지 않아서 그것이 사라져 버립니다. 그렇지만 저희는 그 원인을 통찰하지 못하고 있습니다."라고 대답하자 세존께서는 그 원인을 차례대로 설명하셨다.MN128

그러나 이들 세 분 아누룻다들은 나디까 마을의 고싱가살라 숲에서는 "세존이시여, 어찌 그러하지 아니하겠습니까."라고 대답하면서 차례대로 초정념부터 멸진정까지 증득하여 편히 머문다고 말씀드리자 세존께서는 '아누룻다들이여, 장하고 장하구나.'라고 말씀하셨다.MN31

대인의 여덟 가지 사유 세존께서 박가의 숨수마라기리에 있는 베사깔라 숲에 머무셨을 무렵에 아누룻다는 쩨띠의 동쪽 대나무 숲에 머물고 있었다. 어느 날 아누룻다가 한적한 곳에 홀로 앉아 있을 때 마음속에 이런 생각이 떠올랐다. '이 법은 ①바라는 바가 없는 자를 위한 것이지 바라는 바가 많은 자를 위한 것이 아니며, ②만족할 줄 아는 자를 위한 것이지 만족하지 못하는 자를 위한 것이 아니며, ③홀로 한거하는 자를 위한 것이지 무리를 즐기는 자를 위한 것이 아니며, ④열심히 정진하는 자를 위한 것이지 게으른 자를 위한 것이 아니며, ⑤사띠를 확립한 자를 위한 것이지 사띠를 놓아 버린 자를 위한 것이 아니며, ⑥사마디에 든 자를 위한 것이지 사마디에 들지 못한 자를 위한 것이 아니며, ⑦지혜를 갖춘 자를 위한 것이지 지혜가 없는 자를 위한 것이 아니다.'

그때 세존께서는 마음으로 아누룻다의 마음에 일어난 생각을 아시고 마치 힘센 사람이 구부렸던 팔을 펴고 폈던 팔을 구부리는 것처럼 베사깔라 숲에서 사라져 아누룻다의 앞에 나타나셔서 이렇게 말씀하셨다. 장하고 장하구나, 아누룻다여. 아누룻다여, 그대는 대인大人의 일곱 가지를 사유하였구나. 그대는 대인의 여덟 번째로 '이 법은 ⑧사량분별思量分別 없음을 좋아하고 즐기는 자를 위한 것이지 사량분별을 좋아하고 즐기는 자를 위한 것이 아니다.'라고 사유하여야 한다.

아누룻다여, 그대가 이러한 여덟 가지 대인의 사유를 할 때 그대는 원하기만 하면 초정념, 제2정념, 제3정념, 제4정념에 들어 머물게 될 것이다. 아누룻다여, 그대가 이러한 여덟 가지 대인의 사유를 하여 그대가 원하기만 하면 바로 지금 여기에서 네 가지 정념[四正念]을 원하는 대로 얻고 힘들이지 않게 얻고 어렵지 않게 얻을 때, 한 덩이 걸식음식은 마치 장자나 장자의 아들에게 주어진 진수성찬처럼, 해어진 헝겊 조각으로 만든 분소의는 마치 장자나 장자의 아들이 소유한 잘 장식된 의복처럼, 나무 아래에 머무는 것은 마치 장자나 장자의 아들이 소유한 대저택처럼, 썩은 오줌으로 만든 약은 마치 장자나 장자의 아들이 사용하는 귀하고 비싼 약처럼, 그대를 만족하면서 머물게 하고 기쁘게 하고 초조하지 않게 하고 편히 머물게 하고 열반으로 들어가게 할 것이다. 아누룻다여, 그러므로 그대는 다가오는 우기철 안거를 여기 대나무 숲에서 머물도록 하라. "그렇게 하겠습니다, 세존이시여." 그러자 세존께서는 아누룻다 앞에서 사라져 베사깔라 숲에 나타나셨다.[85]

아누룻다는 세존의 말씀대로 우기철 안거도 계속해서 대나무 숲에서

---

85 베사깔라 숲에 나타나신 세존께서 그곳의 비구들을 불러 모아 여덟 가지 대인의 사유에 대하여 상세히 설명하셨다. AN8.30

지냈다. '혼자 은둔하여 방일하지 않고 열심히 스스로 독려하며 지냈다. 오래지 않아 좋은 가문의 아들이 성취하고자 집에서 나와 출가하는 위없는 청정범행의 완성을 지금 여기에서 최상의 지혜로 알고 실현하고 구족하여 머물렀다. **[구경의 지혜]**를 최상의 지혜로 알았다. 마침내 아라한 중의 한 분이 되었다.'**[아라한 성취]**[86] 아누룻다 존자는 천안을 가진 자들 가운데서 으뜸이라고 세존으로부터 칭송받았으며 아라한과를 얻은 바로 그때 이런 게송을 읊었다.AN8.30

세상의 위없는 스승님께서는
나의 사유를 잘 아시고
마음으로 이루어진 몸을
신통으로써
내게 다가오셔서
나의 사유와 그것을 넘어선
여덟 번째 대인의 사유를
말씀하셨도다.
사량분별 없음을 즐기시는
스승님은
사량분별 없음을 설하셨나니
나는 그분의 교법을
잘 알고
기뻐하고
머물렀으니
세 가지 영지를 증득하여
스승님의 교법을
실천하였노라.

---

86 아누룻다 존자는 출가한 때와 장소 그리고 아라한을 성취한 때와 장소가 모두 알려진 몇 안 되는 분 중의 한 분이다.

8.3 천안제일과 여인

전생의 부인 아누룻다가 꼬살라의 어떤 원림에 머물렀을 때 잘리니라는 삼십삼천의 천신이 존자에게 다가와 게송으로 대화하였다. 그런데 그 천신은 존자가 바로 직전의 전생에 삼십삼천에 살았을 때의 아내였다.SN9.6

당신이 예전에 머물던 곳으로
마음을 향하십시오.
모든 감각적 욕망이 충족되는
삼십삼천에서
천상의 여인들에 에워싸여
존경받으며
당신은 빛날 것입니다.

가엾은 천상의 여인이여
감각적 욕망을 탐닉하고
아름답다고 몸에 취착하니
그대는 불행하도다.
천상의 여인들에 빠진
그 중생들도 역시 불행하도다.

당신이 예전에 자주 머물렀고
남성 천신들의 거주처인
영광스러운 삼십삼천의
난다나 정원을
보지 못한 자들은
행복이 뭔지 모릅니다.

어리석은 자여

그대는 아라한의 이런 금언을 모르는가?
형성된 것은 무상하여
생겼다가 사라지나니
이것이 생멸법이라
이 생멸법에서 벗어나는 것
이것이 진정한 행복일세.

잘리니여
이제 내가 천상의 무리에
다시 거주함은 없을 것이로다.
생사의 윤회는
이것으로 끝났으니
이제 다시 태어남은
없을 것이로다.

천상에 태어나는 여인 세존께서 꼬삼비의 고시따 원림에 머무셨을 무렵 아름다운 몸을 가진 많은 천신이 아누룻다에게 다가와 말하였다. "아누룻다 존자시여, 우리는 아름다운 몸을 가진 천신들이라 합니다. 우리는 세 가지 경우에 능력을 발휘하여 자유자재로 나툽니다. 우리는 원하는 색깔이 무엇이든 즉시 그 색깔을 드러내며, 원하는 소리가 무엇이든 즉시 그 소리를 드러내며, 원하는 행복이 무엇이든 즉시 그 행복을 드러냅니다."

그러자 아누룻다가 '오, 참으로 천신들은 피부색이 파랗고 옷도 파랗고 장식도 파랗고 모두 파랗게 되기를.'이라고 생각하자 천신들은 존자의 마음을 알고 파란 피부색과 파란 옷에 파란 장식으로 나투어 모두 파랗게 되었다. 그러자 존자가 '오, 참으로 천신들은 피부색이 노랗고 옷도 노랗고 장식도 노랗고 모두 노랗게 되기를.'이라고 생각하자 천신들은 존자의 마음을 알고 노란 피부색과 노란 옷에 노란 장식으로 나투어 모두 노랗게 되었다. 그러자 존자가 '오, 참으로 천신들은 피부색이 붉고 옷도 붉고 장식도 붉고 모두 붉게 되기를.'이라고 생각하자 천신들은 존자의 마음을 알고 붉은 피부색과 붉은 옷에 붉은 장식으로 나투어 모두 붉게 되었다. 그러자 존자가 '오, 참으로 천신들은 피부색이 희고 옷도 희고 장식도 희고 모두 희게 되기를.'이라고 생각하자 천신들은 존자의 마음을 알고 흰 피부색과 흰 옷에 흰 장식으로 나투어 모두 희게 되었다. 그때 어떤 천신들은 노래하고 어떤 천신들은 춤을 추고 어떤 천신들은 손뼉을 쳤다. 마치 잘 조율된 다섯 가지 악기가 숙련된 연주자에 의해 연주되면 소리는 감미롭고 매혹적이고 아름답고 취하게 하듯이 천신들의 소리도 듣기 좋고 감미롭고 매혹적이고 아름답고 취하게 하였다. 그러나 존자는 감각기관들을 제어하였고 천신들은 '아누룻다 존자는 우리를 거들떠보지도 않는구나.'라고 여기고 그곳에서 사라졌다.

아누룻다는 해거름에 홀로 앉음을 풀고 자리에서 일어나 세존께 다가가 낮에 천신들과 있었던 일의 자초지종을 말씀드리고 여쭈었다. "세존이시여, 어떤 법을 갖춘 여인이 몸이 무너져 죽은 뒤에 아름다운 몸을 가진 천신들의 동료로 태어납니까?" 아누룻다여, 여덟 가지 법을 갖춘 여인은 몸이 무너져 죽은 뒤에 아름다운 몸을 가진 신들의 동료로 태어난다. 무엇이 그 여덟인가? '①그녀는 남편보다 먼저 일어나고 나중에 자고 시중을 잘 들고 행실이 곱고 예쁜 말을 하며, ②남편이 존중하는 사람이면 그가 누구든 즉 시어머니든 시아버지든 사문이든 브라만이든 그들 모두를 존경하고 존중하고 공경하며 찾아온 사람들에게는 자리와 발 씻을 물을 내어드려 공경하며, ③남편의 가내공업이 모직물에 관한 것이든 면직물에 관한 것이든 거기에 숙련되고 게으르지 않으며 그것을 완성할 수 있는 검증을 거쳐 충분히 실행할 수 있고 충분히 연구할 수 있는 자가 되며, ④남편 집안의 식솔이라면 그 누구든 즉 하인들이든 심부름꾼들이든 일꾼들이든 그들 모두가 할 일은 했다고 알고 하지 않은 일은 하지 않았다고 알며 아픈 사람들의 힘과 허약함을 알고 딱딱한 음식과 부드러운 음식을 각자의 몫에 맞게 분배하며, ⑤남편이 벌어 오는 재물이나 곡식이나 은이나 금을 보호하고 수호하여 잘 간직하며 그것에 대해 강도질하지 않고 도둑질하지 않고 술을 사 마시지 않고 낭비하지 않으며, ⑥청신녀가 되어 거룩한 부처님의 정각법에 귀의하고 위없는 불설법에 귀의하고 청정한 승가의 전승법에 귀의하며, ⑦선법계를 잘 지키며, ⑧인색함의 때가 없는 마음으로 재가에 살면서 보시하고 나누어 가지는 것을 좋아한다.'[**여인이 갖추는 여덟 가지**] 아누룻다여, 이러한 여덟 가지 법을 갖춘 여인은 몸이 무너져 죽은 뒤에 아름다운 몸을 가진 신들의 동료로 태어난다.AN8.46

지옥에 태어나는 여인 어느 때 아누룻다가 세존께 다가가 여쭈었다. "세존이시여, 저는 인간을 넘어선 신성하고 청정한 하늘 눈[天眼]으로 여인은 대부분 몸이 무너져 죽은 뒤에 처참한 곳, 불행한 곳, 파멸처, 지옥에 태어나는 것을 봅니다. 세존이시여, 어떠한 법을 가진 여인이 몸이 무너져 죽은 뒤에 처참한 곳, 불행한 곳, 파멸 처, 지옥에 태어납니까?" 아누룻다여, 세 가지 법을 가진 여인은 몸이 무너져 죽은 뒤에 처참한 곳, 불행한 곳, 파멸처, 지옥에 태어난다. 무엇이 그 셋인가? 아누룻다여, 여기 여인은 오전에 인색함의 때에 사로잡힌 마음으로 집에 머문다. 낮에는 질투의 때에 사로잡힌 마음으로 집에 머문다. 저녁에는 감각적 욕망의 때에 사로잡힌 마음으로 집에 머문다. 이러한 세 가지 법을 가진 여인은 몸이 무너져 죽은 뒤에 처참한 곳, 불행한 곳, 파멸처, 지옥에 태어난다.AN3.127 아누룻다여, 믿음이 없고, 양심이 없고, 수치심이 없고, 분노하고, 지혜가 없는 이러한 다섯 가지 법을 가진 여인은 몸이 무너져 죽은 뒤에 처참한 곳, 불행한 곳, 파멸처, 지옥에 태어난다.SN37.5 아누룻다여, 선법계를 지키지 않는 여인은 몸이 무너져 죽은 뒤에 처참한 곳, 불행한 곳, 파멸처, 지옥에 태어난다.SN37.14

8.4 사념처 교계

기원정사가 있는 숲속의 한적한 곳에 혼자 앉아 있던 어느 때 아누룻다에게 문득 '네 가지 사띠의 확립을 게을리 행하는 자들은 누구든지 괴로움의 멸진으로 바르게 인도하는 성스러운 길을 게을리 가는 것이다. 네 가지 사띠의 확립을 열심히 행하는 자들은 누구든지 괴로움의 멸진으로 바르게 인도하는 성스러운 길을 열심히 가는 것이다.'라는 생각이 일어났다. 그러자 목갈라나가 마치 힘센 사람이 구부렸던 팔을 펴고 폈던 팔을 구부리는 것처럼 아누룻다 앞에 나타나 말하였다. "도반 아누룻다여, 어떻게 여기 비구는 네 가지 사띠의 확립을 제대로 닦습니까?" 이에 아누룻다는 이같이 말하였다.

도반이여, 여기 비구는 신념처身念處를 이같이 닦습니다. 그는 밖으로 세상에서 일어나는 현상을 관찰하며 머물거나 세상에서 사라지는 현상을 관찰하며 머물거나 세상에서 일어나기도 하고 사라지기도 하는 현상을 관찰하며 머뭅니다. 세상에 대한 탐욕과 싫어하는 마음을 버리고 근면하게 분명히 알아차려서 사띠를 확립하여 머뭅니다. 그는 안으로 몸에서 일어나는 현상을 관찰하며 머물거나 몸에서 사라지는 현상을 관찰하며 머물거나 몸에서 일어나기도 하고 사라지기도 하는 현상을 관찰하며 머뭅니다. 세상에 대한 탐욕과 싫어하는 마음을 버리고 근면하게 분명히 알아차려서 사띠를 확립하여 머뭅니다. 그는 안팎으로 몸과 세상에서 일어나는 현상을 관찰하며 머물거나 몸과 세상에서 사라지는 현상을 관찰하며 머물거나 몸과 세상에서 일어나기도 하고 사라지기도 하는 현상을 관찰하며 머뭅니다. 세상에 대한 탐욕과 싫어하는 마음을 버리고 근면하게 분명히 알아차려서 사띠를 확립하여 머뭅니다.

도반이여, 여기 비구는 수념처受念處를 이같이 닦습니다. 그는 밖으로 몸에서 일어나는 현상을 관찰하며 머물거나 몸에서 사라지는 현상을 관찰하며 머물거나 몸에서 일어나기도 하고 사라지기도 하는 현상을 관찰하며 머뭅니다. 몸에 대한 탐욕과 싫어하는 마음을 버리고 근면하게 분명히 알아차려서 사띠를 확립하여 머뭅니다. 그는 안으로 느낌에서 일어나는 현상을 관찰하며 머물거나 느낌에서 사라지는 현상을 관찰하며 머물거나 느낌에서 일어나기도 하고 사라지기도 하는 현상을 관찰하며 머뭅니다. 몸에 대한 탐욕과 싫어하는 마음을 버리고 근면하게 분명히 알아차려서 사띠를 확립하여 머뭅니다. 그는 안팎으로 느낌과 몸에서 일어나는 현상을 관찰하며 머물거나 느낌과 몸에서 사라지는 현상을 관찰하며 머물거나 느낌과 몸에서 일어나기도 하고 사라지기도 하는 현상을 관찰하며 머뭅니다. 몸에 대한 탐욕과 싫어하는 마음을 버리고 근면하게 분명히 알아차려서 사띠를 확립하여 머뭅니다.

도반이여, 여기 비구는 심념처心念處를 이같이 닦습니다. 그는 밖으로 느낌에서 일어나는 현상을 관찰하며 머물거나 느낌에서 사라지는 현상을 관찰하며 머물거나 느낌에서 일어나기도 하고 사라지기도 하는 현상을 관찰하며 머뭅니다. 느낌에 대한 희우와 고락을 버리고 근면하게 분명히 알아차려서 사띠를 확립하여 머뭅니다. 그는 안으로 마음에서 일어나는 현상을 관찰하며 머물거나 마음에서 사라지는 현상을 관찰하며 머물거나 마음에서 일어나기도 하고 사라지기도 하는 현상을 관찰하며 머뭅니다. 느낌에 대한 희우와 고락을 버리고 근면하게 분명히 알아차려서 사띠를 확립하여 머뭅니다. 그는 안팎으로 마음과 느낌에서 일어나는 현상을 관찰하며 머물거나 마음과 느낌에서 사라지는 현상을 관찰하며 머물거나 마음과 느낌에서 일어나기도 하고 사라지기도 하는 현상을 관찰하며 머뭅니다. 느낌에 대한 희우와 고락을 버리고 근면하게 분명히 알아차려서 사띠를 확립하여 머뭅니다.

도반이여, 여기 비구는 법념처法念處를 이같이 닦습니다. 그는 밖으로 마음에서 일어나는 현상을 관찰하며 머물거나 마음에서 사라지는 현상을 관찰하며 머물거나 마음에서 일어나기도 하고 사라지기도 하는 현상을 관찰하며 머뭅니다. 마음에 대한 기억과 생각을 버리고 근면하게 분명히 알아차려서 사띠를 확립하여 머뭅니다. 그는 안으로 법에서 일어나는 현상을 관찰하며 머물거나 법에서 사라지는 현상을 관찰하며 머물거나 법에서 일어나기도 하고 사라지기도 하는 현상을 관찰하며 머뭅니다. 마음에 대한 기억과 생각을 버리고 근면하게 분명히 알아차려서 사띠를 확립하여 머뭅니다. 그는 안팎으로 법과 마음에서 일어나는 현상을 관찰하며 머물거나 법과 마음에서 사라지는 현상을 관찰하며 머물거나 법과 마음에서 일어나기도 하고 사라지기도 하는 현상을 관찰하며 머뭅니다. 마음에 대한 기억과 생각을 버리고 근면하게 분명히 알아차려서 사띠를 확립하여 머뭅니다.

도반이여, 여기 비구는 이같이 신·수·심·법의 사념처를 닦을 때 만일 그가 '나는 혐오스럽지 않은 것에 대하여 혐오하는 인식을 가져 머무르리라.'라고 원하면 그는 그것에 대하여 혐오하는 인식을 하는 자로 머뭅니다. 만일 그가 '나는 혐오스러운 것에 대하여 혐오하지 않는 인식을 가져 머무르리라.'라고 원하면 그는 그것에 대하여 혐오하지 않는 인식을 하는 자로 머뭅니다. 만일 그가 '나는 혐오스럽지 않은 것과 혐오스러운 것에 대하여 혐오하는 인식을 가져 머무르리라.'라고 원하면 그는 그것들에 대하여 혐오하는 인식을 하는 자로 머뭅니다. 만일 그가 '나는 혐오스럽지 않은 것과 혐오스러운 것에 대하여 혐오하지 않는 인식을 가져 머무르리라.'라고 원하면 그는 그것들에 대하여 혐오하지 않는 인식을 하는 자로 머뭅니다. 만일 그가 '나는 혐오스럽지 않은 것과 혐오스러운 것 둘 다 버린 뒤 분명히 알아차려서 사띠를 확립하면서 평온하게 머무르리라.'라고 원하면 그는 그것들 둘 다 버린 뒤 분명히 알아차려서 사띠를 확립하면서 평온하게 머뭅니다.SN54.8 이같이 여기 비구는 네 가지 사띠의 확립을 제대로 닦습니다.[87] SN52.1~2

범천의 광명 기원정사에 머물던 아누룻다에게 어느 날 빤짜깡가 목수가 다른 세 분 비구들과 함께 다음 날 공양청을 하였다. 다음 날 아누룻다가 공양을 마치고 그릇에서 손을 떼자 어떤 낮은 자리에 앉았던 빤짜깡가 목수가 질문하였다. 존자가 이에 대답하자 함께 갔던 사비야깟짜나가 말하였다. "장하십니다, 아누룻다 존자시여. 여기에 대하여 저는 더 깊이 여쭙고자 합니다. 아누룻다 존자시여, 어떤 연과 인으로 범천은 같은 범천의 무리에 태어나고서도 어떤 범천은 오염된 광명을 가졌고 어떤 범천은 청정한 광명을 가졌습니까?" 이에 아누룻다가 이같이 말하였다.

---

87 본 경에는 외관·내관·내외관이 명료하게 설명되어 있으며(SN47.3, SN47.15 참고) 신·수·심·법의 사념처가 차제법이라는 것이 분명히 드러난다.(DN18, DN34, SN54.10, SN54.13 참고)

도반 사비야 깟짜나여, 그렇다면 그것에 대해 이제 그대에게 비유를 하나 들겠습니다. 여기 어떤 지혜로운 사람들은 이 비유로 이 말뜻을 잘 이해할 것입니다. 도반 사비야 깟짜나여, 예를 들면 등불이 불순한 기름과 때 묻은 심지로 탄다고 합시다. 불순한 기름과 때 묻은 심지 때문에 그것은 흐릿하게 탈 것입니다. 그와 같이 여기 어떤 비구는 오염된 광명으로 충만하여 머뭅니다. 그는 몸의 무력증을 완전히 떨쳐 내지 못하여 권태와 혼침도 완전하게 근절되지 않았고 들뜸과 후회도 완전하게 제거되지 않았습니다. 이것 때문에 그는 흐릿하게 사띠를 확립합니다. 그는 몸이 무너져 죽은 뒤 오염된 광명을 가진 범천의 동료로 태어납니다. 그렇지만 도반 사비야 깟짜나여, 예를 들면 등불이 순수한 기름과 깨끗한 심지로 탄다고 합시다. 그 순수한 기름과 깨끗한 심지 때문에 그것은 환하게 탈 것입니다. 그와 같이 여기 어떤 비구는 청정한 광명으로 충만하여 머뭅니다. 그는 몸의 무력증을 완전히 떨쳐 내어 권태와 혼침도 완전하게 근절되었고 들뜸과 후회도 완전하게 제거되었습니다. 이것 때문에 그는 또렷하게 사띠를 확립합니다. 그는 몸이 무너져 죽은 뒤 청정한 광명을 가진 범천의 동료로 태어납니다.MN127

사념처와 강가강 사왓티의 살라라나무로 만든 개인 거처에 머물던 어느 날 아누룻다는 비구들을 불러서 말하였다. 도반들이여, 예를 들면 강가강은 동쪽으로 흐르고 동쪽으로 향하고 동쪽으로 들어갑니다. 그런데 많은 무리의 사람들이 괭이와 바구니를 가지고 와서 '우리는 이 강가강을 서쪽으로 흐르고 서쪽으로 향하고 서쪽으로 들어가게 할 것이다.'라고 한다고 합시다. 도반들이여, 이것을 어떻게 생각합니까? 저 많은 무리의 사람들이 강가강을 서쪽으로 흐르고 서쪽으로 향하고 서쪽으로 들어가게 할 수 있겠습니까? "없습니다, 도반이시여. 그것은 무슨 이유 때문입니까? 동쪽으로 흐르고 동쪽으로 향하고 동쪽으로 들어가는 강가강을 서쪽으로 흐르고 서쪽으로 향하고 서쪽으로 들어가게 하는 것은 결단코 쉽지 않기 때문입니다. 저 많은 무리의 사람들은 분명 지치고 고생만 할 것입니다."

도반들이여, 그와 같이 여기 비구가 네 가지 사띠의 확립을 닦고 네 가지 사띠의 확립을 많이 공부 짓습니다. 그런데 왕이나 왕의 대신들이나 친구들이나 동료들이나 친지들이나 혈육들이 그 비구에게 많은 재물을 주면서 말하기를, "이리 오시오, 존자여. 왜 분소의가 그대를 짓누르도록 내버려 둡니까? 왜 머리를 깎고 발우를 들고 돌아다닙니까? 오십시오, 존자여. 재가자의 삶으로 되돌아와서 재물을 즐기고 공덕을 지으시오."라고 한다고 합시다. 도반들이여, 그러나 그 비구는 네 가지 사띠의 확립을 닦고 네 가지 사띠의 확립을 많이 공부 짓기 때문에 그가 공부지음을 버리고 낮은 재가자의 삶으로 되돌아가는 경우란 마치 그들이 강가강을 서쪽으로 흐르고 서쪽으로 향하고 서쪽으로 들어가게 되돌리려는 것과 같습니다. 그들은 분명 지치고 고생만 할 것입니다.

천 겁의 기억 도반들이여, 그러면 여기 비구는 어떻게 네 가지 사띠의 확립을 닦고 네 가지 사띠의 확립을 많이 공부 짓습니까? 이같이 여기 비구는 네 가지 사띠의 확립을 닦고 네 가지 사띠의 확립을 많이 공부 짓습니다.SN52.8 도반들이여, 그리고 나는 이러한 네 가지 사띠의 확립을 닦고 많이 공부 지었기 때문에 천 겁을 기억합니다.SN52.11

비구의 머묾 어느 때 사리뿟따와 목갈라나는 아누룻다에게 다가와 물었다. "도반 아누룻다여, 유학인 비구는 어떤 법에 들어서 머물러야 합니까?" 도반이여, 유학인 비구는 이같이 네 가지 사띠의 확립에 들어서 머물러야 합니다.SN52.4 "도반 아누룻다여, 무학인 비구는 어떤 법에 들어 머물러야 합니까?" 도반이여, 무학인 비구는 이같이 네 가지 사띠의 확립에 들어서 머물러야 합니다.SN52.5

중병의 고통 사왓티의 장님들의 숲에 머물던 어느 때 아누룻다는 중병에 걸려 아픔과 고통에 시달리고 있었다. 그때 많은 비구가 다가와 물었다. "도반 아누룻다여, 어떻게 머물 때 이미 일어난 몸의 괴로운 느낌이 마음을 사로잡아 머물지 못합니까?" 도반들이여, 이같이 네 가지 사띠의 확립에 마음이 잘 확립되어 머물 때 이미 일어난 몸의 괴로운 느낌이 마음을 사로잡아 머물지 못합니다.SN52.10

9 깟짜나 존자

깟짜나 존자는 아완띠의 수도 웃제니에서 궁중 제관의 아들로 태어나 베다에 능통하였으며 대를 이어 궁중 제관이 되었다. 그는 짠다빳조따 국왕의 사신으로 세존을 웃제니로 초청하기 위하여 일곱 명의 동료들과 함께 기원정사로 세존을 찾아뵈었다. 그때 세존의 설법을 듣고 출가하였다. 출가하여 아라한 중의 한 분이 되었을 때 그는 세존께 짠다빳조따 국왕의 초청 사실을 말씀드렸고 세존께서는 깟짜나를 대신하여 보냈다. 깟짜나는 간략하게 설한 것을 상세하게 그 뜻을 설명하는 자들 가운데 으뜸이라고 세존께서 칭송하였다.AN1.14.1

9.1 상술제일 깟짜나

상술하는 깟짜나 어느 때 세존께서는 비구들에게 어떤 주제에 대하여 간략하게 요약하여 말씀하시고 자리에서 일어나 거처로 들어가셨다. 그러자 비구들은 이렇게 논의하였다. "도반들이여, 세존께서는 우리에게 이같이 간략하게 요약만 설하시고 상세하게 그 뜻을 분석해 주시지 않고 자리에서 일어나 거처로 들어가셨습니다. 세존께서 이처럼 간략하게 요약만 설하신 것을 누가 참으로 상세하게 그 뜻을 분석해 줄 수 있겠습니까?" 그러자 비구들이 '깟짜나 존자는 스승께서 칭찬하셨고, 지혜로운 동료 비구들이 존중합니다. 세존께서 간략하게 요약만 설하신 것을 깟짜나 존자가 참으로 상세하게 그 뜻을 분석해 줄 수 있을 것입니다. 이제 우리는 깟짜나 존자에게 다가가서 그 뜻을 질문합시다.'라고 하고 존자에게 다가가 말하였다. "도반 깟짜나여, 세존께서는 우리에게 간략하게 요약만 설하시고 상세하게 그 뜻을 분석해 주시지 않고 자리에서 일어나 거처로 들어가셨습니다. 세존께서 이처럼 간략하게 요약만 설하신 것을 존자께서 상세하게 그 뜻을 분석해 주십시오. 깟짜나 존자는 스승께서 간략하게 설한 것을 상세하게 그 뜻을 설명하는 자들 가운데 으뜸이라고 칭찬하셨고, 지혜로운 동료 비구들이 존중합니다. 세존께서 간략하게 요약만 설하시고 상세하게 그 뜻을 분석해 주지 않으신 것을 깟짜나 존자가 참으로 상세하게 그 뜻을 분석해 주십시오." 이에 깟짜나가 이같이 말하였다.

도반들이여, 예를 들면 심재心材가 필요하고 심재를 찾는 사람이 심재를 찾아 이리저리 다니다가, 심재를 가지고 튼튼하게 서 있는 큰 나무의 뿌리와 줄기를 지나쳐서 잔가지와 잎사귀에서 심재를 찾아야겠다고 생각하는 것과 같습니다. 지금 도반들에게도 이런 일이 벌어졌습니다. 스승께서 면전에 계셨음에도 불구하고 그분 세존을 제쳐 놓고 저에게 그 뜻을 물어야겠다고 생각하고 있습니다.

도반들이여, 참으로 그분 세존께서는 알아야 할 것을 아시고 보아야 할 것을 보시는 분입니다. 그분 세존께서는 우리의 눈이 되시고, 지혜가 되시고, 으뜸이 되시며, 법이 되시고, 법을 말씀하는 분이시고, 법을 선언하는 분이시고, 법의 뜻을 밝히는 분이시고, 법의 주인이시고, 불사를 주는 분이시고, 위없는 스승이십니다. 그러므로 그대들은 그때 바로 세존께 그 뜻을 여쭈어야 했습니다. 그때가 바른 시기였습니다. 그래서 세존께서 그대들에게 설명해 주신 대로 잘 호지해야 했습니다.

"도반 깟짜나여, 그렇습니다. 참으로 그대의 말대로 우리는 그때 바로 세존께 그 뜻을 여쭈어야 했으며 세존께서 설명해 주신 대로 잘 호지해야 했지만 우리는 그렇지 못하였습니다. 그렇지만 깟짜나 존자는 스승께서 칭찬하셨고, 지혜로운 동료 비구들이 존중합니다. 세존께서 간략하게 요약만 설하시고 상세하게 그 뜻을 분석해 주지 않으신 것을 깟짜나 존자는 참으로 그 뜻을 분석해 줄 수 있을 것입니다. 그러니 깟짜나 존자는 귀찮다 여기지 마시고 우리에게 그 뜻을 분석해 주십시오." 도반들이여, 그렇다면 이제 그것을 들으십시오. 듣고 마음에 잘 새기십시오. 나는 설할 것입니다. "그렇게 하겠습니다, 도반이시여."

깟짜나는 상세하게 그 뜻을 분석하여 설명한 후 "세존께서 이처럼 간략하게 요약만 설하시고 상세하게 분석해 주시지 않은 그 뜻을 나는 이같이 상세하게 분석하여 압니다. 그런데 그대 도반들이 원한다면 직접 세존을 찾아뵙고 이 뜻을 다시 여쭈어보십시오. 그래서 세존께서 설명해 주시는 대로 호지하십시오."라고 말하자 비구들은 깟짜나의 설법을 크게 기뻐하고 감사드리면서 자리에서 일어나 세존께 다가가 말하였다.

"세존이시여, 세존께서 저희에게 간략하게 요약만 설하시고 상세하게 그 뜻을 분석해 주시지 않은 것을 깟짜나 존자에게 물어보았습니다. 그런 저희에게 깟짜나 존자는 이런 단어들과 표현들과 문장들로 그 뜻을 분석해 주었습니다." 비구들이여, 깟짜나는 현인이다. 비구들이여, 깟짜나는 큰 지혜를 가졌다. 만일 그대들이 나에게 그 뜻을 물었더라도 나도 그와 같이 설명하였을 것이다. 이것이 바로 그 뜻이니 그대로 잘 호지하라.MN18

더없이 행복한 하룻밤 어느 때 세존께서는 지복한 하룻밤을 간략하게 게송으로 말씀하시고 자리에서 일어나 거처로 들어가셨다.

과거를 돌아보지 말라.
미래를 기다리지 말라.
과거는 이미 떠나갔고
미래는 아직 오지 않았다.
현재 일어나는 현상들에
지배당하지 말고
그 지배 벗어나도록
바로 여기서 정진하라.
지배당할 수 없고
흔들림이 없는

정념을
지혜 있는 자는 닦을지라.
오늘 정진하라.
내일 죽을지 누가 알리오.
생사의 무리와 타협하지 말고
불생불사를 성취하라.
이같이
밤낮으로 정진하여 성성하게 머물면
더없이 행복한 하룻밤을 보내는
고요한 성자라 하리.

깟짜나는 비구들의 요청에 이런 질문들과 답변들로 더없이 행복한 하룻밤의 게송의 뜻을 분석해 주었다. '도반들이여, 어떻게 과거를 돌아봅니까? 어떻게 과거를 돌아보지 않습니까? 도반들이여, 어떻게 미래를 기다립니까? 어떻게 미래를 기다리지 않습니까? 도반들이여, 어떻게 현재 일어나는 현상들에 지배당합니까? 어떻게 현재 일어나는 현상들에 지배당하지 않습니까?'[88] MN133

법과 비법 어느 때 세존께서는 법과 비법에 대하여 간략하게 이같이 말씀하시고 자리에서 일어나 거처로 들어가셨다. 비구들이여, 비법과 법을 알아야 하고 해로운 것과 이로운 것을 알아야 한다. 비법과 법을 알고 해로운 것과 이로운 것을 안 뒤 법을 따르고 이로운 것을 따라서 도를 닦아야 한다.

깟짜나는 비구들의 요청에 이런 질문들과 답변들로 세존의 간략한 설법의 뜻을 이같이 분석해 주었다. 도반들이여, 그러면 어떤 것이 비법이고 어떤 것이 법이며, 어떤 것이 해로운 것이고 어떤 것이 이로운 것인가요?

88 이 질문에 대하여 독자 자신의 답변과 깟짜나 존자의 답변과 비교하여 보라.

도반들이여, 불선법은 비법이고 선법은 법입니다. 불선법을 조건으로 여러 가지 나쁘고 해로운 것이 생기니 이것이 해로운 것이며, 선법을 조건으로 하여 여러 가지 유익한 것이 생기니 이것이 이로운 것입니다. 법을 따르고 이로운 것을 따라서 도를 닦아야 도의 완성에 이르게 됩니다. 도반들이여, 불선법과 마찬가지로 감각적 오욕과 악의와 그릇된 견해는 비법이고 감각적 오욕의 여읨과 악의 없음과 바른 견해는 법입니다. 비법을 조건으로 여러 가지 나쁘고 해로운 것이 생기니 이것이 해로운 것이며, 법을 조건으로 하여 여러 가지 유익한 것이 생기니 이것이 이로운 것입니다. 법을 따르고 이로운 것을 따라서 도를 닦아야 도의 완성에 이르게 됩니다.AN10.172

점검하는 의식 어느 때 세존께서는 그것이 무엇이든 어떤 것을 점검할 때의 의식에 대하여 간략하게 이같이 말씀하시고 자리에서 일어나 거처로 들어가셨다. 비구들이여, 여기 비구는 어떤 것을 점검할 때 그의 의식이 밖으로 흩어지거나 산만하지 않아야 하며 안으로 들러붙지 않고 매이지 않아서 의식이 취착하지 않고 동요하지 않도록 하여야 한다. 비구들이여, 그의 인식이 밖으로 흩어지거나 산만하지 않고 안으로 들러붙거나 매이지 않아서 의식이 취착하지 않고 동요하지 않으면 미래에 태어나고 늙고 죽는 괴로움은 일어나지 않을 것이다.

깟짜나는 비구들의 요청에 이런 질문들과 답변들로 그 뜻을 이같이 분석해 주었다. 도반들이여, 어떻게 될 때 인식이 밖으로 흩어지고 산만하다고 합니까? 어떻게 될 때 의식이 밖으로 흩어지지 않고 산만하지 않다고 합니까? 도반들이여, 어떻게 될 때 의식이 안으로 들러붙거나 매었다고 합니까? 어떻게 될 때 의식이 안으로 들러붙지 않고 매이지 않았다고 합니까? 도반들이여, 어떻게 될 때 의식이 취착하고 동요합니까? 어떻게 될 때 의식이 취착하지 않고 동요하지 않습니까?[89] MN138

89 앞의 각주처럼 이 질문에 대한 깟짜나 존자의 답변과 독자 자신의 답변을 비교하여 보라.

할릿디까니 장자 깟짜나는 비구들의 요청뿐만 아니라 세존의 가르침을 간략하게 기억하는 재가제자들의 요청에도 그 뜻을 분석해 주었다. 어느 때 할릿디까니 장자가 세존께서 간략하게 설하신 게송의 뜻을 여쭈었다.

집을 버린 뒤 거처 없이 유행하며
마을에서 아무와도 관계 맺지 않는
성자는
감각적 욕망을 없애고
아무것도 기대하지 않으며
사람들과 다투는 말을 하지 않노라.

깟짜나는 장자의 요청에 이런 질문들과 답변들로 그 뜻을 이같이 분석해 주었다. 장자여, 어떻게 집에서 유행합니까? 어떻게 집 없이 유행합니까? 장자여, 오취온이 비교 분별의 집이요, 사식四食에 대한 갈애에 묶이는 것이 비교 분별의 집에서 유행한다고 말합니다. 그러면 오취온에 대한 취착과 사식에 대한 갈애를 세존께서는 제거하셨고 뿌리를 자르셨고 줄기만 남은 야자수처럼 만드셨고 존재하지 않게 하셨고 미래에 다시는 일어나지 않게끔 하셨습니다. 그래시 집 없이 유행한다고 말합니나.

장자여, 어떻게 거처에서 유행합니까? 어떻게 거처 없이 유행합니까? 색·성·향·미·촉·법 육외입처에 대한 취착과 색·성·향·미·촉·법에 대한 갈애에 묶여 육외입처라는 거처에서 배회하고 묶이는 것을 거처에서 유행한다고 합니다. 그러면 색·성·향·미·촉·법 육외입처에 대한 취착과 색·성·향·미·촉·법에 대한 갈애를 세존께서는 제거하셨고 뿌리를 자르셨고 줄기만 남은 야자수처럼 만드셨고 존재하지 않게 하셨고 미래에 다시는 일어나지 않게끔 하셨습니다. 그래서 거처 없이 유행한다고 말합니다.

장자여, 그러면 어떻게 마을에서 관계 맺습니까? 어떻게 마을에서 관계 맺지 않습니까? 여기 어떤 사람은 마을 사람과 섞여 지내면서 그들의 기쁨을 같이하고 슬픔도 같이하며, 즐거운 일들을 같이 즐거워하고 괴로운 일들도 같이 괴로워하며, 마을에서 해야 할 일들이 생기면 마치 자기의 일처럼 그것에 몰두합니다. 이같이 마을에서 관계를 맺습니다. 그러면 여기 어떤 사람은 마을 사람과 섞이지 않고 지내면서 그들의 기쁨을 같이하지 않고 슬픔도 같이하지 않으며, 즐거운 일들을 같이 즐거워하지 않고 괴로운 일들도 같이 괴로워하지 않으며, 마을에서 해야 할 일들이 생기더라도 그것에 몰두하지 않습니다. 이같이 마을에서 관계 맺지 않습니다.

장자여, 그러면 어떻게 감각적 욕망을 없애지 못합니까? 어떻게 감각적 욕망을 없앱니까? 여기 어떤 사람은 감각적 욕망에 대한 탐욕을 여의지 못하고 애정을 여의지 못하고 갈증을 여의지 못하고 열기를 여의지 못하고 갈애를 여의지 못합니다. 이같이 감각적 욕망을 없애지 못합니다. 그러면 여기 어떤 사람은 감각적 욕망에 대한 탐욕을 여의고 애정을 여의고 갈증을 여의고 열기를 여의고 갈애를 여읩니다. 이같이 감각적 욕망을 없앱니다.

장자여, 그러면 어떻게 기대합니까? 어떻게 아무것도 기대하지 않습니까? 여기 어떤 사람은 미래에 이러한 오취온이 되기를 바라거나 기대하거나 기다립니다. 이같이 기대합니다. 그러면 여기 어떤 사람은 미래에 이러한 오취온이 되기를 바라지 않거나 기대하지 않거나 기다리지 않습니다. 이같이 아무것도 기대하지 않습니다.

장자여, 그러면 어떻게 사람들과 다투는 말을 합니까? 어떻게 사람들과 다투는 말을 하지 않습니까? 여기 어떤 사람은 이러한 말을 합니다. '그대는 이 법과 율을 제대로 모른다. 나야말로 이 법과 율을 제대로 안다.' '어찌 그대가 이 법과 율을 제대로 알겠는가?' '그대는 그릇된 도를 닦는 자이고 나는 바른 도를 닦는 자이다.' '내 말은 일관되나 그대의 말은 일관되지 않는다.' '그대는 먼저 설해야 할 것을 뒤에 설하였고 뒤에 설해야 할 것을 먼저 설하였다.' '그대가 오랫동안 피력해 오던 주장은 이 한마디로 논파되었다.' '나는 그대가 말하는 교설의 허점과 단점과 모순점을 지적하였다. 그대는 패하였다. 비난으로부터 도망가라. 혹은 만약 할 수 있다면 지금 설명하거나 변명해 보라.' 이같이 사람들과 다투는 말을 합니다. 그러면 여기 어떤 사람은 이러한 말을 하지 않습니다. 이같이 사람들과 다투는 말을 하지 않습니다. 장자여, 이처럼 세존께서 간략하게 설하신 게송의 뜻을 이같이 자세하게 보아야 합니다.SN22.3~4, SN35.130~1, AN10.26

9.2 계속 생각하는 여섯 장소

어느 때 깟짜나는 비구들을 불러 이같이 말하였다. 참으로 경이롭습니다, 도반들이여. 참으로 놀랍습니다, 도반들이여. '아시는 분, 보시는 분, 아라한·정등각·세존께서는 재가의 삶 가운데서조차 기회 얻음을 아시고 보시고 설하셨습니다. 이것은 중생들을 청정하게 하고, 슬픔과 비탄을 건너게 하며, 고통과 고뇌·절망을 사라지게 하고, 옳은 방법을 터득하게 하고, 열반을 실현하도록 한 것이니, 그것은 바로 계속 생각하는 여섯 가지 장소입니다. 무엇이 그 여섯인가요?

첫째 장소 도반들이여, 여기 성스러운 제자는 [**십불명호**]라는 석가모니 부처님과 석가모니 부처님께서 무상정등정각으로 발견하고 증득한 정각법을 계속해서 생각합니다. 성스러운 제자가 이같이 세존과 세존의 정각법을 계속해서 생각할 때 그의 마음은 탐욕에 압도되지 않고 성냄에 압도되지 않고 어리석음에 압도되지 않습니다. 그때 그의 마음은 세존과 세존의 정각법을 의지하여 올곧아지며 그는 욕심을 떠났고 벗어났고 여의었습니다. 여기서 욕심이란 다섯 가닥의 감각적 욕망과 동의어입니다. 이런 성스러운 제자는 모든 곳을 풍만하고 광대하고 무량하고 원한 없고 악의 없는 허공과 같은 마음으로 머뭅니다. 도반들이여, 세존과 세존의 정각법을 대상으로 계속해서 생각하여 세존과 세존의 정각법에 대한 청정한 믿음을 갖춘 뒤 여기 어떤 중생들은 세존의 설법을 생각하는 자가 됩니다.

둘째 장소 다시 도반들이여, 여기 성스러운 제자는 [**십불설법**]이라는 위없는 세존의 불설법을 계속해서 생각합니다. 성스러운 제자가 이같이 위없는 세존의 불설법을 계속해서 생각할 때 그의 마음은 탐욕에 압도되지 않고 성냄에 압도되지 않고 어리석음에 압도되지 않습니다. 그때 그의 마음은 세존의 불설법에 의지하여 올곧아지며 그는 욕심을 떠났고 벗어났고 여의었습니다. 여기서 욕심이란 다섯 가닥의 감각적 욕망과 동의어입니다. 이런 성스러운 제자는 모든 곳을 풍만하고 광대하고 무량하고 원한 없고 악의 없는 허공과 같은 마음으로 머묾니다. 도반들이여, 세존의 불설법을 대상으로 계속해서 생각하여 세존의 불설법에 대한 청정한 믿음을 갖춘 뒤 여기 어떤 중생들은 청정한 승가를 생각하는 자가 됩니다.

셋째 장소 다시 도반들이여, 여기 성스러운 제자는 '석가모니 부처님의 정각법과 세존의 불설법에 귀의하여 세존을 근본 스승으로 출가한 비구(니) 제자들의 모임인 승가는 불설법에 따라 ①청정범행을 잘 닦고 ②청정범행을 바르게 닦고 ③열반을 목표로 청정범행을 참되게 닦고 ④정각의 성취에 합당하게 청정범행을 닦으니, 이같이 청정범행을 닦는 승가에는 ⑤사향사과를 성취한 사쌍팔배四雙八輩가 있으며, 사쌍팔배가 있는 승가는 ⑥악업 여의고 선업 짓는 불설법을 전승한 승가이고 ⑦열반 향하는 범행 닦는 불설법을 전승한 승가이고 ⑧공덕 짓는 보시 받아 마땅한 승가이고 ⑨공경하는 합장 받아 마땅한 승가이니, 이같이 불설법을 호지하여 전승하는 승가는 ⑩세상의 위없는 공덕의 밭[田]이니라.'[**십승가법**]이라는 청정한 승가와 승가의 전승법을 계속해서 생각합니다.

성스러운 제자가 이와 같은 청정한 승가와 승가의 전승법을 계속해서 생각할 때 그의 마음은 탐욕에 압도되지 않고 성냄에 압도되지 않고 어리석음에 압도되지 않습니다. 그때 그의 마음은 청정한 승가와 승가의 전승법을 의지하여 올곧아지며 그는 욕심을 떠났고 벗어났고 여의었습니다. 여기서 욕심이란 다섯 가닥의 감각적 욕망과 동의어입니다. 이런 성스러운 제자는 모든 곳을 풍만하고 광대하고 무량하고 원한 없고 악의 없는 허공과 같은 마음으로 머묾니다. 도반들이여, 청정한 승가와 승가의 전승법을 계속해서 생각하여 청정한 승가와 승가의 전승법에 대한 청정한 믿음을 갖춘 뒤 여기 어떤 중생들은 선법계를 생각하는 자가 됩니다.

넷째 장소 다시 도반들이여, 여기 성스러운 제자는 [**선법계**]와 선법계의 지계를 계속해서 생각합니다. 성스러운 제자가 이같이 선법계와 선법계의 지계를 계속해서 생각할 때 그의 마음은 탐욕에 압도되지 않고 성냄에 압도되지 않고 어리석음에 압도되지 않습니다. 그때 그의 마음은 선법계와 선법계의 지계를 의지하여 올곧아지며 그는 욕심을 떠났고 벗어났고 여의었습니다. 여기서 욕심이란 다섯 가닥의 감각적 욕망과 동의어입니다. 이런 성스러운 제자는 모든 곳을 풍만하고 광대하고 무량하고 원한 없고 악의 없는 허공과 같은 마음으로 머뭅니다. 도반들이여, 이러한 성스러운 제자는 '나의 선법계는 훼손되지 않았고 뚫어지지 않았고 오점이 없고 얼룩지지 않고 오염원에서 벗어났고 지자들이 찬탄하고 비록 세상 사람들이 비난하더라도 내면으로 비난받지 않고 정념으로 인도한다.'라고 선법계와 선법계의 지계를 계속해서 생각하여 선법계와 선법계의 지계를 갖춘 뒤 여기 어떤 중생들은 보시를 생각하는 자가 됩니다.

다섯째 장소 다시 도반들이여, 여기 성스러운 제자는 '정성으로 보시하고, 자기 손으로 직접 보시하고, 배려하면서 보시하고, 소중히 여기면서 보시하는 보시행은 선행이라 선업을 지어 고귀하고 신성한 결말을 가져다주며 행복을 익게 하고 천상에 태어나게 하는 선과를 맺는다.'라는 바른 견해로 보시한다. 이같이 보시하여 인색함의 때가 없는 마음으로 재가에 살고, 아낌없이 보시하고, 마음에 남음이 없이 보시하고, 손은 깨끗하고, 주는 것을 좋아하고, 다른 사람의 요구에 반드시 부응하고, 보시하고 나누어 가지는 것을 좋아하나니 이렇게 보시를 구족한다. 또한 손님으로 온 자에게 보시하고, 길 떠나는 자에게 보시하고, 병자에게 보시하고, 흉년이 들었을 때 보시하고, 율을 갖춘 자들에게 보시하는 다섯 가지 바른 시기에 보시한다. 이같이 보시하여 많은 사람이 좋아하고 마음에 들어 하고, 선하고 참된 사람들이 가까이하고, 좋은 명성이 따르고, 재가자의 법으로부터 멀어지지 않고, 몸이 무너져 죽은 뒤에 좋은 곳 천상에 태어나는 다섯 가지 보시의 이익이 있다.'[**다섯 가지 보시의 이익**]이라는 보시와 보시행을 계속해서 생각합니다.

성스러운 제자가 이같이 보시와 보시행을 계속해서 생각할 때 그의 마음은 탐욕에 압도되지 않고 성냄에 압도되지 않고 어리석음에 압도되지 않습니다. 그때 그의 마음은 보시와 보시행을 의지하여 올곧아지며 그는 욕심을 떠났고 벗어났고 여의었습니다. 여기서 욕심이란 다섯 가닥의 감각적 욕망과 동의어입니다. 이런 성스러운 제자는 모든 곳을 풍만하고 광대하고 무량하고 원한 없고 악의 없는 허공과 같은 마음으로 머뭅니다. 도반들이여, 이러한 성스러운 제자는 '이같이 보시하니 청정범행을 닦는 자들이 가까이하여 모든 괴로움을 몰아내는 법을 가르쳐 주며 나는 그 법을 배워 알아 그들처럼 번뇌 다한 완전한 열반에 이른다.'라고 보시와 보시행을 계속해서 생각하여 보시와 보시행을 갖춘 뒤 여기 어떤 중생들은 천상을 생각하는 자가 됩니다.

여섯째 장소 다시 도반들이여, 여기 성스러운 제자는 '사왕천에는 사대천왕의 신들이 있고, 도리천에는 제석천과 삼십삼천의 신들이 있고, 야마천에는 야마천의 신들이 있고, 도솔천에는 도솔천의 신들이 있고, 화락천에는 화락천의 신들이 있고, 타화자재천에는 마라와 그의 신들이 있다. 이런 천상의 천신들은 청정한 믿음을 구족하여 여기서 죽은 뒤 그곳에 태어났다. 나에게도 그런 청정한 믿음이 있다. 이런 천상의 천신들은 선법계를 구족하여 여기서 죽은 뒤 그곳에 태어났다. 나에게도 그런 선법계가 있다. 이런 천상의 천신들은 보시를 구족하여 여기서 죽은 뒤 그곳에 태어났다. 나에게도 그런 보시가 있다.'라고 천상과 천신을 계속해서 생각합니다.

성스러운 제자가 이같이 천상과 천신을 계속해서 생각할 때 그의 마음은 탐욕에 압도되지 않고 성냄에 압도되지 않고 어리석음에 압도되지 않습니다. 그때 그의 마음은 천상과 천신을 의지하여 올곧아지며 그는 욕심을 떠났고 벗어났고 여의었습니다. 여기서 욕심이란 다섯 가닥의 감각적 욕망과 동의어입니다. 이런 성스러운 제자는 모든 곳을 풍만하고 광대하고 무량하고 원한 없고 악의 없는 허공과 같은 마음으로 머뭅니다. 도반들이여, 이러한 성스러운 제자는 '이와 같은 천상과 천신보다 더 높은 곳에 더 높은 신들이 있다. 그곳은 욕계보다 높은 색계와 무색계의 범계이며 그곳의 신들은 범천이다. 이런 범천은 배움을 구족하여 여기서 죽은 뒤 그곳에 태어났다. 나에게도 그런 배움이 있다. 이런 범천은 정념을 구족하여 여기서 죽은 뒤 그곳에 태어났다. 나에게도 그런 정념이 있다.'라고 천상과 천신을 계속해서 생각하여 확신을 갖춘 뒤 여기 어떤 중생들은 배움과 정념으로 나아가 범천을 생각하는 자가 됩니다.'[**계속 생각하는 여섯 장소**][90]AN6.26

9.3 친견하기 적당한 경우

많은 장로비구들이 바라나시의 이시빠따나 녹야원에 머물렀던 어느 날 그들은 걸식하여 공양을 마친 뒤 원형 천막에 함께 모여 "도반들이여, 정념을 닦는 비구를 친견하기 위하여 어떤 시간에 다가가는 것이 좋을까요?" 라고 이야기하였다. 이에 어떤 비구가 "도반들이여, 정념 닦는 비구가 걸식하여 공양을 마친 뒤 발을 씻고 앉아서 가부좌를 틀고 몸을 곧추세우고 전면에 사띠를 확립한 시간이 비구를 친견하기 위하여 다가가기에 좋은 시간입니다."라고 말하자 "도반들이여, 그렇지 않습니다. 그 시간은 비구를 친견하기 위하여 다가가기에 좋은 시간이 아닙니다. 걸어서 나른한 데다가 식곤증으로도 나른하여 아직 그 시간에는 완전하게 고요해지지 않았기 때문입니다. 그래서 해거름에 낮 동안의 홀로 앉음을 풀고 자리에서 일어나 승원의 그늘에 앉아서 가부좌를 틀고 몸을 곧추세우고 전면에 사띠를 확립한 시간이 비구를 친견하기 위하여 다가가기에 좋은 시간입니다." 라고 말하자 다른 어떤 비구가 "도반들이여, 그렇지 않습니다. 그 시간은 비구를 친견하기 위하여 다가가기에 좋은 시간이 아닙니다. 그 시간에는 그가 낮 동안 닦고 있던 정념이 아직 남아 있기 때문입니다. 그래서 밤이

---

90 깟짜나 존자가 설한 본 경의 근원은 세존께서 마하나마에게 설하신 경AN6.10이다. 아라한 비구제자가 설한 경과 일치하는 세존의 설법이 그대로 함께 발견되는 경우는 희귀하다. 세존의 설법AN6.10과 본 경의 차이점을 드러내 보라.

지나고 새벽이 되었을 때 일어나 앉아서 가부좌를 틀고 몸을 곧추세우고 전면에 사띠를 확립한 시간이 비구를 친견하기 위하여 다가가기에 좋은 시간입니다."라고 말하자 또 다른 어떤 비구가 이렇게 말하였다. "도반들이여, 그렇지 않습니다. 그 시간은 비구를 친견하기 위하여 다가가기에 좋은 시간이 아닙니다. 그 시간은 몸이 기력이 충만하여 부처님의 교법을 마음에 단속하기에 편안한 시간이기 때문입니다." 이때 출가한 지 오래되지 않은 깟짜나가 장로비구들에게 이렇게 말하였다. "도반들이여, 저는 이것을 세존의 면전에서 듣고 세존의 면전에서 받아 지녔습니다.

비구들이여, 다음의 여섯 가지 경우가 정념이나 정정 닦는 비구를 친견하기 위하여 다가가기에 적당하다. 무엇이 그 여섯인가? 비구여, 여기 어떤 비구가 ①감각적 욕망에 사로잡히고 감각적 욕망에 압도된 마음으로 머물 때는 이미 일어난 감각적 욕망에서 벗어남을 알지 못한다. 이런 때는 정념이나 정정 닦는 비구에게 다가가서 '도반이여, 저는 감각적 욕망에 사로잡히고 감각적 욕망에 압도된 마음으로 머물 때는 이미 일어난 감각적 욕망에서 벗어남을 알지 못합니다. 존자께서는 제가 감각적 욕망을 제거하도록 법을 설해 주시면 감사하겠습니다.'라고 말하여야 한다. 그리면 정념이나 정정 닦는 비구는 그에게 감각적 욕망을 제거하도록 법을 설한다. 비구들이여, 이것이 정념이나 정정 닦는 비구를 친견하기 위하여 다가가기에 적당한 첫 번째 경우다.

비구들이여, 감각적 욕망과 마찬가지로 여기 어떤 비구가 ②악의에 사로잡히고 악의에 압도된 마음으로 머물 때는, ③권태와 혼침에 사로잡히고 권태와 혼침에 압도된 마음으로 머물 때는, ④들뜸과 후회에 사로잡히고 들뜸과 후회에 압도된 마음으로 머물 때는, ⑤의심에 사로잡히고 의심에 압도된 마음으로 머물 때는 이미 일어난 의심에서 벗어남을 알지 못한다. 이런 때는 정념이나 정정 닦는 비구에게 다가가서 '도반이여, 저는 의심에 사로잡히고 의심에 압도된 마음으로 머물 때는 이미 일어난 의심에서 벗어남을 알지 못합니다. 존자께서는 제가 의심을 제거하도록 법을 설해 주시면 감사하겠습니다.'라고 말하여야 한다. 그러면 정념이나 정정 닦는 비구는 그에게 의심을 제거하도록 법을 설한다. 비구들이여, 이것이 정념이나 정정 닦는 비구를 친견하기 위하여 다가가기에 적당한 다섯 번째 경우다.

다시 비구들이여, 여기 어떤 비구가 ⑥정념을 닦아 머물다가 마음이 깨끗하지 못하고 고요하지 못하여 정념에 더 이상 머물 수 없을 때는 정념이나 정정 닦는 비구에게 다가가서 '도반이여, 저는 마음이 깨끗하지 못하고 고요하지 못하여 정념에 더 이상 머무르지 못합니다. 존자께서는 제가 정념에 머물 수 있도록 법을 설해 주시면 감사하겠습니다.'라고 말하여야 한다. 그러면 정념이나 정정 닦는 비구는 그에게 정념에 머물 수 있도록 법을 설한다. 비구들이여, 이것이 정념이나 정정 닦는 비구를 친견하기 위하여 다가가기에 적당한 여섯 번째 경우다."AN6.28

9.4 로힛짜 브라만의 귀의

아완띠의 막까라까따 숲속 초막에 머물던 깟짜나에게 어느 날 로힛짜 브라만의 젊은 브라만 학도들이 다가와 시끄럽게 떠들고 이런저런 장난질을 하면서 조롱하고 비난하는 말을 하였다. 그때 존자는 초막 밖으로 나가서 그 브라만 학도들에게 "학도들이여, 그대들은 떠들지 말거라. 내가 그대들에게 법을 설해 줄 것이다."라고 말하자 조용해진 그들에게 게송으로 말하였다.

과거의 가르침을 기억하는
예전의 브라만들은
계행이 으뜸가는 자들이었다.
그들은 감각의 대문을 잘 지키고 보호하였으며
그들은 화와 분노를 정복하였다.
과거의 가르침을 기억하는
브라만들은
법과 명상을 기뻐하였도다.

그러나
과거의 가르침을 기억하지 못하는
요즘의 브라만들은 타락하였도다.
그들은 '우리는 법을 찬미하도다.'라고 하면서도
오직 족성에만 의기양양하여
계행을 지키지 못하여 옳지 못한 짓을 저지르며
화와 분노에 지배되어
여러 가지 몽둥이로 무장하여
약자에게나 강자에게나 다 치근덕거리도다.

감각의 대문을 지키지 못하는 자에게
모든 서계는 헛된 것이니
마치 꿈에서 얻은 재물과도 같도다.
금식, 땅바닥에서 자기,
새벽에 목욕하기, 삼베다의 공부,
거친 동물 가죽 입기, 엉킨 머리하기,
더러움에 인욕하기, 만뜨라,
서계, 의례의식, 고행,
위선적 행동, 굽은 지팡이,
목욕재계 등 이러한 상징은
다만 세속적인 하찮은 수행일 뿐이로다.

감각의 대문을 지키는 자는
명상에 들어 마음이 깨끗하고 고요하며
모든 존재에 대해서 부드러운 것
이것이 참으로 브라흐마를 증득하는 길이로다.

그러자 브라만 학도들은 마음이 언짢고 화가 나서 로힛짜 브라만에게 가서 "존자께서는 아셔야 합니다. 사문 깟짜나가 브라만들의 만뜨라를 전적으로 모욕하고 경멸했습니다."라고 말하자 로힛짜 브라만도 마음이 언짢고 화가 났지만 '그런데 내가 학도들의 말만 듣고 사문 깟짜나를 욕하고 비난하는 것은 나에게 어울리지 않는다. 그는 출가 전에 이 나라의 궁중 제관이었던 최고의 브라만이었다. 그러니 나는 그에게 가서 직접 물어봐야겠다.'라고 생각하여 브라만 학도들과 함께 깟짜나에게 다가가 말하였다.

감각의 대문을 지키지 못함 "깟짜나 존자여, 나의 도제인 많은 브라만 학도들이 땔나무를 모으기 위하여 이곳에 왔습니까?" "브라만이여, 그대의 도제인 많은 브라만 학도들이 땔나무를 모으기 위해서 이곳에 왔습니다." "깟짜나 존자여, 그런데 깟짜나 존자는 학도들에게 말씀을 나누었습니까?" "브라만이여, 나는 학도들과 말을 나누었습니다." "그러면 깟짜나 존자께서 학도들과 나눈 말씀의 내용이 무엇이었습니까?" "브라만이여, 나는 학도들에게 이런 게송을 나누었습니다." 이렇게 말하고는 게송을 그대로 읊었다. "깟짜나 존자여, 깟짜나 존자는 감각의 대문을 지키지 못하는 것을 말씀하셨습니다. 어떻게 감각의 대문을 지키지 못합니까?"

브라만이여, 여기 어떤 자는 눈으로 형색을 보고 사랑스러운 형색에는 열중하고 사랑스럽지 않은 형색은 혐오합니다. 그에세 열중하는 사랑스러운 형색으로부터 즐거운 느낌이 일어나고 혐오하는 사랑스럽지 않은 형색으로부터는 괴로운 느낌이 일어나는데 그의 마음은 이러한 즐거운 느낌과 괴로운 느낌에 제한되고 얽매이고 지배당하여 마음이 깨끗하지 못하고 고요하지 않아 해탈하지 못하며 명상을 확립하지 못한 채 머물게 됩니다. 그리하여 확립된 명상으로 말미암아 이미 일어난 삿되고 해로운 법들이 남김없이 소멸하는 마음의 해탈과 지혜의 해탈을 그는 꿰뚫어 알지 못합니다. 눈으로 보는 형색과 마찬가지로 귀로 소리를 듣고, 코로 냄새를 맡고, 혀로 맛을 보고, 몸으로 감촉을 느끼고, 의식으로 법을 지각하는 사랑스러운 대상에는 열중하고 사랑스럽지 않은 대상은 혐오합니다. 그에게 열중하는 사랑스러운 대상으로부터 즐거운 느낌이 일어나고 혐오하는 사랑스럽지 않은 대상으로부터는 괴로운 느낌이 일어나는데 그의 마음은 이러한 즐거운 느낌과 괴로운 느낌에 제한되고 얽매이고 지배당하여 마음이 깨끗하지 못하고 고요하지 않아 해탈하지 못하며 명상을 확립하지 못한 채 머물게 됩니다. 그리하여 확립된 명상으로 말미암아 이미 일어난 삿되고 해로운 법들이 남김없이 소멸하는 마음의 해탈과 지혜의 해탈을 그는 꿰뚫어 알지 못합니다. 브라만이여, 이렇게 감각의 대문을 지키지 못합니다.

감각의 대문을 지킴 “깟짜나 존자여, 참으로 경이롭습니다. 깟짜나 존자여, 참으로 놀랍습니다. 깟짜나 존자는 감각의 대문을 지키지 못하는 것을 감각의 대문을 지키지 못하는 자라고 말씀하셨습니다. 깟짜나 존자는 감각의 대문을 지키는 것을 말씀하셨습니다. 깟짜나 존자여, 어떻게 감각의 대문을 지킵니까?”

브라만이여, 여기 어떤 자는 눈으로 형색을 보고 사랑스러운 형색에도 홀리지 않고 사랑스럽지 않은 형색에도 혐오하지 않습니다. 그에게 사랑스러운 형색으로부터 즐거운 느낌이 일어나지 않고 사랑스럽지 않은 형색으로부터는 괴로운 느낌이 일어나지 않아서 그의 마음은 이러한 즐거운 느낌과 괴로운 느낌에 제한되지 않고 얽매이지 않고 지배당하지 않아서 마음이 깨끗하고 고요하여 해탈하며 명상을 확립한 채 머물게 됩니다. 그리하여 확립된 명상으로 말미암아 이미 일어난 삿되고 해로운 법이 남김없이 소멸하는 마음의 해탈과 지혜의 해탈을 그는 꿰뚫어 압니다. 눈으로 보는 형색과 마찬가지로 귀로 소리를 듣고, 코로 냄새를 맡고, 혀로 맛을 보고, 몸으로 감촉을 느끼고, 의식으로 법을 지각하는 사랑스러운 대상에도 홀리지 않고 사랑스럽지 않은 대상에도 혐오하지 않습니다. 그에게 사랑스러운 대상으로부터 즐거운 느낌이 일어나지 않고 사랑스럽지 않은 대상으로부터는 괴로운 느낌이 일어나지 않아서 그의 마음은 이러한 즐거운 느낌과 괴로운 느낌에 제한되지 않고 얽매이지 않고 지배당하지 않아서 마음이 깨끗하고 고요하여 해탈하며 명상을 확립한 채 머물게 됩니다. 그리하여 확립된 명상으로 말미암아 이미 일어난 삿되고 해로운 법이 남김없이 소멸하는 마음의 해탈과 지혜의 해탈을 그는 꿰뚫어 압니다. 브라만이여, 이렇게 감각의 대문을 지킵니다.

로힛짜 브라만의 귀의 "깟짜나 존자여, 참으로 경이롭습니다. 깟짜나 존자여, 참으로 놀랍습니다. 깟짜나 존자는 감각의 대문을 지키는 것을 감각의 대문을 지키는 자라고 말씀하셨습니다. 경이롭습니다, 깟짜나 존자시여. 경이롭습니다, 깟짜나 존자시여. 저는 깟짜나 존자께 [재가자 귀의]합니다. 그리고 깟짜나 존자께서 막까라까따와 같은 다른 청신사의 집을 방문하시는 것처럼 그와 같이 로힛짜의 집에도 방문해 주십시오. 그러면 모든 브라만 학도들이나 여자 브라만 학도들이 깟짜나 존자께 예배드리고 일어나서 영접하며 자리와 음식을 내어 드리고 마음에 청정한 믿음을 낼 것입니다. 그러면 그것은 오랫동안 그들에게 이익이 되고 행복이 될 것입니다."SN35.132

9.5 네 계급이 평등한 이유

수라세나의 수도 마두라에 있는 군다 숲에 머물고 있던 깟짜나에게 어느 날 수라세나 아완띠뿟따 국왕이 존자의 좋은 명성을 듣고 찾아와 질문하였다. "깟짜나 존자시여, 브라만들은 '브라만들만이 최상의 계급이고, 다른 계급은 저열하다. 브라만들만이 밝고, 다른 계급은 어둡다. 브라만들만이 청정하고, 다른 계급의 사람들은 그렇지 않다. 브라만들만이 범천의 아들이고 적출이고 입에서 태어났고, 다른 계급의 사람들은 그렇지 않다. 브라만들만이 범천에서 태어났고 범천이 만들었고 범천의 상속자이고, 다른 계급의 사람들은 그렇지 않다.'라는 말에 대하여 존자께서는 어떻게 말씀하십니까?" 대왕이여, 브라만들이 그렇게 말하는 것은 단지 세상에서 일부 사람들이 주장하는 말에 지나지 않습니다. 그 사실은 이와 같은 방법으로 알 수 있습니다.

첫째 이유 대왕이여, 이것을 어떻게 생각합니까? '만일 어떤 카띠야가 많은 재산과 재물로 아주 부유하다면 다른 카띠야가 그의 재물을 대가로 일찍 일어나고 늦게 자고 시중을 들고 그를 기쁘게 하고 그에게 듣기 좋은 말을 하고, 어떤 브라만이나 와이샤, 수드라도 역시 그의 재물을 대가로 일찍 일어나고 늦게 자고 시중을 들고 그를 기쁘게 하고 그에게 듣기 좋은 말을 하겠습니까? "깟짜나 존자시여, 그들은 그의 재물을 대가로 그렇게 할 것입니다." 대왕이여, 이것을 어떻게 생각합니까? 만일 어떤 브라만이 많은 재산과 재물로 아주 부유하다면 다른 브라만이 그의 재물을 대가로 일찍 일어나고 늦게 자고 시중을 들고 그를 기쁘게 하고 그에게 듣기 좋은 말을 하고, 어떤 카띠야나 와이샤, 수드라도 역시 그의 재물을 대가로 일찍 일어나고 늦게 자고 시중을 들고 그를 기쁘게 하고 그에게 듣기 좋은 말을 하겠습니까? "깟짜나 존자시여, 그들은 그의 재물을 대가로 그렇게 할 것입니다." 대왕이여, 이것을 어떻게 생각합니까? 만일 어떤 와이샤가 많은 재산과 재물로 아주 부유하다면 다른 와이샤가 그의 재물을 대가로 일찍 일어나고 늦게 자고 시중을 들고 그를 기쁘게 하고 그에게 듣기 좋은 말을 하고, 어떤 수드라나 카띠야, 브라만도 역시 그의 재물을 대가로 일찍 일어나고 늦게 자고 시중을 들고 그를 기쁘게 하고 그에게 듣기 좋은 말을 하겠습니까? "깟짜나 존자시여, 그들은 그의 재물을 대가로 그렇게 할 것입니다." 대왕이여, 이것을 어떻게 생각합니까? 만일 어떤 수드라가 많은 재산과 재물로 아주 부유하다면 다른 수드라가 그의 재물을 대가로 일찍 일어나고 늦게 자고 시중을 들고 그를 기쁘게 하고 그에게 듣기 좋은 말을 하고, 어떤 카띠야나 브라만, 와이샤도 역시 그의 재물을 대가로 일찍 일어나고 늦게 자고 시중을 들고 그를 기쁘게 하고 그에게 듣기 좋은 말을 하겠습니까? "깟짜나 존자시여, 그들은 그의 재물을 대가로 그렇게 할 것입니다."

대왕이여, 이것을 어떻게 생각합니까? 네 계급이 이와 같다면 이들 네 계급은 평등합니까, 그렇지 않습니까? 여기에 대하여 어떻게 생각합니까? "깟짜나 존자시여, 참으로 그와 같다면 이들 네 계급은 평등합니다. 저는 여기 네 계급에서 어떤 차이점을 보지 못합니다." 대왕이여, 브라만들이 그렇게 말하는 것은 단지 세상에서 일부 사람들이 주장하는 말에 지나지 않는다는 사실은 이와 같은 방법으로 알 수 있습니다.

둘째 이유 대왕이여, 이것을 어떻게 생각합니까? 만일 여기 어떤 카띠야가 남의 재산을 부수거나, 남의 재물을 약탈하거나, 남의 식솔을 납치하거나, 노상 강도질하거나, 남의 아내를 강간하여 대왕의 신하들이 그를 잡아서 대왕에게 보이면서 "폐하, 이 자는 범죄를 저지른 자입니다. 폐하께서 원하시는 대로 처벌을 내리십시오."라고 한다면 대왕은 그를 어떻게 하십니까? "깟짜나 존자시여, 저는 그를 사형에 처하거나 그의 재산을 몰수하거나 그를 추방하거나 그의 범죄에 맞는 처벌을 할 것입니다. 깟짜나 존자시여, 그것은 무슨 이유일까요? 범죄 이전에 그가 가졌던 신분은 사라지고 이제는 범죄자라고 불리기 때문입니다." 대왕이여, 이것을 어떻게 생각합니까? 만일 여기 어떤 브라만이나 와이샤, 수드라가 남의 재산을 부수거나, 남의 재물을 약탈하거나, 남의 식솔을 납치하거나, 노상 강도질하거나, 남의 아내를 강간하여 대왕의 신하들이 그를 잡아서 대왕에게 보이면서 "폐하, 이 자는 범죄를 저지른 자입니다. 폐하께서 원하시는 대로 처벌을 내리십시오."라고 한다면 대왕은 그를 어떻게 하십니까? "깟짜나 존자시여, 저는 그를 사형에 처하거나 그의 재산을 몰수하거나 그를 추방하거나 그의 범죄에 맞는 처벌을 할 것입니다. 깟짜나 존자시여, 그것은 무슨 이유일까요? 범죄 이전에 그가 가졌던 신분은 사라지고 이제는 범죄자라고 불리기 때문입니다."

대왕이여, 이것을 어떻게 생각합니까? 네 계급이 이와 같다면 이들 네 계급은 평등합니까, 그렇지 않습니까? 여기에 대하여 어떻게 생각합니까? "깟짜나 존자시여, 참으로 그와 같다면 이들 네 계급은 평등합니다. 저는 여기 네 계급에서 어떤 차이점을 보지 못합니다." 대왕이여, 브라만들이 그렇게 말하는 것은 단지 세상에서 일부 사람들이 주장하는 말에 지나지 않는다는 사실은 이와 같은 방법으로 알 수 있습니다.

셋째 이유 대왕이여, 이것을 어떻게 생각합니까? 만일 여기 어떤 카띠야가 생명을 죽이는 행위를 하고, 주지 않는 것을 가지는 행위를 하고, 저속하고 순결하지 않은 행위를 하고, 거짓말을 하고, 이간하는 말을 하고, 나쁜 말을 하고, 잡담하고, 탐욕을 부리고, 악의를 품고, 삿된 견해를 가진다면 그는 몸이 무너져 죽은 뒤 처참한 곳, 불행한 곳, 파멸처인 지옥에 태어나겠습니까, 그렇지 않겠습니까? 여기에 대하여 어떻게 생각합니까? "깟짜나 존자시여, 만일 여기 어떤 카띠야가 그렇게 한다면 그는 몸이 무너져 죽은 뒤 처참한 곳, 불행한 곳, 파멸처인 지옥에 태어날 것입니다. 여기에 대하여 저는 그렇게 생각합니다. 그리고 저는 아라한들에게 그렇게 들었습니다." 장하십니다, 대왕이여. 대왕께서 그렇게 생각하셨다니 장하십니다, 대왕이여. 대왕께서 아라한들에게 그렇게 들었다니 장하십니다, 대왕이여. 대왕이여, 이것을 어떻게 생각합니까? 만일 여기 어떤 브라만이나 와이샤, 수드라가 생명을 죽이는 행위를 하고, 주지 않는 것을 가지는 행위를 하고, 저속하고 순결하지 않은 행위를 하고, 거짓말을 하고, 이간하는 말을 하고, 나쁜 말을 하고, 잡담하고, 탐욕을 부리고, 악의를 품고, 삿된 견해를 가진다면 그는 몸이 무너져 죽은 뒤 처참한 곳, 불행한 곳, 파멸처인 지옥에 태어나겠습니까, 그렇지 않겠습니까? 여기에 대하여 어떻게 생각합니까? "깟짜나 존자시여, 만일 여기 어떤 브라만이나 와이샤, 수드라가 그렇게 한다면 그는 몸이 무너져 죽은 뒤 처참한 곳, 불행한 곳, 파멸처인 지옥에 태어날 것입니다. 여기에 대하여 저는 그렇게 생각합니다. 그리고 저는 아라한들에게 그렇게 들었습니다." 장하십니다, 대왕이여. 대왕께서 그렇게 생각하셨다니 장하십니다, 대왕이여. 대왕께서 아라한들에게 그렇게 들었다니 장하십니다, 대왕이여.

대왕이여, 이것을 어떻게 생각합니까? 네 계급이 이와 같다면 이들 네 계급은 평등합니까, 그렇지 않습니까? 여기에 대하여 어떻게 생각합니까? "깟짜나 존자시여, 참으로 그와 같다면 이들 네 계급은 평등합니다. 저는 여기 네 계급에서 어떤 차이점을 보지 못합니다." 대왕이여, 브라만들이 그렇게 말하는 것은 단지 세상에서 일부 사람들이 주장하는 말에 지나지 않는다는 사실은 이와 같은 방법으로 알 수 있습니다.

넷째 이유 대왕이여, 이것을 어떻게 생각합니까? 만일 여기 어떤 카띠야가 생명을 죽이는 행위를 버리고, 주지 않는 것을 가지는 행위를 버리고, 저속하고 순결하지 않은 행위를 버리고, 거짓말을 하는 행위를 버리고, 이간하는 말을 하는 행위를 버리고, 나쁜 말을 하는 행위를 버리고, 잡담하는 행위를 버리고, 깨끗한 마음으로 보시하면 그는 몸이 무너져 죽은 뒤 좋은 곳인 천상세계에 태어나겠습니까, 그렇지 않겠습니까? 여기에 대해 어떻게 생각합니까? "깟짜나 존자시여, 만일 여기 어떤 카띠야가 그렇게 한다면 그는 몸이 무너져 죽은 뒤 좋은 곳인 천상세계에 태어날 것입니다. 여기에 대하여 저는 그렇게 생각합니다. 그리고 저는 아라한들에게 그렇게 들었습니다." 장하십니다, 대왕이여. 대왕께서 그렇게 생각하셨다니 장하십니다, 대왕이여. 대왕께서 아라한들에게 그렇게 들었다니 장하십니다, 대왕이여. 대왕이여, 이것을 어떻게 생각합니까? 만일 여기 어떤 브라만이나 와이샤, 수드라가 생명을 죽이는 행위를 버리고, 주지 않는 것을 가지는 행위를 버리고, 저속하고 순결하지 않은 행위를 버리고, 거짓말을 하는 행위를 버리고, 이간하는 말을 하는 행위를 버리고, 나쁜 말을 하는 행위를 버리고, 잡담하는 행위를 버리고, 깨끗한 미음으로 보시하면 그는 몸이 무너져 죽은 뒤 좋은 곳인 천상세계에 태어나겠습니까, 그렇지 않겠습니까? 여기에 대해 어떻게 생각합니까? "깟짜나 존자시여, 만일 여기 어떤 브라만이나 와이샤, 수드라가 그렇게 한다면 그는 몸이 무너져 죽은 뒤 좋은 곳인 천상세계에 태어날 것입니다. 여기에 대하여 저는 그렇게 생각합니다. 그리고 저는 아라한들에게 그렇게 들었습니다." 장하십니다, 대왕이여. 대왕께서 그렇게 생각하셨다니 장하십니다, 대왕이여. 대왕께서 아라한들에게 그렇게 들었다니 장하십니다, 대왕이여.

대왕이여, 이것을 어떻게 생각합니까? 네 계급이 이와 같다면 이들 네 계급은 평등합니까, 그렇지 않습니까? 여기에 대하여 어떻게 생각합니까? "깟짜나 존자시여, 참으로 그와 같다면 이들 네 계급은 평등합니다. 저는 여기 네 계급에서 어떤 차이점을 보지 못합니다.” 대왕이여, 브라만들이 그렇게 말하는 것은 단지 세상에서 일부 사람들이 주장하는 말에 지나지 않는다는 사실은 이와 같은 방법으로 알 수 있습니다.

다섯째 이유 대왕이여, 이것을 어떻게 생각합니까? 만일 여기 카띠야가 머리와 수염을 깎고 물들인 옷을 입고, 재산이 적건 많건 간에 모두 다 버리고 부모 형제와 일가친척들도 적건 많건 간에 모두 다 버리고, 집을 떠나 출가하여 생명을 죽이는 행위를 버리고, 주지 않는 것을 가지는 행위를 버리고, 저속하고 순결하지 않은 행위를 버리고, 거짓말을 하는 행위를 버리고, 이간하는 말을 하는 행위를 버리고, 나쁜 말을 하는 행위를 버리고, 잡담하는 행위를 버리고, 출가자의 율을 잘 지니고, 걸식음식으로 만족한 일상생활을 갖추고, 청정범행을 닦는다면 대왕께서는 그를 어떻게 대하시겠습니까? “깟짜나 존자시여, 우리는 그에게 절을 올리고, 자리에서 일어나서 영접하고, 마련된 자리에 앉기를 권하고, 의복과 음식과 거처와 병구완을 위한 약품과 청정한 생활필수품으로 그를 초대하거나 그에게 보시하고, 여법하게 그를 보살피고 방어하고 보호할 것입니다. 깟짜나 존자시여, 그것은 무슨 이유일까요? 출가 이전에 그가 가졌던 신분은 사라지고 이제는 출가자라고 불리기 때문입니다.” 대왕이여, 이것을 어떻게 생각합니까? 만일 여기 어떤 브라만이나 와이샤, 수드라가 머리와 수염을 깎고 물들인 옷을 입고, 재산이 적건 많건 간에 모두 다 버리고 부모 형제와 일가친척들도 적건 많건 간에 모두 다 버리고, 집을 떠나 출가하여 생명을 죽이는 행위를 버리고, 주지 않는 것을 가지는 행위를 버리고, 저속하고 순결하지 않은 행위를 버리고, 거짓말을 하는 행위를 버리고, 이간하는 말을 하는 행위를 버리고, 나쁜 말을 하는 행위를 버리고, 잡담하는 행위를 버리고, 출가자의 율을 잘 지니고, 걸식음식으로 만족한 일상생활을 갖추고, 청정범행을 닦는다면 대왕께서는 그를 어떻게 대하시겠습니까? “깟짜나 존자시여, 우리는 그에게 절을 올리고, 자리에서 일어나서 영접하고, 마련된 자리에 앉기를 권하고, 의복과 음식과 거처와 병구완을 위한 약품과 청정한 생활필수품으로 그를 초대하거나 그에게 보시하고, 여법하게 그를 보살피고 방어하고 보호할 것입니다. 깟짜나 존자시여, 그것은 무슨 이유일까요? 출가 이전에 그가 가졌던 신분은 사라지고 이제는 출가자라고 불리기 때문입니다."

대왕이여, 이것을 어떻게 생각합니까? 네 계급이 이와 같다면 이들 네 계급은 평등합니까, 그렇지 않습니까? 여기에 대하여 어떻게 생각합니까? "깟짜나 존자시여, 참으로 그와 같다면 이들 네 계급은 평등합니다. 저는 여기 네 계급에서 어떤 차이점을 보지 못합니다." 대왕이여, 브라만들이 그렇게 말하는 것은 단지 세상에서 일부 사람들이 주장하는 말에 지나지 않는다는 사실은 이와 같은 방법으로 알 수 있습니다.'[**네 계급이 평등한 이유**]

국왕의 귀의 이같이 설하자 아완띠뿟따 국왕은 "경이롭습니다, 깟짜나 존자시여. 경이롭습니다, 깟짜나 존자시여."라고 말하고 [**재가자 귀의**]하였다. 대왕이여, 그대는 저에게 귀의하지 마십시오.[91] 제가 귀의한 세존과 세존의 불설법에 귀의하십시오.

"깟짜나 존자시여, 존자께서 귀의하시는 위없는 스승이신 그분 아라한·정등각·세존께서는 지금 어디에 머물고 계십니까?" 대왕이여, 제가 귀의한 위없는 스승이신 그분 아라한·정등각·세존께서는 지금 완전한 열반에 드셨습니다.

"깟짜나 존자시여, 만일 그분 스승께서 지금 완전한 열반에 드시지 않으시고 어디엔가 머물고 계신다고 제가 들었다면 비록 그분 스승께서 10요자나 20요자나 30요자나 떨어진 곳에 계신다고 하더라도 저는 그분을 친견하러 10요자나 20요자나 30요자나를 갈 것입니다. 만일 그분 스승께서 지금 완전한 열반에 드시지 않으시고 어디엔가 머물고 계신다고 제가 들었다면 비록 그분 스승께서 50요자나 떨어진 곳에 계신다고 하더라도 저는 그분을 친견하러 50요자나를 갈 것입니다. 만일 그분 스승께서 지금

---

91 역사적으로 부처님의 몇 대 법손法孫이라고 우기던 자들, 그런 자들을 좇던 무리, 국왕이나 대통령 같은 정치 권력자들을 좇던 자들에게 경책이 되는 깟짜나 존자의 말씀이다.

완전한 열반에 드시지 않으시고 어디엔가 머물고 계신다고 제가 들었다면 비록 그분 스승께서 100요자나 떨어진 곳에 계신다고 하더라도 저는 그분을 친견하러 100요자나를 갈 것입니다.

깟짜나 존자시여, 그분 스승께서는 지금 완전한 열반에 드셨습니다. 비록 완전한 열반에 드셨으나 그분 아라한·정등각·세존께 귀의하오며 그분께서 설하신 불설법에 귀의하옵니다. 오늘부터 목숨이 붙어 있는 그날까지 귀의하옵니다. 깟짜나 존자께서는 저를 재가신자로 받아 주소서." MN84

10 깟사빠 존자

깟사빠 존자는 마가다의 마하띳타에서 깟사빠의 족성을 가진 부유한 브라만 가문의 장자로 태어났으며 이름은 삡빨리였다. 장자의 의무를 다하기 위하여 혼인을 재촉하는 부모의 지속적인 요구에 이런저런 핑계로 혼인을 미루었다. 핑계거리가 소진되자 삡빨리는 꾀를 내어 본 적도 없는 여인의 초상화를 그려 부모에게 주면서 이렇게 생긴 여인하고 결혼하겠다고 하였다. 부모는 기뻐하며 화공을 불러 초상화를 똑같이 그리게 하여 사람들에게 나누어 주면서 말하였다. "누구든지 이 초상화의 처자를 찾는 자에게 큰 상금을 주리라." 사람들은 앞다투어 사방으로 흩어졌고 마침내 찾은 사람이 밧다 까삘라니였다. 당황한 삡빨리는 몰래 그녀를 찾아가 "나는 결혼에 뜻이 없으며 출가에 뜻이 있습니다."라고 자초지종을 말하면서 양해를 구하였다. 그러자 그녀 역시 "소녀도 출가에 뜻이 있습니다만 부모님의 허락을 아직 받지 못하였습니다."라고 말하였다. 두 사람은 적절한 시기에 함께 출가하기로 약조하고 부모님의 뜻에 따라 결혼하였다.

장자로서 가문을 이은 삡빨리는 부모님이 임종하자 가문의 재산과 재물을 골고루 나누어 주고 세상에 좋은 명성을 가지고 계신 아라한이시고 정등각이신 세존을 스승으로 삼고 본보기로 삼아서 해어진 헝겊 조각으로 만든 분소의를 입고 머리와 수염을 깎고 아내와 함께 집을 떠났다. 그들은 어느 갈림길에서 서로 헤어졌다. 밧다 까삘라니는 띳띠야 원림으로 향하는 길을 따라 그곳에 머물면서 출가 생활을 시작하였다. 삡빨리는 대로를 따라 걷다가 라자가하와 날란다 사이에 있는 바후뿟따 탑묘[多子塔]에 앉아 계신 세존을 뵈었다.[92] 그분을 뵙자 '내가 스승을 뵙게 된다면 바로 지금 내가 뵙는 이분이 스승이신 세존일 것이다. 내가 아라한을 뵙게 된다면 바로 지금 내가 뵙는 이분이 아라한이신 세존일 것이다. 내가 정등각을 뵙게 된다면 바로 지금 내가 뵙는 이분이 정등각이신 세존일 것이다.'라는 생각이 들었다. 그는 그곳에서 세존의 발에 머리 조아려 절을 올린 뒤 "세존이시여, 세존께서는 저의 스승이시고 저는 세존의 제자입니다. 세존이시여, 세존께서는 저의 스승이시고 저는 세존의 제자입니다."라고 세존께 말씀드리고 출가하였다.[93] SN16.11 삡빨리는 출가하여 깟사빠라고 불리었다. 마침내 아라한 가운데 한 분이 되었으며 두타행頭陀行[94]을 하는 자들 가운데서 으뜸이라고 세존의 칭송을 받았다.

10.1 사리뿟따와의 문답

---

92 중국 선종에서 말하는 삼처전심三處傳心 가운데 다자탑전분반좌多子塔前分半座 내용은 본 경과 다르다.

93 밧다 까삘라니가 후에 비구니승가가 형성되어 비구니승가에 합류할 때까지 띳띠야 원림에서 머문 기간으로 보면 존자가 출가한 시기는 세존께서 정각을 이루시고 둘째 내지는 셋째 해이다. 그해 세존의 좋은 명성이 마가다에 널리 퍼지고 사리뿟따 존자가 출가하였으며 석가족의 왕족들이 많이 출가하였다. 존자의 출가 시점은 세존께서 까삘라왓투에서 돌아온 후로 추정한다. 이때 세존께서는 36~7세가 된다. 존자의 수명이 120세로 세존의 반열반 당시 100세였다는 전승으로 보면 존자의 출가 나이는 56~7세가 되며, 제1차 대합송 직후에 120세로 임종하였다는 전승에 따르면 존자의 출가 나이는 75~6세가 된다. 존자가 양부모의 임종 직후 가업과 재산을 정리한 후 출가하였으므로 일반적으로 전자의 전승이 더욱 타당한 것으로 추정할 수 있으나 존자의 수명으로 부모의 수명을 유추하면 후자의 전승도 배제할 수 없다. 이러한 존자의 출가 나이를 고려하면 존자가 출가 전에 세존과 세존의 법을 나름대로 듣고 보고 알았다고 추정할 수 있다.

94 두타는 의식주에 대한 탐착을 완전히 버리기 위하여 엄격하게 의식주를 지키는 것이다. 엄격하게 의식주를 지키기 위하여 열세 가지 두타의 고리[十三頭陀支]를 행한다. ①누더기 옷만 입는다. ②세 가지 옷만 지닌다. ③발우에 받은 음식만 먹는다. ④차례대로 최대 일곱 집까지만 걸식한다. ⑤하루에 한 번 한 자리에서만 식사한다. ⑥하나의 발우만으로 식사한다. ⑦정해진 시간 내에서만 식사한다. ⑧숲속 한가한 곳에서 지낸다. ⑨나무 아래에서 지낸다. ⑩노지露地에서 지낸다. ⑪묘지에서 지낸다. ⑫주어진 처소를 개보수하지 않고 그대로 수용한다. ⑬눕지 않고 항상 앉아서 지낸다.

근면과 수치심 바라나시의 이시빠따나 녹야원에 머물던 어느 날 사리뿟따가 깟사빠에게 다가가 서로 대화하였다. 도반 깟사빠여, 근면하지 않고 수치심이 없는 자는 바른 깨달음을 증득할 수 없고 열반을 실현할 수 없고 열반을 얻을 수 없다고 합니다. 그러나 근면하고 수치심이 있는 자는 바른 깨달음을 증득할 수 있고 열반을 실현할 수 있고 열반을 얻을 수 있다고 합니다.

도반 사리뿟따여, 어떻게 해서 근면하지 않고 수치심이 없는 자는 바른 깨달음을 증득할 수 없고 열반을 실현할 수 없고 열반을 얻을 수 없습니까? 그리고 어떻게 해서 근면하고 수치심이 있는 자는 바른 깨달음을 증득할 수 있고 열반을 실현할 수 있고 열반을 얻을 수 있다고 합니까?

도반 깟사빠여, 그러면 어떻게 해서 근면하지 않은 자가 됩니까? 여기 어떤 비구는 '아직 나에게 일어나지 않은 나쁘고 해로운 법이 일어나게 되면 그것은 손해가 될 것이다.'라고 하면서도 근면하게 정진하지 않으며, '이미 나에게 일어난 나쁘고 해로운 법을 제거하지 못하면 그것은 손해가 될 것이다.'라고 하면서도 근면하게 정진하지 않습니다. '아직 나에게 일어나지 않은 유익한 법이 일어나지 않게 되면 그것은 손해가 될 것이다.' 라고 하면서도 근면하게 정진하지 않으며, '이미 나에게 일어난 유익한 법이 소멸하게 되면 그것은 손해가 될 것이다.'라고 하면서도 근면하게 정진하지 않습니다. 이렇게 하여 그는 근면하지 않은 자가 됩니다.

그러면 어떻게 해서 수치심이 없는 자가 됩니까? 여기 어떤 비구는 '아직 나에게 일어나지 않은 나쁘고 해로운 법이 일어나게 되면 그것은 손해가 될 것이다.'라는 수치심이 생기지 않아 정진이 없어지며, '이미 나에게 일어난 나쁘고 해로운 법을 제거하지 못하면 그것은 손해가 될 것이다.'라는 수치심이 생기지 않아 정진이 없어집니다. '아직 나에게 일어나지 않은 유익한 법이 일어나지 않게 되면 그것은 손해가 될 것이다.'라는 수치심이 생기지 않아 정진이 없어지며, '이미 나에게 일어난 유익한 법이 소멸하게 되면 그것은 손해가 될 것이다.'라는 수치심이 생기지 않아 정진이 없어집니다. 이렇게 하여 그는 수치심이 없는 자가 됩니다.

도반이여, 이처럼 근면하지 않고 수치심이 없는 자는 바른 깨달음을 증득할 수 없고 열반을 실현할 수 없고 열반을 얻을 수 없습니다.

도반이여, 그러면 어떻게 해서 근면한 자가 됩니까? 여기 어떤 비구는 '아직 나에게 일어나지 않은 나쁘고 해로운 법이 일어나게 되면 그것은 손해가 될 것이다.'라고 하여 근면하게 정진하며, '이미 나에게 일어난 나쁘고 해로운 법을 제거하지 못하면 그것은 손해가 될 것이다.'라고 하여 근면하게 정진합니다. '아직 나에게 일어나지 않은 유익한 법이 일어나지 않게 되면 그것은 손해가 될 것이다.'라고 하여 근면하게 정진하며, '이미 나에게 일어난 유익한 법이 소멸하게 되면 그것은 손해가 될 것이다.'라고 하여 근면하게 정진합니다. 이렇게 하여 그는 근면한 자가 됩니다.

도반이여, 그러면 어떻게 해서 수치심이 있는 자가 됩니까? 여기 어떤 비구는 '아직 나에게 일어나지 않은 나쁘고 해로운 법이 일어나게 되면 그것은 손해가 될 것이다.'라는 수치심을 가져 정진하며, '이미 나에게 일어난 나쁘고 해로운 법을 제거하지 못하면 그것은 손해가 될 것이다.'라는 수치심을 가져 정진합니다. '아직 나에게 일어나지 않은 유익한 법이 일어나지 않게 되면 그것은 손해가 될 것이다.'라는 수치심을 가져 정진하며, '이미 나에게 일어난 유익한 법이 소멸하게 되면 그것은 손해가 될 것이다.'라는 수치심을 가져 정진합니다. 이렇게 하여 그는 수치심이 있는 자가 됩니다.

도반이여, 이처럼 근면하고 수치심이 있는 자는 바른 깨달음을 증득할 수 있고 열반을 실현할 수 있고 열반을 얻을 수 있습니다.SN16.2

무기의 이유 바라나시의 이시빠따나 녹야원에 머물던 어느 날 사리뿟따가 깟사빠에게 다가가 서로 대화하였다. 도반 깟사빠여, 세존께서는 '중생은 사후에 존재한다.'라고 설명하셨습니까? "도반이여, 세존께서는 그렇게 설명하지 않으셨습니다." 그러면 세존께서는 '중생은 사후에 존재하지 않는다.'라고 설명하셨습니까? "도반이여, 세존께서는 그렇게 설명하지 않으셨습니다." 그러면 세존께서는 '중생은 사후에 존재하기도 하고 존재하지 않기도 한다.'라고 설명하셨습니까? "도반이여, 세존께서는 그렇게 설명하지 않으셨습니다." 그러면 세존께서는 '중생은 사후에 존재하는 것도 아니고 존재하지 않는 것도 아니다.'라고 설명하셨습니까? "도반이여, 세존께서는 그렇게 설명하지 않으셨습니다."

도반 깟사빠여, 그러면 왜 세존께서는 이같이 설명하지 않으셨습니까? "도반이여, 그것은 참으로 이익을 주지 못하고, 청정범행의 시작에도 미치지 못하고, 염오로 인도하지 못하고, 탐욕의 빛바램으로 인도하지 못하고, 소멸로 인도하지 못하고, 고요함으로 인도하지 못하고, 최상의 지혜로 인도하지 못하고, 바른 깨달음으로 인도하지 못하고, 열반으로 인도하지 못하기 때문에 세존께서는 이같이 설명하지 않으셨습니다."

도반 깟사빠여, 그러면 세존께서는 무엇을 설명하셨습니까? "도반이여, 세존께서는 [**사성제**]를 설명하셨습니다."

도반 깟사빠여, 그러면 왜 세존께서는 이같이 설명하셨습니까? "도반이여, 이것은 참으로 이익을 주고, 청정범행의 시작이고, 염오로 인도하고, 탐욕의 빛바램으로 인도하고, 소멸로 인도하고, 고요함으로 인도하고, 최상의 지혜로 인도하고, 바른 깨달음으로 인도하고, 열반으로 인도하기 때문에 세존께서는 이같이 설명하셨습니다."[95] SN16.12

유사정법 기원정사에 머무시던 세존께 어느 날 깟사빠가 다가와 질문하였다. "세존이시여, 무슨 연과 인으로 이전에는 율의 조항이 더 적었으나 구경의 지혜에 안주하는 비구들은 더 많았으며, 지금은 율의 조항이 더 많아졌으나 오히려 구경의 지혜에 안주하는 비구들은 더 적습니까?" 이에 세존께서 이렇게 말씀하셨다.

깟사빠여, 그것은 중생들이 하열下劣하고 정법이 사라지기 때문이다. 정법이 사라질 때는 율의 조항이 더 많아지나 구경의 지혜에 안주하는 비구들은 더 적어진다. 유사정법類似正法이 세상에 생기지 않는 한 정법은 사

95 상기 두 대화로 보면 사리뿟따 존자가 깟사빠 존자보다 먼저 출가하였음을 추정할 수 있다.

라지지 않지만 유사정법이 세상에 생기면 정법은 점차 사라지게 된다. 마치 황금과 유사한 금속이 세상에 생기지 않으면 황금은 사라지지 않으나 황금과 유사한 금속이 세상에 생기면 황금은 점차 사라지게 되는 것처럼 유사정법이 세상에 생기지 않는 한 정법은 사라지지 않지만 유사정법이 세상에 생기면 정법은 점차 사라지게 된다.

깟사빠여, 땅의 구성성분이 정법을 사라지게 만들지 않듯이 물의 구성성분이나 불의 구성성분 또는 바람의 구성성분이 정법을 사라지게 만들지 않는다. 그러나 여기 쓸모없는 인간들이 나타나서 정법을 혼란스럽게 하고 사라지게 만든다. 배는 사람을 많이 실으면 침몰하나 정법은 그와 같이 사라지지 않고 다섯 가지 유해한 현상이 나타나면 정법이 사라진다.

정법을 혼란스럽게 하고 사라지게 하는 다섯 가지는 무엇인가? 여기 비구들과 비구니들과 청신사들과 청신녀들이 ①부처님의 정각법을 존중하지 않고 순응하지 않고 머물며, ②세존의 불설법을 존중하지 않고 순응하지 않고 머물며, ③청정한 승가의 전승법을 존중하지 않고 순응하지 않고 머물며, ④공부를 존중하지 않고 공부에 순응하지 않고 머물며, ⑤정념을 존중하지 않고 정념의 닦음에 순응하지 않고 머문다. 이러한 다섯 가지 유해한 현상이 나타나면 정법이 혼란스럽게 되고 사라지게 된다.

그러나 다섯 가지 유익한 현상이 나타나면 정법이 확고하게 되고 혼란스럽지 않게 되고 사라지지 않게 된다. 무엇이 그 다섯인가? 여기 비구들과 비구니들과 청신사들과 청신녀들이 ①부처님의 정각법을 존중하고 순응하며 머물고, ②세존의 불설법을 존중하고 순응하며 머물고, ③청정한 승가의 전승법을 존중하고 순응하며 머물고, ④공부를 존중하고 공부에 순응하며 머물고, ⑤정념을 존중하고 정념의 닦음에 순응하며 머문다. 이러한 다섯 가지 유익한 현상이 나타나면 정법이 확고하게 되고 혼란스럽지 않게 되고 사라지지 않게 된다.SN16.13

10.2 두타제일 깟사빠

두타행 죽림정사에 머무시던 세존께 어느 날 깟사빠가 다가오자 세존께서 이렇게 말씀하셨다. 깟사빠여, 그대는 이제 늙었다. 그대가 입고 있는 해어진 분소의는 그대에게 너무 무거우니 장자들이 보시하는 가벼운 옷을 수용하도록 하여라. 걸식음식만 아니라 공양청에도 응하여 공양하도록 하여라. 그리고 내 곁에 머물면서 승원에 머물도록 하여라. "세존이시여, 저는 오랜 세월 동안 숲에 머무는 자였고 숲에 머무는 삶을 칭송하였습니다. 걸식음식만 수용하는 자였고 걸식음식만 수용하는 삶을 칭송하였습니다. 분소의를 입는 자였고 분소의를 입는 삶을 칭송하였습니다. 삼의三衣만 수용하는 자였고 삼의만 수용하는 삶을 칭송하였습니다. 원하는 것이 없었고 원하는 것이 없는 삶을 칭송하였습니다. 만족하였고 만족하는 삶을 칭송하였습니다. 한거하였고 한거하는 삶을 칭송하였습니다. 재가자들과 교제하지 않았고 재가자들과 교제하지 않는 삶을 칭송하였습니다. 열심히 정진하였고 열심히 정진하는 삶을 칭송하였습니다."

깟사빠여, 그러면 그대는 어떤 이로움을 보았기에 오랜 세월 동안 그렇게 사는 자였고 그런 삶을 칭송하였는가? "세존이시여, 저는 두 가지 이로움을 보았기 때문입니다. 첫째는 제가 금생에 행복하게 머무는 것을 보기 때문이고 둘째는 후대 사람들을 연민하기 때문입니다. 후대 사람들은 저를 본보기로 하여 '부처님을 따라서 깨달은 비구제자들은 오랜 세월 동안 숲에 머무는 자였고 숲에 머무는 삶을 칭송하였으며, 걸식음식만 수용하는 자였고 걸식음식만 수용하는 삶을 칭송하였으며, 분소의를 입는 자였고 분소의를 입는 삶을 칭송하였으며, 삼의만 수용하는 자였고 삼의만 수용하는 삶을 칭송하였으며, 원하는 것이 없었고 원하는 것이 없는 삶을 칭송하였으며, 만족하였고 만족하는 삶을 칭송하였으며, 한거하였고 한거하는 삶을 칭송하였으며, 재가자들과 교제하지 않았고 재가자들과 교제하지 않는 삶을 칭송하였으며, 열심히 정진하였고 열심히 정진하는 삶을 칭송하였다.'라고 생각하고 이같이 따라 하면서 청정범행을 닦을 것입니다. 그러면 그들에게는 오랜 세월 이익과 행복이 있을 것입니다."

장하구나, 깟사빠여. 그대는 많은 사람에게 이익이 되고 행복이 되고, 세상을 연민하고 많은 신과 인간에게 이로움이 되고 이익이 되고 행복이 되기 위하여 청정범행을 닦는구나. 그렇다면 그대는 계속해서 분소의를 입고 걸식음식을 수용하고 숲에 머물도록 하여라.SN16.5

생활필수품 어느 때 기원정사에서 세존께서 이렇게 말씀하셨다. 비구들이여, 깟사빠는 어떤 옷으로도 만족하며 어떤 옷으로도 만족하는 것을 칭찬한다. 그는 옷을 원인으로 하여 그릇된 방법과 부적당함에 의존하지 않으며, 옷을 얻지 못하더라도 안절부절못하지 않으며, 옷을 얻더라도 옷에 묶이지 않고 홀리지 않고 집착하지 않고 위험함을 보고 벗어남을 알아차리면서 사용한다. 깟사빠는 옷과 마찬가지로 어떤 걸식음식이나 거처나 병구완을 위한 약품으로도 만족하며 어떤 걸식음식이나 거처나 병구완을 위한 약품으로도 만족하는 것을 칭찬한다. 그는 걸식음식이나 거처나 병구완을 위한 약품을 원인으로 하여 그릇된 방법과 부적당함에 의존하지 않으며, 걸식음식이나 거처나 병구완을 위한 약품을 얻지 못하더라도 안절부절못하지 않으며, 걸식음식이나 거처나 병구완을 위한 약품을 얻더라도 그것에 묶이지 않고 홀리지 않고 집착하지 않고 위험함을 보고 벗어남을 알아차리면서 사용한다.

그러므로 그대들은 참으로 여기서 깟사빠나 깟사빠와 같은 자를 본보기로 하여 이같이 공부지어야 한다. '나는 어떤 옷·걸식음식·거처·병구완을 위한 약품으로도 만족하며 어떤 옷·걸식음식·거처·병구완을 위한 약품으로도 만족하는 것을 칭찬할 것이다. 나는 옷·걸식음식·거처·병구완을 위한 약품을 원인으로 하여 그릇된 방법과 부적당함에 의존하지 않으며, 옷·걸식음식·거처·병구완을 위한 약품을 얻지 못하더라도 안절부절못하지 않으며, 옷·걸식음식·거처·병구완을 위한 약품을 얻더라도 그것에 묶이지 않고 홀리지 않고 집착하지 않고 위험함을 보고 벗어남을 알아차리면서 사용할 것이다.'SN16.1

마을 집의 방문 어느 때 기원정사에서 세존께서 말씀하셨다. 비구들이여, 이것을 어떻게 생각하는가? 여기 비구가 걸식하기 위하여 마을 집을 어떻게 방문하여야 하는가? 비구들이여, 깟사빠는 걸식하기 위하여 마을 집을 방문할 때, 마치 오래된 깊은 우물이나 산의 절벽이나 홍수가 난 강을 내려다볼 때 몸을 거두어들이고 마음을 거두어들여서 내려다보는 것과 같이, 몸을 거두어들이고 마음을 거두어들여서 항상 처음 방문하는 자처럼 처신하고 마을 집들에 대하여 염치 있는 자가 되고 구름을 스쳐 지나가는 달처럼 방문한다. 비구들이여, 여기 비구가 걸식하기 위하여 마을 집을 이 같이 방문하여야 한다.

비구들이여, 이것을 어떻게 생각하는가? 걸식하기 위하여 마을 집을 방문하기에 어떤 비구가 적합한가? 깟사빠는 걸식하기 위하여 마을 집을 방문할 때 '이득을 바라는 재가자는 이득을 얻게 되기를! 공덕을 바라는 재가자는 공덕을 짓게 되기를!'이라고 생각할 뿐 마음이, 마치 허공에 손을 흔들 때 이 손은 허공에 걸리지 않고 붙잡히지 않고 묶이지 않는 것과 같이 마을 집에 걸리지 않고 붙잡히지 않고 묶이지 않는다. 재가자들의 이득에 대하여 그것이 마치 자신의 이득인 양 흡족해하고 기뻐하는 마음으로 방문한다. 이와 같은 비구가 걸식하기 위하여 마을 집을 방문하기에 적합하다.SN16.3

비구들이여, 이것을 어떻게 생각하는가? 청정한 생활필수품을 위하여 마을 집을 방문하기에 어떤 비구가 적합하지 않으며 어떤 비구는 적합한가? 여기 어떤 비구가 '나에게 보시하되 보시 아니하지 않기를, 많이 보시하되 적게 보시하지 않기를, 좋은 것을 보시하되 조잡한 것을 보시하지 않기를, 즉시 보시하되 머뭇거리며 보시하지 않기를, 성심으로 보시하되 마지못해서 보시하지 않기를.'이라고 생각하고 마을 집을 방문하였는데 마을 사람들이 비구에게 만일 보시하지 않으면, 적게 보시하면, 조잡한 것을 보시하면, 머뭇거리며 보시하면, 마지못해서 보시하면 비구는 낙담하게 된다. 그리고 이것을 이유로 괴로움과 슬픔을 경험하게 된다. 이러한 비구는 청정한 생활필수품을 위하여 마을 집을 방문하기에 적합하지 않다.

그러나 여기 어떤 비구가 '나에게 보시하되 보시 아니하지 않기를, 많이 보시하되 적게 보시하지 않기를, 좋은 것을 보시하되 조잡한 것을 보시하지 않기를, 즉시 보시하되 머뭇거리며 보시하지 않기를, 성심으로 보시하되 마지못해서 보시하지 않기를 바라면서 어떻게 보시받을 수 있단 말인가?'라고 생각하고 마을 집을 방문하였는데 마을 사람들이 비구에게 만일 보시하지 않거나, 적게 보시하거나, 조잡한 것을 보시하거나, 머뭇거리며 보시하거나, 마지못해서 보시하더라도 비구는 낙담하지 않는다. 이것을 이유로 괴로움과 슬픔을 경험하지 않게 된다. 이러한 비구는 깟사빠나 깟사빠와 같은 자들처럼 청정한 생활필수품을 위하여 마을 집을 방문하기에 적합하다.SN16.4

10.3 책망받는 비구와 비구니

비구들을 책망함 죽림정사에 머무시던 세존께 어느 날 깟사빠가 다가오자 세존께서는 이렇게 말씀하셨다. 깟사빠여, 비구들에게 교계를 하라. 비구들에게 법을 설하라. 깟사빠여, 내가 비구들을 교계하고 법을 설해야 하듯이 그대도 비구들을 교계하고 법을 설하여야 한다. "세존이시여, 지금의 비구들은 훈계하기 어려운 성품을 지니고 있고 인욕하지 못하고 교계를 받아들임에 능숙하지 않습니다."

그러하다, 깟사빠여. 예전에 장로비구들은 숲에 머무는 자였고 숲에 머무는 삶을 칭송하였으며, 걸식음식만 수용하는 자였고 걸식음식만 수용하는 삶을 칭송하였으며, 분소의를 입는 자였고 분소의를 입는 삶을 칭송하였으며, 삼의만 수용하는 자였고 삼의만 수용하는 삶을 칭송하였으며, 원하는 것이 없었고 원하는 것이 없는 삶을 칭송하였으며, 만족하였고 만족하는 삶을 칭송하였으며, 한거하였고 한거하는 삶을 칭송하였으며, 재가자들과 교제하지 않았고 재가자들과 교제하지 않는 삶을 칭송하였으며, 열심히 정진하였고 열심히 정진하는 삶을 칭송하였다. 그때 어떤 비구가 있었는데 그는 장로비구들이 칭송하는 삶과 같은 삶을 살았고 칭송하지 않은 삶은 살지 않는 자였다. 그러면 장로비구들은 그에게 '이리 오시오, 비구여. 비구의 이름은 무엇입니까? 이 비구는 참으로 훌륭하시군요. 이 비구는 공부하고자 하시는군요. 이리 오시오, 비구여. 이 자리에 앉으시오.'라고 하면서 자리를 내어 초대하였다. 그러면 그곳에 머무는 신참비구에게 '여기 장로비구는 참으로 자신들이 칭송하는 삶을 살고 칭송하지 않는 삶은 살지 않는 분들이구나. 그러므로 이분들과 함께 공부하고 머물면 이분들처럼 오랜 세월 이익과 행복이 있을 것이다.'라는 생각이 들어 신참비구는 장로비구에게 훈계받기 쉬운 성품을 지니고 인욕하고 교계를 받아들임에 능숙하게 된다.

그러나 지금의 어떤 장로비구는 숲에 머무는 자가 아니고 숲에 머무는 삶을 칭송하지 않으며, 걸식음식만 수용하는 자가 아니고 걸식음식만 수용하는 삶을 칭송하지 않으며, 분소의를 입는 자가 아니고 분소의를 입는 삶을 칭송하는 자가 아니며, 삼의만 수용하는 자가 아니고 삼의만 수용하는 삶을 칭송하는 자가 아니며, 원하는 것이 있고 원하는 것이 없는 삶을 칭송하지 않으며, 만족하지 않고 만족하는 삶을 칭송하지 않으며, 한거하지 않고 한거하는 삶을 칭송하지 않으며, 재가자들과 교제하고 재가자들과 교제하지 않는 삶을 칭송하지 않으며, 열심히 정진하지 않고 열심히 정진하는 삶을 칭송하지 않는다. 그때 어떤 비구가 있었는데 그는 잘 알려진 자이고 명성이 있어 의복과 걸식음식과 거처와 병구완을 위한 약품을 잘 얻고 손쉽게 얻고 풍족하게 얻는 자이다. 그러면 장로비구는 그에게 '이리 오시오, 비구여. 비구의 이름은 무엇입니까? 이 비구는 참으로 훌륭하시군요. 이 비구는 공부하고자 하시는군요. 이리 오시오, 비구여. 이 자리에 앉으시오.'라고 하면서 자리를 내어 초대하였다. 그러면 그곳에 머무는 신참비구에게 '여기 장로비구는 참으로 명성을 구하여 의복과 걸식음식과 거처와 병구완을 위한 약품을 잘 얻기 위하여 도를 닦는구나. 그러므로 이들과 함께 공부하고 머물면 이들처럼 오랜 세월 불이익과 괴로움이 있을 것이다.'라는 생각이 들어 신참비구는 장로비구에게 훈계받기 어려운 성품을 지니고 인욕하지 못하고 교계를 받아들임에 능숙하지 않게 된다.

그러므로 참으로 바르게 말하는 자가 말하기를 '청정범행을 그릇되게 닦는 자가 청정범행을 망가뜨려서 청정승가가 망가졌다. 청정범행을 그릇되게 닦는 자가 청정범행에 패배해서 청정승가가 패퇴하였다.'라고 하는 것은 바로 이것을 두고 말하는 것이다.[96] SN16.8

두 비구를 책망함 죽림정사에 머무시던 세존께 어느 날 깟사빠가 다가오자 세존께서 이렇게 말씀하셨다. 깟사빠여, 비구들에게 교계를 하라. 비구들에게 법을 설하라. 깟사빠여, 내가 비구들을 교계하고 법을 설해야 하듯이 그대도 비구들을 교계하고 법을 설하여야 한다. "세존이시여, 지금의 비구들은 훈계하기 어려운 성품을 지니고 있고 인욕하지 못하고 교계를 받아들임에 능숙하지 않습니다. 세존이시여, 심지어 저는 아난다의 제자 반다 비구와 아누룻다의 제자 아빈찌까 비구가 서로서로 경쟁하여 말하기를 '오시오, 비구여. 우리 중에 누가 더 많이 법을 이야기할 수 있는지, 누가 더 멋지게 법을 말할 수 있는지, 누가 더 오래 법을 이야기할 수 있는지 내기할까요?'라고 하는 것을 보았습니다. 세존이시여, 이런 비구들에게 교계하고 법을 설하기는 어렵습니다. 이런 비구들에게 교계하고 법을 설하는 것이 오히려 그 비구들을 그르칠 수 있습니다." 그때 세존께서는 그 두 비구를 불러 사실을 확인한 뒤 그들을 질책하였다. 그들은 자신들의 잘못을 인정하고 드러내어 참회하였고 그들의 참회는 수용되었다.[97] SN16.6

아난다를 책망함 세존께서 완전한 열반에 드시고 제1차 대합송이 시작되기 전 깟사빠는 죽림정사에 머물렀다. 그 무렵 아난다는 기원정사에 가서 세존께서 머물던 처소를 깨끗이 정리 정돈하고 세존의 다비식에 참석하지 못하였던 비구들과 비구니들 그리고 재가자들을 위로한 뒤 라자가하로 되돌아왔다. 아난다는 자신의 젊은 비구제자들이 머무는 닥키나기리[98]를 중

---

96 비구들에게 법을 설하라는 스승의 권유에 수순하지 않으며 비구들에게 법을 설해야 하는 스승의 상세한 설명에도 스승의 권유를 수용하지 않는다. 참고로 세존의 상세한 설명의 다른 역할은 깟사빠 존자가 언급한 '지금의 비구들'을 특정하여 깟사빠 존자의 말에 포함된 허물을 세존께서 무기無記하지 않도록 하는 것이다.

97 스승의 말씀을 두 번이나 거부한다. 스승의 설법 권유에 오히려 설법 흉내로 내기를 하는 두 비구의 허물을 스승의 면전에서 드러낸다.

98 남산南山으로 번역한다. 라자가하의 남쪽에 있는 왕궁을 품고 있는 섬 같은 작은 산맥을 말하며 이

심으로 그들과 함께 라자가하의 이곳저곳을 다니면서 흩어져 머물던 비구제자들을 위로하고 다독거렸다. 그러함에도 불구하고 아난다의 30명의 비구제자들이 공부를 버리고 낮은 재가자의 삶으로 되돌아갔다. 그들은 대부분 젊은 사람들이었다.[99] 아난다는 닥키나기리에서 원하는 만큼 머물다 죽림정사에 있는 깟사빠에게 다가가 절을 올리고 한 곁에 앉았다. 깟사빠는 이같이 말하였다. "도반 아난다여, 몇 가지 이유로 세존께서는 마을의 한 집에서 네 명 이상이 무리 지어 걸식하면 안 된다는 율의 조항을 제정하셨습니까?" "깟사빠 존자여, 세 가지 이유 때문입니다. 첫째는 행실이 나쁜 자들이 무리 속에서 드러나지 않음을 제어하기 위함이며, 둘째는 사악한 원을 가진 자들이 무리 지어 편을 만들어 승가를 분열시키지 못하도록 위함이며, 셋째는 재가자에게 부담이 되지 않도록 위함 때문입니다."

"도반 아난다여, 그런데도 그대는 감각기능의 대문을 보호하지 않고 음식에 적당한 양을 알지 못하고 깨어 있음에 전념하지 못하는 신참비구들을 무리 지어 데리고 다니면서 걸식하고 유행하였단 말이오? 사람들은 그대가 곡식을 짓밟으면서 유행하였다고 생각할 것이고 재가자 집을 해치면서 유행하였다고 생각할 것이오. 도반 아난다여, 그대의 회중은 부서졌고 그대의 신참비구들은 승가로부터 떨어져 나갔소. 그런데도 이 아이는 그것조차 모르다니!" "깟사빠 존자여, 제 머리는 허옇게 세었습니다. 그런 제가 지금까지도 깟사빠 존자에게 '아이'라는 말을 듣는 것에서 벗어날 수 없단 말입니까?"

"그대는 감각기능의 대문을 보호하지 않고 음식에 적당한 양을 알지 못하고 깨어 있음에 전념하지 못하는 신참비구들을 무리 지어 데리고 다니면서 걸식하고 유행하였기 때문이오. 사람들은 그대가 곡식을 짓밟으면

산맥은 두 개의 곧고 긴 산으로 형성되어 있는데 두 산의 동동북쪽 끝은 서로 합쳐져 있다.

99 1년 사이 차례대로 사리뿟따 존자와 목갈라나 존자 그리고 세존께서 완전한 열반에 드시자 많은 비구와 비구니들이 의지처를 잃어버리고 환속하였다. 그들 가운데 젊은 비구들이 많았다. 또한 세존께 귀의하여 큰 후원자였던 꼬살라의 빠세나디 국왕도 같은 해에 세존보다 먼저 임종하였다. 재가자들을 위로하고 추스릴 수 있는 국왕 같은 큰 재가자가 사왓티에 없었다. 이러한 상황에서 수백 명의 회중 가운데 30명의 제자만 퇴전한 것은 아난다 존자의 이러한 자상한 노력의 결과로 볼 수 있다.

서 유행하였다고 생각할 것이고 재가자 집을 해치면서 유행하였다고 생각할 것이오. 도반 아난다여, 그대의 회중은 부서졌고 그대의 신참비구들은 떨어져 나갔소. 그런데 이 아이는 그것조차 모르다니!”[100] SN16.11

비구니를 책망함 세존께서 완전한 열반에 드시고 제1차 대합송이 마무리된 후에 깟사빠는 기원정사에 머물렀다. 어느 날 아난다는 오전에 위의를 갖추어 기워 만든 대의를 입고 발우를 지니고 깟사빠에게 다가가 절을 올리고 한 곁에 앉았다. 아난다가 이같이 말하였다. “오십시오, 깟사빠 존자

---

100 본 경에서 몇 가지 조심스럽게 점검해야 할 점들이 있다. 첫째, 깟사빠 존자는 세존께서 승원에서 머물 것을 권유하였을 때 이를 수용하지 않았음에도 불구하고 세존의 반열반 후에는 죽림정사에 머물고 있다. 이러한 존자의 승원 생활은 제1차 대합송 이후에 기원정사에서 나타난다. 둘째, 본 경과 다음 경에서 아난다 존자가 깟사빠 존자를 마치 스승이나 스승과 같은 분으로 대하는 것으로 나타난다. 아난다 존자는 ‘존자’라는 존칭으로 호칭하고 깟사빠 존자는 ‘도반’이라는 평칭으로 호칭하며, 아난다 존자가 세존께 다가가 절을 하고 한 곁에 앉는 것과 똑같은 예의를 깟사빠 존자에게 갖춘다. 그리고 깟사빠 존자는 마치 세존의 대리자 내지는 대행자의 역할을 하는 것처럼 언행을 한다. 그런데 깟사빠 존자가 세존의 반열반 후에 세존의 대리자 내지는 대행자의 역할을 부촉 받은 기록은 없으며 이러한 역할은 세존의 유훈과 가르침에도 맞지 않는다. 셋째, 아난다 존자가 먼저 출가하여 비구가 되었으므로 깟사빠 존자보다 상좌차임에도 세존께서 비구들 사이에 세운 좌차가 아난다 존자와 깟사빠 존자 사이에서는 지켜지지 않고 있다. 넷째, 집과 세상을 버리고 떠난 비구가 세상의 나이를 근거로 다른 비구를 비난하는 것은 출가자의 기본 정신에 위배된다. 다섯째, 깟사빠 존자가 아난다 존자를 비난하는 말에는 근거가 없다. 비구들이 무리 지어 유행하는 것은 비난의 대상이 아니며, 신참비구가 감각기능의 대문을 보호하지 못하고 음식에 적당한 양을 알지 못하고 깨어 있음에 전념하지 못하는 것도 비난의 대상이 아니다. 감각기능의 대문을 보호하지 못하고 음식에 적당한 양을 알지 못하고 깨어 있음에 전념하지 못하기 때문에 신참비구라고 하며 신참비구들이 감각기능의 대문을 보호하고 음식에 적당한 양을 알고 깨어 있음에 전념하도록 가르치고 이끌기 때문에 스승비구이고 장로비구라고 하기 때문이다. 그러므로 비난의 대상이 될 수 있는 것은 오직 네 명 이상 무리를 지어 마을의 한 집에서 음식을 걸식하는 것이다. 그런데 이들 무리에는 행실이 나쁜 자가 없었으며, 데와닷따처럼 승가를 분열시키려는 무리가 아니며, 아난다 존자의 방문으로 재가자에게 부담이 아니라 위로를 줄 수도 있어 율을 범하였다고 단정할 수 없으므로 비난의 대상이라고 단정할 수 없다. ‘사람들은 그대가 재가자 집을 해치면서 유행하였다고 생각할 것’이라는 말로 아난다 존자를 비난하는 자가 있듯이 ‘사람들은 그대가 재가자 집을 위로하면서 유행하였다고 생각할 것’이라는 말로 아난다 존자를 칭송하는 자가 있을 것이기 때문이다. 비구 의무율 제5.74조에 의하면 네 명 이상의 비구가 무리 지어 마을의 한 집에서 식사할 수 없으나 ‘많은 비구가 운집하는 큰 집회가 있는 경우’는 예외이므로 이 경우 무죄이다. 깟사빠 존자가 비난의 근거로 삼는 ‘사람들은 그대가 곡식을 짓밟으면서 유행하였다고 생각할 것’이라는 말은 시기에 맞지 않는 말이다. 이 말은 우기 즉 안거 기간에 유행하는 자를 비난하는 말인데 이 시기는 안거 시작 전으로 우기 전의 봄철이다. 봄철에는 짓밟을 곡식이 없으며 곡식이 짓밟히지도 않기 때문이다. 여섯째, 깟사빠 존자가 아난다 존자를 지적하는 것은 내용과 형식에서 적절하지 않다. 참고로 깟사빠 존자와 관련된 13개의 경들이 모인 상윳따 니까야는 제1차 대합송 때 깟사빠 존자가 스스로 자신에게 위촉하여 전승한 것이다. 디가 니까야와 맛지마 니까야에서 깟사빠 존자가 주된 설법자나 주된 질문자로 나타나는 경은 하나도 없다.

여. 오늘은 비구니 처소에서 설법하는 날입니다. 같이 비구니 처소로 갑시다." "도반 아난다여, 그대가 가십시오. 그대는 업무가 많고 해야 할 일이 많으니 어서 가십시오." 두 번째도 똑같이 대화하였고 세 번째에도 아난다는 말하였다. "오십시오, 깟사빠 존자님이시여. 오늘은 비구니 처소에서 설법하는 날입니다. 같이 비구니 처소로 갑시다."

그때 깟사빠는 아난다를 뒤따르는 비구로 삼아서 비구니 처소로 가서 많은 비구니를 가르치고 격려하고 분발하게 하고 기쁘게 한 뒤 자리에서 일어나려고 몸을 돌리려고 하였다. 그때 툴라띳사 비구니가 마음이 언짢아서 "깟사빠 존자는 어떻게 위데하의 성자[101]인 아난다 존자의 면전에서 법을 설할 생각을 다 하실까? 마치 바늘 장수가 바늘 만드는 사람 면전에서 바늘을 팔려고 하는 것과 같이 깟사빠 존자는 위데하의 성자인 아난다 존자의 면전에서 법을 설하시는구나."[102]라고 언짢은 말을 내뱉었다.

이때 깟사빠는 툴라띳사가 하는 말을 듣고 다시 정좌한 뒤 아난다에게 말하였다. "도반 아난다여, 내가 바늘 장수이고 그대가 바늘 만드는 사람인가요 아니면 내가 바늘을 만드는 사람이고 그대가 바늘 장수인가요?" "깟사빠 존자여, 고정하십시오. 어리석은 비구니가 내뱉는 말일 뿐입니다."[103] "도반 아난다여, 그대는 잠깐 기다리시오. 승가가 그대를 더 검증하게 하지 마시오.[104]

도반 아난다여, 이것을 어떻게 생각하시오? 세존께서 직접 비구승가에게 그대에 대해서 '비구들이여, 나는 원하는 만큼 [**초정념**]에 들어 머문다. 비구들이여, 아난다도 여래와 같이 초정념에 머문다.'라고 드러내셨

---

101 아난다 존자가 제1차 대합송 직전에 아라한이 되었으니 성자이고 모친이 위데하의 왕족 출신이므로 모계 중심으로 위데하의 성자라고 표현하였다.

102 그런데 비구니의 말이 사실과 다르다고 단정할 수 있는 내용이 없다. 바늘을 법으로 비유하면 법을 설한 자가 바늘 장수요 세존께서 안 계시는 현 상황에서 세존의 모든 법이 아난다 존자의 입으로 송출되었으니 아난다 존자를 바늘을 만드는 자라고 비유할 수도 있기 때문이다.

103 100세가 넘은 장로 아라한 비구가 틀리지 않고 근거가 있는 비구니의 혼잣말에 발끈한 모습이다.

104 어떤 비구니가 근거 없이 비구를 힐난할 때 비구니의 말이 사실과 다르다면 그 잘못을 드러내어 비구니가 잘못을 인정하고 드러내어 참회하도록 해야 한다. 그런데 비구니의 말을 덮어 감싸는 아난다의 말을 근거로 아난다와 비구니와의 관계가 부적절한지 적절한지를 비구승가 앞에서 검증하게 하지 말라고 경고하는 것이다. 그런데 비구니의 말이 사실과 다르지 않다면 이 경고는 적절하지 않다.

소?" "그렇지 않습니다, 존자시여." "도반이여, 그러나 세존께서는 직접 비구승가에게 나에 대해서 '비구들이여, 깟사빠도 여래와 같이 초정념에 머문다.'라고 드러내셨소.

도반이여, 세존께서 직접 비구승가에게 그대에 대해서 '비구들이여, 초정념과 마찬가지로 나는 원하는 만큼 제2정념, 제3정념, 제4정념, 공무변처정, 식무변처정, 무소유처정, 비상비비상처정, 멸진정에 들어 머문다. 비구들이여, 아난다도 여래와 같이 제2정념, 제3정념, 제4정념, 공무변처정, 식무변처정, 무소유처정, 비상비비상처정, 멸진정에 머문다.'라고 드러내셨소?" "그렇지 않습니다, 존자시여." "도반이여, 그러나 세존께서는 직접 비구승가에게 나에 대해서 '비구들이여, 깟사빠도 여래와 같이 제2정념, 제3정념, 제4정념, 공무변처정, 식무변처정, 무소유처정, 비상비비상처정, 멸진정에 머문다.'라고 드러내셨소.

도반이여, 세존께서 직접 비구승가에게 그대에 대해서 '비구들이여, 나는 원하는 만큼 신족통神足通, 천안통, 천이통天耳通, 타심통他心通, 숙명통, 누진통의 신통변화를 구족하여 머문다. 비구들이여, 아난다도 여래와 같이 신족통, 천안통, 천이통, 타심통, 숙명통, 누진통의 신통변화를 구족하여 머문다.'라고 드러내셨소?" "그렇지 않습니다, 존자시여." "도반이여, 그러나 세존께서는 직접 비구승가에게 나에 대해서 '비구들이여, 깟사빠도 여래와 같이 신족통, 천안통, 천이통, 타심통, 숙명통, 누진통의 신통변화를 구족하여 머문다.'라고 드러내셨소.

도반 아난다여, 이러한 나의 육신통을 가릴 수 있다고 생각하는 사람은 차라리 다 자란 큰 코끼리 왕을 작은 야자수 잎으로 가릴 수 있다고 생각하는 것이 더 나을 것이오."[105] 그러자 툴라띳사는 청정범행으로부터 떨

105 비구니승가 앞에서 이렇게 말하는 논지가 무엇인가? 바늘 장수와 바늘 만드는 사람을 분별하는 데 이런 말들이 무슨 근거를 제공하는가? 아난다 존자는 세존의 반열반 후에 아라한이 되었으니 아라한 과위를 칭송하는 세존의 말씀으로 아난다 존자와 비교하는 것은 불공평하고 부적절하다. 일찍이 세존께서 비구들에게 교계하고 법을 설하라고 두 번이나 권유하셨을 때 깟사빠 존자가 수순하여 부지런히 교계하고 법을 설하였다면 비구와 비구니로부터 오히려 칭송받았을 것이다. 깟사빠 존자는 바늘 장수에도 미치지 못하는데 바늘 만드는 사람으로 자신을 만들려고 하지 않는가?

어져 낮은 재가자의 삶으로 돌아갔다.SN16.9~10

11 앙굴리말라의 출가

앙굴리말라 존자의 부친 박가와는 각가라는 족성을 가진 궁중 제관이었다. 그의 모친은 만따니였다. 존자가 태어날 때 도시의 무기들에 불이 났고 왕궁의 무기에도 불이 났다. 부친이 이상히 여겨 밖으로 나가 성좌를 살펴보다가 도둑의 성좌 아래에서 태어난 것을 알고 국왕을 알현하였다. 왕은 이같이 말하였다. "스승이시여, 쾌적한 침실이 어디 있습니까? 침실에 있던 길상의 무기에 불이 났습니다. 왕국이나 내 생명에 무슨 변고라도 생기지 않겠습니까?" "대왕이시여, 두려워 마십시오. 내 집에 아이가 태어났는데 그의 영향으로 궁궐뿐만 아니라 도시의 무기들에 불이 났습니다." "스승이시여, 그 아이는 어떤 사람이 되겠습니까?" "대왕이시여, 도둑이 될 것입니다." "한 사람의 도둑이 되겠습니까? 아니면 왕국을 멸망시킬 도둑이 되겠습니까?" "대왕이시여, 한 사람의 도둑입니다." 이렇게 말하고 나서 왕의 마음을 얻고자 하여 "대왕이시여, 그 아이를 죽이십시오."라고 말하였다. 왕은 "한 사람의 도둑이라면 무엇을 하겠습니까? 넓은 들판의 한 주먹 벼 이삭과 같습니다. 그냥 그 아이를 키우십시오."라고 말하였다. 비록 왕의 침실에 놓여 있던 길상 검과 창과 화살에도 불이 났으나 아무것도 손상되지 않았다고 하여 존자의 이름을 아힘사까[不害]라고 지었다.

이후 존자는 성장하여 가업을 잇기 위하여 학업과 무술을 배우고 익히도록 딱까실라로 보내졌다. 존자는 그곳에서 법다운 제자가 되어 학업과 무술에 전념하였으며, 소임에도 충실하였고, 스승께 충직하고 스승의 마음에 들게 언행을 하였다. 그러자 나머지 제자들은 스승의 관심으로부터 소외되었다. 그들은 '아힘사까 학도가 온 이래로 우리는 빛을 보지 못하고 있다. 그는 우리보다 학문뿐만 아니라 무술에도 뛰어나다. 우리가 무리 지어 그를 공격하여도 우리는 그를 당해 낼 수가 없다. 어떻게 해서 그를 파멸시킬 것인가?'라고 앉아서 궁리했다. 올바른 묘책이 없자 모략을 떠올렸다. 그들은 무리 지어 스승님을 찾아가 아힘사까가 스승님을 폄하하고 비난하고 배신하였다고 서로 짜고 거짓을 고하였다. 그러나 오히려 스승에게 호된 경책을 받았다.

그러자 그들은 스승이 사랑하고 소중히 여기는 젊고 아름다운 사모師母를 움직여야겠다고 생각하였다. 그들은 기회를 보다가 마침 스승이 먼 지방으로 출장을 가게 되자 모략을 실행에 옮겼다. 그들은 아힘사까와 사모를 엮으려고 아힘사까를 거짓으로 부추겼으나 아힘사까가 단호하게 거절하였다. 그러자 사모를 부추겼고 사모가 그들의 모략대로 움직였다. 사모의 움직임에도 아힘사까가 단호하게 거절하자 사모는 자존심이 몹시 상하였다. 사모는 남편이 돌아오자 거짓을 고하였고 이에 분노한 스승은 아힘사까를 파멸시키기로 결심하였다. 그러다 '좋은 명성이 자자한 나와 나의 학당에 불미스러운 소문이 퍼지면 어느 부모가 나와 나의 학당에 자식을 보낼 것인가? 그것은 나와 나의 학당에 큰 손실이 될 것이다.'라고 생각하여 아힘사까가 공부를 마칠 때까지 기다렸다. 공부를 마치고 학당을 졸업할 즈음 스승은 그에게 졸업 때 스승께 올리는 감사의 선물로 백 명의 오른쪽 엄지손가락을 바칠 것을 요구하였다. 존자는 브라만의 가문에서는 살생할 수 없다고 말씀드렸다. 그러나 스승은 감사의 선물이 없으면 수년 동안 배운 학문과 무술은 결실을 보지 못하고 졸업할 수 없다고 말하였다. 그렇게 되면 고향으로 돌아가서 가문을 일으키지도 가문을 잇지도 못할 것이라고 말하였다. 그러자 존자는 스승께 절을 올리고 다섯 가지 무기를 들고 그곳을 떠났다.

화살과 화살통, 장검을 매고 왼손에 방패를 들고 오른손에 긴 창을 들고 두 자루의 단검은 허리춤에 차고 숲으로 들어갔다. 감사의 선물을 구하여 졸업하고 고향으로 돌아가려는 일념으로 남의 눈에 띄지 않게 낮에는 깊은 숲속에서 사람을 죽였고 깊은 밤에는 마을에 들어가 사람을 죽였다. 존자는 본래 총명하였으나 살생하면서 마음은 안정되지 못하였고 서서히 계산에도 집중할 수 없어서 죽인 사람들의 엄지손가락을 잘라 손가락[앙굴리]을 실에 꿰어 화환[말라]을 만들어 목에 걸고 다녔다. 그리하여 앙굴리말라라는 이름이 생겨났다. 존자는 딱까실라 인근의 숲과 마을에서 살생하였으나 소문이 나서 그 지역을 떠나 인근 지역으로 옮겨 가 살생을 계속하였다. 그렇게 하여 마침내 꼬살라까지 오게 되었고 꼬살라의 수도 사왓티에서 멀리 떨어진 숲까지 이르게 되었다. 잔인하고 손에 피를 묻히고 살생과 살상을 일삼고 뭇 생명들에게 자비가 없었다. 마을을 파괴하여 더 이상 마을이 아니게 만들었고, 지역을 파괴하여 더 이상 지역이 아니게 만들었고, 성읍을 파괴하여 더 이상 성읍이 아니게 피폐하게 만들었다. 연이은 살인으로 마을과 지역과 성읍이 황폐하게 되자 불안한 사람들이 궁전 앞으로 몰려들어 대왕께 읍소하였다.

존자의 부친은 왕궁에서 대신들이 대책을 논의하는 것을 듣고 '앙굴리말라는 분명 내 아들이다.'라고 알아차리고는 집으로 돌아와 부인에게 말하였다. "앙굴리말리라는 도적이 나타났는데 그는 다른 사람이 아니라 분명 그대의 아들 아힘사까입니다. 이제 왕이 그를 붙잡아 들일 것인데 어떻게 하면 좋겠습니까?" 부인은 남편에게 아들을 데려올 것을 간청했지만 남편은 두려움으로 거절하였다. 존자의 어머니 가슴에 연민이 생겼고 남편의 만류에도 내가 가서 내 아들을 데리고 오리라 생각하고 길을 떠날 준비를 하고 있었다. 바로 그날 세존께서 이른 아침에 세상을 굽어살펴 보시다가 앙굴리말라를 보시고는 '내가 가면 이 사람에게 축복이 있을 것이다. 만약 내가 가지 않으면 이 사람은 어머니에게 죄를 저지르게 될 것[106]이다.'라고 생각하시고 기원정사 처소를 정돈하시고 기워 만든 대의를 입고 발우를 지니고 앙굴리말라가 있는 숲으로 유행을 떠나셨다.

출가 세존께서 앙굴리말라가 있는 숲으로 향하자 목동들과 농부들이 "사문이시여, 이 길로 걸어가지 마십시오. 사문이시여, 이 길은 앙굴리말라라는 도적이 머무는 숲으로 향합니다. 그는 잔인하고 손에 피를 묻히고 살생

106 세존의 깜마율에 따르면 살인하더라도 출가할 수 있으나 어머니나 아버지를 죽인 자는 출가할 수 없다.(제10장 깜마율의 제정 참고)

과 살상을 일삼고 뭇 생명들에게 자비가 없습니다. 그는 죽은 사람의 엄지 손가락을 잘라 화환을 만들어 자기의 목에 걸고 다닙니다. 이 길은 열 명의 장정이나 스무 명의 장정이나 서른 명의 장정이나 마흔 명의 장정이나 쉰 명의 장정들이 함께 모여 가더라도 여전히 앙굴리말라의 손에 걸려듭니다. 그러하니 사문이시여, 이 길로 가지 마십시오."라고 두 번째로 세 번째로 말하였다. 그러나 세존께서는 침묵하면서 걸음을 멈추지 않고 계속하여 걸어가셨다.

이때 앙굴리말라는 숲으로 들어오는 세존을 보고 이런 생각이 들었다. '참으로 경이롭고, 참으로 놀랍구나. 이 길은 열 명의 장정이나 스무 명의 장정이나 서른 명의 장정이나 마흔 명의 장정이나 쉰 명의 장정들이 함께 모여 오더라도 그들은 모두 내 손에 걸려든다. 그런데 지금 이 사문은 둘도 아니고 홀로 운명에 끌린 듯이 오는구나. 내 어찌 이 사문의 목숨을 거두지 않고 살려서 돌려보낼 수 있겠는가!' 앙굴리말라는 활과 화살통을 매고 칼과 방패를 들고 세존의 뒤를 바짝 추적하였다. 그때 세존께서는 앙굴리말라가 온 힘을 다해 최대한 빨리 달려도 보통 걸음으로 가는 세존을 도저히 따라잡을 수 없는 신통변화를 나투셨다. 그러자 도적 앙굴리말라는 이런 생각이 들었다. '참으로 경이롭고, 참으로 놀랍구나. 예전에 나는 달리는 코끼리도 따라가서 잡았고 달리는 말도 따라가서 잡았고 달리는 마차도 따라가서 잡았고 달리는 사람도 따라가서 잡았다. 그런데 온 힘을 다해 최대한 빨리 달려도 보통 걸음으로 가는 이 사문을 도저히 따라잡을 수 없구나.'

그는 걸음을 멈추고 말하였다. "멈춰라, 사문이여. 멈춰라, 사문이여." 세존께서는 말씀하셨다. 앙굴리말라여, 나는 이미 멈추었다. 그러나 그대는 멈추지 않았으니 그대도 멈추어라. 그때 앙굴리말라는 이런 생각이 들었다. '이들 사문은 석가족의 후예들로 거짓을 말하지 않고 거짓된 말을 하지 않으며 진실을 말하고 진실한 말을 한다고 주장한다. 그런데 이 사문은 걸어가면서도 멈추었다고 하고 멈춘 나에게 멈추지 않았다고 한다. 나는 이 사문에게 물어보리라.' 그는 말하였다. "사문이여, 그대는 걸어가면서 '나는 이미 멈추었다.'라고 말하고 멈춘 나에게 '그대는 멈추지 않았다.'라고 말한다. 사문이여, 나는 그대에게 그 뜻을 묻노니 어찌하여 그대는 이미 멈추었고 나는 멈추지 않았는가?" 세존께서 게송으로 말씀하셨다.

앙굴리말라여,
나는 이미 멈추었나니
모든 생명에게 자제가 있어
영원히 몽둥이와 무기를 내려놓고
모든 악법을 멈추었음이라.
그러나
그대는 멈추지 않았나니
생명에 대해 자제가 없어
몽둥이와 무기를 내려놓지 못하여
악법을 멈추지 못함이라.
그러므로
나는 이미 멈추었고
그대는 멈추지 않았음이라.

참으로 오랜 끝에야
존경하는 분
위대한 선인
큰 사문께서
숲으로 오셨나니
게송으로 설하신 가르침을 듣고
저는
영원히 몽둥이와 무기를 내려놓고
모든 악법을 버릴 것입니다.

이렇게 말하고 앙굴리말라는 목에 걸고 있던 엄지손가락 화환과 무기를 깊은 낭떠러지 밑으로 던져 버렸다. 그리고 그는 세존의 발에 절을 올리고 그곳에서 출가를 요청하였다. 세존께서는 "오라, 비구여."라고 그를 불렀다. 이렇게 그는 비구가 되었다.

왕과의 조우 비구가 된 앙굴리말라를 시자로 하여 세존께서는 사왓티로 돌아와 기원정사의 원림에 머무셨다. 어느 날 빠세나디 꼬살라 왕의 내전에 대책 회의를 마친 대신들과 많은 신하가 왕에게 아뢰었다. "폐하, 폐하의 영토 안에 앙굴리말라라는 도적이 있는데 폐하께서 그를 체포하여 억류시켜 주십시오." 그러자 왕은 5백 명의 날렵한 기마병들과 함께 왕궁을 나와 기원정사의 원림으로 다가와 세존을 뵙자 세존께서는 이렇게 말씀하셨다. 대왕이여, 어쩐 일입니까? 마가다의 세니야 빔비사라 왕이 대왕을 공격하기라도 하였습니까? 아니면 웨살리의 릿차위나 다른 적대적인 왕들이 대왕을 공격하기라도 하였습니까? 왕은 세존께 대답하였다. "세존이시여, 마가다의 세니야 빔비사라 왕이 공격해 온 것도 아니고 웨살리의 릿차위나 다른 적대적인 왕들이 공격해 온 것도 아닙니다. 저의 영토 안에 앙굴리말라라는 도적이 있습니다. 그는 잔인하고 손에 피를 묻히고 살생과 살상을 일삼고 뭇 생명들에게 자비가 없습니다. 그는 마을과 지역과 성읍을 황폐하게 만들고 피폐하게 만듭니다. 그는 계속하여 사람들을 죽이고 죽인 사람의 엄지손가락을 잘라 화환을 만들어 자기의 목에 걸고 다닙니다. 세존이시여, 저는 그를 체포하여 억류시키고자 그가 머무는 숲으로 가는 길에 세존을 뵈러 왔습니다."

대왕이여, 만일 그런데 앙굴리말라가 살생을 멈추고 무기를 버리고 머리와 수염을 깎고 물들인 옷을 입고 출가하여 비구가 되어 다른 비구들과 함께 머물며 [**선법계**]를 지킵니다. 비구로서 그는 율을 청정하게 잘 지녀서 몸의 행위를 청정하게 잘 지니고, 말의 행위를 청정하게 잘 지니고, 마음의 행위를 청정하게 잘 지닙니다. 또한 비구로서 그는 걸식음식을 수용하여 생계 수단을 청정하게 잘 지니고, 분소의 세 벌만을 지니고, 적절한 생활필수품을 갖추어 만족한 일상생활을 청정하게 잘 지냅니다. 그는 여기 비구들처럼 출가자의 생활을 청정하게 잘하고 있으며 좋은 성품을 지닌 것을 대왕께서 직접 보신다면 대왕께서는 그를 어떻게 대하시겠습니까?

"세존이시여, 만약 세존께서 말씀하신 대로 그러하다면 우리는 그에게 절을 올리고, 자리에서 일어나서 영접하고, 자리를 마련하여 자리에 앉기를 원하고, 의복과 음식과 거처와 병구완을 위한 약품과 생활필수품으로 그를 초대하고, 그를 보살피고 방어하고 보호할 것입니다. 세존이시여, 그러나 어떻게 그런 나쁜 행실과 나쁜 성품을 가진 자가 갑자기 출가하여 이런 율을 청정하게 잘 지니고, 자기 제어를 할 수 있고, 여기 비구들처럼 좋은 성품을 지닐 수 있겠습니까?"

그때 앙굴리말라가 멀지 않은 곳에 앉아 있었다. 그러자 세존께서는 그에게 다가가 그의 오른팔을 들어 보이면서 왕에게 말씀하셨다. 대왕이여, 여기 이 자가 앙굴리말라입니다. 그러자 빠세나디 왕은 두려움에 떨고 공포에 휩싸이고 털이 곤두섰다. 세존을 친견할 때 왕은 자신의 무장을 해제하고 호위 무사들을 원림 입구에 두곤 하였다. 그때 세존께서는 왕이 두려움에 떨고 공포에 휩싸이고 털이 곤두선 것을 아시고 왕에게 이렇게 말씀하셨다. 대왕이여, 두려워하지 마십시오. 대왕이여, 두려워하지 마십시오. 그를 두려워해야 할 것이 아무것도 없습니다. 세존께서 이렇게 말씀하시자 왕에게 생겼던 두려움과 공포와 곤두선 털이 가라앉았다. 그러자 왕은 앙굴리말라에게 다가가서 말하였다. "존자시여, 존자가 정말 앙굴리말라 맞습니까?" "그렇습니다, 대왕이시여." "존자시여, 존자의 부친은 무슨 성을 가졌고 모친은 무슨 성을 가졌으며 존자의 이름은 무엇이었습니까?" "대왕이시여, 저의 부친은 각가이고 모친은 만따니이며 저의 이름은 아힘사까이었습니다." 왕은 자신의 궁중 제관의 아들임을 알아채고 말하였다. "존자시여, 각가 만따니뿟다 존자에게 행운이 있길 빕니다. 나는 각가 만따니뿟따 존자께 의복과 음식과 처소와 병구완을 위한 약품을 올리겠습니다." "대왕이시여, 충분합니다. 나의 삼의는 이미 갖추어졌습니다."

그러자 왕은 세존께 말씀드렸다. "경이롭습니다, 세존이시여! 놀랍습니다, 세존이시여! 세존께서는 이렇게 길들이지 않은 자들을 길들이시고 고요하지 못한 자들을 고요하게 하시고 열반을 얻지 못한 자들에게 열반을 얻게 하십니다. 세존이시여, 저희는 몽둥이와 칼로서도 길들이지 못한 자를 세존께서는 몽둥이도 칼도 없이 길들이셨습니다. 세존이시여, 저는 이제 가 봐야 할 것 같습니다. 바쁘고 해야 할 일이 많습니다." 대왕이여, 지금이 적당한 시간이라면 그렇게 하십시오. 그러자 왕은 자리에서 일어나 세존께 절을 올리고 오른쪽으로 돌아 경의를 표한 뒤 물러갔다.

범행의 성취 어느 날 앙굴리말라는 오전에 위의를 갖추어 기워 만든 대의를 입고 발우를 지니고 사왓티로 걸식을 갔다. 존자는 차례대로 걸식하다가 어떤 여인이 순산하지 못하고 기형아를 낳는 것을 미리 보고 이런 생각이 들었다. '중생들은 참으로 고통받고 있구나. 중생들은 참으로 고통받고 있구나.' 존자는 걸식에서 돌아와 세존께 오전에 보고 겪었던 것을 말씀드리자 세존께서 말씀하셨다. 앙굴리말라여, 그렇다면 그대는 사왓티로 가서 그 여인에게 이렇게 말하라. "누이여, 내가 태어난 이후로 의도적으로 산 생명의 목숨을 빼앗은 적이 없습니다. 이 진실로 그대가 안락하고 태아도 안락하기를 바랍니다." "세존이시여, 그러면 그것은 제가 고의로 거짓말을 하는 것이 될 것입니다. 세존이시여, 저는 많은 산 생명들의 목숨을 빼앗았습니다." 앙굴리말라여, 그렇다면 그대는 이렇게 말하라. "누이여, 내가 성스러운 태생으로 거듭난 이후로 의도적으로 산 생명의 목숨을 빼앗은 적이 없습니다. 이 진실로 그대가 안락하고 태아도 안락하기를 바랍니다." "그렇게 하겠습니다, 세존이시여."라고 세존께 대답하고 존자는 사왓티로 가서 그 여인에게 그렇게 말하였고 그 후 여인은 순산하여 여인도 태아도 안락하였다. 마침내 앙굴리말라는 [**아라한 성취**]하였다.

구름을 비껴가는 달 어느 날 존자는 오전에 위의를 갖추어 기워 만든 대의를 입고 발우를 지니고 사왓티로 걸식을 갔다. 차례대로 걸식하다가 어떤 사람이 던진 흙덩이가 존자의 몸에 떨어졌고, 다른 사람이 던진 몽둥이가 몸에 날아왔고, 또 다른 사람이 던진 질그릇이, 돌덩이가, 쇠붙이가 존자의 몸을 쳤다. 존자의 머리는 깨져 피를 흘리고, 몸의 이곳저곳은 다쳐 피를 흘리고, 발우는 부서지고, 대의는 찢어진 채 원림으로 돌아가 세존께 향하였다. 세존께서는 존자가 멀리서 오는 것을 보셨다. 존자가 가까이 다가오자 세존께서 이렇게 말씀하였다. 감내하라, 비구여! 감내하라, 비구여! 그대가 브라만이었을 적에 지었던 살생과 살상의 과보로 수십 년, 수백 년, 수천 년을 지옥에서 고통받을 그 업의 과보를 지금 여기에서 겪는 것이다라고 생각하여 감내하라. 그대에게 흙덩이를 던진 사람, 몽둥이를 던진 사람, 질그릇을, 돌덩이를, 쇠붙이를 던진 사람들은 그대가 브라만이었을 적에 지었던 살생과 살상으로 피해 겪은 자들의 어머니, 아버지, 형제, 자매, 딸이나 아들, 또는 친인척, 동료, 친구들이니 그들이 겪은 슬픔·비탄·고통·고뇌·절망을 생각하여 감내하라. 또한 그들이 그대에게 흙덩이를 던지고, 몽둥이를 던지고, 질그릇을, 돌덩이를, 쇠붙이를 던지는 행위로 말미암은 과보로 수십 년, 수백 년, 수천 년을 지옥에서 받을 고통을 생각하여 그들을 연민하는 마음으로 감내하라. 어느 보름달 깊은 밤 앙굴리말라는 한적한 곳에 홀로 앉아 해탈의 행복을 맛보면서 감흥어를 읊었다.MN86

I

나는
예전에 방일하였지만
이제 방일하지 않는 자가 되어
이 세상을 비추나니
마치 구름을 비껴가는 달처럼

나는
예전에 악한 업을 지었지만

이제 선업을 짓는 자가 되어
이 세상을 비추나니
마치 구름을 비껴가는 달처럼

나는
예전에 사법에 몰두하였지만
이제 정법에 몰두하는 자가 되어
이 세상을 비추나니
마치 구름을 비껴가는 달처럼

나를
싫어하고 미워하고 증오하고 공격하는
사람들이여
참으로 세존의 가르침을 듣고
정법에 몰두하여
이 세상을 벗어나기를!

나를
싫어하고 미워하고 증오하고 공격하는
사람들이여
참으로 세존의 정법으로 인도하는
좋은 분들과 인연하여
이 세상을 벗어나기를!

나를
싫어하고 미워하고 증오하고 공격하는
사람들이여
참으로 인욕을 설하고

온화함을 칭송하는 분들이 있나니
그런 분들의 법을 듣고 행하기를!

나를
싫어하고 미워하고 증오하고 공격하는
사람들이여
참으로 인욕과 온화함을
듣고 행하여
다른 이들을 해치지도 않고 자신을 해치지도 않기를!

나를
싫어하고 미워하고 증오하고 공격하는
사람들이여
참으로 다른 이들이나 자신을 해치지 않아
최상의 평화를 얻어
다른 이들을 보호하고 자신도 보호하기를!

II
물 대는 자들은
물길로 물을 다스려 인도하고
화살 만드는 자들은
화살대를 곧게 다스려 화살촉을 인도하고
목수들은
나무를 잘 다루어 용도에 맞게 다스리고
지자들은
자신을 잘 다스리나니

어떤 자들은

몽둥이나 칼로 길들이고
어떤 자들은
갈고리나 채찍으로 길들이나
나는
몽둥이도 칼도 없고
갈고리도 채찍도 없는
여여한 분
그분 세존에 의해서 길들여졌나니

나는
비록 예전에 앙굴리말라라고 알려진
악명 높은 살인자였으나
이제
내 이름은 불해不害
여여한 분
그분 세존에 의해서 나의 이름 참되게 지켰으니
불해는
그 누구도
해치지 않나니

나는
비록 예전에 앙굴리말라라고 알려진
악명 높은 도적이었으나
이제
여여한 분
그분 세존의 인도로 귀의처로 안착하였으니
불행과 괴로움의 격류 건너
안온의 언덕에 이르렀나니

나는
비록 예전에 앙굴리말라라고 알려진
손에 피를 묻히는 자였으나
이제
여여한 분
그분 세존의 인도로 모든 존재의 사슬을 끊었으니
모든 해탈 이루었고
최상의 지혜를 실현하였나니

나는
비록 예전에 앙굴리말라라고 알려진
참으로 많은 악업을 짓는 자였으나
이제
여여한 분
그분 세존의 인도로 청정범행을 성취하였으니
할 일을 다 해 마쳤고
빚 없이 음식을 수용하였나니

III

세상 사람들이여
어리석고 우둔한 사람들은
방일에 빠지지만
현자는
방일하지 않음을
최고의 재산처럼 보호하나니

방일에 빠지지 말고
감각적 욕망을 탐닉하지 말라

방일하지 않고
범행을 닦는 자
궁극적인 행복을 얻으리니

잘 왔노라
잘못 오지 않았노라
나의 이런 요청은
잘못된 것이 아니었어라
그렇게 나는
세존께 다가왔나니
그렇게 나는
세존께 귀의처를 요청하였나니
세존께서
설하신 가르침 으뜸이나니
나는
으뜸의 가르침을 얻었나니

잘 왔노라
잘못 오지 않았노라
나의 이런 요청은
잘못된 것이 아니었어라
그렇게 나는
세존께 다가왔나니
그렇게 나는
세존께 귀의처를 요청하였나니
세존께서
설하신 가르침 으뜸이나니
나는

세 가지 명지[三明]를 얻고
세존의 교법 모두 실천하였나니

12 랏타빨라의 출가

어느 때 세존께서는 많은 비구승가와 유행하시다가 꾸루국의 툴라꽂티따라는 성읍에 도착하였다. 그곳의 브라만들과 장자들은 [**십불명호**]와 [**십불설법**]의 좋은 명성을 듣고 세존께서 계시는 숲으로 다가가 세존의 가르침을 받고 기뻐하였다. 그들 가운데 성읍에서 가장 뛰어난 가문의 아들인 랏타빨라가 있었다. 그는 다른 사람들이 모두 떠난 직후 세존께 말씀드렸다. "세존이시여, 저는 이제 머리와 수염을 깎고 물들인 옷을 입고 집을 떠나 출가하고자 합니다. 세존께서는 제가 세존 아래에서 출가하게 해 주십시오." 랏타빨라여, 그런데 집을 떠나 출가하는 것을 부모께 허락받았는가? "세존이시여, 저는 부모의 허락을 받지 않았습니다." 랏타빨라여, 부모의 허락받지 않은 자는 출가하지 않는다.[107] "세존이시여, 그러면 부모님의 허락을 받도록 하겠습니다."

부모의 회유 그는 집으로 돌아가 부모님께 이같이 말씀드렸다. 어머님, 아버님, 제가 세존께서 설하신 법을 이해하기로는 재가에 살면서 더할 나위 없이 완벽하고 지극히 청정한 소라고둥처럼 빛나는 청정범행을 실천하기란 쉽지 않습니다. 저는 이제 머리와 수염을 깎고 물들인 옷을 입고 집을 떠나 출가하고자 합니다. 제가 집을 떠나 출가하도록 허락하여 주십시오.

"사랑하는 아들아, 너는 우리의 사랑스럽고 소중한 외아들이다. 너는 편안하게 성장했고 편안하게 양육되었다. 너는 어떤 괴로움도 모른다. 이리 오너라, 랏타빨라야. 먹고 마시고 즐겨라. 먹고 마시고 즐기면서 감각

---

107 랏타빨라는 결혼하였더라도 20세 미만임이 분명하다.

적 즐거움을 누리고 공덕을 쌓으며 행복하게 살아라. 우리는 네가 집을 떠나 출가하는 것을 허락하지 않는다. 설령 네가 죽었다고 할지라도 우리는 너 없이 이 집에 머무는 것을 원하지 않을 것인데 어떻게 살아 있는 네가 집을 떠나 출가하는 것을 허락할 수 있겠느냐?"

그는 두 번째로, 세 번째로 부모님께 출가하는 것을 허락해 달라는 청을 드렸으나 부모는 두 번째도, 세 번째도 똑같은 답변을 하였다. 그는 부모에게 출가를 허락받지 못하자 '나는 여기서 죽든지 아니면 출가하든지 할 것이다'라고 하면서 땅바닥에 드러누웠다. 그러자 부모는 어린 외아들을 달래고 회유하였다. 두 번째도, 세 번째도 똑같이 달래고 회유하였으나 그는 여전히 아무 말도 하지 않은 채 일곱 끼를 굶었다.

친구들의 회유와 중재 다급해진 부모는 랏타빨라의 친구들을 만나러 가서 말하였다. "얘들아, 지금 랏타빨라가 집을 떠나 출가하려고 땅바닥에 드러누워 있다. 얘들아, 랏타빨라에게 가서 그를 달래고 회유하는 말을 해다오." 친구들은 그를 만나러 가서 부모가 일러 준 말로 달래고 회유하였으나 그는 아무 말도 하지 않았다. 친구들은 두 번째도, 세 번째도 똑같이 말하였으나 그는 여전히 아무 말도 하지 않았다. 그러자 친구들은 부모를 만나러 가서 말하였다. "어머님, 아버님, 저희가 아무리 설득하고 달래도 랏타빨라는 한마디 대꾸도 하지 않고 미동도 없이 땅바닥에 드러누운 채 '나는 출가하지 않으면 여기서 죽으리라.'라고 말하는 듯합니다. 만일 부모님께서 출가하는 것을 허락하지 않는다면 랏타빨라는 그곳에서 죽게 되어 그를 다시는 볼 수 없게 될 것입니다. 그러나 만일 부모님께서 출가하는 것을 허락하신다면 그는 죽지 않게 되어 그가 출가한 뒤에라도 그를 볼 수 있을 것입니다. 만일 랏타빨라가 출가 생활에 흥미를 느끼지 못한다면 그가 어디 다른 곳으로 가겠습니까? 그는 여기로 다시 돌아올 것입니다. 그러니 그가 집을 떠나 출가하는 것을 허락하십시오." 그러자 부모는 이렇게 말하였다. "얘들아, 랏타빨라가 집을 떠나 출가하는 것을 허락하겠다. 그 대신 출가한 뒤 반드시 부모를 만나러 와야 한다." 그러자 친구들은 랏타빨라에게 가서 말하였다. “벗 랏타빨라여, 그만 일어나게. 벗 랏타빨라여, 이제 일어나서 몸을 추스르게. 부모님께서 그대가 집을 떠나 출가하는 것을 허락하셨네. 그 대신 출가한 뒤 반드시 부모님을 뵈러 와야만 하네.”

랏타빨라는 벌떡 일어나 몸을 추스른 뒤 세존께 다가가 말씀드렸다. “세존이시여, 저는 집을 떠나 출가하는 것을 부모님께 허락받았습니다. 세존께서는 저를 출가하게 해 주십시오.” 랏타빨라는 출가하였고 보름이 지나자 비구승가와 함께 그곳을 떠나 세존을 따라 사왓티의 기원정사로 갔다. 마침내 랏타빨라는 [**아라한 성취**]하였으며 믿음으로 출가한 자들 가운데 으뜸이라고 칭송받았다.AN1.14

속가의 방문 어느 날 존자는 세존을 뵙고 말씀드렸다. “세존이시여, 세존께서 허락해 주신다면 저는 속가 부모님을 찾아뵙고자 합니다.” 세존께서는 존자의 과위를 헤아려 보시고는 이렇게 말씀하셨다. 랏타빨라여, 지금이 적당한 시간이라고 생각한다면 그렇게 하라. 그러자 존자는 거처를 정돈한 뒤 기워 만든 대의와 발우를 지니고 유행을 떠났다. 고향에 도착하여 꼬라뱌 왕의 미가찌라 정원이 있는 숲속에 머물렀다. 다음날 존자는 오전에 위의를 갖추어 기워 만든 대의를 입고 발우를 지니고 자신의 속가 집에 이르렀다.

바로 그때 속가 아버지는 대문이 내려다보이는 중앙채의 큰방에서 머리를 빗고 있었는데 멀리서 어떤 사문이 오는 것을 보고 방에서 뛰쳐나와 화를 내고 “이들 까까머리 사문들 때문에 사랑스럽고 소중한 내 외아들이 집을 떠나 출가했다.”라고 하면서 삿대질과 모욕과 문전박대를 하고 대문을 닫고 빗장을 걸었다. 존자는 자신의 속가 집에서 음식도 얻지 못하였고 정중한 거절도 얻지 못하였다. 이때 존자의 친척 하녀가 어제 먹다 남은 보리죽을 버리려고 쪽문 밖으로 나오고 있었다. 존자는 그녀에게 말하였다. 누이여, 만일 그것을 버리려고 한다면 여기 내 발우에 주시오. 그러자 그녀는 보리죽을 존자의 발우에 부으면서 존자의 손과 발과 목소리의 특징을 알아차리고 속히 마님에게 가서 말하였다. “마님, 알고 계십시오. 마님의 외아들 랏타빨라가 왔습니다." "뭐라고? 만일 그게 사실이라면 너는 하녀를 면할 것이다." 하녀를 데리고 곧장 남편에게 가서 말하였다. "장자님, 랏타빨라가 왔습니다."

존자는 속가 집에서 멀지 않은 어떤 담벼락에 기대어 보리죽을 먹고 있었다. 속가 부모는 하녀와 함께 이리저리 헤매다가 존자를 찾아 말하였다. "사랑하는 우리 아들 랏타빨라여, 여기에 있었구나. 어찌 어제 먹다 남은 보리죽을 먹고 있는 게냐! 랏타빨라여, 우리와 함께 집으로 가자구나." 장자여, 집을 떠나 출가한 비구에게 집이 어디 있겠습니까! 장자여, 저는 당신의 집에 갔습니다만 음식도 얻지 못하였고 정중한 거절도 얻지 못하였습니다. 제가 얻은 것은 오직 문전박대와 모욕뿐이었습니다. "내가 우리 아들을 알아보지 못하였구나. 내가 우리 아들을 알아보았더라면 어찌 문전박대 하였겠느냐! 랏타빨라여, 어서 오너라. 우리와 함께 집으로 들어가자꾸나." 장자여, 되었습니다. 오늘 제 공양은 마쳤습니다. "그러면 랏타빨라여, 내일 와서 공양하겠다고 약속해다오." 존자는 침묵으로 동의하였다.

속가의 회유와 유혹 집으로 돌아간 장자는 먼저 금화와 황금으로 큰 무더기를 만들어 비단으로 덮어 놓고 며느리들을 불러서 말하였다. "이리 오너라, 며느리들아. 너희들이 사랑하는 남편 랏타빨라가 돌아왔다. 너희들은 예전에 남편에게 사랑받고 귀여움받던 장신구로 치장하고 남편을 맞이할 준비를 하거라." 그리고 사람들에게 그 밤이 지나도록 맛있는 딱딱한 음식과 부드러운 음식을 준비하게 하고 다음 날 오전에 존자께 시간을 알렸다. 그러자 존자는 속가 집에 도착하였다. 장자는 금화와 황금 무더기를 열어 보이면서 말하였다. "사랑하는 우리 아들 랏타빨라여, 이것은 네 어머니의 유산이다. 나의 유산은 따로 있고 할아버지의 재산도 따로 있다. 사랑하는 우리 아들 랏타빨라여, 재물을 즐기면서 공덕을 지을 수도 있다. 우리는 네가 말하는 대로 네가 원하는 것은 무엇이든 들어주겠노라. 이제는 그만 집에서 예전처럼 머물러라." 장자여, 만일 당신이 제 말대로 하시겠다면 먼저 여기 금화와 황금 무더기를 수레에 싣고 나가 강물 속에 던져 버리십시오. 이것 때문에 당신에게 슬픔·비탄·고통·고뇌·절망이 일어날 것이기 때문입니다.

이 말을 들은 장자가 잠시 멈칫하자 존자의 옛 부인들이 그의 발을 붙잡고 말하였다. "서방님, 도대체 어떤 요정들이 있기에 서방님은 그 요정들을 위해 범행을 닦으십니까?" 누이들이여, 비구는 요정들 때문에 청정범행을 닦는 것이 아닙니다. "서방님은 우리를 누이라고 부르시는구나." 라고 탄식하면서 그들은 그 자리에서 기절해 버렸다.

장자여, 만일 음식을 주시려면 지금 주십시오. 더 이상 저를 모욕하지 마십시오. "아들 랏타빨라여, 음식을 들라. 음식 준비가 다 되었다." 장자는 마련된 자리에 존자를 모시고 딱딱한 음식과 부드러운 음식 등 맛있는 음식을 손수 충분히 대접하고 만족시켜 드렸다.

존자의 게송 존자는 공양을 마치자 발우에서 손을 떼고 일어나서 이렇게 게송을 읊었다.

귀한 보석과 장신구로 잘 치장하고
고운 비단옷과 좋은 음식으로 잘 가꾸어진
아름다운 저 몸은
어리석은 자를 현혹하기에 충분하지만
그것은
견고하게 머물지 않아
늙고 병들고 죽는 것을 피할 수 없어
갖가지 병을 일으키고
온갖 고통을 초래하고
마침내 죽음에 이르러 무너지니
피안을 찾는 자를 현혹하지는 못하나니

윤기 흐르는 머리카락은 여덟 가닥으로 길게 땋았고
눈에는 연고를 바르고 얼굴은 고운 분칠하고
귀고리와 목걸이로 단장한
아름다운 저 얼굴은
어리석은 자를 현혹하기에 충분하지만
그것은
견고하게 머물지 않아
퇴색하고 주름지고 검버섯을 피할 수 없으며
마침내 죽음에 이르러
피부가 헤어지고 벗겨져
피부에 포장되었던 해골이 드러나니
피안을 찾는 자를 현혹하지는 못하나니

울긋불긋 물감으로 칠한 곱디고운 손톱
헤나 물감으로 붉게 칠한 발톱
손목 장신구와 발찌로 단장한 손과 발
매혹적인 음성은
어리석은 자를 현혹하기에 충분하지만
그것은
견고하게 머물지 않아
감각적 욕망의 전령이 되어
마음을 얽어매고
지혜를 가리어 없애고
어리석음을 드러내어 증장시키니
피안을 찾는 자를 현혹하지는 못하나니

사슴이 지나는 길에
미끼를 놓고 올가미를 걸어 놓았으나

사슴은
올가미에 걸리지 않고
미끼만 먹고 숲속으로 떠나버리니
사냥꾼은
홀로 탄식하고 슬피 우는구나.

왕의 네 가지 질문 어느 날 꼬라뱌 왕은 정원 관리사에게 랏타빨라가 미가찌라의 숲속에 머물고 있다는 것을 들었다. 왕은 존자에게 다가가 이같이 말하였다. "랏타빨라 존자여, 여기 네 가지 좌절이 있습니다. 네 가지 좌절을 겪고 여기 어떤 사람들은 머리와 수염을 깎고 물들인 옷을 입고 집을 떠나 출가합니다. 무엇이 그 넷인가요? 늙음으로 인한 좌절, 질병으로 인한 좌절, 재산으로 인한 좌절, 친지를 잃음으로 인한 좌절입니다.

랏타빨라 존자여, 어떤 것이 늙음으로 인한 좌절일까요? 여기 어떤 자는 늙고 나이 들고 노후하고 긴 여정을 보냈고 생의 마지막 단계에 이르게 되어 이렇게 숙고합니다. '나는 이제 늙고 나이 들고 노후하고 긴 여정을 보냈고 노쇠하게 되었다. 내가 세상 사람들과 어울려 세상을 살아가는 것은 어울리지 않고 쉽지 않다. 그러니 이제 나는 머리와 수염을 깎고 물들인 옷을 입고 집을 떠나 출가하리라.' 그는 늙음으로 인한 좌절을 겪고 머리와 수염을 깎고 물들인 옷을 입고 집을 떠나 출가합니다. 이를 일러 늙음으로 인한 좌절이라 합니다. 그러나 랏타빨라 존자께서는 아직은 연소하고 젊고 머리가 검고 축복받은 젊음을 구족한 초년기이니 그런 늙음으로 인한 좌절은 겪지 않았습니다. 그러함에도 존자께서는 무엇을 알고, 무엇을 보고, 무엇을 듣고서 집을 떠나 출가하셨습니까?

랏타빨라 존자여, 그러면 어떤 것이 질병으로 인한 좌절일까요? 여기 어떤 자는 중병으로 극심한 고통에 시달려 이렇게 숙고합니다. '나는 중병에 걸려 극심한 고통에 시달렸다. 내가 중병으로부터 회복한다고 하더라도 다른 사람들처럼 이 세상을 살아간다는 것은 쉽지 않다. 그러니 나는 머리와 수염을 깎고 물들인 옷을 입고 집을 떠나 출가하리라.' 그는 질병으로 인한 좌절을 겪고 머리와 수염을 깎고 물들인 옷을 입고 집을 떠나 출가합니다. 이를 일러 질병으로 인한 좌절이라 합니다. 그러나 랏타빨라 존자께서는 병이 없고 병으로 인한 고통도 없으며 건강을 구족하였으니 그런 질병으로 인한 좌절을 겪지 않았습니다. 그러함에도 존자께서는 무엇을 알고, 무엇을 보고, 무엇을 듣고서 집을 떠나 출가하셨습니까?

랏타빨라 존자여, 그러면 어떤 것이 재산으로 인한 좌절일까요? 여기 어떤 자는 큰 재물과 큰 재산을 가져 부유했는데 갑자기 모든 재물과 재산을 잃고 이렇게 숙고합니다. '나는 큰 재물과 큰 재산을 가져 부유했는데 갑자기 재물과 재산을 모두 잃고 큰 빚까지 생겼다. 내가 가진 것 아무것도 없이 빈털터리로 재물을 벌어 큰 빚을 갚는다는 것은 쉽지 않다. 그러니 이제 나는 머리와 수염을 깎고 물들인 옷을 입고 집을 떠나 출가하리라.' 그는 재산으로 인한 좌절을 겪고 머리와 수염을 깎고 물들인 옷을 입고 집을 떠나 출가합니다. 이를 일러 재산으로 인한 좌절이라 합니다. 그러나 랏타뻴라 존자께서는 툴라꼿티따에서 가장 뛰어난 집안의 외아들이었으니 그런 재산으로 인한 좌절은 겪지 않았습니다. 그러함에도 존자께서는 무엇을 알고, 무엇을 보고, 무엇을 듣고서 집을 떠나 출가하셨습니까?

랏타빨라 존자여, 그러면 이떤 것이 친지를 잃음으로 인한 좌절일까요? 여기 어떤 자는 많은 친구와 동료들과 일가친척들이 있었으나 갑자기 사랑하고 의지하던 친지들을 잃어버리고 이렇게 숙고합니다. '나는 이전에는 사랑하고 의지하던 친지들이 많았는데 갑자기 사랑하고 의지하던 친지들을 모두 잃어버렸다. 내가 이들 없이 이 세상을 살아간다는 것은 의미 없고 쉽지 않다. 그러니 이제 나는 머리와 수염을 깎고 물들인 옷을 입고 집을 떠나 출가하리라.' 그는 친지를 잃음으로 인한 좌절을 겪고 머리와 수염을 깎고 물들인 옷을 입고 집을 떠나 출가합니다. 이를 일러 친지를 잃음으로 인한 좌절이라 합니다. 그러나 랏타빨라 존자는 툴라꼿티따에 많은 친구와 동료들과 일가친척들이 있었으니 그런 친지를 잃음으로 인한 좌절을 겪지 않았습니다. 그러함도 존자는 무엇을 알고, 무엇을 보고, 무엇을 듣고서 집을 떠나 출가했습니까? 이에 존자는 이렇게 대답하였다.

존자의 네 가지 답변 대왕이시여, 아시는 분, 보시는 분, 아라한이시고 정등각이신 그분 세존께서 설하신 네 가지 가르침이 있습니다. 저는 그것을 알고, 보고, 듣고서 집을 떠나 출가하였습니다. 무엇이 그 넷인가요? ①'세상은 견고하지 않고 변화하면서 달려간다.'라는 것이 첫 번째 가르침이니 저는 이것을 알고, 보고, 듣고서 집을 떠나 출가했습니다. ②'세상에는 피난처가 없고 보호자가 없다.'라는 것이 두 번째 가르침이니 저는 이것을 알고, 보고, 듣고서 집을 떠나 출가하였습니다. ③'세상에는 자기 것이 없고 모든 것을 버리고 가야 한다.'라는 것이 세 번째 가르침이니 저는 이것을 알고, 보고, 듣고서 집을 떠나 출가하였습니다. ④'세상은 불완전하고 만족을 모르는 갈애의 노예이다.'라는 것이 네 번째 가르침이니 저는 이것을 알고, 보고, 듣고서 집을 떠나 출가하였습니다.

"랏타빨라 존자여, '세상은 견고하지 않고 변화하면서 달려간다.'라는 첫 번째 가르침의 뜻을 어떻게 보아야 하겠습니까?" 대왕이시여, 이것을 어떻게 생각하십니까? 대왕께서는 스무 살이었거나 스물다섯 살이었을 적에는 코끼리 타기에도 능숙했고 말타기에도 능숙했고 마차 타기에도 능숙했고 궁술에도 능숙했고 검술에도 능숙했고 허벅지도 강건하고 팔도 강건하여 전쟁을 완수하기에 충분하였습니까? "랏타빨라 존자여, 제가 스무 살이었거나 스물다섯 살이었을 적에는 존자께서 말씀하신 대로 그러하였습니다. 그래서 저는 그때 전쟁을 완수하기에 충분하였습니다. 그때 저는 '내게 신통력이 있지 않았을까'라는 생각까지 들었으며 그러한 것으로 저를 견줄 만한 사람을 본 적이 없었습니다." 대왕이시여, 이것을 어떻게 생각하십니까? 대왕은 지금도 허벅지가 강건하고 팔이 강건하여 전쟁을 완수하기에 충분합니까? "아닙니다, 랏타빨라 존자여. 지금은 이미 여든이 되어 늙고 노쇠하여 때로는 여기에 발을 디뎌야지 하면서도 다른 곳에 발을 디딥니다."

대왕이여, 이것을 두고 아시는 분, 보시는 분, 아라한이시고 정등각이신 그분 세존께서는 '세상은 견고하지 않고 변화하면서 달려간다.'라고 설하셨습니다. 저는 이것을 알고, 보고, 듣고서 집을 떠나 출가하였습니다. "경이롭습니다, 랏타빨라 존자여. 놀랍습니다, 랏타빨라 존자여. 아시는 분, 보시는 분, 아라한이시고 정등각이신 그분 세존께서는 '세상은 견고하지 않고 변화하면서 달려간다.'라고 잘 설하셨습니다. 참으로 세상은 견고하지 않고 변화하면서 달려갑니다."

"랏타빨라 존자여, 왕국에는 상병과 마병과 전차병과 보병이 있어 우리를 위험으로부터 보호해 줄 것이며 우리에게 안전한 곳을 제공할 것입니다. 그런데 '세상에는 피난처가 없고 보호자가 없다.'라는 두 번째 가르침의 뜻을 어떻게 보아야 하겠습니까?" 대왕이시여, 이것을 어떻게 생각하십니까? 대왕은 어떤 지병이 있으십니까? "랏타빨라 존자여, 제게는 지병이 있어 때로는 친구와 동료들과 일가친척들이 '이제 꼬라뱌 왕은 임종할 것이다. 이제 꼬라뱌 왕은 임종할 것이다.'라고 생각하면서 저를 에워싸고 서 있기도 합니다." 대왕이시여, 이것을 어떻게 생각하십니까? 친구와 동료들과 일가친척들에게 "여보시게, 이리들 오시게. 그대들 모두는 내가 고통을 조금만 느낄 수 있도록 나의 고통스러운 느낌을 나누어 가지시게."라고 명령할 수 있습니까? 아니면 대왕께서 그 고통스러운 느낌을 직접 겪으셔야만 합니까? "랏타빨라 존자여, 친구와 동료들과 일가친척들에게 그렇게 명령할 수 없으며 그 고통스러운 느낌을 내가 직접 겪어야만 합니다."

대왕이시여, 이것을 두고 아시는 분, 보시는 분, 아라한이시고 정등각이신 그분 세존께서는 '세상에는 피난처가 없고 보호자가 없다.'라고 설하셨습니다. 저는 이것을 알고, 보고, 듣고서 집을 떠나 출가하였습니다. "경이롭습니다, 랏타빨라 존자여. 놀랍습니다, 랏타빨라 존자여. 아시는 분, 보시는 분, 아라한이시고 정등각이신 그분 세존께서는 '세상에는 피난처가 없고 보호자가 없다.'라고 잘 설하셨습니다. 참으로 세상은 피난처가 없고 보호자가 없습니다."

"랏타빨라 존자여, 왕궁에는 아주 많은 금화와 황금 덩어리가 지하창고에 쌓여 있고 금고에 저장되어 있습니다. 이것은 왕가에 속한 재산이고 다른 곳에 속한 재산이 아닙니다. 그런데 '세상에는 자기 것이 없고 모든 것을 버리고 가야 한다.'라는 세 번째 가르침의 뜻을 어떻게 보아야 하겠습니까?" 대왕이시여, 이것을 어떻게 생각하십니까? 대왕께서는 대왕의 그러한 재산으로 다섯 가닥의 감각적 욕망을 갖추고 완비하여 즐기고 있습니다. 그런데 저세상에서도 여기처럼 '나의 재산으로 다섯 가닥의 감각적 욕망을 갖추고 완비하여 즐길 것이다.'라고 기대할 수 있습니까? 아니면 대왕께서 지은 업에 따라 저세상으로 갈 것이고 다른 사람들이 이 재산을 인수하게 됩니까? "랏타빨라 존자여, 나의 재산으로 다섯 가닥의 감각적 욕망을 갖추고 완비하여 즐기고 있습니다. 그런데 저세상에서도 역시 '나의 재산으로 다섯 가닥의 감각적 욕망을 갖추고 완비하여 즐길 것이다.'라고 기대할 수 없습니다. 그 대신 지은 업에 따라 저세상으로 갈 것이고 다른 사람들이 이 재산을 인수하게 될 것입니다."

대왕이시여, 이것을 두고 아시는 분, 보시는 분, 아라한이시고 정등각이신 그분 세존께서는 '세상에는 자기 것이 없고 모든 것을 버리고 가야 한다.'라고 설하셨습니다. 저는 이것을 알고, 보고, 듣고서 집을 떠나 출가하였습니다. "경이롭습니다, 랏타빨라 존자여. 놀랍습니다, 랏타빨라 존자여. 아시는 분, 보시는 분, 아라한이시고 정등각이신 그분 세존께서는 '세상에는 자기 것이 없고 모든 것을 버리고 가야 한다.'라고 잘 설하셨습니다. 참으로 세상에는 자기 것이 없고 모든 것을 버리고 가야 합니다."

"랏타빨라 존자여, '세상은 불완전하고 만족을 모르는 갈애의 노예이다.'라는 네 번째 가르침의 뜻을 어떻게 보아야 하겠습니까?" 대왕께서는 부유한 꾸루국을 통치하고 계십니까? "그렇습니다, 저는 부유한 꾸루국을 통치하고 있습니다." 대왕이시여, 이것을 어떻게 생각하십니까? 이제 믿을 만하고 의지할 수 있는 사람이 동쪽에서 와서 대왕에게 고하기를 "대왕이시여, 아셔야 합니다. 저는 동쪽에서 왔습니다. 그곳에서 부유하고 번창하고 인구가 많고 사람들로 붐비는 큰 나라를 보았습니다. 그곳에는 상병과 마병과 전차병과 보병이 있으며 그곳에는 많은 상아가 있으며 그곳에는 금화와 제련되지 않은 황금 덩어리가 많을 뿐 아니라 제련된 황금도 많으며 그곳에는 많은 여인의 무리가 있습니다. 폐하께서 가진 현재의 병력으로 그곳을 정복할 수 있습니다. 대왕이시여, 그 나라를 정복하십시오." 라고 한다면 대왕께서는 어떻게 하시겠습니까? "랏타빨라 존자여, 그렇다면 우리는 그곳을 정복하여 통치할 것입니다." 대왕이시여, 이것을 어떻게 생각하십니까? 이제 믿을 만하고 의지할 수 있는 사람이 서쪽에서 와서 대왕에게 말하기를 "대왕이시여, 아셔야 합니다. 저는 서쪽에서 왔습니다. 그곳에서 부유하고 번창하고 인구가 많고 사람들로 붐비는 큰 나라를 봤습니다. 그 큰 나라가 상병과 마병과 전차병과 보병의 큰 군대를 이끌고 이곳으로 진격하고 있습니다. 폐하께서 가진 현재의 병력으로 그 큰 군대를 막을 수 없습니다. 대왕이시여, 어서 친지들을 데리고 피신하십시오." 라고 한다면 대왕께서는 어떻게 하시겠습니까? "랏타빨라 존자여, 그렇다면 우리는 적과 맞서 용맹하게 싸울 것입니다."

대왕이시여, 이것을 두고 아시는 분, 보시는 분, 아라한이시고 정등각이신 그분 세존께서는 '세상은 불완전하고 만족을 모르는 갈애의 노예이다.'라고 설하셨습니다. 저는 이것을 알고, 보고, 듣고서 집을 떠나 출가하였습니다. "경이롭습니다, 랏타빨라 존자여. 놀랍습니다, 랏타빨라 존자여. 아시는 분, 보시는 분, 아라한이시고 정등각이신 그분 세존께서는 '세상은 불완전하고 만족을 모르는 갈애의 노예이다.'라고 잘 설하셨습니다. 참으로 세상은 불완전하고 만족을 모르는 갈애의 노예입니다." 그리고 존자는 이렇게 게송을 읊었다.MN82

부유한 사람은
재물을 얻지만
어리석음 때문에 재물을 베풀지 않습니다.
감각적 욕망으로 재물을 쌓아두면서
점점 더 많은 재물을 동경합니다.

큰 나라의 왕은
무력으로 땅을 정복하여
바다와 맞닿은 땅을 통치하면서도
바다의 이쪽 기슭으로 만족하지 못하고
감각적 욕망으로
바다의 저쪽 기슭마저 동경합니다.

왕뿐만 아니라 부유하거나 가난하거나
누구든지 중생은
갈애를 떨쳐내지 못하고 죽음을 맞이하고
감각적 욕망을 다 이루지 못하고 몸을 버리니
세상에 감각적 욕망에는 만족이 없습니다.

끊임없이 감각적 욕망을 좇아
사람이 죽음에 이르면
친구와 동료들과 일가친척들은
머리를 풀고
'오, 우리의 사랑하는 친지가 죽었다.'라고 통곡하지만
그들은
수의로 감싸 둘러매고 나가서
화장용 더미 위에 놓고 태워버립니다.

한 벌 수의에 입혀져
쇠꼬챙이들에 찔리면서 타들어 가니
친구도 동료들도 일가친척들도
의지처가 되지 못합니다.

남겨진 재산과 재물은

상속자들이 가져가고
죽은 자는 자신의 업에 따라
저세상으로 갑니다.
재산과 재물은
죽은 자를 따르지 않으니
그것은
사랑하는 처자도 자식도 왕국도 또한 같습니다.

재산과 재물로
긴 수명을 얻을 수 없고
영화와 번영으로
늙음을 내쫓을 수는 없습니다.
인생은
짧고 영원하지 않고 변하기 마련이라고
지자들은 말합니다.

부유한 자도 가난한 자도
죽음과 맞닥트리나니
그것은
어리석은 자도 지혜로운 자도 또한 같습니다.
그러나
어리석은 자는
죽음과 맞닥트려 드러눕지만
지혜로운 자는
죽음과 맞닥트려도 떨지 않습니다.

누구든지
죽음을 피할 수는 없나니

죽음과 맞닥트릴 때
지혜가
재산이나 재물보다 소중하고
친구나 동료들이나 일가친척들보다 소중하고
사랑하는 처자나 자식이나 왕국보다도 소중하나니
그것은
최상의 지혜로
윤회를 벗어나는 목적을 이루기 때문입니다.

중생들은
윤회를 벗어날 때까지
끊임없이 윤회하면서
윤회하는 생마다
악한 업들을 짓고
이 세상에서도 고통받고
모태에 들어 저세상에 가서도
고통을 받습니다.

살인이나 강도질하다 잡힌 도적이
이 세상에서
자기의 악한 업으로 고통받듯이
다음 세상에서도
자기의 악한 업으로 고통받습니다.

감각적 욕망은
화려하고 달콤하고 매혹적이어서
여러 가지 형태로 마음을 얽어매나니
대왕이시여

감각적 욕망에서 재난을 보고
나는 출가하였습니다.

젊었거나 늙었거나
사람이면 누구나
늙고 병들고 죽나니
마치 과일이 나무에서 떨어지듯이
몸은 결국 떨어지나니
대왕이시여
이러한 재난을 보고
나는 출가하였습니다.

대왕이시여
이같이 출가하여
나는
감각적 욕망을 완전히 떨쳐버리고
늙음도 없고
죽음도 없고
어떠한 고통도 없으며
윤회를 완전히 벗어난
성스러운 경지인 열반을 구하였고
마침내
열반을 성취하였습니다.

13 셀라의 출가

어느 때 세존께서는 천이백오십 명의 비구승가와 함께 앙가국의 앙굿따라

빠에서 유행하시다가 아빠나라는 성읍에 도착하였다. 그곳의 땋은 머리를 한 고행자 께니야는 [**십불명호**]와 [**십불설법**]의 좋은 명성을 듣고 세존께서 계시는 숲으로 다가가 세존의 가르침을 받고 기뻐하여 세존께 말씀드렸다. "고따마 존자께서는 비구승가와 함께 내일 저의 공양을 허락하여 주십시오." "께니야여, 비구승가는 많아서 천이백오십 명이며 또한 그대는 브라만들에게 깊은 믿음을 가지고 있다." 두 번째로, 세 번째로 께니야가 청하자 세존께서는 침묵으로 허락하셨다. 그러자 께니야는 자신의 아쉬람으로 돌아가 동료들과 일가친척들을 불러서 "여러분들, 들으십시오. 나는 사문 고따마 존자를 천이백오십 명의 비구승가와 함께 내일 공양에 초청하였습니다. 필요한 준비를 도와주십시오."라고 말하자 어떤 자들은 솥을 걸고 어떤 자들은 장작을 패고 어떤 자들은 그릇을 씻고 어떤 자들은 물 항아리를 설치하고 어떤 자들은 자리를 준비하였다. 께니야는 손수 천막을 설치하였다.

출가 께니야가 깊은 믿음을 가지고 있는 셀라라는 브라만이 아빠나에 살고 있었다. 그는 세 가지 베다에 통달하였고 어휘, 제사, 음운, 어원, 역사에 정통하였고 언어와 문법에 능숙하였고 철학과 대인상에 능통하였으며 3백여 명의 브라만 학도들을 가르치고 있었다. 그때 셀라 브라만은 3백여 명의 학도들에 둘러싸여 산책하다가 께니야의 아쉬람에서 부산함을 보자 께니야에게 말하였다. "께니야 존자는 아들을 장가들입니까? 아니면 딸을 시집보냅니까? 그것이 아니라면 큰 제사라도 준비하는 것입니까? 아니면 마가다의 빔비사라 왕을 군대와 함께 식사 초대라도 했습니까?" "셀라 존자시여, 저는 아들을 장가들이는 것도 딸을 시집보내는 것도 아니며 제사를 준비하는 것도 마가다의 빔비사라 왕을 군대와 함께 식사 초대를 한 것도 아닙니다. 사실은 [**십불명호**]의 좋은 명성을 가진 사문 고따마 존자를 천이백오십 명의 비구승가와 함께 내일 공양에 초청하였습니다." "께니야 존자여, 부처님이라고 했습니까?" "셀라 존자시여, 부처님이라고 저는 말씀드렸습니다." "께니야 존자여, 그대는 분명 부처님이라고 말했습니까?"

"셀라 존자시여, 분명 부처님이라고 저는 말씀드렸습니다." 셀라 브라만은 '부처라는 말조차도 이 세상에서는 듣기 힘든데 부처님이라 칭송하는 분이 계시다니! 그분을 만나 뵈어야 하리라.'라는 생각이 들자 "께니야 존자여, 그분 아라한이시고 정등각이신 부처님께서는 지금 어디에 계십니까?"라고 물었고 께니야는 그의 오른팔을 들어 가리키며 "셀라 존자여, 저기 푸른 숲에 계십니다."라고 대답하였다.

셀라 브라만은 마을을 벗어나자 학도들에게 "그대들은 조용히 따라오라. 조심해서 발걸음을 떼야 한다. 아라한이시고 정등각이신 부처님께 다가가기란 어려운 일이다. 그분은 혼자 다니는 사자와 같기 때문이다. 그리고 내가 고따마 존자와 대화를 나눌 때 그대들은 나의 말을 가로막고 중단시키지 마라. 내 말이 끝날 때까지 기다려라."라고 말하였다. 그리고 그는 세존께 다가가 한 곁에 앉았다. 그는 '나는 고따마 존자가 부처님인지 아닌지 모른다. 그러나 연로한 장로 스승들의 선대 스승들에게 '아라한이고 바르게 깨달은 분들은 자신들을 칭송하는 말을 들으면 자신들을 드러낸다.'라는 말을 들었다. 참으로 고따마 존자께 어울리는 게송으로 칭송하리라.'라고 생각하여 세존을 게송으로 칭송하였다. 세존께서도 게송으로 응송하셨다.

세존께서는
완전한 몸을 가지셨고
광휘롭고 고귀한 태생이며
매혹적이고 황금색이고
흰 치아를 가진 용맹한 분입니다.
고귀한 태생의 사람이 가지는 특성인
대인상 그 모든 것들이
당신의 몸에 있습니다.
맑은 눈
잘생긴 얼굴

좋은 풍채에
올곧은 위엄 있으니
사문의 무리 가운데서
태양처럼 빛납니다.
인상이 참으로 선하면서
황금빛 피부를 가졌거늘
이렇듯 빼어난 용모의 당신께서
어찌하여 사문의 삶으로 만족하십니까?
전륜의 주인이시며
무적의 군대를 이끄는 대왕으로서
전륜성왕이 되어
사방을 법으로써 정복하여
잠부섬의 주인 되시기에 충분합니다.
장수들과 왕들은
당신께 충성을 바칠 것이니
고따마시여,
왕 중의 왕
인간의 제왕이 되어 통치하십시오.

셀라여
여래는
위없는 바른 깨달음을 얻어
법왕이니
왕 중의 왕
위없는 가장 위대한 왕
법으로써 바퀴를 굴리나니
인간과 사문과 브라만과 천신과 마라와 범천 가운데
그 누구도 멈추게 할 수 없는

법륜을 굴리나니

위없는 바른 깨달음을 성취하셨노라고
무상의 법왕이라 선언하시고
법의 바퀴를 굴리노라고
사자후를 하시는
고따마 존자시여!
누가 존자님을 스승으로 따르는 제자이며
누가 존자님의 법의 대장군이며
누가 존자님의 뒤를 이어 법륜을 굴리나이까?

브라만이여
여기 비구들이 여래를 스승으로 따르는 제자이며
그들은 모두 여래의 법의 아들들이라
그들 가운데 사리뿟따가 법의 대장군이며
그들 가운데 아라한 비구들이
여래의 뒤를 이어
여래가 굴린 위없는 법의 바퀴를 굴릴 것이니라.

브라만이여
여래는
최상의 지혜로
알아야 할 것을 알았고
닦아야 할 것을 닦았고
버려야 할 것을 버렸나니
그리하여 부처라고 하나니
브라만이여
여래에 대한 의심을 버리고

여래에 대한 확신을 지닐지라.

브라만이여
위없는 바른 깨달음을 성취한 자를
만나는 것은 참으로 어렵나니
여래는
이 세상에 출현이 그토록 어려운
위없는 바른 깨달음을 성취한 자이니라.

브라만이여
일체의 악한 법을 정복하고
일체의 괴로움을 제거한
여래는
최고의 의사이니
모든 번뇌를 다하였고
일체의 해탈을 이루어
불사의 문을 열었노라.

여래는
지상에도 천상에도 견줄 이 없는
위없는 스승이며
일체 승자이니
마라의 병사들을 부수었고
모든 적을 굴복시켜
두려움 없이 머무느니라.

이때 셀라 브라만은 3백여 명의 브라만 학도들에게 게송으로 말하였고 브라만 학도들은 게송으로 답하였다.

학도들이여
그대들은 이것을 들었는가?
일체의 악한 법을 정복하고
일체의 괴로움을 제거한
최고의 의사이시고
부처이신
대영웅께서
마치 숲속의 사자처럼 포효하신 것을
그대들은 들었는가?

학도들이여
마라의 병사들을 부수었고
모든 적을 굴복시켜
지상에도 천상에도 견줄 이 없는
일체 승자이신
이분을 보면
비록 우리와 같지 않은 태생일지라도
그 누가 청정한 믿음을 내지 않겠는가?

학도들이여
원하는 자는 나를 따르고
원하지 않는 자는 지금 떠나라.

나는
여기서
위없는 바른 깨달음을 성취하신 분
그분의 곁으로
출가할 것이라.

존자시여
이제
존자께서
위없는 바른 깨달음을 성취하신 분
그분의 교법을 따르신다면
저희도
존자를 따라
위없는 바른 깨달음을 성취하신 분
그분의 곁으로
출가할 것입니다.

저희 3백여 명은
합장하고 바라오니
세존이시여
당신의 곁에서 출가하여 범행을 닦고자 합니다.

그러자 세존께서 셀라 브라만과 3백여 명의 학도의 출가를 허락하고 게송으로 말씀하셨다.

셀라여,
범행은 잘 설해졌고
스스로 보아 알 수 있으며
시간이 걸리지 않으니
방일하지 않고 범행을 닦으면
출가는 헛되지 않으리니.

제일 보시 다음 날 세존께서는 께니야의 아쉬람에서 공양을 마치시고 게송으로 법문을 하셨다.

불에 헌공하는 것이
제사의 헌공 가운데 제일이고
사위티 운율은
전승된 운율 가운데 제일이니라.

왕은
사람들 가운데 제일이고
바다는
강들 가운데 제일이니라.

달은
별들 가운데 제일이고
태양은
빛나는 것들 가운데 제일이니라.

공덕을 바라면서
보시하는 대상 가운데
비구승가가 제일이니라.

용의 인사 셀라는 그의 회중과 함께 은둔하여 방일하지 않고 열심히 스스로 독려하며 지냈다. 마침내 존자는 [**아라한 성취**]하였다. 그때 셀라는 그의 회중과 함께 세존께 다가가 세존을 뵙고 한쪽 어깨가 드러나게 윗옷을 입고 합장한 채 게송으로 말씀드렸다.MN92

세존이시여,
저희가
세존께 귀의한 지
오늘로

8일이 되어갑니다.

세존이시여,
7일 밤낮 동안
저희는
세존의 교법으로 길들였습니다.

세존이시여,
세존께서는
위없는 바른 깨달음을 성취하신
부처님이시고
지상에도 천상에도 견줄 이 없는
위없는 스승이시며
마라와 모든 적을 정복하신
승리자요
영웅이십니다.

세존이시여,
세존께서는
잠재 성향을 자르셨고
환생의 근거를 극복하셨고
번뇌를 부수었습니다.
세존께서는
취착 없는 사자로서
공포와 두려움을 제거하셨고
스스로 건너셨고
저희를 건네주셨습니다.

세존이시여,
여기 3백여 명의 비구들은
스승께 합장하고 서 있습니다.
영웅이시여,
발을 뻗어주십시오.
용들이 스승께 인사드립니다.

14 왓차곳따의 출가

유익함과 해로움 세존께서 죽림정사에 머물던 어느 날 왓차곳따 유행승이 세존을 뵈러 와서 여쭈었다. "존자께서는 여러 차례 저의 질문에 지혜로운 가르침을 주셨습니다.[108] 오늘 존자께서 저에게 유익함[善]과 해로움[不善]에 대해서 간략하게 말씀해 주시면 감사하겠습니다." 왓차여, 나는 그대에게 유익함과 해로움에 대하여 간략하게 설명할 수도 있고 자세하게 설명할 수도 있다. 그렇지만 나는 간략하게 설명하니 잘 듣고 마음에 잘 새기도록 하라.

왓차여, 탐욕은 해로움이고 탐욕 없음은 유익함이요, 성냄은 해로움이고 성냄 없음은 유익함이요, 어리석음은 해로움이고 어리석음 없음은 유익함이다. 이처럼 세 가지는 해로운 법이고 이 해로운 법 없음은 세 가지 유익한 법이다.

왓차여, 생명을 죽이는 것은 해로움이고 생명을 죽이는 것을 금함은 유익함이요, 주지 않은 것을 가지는 것은 해로움이고 주지 않은 것을 가지는 것을 금함은 유익함이요, 저속하고 순결하지 않은 행동은 해로움이고 저속하고 순결하지 않은 행동을 금함은 유익함이요, 거짓말하는 것은 해로움이고 거짓말하는 것을 금함은 유익함이요, 이간하는 말을 하는 것은

108 출가 전 존자의 질문들에 대한 세존과 비구들의 가르침은 MN71~2, SN33.1~55, SN44.7~11, AN3.57에 나타난다. 외도로서의 존자가 사견을 버리고 세존의 가르침을 받아들이는 과정을 상세히 설명하여 보라.

해로움이고 이간하는 말을 하는 것을 금함은 유익함이요, 나쁜 말을 하는 것은 해로움이고 나쁜 말을 하는 것을 금함은 유익함이요, 잡담을 하는 것은 해로움이고 잡담을 하는 것을 금함은 유익함이다. 이처럼 일곱 가지는 해로운 법이고 이 해로운 법을 금함은 일곱 가지 유익한 법이다.

왓차여, 감각적 오욕에 묶여 있는 것은 해로움이고 감각적 오욕을 벗어나는 것은 유익함이요, 악의에 묶여 있는 것은 해로움이고 악의를 벗어나는 것은 유익함이요, 의심에 묶여 있는 것은 해로움이고 의심을 벗어나는 것은 유익함이요, 유신견에 묶여 있는 것은 해로움이고 유신견을 벗어나는 것은 유익함이요, 계금취에 묶여 있는 것은 해로움이고 계금취를 벗어나는 것은 유익함이요, 색애에 묶여 있는 것은 해로움이고 색애를 벗어나는 것은 유익함이요, 무색애에 묶여 있는 것은 해로움이고 무색애를 벗어나는 것은 유익함이요, 자만에 묶여 있는 것은 해로움이고 자만을 벗어나는 것은 유익함이요, 들뜸에 묶여 있는 것은 해로움이고 들뜸을 벗어나는 것은 유익함이요, 무명에 묶여 있는 것은 해로움이고 무명을 벗어나는 것은 유익함이다. 이처럼 열 가지에 묶여 있는 것은 해로운 법이고 이 열 가지에서 벗어나는 것은 열 가지 유익한 법이다.

왓차여, 여기 어떤 비구가 이와 같은 해로운 법을 모두 제거하고, 뿌리를 자르고, 멸절시켜, 미래에 다시 일어나지 않게끔 할 때 그 비구는 유익한 법을 모두 구족하여 모든 번뇌가 다하였고 삶을 완성하였으며 해야 할 바를 다해 마쳤고 짐을 내려놓았으며 참된 이상을 실현하였고 삶의 족쇄를 부수었으며 모든 해탈을 이루었고 최상의 바른 지혜를 실현하고 구족하여 바른 깨달음을 성취하고 열반에 도달하여 머무는 아라한이다.

점검하는 질문 "그런데 고따마 존자 이외에 비구제자들 가운데 단 한 명이라도 해로운 법을 모두 제거하고 유익한 법을 모두 구족하여 바른 깨달음을 성취하고 열반에 도달하여 머무는 아라한이 있습니까?" 왓차여, 나의 비구제자로서 그러한 아라한은 열 명, 1백 명뿐만 아니라 2백 명, 3백 명, 4백 명, 아니 5백 명뿐만이 아니라 그보다도 훨씬 더 많이 있다.

"그런데 고따마 존자와 비구제자들 이외에 비구니제자들 가운데 단 한 명이라도 해로운 법을 모두 제거하고 유익한 법을 모두 구족하여 바른 깨달음을 성취하고 열반에 도달하여 머무는 아라한이 있습니까?" 왓차여, 나의 비구니제자로서 그러한 아라한은 열 명, 1백 명뿐만 아니라 2백 명, 3백 명, 4백 명, 아니 5백 명뿐만이 아니라 그보다도 훨씬 더 많이 있다.

"그런데 고따마 존자와 비구제자들과 비구니제자들 이외에 재가제자 청신사들 가운데 단 한 명이라도 흰옷을 입고 청정범행을 닦으면서 해로운 법을 모두 제거하지는 못하였지만 다섯 가지 낮은 단계의 묶임을 완전히 없애고 정거천에 화생하여 그곳에서 마땅히 해야 할 일을 다해 마치고 완전히 열반에 이르러 다시는 이 세상에 돌아오지 않는 법을 얻은 불환자가 있습니까?" 왓차여, 나의 재가제자 청신사로서 흰옷을 입고 청정범행을 닦는 그러한 불환자는 열 명, 1백 명뿐만 아니라 2백 명, 3백 명, 4백 명, 아니 5백 명뿐만이 아니라 그보다도 훨씬 더 많이 있다.

"그런데 고따마 존자와 비구제자들과 비구니제자들과 재가제자 청신사들 이외에 재가제자 청신녀들 가운데 단 한 명이라도 흰옷을 입고 청정범행을 닦으면서 해로운 법을 모두 제거하지는 못하였지만 다섯 가지 낮은 단계의 묶임을 완전히 없애고 정거천에 화생하여 그곳에서 마땅히 해야 할 일을 다해 마치고 완전히 열반에 이르러 다시는 이 세상에 돌아오지 않는 법을 얻은 불환자가 있습니까?" 왓차여, 나의 재가제자 청신녀로서 흰옷을 입고 청정범행을 닦는 그러한 불환자는 열 명, 1백 명뿐만 아니라 2백 명, 3백 명, 4백 명, 아니 5백 명뿐만이 아니라 그보다도 훨씬 더 많이 있다.

"그런데 고따마 존자와 비구제자들과 비구니제자들 그리고 흰옷을 입고 청정범행을 닦는 재가제자 청신사들과 청신녀들 이외에 재가제자 청신사들 가운데 단 한 명이라도 감각적 욕망을 즐기면서 가르침을 배워 실천하고 훈계를 받들어 행하며 의심을 건너고 회의를 극복하여 무외無畏를 얻으며 다른 사람을 의지하지 않고 스승의 가르침에 머무는 자가 있습니까?" 왓차여, 나의 재가제자 청신사로서 감각적 욕망을 즐기면서 스승의 가르침에 머무는 그러한 청신사는 열 명, 백 명뿐만 아니라 2백 명, 3백 명, 4백 명, 아니 5백 명뿐만이 아니라 그보다도 훨씬 더 많이 있다.

"그런데 고따마 존자와 비구제자들과 비구니제자들, 그리고 흰옷을 입고 청정범행을 닦는 재가제자 청신사들과 청신녀들, 감각적 욕망을 즐기는 재가제자 청신사들 이외에 청신녀들 가운데 단 한 명이라도 감각적 욕망을 즐기면서 가르침을 배워 실천하고 훈계를 받들어 행하며 의심을 건너고 회의를 극복하여 무외를 얻으며 다른 사람을 의지하지 않고 스승의 가르침에 머무는 자가 있습니까?" 왓차여, 나의 재가제자 청신녀로서 감각적 욕망을 즐기면서 스승의 가르침에 머무는 그러한 청신녀는 열 명, 1백 명뿐만 아니라 2백 명, 3백 명, 4백 명, 아니 5백 명뿐만이 아니라 그보다도 훨씬 더 많이 있다.

점검의 판단 이에 그는 세존께 이같이 말하였다. "고따마 존자시여, 만일 오직 고따마 존자만이 이 법을 성취하였고 어떤 비구제자도 이 법을 성취하지 못하였다면 이 법을 성취하는 청정범행은 완성되었다고 보기 어려울 수도 있을 것입니다. 그러나 고따마 존자와 같이 비구제자들도 이 법을 성취하였기 때문에 이 법을 성취하는 청정범행은 완성되었다고 볼 수 있습니다.

고따마 존자시여, 만일 오직 고따마 존자와 비구제자들만이 이 법을 성취하였고 어떤 비구니제자도 이 법을 성취하지 못하였다면 이 법을 성취하는 청정범행은 완성되었다고 보기 어려울 수도 있을 것입니다. 그러나 고따마 존자와 비구제자들과 같이 비구니제자들도 이 법을 성취하였기 때문에 이 법을 성취하는 청정범행은 완성되었다고 볼 수 있습니다.

고따마 존자시여, 만일 오직 고따마 존자와 비구제자들과 비구니제자들만이 이 법을 성취하였고 흰옷을 입고 청정범행을 닦는 어떤 청신사도 이 법을 성취하지 못하였다면 이 법을 성취하는 청정범행은 완성되었다고 보기 어려울 수도 있을 것입니다. 그러나 고따마 존자와 비구제자들과 비구니제자들과 같이 흰옷을 입고 청정범행을 닦는 청신사들도 이 법을 성취하였기 때문에 이 법을 성취하는 청정범행은 완성되었다고 볼 수 있습니다.

고따마 존자시여, 만일 오직 고따마 존자와 비구제자들과 비구니제자들과 흰옷을 입고 청정범행을 닦는 청신사들만이 이 법을 성취하였고 흰옷을 입고 청정범행을 닦는 어떤 청신녀도 이 법을 성취하지 못하였다면 이 법을 성취하는 청정범행은 완성되었다고 보기 어려울 수도 있을 것입니다. 그러나 고따마 존자와 비구제자들과 비구니제자들과 흰옷을 입고 청정범행을 닦는 청신사들 같이 흰옷을 입고 청정범행을 닦는 청신녀들도 이 법을 성취하였기 때문에 이 법을 성취하는 청정범행은 완성되었다고 볼 수 있습니다.

고따마 존자시여, 만일 오직 고따마 존자와 비구제자들과 비구니제자들과 흰옷을 입고 청정범행을 닦는 청신사들과 청신녀들만이 이 법을 성취하였고 감각적 욕망을 즐기는 어떤 청신사도 이 법에 의지하여 머무는 것을 성취하지 못하였다면 이 법을 성취하는 청정범행은 완성되었다고 보기 어려울 수도 있을 것입니다. 그러나 고따마 존자와 비구제자들과 비구니제자들과 흰옷을 입고 청정범행을 닦는 청신사들과 청신녀들 같이 감각적 욕망을 즐기는 청신사들도 이 법에 의지하여 머무는 것을 성취하였기 때문에 이 법을 성취하는 청정범행은 완성되었다고 볼 수 있습니다.

고따마 존자시여, 만일 오직 고따마 존자와 비구제자들과 비구니제자들과 흰옷을 입고 청정범행을 닦는 청신사들과 청신녀들과 감각적 욕망을 즐기는 청신사들만이 이 법을 성취하였고 감각적 욕망을 즐기는 어떤 청신녀도 이 법에 의지하여 머무는 것을 성취하지 못하였다면 이 법을 성취하는 청정범행은 완성되었다고 보기 어려울 수도 있을 것입니다. 그러나 고따마 존자와 비구제자들과 비구니제자들과 흰옷을 입고 청정범행을 닦는 청신사들과 청신녀들과 감각적 욕망을 즐기는 청신사들 같이 감각적 욕망을 즐기는 청신녀들도 이 법에 의지하여 머무는 것을 성취하였기 때문에 이 법을 성취하는 청정범행은 완성되었다고 볼 수 있습니다.[109]

고따마 존자시여, 마치 강가강의 모든 지류가 바다를 향하고 바다로 기울고 바다를 기대고 바다에 도달하여 바다에 머물 듯이 고따마 존자 회중들의 모든 제자는 열반을 향하고 열반으로 기울고 열반을 기대고 열반에 도달하여 열반에 머뭅니다.

출가 '경이롭습니다, 세존이시여! 경이롭습니다, 세존이시여! 마치 넘어진 자를 일으켜 세우시듯, 덮여 있는 것을 걷어 내 보이시듯, 길을 잃어버린 자에게 길을 가리켜 주시듯, 눈 있는 자 밝음을 보라고 어둠 속에서 등불을 비춰 주시듯, 세존께서는 여러 가지 방편으로 법을 설하여 주셨습니다. 저는 이제 [**삼법귀의**]합니다. 세존이시여, 저는 이제 세존의 곁으로 출가하여 비구가 되고자 하오니 받아 주소서.'[**출가비구 귀의**]

왓차여, '이전에 다른 법과 율에 따라 수행하였던 출가자가 이 법과 율에 따라 출가하여 범행을 닦고자 비구가 되기를 원하면 그는 넉 달의 수습기간을 가져야 한다. 넉 달의 수습기간이 지나 비구들이 동의하면 비구가 되는 것을 허락한다. 물론 여기 넉 달의 수습기간에 개인마다 차이가 있음을 나는 인정한다.'[**수습기간**] 세존이시여, '만일 이전에 다른 법과 율에 따라 수행하였던 출가자가 이 법과 율에 따라 출가하여 범행을 닦고자 비구가 되기를 원하면 그는 넉 달의 수습기간을 가져야 하며 넉 달의 수습기간이 지나 비구들이 동의하여 비구가 되는 것을 허락하신다면 저는 4년의 수습기간을 가지겠습니다. 4년이 지나 비구들이 동의하면 비구가 되는 것을 허락해 주십시오.'[**4년 수습기간**]

육신통 왓차곳따 존자는 수습기간을 거쳐 비구가 된 지 보름 만에 세존을 뵙고 말씀드렸다. "세존이시여, 지금까지 저는 유학의 지혜와 유학의 지혜로써 증득해야 할 것은 다 증득하였습니다. 세존께서는 저에게 더 높은 법을 가르쳐 주십시오."

---

109 '이 법을 성취하는 청정범행의 완성 여부'에 대한 존자의 견해를 상세히 설명하여 보라. 존자의 견해 이외에 '이 법을 성취하는 청정범행의 완성 여부'를 점검하고 판단할 수 있는 방법으로 무엇이 있는가?

왓차여, 만일 그대가 유학의 지혜보다 더 높은 법을 원한다면 그대는 여섯 가지 신통의 지혜를 성취하도록 하라. 그렇다면 여기 비구는 어떻게 여섯 가지 신통의 지혜를 성취하는가? 왓차여, 이같이 **[신통지 조건]**을 갖추어라.

왓차여, '마음으로 만든 몸이 육신을 벗어나서 어디에도 머물지도 의지하지도 않은 채 마음이 몸의 신통변화를 하는 지혜인 신족통神足通을 향하거나 기울이면, 마음으로 만든 몸이 하나이면서 동시에 여럿이 되기도 하고 여럿이면서 동시에 하나가 되기도 한다. 이때 여럿은 모두 같은 형상을 가질 수도 있고 혹은 서로 각각 다른 형상을 가질 수도 있으며, 모두 같은 동작을 할 수도 있고 혹은 서로 각각 다른 동작을 할 수도 있다. 또한 오는 흔적 없이 문득 허공에서 나타나기도 하고 가는 흔적 없이 문득 허공에서 사라지기도 한다. 이때 그는 자기 자신이나 타인을 허공에서 문득 나타나게도 하고 사라지게도 할 뿐만 아니라 타인들이 볼 수 없는 것을 허공에서 문득 나타나게 하여 볼 수 있게도 하고 타인들이 볼 수 있는 것을 허공에서 문득 사라지게 하여 볼 수 없게도 한다. 벽이나 담 혹은 산을 마치 허공처럼 아무런 장애 없이 통과하며, 땅속에서 올라오거나 땅속으로 사라지기를 마치 물속처럼 한다. 물 위에서 빠지지 않고 걷기를 마치 땅 위처럼 하며, 앉은 채 허공을 날아다니기를 마치 날개 달린 새처럼 한다. 하늘에 있는 해와 달을 손으로 만져서 쓰다듬기도 하며, 심지어 저 멀리 범천의 세상까지도 자유자재로 왕래한다. 이같이 그가 자유자재하는 것은 마치 숙련된 도예가가 잘 준비된 진흙으로부터 갖가지 질그릇을 원하는 대로 빚어서 만드는 것과도 같다.'**[신족통]** 왓차여, 만일 그대가 이러한 몸의 신통변화를 하는 지혜를 원한다면, 그대는 인과 연이 있을 때는 언제든지 이런 것을 실현하여 성취하는 능력을 얻는다.

왓차여, '마음으로 만든 몸이 육신을 벗어나서 어디에도 머물지도 의지하지도 않은 채 마음이 모든 소리를 듣는 지혜인 천이통天耳通을 향하거나 기울이면, 그는 육신의 귀를 넘어선 청정하고 신성한 천이天耳로서 인간의 소리이든 천상의 소리이든 이 두 가지의 소리를 멀든 가깝든 거리에 상관없이 소리의 크고 작음에 상관없이 혹은 여러 가지 소리로 섞여 있든 아니든 상관없이 다 듣는다. 그가 천이로서 듣는 것은 마치 도심의 높은 육교 위에서 육교 아래의 갖가지 소리를 분별하여 듣는 것과도 같다.'[**천이통**] 왓차여, 만일 그대가 이러한 모든 소리를 듣는 지혜를 원한다면, 그대는 인과 연이 있을 때는 언제든지 이런 것을 실현하여 성취하는 능력을 얻는다.

왓차여, '마음으로 만든 몸이 육신을 벗어나서 어디에도 머물지도 의지하지도 않은 채 마음이 타인의 마음을 아는 지혜인 타심통他心通을 향하거나 기울이면, 그는 자신의 마음으로 다른 인간들과 다른 중생들의 마음을 안다. 탐욕이 있는 마음이거나 탐욕을 여읜 마음, 성냄이 있는 마음이거나 성냄을 여읜 마음, 어리석음이 있는 마음이거나 어리석음을 여읜 마음을 안다. 수축하고 위축된 마음이거나 산란하고 흩어진 마음을 안다. 또한 고귀한 마음이거나 고귀하지 않은 마음, 위가 없는 마음이거나 위가 있는 마음, 사마디에 든 마음이거나 사마디에 들지 않은 마음, 해탈한 마음이거나 해탈하지 않은 마음을 안다. 이같이 그가 자신의 마음으로 타인의 마음을 아는 것은 마치 거울을 보며 화장하는 젊은 여인이 자기의 얼굴에 점이 있거나 혹은 점이 없는 것을 아는 것과도 같다.'[**타심통**] 왓차여, 만일 그대가 이러한 타인의 마음을 아는 지혜를 원한다면, 그대는 인과 연이 있을 때는 언제든지 이런 것을 실현하여 성취하는 능력을 얻는다.

왓차여, 마음으로 만든 몸이 육신을 벗어나서 어디에도 머물지도 의지하지도 않은 채 마음이 전생을 기억하는 지혜인 [**숙명통**], 중생들의 죽음과 다시 태어남을 아는 지혜인 [**천안통**], 모든 번뇌를 소멸하는 지혜인 [**누진통**]을 성취하여 만일 그대가 이러한 지혜를 원한다면, 그대는 인과 연이 있을 때는 언제든지 이런 것을 실현하여 성취하는 능력을 얻는다.

왓차곳따는 세존의 말씀을 기뻐하고 감사드리면서 자리에서 일어나서 세존께 절을 올리고 오른쪽으로 돌아 경의를 표한 뒤 물러갔다. 마침내 존자는 [**아라한 성취**]하였다. 그때 세존을 친견하러 가는 많은 비구에게 다가가서 존자는 말하였다. "도반들이시여, 지금 존자들께서는 어디 가십니까?" "도반이여, 우리는 세존을 친견하러 갑니다." "그러시다면 존자들께서 제 이름으로 세존의 발에 머리 조아리고 '세존이시여, 왓차곳따가 세존의 발에 머리 조아려 절을 드립니다.'라고 문안드려 주십시오. 그리고 '저는 세존을 존경합니다. 저는 선서를 존경합니다.'라고 전해 주십시오." "도반이여, 그렇게 하겠습니다." 비구들은 세존을 뵙고 말씀드렸다. "세존이시여, 왓차곳따 비구가 세존의 발에 머리 조아려 절을 드리면서 '저는 세존을 존경합니다. 저는 선서를 존경합니다.'라고 말씀드립니다." 세존께서 말씀하셨다. 비구들이여, 나는 이미 마음으로 왓차곳따의 과위를 알았다. 왓차곳따는 삼명을 통달한 자이며 큰 신통을 지녔고 큰 위력을 가졌다. 신들도 역시 나에게 이 사실을 알려 주었다.MN73

15 마간디야의 출가

꾸루의 성읍 깜맛사담마에는 바라드와자 족성의 브라만이 불을 모시는 사당이 있는데 세존께서 그곳에서 풀로 만든 자리에 머무셨다. 어느 날 걸식하여 공양을 마치고 어떤 숲속으로 가셔서 낮 동안 나무 아래 앉으셨다. 그때 마간디야 유행승이 사당에 풀로 만든 자리가 마련되어 있는 것을 보고 말하였다. "바라드와자 존자여, 풀로 만든 이 자리는 누구의 것입니까?" "마간디야 존자여, [**십불명호**]의 좋은 명성이 따르는 그분 고따마 존자를 위해 마련된 자리입니다." "바라드와자 존자여, 존재의 부정자이고 존재의 파괴자인 사문 고따마의 자리를 우리가 보았으니 우리는 참으로 못 볼 것을 보았습니다."

"마간디야 존자여, 그런 말을 삼가십시오. 마간디야 존자여, 그런 말을 삼가십시오. 많은 카띠야 현자들과 브라만 현자들과 장자의 현자들과 사문의 현자들은 그분 고따마 존자에게 아주 청정한 믿음을 가지고 있고 그들은 성스럽고 참되고 유익한 법들로 인도되고 있습니다." "바라드와자 존자여, 우리가 만일 사문 고따마를 직접 대면한다고 하더라도 우리는 '사문 고따마는 존재를 부정하고 존재를 파괴하는 자이다.'라고 그에게 말할 것입니다. 그 이유는 우리의 경전에 그와 같이 나타나 있기 때문입니다." "만일 마간디야 존자가 이의를 내세우지 않는다면 내가 고따마 존자에게 이 사실을 전해도 되겠습니까?" "바라드와자 존자는 걱정하지 마시고 내가 이야기한 것을 말하십시오."

세존께서는 인간의 능력을 넘어선 청정하고 신성한 귀의 요소로 바라드와자 브라만과 마간디야 유행승의 대화를 들으셨다. 그러자 세존께서는 해거름에 사당의 자리에 앉아 말씀하셨다. 바라드와자여, 그대는 마간디야 유행승과 이 풀로 만든 자리를 두고 어떤 대화를 나누었는가? 그러자 브라만은 깜짝 놀라서 머리털이 쭈뼛해진 채 말씀드렸다. "그렇지 않아도 저는 고따마 존자께 이것을 말씀드리려고 했습니다. 그런데 고따마 존자께서 먼저 말씀하셨습니다." 세존과 브라만의 대화 중에 마간디야 유행승이 다가와 한 곁에 앉자 세존께서 말씀하셨다.

비난하는 말 마간디야여, 범부는 눈으로 보는 형색을 좋아하고 형색을 기뻐하고 형색을 즐긴다. 그러나 여래는 형색을 좋아하고 기뻐하고 즐기는 눈을 길들이고 지키고 보호하고 단속하였다. 그리고 눈을 길들이고 지키고 보호하고 단속하기 위한 교법을 가르친다. 마간디야여, 그대는 이것을 두고 말하기를 '사문 고따마는 존재를 부정하고 존재를 파괴하는 자이다.'라고 비난하였는가? "고따마 존자시여, 참으로 그것을 두고 저는 '사문 고따마는 존재를 부정하고 존재를 파괴하는 자이다.'라고 비난하는 말을 하였습니다. 그 이유는 저희 경전에 그와 같이 나타나 있기 때문입니다."

마간디야여, 범부는 눈과 마찬가지로 귀·코·혀·몸·의식으로 감지하는 소리·냄새·맛·감촉·법을 좋아하고 기뻐하고 즐긴다. 그러나 여래는 눈과 마찬가지로 귀·코·혀·몸·의식을 길들이고 지키고 보호하고 단속하였다. 그리고 귀·코·혀·몸·의식을 길들이고 지키고 보호하고 단속하기 위한 교법을 가르친다. 마간디야여, 그대는 이것을 두고 말하기를 '사문 고따마는 존재를 부정하고 존재를 파괴하는 자이다.'라고 비난하였는가? "고따마 존자시여, 참으로 그것을 두고 저는 '사문 고따마는 존재를 부정하고 존재를 파괴하는 자이다.'라고 비난하는 말을 하였습니다. 그 이유는 저희 경전에 그와 같이 나타나 있기 때문입니다."

비난의 없음 마간디야여, 이것을 어떻게 생각하는가? 여기 어떤 자가 눈으로 보는 형색을 좋아하고 기뻐하며 형색을 마음에 들어 하고 형색이 사랑스럽고 매혹적이어서 그것을 즐겼다. 그런데 그가 눈으로 보는 형색의 일어남과 사라짐을, 달콤함과 재난을, 벗어남과 벗어나는 방법을 보고 알아 형색에 대한 갈애를 제거하고 열병을 없애고 갈증이 사라져서 안으로 마음이 고요한 상태로 머문다고 하자. 마간디야여, 이런 자에게 그대는 무슨 비난하는 말을 하겠는가? "고따마 존자시여, 그러한 자에게 제가 할 수 있는 비난의 말은 아무것도 없습니다."

마간디야여, 이것을 어떻게 생각하는가? 여기 어떤 자가 눈과 마찬가지로 귀·코·혀·몸·의식으로 감지하는 소리·냄새·맛·감촉·법을 좋아하고 기뻐하고 소리·냄새·맛·감촉·법을 마음에 들어 하고 소리·냄새·맛·감촉·법이 사랑스럽고 매혹적이어서 그것을 즐겼다. 그런데 그가 소리·냄새·맛·감촉·법의 일어남과 사라짐, 달콤함과 재난을, 벗어남과 벗어나는 방법을 보고 알아 소리·냄새·맛·감촉·법에 대한 갈애를 제거하고 열병을 없애고 갈증이 사라져서 안으로 마음이 고요한 상태로 머문다고 하자. 마간디야여, 이런 자에게 그대는 무슨 비난하는 말을 하겠는가? "고따마 존자시여, 그러한 자에게 제가 할 수 있는 비난의 말은 아무것도 없습니다."

마간디야여, 내가 전에 재가자였을 때 다섯 가닥의 얽어매는 감각적 욕망을 갖추고 완비하여 좋아하고 기뻐하고 즐겼다. 나는 원하고 좋아하고 마음에 들고 사랑스럽고 매혹적인 눈으로 보는 형색, 귀로 듣는 소리, 코로 맡는 냄새, 혀로 느끼는 맛, 몸으로 느끼는 감촉을 갖추고 완비하여 즐겼다. 그러한 나에게 세 궁전이 있었다. 하나는 여름에, 하나는 우기에, 하나는 겨울에 거주하는 궁전이었다. 우기의 넉 달 동안에는 우기를 위해 지은 궁전에서 나는 순전히 아름다운 무희들과 악사들에 의한 연회를 즐기면서 연회장 아래로는 내려가지 않았다. 우기와 마찬가지로 여름의 넉 달 동안과 겨울의 넉 달 동안에도 여름을 위해 지은 궁전과 겨울을 위해 지은 궁전에서 나는 순전히 아름다운 무희들과 악사들에 의한 연회를 즐기면서 연회장 아래로는 내려가지 않았다. 그런데 그러한 나는 나중에 출가하여 감각적 욕망의 일어남과 사라짐을, 달콤함과 재난을, 벗어남과 벗어나는 방법을 보고 알아 감각적 욕망에 대한 갈애를 제거하고 열병을 없애고 갈증이 사라져서 안으로 마음이 고요한 상태로 머물렀다. 마간디야여, 그대의 말에 따르면 이러한 나에게 그대가 할 수 있는 비난의 말은 아무것도 없다.

두 가지 이유 마간디야여, 여래는 중생들이 감각적 욕망에 대해 탐욕을 버리지 못하여 감각적 욕망에 대한 갈애에 사로잡히고 열병에 불타고 갈증에 목말라하여 감각적 욕망을 깊이 탐닉하는 것을 보았다. 그러나 여래는 그들을 부러워하지 않았고 그들이 탐닉하는 감각적 욕망을 좋아하지도 기뻐하지도 즐거워하지도 않았다. 그것은 무슨 까닭인가? 마간디야여, 여래는 중생들이 좋아하고 기뻐하고 즐거워하는 감각적 욕망과는 차원이 다르고 천상의 즐거움조차도 능가하는 그러한 기쁨과 행복으로 충만해 있다. 그러므로 여래는 저열한 것을 탐닉하는 자를 부러워하지도 않았고 저열한 것을 좋아하지도 기뻐하지도 즐거워하지도 않았다.

마간디야여, 예를 들면 큰 재물과 큰 재산을 가진 부유한 장자나 장자의 아들이 다섯 가닥의 얽어매는 감각적 욕망을 갖추고 완비하여 좋아하고 기뻐하고 즐긴다고 하자. 그는 원하고 좋아하고 마음에 들고 사랑스럽고 매혹적인 눈으로 보는 형색, 귀로 듣는 소리, 코로 맡는 냄새, 혀로 느끼는 맛, 몸으로 느끼는 감촉들을 갖추고 완비하여 즐긴다고 하자. 비록 다섯 가닥의 얽어매는 감각적 욕망을 즐기나 그는 부지런히 몸으로 좋은 행위를 짓고 입으로 좋은 말을 짓고 마음으로 좋은 생각을 지어 몸이 무너져 죽은 후에 선처인 천상세계 중에 삼십삼천 신들의 곁에 태어났다고 하자. 그는 그곳의 난다나 정원에서 요정의 무리에 둘러싸여 천상의 감각적 욕망을 갖추고 완비하여 좋아하고 기뻐하고 즐길 것이다. 그러한 그가 이제 장자나 장자의 아들이 감각적 욕망을 갖추고 완비하여 좋아하고 기뻐하고 즐기는 것을 본다고 하자. 마간디야여, 이것을 어떻게 생각하는가? 참으로 난다나 정원에서 요정의 무리에 둘러싸여 천상의 감각적 욕망을 갖추고 완비하여 좋아하고 기뻐하고 즐기는 천신의 아들이 여기 인간의 감각적 욕망을 가진 자들을 부러워하고 인간의 감각적 욕망으로 되돌아가겠는가? "그렇지 않습니다, 고따마 존자시여. 그 이유는 인간의 감각적 욕망보다는 천상의 감각적 욕망이 더 뛰어나고 더 수승하기 때문입니다."

마간디야여, 예를 들면 어떤 나병환자가 수족이 문드러지고 곪아 터지며 벌레가 먹어 들어가고 손톱으로 상처 부위를 긁어 댄다고 하자. 그의 친구나 동료나 일가친척들이 그를 치료하기 위해 의사를 데려왔다. 의사는 숯불 위에서 상처 부위에 뜸을 뜨고 그를 치료하고 약을 처방해 줄 것이다. 그는 치료받고 약을 복용하여 문둥병에서 벗어나서 건강하고 행복하고 자유롭게 원하는 데로 가게 될 것이다. 그러한 그가 이제 다른 나병환자가 수족이 문드러지고 곪아 터지며 벌레가 먹어 들어가고 손톱으로 상처 부위를 긁어 대어 숯불 위에서 상처 부위에 뜸을 뜨는 것을 본다고 하자. 마간디야여, 이것을 어떻게 생각하는가? 그 사람은 나병환자가 숯불 위에서 상처 부위에 뜸을 뜨고 치료받고 약을 복용하는 것을 부러워하겠는가? "아닙니다, 고따마 존자시여. 그 이유는 치료와 약은 병에 걸렸을 때 필요한 것이지 병이 없으면 치료와 약이 필요하지 않기 때문입니다."

전도된 인식 마간디야여, 예를 들면 어떤 나병환자가 수족이 문드러지고 곪아 터지며 벌레가 먹어 들어가고 손톱으로 상처 부위를 긁어 댄다고 하자. 그의 친구나 동료나 일가친척들이 그를 치료하기 위해 의사를 데려왔다. 의사는 숯불 위에서 상처 부위에 뜸을 뜨고 그를 치료하고 약을 처방해 줄 것이다. 그는 치료받고 약을 복용하여 문둥병에서 벗어나서 건강하고 행복하고 자유롭게 원하는 데로 가게 될 것이다. 그러한 그를 건장한 두 남자가 두 팔을 붙잡고 그를 숯불 위로 끌어당기려 한다고 하자. 마간디야여, 이것을 어떻게 생각하는가? 그 사람은 숯불 위로 끌어당겨지지 않으려고 그의 몸을 이리저리 비틀지 않겠는가? "그렇습니다, 세존이시여. 그 이유는 그가 숯불 위로 끌어당겨져 불에 가까이 닿으면 고통스럽고 아주 뜨겁고 크게 데기 때문입니다." 마간디야여, 이것을 어떻게 생각하는가? 지금만 불에 가까이 닿으면 고통스럽고 아주 뜨겁고 크게 데는가? 아니면 과거에도 그 불에 가까이 닿으면 고통스럽고 아주 뜨겁고 크게 데었는가? "고따마 존자시여, 지금뿐만 아니라 과거에도 불에 가까이 닿으면 고통스럽고 아주 뜨겁고 크게 데었습니다. 그러나 과거에 그는 나병환자로 감각기능이 손상되어 불에 가까이 닿아도 오히려 즐겁다는 전도된 인식을 지니고 있었을 뿐입니다."

마간디야여, 그와 같이 과거에도 감각적 욕망에 닿으면 고통스럽고 아주 뜨겁고 크게 데었고, 미래에도 감각적 욕망에 닿으면 고통스럽고 아주 뜨겁고 크게 델 것이고, 현재에도 감각적 욕망에 닿으면 고통스럽고 아주 뜨겁고 크게 덴다. 그런데 중생들이 감각적 욕망에 대해 탐욕을 버리지 못하여 감각적 욕망에 대한 갈애에 사로잡히고 열병에 불타고 갈증에 목말라서 그의 감각기능이 손상되어 닿으면 괴로움뿐인 감각적 욕망에 닿아도 오히려 즐겁다는 전도된 인식을 지니고 있을 뿐이다.

위안과 만족 마간디야여, 어떤 나병환자가 수족이 문드러지고 곪아 터지며 벌레가 먹어 들어가고 손톱으로 상처 부위를 긁어 댄다고 하자. 그런데 그러한 그를 치료하기 위해 의사를 데려올 어떠한 친구나 동료나 일가친척들이 없다고 하자. 그는 스스로 손톱으로 상처 부위를 긁거나 숯불 위에서 상처 부위에 뜸을 뜰 것이다. 그는 수족이 문드러지고 곪아 터지며 벌레가 먹어 들어가고 손톱으로 상처 부위를 긁으면 긁을수록 숯불 위에서 상처 부위에 뜸을 뜨면 뜰수록 상처 부위는 더 불결해지고 더 악취가 나고 더 썩게 될 것이다. 그렇지만 상처 부위를 긁거나 상처 부위에 뜸을 뜰 때마다 그에게 어느 정도의 위안과 만족이 있을 것이다.

마간디야여, 그와 같이 중생들이 감각적 욕망에 대해 탐욕을 버리지 못하여 감각적 욕망에 대한 갈애에 사로잡히고 열병에 불타고 갈증에 목말라하여 감각적 욕망에 깊이 탐닉한다. 그러한 그들이 감각적 욕망에 탐닉하면 할수록 그들에게 감각적 욕망에 대한 갈애가 증장하여 더욱 사로잡히고 열병이 증장하여 더욱 불타고 갈증이 증장하여 더욱 목말라하나 감각적 욕망을 탐닉할 때마다 그들에게 어느 정도의 위안과 만족이 있을 것이다.

감각적 욕망을 여읨 마간디야여, 이것을 어떻게 생각하는가? 그대는 왕이나 왕의 대신이 다섯 가닥의 얽어매는 감각적 욕망을 갖추고 완비하여 좋아하고 기뻐하고 즐기면서 감각적 욕망에 대한 갈애를 제거하지 못하고 열병을 없애지 못하고 갈증을 여의지 못한 채 안으로 마음이 고요한 상태로 머물렀다거나 머물고 있다거나 머물 것을 보거나 들은 적이 있는가? "없습니다, 고따마 존자시여." 장하구나, 마간디야여. 나도 왕이나 왕의 대신이 다섯 가닥의 얽어매는 감각적 욕망을 갖추고 완비하여 좋아하고 기뻐하고 즐기면서 감각적 욕망에 대한 갈애를 제거하지 못하고 열병을 없애지 못하고 갈증을 여의지 못한 채 안으로 마음이 고요한 상태로 머물렀다거나 머물고 있다거나 머물 것을 보거나 들은 적이 없다.

마간디야여, 이제 참으로 어떤 사문들이나 브라만들이 감각적 욕망에 대한 갈애를 제거하고 열병을 없애고 갈증을 여읜 채 안으로 마음이 고요한 상태로 머물렀다거나 머물고 있다거나 머물 것이라면 그들은 모두 감각적 욕망의 일어남과 사라짐을, 달콤함과 재난을, 벗어남과 벗어나는 방법을 보고 알아 감각적 욕망에 대한 갈애를 제거하고 열병을 없애고 갈증이 사라져서 안으로 마음이 고요한 상태로 머물렀거나 머물고 있거나 머물 것이다.

장님의 믿음 그때 세존께서는 이러한 감흥어를 읊으셨다.

병 없음이 최상의 이득이고

열반은 최상의 행복이어라.
도 가운데 불사에 이르는
팔정도가 최고로 수승하네.

이렇게 읊으시자 유행승은 세존께 이렇게 말씀드렸다. "경이롭습니다, 고따마 존자시여. 놀랍습니다, 고따마 존자시여. 고따마 존자께서는 '병 없음이 최상의 이득이고 열반은 최상의 행복이어라.'라고 금언을 읊으셨습니다. 저도 예전에 유행승들의 스승의 전통에서 '병 없음이 최상의 이득이고 열반은 최상의 행복이어라.'라고 설한 것을 들은 적이 있습니다. 고따마 존자시여, 이것은 그것과 동일합니다."

마간디야여, 그러면 그대가 예전에 유행승들의 스승의 전통에서 '병 없음이 최상의 이득이고 열반은 최상의 행복이어라.'라고 들은 것에 따르면 무엇이 병 없음이요 무엇이 열반인가? 이렇게 세존께서 말씀하시자 유행승은 손으로 자신의 사지를 문질렀다. "고따마 존자시여, 이것이 병 없음이요, 이것이 열반입니다. 고따마 존자시여, 저는 지금 몸이 건강하니 이것이 병 없음이요, 어떤 것도 지금 저를 괴롭히지 않아 지금 여기에서 행복하니 이것이 열반입니다."

마간디야여, 예를 들면 태어날 때부터 눈이 먼 사람이 있다고 하자. 그는 검은색과 흰색을 보지 못하고 청색, 황색, 적색, 분홍색을 보지 못하고 요철을 보지 못하고 별이나 달이나 해를 보지 못할 것이다. 그는 눈 있는 사람이 '여보시게, 흰옷은 우아하고 정갈하고 깨끗하다.'라고 말하는 것을 듣고 그가 흰옷을 찾아다닌다고 하자. 이러한 그에게 어떤 사람이 기름때가 잔뜩 묻은 조잡한 옷으로 '여보게, 이것이 그대가 찾던 우아하고 정갈하고 깨끗한 흰옷이라네.'라고 속인다고 하자. 그는 그 옷을 받을 것이고 받아서 입고는 마음이 흡족하여 환호하면서 '여보시게, 이 흰옷은 참으로 우아하고 정갈하고 깨끗하구나.'라고 말할 것이다. 마간디야여, 이것을 어떻게 생각하는가? 태어날 때부터 눈이 먼 사람이 기름때가 잔뜩 묻은 조잡한 옷을 받아 입고 마음이 흡족하여 '여보시게, 이 흰옷은 참으로 우아하고 정갈하고 깨끗하구나.'라고 말한 것은 그 사람이 알고 보면서 그렇게 말한 것인가? 아니면 눈이 있는 자에 대한 믿음으로 그렇게 말한 것인가? "고따마 존자시여, 태어날 때부터 눈이 먼 사람이 기름때가 잔뜩 묻은 조잡한 옷을 받아 입고 마음이 흡족하여 '여보시게, 이 흰옷은 참으로 우아하고 정갈하고 깨끗하구나.'라고 말한 것은 자신은 스스로 알지 못하고 보지 못한 채 단지 눈 있는 자에 대한 믿음으로 그렇게 말한 것입니다." 마간디야여, 이같이 그들 유행승들은 태어날 때부터 눈이 먼 사람과 같이 장님이고 눈이 없는 자들이라 병 없음과 열반을 알지 못하고 보지 못한 채 '병 없음이 최상의 이득이고 열반은 최상의 행복이어라.'라고 게송을 읊는다.

첫 번째 청법 마간디야여, 옛적의 아라한이시고 정등각이신 분들께서 이 게송을 읊으셨다.

병 없음이 최상의 이득이고
열반은 최상의 행복이어라.
도 가운데 불사에 이르는
팔정도가 최고로 수승하네.

그것이 서서히 지금 범부들에게도 전해진 것이다. 마간디야여, 이 몸이 병이고 종기이고 화살이고 재난이다. 그런데 그대는 병인 이 몸을 두고 '이것이 병 없음이요, 이것이 열반'이라고 한다. 마간디야여, 성스러운 눈이라야 병 없음을 알고 열반을 볼 수 있는데 그대에게는 성스러운 눈이 없다. "고따마 존자시여, 저는 고따마 존자께서 제가 병 없음을 알고 열반을 볼 수 있는 성스러운 눈이 생길 수 있도록 법을 설해 주실 것이라는 청정한 믿음이 있습니다."

두 번째 청법 마간디야여, 예를 들면 태어날 때부터 눈이 먼 사람이 있다고 하자. 그는 검은색과 흰색을 보지 못하고 청색, 황색, 적색, 분홍색을 보지 못하고 요철을 보지 못하고 별이나 달이나 해를 보지 못할 것이다. 그의 친구나 동료나 일가친척들이 그를 치료하기 위해 의사를 데려왔다. 의사는 그를 치료하고 약을 처방해 줄 것이다. 그가 치료받고 약을 복용했으나 시력이 생기지 않고 눈이 밝아지지 않는다고 하자. 마간디야여, 이것을 어떻게 생각하는가? 의사는 피로하고 실망하지 않겠는가? "그렇습니다, 고따마 존자시여." 마간디야여, 그와 같이 내가 비록 그대에게 '이것이 병 없음이요, 이것이 열반이다.'라고 법을 설하여도 그대가 병 없음을 알지 못하고 열반을 보지 못할지도 모른다. 그렇다면 그것은 나를 지치게 하고 힘들게 할 뿐이다. "고따마 존자시여, 저는 고따마 존자께서 제가 병 없음을 알고 열반을 볼 수 있도록 법을 설해 주실 것이라는 청정한 믿음이 있습니다."

세 번째 청법 마간디야여, 예를 들면 태어날 때부터 눈이 먼 사람이 있다고 하자. 그는 검은색과 흰색을 보지 못하고 청색, 황색, 적색, 분홍색을 보지 못하고 요철을 보지 못하고 별이나 달이나 해를 보지 못할 것이다. 그는 눈 있는 사람이 '여보시게, 흰옷은 우아하고 정갈하고 깨끗하다.'라고 말하는 것을 듣고 그가 흰옷을 찾아다닌다고 하자. 이러한 그에게 어떤 사람이 기름때가 잔뜩 묻은 조잡한 옷으로 '여보시게, 이것이 그대가 찾던 우아하고 정갈하고 깨끗한 흰옷이라네.'라고 속인다고 하자. 그는 그 옷을 받을 것이고 받아서 입을 것이다. 그때 그의 친구와 동료들과 일가친척들이 그를 치료하기 위해 의사를 데려왔다. 의사는 그를 치료하고 약을 처방해 줄 것이다. 그는 치료받고 약을 복용하여 시력이 생기고 눈이 밝아진다고 하자. 그에게 시력이 생김과 동시에 기름때가 잔뜩 묻은 조잡한 옷에 대한 탐욕이 없어질 것이다. 그 대신 '오랜 세월 기름때가 잔뜩 묻은 조잡한 옷으로 '여보시게, 이것이 그대가 찾던 우아하고 정갈하고 깨끗한 흰옷이라네.'라고 나를 속이고 기만하고 현혹하였다.'라고 여기면서 그 사람에 대한 분노와 적의가 타오를 것이고 그 사람의 생명을 빼앗아 버리리라고 생각하게 될 것이다.

마간디야여, 그와 같이 내가 만일 그대에게 '이것이 병 없음이요, 이것이 열반이다.'라고 법을 설하면 그대는 병 없음을 알고 열반을 볼 수 있을 것이다. 그러한 그대에게 성스러운 눈이 생김과 동시에 다섯 가닥의 얽어매는 감각적 욕망에 대한 탐욕이 없어질 것이다. 눈으로 보는 형색, 귀로 듣는 소리, 코로 맡는 냄새, 혀로 느끼는 맛, 몸으로 느끼는 감촉에 대한 탐욕이 없어지면서 사식을 취하는 욕구가 사라져 오취온이 사라지고 오온에 대한 취착이 사라져 오온이 없어질 것이다. 그 대신 '나는 참으로 오랜 세월 성스러운 눈이 없어 속고 기만당하고 현혹되었구나. 왜냐하면 나는 참으로 사대와 사대로 이루어진 물질인 색色이라고 하는 것을 두고 이것은 나의 것이다, 이것은 나의 색이다, 이것은 나의 자아라고 여기고 취착하였다. 괴로움·즐거움·괴롭지도 즐겁지도 않음의 느낌인 수受라고 하는 것을 두고 이것은 나의 것이다, 이것은 나의 수이다, 이것은 나의 자아라고 여기고 취착하였다. 형상화와 언어화를 통하여 옳음과 그름 등으로 분류하고 범주화하는 인식인 상想이라고 하는 것을 두고 이것은 나의 것이다, 이것은 나의 상이다, 이것은 나의 자아라고 여기고 취착하였다. 해야 하는 행과 하지 않아야 하는 행 그리고 해도 되고 하지 않아도 되는 행 등의 행위인 행行이라고 하는 것을 두고 이것은 나의 것이다, 이것은 나의 행이다, 이것은 나의 자아라고 여기고 취착하였다. 비교하고 분별하는 의식 활동인 식識이라고 하는 것을 두고 이것은 나의 것이다, 이것은 나의 식이다, 이것은 나의 자아라고 여기고 취착하였다.'라고 여기면서 참으로 오랜 세월 그대를 속이고 기만하고 현혹한 사람에 대한 분노와 적의가 타오를 것이고 그 사람의 생명을 빼앗아 버리리라고 생각하게 될 것이다. 마간디야여, 이것을 어떻게 생각하는가? 내가 만일 그대에게 '이것이 병 없음이요, 이것이 열반이다.'라고 법을 설하면 그대는 병 없음을 알고 열반을 볼 수 있을 것이다. 그러한 그대는 참으로 오랜 세월 그대를 속이고 기만하고 현혹한 사람에 대한 분노와 적의가 타오를 것이고 사람의 생명을 빼앗아 버린다면 내가 그대에게 법을 설한 것이 무슨 유익함이 있겠는가? "고따마 존자시여, 저는 고따마 존자께서 저의 눈이 먼 것을 고쳐 주시어 제가 이 자리에서 일어서서 유익함으로 나아갈 수 있도록 법을 설해 주실 것이라는 청정한 믿음이 있습니다."

스스로 알고 보는 법 마간디야여, 그렇다면 그대는 바른 법을 지닌 바른 사람을 섬겨야 한다. 마간디야여, 그대가 바른 사람을 섬기면 바른 법을 듣게 될 것이다. 그대가 바른 법을 듣게 되면 그대는 불사에 이르게 하는 팔정도를 닦을 것이다. 그대가 불사에 이르게 하는 팔정도를 닦으면 그대는 다른 사람들의 지혜를 의지하지 않고서도 스스로 병 없음을 알고 스스로 열반을 보게 될 것이다. 그러한 그대에게 '색·수·상·행·식의 오온이 병이고 종기이고 화살이고 재난이다. 오온을 취착하여 사식을 탐착하였고 이렇게 사식을 취하여 취取가 있고, 취가 있으면 유有가 있고, 유가 있으면 생生이 있고, 생이 있으면 노사老死가 있고 슬픔·비탄·고통·고뇌·절망이 생겨나고 전체 괴로움의 무더기가 생겨난다. 그러나 색·수·상·행·식의 오온이 소멸하면 병과 종기와 화살과 재난이 소멸한다. 오온이 소멸하는 것은 오온에 대한 취착이 사라졌기 때문이며, 취착이 사라지면 사식을 탐착하지 않아 취가 사라지고, 취가 사라지면 유가 사라지고, 유가 사라지면 생이 사라지고, 생이 사라지면 노사가 사라지고 슬픔·비탄·고통·고뇌·절망이 소멸되고 전체 괴로움의 무더기가 소멸한다.'라는 생각이 들 것이다.

세존께서 이같이 말씀하시자 마간디야는 [**출가비구 귀의**]하였고 세존께서는 [**수습기간**]을 말씀하시자 그는 [**4년 수습기간**]을 말씀드렸다. 마간디야는 세존의 곁으로 출가하여 수습기간을 거쳐 비구가 되었고 마침내 [**아라한 성취**]하였다.[110] MN75

16 으뜸으로 칭송받는 비구들

밧디야 깔리고다야의 아들 밧디야 존자는 독립된 석가족의 국가를 통치하

110 앙굴리말라 존자부터 마간디야 존자까지 다섯 존자가 출가를 결정짓는 순간의 특성을 비교 설명하여 보라.

던 왕이었다.CV7.1 세존께서 성도 후 까삘라왓투에 방문하셨을 때 라훌라, 난다, 아누룻다, 아난다, 바구, 낌빌라, 우빠난다, 나가사말라, 데와닷따 같은 왕족과 궁중 이발사 우빨리가 함께 출가하였다. 이들 중 특히 아누룻다와 둘도 없는 친구였다. 아누룻다의 어머니는 아들이 밧디야와 같이 출가한다면 아들의 출가를 허락하겠노라고 하여 아누룻다는 출가하기 위하여 밧디야를 설득해야만 하였다. 밧디야는 전생에 5백 생을 왕이었다고 한다. 그래서 세존께서는 그를 고귀한 가문 출신인 자들 가운데 으뜸이라고 칭송하셨다.

우빠세나와 레와따 사리뿟따의 세 명의 남동생 가운데 둘째가 우빠세나 존자이고 막내가 레와따 존자이다. 우빠세나는 출가한 지 1년 만에 자신의 출가제자를 받아 제자를 데리고 세존께 갔지만 세존께서는 오히려 우빠세나의 성급함을 나무라셨다. 이에 우빠세나는 세존으로부터 모든 면에서 신뢰받는 제자가 되려고 결심하고 정진에 몰두하여 아라한이 되었다. 그는 설법을 잘하였으며 여러 가지 두타행을 닦았고 많은 회중을 거느렸다. 그는 모든 면에서 청정한 믿음을 내게 하는 자들 가운데 으뜸이라고 세존에게 칭송받았다. 한편 세 명의 아들이 차례대로 출가하자 막내 레와따가 출가하지 못하도록 어머니는 그를 7세에 결혼시켰다. 그런데 결혼식에서 하객들이 자신의 어여쁜 신부에게 할머니처럼 건강하고 행복하게 오래오래 잘 살라는 덕담을 하였다. 레와따는 이 덕담을 듣고 120세가 되는 신부의 할머니를 보고 자기의 신부도 나중에 할머니처럼 될 것이라는 생각이 들자 그길로 결혼식장을 몰래 빠져나와 형들처럼 출가하였다. 레와따는 출가하여 모래와 자갈과 바위로 된 험한 아카시아 숲에 머물렀기 때문에 세존으로부터 숲속에 머무는 자들 가운데 으뜸이라고 칭송받았다.

쭐라빤타까와 마하빤타까 두 분 존자는 형제였는데 어머니는 라자가하의 부유한 상인의 딸이었다. 그녀는 하인과 눈이 맞아서 멀리 도망 다니면서 살았다. 두 아들이 길에서 태어나 빤타까[길]로 불렸는데 형은 마하빤타까로 동생은 쭐라빤타까로 불렸다. 두 형제는 외갓집으로 보내져서 양육되었다. 외할아버지를 따라 세존을 찾아뵈었던 형은 먼저 출가하여 아라한과를 성취하였다. 형의 권유로 동생도 출가하였으나 형이 가르쳐 준 게송 하나를 넉 달 동안이나 암송하지 못하여 비구들 사이에서 바보 빤타까로 취급받기도 하였다. 그러한 동생에게 세존께서는 천 조각을 주시면서 "먼지 닦기, 먼지 닦기"라고 반복해서 외우라고 하셨다. 쭐라빤타까 존자는 세존의 가르침에 따라 열심히 정진하여 아라한이 되었다. 그리고 세존으로부터 마음으로 만들어진 몸을 나투는 자들 가운데 으뜸이라고 칭송받았으며 또한 마음의 전개에 능숙한 자들 가운데 으뜸이라고 칭송받았다. 또한 그가 비구니승가를 교계한 것은 비구니들에게 많은 칭송받았으며 그 내용이 율장에 전승되었다. 한편 마하빤타까 존자는 인식의 전개에 능숙한 자들 가운데 으뜸이라고 칭송받았다.

마하깝삐나 마하깝삐나 존자는 변방에 있는 꾹꾸따와띠국의 왕자로 태어나 부왕의 뒤를 이어 마하깝삐나 왕이 되었다. 어느 날 사왓티에서 온 상인들로부터 부처님께서 세상에 출현하셨다는 말을 듣고 전율을 느낀 그는 왕위를 버리고 뜻을 같이하는 대신들과 함께 세존을 찾아뵙고 출가하였다. 그는 피부가 희고 여위고 큰 코를 가졌다.SN21.11 그의 아내 아노자 왕비도 대신들의 아내들과 함께 출가하였다. 세존보다 나이가 많은 마하깝삐나는 아라한이 되고 난 후에도 홀로 정념과 정정에 머무는 것에 전념하였다. 이를 아신 세존께서 그에게 설법할 것을 권하였다. 그는 단 한 번의 설법으로 1천 명의 비구들을 아라한이 되게 하였다. 그래서 세존께서는 그를 두고 비구들을 교계하는 자들 가운데 으뜸이라고 칭송하였다.

답바 답바 존자는 말라의 아누삐야에서 말라의 왕자로 태어났다. 존자가 어머니 태 속에 있었을 때 어머니가 죽었다. 어머니의 시신을 화장하려는데 장작더미 안에서 발견되어 답바라고 불리게 되었다. 그는 할머니 밑에서 양육되었고 일곱 살이 되던 어느 때 말라를 유행한 세존을 뵙고 할머니의 허락을 받아 출가하였다. 출가한 어느 날 삭발할 때 그는 아라한이 되었다. 이후 그는 세존을 따라 라자가하의 죽림정사로 가서 승원의 방을 배정하는 소임을 맡았다. 일곱 살의 아라한이 방 배정을 잘한다고 소문이 나자 사람들은 그를 보려고 일부러 승원을 방문하기도 하였다. 세존께서는 거처를 배당하는 자들 가운데 으뜸이라고 칭송하였다.

깡카레와따 깡카레와따 존자는 사왓티의 아주 부유한 상인 가문 출신으로 후회[깡카]하는 성품을 지녔다. 그는 율장에서 무엇이 허용되고 무엇이 허용되지 않는지 관심이 많았으며 옳지 않은 일뿐만 아니라 옳은 일에도 후회하였다. 그는 사마디를 얻은 자들 가운데 으뜸이라고 칭송받았다.

바히야 바히야 존자는 바루깟차의 상인으로 일곱 번을 배를 타고 교역하여 크게 성공하였다. 그러나 여덟 번째 항해에서 수완나부미로 향하던 중 풍랑으로 배가 가라앉아 수빠라까 인근 해변에 아무것도 걸치지 않은 채 떠밀려 왔다. 그래서 그는 나무껍질로 만든 옷을 입고 음식 구걸을 다녔다. 그 후 누가 옷을 주어도 입지 않고 나무껍질로 만든 옷을 입고 걸식하는 수행자가 되었다. 그는 그렇게 살면서 자신이 깨달았다고 믿었다. 그러던 어느 날 인연 있던 어떤 신이 그를 사왓티의 세존께 안내하여 세존의 법을 듣도록 하였다. 그는 걸식하는 세존을 뒤따르면서 법을 설해 주기를 간청하였으나 세존께서는 바른 시간이 아니라고 거절하셨다. 그는 자신이 언제 죽을지 모르니 법을 설해 달라고 재청하였고 그의 재청에 세존께서는 법을 설하셨다. 세존의 곁으로 출가하여 비구가 된 그는 세존의 법을 듣고 얼마 되지 않아 아라한이 되었다.SN47.15, SN35.89 그런 후 얼마 지나지 않아서 그는 송아지를 가진 암소에 받혀서 죽었다. 세존께서는 소똥이 범벅이 되어 있는 그의 시신을 잘 수습하여 화장하고 탑을 세우게 하셨다. 그는 빠르게 최상의 지혜를 얻은 자들 가운데 으뜸이라고 칭송받았다.

마하꼿티따 마하꼿티따 존자는 사왓티의 부유한 브라만 가문 출신으로 삼베다에 통달하였다. 그는 세존의 설법을 듣고 출가하여 곧 아라한이 되었다. 그는 무애해를 얻은 비구들 가운데 으뜸이라고 칭송받았다. 존자가 묻고 사리뿟따가 대답하는 교리문답이 MN43, SN12.67, SN22.128, SN22.131~5, SN41.70, SN44.5~6, AN4.174 등에 있다.

사가따 사가따 존자는 아라한이 되기 전에도 신통이 뛰어났다. 존자는 밧다와띠까에서 암바띳타라는 용의 맹렬한 화염을 화염으로 제압하여 굴복시켰다. 이 일로 사람들에게 크게 칭송을 들었다. 그는 불에 능숙한 자들 가운데 으뜸이라고 칭송받았다.

소비따 소비따 존자는 사왓티의 브라만 가문 출신으로 세존의 설법을 듣고 출가하여 아라한이 되었다. 그는 오랜 전생들의 기억을 마치 허공에 발을 드러내듯 보일 수 있었다. 그래서 세존께서는 그를 전생을 기억하는 자들 가운데 으뜸이라고 칭송하였다.

라다 라다 존자는 라자가하의 브라만 가문 출신으로 나이가 들어 재산을 아들에게 물려준 뒤 아들로부터 천대받자 출가하였다. 비구들이 그의 나이가 많아 출가를 받아들이지 않자 세존께서 사리뿟따의 제자로 출가하게 하였다. 존자는 출가하여 마침내 아라한과를 성취하였다. SN23.1~46, SN22.71, SN35.76~8 그는 잠시 세존의 시자가 되기도 하였다. 존자는 견해와 경험이 풍부하였기에 세존께서 그를 보면 법을 설할 영감이 잘 떠올랐다. 그래서 세존께서 그를 스승이 법을 설할 영감을 일으키게 하는 자들 가운데 으뜸이라고 칭송하였다.

삘린다왓차 삘린다왓차 존자는 사왓티의 왓차 브라만 가문 출신으로 존자의 이름은 삘린다였다. 존자는 쭐라간다라 주문에 능통하였는데 어느 날부터 자신의 주문이 듣지를 않았다. 그는 마하간다라 주문이 쭐라간다라 주문을 듣지 않게 만든다는 말을 듣고 마하간다라 주문을 배우려고 수소문하다가 세존께서 그 주문을 아실 것이라 여기고 마하간다라 주문을 배우기 위하여 세존의 곁으로 출가하였다. 그는 세존의 가르침대로 정진하여 아라한이 되었다. 전생에 그의 가르침으로 천상에 태어난 신들이 그에게 고마움을 표현하기 위하여 조석으로 그의 시중을 들었다. 그래서 그는 신들이 좋아하고 마음에 들어 하는 자들 가운데 으뜸이라고 칭송받았다.

꾼다다나 꾼다다나 존자는 사왓티의 브라만 가문 출신으로 베다에 능통하였으며 원래 그의 이름은 다나였다. 그가 세존의 가르침을 듣고 출가한 후부터 이상한 일이 일어났다. 그는 모르지만 젊은 여성의 모습이 항상 그를 따라다녔다. 그가 걸식 가면 사람들은 함께 온 여성분의 몫이라면서 따로 음식을 챙겨 주곤 하였다. 비구들도 젊은 여성이 따라다니는 것을 놀려대면서 그를 꾼다다나로 불렀다. 이에 상심하여 그는 걸식을 갈 수 없었다. 이 소식을 전해 들은 빠세나디 왕이 그에게 항상 공양을 베풀기로 약속하여 그는 마을에 나가지 않고도 걸식을 해결할 수 있었다. 그가 정진에 매진하여 아라한과를 성취하자 항상 따라다니던 여성의 모습은 사라졌다. 그는 유행 가서 타지방에 머물 때 항상 식권을 가장 먼저 받았다. 그래서 그는 식권을 가장 처음 받는 비구들 가운데 으뜸이라고 칭송받았다.

박꿀라 박꿀라 존자는 꼬삼비의 부유한 상인의 집안에서 태어났다. 존자가 태어나 5일이 되었을 때 가족들이 야무나강으로 나들이를 갔다. 그런데 보모가 강변에서 물놀이하다가 실수로 떨어뜨려 갓난애가 강물에 떠내려가게 되었고 큰 물고기가 삼켜 버렸다. 그 물고기는 멀리 떨어진 바라나시 인근에 사는 어부의 그물에 걸려서 바라나시의 어떤 상인에게 팔려 갔다. 황금빛 피부의 갓난애는 하나도 다치지 않고 산 채로 배 속에서 발견되었다. 이 소문을 듣고 찾아온 아기의 생모에게 마침 자식이 없던 그 상인의 아내는 자신의 아이라고 주장하였다. 서로의 주장에 대해 왕은 '이 사람은 열 달을 자신의 배 속에서 길렀으니 자신의 아이가 아니라고 할 수 없고, 저 사람은 물고기에 포함된 모든 것을 샀기에 자신의 소유가 아니라고 할 수 없다.'라고 생각하고 두 가문에서 공동으로 아이를 자식으로 삼으라고 판결하였다. 그래서 그는 두 가문에 속한 아이라는 의미로 박꿀라라고 불리었다. 그는 80세에 세존의 가르침을 듣고 출가하였으며 출가한 지 8일째 되던 새벽에 아라한이 되었다. 160세에 많은 비구 가운데 앉아서 반열반에 들었다.MN124 그는 병 없이 장수하는 자들 가운데 으뜸이라고 칭송받았다.

라꾼따까 밧디야 라꾼따까 밧디야 존자는 사왓티의 장자 가문에서 태어났다. 키가 아주 작았기 때문에 라꾼따까라고 불리었다. 또한 그는 못생기고 흉하고 기형이어서 비구들이 경멸하였다. 세존께서 그런 그를 두고 이렇게 말씀하셨다. 거위와 백조와 공작과 코끼리와 점박이 사슴은 외모와 상관없이 모두 사자를 두려워하듯이 잘 가꾼 몸을 가진 어리석은 인간들 사이에서 그는 왜소하지만 참으로 위대한 자이다. 그는 크나큰 신통력과 크나큰 위력이 있으며 그에게 증득하지 못한 것을 찾기는 쉽지 않다.SN21.6 그는 감미로운 목소리를 가진 자들 가운데 으뜸이라고 칭송받았다.

모가라자 모가라자 존자는 브라만 출신으로 연로한 바와리 브라만의 16명 제자 가운데 한 명이었다. 그는 출가하여 옷 만드는 사람들이 버린 거친 천 조각을 거칠게 다듬고 거칠게 물들여 기워 만든 분소의를 입었다. 그래서 그는 남루한 옷을 입는 자들 가운데 으뜸이라고 칭송받았다.

참고문헌

빨리 경장(Sutta Piṭaka)

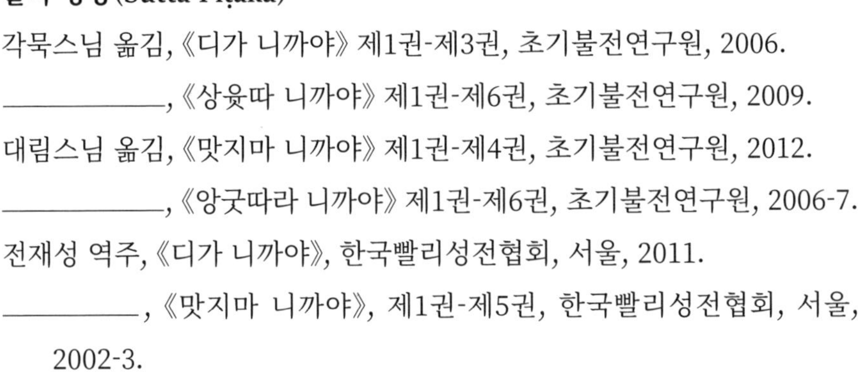

각묵스님 옮김,《디가 니까야》제1권-제3권, 초기불전연구원, 2006.

______, 《상윳따 니까야》제1권-제6권, 초기불전연구원, 2009.

대림스님 옮김,《맛지마 니까야》제1권-제4권, 초기불전연구원, 2012.

______, 《앙굿따라 니까야》제1권-제6권, 초기불전연구원, 2006-7.

전재성 역주,《디가 니까야》, 한국빨리성전협회, 서울, 2011.

______, 《맛지마 니까야》, 제1권-제5권, 한국빨리성전협회, 서울, 2002-3.

______, 《쌍윳따 니까야》, 제1권-제11권, 한국빨리성전협회, 서울, 1999-2002.

______, 《앙굿따라 니까야》, 제1권-제11권, 한국빨리성전협회, 서울, 2007-8.

빨리 율장(Vinaya Piṭaka)

전재성 역주,《비나야삐따까》, 한국빨리성전협회, 서울, 2020.

비구 범일,《부처님이 설하신 율장 비구편》, 여시아독, 서울, 2024.

______, 《부처님이 설하신 율장 비구니편》, 여시아독, 서울, 2024.

기타

비구 범일,《수트라》개정판, 김영사, 서울, 2018.

일아 스님,《부처님은 어디에서 누구에게 어떻게 가르치셨나》, 불광출판사, 서울, 2019.

대한불교조계종 교육원,《부처님의 생애》, 조계종출판사, 서울, 2010.

Edward J, Thomas,《The Life Of Buddha As Legend And History》, Kessinger Publishing, USA, 2010.

찾아보기

37도품 277

ㄱ

가시지옥 63
강지옥 64
고성제 273, 274
고집멸도성제 273, 277
고집멸성제 273, 276, 277
고집성제 273, 275, 276
공거천 381
계금취 380, 436, 531
광음천 20
구로주 127, 128
구분교 11
구차제정 363
구해탈 247
권전 273, 275~278

ㄴ

내입처 282, 292, 293, 295, 314~317
누진통 243, 244, 246, 247, 492, 493

ㄷ

도솔천 24, 25, 125, 128, 129, 171, 461
두타행 479, 483

ㅁ

마라 79, 141, 287, 288, 418~425, 525
마보 70, 74
무상 82, 176, 282, 296, 361, 362, 373, 421, 422
무상정등정각 4, 19, 82, 174, 258~260, 303, 319, 325, 334, 458
무색계 272, 276, 277, 380, 381, 395, 462
무색계사선정 272
무소유처정 10, 216, 217, 402, 490
멸진정 125, 246, 373, 439, 490, 492

ㅂ

반열반 19, 129, 130, 179, 184, 280, 304, 398, 399, 476, 488, 490
범천 20, 77, 120, 129, 158~165, 170, 171, 176, 250, 251, 252, 255, 334, 404, 415~417, 449, 462, 468, 523
범행 77, 82, 271, 356~360, 375~377, 437, 456
법륜 279, 281, 299, 313, 323, 367, 368, 524
벽지불 173, 174
보배보 70, 74, 152, 154
복발 329
분소의 310, 411, 419, 421, 433, 440, 450, 476, 481, 482, 484, 485, 496, 555
불선법 9, 151, 239, 245, 455
불환자 173, 435, 532
비상비비상처정 10, 220, 222, 405, 492

ㅅ

사념처 78, 83, 178, 445, 448, 449
사념청정 242
사념청정지 242
사대 249, 280, 295, 297, 354~356, 360, 421, 422, 548

사성제 246, 261, 272, 273, 299, 479
사여의족 83
사왕천 28, 30, 128, 171, 309, 323
사정근 83, 272
사쌍팔배 462
사향사과 11, 299, 300, 313, 318, 459
삼명 242, 538
삼사 362
삼십삼천 26, 28, 83, 84, 87, 90~95, 98~101, 103, 124, 125, 128, 133, 147, 171, 309, 412, 413, 442, 461
삼전십이행상 273
삼천대천세계 128
삼행 80~82, 294, 348, 353
상보 70, 73, 74
상수멸 421
상온 293, 295~298
상카라 292
색계 129, 276, 277, 380, 381, 462
색계사선정 239, 272, 380
색온 292, 293, 295~298
선법계 9, 78, 174, 326, 327, 344, 445, 459, 460, 461, 496
섬부주 127
수온 293, 295~298
숙명통 244, 490, 537
승신주 127
시전 272, 274~277
신족통 490, 536
신통지 243, 536
심해탈 246
십불명호 279, 319, 458, 505, 521, 538
십불설법 319, 458, 505, 521
십승가법 459
십이입처 281

ㅇ

아수라 84~87, 89, 91, 92, 94, 99, 100, 105, 113, 117
야마천 25, 26, 128, 129, 171, 461
여인보 70, 74
연각 274~276
오근 83, 178
오력 83
오물지옥 62, 63
오법온 249, 399
오분법신 249
오온 141, 292, 293, 296, 297, 392, 548, 549
오취온 293~296, 456, 457, 548
외입처 282, 283, 289, 290, 292, 295, 314~316
욕계 9, 129, 273, 277, 287
우바새 248, 249, 299, 382
우바이 236, 299, 382
우화주 127
유신견 438
유위 82
육식 292, 314, 316
육욕천 9, 22, 30, 72
윤보 38~40, 70~73, 368
율온 249
의무애해 366
이생희락지 240
이욕 274~276, 298
이희묘락지 241
일래자 173, 436

입처 281

ㅈ

자자 375
장자보 70, 75, 152, 154
재지옥 63
전륜성왕 37~41, 70, 71, 73~76,
전승법 5~8, 322, 325, 328, 329, 445, 480
정각법 4, 7, 8, 10, 178, 248~251, 319, 322, 325, 328, 329, 334, 344, 445, 458
정거천 90, 140, 288, 380, 435, 532,
정견 46, 245, 261, 271, 272, 279
정념 272, 402, 418, 440, 462, 463, 464, 551
정명 272
정사유 271, 272
정생희락지 240
정어 271, 272
정온 249
정정 272, 395, 402, 418, 463, 464, 551
정진 272
정행 271, 272
주장신보 70, 75, 152, 154
증전 272, 274~277

ㅊ

천안통 243, 245, 246, 490, 537
천이통 490, 536, 537
철지옥 61, 62, 66
출입식적멸 242
칠각지 83

ㅋ

칼지옥 64

ㅌ

타심통 490, 537
타화자재천 21, 22, 125, 128, 129, 171, 287, 461

ㅍ

팔정도 83, 261, 270, 272, 277, 545, 546, 549, 551
포살 72, 92, 93, 142, 408, 409

ㅎ

해탈온 249
해탈지견온 249
행온 293, 295~298
혜온 249
혜해탈 246
화락천 23, 24, 125, 128, 171, 461

부처님의 삶과 가르침 1

1판 1쇄 2024년 10월 30일

글쓴이 비구 범일
펴낸이 강호식
편집 박승애, 이혜숙
디자인 김선미, 서옥
제작 하정선
관리 하복순

펴낸곳 여시아독 출판사
등록 제2023-000173호(2023년 5월 29일)
주소 (06286) 서울시 강남구 영동대로 216 405호
전화 02-568-6400
카페 http://cafe.naver.com/nikayaacademy

ISBN 979-11-986534-2-0 03220
값 32,000원

출판사 여시아독은 독자 여러분의 의견에 열려 있으며
불자 여러분의 후원에 보답하고자 노력합니다.
여시아독에서는 이 책을 영어 또는 미얀마, 스리랑카, 태국을 포함한
다양한 나라의 언어로 번역할 분을 찾습니다.